长江经济带农业绿色发展
——挑战与行动

陈新平　陈轩敬　张福锁 等　著

科 学 出 版 社
北　京

内 容 简 介

本书共分为四个部分。第一部分总结了长江经济带农业生产的时空变化，重点分析取得的历史性成就和目前面临的新挑战。第二部分将统计数据和调查数据相结合，从作物生产、动物生产和生态环境等方面全面深入分析了长江经济带农业绿色发展的现状和问题，并提出解决对策。第三部分介绍了长江经济带农业绿色发展研究中心和长江经济带农业绿色发展联盟，在长江经济带上中下游重点农业产业链、重点区域、流域多年来开展的全产业链和全域绿色发展成效及经验。第四部分立足国家战略需求和国际科学前沿，提出了今后长江经济带农业绿色发展的总体思路和对策。

本书适合农业、环境、资源、生态等相关领域的高等院校师生、科研院所研究人员、政府部门管理人员和企事业单位技术人员阅读和使用，也可作为大众读物。

图书在版编目(CIP)数据

长江经济带农业绿色发展：挑战与行动 / 陈新平等著. —北京：科学出版社, 2022.2

ISBN 978-7-03-070339-2

Ⅰ.①长…　Ⅱ.①陈…　Ⅲ.①长江经济带-地方农业经济-绿色农业-农业发展-研究　Ⅳ.①F327.5

中国版本图书馆 CIP 数据核字（2021）第 219330 号

责任编辑：刘　琳 / 责任校对：彭　映
责任印制：罗　科 / 封面设计：墨创文化

科学出版社出版
北京东黄城根北街16号
邮政编码：100717
http://www.sciencep.com

成都锦瑞印刷有限责任公司印刷
科学出版社发行　各地新华书店经销
*
2022 年 2 月第　一　版　　开本：787×1092　1/16
2022 年 2 月第一次印刷　　印张：31
字数：730 000

定价：398.00 元

作 者 名 单

第 一 章　陈轩敬(西南大学)、陈新平(西南大学)、张福锁(中国农业大学)

第 二 章　郭超仪(西南大学)、王兴邦(西南大学)、郭世伟(南京农业大学)、陈新平(西南大学)

第 三 章　王兴邦(西南大学)、张务帅(西南大学)、陈新平(西南大学)

第 四 章　王兴邦(西南大学)、郭超仪(西南大学)、陈新平(西南大学)

第 五 章　郭超仪(西南大学)、丛日环(华中农业大学)、陈新平(西南大学)、鲁剑巍(华中农业大学)

第 六 章　赵环宇(西南大学)、张跃强(西南大学)、石孝均(西南大学)

第 七 章　张芬(西南大学)、刘发波(西南大学)、汤若凌(瓦赫宁根大学)、王孝忠(西南大学)

第 八 章　黄兴成(西南大学)、阮建云(中国农业科学院茶叶研究所)

第 九 章　金欣鹏、赵越、杨晶、柏兆海、马林(中国科学院遗传与发育生物学研究所农业资源研究中心)

第 十 章　赵善丽、张楠楠、杨晶、柏兆海、马林(中国科学院遗传与发育生物学研究所农业资源研究中心)

第十一章　方群超、张笑颖、侯勇(中国农业大学)

第十二章　赵晓日(中国科学院遗传与发育生物学研究所农业资源研究中心)、李壮壮(中国科学院遗传与发育生物学研究所农业资源研究中心)、赵占轻(河北地质大学)、柏兆海(中国科学院遗传与发育生物学研究所农业资源研究中心)、马林(中国科学院遗传与发育生物学研究所农业资源研究中心)

第十三章　郎明(西南大学)、张宇亭(西南大学)、尹宇龙(中国农业大学)、崔振岭(中国农业大学)

第 十 四 章　李士洋(瓦赫宁根大学)、汤若凌(瓦赫宁根大学)、
S. Nwankwegu(西南大学)、
卓海华(生态环境部长江流域监督管理局生态环境监测与科学研究中心)、
张磊(西南大学)

第 十 五 章　温章(中国农业大学)、刘学军(中国农业大学)

第 十 六 章　宁怡楠(瓦赫宁根大学)、周骥晨(中国农业大学)、马黎华(西南大学)

第 十 七 章　全妍颖(瓦赫宁根大学)、陈新平(西南大学)

第 十 八 章　王孝忠(西南大学)、谭庆军(西南大学)、肖然(西南大学)、
杨宇衡(西南大学)、王沛(西南大学)

第 十 九 章　张跃强(西南大学)、龙泉(中国农业大学)、王昱桁(西南大学)、
邓明雪(丹棱县农业农村局)、石孝均(西南大学)

第 二 十 章　柴以潇、郭俊杰、王敏、凌宁、郭世伟(南京农业大学)

第二十一章　丛日环、李小坤、任涛、陆志峰、鲁剑巍(华中农业大学)

第二十二章　黄兴成(西南大学)、阮建云(中国农业科学院茶叶研究所)

第二十三章　叶新新、熊启中、田达、罗加伟、钱开国(安徽农业大学)

第二十四章　王昊丹(中国科学院遗传与发育生物学研究所农业资源研究中心)、
王选(中国科学院遗传与发育生物学研究所农业资源研究中心)、
赵占轻(河北地质大学)、
柏兆海(中国科学院遗传与发育生物学研究所农业资源研究中心)、
马林(中国科学院遗传与发育生物学研究所农业资源研究中心)

第二十五章　肖然、钟守琴、倪九派、谢德体(西南大学)

第二十六章　罗来超、柴如山、张亮亮、郜红建(安徽农业大学)

第二十七章　陈新平(西南大学)、陈轩敬(西南大学)、石孝均(西南大学)、
张福锁(中国农业大学)

前　言

2016 年，习近平总书记在重庆召开的推动长江经济带发展座谈会上指出，“当前和今后相当长一个时期，要把修复长江生态环境摆在压倒性位置，共抓大保护，不搞大开发”。自此，推动长江经济带绿色发展成为国家重大战略举措。西南大学紧跟国家战略，2019 年在全国率先建立了长江经济带农业绿色发展研究中心，同时，依托中心牵头成立了 35 个大专院校、科研院所、地方政府和生产企业共同参与的长江经济带农业绿色发展联盟。

中心和联盟成立以来，多学科交叉合作，上中下游协同联动，深入解析长江经济带农业绿色发展的核心问题，从“健康土壤、绿色作物、循环农业、智慧生态”四个方向上，聚焦农业产业全链条绿色发展的关键理论、技术与产品创新，以科技小院为核心扎实推进县域绿色发展，致力于全域协同实现农业绿色发展和生态环境保护。

本书是中心和联盟成立两年多来工作的阶段性总结。全书共分为四个部分：第一部分（第 1 章）总结了长江经济带农业生产的时空变化，重点分析了取得的历史性成就和目前面临的新挑战；第二部分将统计数据和调查数据相结合，从作物生产（第 2～8 章）、动物生产（第 9～12 章）和生态环境（第 13～17 章）三个方面全面深入分析了长江经济带农业绿色发展的现状和问题，并提出了解决对策；第三部分（第 18～26 章）总结了中心和联盟在长江经济带上中下游重点农业产业链、重点区域和流域多年来开展的全产业链和全域绿色发展中取得的成效和经验；第四部分（第 27 章）立足国家战略需求和国际科学前沿，提出了今后长江经济带农业绿色发展的总体思路和对策。

在全书完稿之际，感谢 11 个单位 73 名作者对完成本书做出的贡献！感谢各级领导、专家对长江经济带农业绿色发展工作给予的大力支持！感谢联盟单位多年来的紧密合作！最后，感谢西南大学对中心和联盟工作的大力支持！

2021 年 10 月 8 日
于重庆北碚

目　　录

第一部分　长江经济带农业生产的历史性成就

第二部分　长江经济带农业绿色发展的现状与挑战

第四部分 长江经济带农业绿色发展的途径与展望

第一部分
长江经济带农业生产的历史性成就

第1章　长江经济带农业生产的时空变化——历史性的成就和新挑战

1.1　引　　言

长江经济带以长江为轴线，自东向西覆盖上海、江苏、浙江、安徽、江西、湖北、湖南、重庆、贵州、四川、云南 11 个省(市)，总面积约为 205 万 km^2，占陆域国土面积的 21%，人口和经济总量均超过全国的 40%。整个经济带包括以上海为代表的长江三角洲城市群(以下简称“长三角城市群”)，以武汉为代表的长江中游城市群，以及以重庆为代表的成渝城市群。2016 年 9 月，国务院正式印发《长江经济带发展规划纲要》，确立了长江经济带在国家战略发展中的区域地位。

长江经济带农业绿色发展是《长江经济带发展规划纲要》中的重要内容，是新时代为推动长江经济带发展做出的重要战略部署。长江经济带主要位于亚热带季风区，其气候湿润，平均年降水量超过 1000mm，涵盖平原、盆地、丘陵、山地、高原等多种土地类型，且大部分区域都适合发展农业生产。长江经济带也是我国重要的农业生产核心区，其农业耕地面积占全国耕地总面积的 1/3 左右。在作物生产方面，长江经济带生产了全国 65%的水稻、56%的薯类、84%的油菜籽、73%的烟草、71%的茶叶、60%的柑橘和 43%的蔬菜；在肉、蛋和牛奶生产方面，其生产了全国 49%的猪肉、30%的禽蛋和 10%的牛奶；在水产养殖方面，长江经济带淡水产品在全国占主导性地位，长江经济带长期贡献了全国 60%以上的淡水产品，尤其是近些年，长江中下游淡水产品发展迅猛。显然，长江经济带农业生产在全国占有非常突出的地位。

长江经济带的生态环境保护是国家重大战略决策。长江蕴藏着极其丰富的水资源，除本流域外，通过南水北调等工程，长江还保障了流域外部分区域的饮水安全，是中华民族的战略水源地。同时，长江上游兼具重要的水土保持、洪水调蓄功能，是生态安全屏障区。长江经济带地貌类型复杂，生态系统类型多样，山水林田湖浑然一体，是我国重要的生态宝库。其中，川西河谷森林生态系统、南方亚热带常绿阔叶林森林生态系统、长江中下游湿地生态系统等是具有全球性重大意义的生物多样性优先保护区域。长江流域森林覆盖率达 41.3%，其河湖、水库、湿地面积约占全国的 20%；物种资源丰富，珍稀濒危植物数量占全国总量的 39.7%，淡水鱼类数量占全国总量的 33%。长江经济带共有 120 个国家级自然保护区，不仅有中华鲟、江豚、扬子鳄、大熊猫及金丝猴等珍稀动物，还有银杉、水杉、珙桐等珍稀植物，是我国珍稀濒危野生动植物集中分布区域。

中华人民共和国成立以来，长江经济带社会经济迅猛发展，成为中国经济的重要支撑。然而，长期粗放式的发展方式使得长江经济带生态环境不堪重负。党中央高度重视长江经济带生态文明建设。2016 年 1 月，习近平总书记在重庆召开的推动长江经济带发展座谈会上指出，“当前和今后相当长一个时期，要把修复长江生态环境摆在压倒性位置，共抓大保护，不搞大开发”。随后，他多次在长江经济带发展座谈会上强调，要正确把握生态环境保护和经济发展的关系，探索协同推进生态优先和绿色发展新路子。中央多个部委也共同发文，全面支持长江经济带绿色发展工作。因此，坚持生态优先和绿色发展，协同推动生态环境保护和经济发展，打造人与自然和谐共生的美丽中国样板，成为长江经济带发展的准则。

1.2　长江经济带资源禀赋

长江发源于青海唐古拉山脉，流经青藏高原、横断山区、云贵高原、四川盆地，贯穿三峡，后进入长江中下游江汉平原，与中国两大重要淡水湖泊洞庭湖、鄱阳湖共同连接长江三角洲，最后汇流进入东海，形成山水林田湖海综合体。长江经济带面积辽阔，拥有发达的河湖水系、差异性的气候和土壤条件、多样性的生物物种，具有多样性的生态系统类型和强大的气候调节功能，能够涵养水源、释氧固碳、净化环境，维护了我国重要的生物基因宝库和生态安全，并且以丰富的水土、森林、矿产、水能和航运资源保障了国家的供水安全、粮食安全和能源安全。

长江经济带河网发达、径流充足，是我国水资源配置中的战略水源地。长江流域水资源相对丰富，多年平均水资源量为 9959 亿 m^3，占全国的 36%，居全国各大江河之首。每年长江供水量超过 2000 亿 m^3，至少保障了沿江超 4 亿居民的生活和生产用水安全。同时，长江经济带通过“南水北调”“引汉济渭”“引江济淮”“滇中引水”等工程建设，惠泽流域外华北、苏北和山东半岛等广大地区，保障了供水安全。2017 年，长江流域净调出水量达 92.14 亿 m^3。

1.3　长江经济带社会经济发展

作为中国新一轮改革开放和转型发展的重要窗口，依托长江作为“黄金水道”的优势，长江经济带成为具有全球影响力的内河经济带，是我国沿海沿江“T”形经济结构的重要支撑，也是中国生态文明建设的先行示范带。近十年来，在“脱贫攻坚”、“乡村振兴”和“全面建成小康社会”的中央政策引领下，长江经济带社会经济水平显著提升，城镇化率越来越高，城乡居民人均可支配收入不断增加，社会消费品零售总额年年增高，市场主体的活力不断得到释放。上游的云南、贵州、四川和重庆，中游的湖南、湖北和江西，在经济高速发展的基础上实现了社会发展。下游的江苏、浙江、上海和安徽则保持了原有的高水平发展态势，整个长江经济带社会发展呈现出一派欣欣向荣的景象。

自 1949 年起，长江经济带社会经济情况发生了翻天覆地的变化。长江经济带人口总数由 1949 年的 2.48 亿人增长至 2019 年的 6.02 亿人，约占全国人口总数的 43%（图 1-1）。其中，四川省常住人口最多，达到 8375 万人，接下来依次为江苏省（8070 万人）、湖南省（6918 万人）、安徽省（6366 万人）。近十年来，长江经济带内各省（市）的常住人口总量都保持稳定小幅增长态势，同比增幅基本保持在 2%以内，年均增长率约为 0.56%。长三角城市群、长江中游城市群和成渝城市群对人口的吸引力越来越大，常住人口的空间变动与近年来经济发展的趋势基本相符。

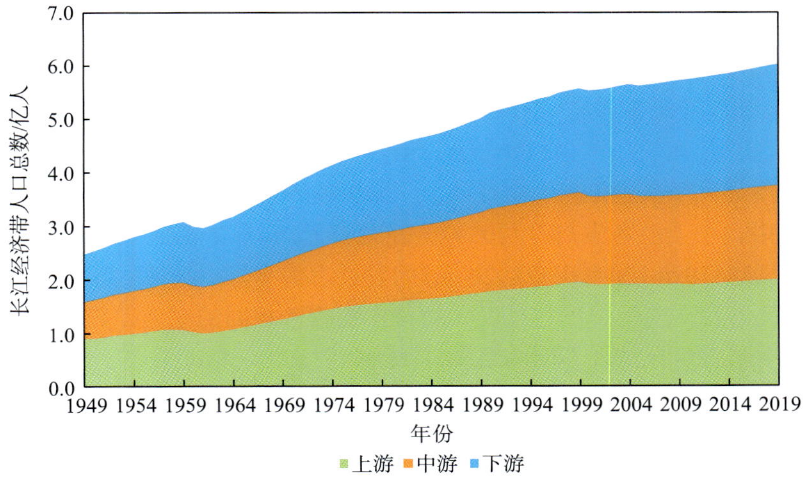

图 1-1　长江经济带历年人口数量变化趋势[①]

2019 年，长江经济带城镇化率为 61.7%，略高于全国平均水平（60.6%）。各省（市）间的城镇化发展水平差异较大，上海、江苏、浙江的城镇化率分别高达 88.3%、70.6%和 70.0%，而贵州、云南则均为 49.0%。下游地区形成以上海为核心的长江三角洲城市群，是长江经济带经济发展的“龙头”。长江三角洲城市群发展基础较好、经济起步较早，已经进入城市群发展的成熟阶段。随着社会经济的快速跃迁，人们对高水平社会服务和高质量食物的追求也越来越迫切和直接。中游地区经历了快速的城市化过程，且正向更高水平的发展迈进，目前形成了以武汉为核心的长江中游城市群，辐射范围不断向外延伸。近十年来，湖北、湖南和江西城镇人口占比增幅均超过 10%。另外，长江中游城市群也是目前实施中部地区崛起战略和推进新型城镇化的重点区域。上游的成渝城市群和云贵地区，目前仍处于区域发展的起步阶段，城镇人口的集聚远远没有达到推动城市群向更高水平发展的地步，中小城镇还普遍缺乏活力。近年随着交通路网的完善，云贵地区经济发展迎来了快速提升期，但是社会发展还明显滞后于全国平均水平，社会资源总量和公共服务能力也都还处于较低的水平[②]。

2019 年，长江经济带 11 省（市）实现地区生产总值 45.8 万亿元，占全国的比例达到

① 数据源于国家统计局官方网站。
② 数据源于《长江经济带社会发展报告（2019—2020）》。

46.2%，较 21 世纪初提升 5%，长江经济带在全国经济总量中的占比不断上升。与此同时，长江经济带内各省(市)间的地区经济差距不断缩小。2019 年，东部发达的长三角地区(沪苏浙皖)的经济总量在长江经济带内所占的比例从 2017 年的 52.3%下降至 2019 年的 51.8%，下降了 0.5 个百分点；中部地区的江西、湖北和湖南的占比从 2017 年的 24.6%下降至 2019 年的 24.1%；长江经济带上游地区的云南、四川、贵州和重庆的占比从 2017 年的 23.2%提高至 2019 年的 24.1%。2019 年，长江经济带人均 GDP(gross domestic product，国内生产总值)达到 78276 元，同比增长 3.4%，高出全国平均水平(70892 元)近 7400 元，领先幅度进一步扩大。总体来看，长江经济带地区经济规模实现了持续稳定增长，但经济增速呈放缓趋势。相对于全国经济增速而言，长江经济带人均经济规模继续攀升，领先全国同期水平的幅度进一步扩大。

近十年来，长江经济带各省(市)的城乡居民人均可支配收入呈现出稳步增长的基本趋势。其中，长江三角洲的江苏(41400 元)、浙江(49899 元)和上海 3 省(市)(69441 元)的居民收入水平明显高于其他地区。在整体上，长江经济带居民收入水平呈现出东高西低的演进态势，其中，中上游各省(市)(20397～28920 元)则基本都低于全国平均水平(30733 元)。近年湖北(28319 元)和重庆(28920 元)的发展态势良好，但与下游地区还存在一定的差距。人均居民消费支出呈现出与居民人均可支配收入相同的空间差异特征，但是在消费支出组成上，不同省(市)呈现不同的结果。食品烟酒支出一般是各省(市)居民消费支出的主要项目，占比 24%～32%。长江经济带中上游地区居民在食品烟酒上的消费支出比例要高于下游地区，但下游地区的居住支出占比(22%～33%)明显高于中上游地区(19%～25%)(图 1-2)。整个长江经济带食物消费结构以谷物粮食为主，蔬菜为辅，其中水产品消

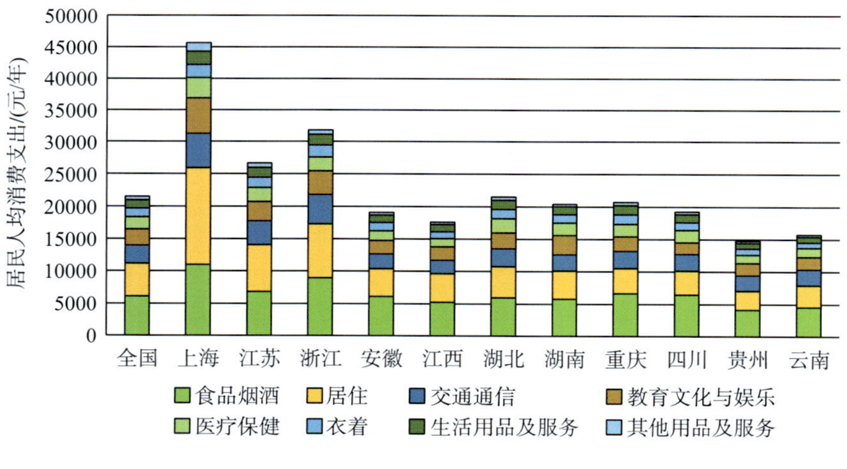

图 1-2　长江经济带及全国人均年消费支出及组成[①]

① 长江经济带发展统计检测协调领导小组办公室，2020. 长江经济带发展统计年鉴(2020). 北京：中国统计出版社。

费量显著高于全国平均值，尤其是长江下游省份地区。在食物消费总量差异上，贵州和云南食物消费总量分别低于长江经济带平均值的 30%和 21%，主要是蔬菜、瓜果和水产品消费较低(图 1-3)。

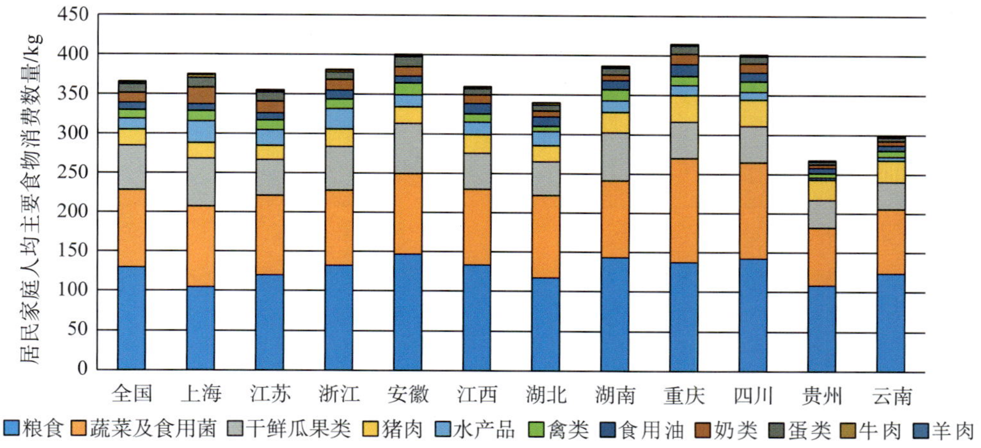

图 1-3　长江经济带及全国居民家庭人均主要食物消费量

［数据源于《长江经济带发展统计年鉴(2020)》］

1.4　长江经济带农业生产的历史性成就

长江经济带光、热、水、土条件优越，长期以来是我国重要的农业生产区域。区域内的成都平原、江汉平原、洞庭湖平原、鄱阳湖平原、江淮地区和太湖平原在中国九大商品粮基地中占据六席。中华人民共和国成立以后，长江经济带农业生产走过了辉煌的历程，取得了以下三个方面的历史性成就。

1. 成功解决了超过 6 亿人口的吃饭问题

1949 年以来，长江经济带粮食产量呈现出波动性增长趋势，并不断迈上新台阶，长江经济带粮食供需情况逐渐由供给短缺转变为供需总量基本平衡。从图 1-4 中可以看出，长江经济带粮食总产量从 1949 年的 5000 万 t 增长至 2019 年的 2.3 亿 t。1985 年，长江经济带基本实现粮食自给，人均粮食占有量首次超过粮食安全线，人均每天卡路里可摄入量(仅来源于粮食)达到推荐水平(图 1-5)。2019 年全国粮食总产量达 6.6 亿 t，创历史新高；人均粮食占有量稳定在 470kg 以上，高于国际公认的 400kg 粮食安全线。长江经济带人均粮食占有量接近 400kg，低于全国平均水平，但满足了本区域超过 6 亿人的口粮需求。

长江经济带在全国的粮食生产地位也发生了变化。1949 年长江经济带粮食产量在全国的占比为 55%，到 2019 年下降至 36%，在长江经济带粮食总产量增长上，水稻产量增加最多，高达 1 亿 t，2019 年占全国总产量的 60%以上。粮食主产省安徽、江苏、湖南和湖北成为粮食增产的主要区域，贡献粮食增产的 2/3，长江下游的上海和浙江粮食增产幅度较小。水稻是湖南、湖北和江西粮食增产的主要作物，玉米在四川和云南的产量增幅远超其他粮食作物。薯类总产量增长较多的是四川、云南和贵州。

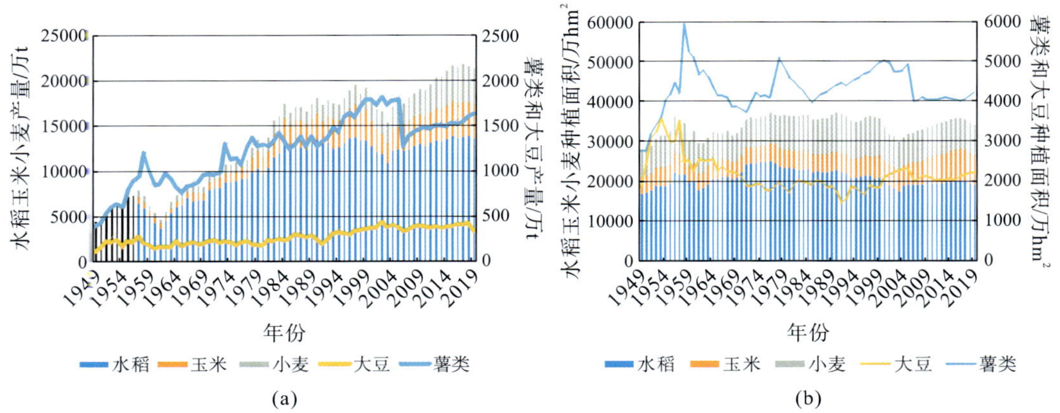

图 1-4　1949～2019 年长江经济带粮食作物产量和种植面积变化趋势

（数据源于国家统计局官方网站）

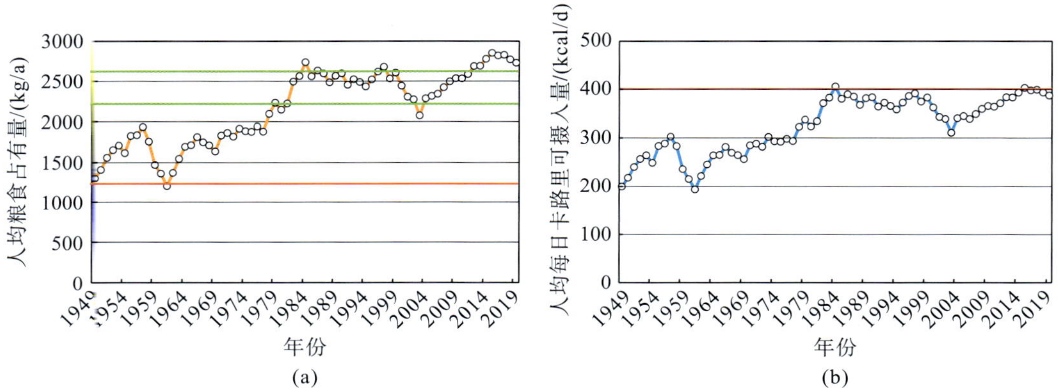

图 1-5　长江经济带人均粮食占有量和人均每天卡路里可摄入量（仅来源于粮食）历史变化

注：图(a)中红线表示居民人均粮食占有量安全线；图(b)中红线表示人均每日卡路里最低摄入量，绿线表示每日人均推荐卡路里摄入量，其数据源于《中国居民膳食营养素参考摄入量》[①]。

1949～2019 年，长江经济带水稻、玉米、小麦、大豆和薯类种植面积分别增长 14%、27%、7%、18%和 51%，作物种植格局在不同省(市)之间发生了较大的变化。2019 年上海、浙江和四川水稻种植面积相比 1949 年分别下降 49%、60%和 45%，但安徽、江西和湖南水稻种植面积增幅分别为 58%、48%和 66%，说明水稻种植趋向于向长江经济带中下游区域集中。2019 年，长江经济带小麦种植区域主要集中在江苏和安徽，占比接近 70%，其中安徽在过去 70 年中，其小麦种植面积增幅为 58%，上海、浙江、江西、湖南、重庆和四川则均呈现出不同程度的下降。而目前薯类的种植区域主要位于长江经济带上游省(市)，占比超过 80%。在过去 70 年中，薯类种植面积增长最多的是云南和贵州，这两个

① 中国营养学会，2014. 中国居民膳食营养素参考摄入量(2013 版). 北京：科学出版社。

省的薯类种植面积增长量占长江经济带薯类种植面积总增长量的 87%。

1949～2019 年，长江经济带人口增幅超过 1 倍，在粮食播种总面积仅增加 24%的基础上，2019 年长江经济带人均粮食占有量是 1949 年的 2 倍。单位面积产量(以下简称“单产”)的提高是人均粮食占有量提升的主要驱动力。长江经济带粮食单产水平的提升，一方面可以归因于地力条件提升、种子改良、农药化肥地膜等资源的投入增加；另一方面则是粮食栽培技术的进步提高了资源的使用效率。增产技术的进步，提高了人均粮食占有水平，解决了居民的吃饭问题，缓解了粮食安全带来的耕地需求压力。

改革开放 40 多年来，人民生活水平大幅度提升，对食物的需求已经从“吃饱”转为“吃好”，食物需求不再局限于传统的粮食作物，而是朝着多元化、营养化的趋势转变。长江经济带在 1978 年以来，其蔬菜、水果、茶叶和油料等经济作物的产量快速增长。1978～2019 年，长江经济带蔬菜总产量从 3239 万 t 增长至 31353 万 t，人均蔬菜占有量从 1980 年的 72kg 增长至 2019 年的 520kg，超过全国平均水平(505kg)。“菜篮子”工程建设取得了巨大成就，基本结束了“菜篮子”产品长期短缺的历史，且产品丰富，而种植面积逐年递增是蔬菜产量增加的直接原因。从图 1-6 中可以看出，1978～2019 年，蔬菜种植面积从 104 万 hm^2 增长至 1082 万 hm^2，增幅与产量相当。2019 年长江经济带水果种植面积约为 1978 年的 13 倍，水果总产量从 103 万 t 增长至超过 5000 万 t，约占全国水果总产量的 1/3。另外，长江经济带是我国茶叶主产区，其茶叶种植面积一直保持在全国的 70%以上。但长江经济带茶叶种植面积增长主要发生在 2000 年以前，2000 年以后趋于稳定，2005 年之后茶叶总产量却激增，这与茶叶单产水平的提升密不可分。从图 1-7 中可以看出，1978～2019 年，长江经济带油料作物产量增长 1286 万 t，增幅超过 7 倍，且随着播种面积年年攀升。油料作物种植面积截至 2019 年，已经超过 700 万 hm^2。油料作物中油菜籽产量增幅较大，贡献了油料作物产量增长的 73%，截至 2019 年，长江经济带油菜籽产量全国占比高达 80%。油菜产业的快速发展，不仅为该区域的农民增收提供了强有力支撑，同时也为保障国人“油瓶子”安全做出了重要的贡献。从单产水平上看，蔬菜和油料作物增幅不大，低于粮食作物单产增幅水平。因此，关于长江经济带经济作物生产，在当前和今后一个时期，一方面需要提高单位面积生产力，另一方面需要提高“菜篮子”产品质量卫生安全水平，加快实现由比较注重数量向更加注重质量转变，由阶段性供求平衡向建立长期稳定的供给机制转变，同时促进农业增效、农民增收。

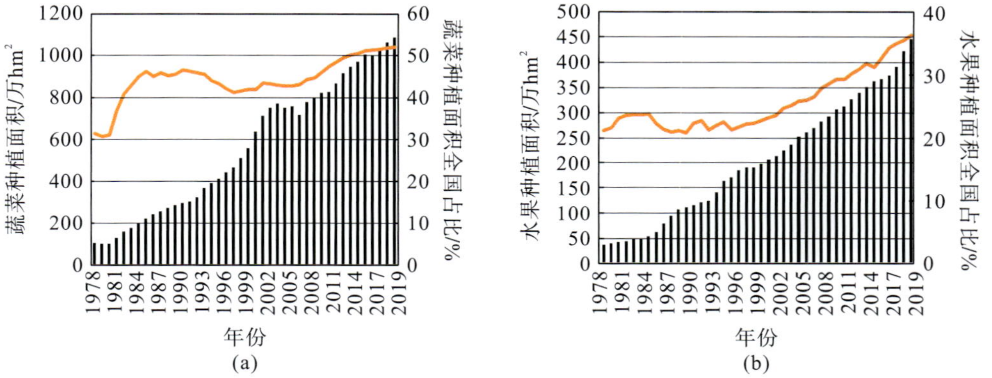

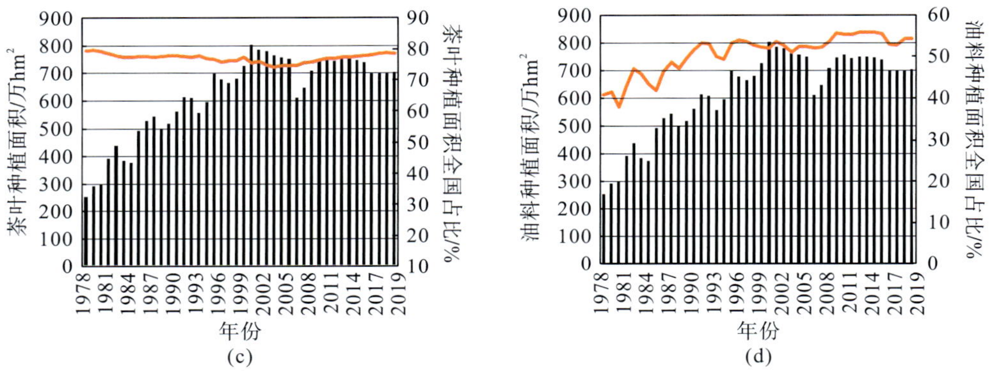

图 1-6　长江经济带经济作物(蔬菜、水果、茶叶和油料)种植面积与全国种植面积占比年际变化

(数据源于国家统计局官方网站)

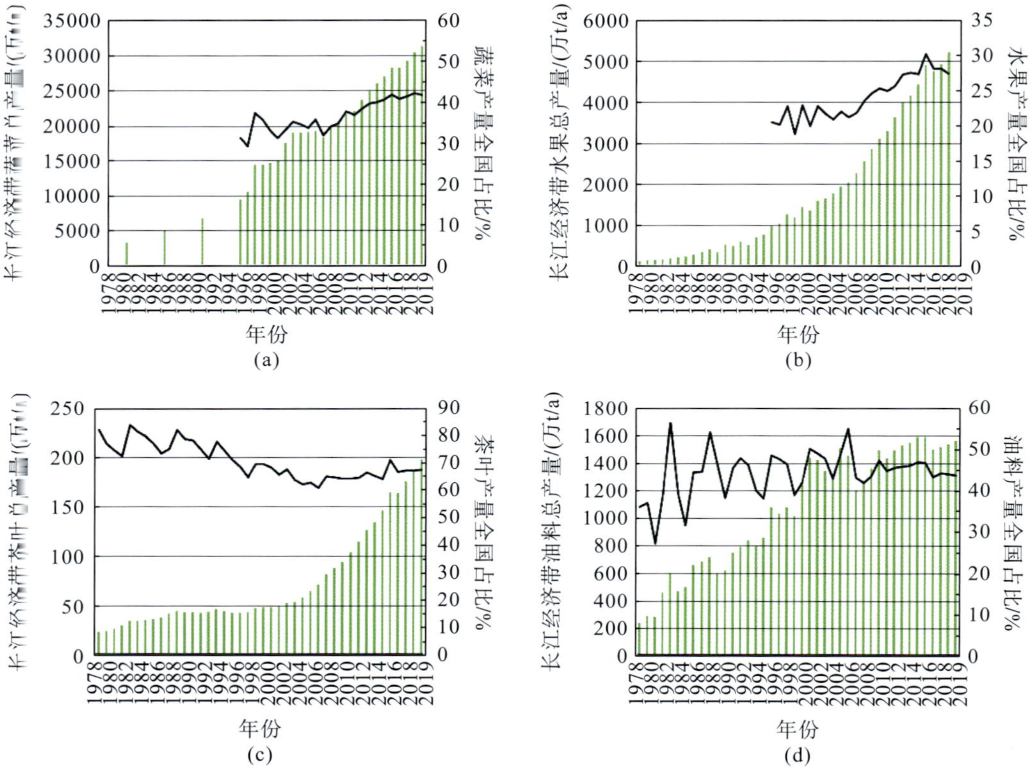

图 1-7　长江经济带经济作物(蔬菜、水果、茶叶和油料)总产量与全国产量占比年际变化

(数据源于国家统计局官方网站)

截至 2019 年，长江经济带肉类总量增加至 3226 万 t，禽蛋类产量增加至 1032 万 t，牛奶产量增加至 304 万 t。肉、蛋、奶的人均占有量分别达到 54kg、17kg 和 5kg，较 1980 年分别增长 264%、478%和 575%。其中，人均肉类占有量超出《中国居民平衡膳食宝塔》推荐水平(肉 27kg)，人均禽蛋占有量与推荐水平(蛋 18kg)相接近，但是奶的人均占有量

(5kg)远低于世界 78kg 平均水平，还需要依赖调运和进口。改革开放以来，长江经济带水产品增长迅速，成为城乡居民摄入动物蛋白的重要来源。1978 年，水产品总量约为 189 万 t，2019 年总产达 2603 万 t，占全国近 40%。其中，2019 年淡水产品总量高达 2003 万 t(图 1-8)，贡献全国淡水产品总量的 63%，且养捕比大幅度提升。人均占有量也大幅度提高，1978 年，长江经济带人均水产品占有量仅 4kg；到 2019 年，长江经济带人均水产品占有量达 43kg，略低于全国人均水产品占有量(46kg)，但超过《中国居民平衡膳食宝塔》推荐水平。改革开放后，长江经济带水产品生产逐渐以内陆淡水产品生产为主，淡水产品占比从 35%增长至 77%。2019 年，长江经济带淡水产品贡献了全国总量的 60%，其中中下游是淡水产品的主要产地。目前捕捞量仅占长江经济带淡水产品产量的 6%，养殖在未来将会成为淡水产品主要生产方式。未来一段时期，随着人口总量增长、收入水平提升和城镇化推进，长江经济带肉、蛋、奶、鱼消费需求仍将呈刚性增长状态。

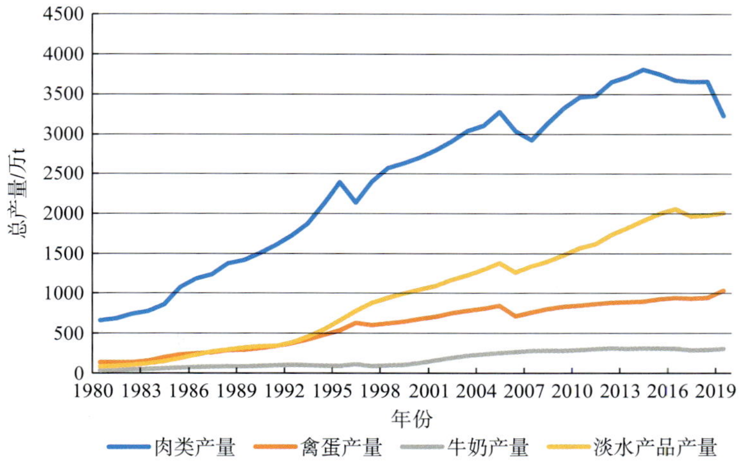

图 1-8　长江经济带肉、蛋、奶、鱼生产总量年际变化

(数据源于国家统计局官方网站)

2. 农业生产现代化水平取得了质的飞跃

改革开放以来，长江经济带种植结构调整，粮食产量稳步增长，经济作物发展迅猛，作物单产水平不断提升，农业就业人口逐年减少，这一切变化都与农业生产现代化水平的提升密切相关。一是长江经济带农田水利化程度普遍提高，尤其是长江三角洲平原农业机械化、农村园林化开始凸现。水利设施是农业生产的命脉，尤其是对于水田。2019 年与 1983 年相比，水库数量由 52553 座增加至 63480 座，其中水库总容量由 1860 亿 m^3 增加至 4648 亿 m^3。1978～2019 年，长江经济带农田有效灌溉面积由 1836.3 万 hm^2 增加至 2529.2 万 hm^2，增长近 38%。二是农业机械化水平不断提高。1978～2019 年，长江经济带农村用电量由 91 亿 kW 增加至 5210 亿 kW，增长超过 50 倍，增长速度高于全国平均水平 60%；农用柴油使用量由 1993 年的 275 万 t 增加至 2019 年的 631 万 t，增长 129%；农业机械总动力从 4094 万 kW/h 增长至 36714 万 kW/h，其中农用大中型拖拉机数量从 14.24 万台增

长至 93.11 万台。以农用联合收割机为例，1978 年长江经济带农用联合收割机不足 1600 台，2019 年数量高达 80 万台，主要粮食产区基本实现了水稻、小麦和玉米等作物的机械化收获。三是化肥、农药和农膜等农资产品投入趋于合理。通过总结我国 19 个省份 13667 个地块施肥调查结果和 22 个省份的 32 个养分监测村田间试验结果发现，氮肥对水稻、小麦和玉米的增产率分别为 28.4%、30.9%和 26.4%，磷肥对水稻、小麦和玉米的增产率分别为 9.2%、14.3%和 12.2%，钾肥对水稻、小麦和玉米的增产率分别为 11.1%、7.1%和 11.0%(闫湘 等，2017)。据统计数据显示，长江经济带化肥用量由 1980 年的 586 万 t 增加至 2019 年的 1884 万 t，约在 2014 年达到最高峰(2179万t)。单位播种面积化肥施用量由 93kg/hm^2 增加至 261kg/hm^2。化肥施用结构也在逐渐发生转变，单质肥施用比例逐渐下降，基于不同作物养分需求的配方肥(复混肥)占比不断提升。长江经济带农药用量由 1991 年的 39 万 t 提高至 2010 年的 79 万 t，后期呈波动性下降趋势，目前农药消耗总量为 58 万 t，单位播种面积农药施用量由 6.0kg/hm^2(1993 年)提高至 11.4kg/hm^2(2010 年)，受政策调控和技术进步影响，2019 年下降至 8.0kg/hm^2。以上数据表明，自 2015 年我国开展化肥农药零增长行动以来，长江经济带率先实现推进化肥农药减量增效，并已经取得明显成效。四是动物养殖趋向规模化和集中化，综合生产能力不断增强。2000 年以后，长江经济带动物规模化养殖比例迅速增加。生猪中大型规模化养殖比例从 20%增长至 60%，增幅高达 2 倍。家禽规模化养殖(中规模和大规模)占比从 20%增长至 90%，且大规模养殖占比越来越高。散户养殖占比一直呈下降趋势，主要原因为散户经营生产成本较高，导致市场竞争力不足。畜禽规模化养殖在保障国家食物安全、繁荣农村经济、促进农牧民增收等方面发挥了重要作用。综上所述，改革开放以来，长江经济带通过多方面增强生产要素的投入，使得农业生产力得到了较大发展。

3. 农业生产政策支持体系不断完善

改革开放以后，首先出现在安徽省凤阳县的家庭承包责任制，带来了农业经营体制的变革，并纠正了长期存在的管理高度集中和经营方式过分单调的弊端，使农民在集体经济中由单纯的劳动者变成既是生产者又是经营者，从而大大调动了农民的生产积极性，较好地发挥了劳动和土地的潜力。1982 年关于农村工作的“一号文件”正式充分肯定了家庭联产承包责任制，随后这一制度不断辐射全国，成为中国现阶段农村的一项基本经济制度。2000 年，中央决定在安徽以省为单位开始实施农村税费改革试点。2000～2006 年，国家开始逐步通过农村税费改革，大幅度降低农业税税率。在“十一五”规划开局的 2006 年，在建设社会主义新农村起步之际，中央“一号文件”出台了在全国范围内取消农业税的政策，中共十届全国人大常委会第十九次会议做出了自 2006 年 1 月 1 日起废止《中华人民共和国农业税条例》的决定。取消农业税，进一步降低了农业生产成本，提高了农业经营收益和农产品国际竞争力，促进了农业生产的现代化，推动了农民生活质量的提高和农村社会的全面进步，激发了广大农民的积极性和主动性。另外，自 2004 年起，国家先后在全国范围内施行农作物良种补贴、种粮农民直接补贴和农资综合补贴等三项补贴政策(以下简称“三项补贴”)。三项补贴中的直接补贴是普惠制，其直接将补贴发放至农民手中，这可以促进粮食生产、保护粮食综合生产能力、调动农民种粮积极性。农业农村部还逐渐施行了耕地地力保护补贴、农业机械购置补贴、畜禽良种补贴、土壤有机质提升补贴以及种植业和养殖业保险保费补贴等其他专项资金补贴政策。这些强农惠农政策有效地加快转变农业发展方式，强化了粮食安全保障能力，为建设国家粮食安全、农业生态安全保障体系提供了有效的支撑。

综上所述，长江经济带在过去 70 多年中，通过政策扶持、资源投入、技术进步、耕地培育和品种改良等综合措施，其农业生产主要取得了三方面的历史性成就。第一，解决了超过 6 亿人的口粮问题，且仅以较少耕地扩张为代价；膳食结构得到调整与优化，“油瓶子”“菜篮子”“果盘子”供应充足，肉、蛋、奶需求增长较快；农产品品质也不断提升。第二，在机械设备利用率、科技水平和高标准农田建设等农业现代化方面有了质的飞跃。第三，通过实施家庭联产承包责任制、取消农业税和建立农业补贴制度等重大改革，搭建起农业稳定生产的制度框架。

1.5　长江经济带农业绿色发展面临的新挑战

党的十八大以来，以习近平同志为核心的党中央把建设美丽中国摆在了前所未有的高度，把生态文明建设纳入中国特色社会主义“五位一体”总体布局的重要内容，把坚持人与自然和谐共生纳入新时代坚持和发展中国特色社会主义基本方略。2015 年 10 月，中共十八届五中全会把绿色发展纳入五大新发展理念（创新、协调、绿色、开放、共享），明确提出坚持绿色发展，必须坚持节约资源和保护环境的基本国策，坚持可持续发展，坚定走生产发展、生活富裕、生态良好的文明发展道路，加快建设资源节约型、环境友好型社会，形成人与自然和谐发展现代化建设新格局，推进美丽中国建设，为全球生态安全做出新贡献。生态兴则文明兴，坚持“绿水青山就是金山银山”的发展观和提升绿色发展理念的战略地位，不仅能有力地将生态文明建设逐渐从过去的被动式管理转向主动式宏观治理，而且有助于生态文明全面优化发展。2017 年 10 月，习近平总书记在党的十九大报告中进一步强调生态文明建设的任务主要是推进绿色发展，明确了生态文明建设的发展方向，提出要加快建立绿色生产和消费的法律制度和政策导向，建立健全绿色低碳循环发展的经济体系。构建市场导向的绿色技术创新体系，发展绿色金融，壮大节能环保产业、清洁生产产业、清洁能源产业。推进能源生产和消费革命，构建清洁低碳、安全高效的能源体系。推进资源全面节约和循环利用，实施国家节水行动，降低能耗、物耗，实现生产系统和生活系统循环链接。倡导简约适度、绿色低碳的生活方式，反对奢侈浪费和不合理消费。绿色发展理念逐渐渗透到生产、生活和生态文明建设的方方面面。

党和国家高度重视农业的绿色可持续发展。2017 年 9 月，中共中央办公厅、国务院办公厅印发了党中央出台的第一个关于农业绿色发展的文件《关于创新体制机制推进农业绿色发展的意见》（以下简称《意见》），强调要把农业绿色发展摆在生态文明建设全局的突出位置，全面建立以绿色生态为导向的制度体系，基本形成与资源环境承载力相匹配、与生产生活生态相协调的农业发展格局，努力实现耕地数量不减少、耕地质量不降低、地下水不超采，化肥、农药使用量零增长，秸秆、畜禽粪污、农膜全利用，实现农业可持续发展、农民生活更加富裕、乡村更加美丽宜居。《意见》高屋建瓴，方向明确，是指导当前和今后农业绿色发展的纲领性文件，在推动农业绿色发展中发挥重要的引领作用。随后农业农村部先后印发了《农业绿色发展技术导则(2018—2030 年)》、《国家农业可持续发展试验示范区(农业绿色发展先行区)管理办法(试行)》和《2019 年农业农村绿色发展工作要点》。这些重要文件和行动纲要不仅为农业绿色发展提供了顶层设计和发展规划，而且为区域践行落地指明了方向。国家农业绿色发展先行区是目前推进农业绿色发展的综合性试验示范平台，要求立足当地资源禀赋、区域特点和突出问题，着力创新和提炼形成以绿色技术体系为核心、绿色标准体系为基础、绿色产业体系为关键、绿色经营体系为支撑、绿色政策体系为保障、绿色数字体系为引领的区域农业绿色发展典型模式，将先行区建设成为绿色技术试验区、绿色制度创新区、绿色发展观测点，为面上农业的绿色发展转型升级发挥引领作用。2021 年 8 月，为贯彻落实党中央、国务院推进农业绿色发展决策部署，加快农业全面绿色转型，持续改善农村生态环境，六部委联合印发《“十四五”全国农业绿色发展规划》，完整、准确、全面贯彻新农业发展理念，落实构建新农村发展格局要求，树立和践行“绿水青山就是金山银山”理念，以高质量发展为主题，以深化农业供给侧结构性改革为主线，以构建绿色低碳循环发展的农业产业体系为重点，明确提出到 2025 年农业绿色发展“五个明显”的定性目标，即资源利用水平明显提高、产地环境质量明显好转、农业生态系统明显改善、绿色产品供给明显增加、减排固碳能力明显增强。

农业绿色发展实质上是要将“绿色”和“发展”协同实现。与传统的可持续发展理念相比，农业绿色发展强调农业经济需要以改善民生为目标科学地发展，同时也强调农业经济和社会发展不能以牺牲环境质量和生态资源为代价。它倡导通过科技创新主动解决资源、生态环境等的瓶颈问题，创新绿色的投入品、技术和模式，产生更多的生产产品、生活福祉和生态价值，最终不仅在区域尺度上实现农业稳步发展和生态环境系统逐步改善，而且达到全球共同实现绿色发展的目标。因此，推进农业绿色发展是当代农业发展观的一场深刻革命。在中国，加快推进农业绿色发展，是贯彻落实习近平生态文明思想的具体体现，也是为了满足人民对美好生活的迫切要求，更是推进乡村振兴的必然选择。农业绿色发展作为一种全新的发展理念、技术模式和系统工程，将成为我国未来农业的发展方向(马文奇 等，2020)。

长江经济带是我国综合实力最强、战略支撑作用最大的区域之一，长江通道是我国国土空间开发最重要的东西轴线，具有独特的优势和巨大的发展潜力，同时拥有独特的生态系统。但随着长江经济带的高速发展，伴随而来的生态环境状况恶化、水体土壤污染、农产品安全下降等问题日趋严重。当前，以绿色发展理念推进长江经济带高质量发展成为一项历史性、转折性、全局性的战略性决策。2016 年 1 月，习近平总书记在重庆召开的推动长江经济带发展座谈会上强调长江是中华民族的母亲河，也是中华民族发展的重要支撑。推动长江经济带发展必须从中华民族长远利益考虑，走“生态优先、绿色发展”之路，使绿水青山产生巨大的生态效益、经济效益、社会效益，使母亲河永葆生机活力。长江经济带要成为我国生态优先绿色发展主战场。同年 9 月，《长江经济带发展规划纲要》发布，成为推动长江经济带发展的重大国家战略的纲领性文件。2018 年 4 月，习近平总书记在武汉主持召开深入推动长江经济带发展座谈会并发表重要讲话，强调推动长江经济带发展是党中央做出的重大决策，也是关系到国家发展全局的重大战略。新形势下推动长江经济带发展，关键是要正确把握整体推进和重点突破、生态环境保护和经济发展、总体谋划和久久为功、破除旧动能和培育新动能、自我发展和协同发展的关系，坚持新发展理念，坚持稳中求进工作总基调，坚持共抓大保护、不搞大开发，加强改革创新、战略统筹、规划引导，以长江经济带发展推动经济高质量发展。同年 9 月，农业农村部为全面贯彻习近平总书记重要讲话精神，落实《〈长江经济带发展规划纲要〉分工方案》，推动长江经济带农业农村绿色发展，发布了《农业农村部关于支持长江经济带农业农村绿色发展的实施意见》。同年 10 月，国家发展和改革委员会、生态环境部、农业农村部、住房和城乡建设部和水利部联合印发《关于加快推进长江经济带农业面源污染治理的指导意见》，提出加快推进长江经济带农业农村面源污染治理，推行绿色生产生活方式，持续改善长江水质，修复长江生态环境，实现农业农村发展与资源环境相协调，助力长江经济带高质量发展。2020 年 11 月，习近平总书记在南京主持召开全面推动长江经济带发展座谈会，强调要贯彻落实党的十九大和十九届二中、三中、四中、五中全会精神，坚定不移贯彻新发展理念，推动长江经济带高质量发展，谱写生态优先绿色发展新篇章，打造区域协调发展新样板，构筑高水平对外开放新高地，塑造创新驱动发展新优势，绘就山水人城和谐相融新画卷，使长江经济带成为我国生态优先绿色发展主战场、畅通国内国际双循环主动脉、引领经济高质量发展主力军。为了加强长江流域生态环境保护和修复，促进资源合理高效利用，保障生态安全，实现人与自然和谐共生，2021 年 3 月 1 日，《中华人民共和国长江保护法》出台施行，要求科学有序统筹安排长江流域生态、农业、城镇等功能空间，划定生态保护红线、永久基本农田、城镇开发边界，优化国土空间结构和布局等，标志着长江大保护进入依法保护的新阶段(图 1-9)。

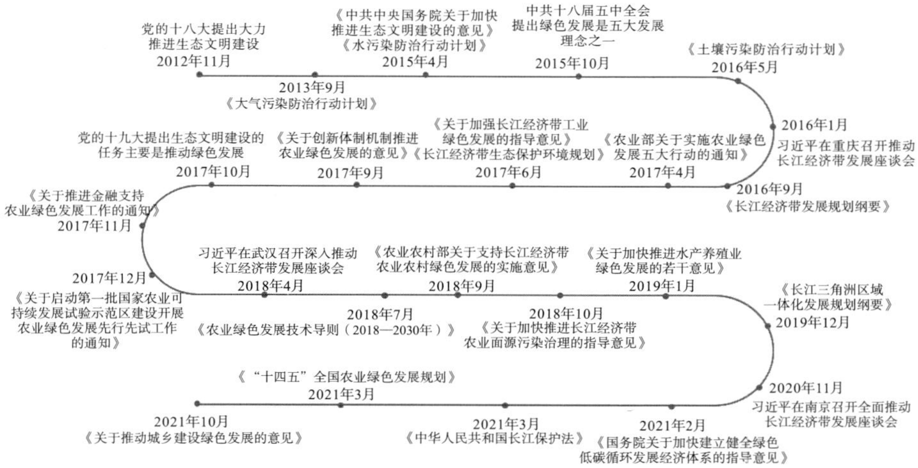

图 1-9　生态文明建设暨长江经济带农业绿色发展相关政策及行动时间脉络

综上所述，党中央已经对推动长江经济带农业绿色发展和生态保护做出全面部署和决策，一系列法律、法规、政策、措施陆续发布实施，为农业绿色发展“保驾护航”，同时对长江经济带农业绿色发展提出了明确要求，为长江经济带在践行高质量发展理念，构建农业生产新格局，推动绿色生产、生活和生态提供了重要遵循原则，指明了努力方向。

长江经济带农业绿色发展强调要由单一追求生产和经济发展向农业生产与生态环境协调发展转变，在发挥农业生产功能的同时，兼顾多功能的农业发展(Guo et al.，2021)。因此，农业绿色发展包含多个目标和利益主体，涉及食物生产多个环节。利用描述社会和环境之间相互作用和相互依赖的DPSIR[driving forces(驱动力)、pressure(压力)、state(状态)、impact(影响)和 response(响应)]理论框架来深入理解长江经济带农业绿色发展在现阶段面临的多重新挑战(图 1-10)。

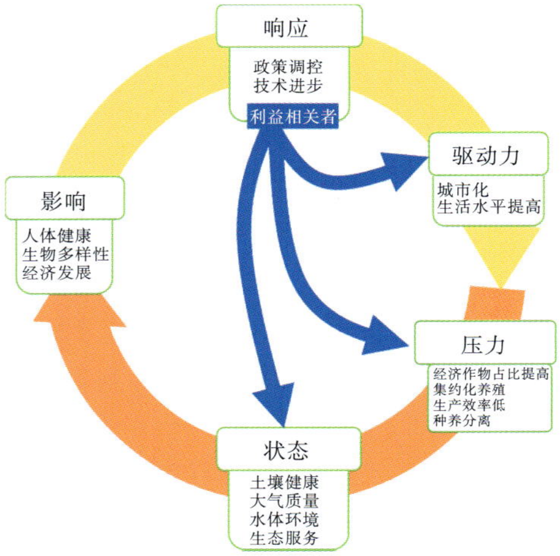

图 1-10　长江经济带农业绿色发展面临的挑战(DPSIR 理论框架)

1. 快速城市化对养分资源流动的响应(驱动力)

长江经济带是中国快速城市化的主要区域之一，目前其整体城市化率超过 60%，其中长江下游地区城市化率显著高于中、上游地区。快速城市化进程对食物生产和资源环境压力的影响主要体现在以下三个方面。首先，城市化率提升意味着更多的动物产品需求和更多的食物浪费，而这都将付出更多的环境代价。据统计，城市居民每人每年的蛋白质消耗量高达 36kg，这还不包括食物在到达餐桌之前的 15%～50%的损失(Ma et al.，2019)。其次，城市对生活垃圾和排泄物的处理在一定程度上中断了养分资源的循环途径，导致系统更加依赖于外界的养分资源投入。传统固废处理(堆置、焚烧或掩埋)和生活污水处理方式难以实现将养分回收至农田。最后，城市化还进一步增加了城市生活污水的排放。在污水处理过程中，污水处理厂通过技术措施移除氮、磷养分，以降低污水对地表水环境的影响。但是目前，中国还缺乏将污水、污泥回收至农田的相关模式和设施。综上所述，人口密集的大城市成为农业绿色发展过程中养分循环利用的阻碍之一。

2. 经济作物占比快速提升(压力)

随着居民生活水平的不断提升，居民膳食结构也发生了显著变化。长江经济带经济作物(蔬菜、水果、油料和茶)种植面积占比不断增加(目前高达 44%，与粮食作物相接近)，且蔬菜和水果生产量仍然呈持续增长的趋势(图 1-11)。长江经济带的经济作物种植面积占比远高于世界平均水平(27%)。长江经济带种植结构向经济作物倾斜的主要原因是：一方面，居民在收入水平提升后对果、蔬、茶的需求增加；另外一方面，经济作物种植收益要高于粮食作物，更易受到农民和当地政府的青睐。但是，经济作物种植面积增加会加剧环境污染。例如，单位面积蔬菜种植的温室气体排放量要比小麦和玉米种植分别高 68%和 41% (Zhang et al.，2021)。另外，蔬菜具有根系浅、覆盖度低和生长周期短等特点，在生产过程中需要集中投入大量养分。与此同时，其环境损失风险要远高于粮食作物(Wang et al.，2020)。而在水果生产中存在的问题是，农民经常会使用过量的化肥和有机肥养分，以确保稳产、高产，但往往收获的农产品不会带走大量的氮和磷(Yang et al.，2020)。因此，只有实现经济作物绿色生产，才能降低经济作物种植面积占比不断增加带来的环境风险。

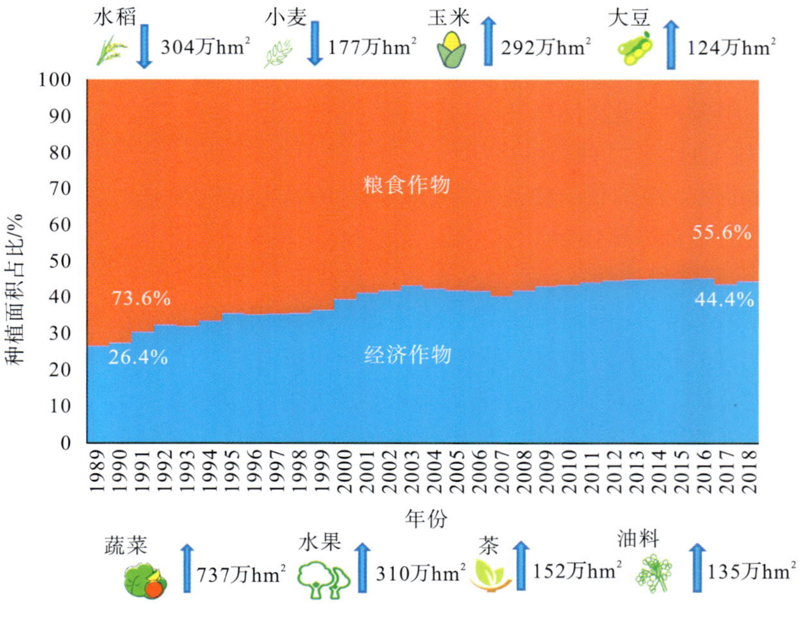

图 1-11　1989～2018 年长江经济带粮食作物和经济作物种植面积占比逐年变化趋势

3. 畜禽与水产养殖的集约化发展(压力)

长江经济带是传统养殖向集约化养殖转型的主要区域之一。其生猪和家禽的集约化养殖比例在 2019 年已经分别高达 60%和 90%，其中超大型生猪和家禽养殖场的数量[即每个农场养殖超过 5 万头猪(或 100 万只家禽)]将继续大幅增加。例如，2010～2015 年，长江经济带超大型生猪和家禽养殖场的数量分别增长了 1.5 倍和 8.8 倍。长江经济带畜禽养殖密度为 5.1LU/hm^2，高于全国(4.2LU/hm^2)、美国(1.7LU/hm^2)、欧洲(2.6LU/hm^2)和澳大利亚(1.2LU/hm^2)的平均值(Guo et al.，2021)。其中，单胃动物养殖比例超过 90%，并高度依赖玉米和大豆等组成的精饲料。

一方面，虽然在过去几十年中，长江经济带肉、蛋、奶产品生产量增长显著，系统养分利用效率也有所提升(Ma et al.，2012)，但是由于粗放式的发展和缺乏科学的规划，养殖业和种植业在养分资源循环利用上出现了脱节(Bai et al.，2018)，而种养结合消失的背后是专业化大型养殖场的兴起。1986 年，牲畜饲养主要由农村家庭承担；到 2010 年，农村家庭还承担着 50%的畜禽饲养，而另外 50%由规模化养殖场承担。据估算，2010 年整个长江经济带畜禽粪尿中氮、磷资源量已经高达 790 万 t 和 1800 万 t，但是畜禽粪尿还田率仅为 25%。集约化养殖场附近缺乏足够的耕地是限制畜禽粪尿还田的原因之一，从而出现畜禽粪尿向附近水源直排的现象。另一方面，单胃动物数量的急剧增长导致秸秆作物资源作为饲料被利用的机会大大降低。2016 年，长江经济带共产生 33600 万 t 秸秆资源，其中包含的氮、磷资源量分别为 350 万 t 和 50 万 t。由于缺乏反刍动物对秸秆作物的需求，秸秆资源利用效率大大降低。因此，单胃动物数量比例高已成为实现长江经济带各区域种养一体的障碍。

长期以来，我国各类种养业废弃物乱扔、乱排、乱放问题突出，是农业绿色发展的短板之一，迫切需要通过加强种养结合，推动农业生产过程减量化、再利用、资源化，提高农业资源循环利用效率，遏制和减少农业面源污染，促进农业可持续发展。2017 年，农业部(现农业农村部)印发《种养结合循环农业示范工程建设规划(2017—2020 年)》，就构建集约化、标准化、组织化、社会化相结合的种养协调发展模式，探索典型县域种养业废弃物循环利用的综合性整体解决方案提出了明确要求和指导思想。而实现这些目标需要在基础设施(粪污储存和处理)、运输(从畜牧场到种植农场，以及粪污转移)、劳动力、教育和培训方面提供支持，并就建议的肥料施用速率和施用时间提供技术指导，以优化养分利用效率。另外，如何根据区域农业绿色发展目标和资源环境的调控阈值进行区域种植和养殖结构的优化设计，成为长江经济带农业绿色发展的新挑战之一。

为降低高密度养殖的感染风险，集约化养殖高度依赖抗生素的使用。中国已经成为最大的抗生素生产国和消费国，其中有 23%的抗生素被使用在单胃动物的养殖中。这些抗生素随着动物粪污排泄出来，可能会进一步影响土壤、水体和农产品的质量安全。目前，越来越多的研究开始关注土壤和水体中的抗性基因残留问题。此外，为促进猪和家禽的生产力，某些重金属元素被用作日粮补充物，但其中大部分会被排出动物体外并进入粪污中，从而增加了长江经济带土壤中重金属元素积累的风险。因此，实现集约化养殖业的绿色发展是现阶段长江经济带农业绿色发展的重要挑战之一。

4. 农业生产和养分利用效率不高(压力)

虽然长江经济带在食物生产方面取得了历史性的成就，但作物的实际产量和潜在产量仍然存在较大差距，作物资源利用效率低下是长江经济带农业生产面临的主要问题。长江经济带主要优势作物是水稻、蔬菜、油菜、柑橘和茶叶，这些作物的种植面积和产量均一直保持在全国的 60%以上。尽管在过去的半个多世纪，长江经济带大多数作物单产水平大幅度提升，但是与国际优势主产区相比，产量低的劣势仍然很明显(表 1-2)。例如，长江经济带 2016 年水稻单产高达 7.1t/hm^2，已经高于全国平均水平和国际其他主要产区(越南和泰国)水平，但仍然仅实现了产量潜力的 74%(Deng et al.，2019)。

表 1-1　2016 年长江经济带农业生产力、资源投入情况与全国平均水平、美国和欧盟的比较

指标	单位	长江经济带				全国	美国	欧盟
		上游	中游	下游	全域			
水稻单产[1]	t/hm^2	6.9	6.9	7.5	7.1	6.9	8.1	6.2
蔬菜单产[1]	t/hm^2	23.4	28.3	32.4	28.0	23.0	35.0	29.0
油菜单产[1]	t/hm^2	2.0	1.9	2.6	2.2	2.1	2.3	1.1
化学氮肥[1]	kg/hm^2	215.0	283.0	315.0	263.0	225.0	75.0	107.0
化学磷肥[1]	kg/hm^2	86.6	145.0	121.0	115.0	94.1	25.8	24.5
氮肥偏生产力[1]	kg/kg	51.8	55.1	52.6	53.1	52.3	136.0	50.9
农药[1]	kg/hm^2	7.2	27.7	21.9	17.7	14.8	2.6	3.5
猪肉生产力[1]	kg/头	79.5	76.1	80.1	78.8	78.7	95.7	91.0
牛奶生产力[1]	kg/头	2645	1225	3881.0	2707.0	2439.0	10348.0	6879.0
畜禽粪尿还田率(%)[2]	—	25.4 (2010 年)	—	—	25.8 (2010 年)	32.9 (2010 年)	73.5 (2002 年)	80.7 (2000 年)

注：1 长江经济带及上、中、下游，中国数据来自《中国农业统计年鉴(2017)》；美国和欧盟数据来自联合国粮食及农业组织(Food and Agriculture Organization of the United Nations，FAO)。

2 数据来源：Guo 等(2021)。

另外，虽然我国包括长江经济带已经提前实现化肥农药零增长的目标，但是农业资源投入仍然维持在一个较高的水平，且高于发达国家的农田平均资源投入水平。例如，长江经济带粮食生产的氮肥偏生产力为 53.1kg/kg，显著低于美国(136.0kg/kg)(Guo et al.，2021)。相比较而言，长江经济带动物系统生产力劣势更加明显。例如，长江经济带生猪出栏时每头猪肉产量约为 79.0kg，相比欧盟(91.0kg)和美国(96.0kg)的平均水平还具有一定差距。牛奶单产水平(2707.0kg/头)则远低于欧盟(6879.0kg/头)和美国(10348.0kg/头)。研究表明，长江经济带的动物生产系统氮、磷资源利用效率仅分别为 17%和 14%，与发达国家相比差距还很明显(Bai et al.，2016；Ma et al.，2012)。

因此，与国际优势主产区相比，长江经济带农业生产还处于低生产力和低资源利用效率的状态。资源浪费和环境足迹高成为制约长江经济带农业绿色发展的重要因素。在现有的土地上生产更多的食物来满足未来的需求，是长江经济带农业绿色发展的重要内容之一，同时可为保障生态服务功能节约更多的土地。

5. 环境质量安全(状态)

在过去几十年中，受人为活动的影响，大量的氮、磷营养盐进入长江水体，造成水体可溶性氮磷营养盐含量急剧升高，引起内陆湖泊和近海的富营养化现象时有发生(Dai et al.，2011；Li et al.，2014)。因此，长江经济带的环境质量受到社会的强烈关注。尤其是坚持“共抓大保护、不搞大开发”发展理念被提出之后，国家和地方都采取了一系列生态环境保护政策和措施，如《中华人民共和国水污染防治法》的颁布实施、污染隐患企业的“关停并转”、入河排污口整治、“三磷”专项排放以及污染物总排放量和水质改善双约束指标体系与机制、河湖长制的实施和水土保持措施等。长江干流及主要支流水环境现已

得到明显改善，水生态破坏的趋势得到了初步遏制。在 2020 年首次实现全面消除劣Ⅴ类水体，干流首次全面达到了Ⅱ类水质。干流断面氨氮和总磷含量呈现明显下降趋势。但目前还存在这三方面的突出问题。第一，部分支流受回流和流速影响，仍然存在水华发生风险。例如三峡库区下游，一些湿地、湖泊面积萎缩，水生态保护和修复亟待加强。第二，农业面源污染的防治亟待突破。农村的种植业、养殖业受到城市初期雨水等面源污染的影响较严重。第三，抗生素、农药、微塑料等新型污染物因会影响水质和供水安全而逐渐受到公众的关注。尽管长江经济带空气污染没有华北平原严重，但是据监测，长江经济带中下游部分区域空气中 $PM_{2.5}$ 含量已经超过联合国卫生组织规定的阈值（$10\mu g/m^3$）。$PM_{2.5}$ 含量与农田肥料的使用、畜禽集约化养殖等活动造成的氨排放息息相关。另外，农业活动加剧造成大气氮沉降增加，影响了自然生态系统中生物地球化学循环过程（Xu et al.，2018）。长江经济带是氨排放的热点区域之一，因此氨减排也是长江经济带未来生态环境保护中的重要工作。长江经济带是耕地土壤保育的典型区域，其中低产田分布广、土壤肥力低，耕地土壤中典型土壤类型（如红壤、黄壤、水稻土等）存在酸化、有机质普遍贫乏、重金属含量高、土壤生物多样性下降等问题。其中，长江流域土壤侵蚀面积最大，占全国土壤侵蚀面积的 28.37%，且每年土壤侵蚀量也最高，为 27.06 亿 t，占全国土壤侵蚀总量的 30.50%。尤其是长江上游沿岸土壤侵蚀风险高，强度大。长江主干道自西向东落差约为 4000m，年土壤侵蚀量达 8.9 亿 t，上游地区由于其特殊的地貌和气候条件，成为土壤侵蚀的热点区域。因此，水、土、气等环境质量问题是限制农业绿色发展的瓶颈问题，解决这些问题成为农业绿色发展的目标。基于环境设定区域农业绿色发展的资源环境目标值和调控阈值，并以此为卡口进行区域农业和食物系统结构的优化设计，进而推进本区域农业向绿色方向发展，成为现阶段农业绿色发展理论的重要研究内容之一（马文奇 等，2020）。

6. 经济发展与生物多样性（影响）

高强度的农业活动和快速城市化进程已经极大地影响了长江经济带的野生植物和动物的栖息地。据报道，在过去半个多世纪中，长江经济带的植物、无脊椎动物和候鸟数量锐减（Jia et al.，2018）。以鱼类为例，长江干流每年的天然捕捞量已从 1954 年的 42.7 万 t 降至近年的不足 10 万 t，仅占中国淡水产品总量的 0.32%。有些过去属于高产的经济鱼类，目前已经丧失资源属性，如鲥鱼 1974 年的产量达 250 万斤（1 斤＝0.5kg），现已绝迹多年；刀鱼 1973 年产量达 700 万斤，现已稀少。长江经济带一些物种和种群的快速减少甚至消失，使生物多样性逐渐丧失。而生物多样性作为生物资源和种质资源的属性，也逐渐影响到生态系统的健康与稳定性，生物多样性的丧失使生态系统的环境保障功能减弱，潜在的生态安全风险加大（陈洪波，2020）。近期，由于《长江十年禁渔计划》等政策的施行，协同推进经济发展与生物多样性保护已经成为长江经济带绿色发展的重要工作之一。

长江上游占据着整个经济带自然保护区 70%以上的面积，但是仅贡献了整个经济带 GDP 的 20%。上游地区农民总数超过 1 亿人，秦巴、武陵等所在的中上游地区经济发展落后、农民收入低，农民迫切希望发展农业生产以增加收入，然而该区域是国家重点生态功能区，发展农业势必会破坏自然生态格局。尽管可以利用丰富的自然资源发展旅游业，但仍不足以抵消为保护自然资源而牺牲发展农业的成本，因此，急需整合长江经济带上、中、下游自然资源和生态利益，并建立相应的生态补偿机制。

1.6 小　　结

综上所述，1949 年以来，长江经济带农业生产取得了历史性的成就。长江经济带农业生产不仅保证了人口增长对食物的需求，同时也解决了居民生活水平提高造成的膳食结构变化。长江经济带以占全国 20%以上的土地生产了 40%以上的农产品，供养了 40%以上的人口，但也消耗了 50%以上的化肥。但总体上看，农业发展仍然主要依靠消耗资源的粗放式经营方式，环境污染和生态退化的趋势尚未被有效遏制，绿色优质农产品和生态产品的供给还不能满足人民群众日益增长的需求，农业支撑保障制度体系有待进一步健全。在作物种植、畜禽养殖和生态环境等方面限制长江经济带农业绿色发展的主要原因有以下几点。第一，快速城市化对养分资源流动的影响加剧。长江经济带城市化速度快、城乡生活废弃物排放量大，随着城镇人口和经济水平的增长，动物源食物消费量快速增加，餐饮业食物浪费严重，城乡生活废弃物处置率低。第二，受种植收益和市场需求影响，长江经济带经济作物种植面积占比不断增加。经济作物资源投入较大，环境污染风险大。第三，规模化程度增加是未来畜禽养殖的必然趋势，且超大规模养殖场数量不断增加。当前，规模化养殖存在的部分问题仍然是农业绿色发展的瓶颈。例如，种养结构还须在生产环节和空间匹配方面进一步优化；长江经济带畜禽养殖密度大；单位耕地面积畜禽承载量高出全国平均水平的 30%，而粪便还田比例较低。第四，长江经济带人口密度大、农业集约化程度高，资源消耗大，管理粗放，农业生产和养分利用效率还须进一步提升，缩小与国际主产区的差距。第五，环境质量安全一直是绿色发展的目标之一。目前，长江经济带的各省(市)水、土、气环境总体得到改善，但局部水环境问题、部分城市空气质量问题、部分区域土壤环境问题和长江上游的土壤侵蚀问题等较为突出。第六，协调经济发展与生物多样性保护一直是绿色发展的重要组成部分。在经济发展过程中造成了生境丧失或破碎化、环境污染、农林生态系统品种单一化等问题，虽然目前在保护意识、立法监督、就地保护和生态修复等方面已经取得了一系列成就，但长江经济带生物多样性问题仍然不容乐观，这需要多个利益相关体长期共同努力，在实施乡村振兴战略的基础上，协同推进生物多样性保护。长江经济带农业绿色发展涉及种植养殖、资源利用、居民生活、生态服务、环境质量及生物保护等多个方面，需要全面把握、统筹规划。

参 考 文 献

马文奇，马林，张建杰，等，2020. 农业绿色发展理论框架和实现路径的思考. 中国生态农业学报(中英文)，28(8)：10.

闫湘，金继运，梁鸣早，2017. 我国主要粮食作物化肥增产效应与肥料利用效率. 土壤，49(292)：1067-1077.

陈洪波，2020. 协同推进长江经济带生态优先与绿色发展——基于生物多样性视角. 中国特色社会主义研究，153(3)：81-89.

Bai Z H，Ma L，Jin S Q，et al.，2016. Nitrogen，phosphorus，and potassium flows through the manure management chain in China. Environmental Science and Technology，50(24)：13409-13418.

Bai Z H, Ma W Q, Ma L, et al., 2018. China's livestock transition: Driving forces, impacts, and consequences. Advanced Science, 4(7). https://www.science.org/doi/10.1126/sciadv.aar8534.

Dai Z J, Du J Z, Zhang X L, et al., 2011. Variation of riverine material loads and environmental consequences on the Changjiang (Yangtze) estuary in recent decades (1955-2008). Environmental Science and Technology, 45(1): 22-37.

Deng N Y, Grassini P, Yang H S, et al., 2019. Closing yield gaps for rice self-sufficiency in China. Nature Communications, 10(1): 1725.

Gu B J, Zhang X L, Bai X M, et al., 2019. Four steps to food security for swelling cities. Nature, 566(7742): 31-33.

Guo C Y, Bai Z H, Shi X J, et al., 2021. Challenges and strategies for agricultural green development in the Yangtze River basin. Journal of Integrative Environmental Sciences, 18(1): 37-54.

Jia Q, Wang X, Zhang Y, et al., 2018. Drivers of waterbird communities and their declines on Yangtze River floodplain lakes. Biological Conservation, 218: 240-246.

Li H M, Tang H J, Shi X Y, et al., 2014. Increased nutrient loads from the Changjiang (Yangtze) River have led to increased Harmful Algal Blooms. Harmful Algae, 39: 92-101.

Ma L, Bai Z H, Ma W Q, et al., 2019. Exploring future food provision scenarios for China. Environmental Science and Technology, 53(3): 1385-1393.

Ma L, Velthof G L, Wang F H, et al., 2012. Nitrogen and phosphorus use efficiencies and losses in the food chain in China at regional scales in 1980 and 2005. Science of the Total Environment, 434: 51-61.

Wang X Z, Dou Z X, Shi X J, et al., 2020. Innovative management programme reduces environmental impacts in Chinese vegetable production. Nature Food, 2(1): 47-53.

Xu W, Zhao Y H, Liu X J, et al., 2018. Atmospheric nitrogen deposition in the Yangtze River basin: Spatial pattern and source attribution. Environmental Pollution, 232: 546-555.

Yang M, Long Q, Li W L, et al., 2020. Mapping the environmental cost of a typical citrus-producing county in China: Hotspot and optimization. Sustainability, 12(5): 1827.

Zhang F, Liu F B, Ma X, et al., 2021. Greenhouse gas emissions from vegetables production in China. Journal of Cleaner Production, 317: 128449.

第二部分

长江经济带农业绿色发展的现状与挑战

第 2 章　水稻绿色生产的现状、挑战与途径

2.1　引　　言

水稻是全球约 35 亿人的主粮，提供了近 50%的日常膳食能量供应。中国是全球水稻生产第一大国，以全球 18%的播种面积生产了全球约 28%的水稻(数据源于 FAO 官方网站)。在中国，水稻播种面积仅占全国粮食作物播种面积的 26%，但贡献了 33%的粮食产量，约 2/3 的人口以水稻为主食，其在保障粮食安全方面处于极其重要且不可替代的地位。水稻播种面积占长江经济带农作物播种面积的 1/3，是最主要的作物类型。在我国 8 个水稻生产亚区中，长江经济带区域占有其中 5 个，分别是长江上游单季稻区、长江中游单双季稻区、长江下游单季稻区、江南丘陵山地单双季稻区和西南高原山地单季稻区(陈新平 等，2016)。2019 年，长江经济带水稻产量为 13803 万 t，占全国水稻总产量的 65%(数据源于国家统计局官方网站)。

水稻生产系统的典型特征是资源投入量高、环境影响大。水稻生产消耗了我国约 1/4 的氮肥。2018 年，我国水稻的机械耕作面积、机械种植面积和机械收获面积分别达到 2900hm^2、1500hm^2 和 2800hm^2，水稻生产系统柴油消耗量大幅度增加(数据源于《中国农业机械工业年鉴(2019)》)。此外，稻田是农业面源污染的重要排放源，水稻种植面积占全球耕地面积的 11%，但排放了全球 10%的农业温室气体和 1.3%～1.4%的人为温室气体(Meijide et al.，2016)。水稻生产系统中的氮素投入约有 26%在环境中损失，其中以氨挥发损失的氮素占比最大，约为 17%，以氧化亚氮、淋洗和径流损失的氮素为 9%左右，而稻田的氮素损失正是水体富营养化的主要诱因(Cui et al.，2014)。

近年来，我国水稻生产基本稳定且品质不断提高，但由于经济社会的发展、建设用地的增加以及农业结构的调整、农村劳动力的转移，长江经济带作为我国水稻最主要的产区，部分稻田被非粮食生产系统占据，双季稻种植面积减少，水稻种植面积缩减(朱德峰 等，2010；徐春春 等，2020)。因此，优化水稻生产的资源投入、降低环境效应和实现水稻的绿色高产高效对于保障我国口粮安全、优化区域水稻生产和实现全域农业绿色发展具有重要意义。本章将系统分析长江经济带水稻生产体系的产量、面积的时空变化，阐明其资源投入、养分利用效率及环境效应，并提出本区域未来水稻绿色生产的技术策略。

2.2　长江经济带水稻生产现状

2.2.1　水稻种植面积稳定，单产大幅度提升

20 世纪 70 年代，长江经济带 11 省(市)的水稻种植面积达到最大，为 240.3 万 hm^2。此后，水稻种植面积不断减少，2010 年其平均种植面积为 195.7 万 hm^2，与中华人民共和国成立初期(1950 年，195.1 万 hm^2)相近［图 2-1(a)］。长江经济带 11 省(市)的水稻种植面积占全国水稻总种植面积的比例较为稳定，1950s～2010s 平均为 67.0%(范围：64.1%~68.9%)［图 2-1(a)］。在过去 70 多年中，长江经济带水稻总产量大幅度提升，年平均产量由 1950s 的 5171 万 t 增长至 2010s 的 13378 万 t，共增长 8207 万 t［图 2-1(b)］。然而，长江经济带水稻产量占全国水稻总产量的比例却有所下降，由 1950 年的 73.4%降低至 64.9%(2010 年)。长江经济带水稻单产持续大幅度提升，由 1950 年的 2.45t/hm^2 增长至 2010 年的 6.83t/hm^2，增长了 179%[图 2-1(c)]。

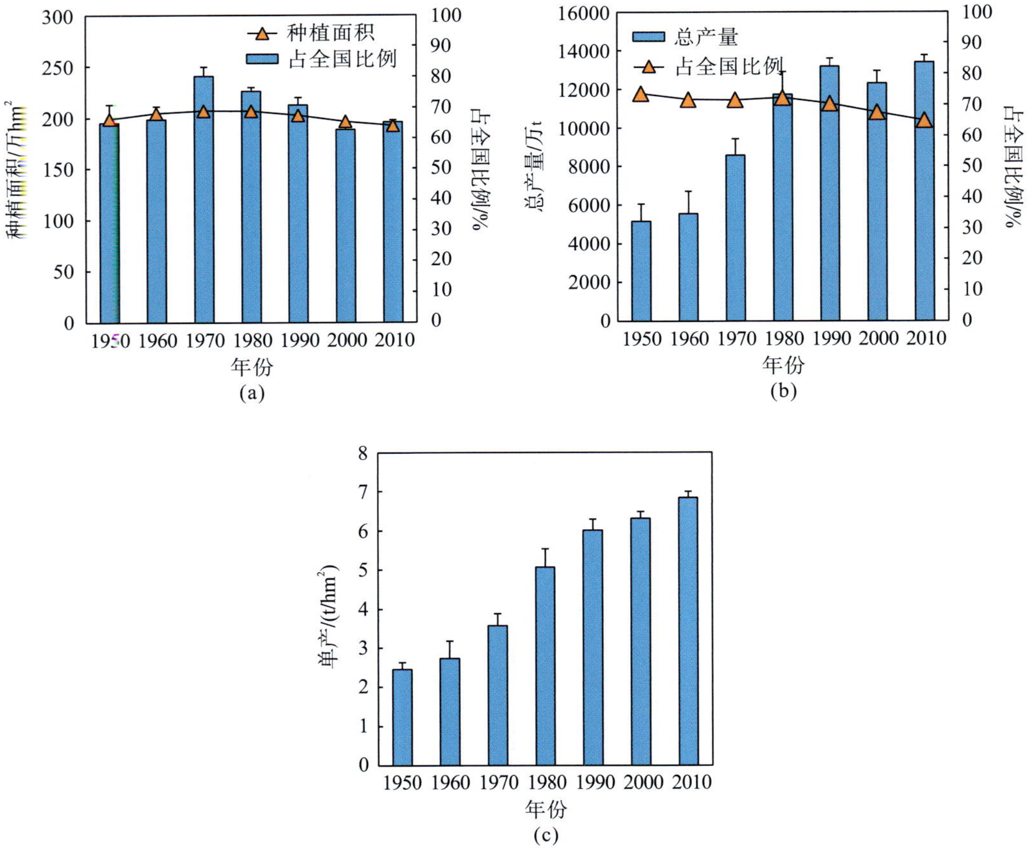

图 2-1　长江经济带水稻的种植面积(a)、总产量(b)及单产(c)历史变化规律

(数据源于国家统计局官方网站)

中游地区是长江经济带水稻种植的主要区域。中游水稻种植面积占比在 1950s～2010s 年由 41%增加至 51%；上游占比有所降低，由 28%降至 21%；下游由 1950 年的 28%增加至 1980s 的 33%，而后降低至 2010s 的 28%(图 2-2)。1970 年以前，四川省的水稻产量位列长江经济带 11 省(市)第一，1970～2010 年湖南省是长江经济带水稻产量最大的省份，平均占比为 18.7%(图 2-3)。各省(市)除浙江省外，1950s～2010s 的水稻总产量均有所提高。其中，增长幅度最大的 3 个省份分别是江西、江苏和安徽，增幅分别为 302%、266%和 255%(图 2-3)。

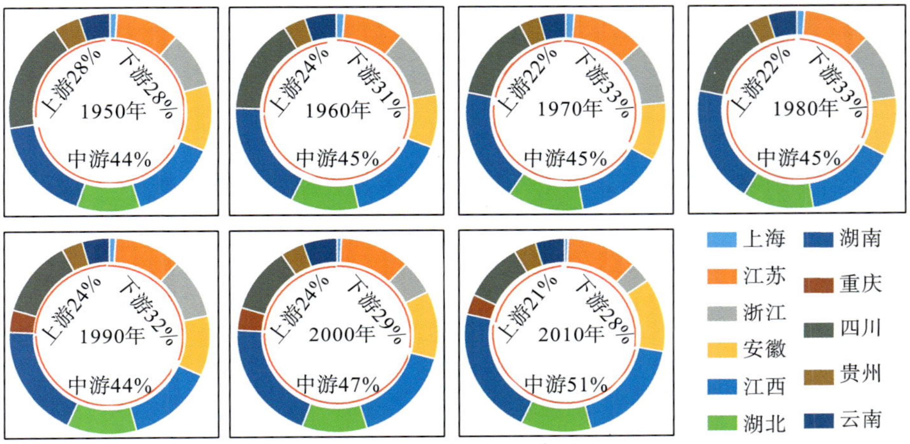

图 2-2　1950～2010 年长江经济带各省(市)水稻种植面积变化情况

(数据源于国家统计局官方网站)

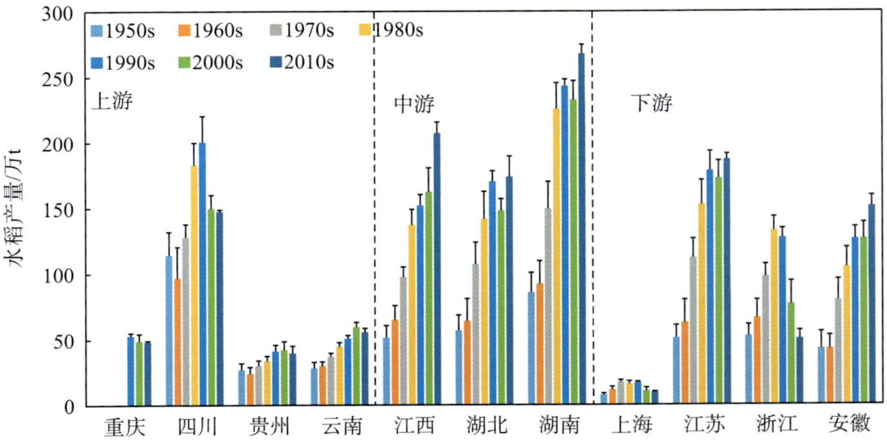

图 2-3　1950～2010 年长江经济带各省(市)水稻产量变化情况

(数据源于国家统计局官方网站)

2.2.2 下游水稻生产投入高、养分利用效率低

农资投入方面，长江经济带全域产区氮肥投入变化不大，磷、钾肥投入有所增加，2014～2018 年较 2004～2008 年增幅分别为 14.0%和 40.3%。其他各项投入按增幅由大到小排列分别是柴油、农药和电力，增幅分别为 87.3%、24.0%和 2.77%；农膜、种子和人工投入量均有所降低，降幅分别为 22.5%、5.87%和 29.1%。2014～2018 年，下游产区水稻生产的氮肥、磷肥、农药、电力、柴油、种子投入量均高于其余两个产区，农膜和人工投入量以上游产区最高，钾肥投入量以中游产区最高。值得注意的是，上游产区水稻生产的柴油投入量大幅度增加，2014～2018 年是 2004～2008 年的 6.36 倍。2004～2018 年长江经济带各区域水稻生产各项农资投入情况表 2-1。

表 2-1　2004～2018 年长江经济带水稻生产各项农资投入情况

投入项	时间段	上游	中游	下游	全域
氮肥（kg N/hm^2）	2004～2008 年	188	163	252	195
	2009～2013 年	171	163	251	190
	2014～2018 年	174	170	249	193
磷肥（kg P_2O_5/hm^2）	2004～2008 年	82.4	56.7	56.3	62.8
	2009～2013 年	59.7	62.3	61.1	61.4
	2014～2018 年	64.7	72.6	75.0	71.6
钾肥（kg K_2O /hm^2）	2004～2008 年	27.8	62.6	52.0	51.4
	2009～2013 年	30.6	64.1	61.3	55.9
	2014～2018 年	44.2	79.9	78.7	72.1
农药（kg/hm^2）	2004～2008 年	10.8	32.2	47.7	31.7
	2009～2013 年	15.7	38.2	50.5	36.7
	2014～2018 年	20.6	39.6	52.6	39.3
电力（kWh/hm^2）	2004～2008 年	28.5	18.0	47.2	28.9
	2009～2013 年	36.9	16.7	52.8	31.2
	2014～2018 年	23.8	19.7	52.3	29.7
柴油（kg/hm^2）	2004～2008 年	21.4	99.3	129.0	89.7
	2009～2013 年	57.2	133.0	135.0	117.0
	2014～2018 年	136	172.0	184.0	168.0
农膜（kg/hm^2）	2004～2008 年	8.03	2.97	2.53	4.04
	2009～2013 年	7.88	2.08	1.45	3.18
	2014～2018 年	8.38	2.16	0.98	3.13
种子（kg/hm^2）	2004～2008 年	31.0	42.2	52.5	42.6
	2009～2013 年	19.5	37.6	56.0	38.8
	2014～2018 年	18.0	38.2	60.0	40.1
人工（人/hm^2）	2004～2008 年	153	49.6	94.0	86.6
	2009～2013 年	91.1	42.0	71.0	61.0
	2014～2018 年	83.3	41.4	81.8	61.4

注：数据源于《全国农产品成本收益资料汇编（2005～2019）》。

如图 2-4 所示，2004～2018 年长江经济带水稻生产氮素盈余量有所降低，由 2004～2008 年的 30.2kg N/hm^2 下降至 2014～2018 年的 17.1kg N/hm^2，降低了 43.4%。各流域氮素盈余量均有所降低，其中以上游降幅最大(91.1%)，中游次之(54.5%)，下游最小(21.3%)。2014～2018 年水稻生产氮素盈余量以下游最高，平均为 46.3kg N/hm^2，其次是上游，平均为 35kg N/hm^2，中游最低，平均为 0.11kg N/hm^2。长江经济带水稻生产氮肥偏生产力有所提高，由 2004～2008 年的 35.0kg/kg 增加至 2014～2018 年的 38.4kg/kg。各子流域水稻生产氮肥偏生产力均呈上升趋势，2014～2018 年上游、中游和下游分别为 42.1kg/kg、39.8kg/kg 和 33.4kg/kg。上游、中游以及整个长江经济带水稻生产的氮肥偏生产力均高于泰国(34.9kg/kg) (Bronson et al.，1997)，但略低于菲律宾(45.9kg/kg) (Bhatia et al.，2010)。

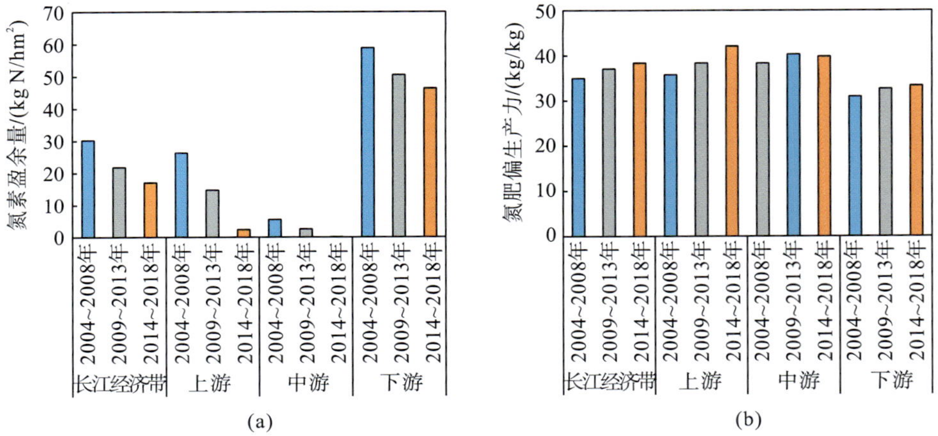

图 2-4　2004～2018 年长江经济带各区域水稻种植氮素盈余量(a)及氮肥偏生产力(b)

2.2.3　长江经济带水稻碳、氮足迹下降

长江经济带水稻种植单位面积活性氮损失在 2004～2015 年波动较大(范围：44.1～45.8kg N/hm^2)，2015～2018 年连续降低，由 2015 年的 45.0kg N/hm^2 降低至 2018 年的 43.8kg N/hm^2。2004～2011 年，单位产量活性氮损失量呈波动趋势，2007 年达到最高(7.29kg N/t)，2011～2018 年不断降低，2018 年达到最低(6.14kg N/t) (图 2-5)。单位面积活性氮损失量在各时间段均以下游最高，上游次之，中游最低，2014～2018 年其平均值分别为 64.7kg N/hm^2、43.4kg N/hm^2 和 33.8kg N/hm^2 (图 2-6)。中游单位面积活性氮损失量有所增加，由 2004～2008 年的平均损失量 32.3kg N/t 增加至 2014～2018 年的平均损失量 33.8kg N/t。2004～2018 年，上游单位产量活性氮损失量降幅最大，为 1.23kg N/t，其次是下游，为 0.61kg N/t，中游较为稳定。氨挥发是稻田活性氮损失最主要的途径，占比约为 77.0%；淋洗和径流损失的氮素占比接近，分别为 9.63%和 11.5%；氧化亚氮损失的占比较低，为 2.14%。

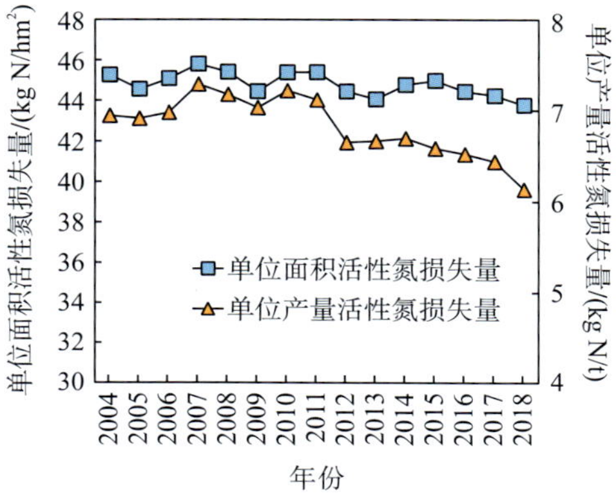

图 2-5　2004～2018 年长江经济带水稻活性氮损失情况

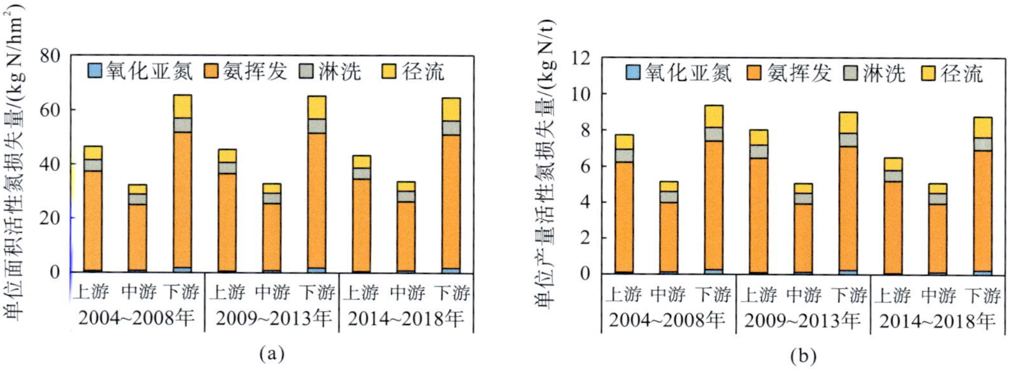

图 2-6　2004～2018 年长江经济带各子流域水稻单位面积(a)和单位产量(b)活性氮损失及其组成

根据生命周期评价——从“摇篮”到“坟墓”的评价方法，可计算出 2004～2018 年长江经济带水稻生产各项农资投入品(化肥、农药、柴油等)从生产、运输到田间施用全生命周期的温室气体排放量，并在单位面积和单位产量上分析其变化趋势。如图 2-7 所示，单位面积和单位产量的温室气体排放量在 2004～2014 年均呈波动趋势，波动范围分别为 6556～7017kg CO_2eq/hm^2 和 970～1012kg CO_2eq/t；2015～2018 年有所降低，2018 年分别为 6242kg CO_2eq/hm^2 和 954kg CO_2eq/t。如图 2-8(a)所示，各子流域水稻生产单位面积温室气体排放量均呈增长趋势，其中以下游最高，2004～2008 年、2009～2013 年、2014～2018 年下游单位面积温室气体排放量分别为 8034kg CO_2eq/hm^2、8126kg CO_2eq/hm^2 和 8374kg CO_2eq/hm^2；2004～2008 年中游单位面积温室气体排放量是三个子流域中最低的，为 5830kg CO_2eq/hm^2，但 2014～2018 年为 6375kg CO_2eq/hm^2，仅次于下游；上游地区单位面积温室气体排放量在 2004～2018 年有所增加(增加了 5.85%)。如图 2-8(b)所示，上游和下游水稻生产单位产量温室气体排放量均有所降低，分别由 2004～2008 年的 906kg CO_2eq/t 和 1149kg CO_2eq/t 降低至 2014～2018 年的 886kg CO_2eq/t 和 1136kg CO_2eq/t，中游保持不变，2014～2018 年平均为 1136kg CO_2eq/t。甲烷是稻田温室气体排放最主要的排放源，平均占比为 48.0%；其次是肥料的生产运输和田间施用，其排放的温室气体约占 34.3%；农药、柴油和种子的占比分别为 9.34%、6.46%和 1.15%；电力、农膜、人工占比较低，不足 1.00%(图 2-8)。

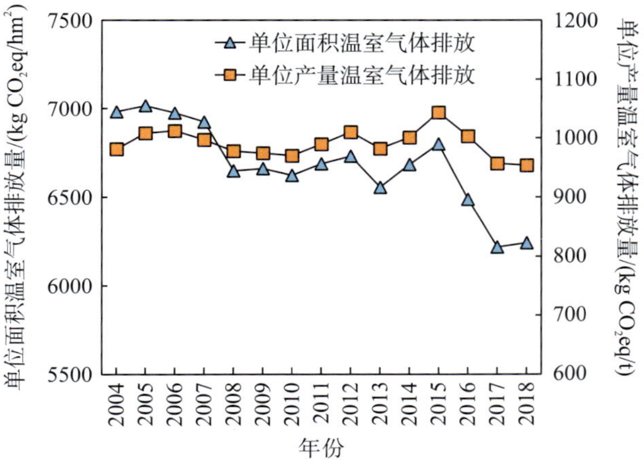

图 2-7 2004～2018 年长江经济带水稻种植温室气体排放情况

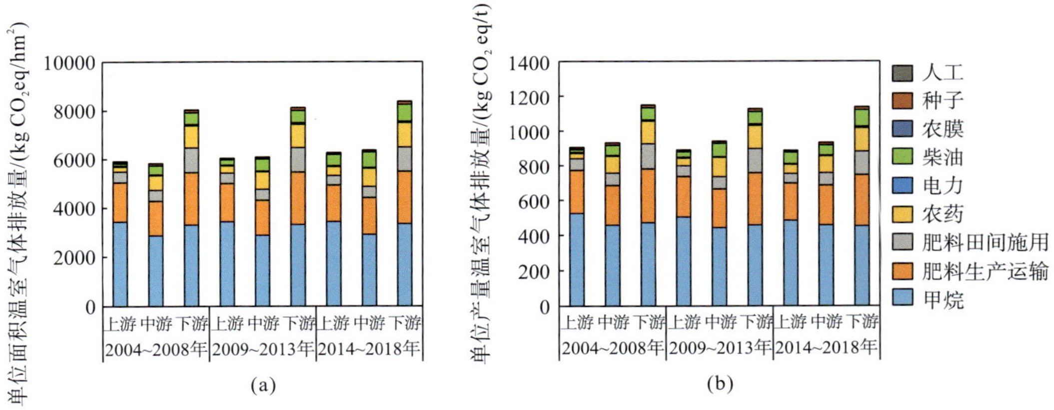

图 2-8 2004～2018 年长江经济带各子流域水稻种植温室气体排放及其组成

2.3 长江经济带水稻绿色生产的潜力与技术途径

2.3.1 长江经济带水稻减肥增产的潜力与分析

预计到 2033 年，为了满足不断增长的人口对粮食和能源的需求，至少需要增加 35% 的水稻产量(Peng et al.，2009)。而产量差(yield gap，YG)在世界各地各不相同，一般实际产量可达到产量潜力的 20%～80%，尤其在小户农业占主导地位的发展中国家，产量差会更大(Lobell et al.，2009；Mueller et al.，2012；Chen et al.，2014)。研究区域内的产量差及其限制因素有助于农户采取针对性措施，提高作物产量。因此，缩小农户实际产量和产量潜力之间的产量差是应对粮食安全挑战的既定战略(Keating et al.，2010；Guilpart et al.，2017；Mills et al.，2018)。为了达到高产，农户通常会投入过量的氮肥，但产量却大幅度地低于产量潜力，导致氮肥利用效率较低(Pampolino et al.，2007；Zhang et al.，2013)和环境风险较高(George，2014)。特别是中国和印度等发展中国家，其分别消耗了全球氮肥总施用量的 22.3%和 12.5%(数据源于 FAO 官方网站)，而氮肥利用效率却均处于较低水平，且在 1961～2011 年持续下降(Zhang et al.，2015)。因此，了解当前发展中国家小农户水稻生产的增产增效潜力，对于解决粮食安全问题、实现绿色可持续发展至关重要(Cassman et al.，1996；Zhang et al.，2015)。此外，我国迫切需要缩小农户水稻产量差，并合理投入养分，提高养分利用效率，降低环境风险。前人的研究表明，当农民采用新技术和科学管理农田时，水稻产量和氮肥利用效率都可以显著提高(Linquist et al.，2013；Nhamo et al.，2014；Ding et al.，2018)。通过采用优化氮肥、水分管理和提高移栽密度等最佳管理措施，水稻产量差和氮肥利用效率差可以分别缩小 38%和 39%(An et al.，2015)。在氮肥利用效率保持不变甚至有所提升的情况下，实现作物高产对于满足日益增长的粮食需求、减少自然资源消耗和防止环境退化至关重要。江苏省是中国水稻主产区之一，以占全国 7.5%的水稻种植面积，生产了占全国 8.4%的水稻籽粒(Sui et al.，2013；Peng et al.，2006)。因此，本节的主要目的是以江苏省为例，通过农户调研和文献搜集的方法，综合评估农户当前的水稻增产增效潜力，提出缩小产量差和提高氮肥利用效率的途径，并分析影响水稻产量和氮肥投入的限制因素，提出优化策略。

根据水稻产量和氮肥用量的平均值，将农户分为四种类型：①高产高效(high-yield high-efficiency，HYHE)型；②低产高效(low-yield high-efficiency，LYHE)型；③高产低效(high-yield low-efficiency，HYLE)型；④低产低效(low-yield low-efficiency，LYLE)型。YG1 表示农户实际产量与高产农户产量之差，其受到投入成本和技术条件等的限制；YG2 表示农户实际产量与试验田块在农业科学家的优化管理下所达到的产量之差，农户在一段时间内通过加强管理可以实现田间试验产量；YG3 表示农户实际产量与农户在专家指导下且在较好地块上不计水肥投入所实现的最大产量之差，代表这一地区目前最高的产量水平。

江苏省农户实际产量与最高纪录产量、田间试验产量和高产农户产量之间的产量差分别为 6267kg/hm^2、4437kg/hm^2 和 2170kg/hm^2(表 2-2)。总体而言，农户实际平均产量分别达到了最高纪录产量的 57%、田间试验产量的 65%和高产农户产量的 79%。YG1 主要是由于养分和农艺管理不当造成的，表明农户通过田间管理技术可以提高 20%的产量。最高农户产量、田间试验产量和最高纪录产量对应的氮肥偏生产力分别为 34.6kg/kg、47.1kg/kg 和 48.5kg/kg。农户的氮肥偏生产力和潜力产量对应的氮肥偏生产力之间的效率差范围为 11.5～25.4kg/kg。

表 2-2　长江经济带水稻生产优化潜力

指标		农户生产水平				江苏
		HYHE	LYHE	HYLE	LYLE	
产量/(kg/hm^2)	农户实际产量	9231	7537	9310	7568	8273
	高产农户产量	10443	10443	10443	10443	10443
	田间试验产量	12710	12710	12710	12710	12710
	最高纪录产量	14540	14540	14540	14540	14540
产量差/(kg/hm^2)	YG1	1212	2906	1133	2875	2170
	YG2	3479	5173	3400	5142	4437
	YG3	5309	7003	5230	6972	6267
占产量潜力比例/%	高产农户产量	88	72	89	72	79
	田间试验产量	73	59	73	60	65
	最高纪录产量	63	52	64	52	57

调研结果表明，江苏农户平均水稻产量为 8273kg/hm^2，高于全国平均值(7000kg/hm^2)(Chen et al.，2014)和美国平均值(8112kg/hm^2)(数据源于 FAO 官方网站)。该产量达到 57%～79%的产量潜力，其中，高产类型(HYHE 和 HYLE)农户的产量几乎达到最高农户产量的 89%。4 种类型农户的平均产量达到最高农户产量的 72%～89%，实现了最高纪录产量的 52%～64%，其中，HYLE 和 LYLE 类型农户分别实现了田间试验产量的 73%和 60%。4 类农户水稻产量差与亚洲稻农产量差接近(Lobell et al.，2009)。中国水稻产量已达到或已超过产量潜力的 80%，所以如果不增加经济成本并攻克技术难题，水稻产量很难再增加(Grassini et al.，2013)，但可通过合理的田间管理措施和减少氮肥用量实现增产(Peng et al.，2010；Zhang et al.，2015；Guo et al.，2017)。本节的调研结果显示，尽管 HYHE 和 LYHE 类型的农户施氮量相同，但是 HYHE 类型农户的产量比 LYHE 类型农户高 22.5%。此外，HYHE 类型农户的产量比 LYLE 类型农户高 23.0%，且氮肥投入量减少 35.9%，表明虽然江苏水稻已达到高产水平，但仍然具有通过减少氮肥投入量来增加水稻产量的潜力空间。例如，在试验条件下，与农户习惯相比，在氮肥用量节省 18%和氮素损失减少 44%的情况下，水稻产量仍可增加 20%(Fan et al.，2009)。通过土壤-作物综合管理措施，施氮量减少 47kg/hm^2 时，水稻产量可增加 1500kg/hm^2(Chen et al.，2014)。

为了达到高产，农民通常会投入过量氮肥，特别是在江苏省，从而导致氮肥利用效率急剧下降(Ju et al.，2016)，江苏省水稻氮肥用量(190kg/hm^2)比世界平均水平高 90%(Heffer，2009)。农户施氮量高达 358kg/hm^2，氮肥偏生产力(PFPN)仅为 23.1kg/hm^2，与产量潜力对应的氮肥利用效率之间的效率差为 0.6～31.1kg/kg。其中，有 46.3%的农户属于氮低效类型(LYLE 和 HYLE)，这表明有将近 50%的农户仍处于氮肥高投入但利用效率低的水平。虽然 23.1%的农户获得了相对较高的氮肥利用效率(34kg/kg)，但仍低于全国平均水平(41.1kg/kg)(Xu et al.，2016)，表明氮肥利用效率具有很大的提升潜力。据报道，70%的农业温室气体(greenhouse gas，GHG)排放源于农业氮肥的施用(Jia et al.，2013)，因此，提高氮肥利用效率是实现环境安全的必要条件。

2.3.2 长江经济带水稻化学氮肥减量模式

基于整合分析数据库的相关数据，本节构建了水稻化学氮肥减量效应示意图（图 2-9）。传统/常规施氮处理中基肥、分蘖肥与穗肥平均施用量分别为 127kg/hm²、73.9kg/hm² 和 92.5kg/hm²，而氮肥减量处理中基肥、分蘖肥与穗肥平均施用量则分别降低 38.1%、39.7% 和 13.9%。氮肥的减施主要集中在基肥与分蘖肥上，减量约占传统/常规施氮处理中总施氮量的 26.6%，是主要的氮肥减量方向。此外，试验中专家对于氮肥推荐的减施量均值为 90.3kg/hm²，占传统/常规施氮处理中总施氮量的 30.89%。从分配比例上看，传统/常规施氮处理中基肥、分蘖肥与穗肥的比例约为 4∶3∶3，而氮肥减量处理则为 4∶2∶4，即在氮肥减量的同时运筹比例也进行了调整。图 2-9 还表明，氮肥减量主要是通过影响水稻的氮素吸收量（−14.0%～−5.8%）来实现，这在一定程度上抑制了穗数的产生（−5.46%～−2.09%），同时也调控了穗粒数（3.93%～6.79%）、结实率（2.00%～3.88%）以及千粒重（0.89%～2.10%），进而提高了水稻产量（2.8%～5.7%）与氮肥偏生产力（52.4%～77.0%）。

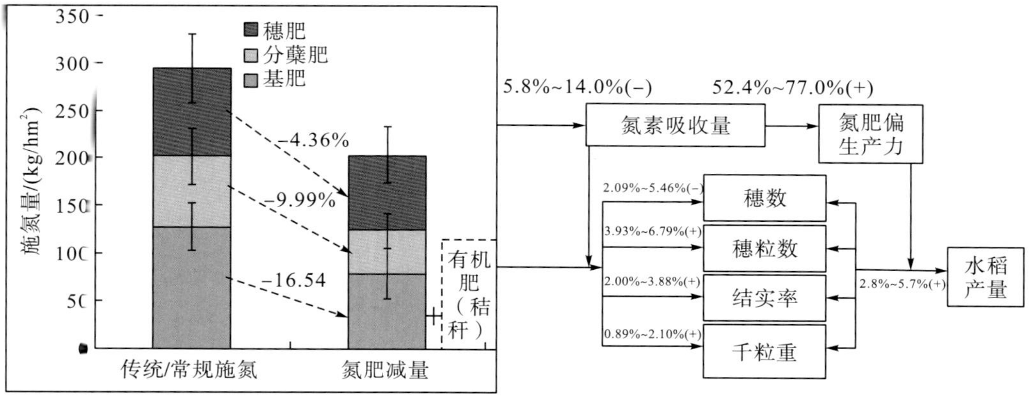

图 2-9　水稻化学氮肥减量效应示意图（引自：郭俊杰 等，2019）

注：虚线箭头上的数值表示各施肥时期基于传统总施氮量的氮肥减量比例；实线箭头上的数值表示氮肥减量对箭头所指指标的影响，括号中的加号(+)表示正效应，减号(−)表示负效应。

2.3.3 长江经济带水稻温室气体具有较大减排潜力

2018 年，长江经济带水稻生产单位面积温室气体排放量为 6242kg CO_2eq/hm²，比印度低 29.1%（Kashyap and Agarwal，2021），但高于丁文成（2019）对中国水稻生产单位面积温室气体排放量的估算值 31.7%。长江经济带水稻生产单位产量温室气体排放量较高，2018 年上、中、下游分别为 886kg CO_2eq/t、932kg CO_2eq/t、1136kg CO_2eq/t，均高于泰国（820kg CO_2eq/t）（Arunrat et al.，2021）。综上所述，长江经济带水稻生产虽然其碳足迹在过去十几年有所降低，但与全国平均水平或部分国家相比仍然具有较大的优化空间，需要进一步探索减少碳排放的技术策略。因此，本节通过情景分析的方法，从优化氮肥投入量、提高单产水平和选择合适的氮肥种类三方面对长江经济带水稻生产中的温室气体排放进行探讨。由此设置以下 3 个情景：情景 1（S1）—— 仅优化肥料投入，长江经济带上、中、下游水稻生产氮肥投入量分别为 188kg/hm^2、163kg/hm^2 和 252kg/hm^2，其他保持不变；情景 2（S2）——在情景 1 的基础上，假设各省份水稻生产运用土壤-作物综合管理技术，且产量达到 8.50t/hm^2（Chen et al.，2014）；情景 3（S3）——在情景 2 的基础上，针对肥料类型进行优化，并配合施用新型肥料（脲酶抑制剂）以阻控活性氮素的损失。同时，分别对长江经济带水稻种植中的化肥用量、活性氮损失、温室气体排放和碳足迹等指标进行分析。

如表 2-3 所示，情景分析结果表明，长江经济带水稻生产在仅优化施肥（S1）条件下，可减少化肥用量 54 万 t，减少活性氮损失 2.3 万 t，减少温室气体排放量 200 万 t CO_2 eq。而在 S2 情景下，与 2018 年相比，土壤-作物综合管理措施分别降低单位面积温室气体排放量和温室气体总排放量 19.27%和 2.96%。在 S3 情景下，进一步对施用肥料类型进行优化，并使用脲酶抑制剂等新型肥料，较 2018 年进一步降低 42.64%的活性氮损失和 8.15%的温室气体排放。

表 2-3 长江经济带水稻生产优化潜力

指标	单位	2018 年	S1	S2	S3
活性氮损失	万 t	84.9	82.6	82.6	48.7
单位产量温室气体排放量	kg CO_2eq/t	981	962	792	750
温室气体排放量	万 t CO_2eq	13500	13300	13100	12400
化肥消耗量	万 t	366	312	312	312

2.4 小 结

长江经济带是我国水稻生产的优势区域，占全国 65%以上的水稻种植面积和产量。然而，在该区域部分地区的水稻生产中，氮肥投入过量且利用效率低，导致土壤表观氮素盈余，单位产量水稻的温室气体排放量远高于全国平均值。通过优化氮肥投入、提高单产水平和优化氮肥品种，可以大幅度降低长江经济带水稻生产中的温室气体排放量、活性氮损失和氮肥消耗量。此外，土地集中化管理、提升农民对有关营养管理措施和先进知识及技术的掌握和应用能力，对未来的农业发展也至关重要。长江经济带应继续大力发展紧缺绿色优质水稻生产，使水稻绿色发展技术体系更加完善，优质高效多抗水稻新品种、环保高效肥料、生物农药、智能农机装备等绿色投入品继续增加，化肥减施增效、农药减量控害、土壤修复、秸秆还田等绿色技术的面积进一步扩大，稻田综合种养等绿色高效模式继续得到发展。

参 考 文 献

陈新平，吴良泉，张福锁，2016. 中国三大粮食作物区域大配方与施肥建议. 北京：中国农业出版社.

丁文成，2019. 中国稻田氮素管理效应与减施潜力研究. 北京：中国农业大学.

郭俊杰，柴以潇，李玲，等，2019. 江苏省水稻减肥增产的潜力与机制分析. 中国农业科学，52(2)：849-859.

徐春春，纪龙，陈中督，等，2020. 2019 年我国水稻产业形势分析及 2020 年展望. 中国稻米，26(2)：1-4.

朱德峰，程式华，张玉屏，等，2010. 全球水稻生产现状与制约因素分析. 中国农业科学，43(3)：474-479.

An N，Fan M S，Zhang F S，et al.，2015. Exploiting co-benefits of increased rice production and reduced greenhouse gas emission through optimized crop and soil management. PLoS ONE，10(10)：e0140023.

Arunrat N，Sereenonchai S，Wang C，2021. Carbon footprint and predicting the impact of climate change on carbon sequestration ecosystem services of organic rice farming and conventional rice farming：A case study in Phichit province，Thailand. Journal of Environmental Management. https://doi.org/10.1016/j.jenvman.2021.112458.

Bhatia A，Sasmal S，Jain N，et al.，2010. Mitigating nitrous oxide emission from soil under conventional and no-tillage in wheat using nitrification inhibitors. Agriculture，Ecosystems and Environment，136 (3-4)：247-253.

Bronson K F，Neue H U，Singh U，et al.，1997.Automated chamber measurements of methane and nitrous oxide flux in a flooded rice soil：I. Residue，nitrogen，and water management. Soil Science Society of America Journal，61(3)：981-987.

Cassman K G，Gines G C，Dizon M A，et al.，1996. Nitrogen-use efficiency in tropical lowland rice systems：Contributions from indigenous and applied nitrogen. Field Crops Research，47(1)：1-12.

Chen X P，Cui Z L，Fan M S，et al.，2014. Producing more grain with lower environmental costs. Nature，514(7523)：486-490.

Cui Z L，Wang G L，Yue S C，et al.，2014. Closing the N-use efficiency gap to achieve food and environmental security. Environmental Science and Technology，10(48)：5780-5787.

Ding W C，Xu X P，He P，et al.，2018. Improving yield and nitrogen use efficiency through alternative fertilization options for rice in China：A meta-analysis. Field Crops Research，227：11-18.

Fan M S，Lu S H，Jiang R F，et al.，2009. Triangular transplanting pattern and split nitrogen fertilizer application increase rice yield and nitrogen fertilizer recovery. Agronomy Journal，101(6)： 1421-1425.

George T，2014. Why crop yields in developing countries have not kept pace with advances in agronomy. Global Food Security，3(1)：49-58.

Grassini P，Eskridge K M，Cassman K G，2013. Distinguishing between yield advances and yield plateaus in historical crop production trends. Nature Communications，4：2918.

Guilpart N，Grassini P，Sadras V O，et al.，2017. Estimating yield gaps at the cropping system level. Field Crops Research，206：21-32.

Guo J X，Hu X Y，Gao L M，et al.，2017. The rice production practices of high yield and high nitrogen use efficiency in Jiangsu，China. Scientific Reports，7(1)：2101.

Heffer P，2009. Assessment of fertilizer use by crop at the global level. Paris：International Fertilizer Industry Association.

Jia X P，Huang J K，Xiang C，et al.，2013. Farmer's adoption of improved nitrogen management strategies in maize production in China：An experimental knowledge training. Journal of Integrative Agriculture，12(2)：364-373.

Ju X T，Gu B J，Wu Y Y，et al.，2016. Reducing China's fertilizer use by increasing farm size. Global Environmental Change，41：

26-32.

Kashyap D, Agarwal T, 2021. Carbon footprint and water footprint of rice and wheat production in Punjab, India. Agricultural System. https://doi.org/10.1016/j.agsy.2020.102959.

Keating B A, Carberry P S, Bindraban P S, et al., 2010. Eco-efficient agriculture: Concepts, challenges, and opportunities. Crop Science, 50(2): S-109-S-119.

Li Y H. 2006. Water saving irrigation in China. Irrigation and Drainage, 55(3): 327-336.

Linquist B A, Liu L, Kessel C V, et al., 2013. Enhanced efficiency nitrogen fertilizers for rice systems: Meta-analysis of yield and nitrogen uptake. Field Crops Research, 154: 246-254.

Lobell D B, Cassman K G, Field C B, 2009. Crop yield gaps: Their importance, magnitudes, and causes. Annual Review of Environment and Resources, 34: 179-204.

Meijide A, Gruening C, Goded I, et al., 2016. Water management reduces greenhouse gas emissions in a Mediterranean rice paddy field. Agriculture, Ecosystem and Environment, 238: 168-178.

Mills G, Sharps K, Simpson D, et al., 2018. Closing the global ozone yield gap: Quantification and cobenefits for multistress tolerance. Global Change Biology, 24(10): 4869-4893.

Mueller N D, Gerber J S, Johnston M, et al., 2012. Closing yield gaps through nutrient and water management. Nature, 490(7419): 254-257.

Nhamo N, Rodenburg J, Zenna N, et al., 2014. Narrowing the rice yield gap in East and Southern Africa: Using and adapting existing technologies. Agricultural Systems, 131: 45-55.

Pampolino M F, Manguiat I J, Ramanathan S, et al., 2007. Environmental impact and economic benefits of site-specific nutrient management (SSNM) in irrigated rice systems. Agricultural Systems, 93(1-3): 1-24.

Peng S B, Tang Q Y, Zou Y P, 2009. Current status and challenges of rice production in China. Plant Production Science, 12(1): 3-8.

Peng S B, Buresh R J, Huang J J, et al., 2006. Strategies for overcoming low agronomic nitrogen use efficiency in irrigated rice systems in China. Field Crops Research, 96(1): 37-47.

Peng S B, Buresh R J, Huang J L, et al., 2010. Improving nitrogen fertilization in rice by site-specific N management. Agronomy for Sustainable Development, 30(3): 649-656.

Sui B, Feng X M, Tian G L, et al., 2013. Optimizing nitrogen supply increases rice yield and nitrogen use efficiency by regulating yield formation factors. Field Crops Research, 150: 99-107.

Xu X P, He P, Zhao S C, et al., 2016. Quantification of yield gap and nutrient use efficiency of irrigated rice in China. Field Crops Research, 186: 58-65.

Zhang W F, Dou Z X, He P, et al., 2013. New technologies reduce greenhouse gas emissions from nitrogenous fertilizer in China. Proceedings of the National Academy of Sciences, 110(21): 8375-8380.

Zhang X, Davidson E A, Mauzerall D L, et al., 2015. Managing nitrogen for sustainable development. Nature, 528(7580): 51-59.

第3章　玉米绿色生产的现状、挑战与途径

3.1　引　　言

玉米(*Zea mays* L.)作为满足食用、饲料、工业消费重要的粮食作物，已成为中国第一大粮食作物(吴良泉 等，2015)。2019 年，我国玉米种植面积为 4130 万 hm^2，总产量达 2.61 亿 t，分别相当于全球玉米种植面积和产量的 28%和 21%，全年累计进口 406 万 t，成为世界第二大玉米生产国和最大进口国(数据源于国家统计局和 FAO 官方网站)。但到 2050 年，全球粮食须增产近一倍才能满足人类需求(Tilman et al.，2011)；而我国在 20 年后，主要粮食作物单位面积产量须增加 30%～50%才能满足我国的粮食需求(Zhang et al.，2011)。因此，玉米生产对于保障我国粮食安全和实现农业可持续发展具有重要意义。

长江经济带以占我国 20%的土地面积贡献了超过 40%的国内生产总值；同时也是重要的农业产区，粮食种植面积达 6550 万 hm^2，占全国耕地面积的 39%，粮食产量达 23800 万 t，占全国的 36%。其中，玉米作为长江经济带重要的粮食作物，其种植面积达 750 万 hm^2，占全国的 18%；总产量达 4000 万 t，占全国的 15.3%(数据源于国家统计局官方网站)。长江经济带玉米绿色生产对我国玉米产业发展至关重要(吴良泉 等，2015)。

在实际生产中，由于自然生态条件制约和生产管理措施不当，长江经济带玉米生产存在单产水平低、生产资料投入高、环境污染严重和先进生产技术的转化成本高、效率低、落地难等问题，严重掣肘着长江经济带玉米产业的发展(Chen et al.，2011；Cui et al.，2018；Wu et al.，2018)。长江经济带内玉米生产区域地形复杂(覆盖了山地、丘陵和平原等地形条件)、土壤类型多样(包含黄壤、红壤、紫色土等)、玉米生育期高温高降水、低太阳辐射，且部分区域空气污染严重，这些都成为影响长江经济带玉米生产的主要因素(吴良泉 等，2015；Meng et al.，2020；Yao et al.，2021a)。受地形地貌制约，长江经济带玉米生产以小农户生产为主，小农户缺乏相应生产技术知识，仅凭生产经验进行管理，导致生产水平低。因此，长江经济带玉米单位面积产量低于全国平均水平。2019 年，全国玉米单位面积产量平均为 6.3t/hm^2，但长江经济带仅为 5.3t/hm^2，存在较大提升空间。同时，小农户缺乏生产管理理论与技术，导致高资源投入、高环境代价。以氮肥投入为例，2018 年长江经济带玉米生产氮肥投入平均为 215kg/hm^2，高于全国平均水平(190kg/hm^2)(数据源于国家统计局官方网站)。

近年来，农业绿色发展逐渐成为国内外关注热点，如何以更低环境代价生产更多粮食，且在保证粮食安全的同时实现农业绿色发展，是当前中国农业生产面临的重大问题，也是未来长江经济带农业发展的重要目标(Chen et al.，2014)。因此，本章将对长江经济带玉

米生产的概况和时空变化进行分析，并进一步评估长江经济带玉米生产的环境代价。同时，结合已有的政府政策和科学研究等，以一种将“自下而上”和“自上而下”相结合的理念，为长江经济带玉米生产提供绿色可持续发展策略(Guo et al.，2021)。

3.2　长江经济带玉米生产现状

3.2.1　长江经济带玉米分布时空变化

1949 年以来，长江经济带玉米生产规模增长迅速，玉米种植面积由 1950 年的 464 万 hm^2 增长至2010年的753万hm^2，增幅达62%，且2010年的玉米种植面积全国占比19%[图3-1(a)]；玉米总产量近 70 年由 552 万 t 增长至 3749 万 t，增长近 6 倍，且占全国玉米总产量的比例高达 15%[图 3-1(b)]。根据气候、栽培、地形、土壤条件等，可将全国玉米主产区分为 4 个大区、12 个亚区(吴良泉 等，2015)；其中，长江经济带主要分布有西南玉米主产区和华北夏玉米区。由于长江经济带是以省级单位划分，因此本节经综合考虑后将长江经济带玉米生产区域进行简要划分：安徽与江苏两省玉米种植区域有 83%位于华北夏玉米区(Liu et al.，2021)，因此将两省划分到长江-华北夏玉米区；而长江经济带中其他省(市)的玉米种植区域主要分布在西南玉米区，因此将其他省份划分到长江-南方玉米区。

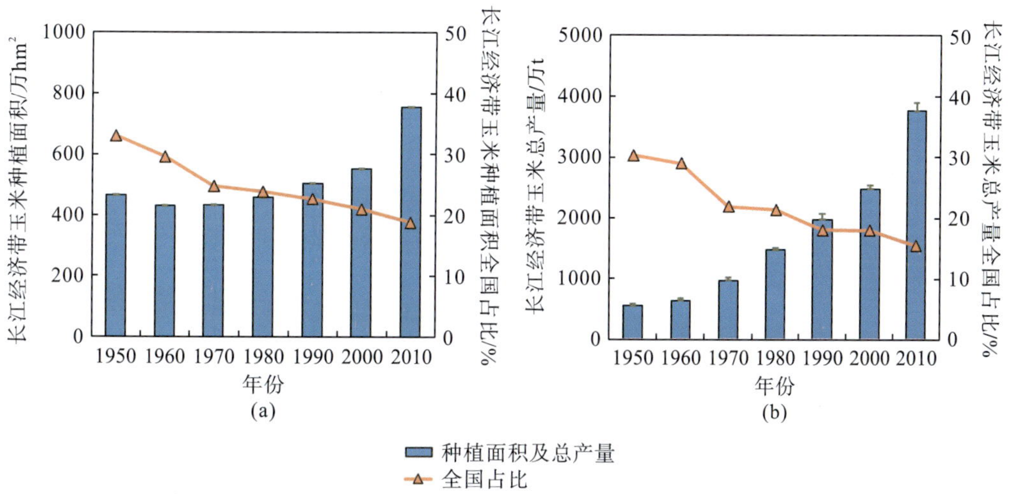

图 3-1　长江经济带玉米种植面积(a)及总产量(b)历史变化规律

近 70 年来长江经济带玉米单产由 1.3t/hm^2 增长至 5.1t/hm^2，增加近 3 倍[图 3-2(a)]，但仍低于全国平均水平，且实现的产量潜力程度较低，存在较大产量差。长江经济带玉米生产水分管理以雨养为主，占总种植面积的 91%(Liu et al.，2021)。根据全国四大主产区玉米产量潜力及产量差的研究发现，长江经济带玉米产量潜力为 9.9t/hm^2，而 2018 年其单产平均为 5.2t/hm^2，仅实现产量潜力 52.5%(Liu et al.，2017)；全国雨养玉米产量潜力平均为 10.7t/hm²，农户可实现产量为 7.0t/hm²，实现产量潜力的 65.4%；长江-华北夏玉米区雨养玉米的产量潜力为 11.1t/hm²，农户可实现产量为 7.7t/hm²，实现产量潜力的 69.4%，同时长江-南方玉米区雨养玉米产量潜力为 9.6t/hm²，农户可实现产量潜力的 53.1%。而美国雨养玉米产量潜力为 13.2t/hm²，且美国农户可实现的产量高达 9.7t/hm²，实现产量潜力的 73.5%。全球雨养玉米平均产量潜力为 6.9t/hm²，虽低于长江经济带玉米产量潜力，但全球实现了产量潜力的 62.3%，高于长江经济带[图 3-2(b)]。因此，长江经济带玉米生产仍存在较大增产空间。

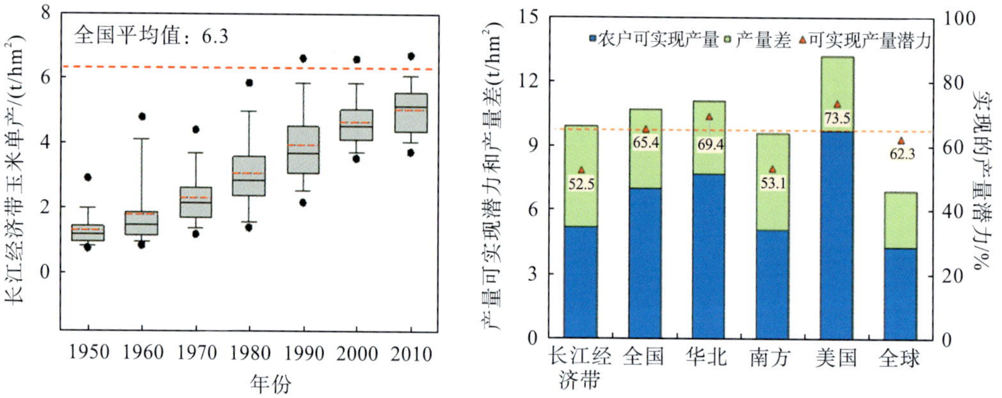

图 3-2　长江经济带玉米单产历史变化规律(a)及产量潜力比较(b)

近年来长江经济带玉米生产规模急速增长，但在社会发展以及政府政策影响下，2015 年以来开始紧缩。2015 年，农业部发布《关于“镰刀湾”地区玉米结构调整的指导意见》，“镰刀湾”地区由农牧交错带、风沙干旱区和石漠化地区等生态环境脆弱区域组成，玉米产量低且不稳定(陈芳鑫 等，2020)，所以要削减该地区的玉米种植面积，并进行“粮改饲”，以降低农业生产对生态环境的威胁。而“镰刀湾”地区的西南石漠化区位于长江经济带的云南和贵州省内，因此指导意见提出，该区域须结合并落实国家退耕还林还草政策，调减山坡地和缺少灌溉保障地区的玉米种植。因此，2015 年以后，长江经济带玉米种植面积由 808 万 hm² 削减至 753 万 hm²，降幅达 6.8%，主要削减的区域为长江-南方玉米区，该区域种植面积削减了 51 万 hm²，降幅达 8.1%(图 3-3)(数据源于国家统计局官方网站)。

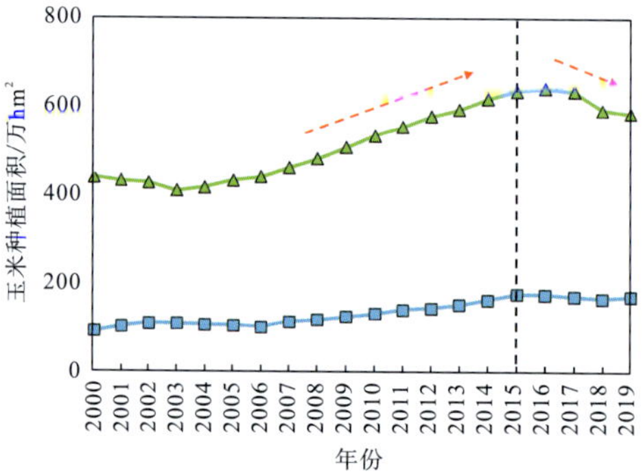

图 3-3　长江-华北夏玉米区和长江-南方玉米区玉米种植面积历史变化情况

3.2.2　长江经济带玉米生产资源投入与效率

长江经济带玉米种植的迅速发展是以大量资源投入和粗放式管理换取的(Liu et al., 2016)。围绕农业生产高资源投入和高环境代价问题，2015 年农业部制定了《到 2020 年化肥使用量零增长行动方案》和《到 2020 年农药使用量零增长行动方案》，力争 2020 年实现化肥、农药投入零增长，以及长江经济带玉米生产中化肥、农药的投入在达到峰值后开始降低。2004 年，长江经济带玉米生产化肥总投入 179 万 t，在 2016 年达到峰值 287 万 t[图 3-4(a)]。以后，由于“双减”政策的实施，长江经济带玉米生产化肥总投入量开始降低，截至 2018 年降低至 256 万 t，但仍超出 2004 年化肥总投入量的 43%。长江经济带玉米生产农药总投入量在 2004 年为 2.1 万 t，且同样在 2016 年达到峰值 10.9 万 t，增长超过 4 倍。在“双减”政策影响下，2018 年长江经济带玉米生产农药总投入量降低至 9.8 万 t，较 2016 年降幅达 10%，且是 2004 年农药总投入量的 4 倍以上，因此长江经济带玉米生产未来仍存在较大的“减肥”和“减药”空间。地膜投入 15 年来从 2.4 万 t 增加至 5.5 万 t，增幅超过 1 倍。柴油投入由于近年来玉米生产设备普及[图 3-4(b)]而迅速增加，从 2004 年的 5.1 万 t 增加至 2018 年的 60 万 t，增长近 11 倍。随着农业机械设备的应用，在柴油投入增加的同时，人工投入逐年降低，2004 年长江经济带玉米生产人工总投入为 43.0 万 h，而 2018 年仅投入 14.5 万 h 的人工便可满足整个经济带的玉米生产，从而大大解放了劳动力。

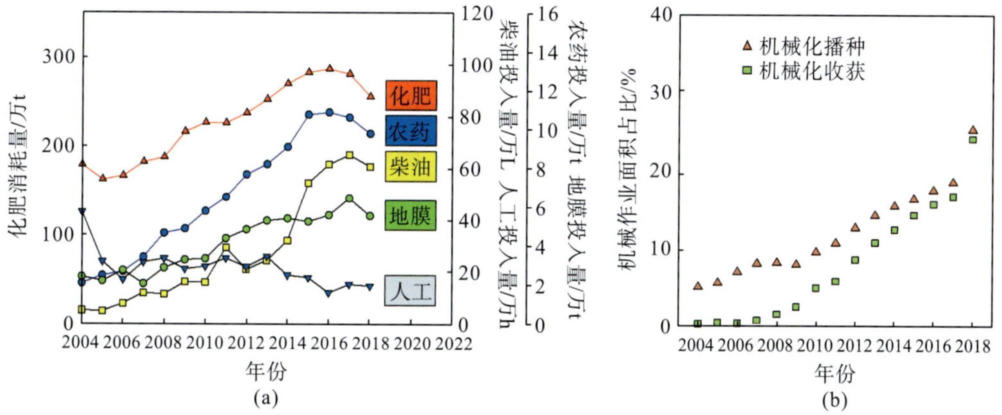

图 3-4　长江经济带玉米生产总投入量(a)及机械化程度(b)历史变化规律

长江经济带玉米生产单位面积肥料投入变化规律与总投入量存在一定差异。如图 3-5 所示，长江经济带玉米生产单位面积氮肥投入于 2005 年降低后增加至 2009 年，随后开始逐渐降低，而氮肥偏生产力与单位面积氮肥投入变化趋势相反，呈先降低后增加趋势[图 3-5(a)]；单位面积磷肥投入自 2004 年开始降低，2008 年后开始增加，后趋于平稳，磷肥偏生产力基本保持稳定[图 3-5(b)]；单位面积钾肥投入持续增加，而钾肥偏生产力急剧降低[图 3-5(c)]。

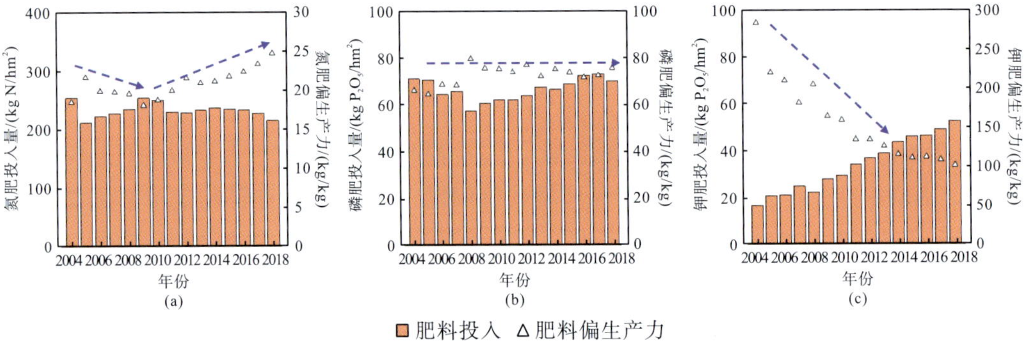

图 3-5　长江经济带玉米肥料投入及肥料生产效率历史变化

虽然长江经济带玉米生产肥料投入量开始降低，但氮肥投入量仍高于全国平均水平(表 3-1)。2018 年，长江经济带玉米生产单位面积、氮肥投入量为 215kg N/hm^2，超出全国平均水平 13%，氮肥偏生产力(24.8kg/kg)低于全国平均水平(32.2kg/kg)；在各区域中，长江-华北夏玉米区氮肥投入量为 204kg N/hm^2，长江-南方玉米区氮肥投入量较高，为 219kg N/hm^2，但两个区域的氮肥偏生产力均低于全国平均水平。长江经济带玉米生产单位面积磷肥投入量(70kg P_2O_5/hm^2)低于全国平均水平(111kg P_2O_5/hm^2)，其中长江-华北夏玉米区为 90kg P_2O_5/hm^2，长江-南方玉米区为 65kg P_2O_5/hm^2；磷肥偏生产力(75.8kg/kg)高于全国平均水平(55.2kg/kg)。长江经济带玉米生产单位面积钾肥投入量(52kg K_2O/hm^2)整体低于全国平均水平(71kg K_2O/hm^2)，但长江-华北夏玉米区为 80kg K_2O/hm^2，高于全国平均水平，长江-南方玉米区为 45kg K_2O/hm^2，较全国平均水平低 37%；钾肥偏生产力(101kg/kg)整体高于全国平均水平(85.6kg/kg)。

表 3-1　2018 年长江经济带玉米生产肥料投入及生产效率与全国平均水平的比较

区域	氮肥		磷肥		钾肥	
	投入量/(kg N/hm^2)	偏生产力/(kg/kg)	投入量/(kg P_2O_5/hm^2)	偏生产力/(kg/kg)	投入量/(kg K_2O/hm^2)	偏生产力/(kg/kg)
长江经济带	215	24.8	70	75.8	52	101
长江-华北夏玉米区	204	26.6	90	60.3	80	67.6
长江-南方玉米区	219	23.7	65	80.4	45	116
全国	190	32.2	111	55.2	71	85.6

3.2.3　长江经济带玉米生产环境效应

农业生产中化肥等农业化学品的投入会加剧资源和能源消耗，导致严重的环境问题(Carlson et al.，2016；Balmford et al.，2018)。长江经济带玉米生产的农业生产资料投入量高于全国平均水平，其中以氮肥(长江经济带为 215kg N/hm^2，全国平均水平为 190kg N/hm^2)最为显著(Wu et al.，2014)。虽然氮肥对我国粮食作物的贡献率达到 45%，对于保证我国粮食安全具有重要意义(Yu et al.，2019)，但过量氮肥不能被作物有效利用，导致作物生产氮肥利用效率不高，在造成大量养分盈余的同时，其会以氧化亚氮排放

(N_2O)、氨挥发(NH_3)和硝酸盐淋洗(NO_3^-)等方式流失至环境(Chen et al.，2014)，导致严重的环境污染。

本节将通过生命周期评价方法，对长江经济带玉米生产中的田间活性氮损失和温室气体排放进行分析，以评估长江经济带玉米生产环境代价。田间活性氮损失计算采用全国主产区玉米生产田间活性氮损失区域特异性算法，并根据长江经济带玉米分布，应用长江-华北夏玉米区和长江-南部玉米区模型计算(Cui et al.，2018)。玉米生产生命周期温室气体排放主要来自农资(肥料、农药和农膜)的生产运输和田间的生产管理(肥料在田间施用后的活性氮损失、农机燃烧柴油和人工投入时排放 CO_2 等)。由先前的研究结果可知，玉米生产温室气体排放方式主要有肥料生产运输及肥料在田间的施用排放，其占比超过 80%，因此本章将玉米生产温室气体排放简化为三个部分：肥料在生产运输中的排放、肥料在田间的排放和其他排放(在农药生产运输中的排放和由柴油、农膜、人工产生的排放)(Chen et al.，2014；Cui et al.，2018)。

1. 长江经济带玉米生产田间活性氮损失

通过计算长江经济带玉米生产田间活性氮损失，并与全国平均水平进行比较(图 3-6)，发现 2014～2018 年长江经济带玉米生产田间活性氮损失量(56.7kg N/hm^2)高出全国平均水平(38.1kg N/hm^2)49%。2014～2018 年长江经济带玉米生产田间活性氮损失变化规律为先增加后降低，2004～2008 年田间活性氮损失量为 56.3kg N/hm^2，随后增加至 58.8kg N/hm^2，这与全国玉米生产田间活性氮损失持续降低趋势不同。而长江-华北夏玉米区玉米生产田间活性氮损失近年来持续增加，近 2014～2018 年平均为 77.1kg N/hm^2，高出全国平均水平一倍；长江-南方玉米区玉米生产田间活性氮损失 2014～2018 年来平均为 50.8kg N/hm^2，其历史变化趋势为先增加后降低，与长江经济带玉米田间活性氮损失整体变化趋势一致。

长江经济带玉米生产田间活性氮损失途径与全国一致，即以氧化亚氮排放、氨挥发和氮淋洗为主，各部分占比与全国平均水平存在差异。2014～2018 年，全国玉米生产田间活性氮损失中氨挥发和氮淋洗的占比分别为 48%和 47%；而长江经济带玉米田间活性氮损失以氮淋洗为主，且占比达 61%，氨挥发次之，为 36%，长江-华北夏玉米区和长江-南方玉米区生产氮淋洗占比分别为 56%和 63%。这可能与长江经济带玉米生育期间的高温和强降雨条件有关(Yao et al.，2021a)。

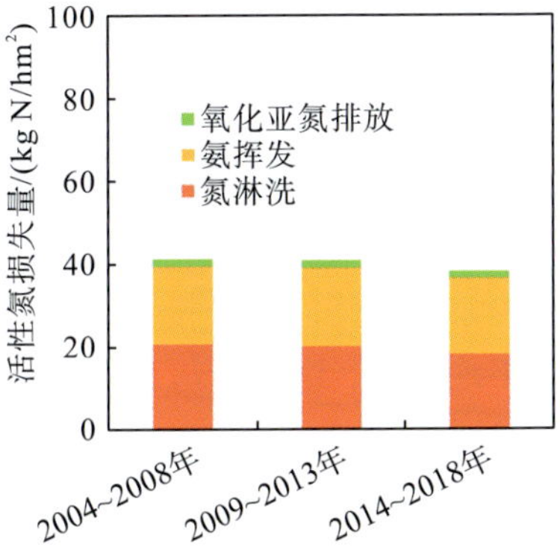

(a)全国平均

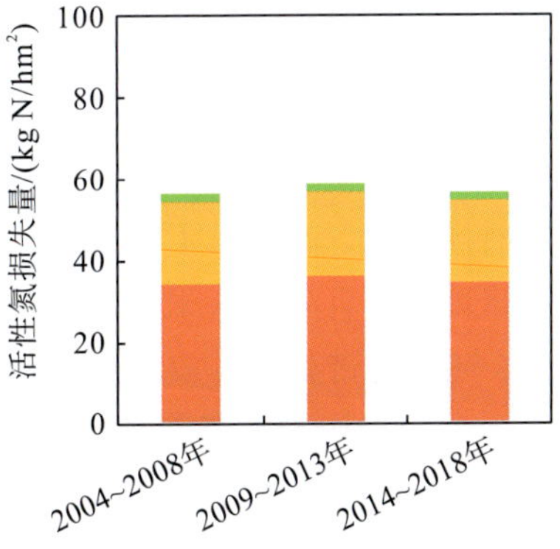

(b)长江经济带

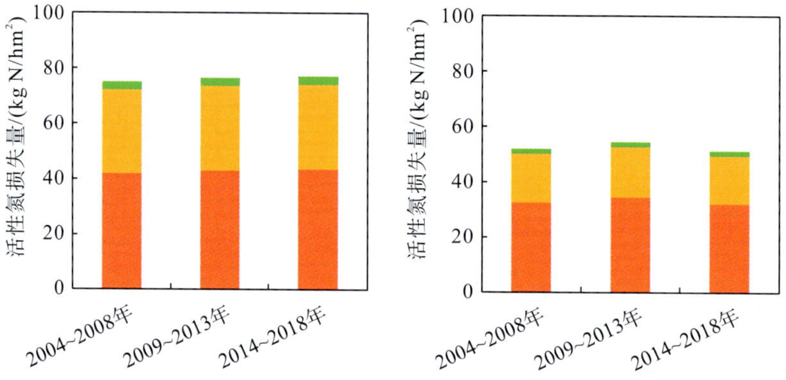

(c)长江–华北夏玉米区　　(d)长江–南方玉米区

图 3-6　全国及长江经济带玉米生产田间活性氮损失历史变化

2. 长江经济带玉米生产温室气体排放与碳足迹

计算长江经济带玉米生产温室气体排放量及碳足迹，并将其与全国平均水平进行比较（图 3-7），发现 2014～2018 年长江经济带玉米生产温室气体排放量平均为 3487kg CO_2 eq/hm^2，略低于全国平均水平（3664kg CO_2 eq/hm^2）。年际间变化趋势存在差异，2004～2018 年全国玉米生产温室气体排放量呈先增加后降低趋势，而长江经济带玉米生产温室气体排放量整体上持续增加，2004～2018 年从 3177kg CO_2eq/hm^2 增加至 3487kg CO_2 eq/hm^2，增幅约 10%。而区域间玉米生产温室气体排放量变化趋势与长江经济带整体保持一致，其中，长江-华北夏玉米区 2004～2018 年玉米生产温室气体排放量从 3802kg CO_2 eq/hm^2 增加至 4294kg CO_2 eq/hm^2，长江-南方玉米区由 3017kg CO_2 eq/hm^2 增加至 3255kg CO_2 eq/hm^2。

长江经济带玉米生产温室气体排放途径与全国一致，即以肥料生产运输排放和肥料田间排放为主，但各部分占比与全国平均水平存在差异。2014～2018 年，全国玉米生产肥料生产运输排放量和肥料田间排放量分别占玉米生产温室气体总排放量的 46%和 29%，其他排放占比达 25%；而长江经济带玉米生产肥料生产运输排放量和肥料田间排放量分别占玉米生产温室气体总排放量的 54%和 29%，其他排放量仅占 17%。长江-华北夏玉米区肥料生产运输排放量占玉米生产温室气体总排放量的 47%，肥料田间排放量占比 35%，其他排放量占比 18%；长江-南方玉米区肥料生产运输排放量占玉米生产温室气体总排放量的 57%，肥料田间排放量占比 26%，其他排放量仅占比 17%。

通过对全国及长江经济带玉米生产温室气体排放组成分析发现，2004～2018 年，其他排放占比均有所增加，而肥料生产运输排放和田间排放占比降低，这是由于近年来玉米生产氮肥投入量降低，且随着玉米生产机械化程度加深，柴油大量投入，从而使其他排放占比增加；但长江经济带其他排放占比低于全国平均水平，这可能与长江经济带玉米生产机械化程度低于全国平均水平有关。

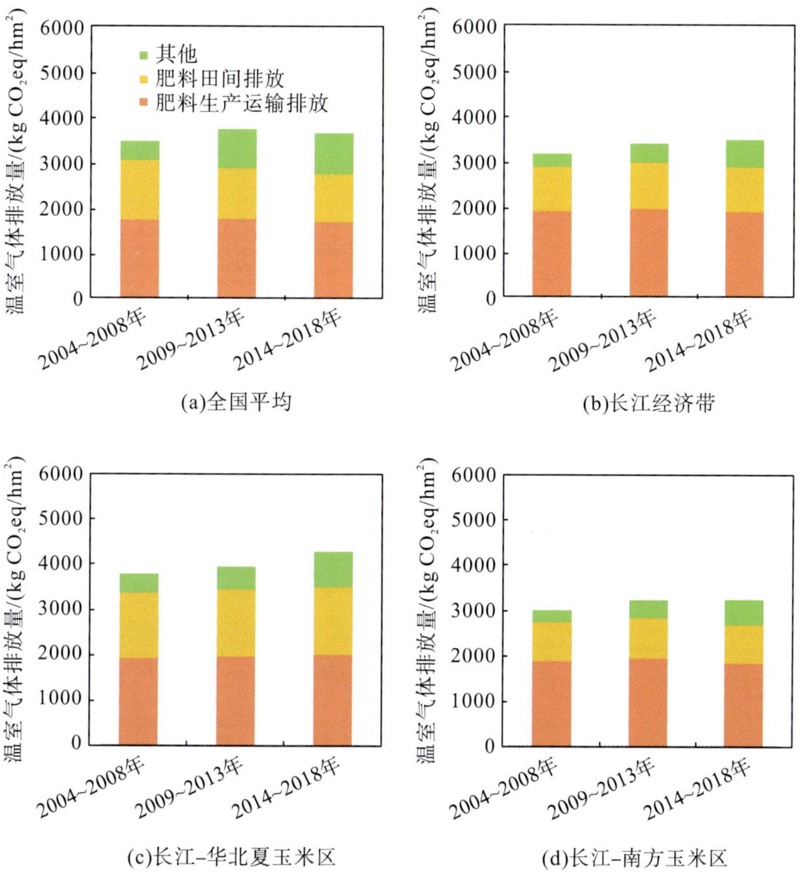

图 3-7　全国及长江经济带玉米生产温室气体排放历史变化

碳足迹的变化趋势与温室气体排放有所不同(图 3-8)，2014～2018 年长江经济带玉米生产碳足迹平均为 674kg CO_2eq/t，高于全国平均水平(600kg CO_2eq/t)。但年际间变化趋势存在差异，这 15 年来全国玉米生产碳足迹呈逐年降低趋势，而长江经济带玉米生产碳足迹呈先增加后降低，由 2004～2008 年的 714kg CO_2 eq/t 持续增加至 2009～2013 年的 737kg CO_2 eq/t，后降低至 674kg CO_2 eq/t，整体降低约 40kg CO_2 eq/t。区域间玉米生产碳足迹变化趋势也存在差异，其中，长江-华北夏玉米区 2004～2018 年玉米生产碳足迹变化趋势与全国保持一致，由 842kg CO_2 eq/t 持续降低至 774kg CO_2 eq/t，即平均每生产 1t 玉米籽粒便减少 68kg CO_2 排放。长江-南方玉米区玉米生产碳足迹变化趋势整体与长江经济带一致，2004～2008 年从 681kg CO_2 eq/t 增加至 2009～2013 年的 719kg CO_2 eq/t，后降低至 645kg CO_2 eq/t。碳足迹各部分组成与温室气体排放各部分占比情况类似。

虽然长江经济带玉米生产其温室气体排放在 2004～2018 年的各个阶段均低于全国平均水平，但碳足迹却高于全国平均水平，这与长江经济带玉米单位产量水平较低有关，因此提高单位面积产量对于降低长江经济带玉米生产碳足迹有着重要意义。

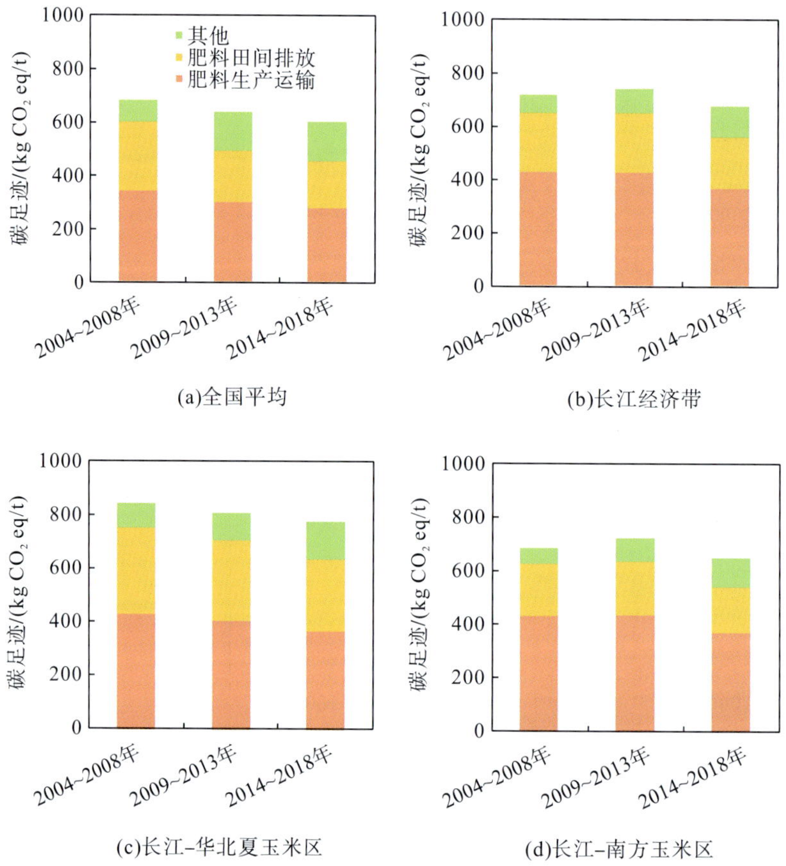

图 3-8　全国及长江经济带玉米生产碳足迹历史变化

3. 长江经济带玉米生产减排潜力分析

在分析 2018 年长江经济带玉米种植情况和生产投入的基础上，对 2030 年玉米生产进行情景假设。BAU 代表与之前相同，同时分别设置：情景 1（S1）——仅优化施肥（氮肥 175kg N/hm^2、磷肥 74kg P_2O_5/hm^2、钾肥 52kg K_2O/hm^2）（吴良泉 等，2015），其他保持不变；情景 2（S2）——在情景 1 的基础上，实现 ISSM 高产高效组产量，即 7.2t/hm^2，且满足 2030 年全国玉米需求 31500 万 t（Chen et al.，2014；Cui et al.，2018）；情景 3（S3）——在情景 2 的基础上，针对肥料类型进行优化，并使用玉米专用控释掺混肥（Zhang et al.，2019）。同时，针对玉米种植面积、化肥用量、田间活性氮损失、温室气体排放量和碳足迹等指标进行分析。

通过情景分析（表 3-2）发现，长江经济带玉米生产在 S1 仅优化施肥条件下，可减少化肥用量 29 万 t、总田间活性氮损失 8.4 万 t 和总温室气体排放量 418 万 t CO_2 eq。而在 S2 情景下，由于应用了 ISSM 理论，玉米总产量提升了 855 万 t，且较 BAU 减少种植面积 81 万 hm^2，同时减少了耕地资源消耗，并减少化肥用量 53 万 t；另外，分别减少总田间活性氮损失和总温室气体排放量 11.9 万 t N 和 658 万 t CO_2 eq。在 S3 情景下，进一步对施用肥料类型进行优化，并使用控释肥、配方肥等新型肥料，以进一步降低总田间活性氮损失和总温室气体排放量，由此较 BAU 分别降低 20.5 万 t N 和 770 万 t CO_2eq。

表 3-2　长江经济带玉米生产情景分析

指标	单位	BAU	S1	S2	S3
单位面积产量	t/hm^2	5.3	5.3	7.2	7.2
种植面积	万 hm^2	757	757	676	676
总产量	万 t	4012	4012	4867	4867
化肥总施用量	万 t	256	227	203	203
田间活性氮损失	kg N/hm^2	54.5	43.5	43.5	30.7
总田间活性氮损失	万 t N	41.3	32.9	29.4	20.8
温室气体排放量	kg CO_2 eq/hm^2	3521	2968	2968	2802
碳足迹	kg CO_2 eq/t	664	560	412	389
总温室气体排放量	万 t CO_2eq	2664	2246	2006	1894

3.3　长江经济带玉米绿色生产技术途径

3.3.1　长江经济带玉米绿色生产的挑战

长江经济带玉米种植现状不容乐观，其面临着一系列挑战：①肥料投入量高，施肥方式不合理，导致较大养分盈余及活性氮损失(Yao et al.，2021a)；②长江经济带玉米生育期集中在高温多雨的夏季，导致较多养分损失；③受山地和丘陵地区的影响与限制，长江经济带玉米生产机械化程度低；④长江经济带玉米生产秸秆还田比例较低，且还田方式多样；⑤长江经济带玉米生产由拥有地块面积小、老龄化和教育程度低的小农户主导，技术创新向农民转化的成本高且效率低(Chen et al.，2011；Zhang et al.，2016；Wu et al.，2018)。因此，在长江经济带玉米生产的未来发展中，不仅需要探索区域内适用的生产技术，也需要适宜的政策推动，以及针对小农户的技术推广。

3.3.2　长江经济带玉米绿色生产实现途径

政府在实现农业绿色发展的过程中有着举足轻重的地位，近年来我国政府出台了一系列政策及生产标准(从全国尺度到区域尺度)，为农业生产提供指导。例如，2013 年农业部办公厅印发的《小麦、玉米、水稻三大粮食作物区域大配方与施肥建议(2013)》便为长江经济带玉米生产施肥提供了区域特异性配方及施肥建议；2020 年农业农村部种植业管理司印发的《全国玉米产区氮肥定额用量(试行)》为长江经济带玉米生产施肥提供了限量的标准，文件指出黄淮海夏玉米区以及西南和南方玉米区，玉米生产氮肥施用量应在 8～16kg/亩(1 亩≈666.7m^2)，这在保证粮食安全的同时，限制了玉米生产的肥料施用量。而行业或地方标准，如农业农村部办公厅每年都会推介发布农业主推技术以及地方标准等，皆可为长江经济带玉米生产提供指导。

近年来国内外关于玉米生产的理论和技术飞速发展。例如，在遗传育种和作物育种方面，应开发出更高产且更高效的品种，以提高产量并减少活性氮损失(Ying et al.，2019)；应研发增效肥料，如控释肥料等，使养分释放与作物需求同步，从而减少养分损失，提高肥料利用效率(Kanter and Searchinger，2018)；在农田管理上，有滴灌和地膜覆盖技术，通过保证土壤水分和温度实现高产，同时提高水分利用效率和经济效益(樊廷录 等，2016；吴鹏年 等，2019)；农业机械设备的研发与应用可以提高农业生产效率，节省劳动力，为社会创造更多财富(Cassman and Grassini，2020)；以秸秆还田代替焚烧可以提高土壤肥力和空气质量，在增强农业生态系统服务功能的同时，增加土壤碳库，减少氮淋洗和径流损失，从而减少农业生产中的田间活性氮损失(Xia et al.，2018；Yang et al.，2020)。长江经济带有着丰富且未加以利用的粪肥资源，但 2010 年长江经济带整体粪肥还田率仅为 25.8%，低于全国平均水平(32.9%)(Bai et al.，2018；Guo et al.，2021)。因此，通过“种养结合”的策略，耦合种植系统与养殖系统，将原本丢弃的粪污以有机肥形式进行还田，可以实现养分资源循环及高效利用，改善土壤质量、固碳减排(Bai et al.，2013；Zhang et al.，2020)。而综合多项技术并进行应用和转化，可以提高系统生产力，降低环境代价(Tilman et al.，2011；Balmford et al.，2018)。玉米生产可持续养分管理“两步走”战略如图 3-9 所示。

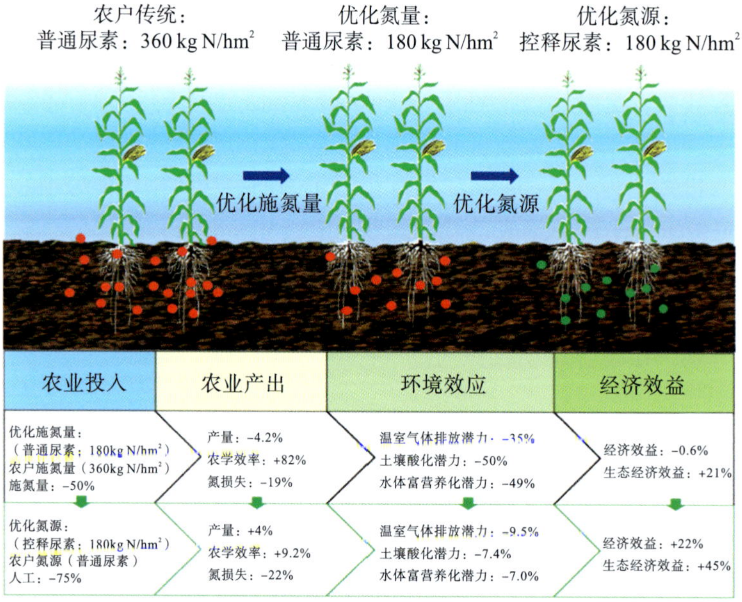

图 3-9　玉米生产可持续养分管理“两步走”战略(改自：Yao et al.，2021b)

根据长江经济带玉米主产区的划分，以及区域特异性自然气候条件和农户生产条件，应在长江-华北夏玉米区和长江-南方玉米区筛选出相应绿色生产技术。本书在长江-华北夏玉米区的长期定位试验中发现，在优化施氮量(180kg N/hm^2)条件下可以实现高产高效，而在该条件下进一步应用新型肥料，如控释配方肥等，长江-华北夏玉米区可以实现进一步增产 4.9%、提效 4.9%、减少温室气体排放量 4.5%。在长江-西南区，Yao 等(2021b)通过田间试验发现，在优化施氮量(180kg N/hm^2)条件下能够实现常规高产，而在进一步应用控释配方肥后，可以再增产 3.6%、提效 12.2%、减少温室气体排放量 11.2%。他们同时提出，在优化施氮量后可进一步优化氮源，即“两步走”实现玉米生产可持续养分管理的策略。2019～2020 年在南方玉米主产区开展了为期两年的 24 个试验点区域联网试验，试验对象包含“籽粒”、“青贮”及“鲜食”三种玉米，结果表明，玉米生产可持续养分管理的“两步走”战略在南方玉米生产中应用控释肥可实现平均增产 5.9%～12%，减少碳排放 21%～45%。随后，我国学者提出将玉米生产可持续养分管理“两步走”战略结合土壤-作物系统综合管理进行产品优化与技术应用的综合管理策略(Chen et al.，2011；Wang et al.，2021a)，以实现长江经济带玉米绿色生产。

如何在拥有地块面积小、经验丰富，但老龄化程度高和教育程度低的小农户中推广玉米绿色生产技术，是我国推进玉米绿色生产的难题。“科技小院”是由中国农业大学研发的一种联合科学研究和农民生产的生产推广模式，主要由师生在实际生产中发现问题，并提出当地化的科学建议，以获得政府和企业的支持。“科技小院”所在村的农户与邻村或对照村农户相比，有着更好的农业生产知识，以及更高的生产技术采纳率(Zhang et al.，2016)。因此，在长江经济带玉米生产中推广“科技小院”能够有效实现增产提效。而“政产学研用”模式是由政府组织农户进行土地集中管理，并进行规模化生产，大学和科研院所为企业和农户提供技术支撑，企业为农户提供产品和生产服务，最终实现规模化和现代化的玉米绿色生产(Wang et al.，2021b)。田间示范试验结果发现：“政产学研用”模式较小农户生产模式可以实现平均增产 17.1%～39.3%，且可以分别降低温室气体排放量 17%和碳足迹 37%。“科技小院”与“政产学研用”模式为玉米绿色生产技术的推广提供了切实可行的思路与途径，对于推动长江经济带玉米生产规模化、生产技术高效转化为实际生产力和实现长江经济带农业绿色发展意义重大。

3.4　小　　结

(1) 长江经济带绿色发展对于中国绿色发展至关重要，而长江经济带玉米生产绿色发展对长江经济带绿色发展有着重要影响。

(2) 以玉米生产可持续养分管理“两步走”战略结合土壤-作物系统综合管理进行产品优化与技术应用的综合管理策略，可以实现长江经济带玉米生产绿色发展。

(3) 以“科技小院”或玉米产业体系的实验站等为载体进行生产示范与技术推广，可推动长江经济带玉米生产绿色发展。

参 考 文 献

陈芳鑫，邱炳文，陈佐旗，等，2020. 玉米种植面积对“镰刀弯”政策响应的时空差异与启示. 中国农业资源与区划，41(9)：85-92.

樊廷录，李永平，李尚中，等，2016. 旱作地膜玉米密植增产用水效应及土壤水分时空变化. 中国农业科学，49(19)：3721-3732.

吴良泉，武良，崔振岭，等，2015. 中国玉米区域氮磷钾肥推荐用量及肥料配方研究. 土壤学报，52(4)：802-817.

吴鹏年，王艳丽，李培富，等，2019. 滴灌条件下秸秆还田配施氮肥对宁夏扬黄灌区春玉米产量和土壤理化性质的影响. 应用生态学报，30(12)：4177-4185.

Bai Z H，Li H G，Yang X Y，et al.，2013. The critical soil P levels for crop yield，soil fertility and environmental safety in different soil types. Plant and Soil，372(1-2)：27-37.

Bai Z，Ma W，Ma L，et al.，2018. China’s livestock transition：Driving forces，impacts，and consequences. Science Advances，4(7)：1-11.

Balmford A，Amano T，Bartlett H，et al.，2018. The environmental costs and benefits of high-yield farming. Nature Sustainability，4(7)：477-485.

Carlson K M，Gerber J S，Mueller N D，et al.，2016. Greenhouse gas emissions intensity of global croplands. Nature Climate Change，7(1)：63-68.

Cassman K G，Grassini P，2020. A global perspective on sustainable intensification research. Nature Sustainability，3(4)：262-268.

Chen X P，Cui Z L，Vitousek P M，et al.，2011. Integrated soil-crop system management for food security. Proceeding of the Natinonal Acaclemy of Sciences，108(16)：6399-6404.

Chen X P，Cui Z L，Fan M S，et al.，2014. Producing more grain with lower environmental costs. Nature，514(7523)：486-4899.

Cui Z L，Zhang H Y，Chen X P，et al.，2018. Pursuing sustainable productivity with millions of smallholder farmers. Nature，555(7696)：363-366.

Guo C Y，Bai Z H，Shi X J，et al.，2021. Challenges and strategies for agricultural green development in the Yangtze River basin. Journal of Integrative Environmental Sciences，18(1)：37-54.

Kanter D R，Searchinger T D，2018. A technology-forcing approach to reduce nitrogen pollution. Nature Sustainability，1(10)：544-552.

Kravchenko A N，Snapp S S，Robertson G P，2017. Field-scale experiments reveal persistent yield gaps in low-input and organic cropping systems. Proceeding of the Natinonal Acaclemy of Sciences，114(5)：926-931.

Li T Y，Zhang W F，Yin J，et al.，2018. Enhanced-efficiency fertilizers are not a panacea for resolving the nitrogen problem. Global Change Biology，24(4)：511-521.

Liu X J，Vitousek P，Chang Y H，et al.，2016. Evidence for a historic change occurring in China. Environmental Science and Technology，50(2)：505-506.

Liu B H，Chen X P，Meng Q F，et al.，2017. Estimating maize yield potential and yield gap with agro-climatic zones in China—Distinguish irrigated and rainfed conditions. Agricultural and Forest Meteorology，239：108-117.

Liu Z T，Ying H，Chen M Y，et al.，2021. Optimization of China’s maize and soy production can ensure feed sufficiency at lower nitrogen and carbon footprints. Nature Food，2(6)：426-433.

Meng Q F，Liu B H，Yang H S，2020. Solar dimming decreased maize yield potential on the North China Plain. Food and Energy

Security，9(4)：1-8.

Tilman D，Balzer C，Hill J，et al.，2011. Global food demand and the sustainable intensification of agriculture. Proceeding of the Natinonal Acaclemy of Sciences，108(50)：20260-20264.

Wang X Z，Dou Z X，Shi X J，et al.，2021a. Innovative management programme reduces environmental impacts in Chinese vegetable production. Nature Food，2(1)：47-53.

Wang X B，Zhang W S，Lakshmanan P，et al.，2021b. Public-private partnership model for intensive maize production in China：A synergistic strategy for food security and ecosystem economic budget. Food and Energy Security. https://doi. org/10.1002/fes3.317.

Wu L，Chen X P，Cui Z L，et a.，2014. Establishing a regional nitrogen management approach to mitigate greenhouse gas emission intensity from intensive smallholder maize production. PLoS One，9(5)：e98481.

Wu Y Y，Xi X C，Tang X，et al.，2018. Policy distortions，farm size，and the overuse of agricultural chemicals in China. Proceeding of the Natinonal Acaclemy of Sciences，115(27)：7010-7015.

Xia L L，Lam S K，Wolf B，et al.，2018. Trade-offs between soil carbon sequestration and reactive nitrogen losses under straw return in global agroecosystems. Global Change Biology，24(12)：5919-5932.

Yao Z，Zhang W S，Wang X Z，et al.，2021a. Carbon footprint of maize production in tropical/subtropical region：a case study of Southwest China. Environmental Science and Pollution Research，28(22)：28680-28691.

Yao Z，Zhang W S，Wang X B，et al.，2021b. Agronomic，environmental，and ecosystem economic benefits of controlled-release nitrogen fertilizers for maize production in Southwest China. Journal of Cleaner Production，312. https://doi.org/10.1016/j.jclepro. 2021.127611.

Yang L，Wang Y T，Wang R，et al.，2020. Environmental-social-economic footprints of consumption and trade in the Asia-Pacific region. Nature Communications，11(1)：4490.

Ying H，Yin Y L，Zheng H F，et al.，2019. Newer and select maize，wheat，and rice varieties can help mitigate N footprint while producing more grain. Global Change Biology，25(12)：4273-4281.

Yu C Q，Huang X，Chen H，et al.，2019. Managing nitrogen to restore water quality in China. Nature，567(7749)：516-520.

Zhang F S，Cui Z L，Fan M S，et al.，2011. Integrated soil-crop system management：reducing environmental risk while increasing crop productivity and improving nutrient use efficiency in China. Journal of Environmental Quality，40(4)：1051-7.

Zhang W F，Cao G X，Li X L，et al.，2016. Closing yield gaps in China by empowering smallholder farmers. Nature，537(7622)：671-674.

Zhang W S，Liang Z Y，He X M，et al.，2019. The effects of controlled release urea on maize productivity and reactive nitrogen losses：A meta-analysis. Environmental Pollution，246：559-565.

Zhang X Y，Fang Q C，Zhang T，et al.，2020. Benefits and trade-offs of replacing synthetic fertilizers by animal manures in crop production in China：A meta-analysis. Global Change Biology，26(2)：888-900.

第4章 小麦绿色生产的现状、挑战与途径

4.1 引 言

小麦(*Triticum aestivum* L.)是保障粮食安全的重要作物，它提供了全球1/5人口的卡路里消耗，同时满足了全球20%～25%人口的锌需求(Ma et al.，2008；Shewry，2009；Reynolds et al.，2011)。我国是全球最大的小麦生产国之一，2019年我国小麦的种植面积达到2370万hm^2，居全球第二(占比为11%)，总产量为1.34亿t，居全球第一(占比为17%)；同时，我国还是全球最大的小麦消费国之一(数据来源于FAO官方网站)。但到2050年全球粮食须增产近1倍，才能满足人类需求(Tilman et al.，2011)；而我国到2030年，主要粮食作物单位面积产量须增加30%～50%，才能满足我国人口的粮食需求(Zhang et al.，2011)。另外，我国小麦籽微量元素含量普遍较低，容易导致隐形饥饿，如锌含量平均仅为23.3mg/kg，低于维持人体健康所需的最小籽粒锌生物强化目标值45.0mg/kg(Bouis and Welch，2010；Ortiz-Monasterio et al.，2007)。因此，在未来的小麦生产中，获得和保持足够的产量，同时提升小麦对锌等微量元素的供应，对于保障我国粮食安全和实现农业可持续发展是两个巨大的挑战。

小麦作为长江经济带重要的粮食作物，在2019年的种植面积达743万hm^2，占全国小麦种植面积的31%；总产量达3772万t，占全国总产量的28%。全国小麦主产区分为5个大区和9个亚区(吴良泉，2014)，其中，长江经济带分布着华北雨养冬麦区、长江中下游冬麦区和西南麦区。因此，长江经济带小麦的绿色生产对于我国小麦产业的发展至关重要(吴良泉，2014)。但在长江经济带小麦实际生产中，由于自然生态条件制约和生产管理措施不当，小麦生产存在投入高、产量低和环境污染严重等问题。同时，受制于地形地貌和农户素质，先进生产技术在实际生产中的转化成本高、效率低、落地难，种种因素严重掣肘着长江经济带小麦产业的发展(Chen et al.，2011；Cui et al.，2018；Wu et al.，2018)。长江经济带内小麦生产区域地形复杂(覆盖了山地、丘陵和平原等地形条件)、土壤类型多样(包含黄壤、红壤、紫色土等)、小麦生育期高温多降水且太阳辐射弱、部分区域空气污染严重，这些都成为影响长江经济带小麦生产的主要因素(吴良泉，2014；Meng et al.，2020；Yao et al.，2021)。同时，受地形地貌等的制约，长江经济带小麦生产均以小农户生产为主，而小农户缺乏相应的生产技术和知识，仅凭生产经验对小麦生产进行管理，导致资源投入过高，但小麦生产力较低。

近年来，农业绿色发展成为国内外关注热点，如何以更低环境代价生产更多粮食，且在保证粮食安全的同时实现农业绿色发展，是中国农业生产面临的重大问题，也是未来长江经济带农业绿色发展的重要方向(Chen et al.，2014)。因此，本章将对长江经济带小麦

生产的时空变化进行分析，并进一步评估长江经济带小麦生产环境代价，同时结合已有的政府政策和科学研究等，以一种“自下而上”和“自上而下”相结合的理念，为长江经济带小麦生产提供绿色可持续发展策略(Guo et al.，2021)。

4.2　长江经济带小麦生产现状

4.2.1　长江经济带小麦分布的时空变化

1949 年以来，长江经济带小麦生产经历了两个阶段。第一个阶段，20 世纪 50～90 年代快速增长阶段，其小麦种植面积由 1950 年的 670 万 hm^2 增加至 1997 年的 1000 万 hm^2，增加 49%，全国占比也由 29%增加至 33%［图 4-1(a)］。第二个阶段，1998～2004 年，小麦种植面积由 1000 万 hm^2 急速降低至 695 万 hm^2，该阶段经历了农村税费改革，小麦市场价格下滑，农民积极性也受到影响，最终使小麦种植面积减少；2004 年以后，中央“一号文件”再度关注农业，并提出“集中力量支持粮食主产区发展粮食产业，促进种粮农民增加收入”以及后续种粮农民直接补贴、农资综合补贴、良种补贴和农机具购置补贴等政府大力补贴政策，同时免除农业税和实施粮食最低收购价政策等，以提升农民粮食生产经济效益，从而使农民生产积极性回升，小麦种植面积也随之回升。2019 年长江经济带小麦种植面积恢复至 743 万 hm^2，占全国小麦种植面积的比例也稳定在 31%～33%；而小麦总产量由 1950 年的 393 万 t 增长至 2019 年的 3772 万 t，增长近 9 倍。长江经济带小麦总产量的变化趋势与种植面积类似，即 1950～1997 年快速增长，1998～2003 年急剧降低，这可能是由农民受政策和市场影响而缩小种植面积导致；2004 年以后，随着政府政策大力扶持，小麦总产量大幅回升，2015～2019 年，长江经济带小麦总产量在 3800 万 t 上下浮动[图 4-1(b)]。由于长江经济带以省级单位划分，所以本书在随后的研究中将长江经济带小麦产区按照长江上、中、下游分布进行划分，其中上游产区包括云南、四川、贵州和重庆 4 个省(市)，中游产区包括湖南、湖北和江西三省，下游产区包括安徽、江苏、浙江以及上海 4 个省(市)。

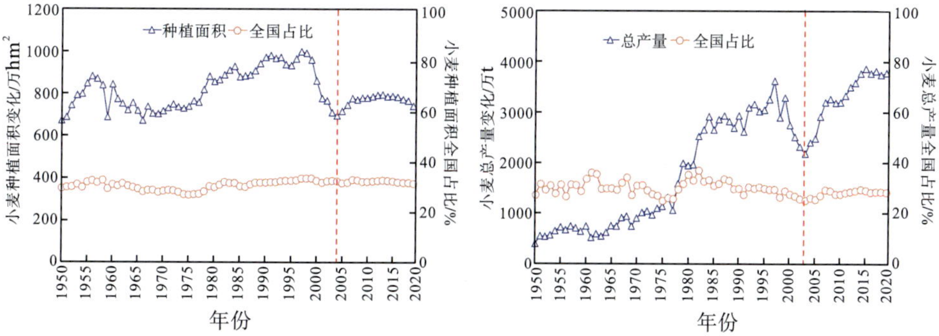

(a)　(b)

图 4-1　长江经济带小麦种植面积(a)及总产量(b)历史变化规律

1950～2010 年长江经济带小麦单产由 0.8t/hm^2 增长至 3.6t/hm^2，增长 3.5 倍[图 4-2(a)]，但仍低于全国平均水平(5.6t/hm^2)，且实现的产量潜力程度较低，存在较大产量差。通过研究全国小麦产量潜力及产量差发现，长江经济带小麦的产量潜力为9.2t/hm^2，而 2018 年单产为 4.9t/hm^2，仅实现产量潜力的 53.3%(Liu et al.，2017)；全国雨养小麦产量潜力平均为 9.0t/hm^2，略低于长江经济带小麦产量潜力，但全国雨养小麦单产为 5.6t/hm^2，实现产量潜力的 62.2%，产量及实现的产量潜力均高于长江经济带。这是由于长江经济带小麦生产存在区域差异，例如，下游的华北雨养冬麦区产量潜力为 9.5t/hm^2，小麦单产为 6.1t/hm^2，实现了 64.2%的产量潜力，单产及实现的产量潜力均高于全国平均水平；但位于上游区域的西南麦区产量潜力为 8.1t/hm^2，单产仅 4.0t/hm^2，均低于全国平均水平。同时与欧洲等小麦生产发达地区相比，例如，德国小麦产量潜力与华北雨养冬麦区同样为 9.5t/hm^2，但德国小麦单产高达 7.6t/hm^2，实现了 80%的产量潜力；欧盟小麦平均产量潜力为 8.0t/hm^2，单产为 5.2t/hm^2，虽然其单产水平与长江经济带相当，但实现了 65.0%的产量潜力，高于长江经济带；全球小麦产量潜力仅 3.9t/hm^2，虽然低于长江经济带小麦产量潜力，但产量潜力实现了 69.2%，高于长江经济带小麦生产水平[图 4-2(b)]。因此，长江经济带小麦生产仍存在较大的增长空间。

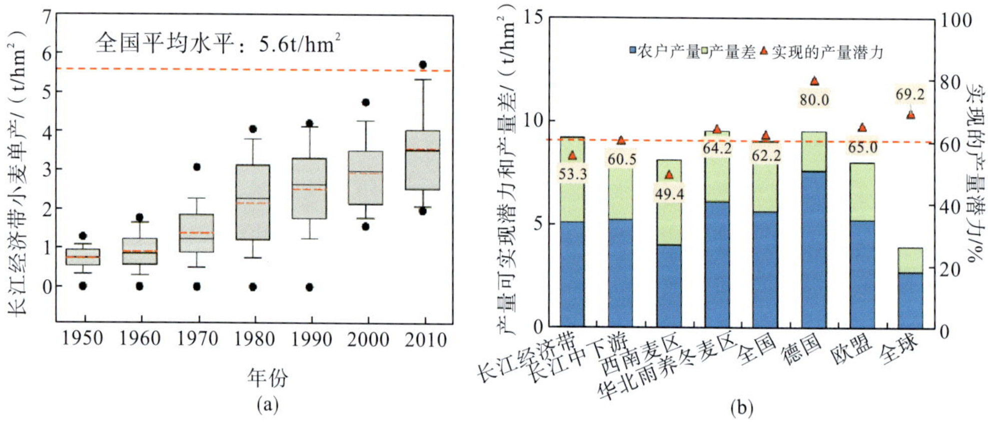

图 4-2　长江经济带小麦单位面积产量历史变化规律(a)及 2018 年产量潜力比较(b)

通过对长江经济带上、中、下游小麦生产分析发现，长江经济带小麦生产呈明显向优势产区集中、在边缘省(市)减少的趋势。分析统计数据发现，长江经济带小麦种植主要分布在下游区域(图 4-3)，1950 年，长江下游小麦种植面积占长江经济带小麦总种植面积的比例为 61%，随后在 45%～50%波动；2000 年后再度向优势产区集中，2000 年长江下游小麦种植面积占长江经济带小麦总种植面积的比例为 55%，2000～2010 年平均占比为 67%。而长江下游的小麦种植主要集中在安徽省和江苏省，1950 年以来，安徽省和江苏省小麦种植面积占长江下游小麦总种植面积的比例均超过 90%，2000～2010 年占比高达 97%。这是由于在安徽省和江苏省内分布着华北雨养冬麦区，其是我国小麦种植的传统优势产区，气候条件较好、产量较高。1970～2010 年，长江经济带上游小麦种植面积占比超过 30%，仅次于下游；但 2000～2010 年，占比降至 18%，这是由于上游小麦单产较低，导致种植面积急剧减少。同时，上游小麦种植主要集中在四川省，在 1990 年之前，四川省小麦种植面积占长江上游小麦种植面积的比例为 64%～75%，即使在 2000 年后种植面积大幅降低，占比仍能达到 55%。长江上游地区小麦生产受气候和地形等自然因素影响，产量水平极低，2015～2019 年单产为 3.2t/hm^2，且农户净收益较低，最终影响了上游农户小麦种植积极性，导致上游小麦种植面积自 1997 年以后持续减少。中游小麦种植面积的变化与上游呈相同趋势，中游小麦种植主要集中在湖北省，但由于中游小麦单产水平(3.8t/hm^2)略高于上游，从而使中游小麦种植面积下降后有所回升。

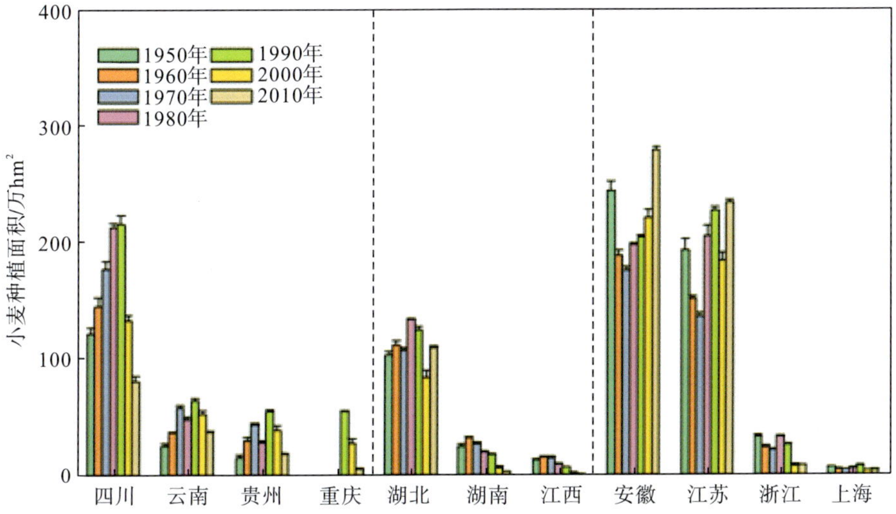

图 4-3　长江经济带各省(市)小麦种植面积变化

虽然长江经济带内分布着长江中下游冬麦区和西南麦区，以及华北雨养冬麦区等小麦主产区，但整体产量水平差异较大，这也使小麦总产量呈区域性分布(图 4-4)。长江下游是自然禀赋较好和单产水平较高的传统小麦优势产区：1959～2019 年，下游小麦总产量占长江经济带小麦总产量的比例超过 45%，其中 2019 年占比高达 80%；同时，下游小麦生产又主要集中分布在安徽省和江苏省，2019 年，两省小麦产量占下游小麦总产量的比例高达 99%。而上游和中游总产量的变化趋势和分布与种植面积相同，上游小麦总产量先增加后降低，且小麦种植以四川省为主；中游小麦总产量先增加后降低，随后再回升，且小麦种植以湖北省占据绝对优势(97%)。

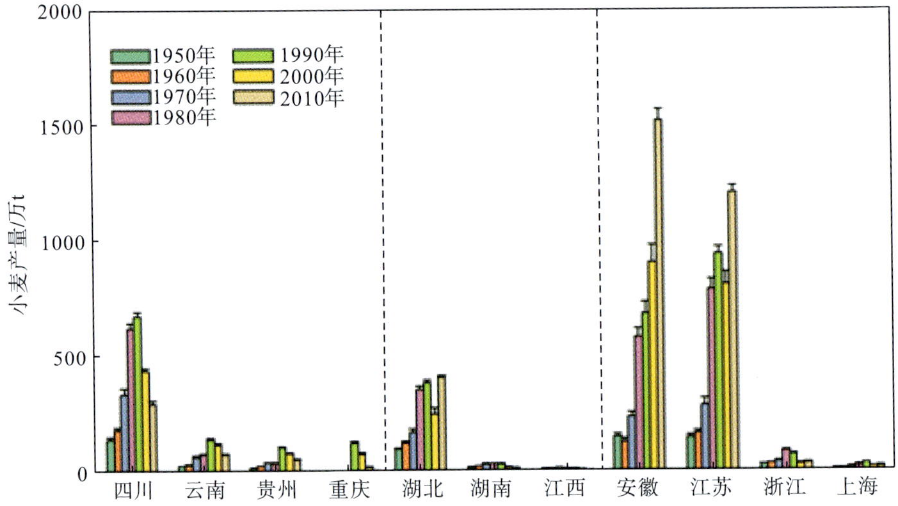

图 4-4 长江经济带各省(市)小麦产量变化

4.2.2 长江经济带小麦生产资源投入与效率

长江经济带小麦种植发展迅速，但这是以大量资源投入和粗放式田间管理换取的(Liu et al., 2016)。2004 年以来，长江经济带小麦肥料总投入量持续增加，由 179 万 t 增加至 291 万 t，增加 63%［图 4-5(a)］；其中，以磷肥和钾肥增加为主。农药投入从 2004 年的 5.1 万 t 持续增加至 2018 年的 16.7 万 t，增长超过 2 倍。虽然 2015 年农业部制定了《到 2020 年化肥使用量零增长行动方案》和《到 2020 年农药使用量零增长行动方案》，以力争到 2020 年实现化肥、农药投入零增长，但长江经济带小麦生产中的化肥、农药投入却持续增加，这可能与长江经济带因高温多雨而导致小麦生育期内病虫害多发，以及小麦生育期长、生产管理复杂和农户缺乏科学合理的施肥知识和习惯等因素有关。而小麦生产中的灌溉用电呈波动上升的趋势，2004 年长江经济带小麦生产耗电 6.1 亿 kW·h，2018 年增加至 9.9 亿 kW·h。柴油投入则由于近年来小麦生产机械化程度迅速增加[图 4-5(b)]，由 2004 年的 39.3 万 t 增加至 2016 年的 120.0 万 t，随后缓慢降低。随着农业机械设备的应用，在柴油投入增加的同时，人工投入逐年降低，2004 年长江经济带小麦生产人工总投入 21.9 万 h，2018 年仅 10.9 万 h，降幅达 50%。

长江经济带小麦生产单位面积肥料投入量与总投入量的变化趋势存在一定差异。如图 4-6 所示，2004～2018 年，长江经济带小麦生产单位面积氮肥投入量缓慢增加，由 2004 年的 164kg N/hm^2 增加至 2018 年 205kg N/hm^2，平均 1hm^2 增加 25%氮肥投入量，而产量大幅增加促使氮肥偏生产力增加，从 2004 年的 21kg/kg 增加至 2014 年的 24kg/kg[图 4-6(a)]；单位面积磷肥投入量先降低后增加，而磷肥偏生产力在增加后保持平稳[图 4-6(b)]；单位面积钾肥投入量快速且持续地增加，2004～2018 年其从 16kg K_2O/hm^2 增加至 83kg K_2O/hm^2，增长超过 4 倍，但钾肥偏生产力因此而急剧降低[图 4-6(c)]。

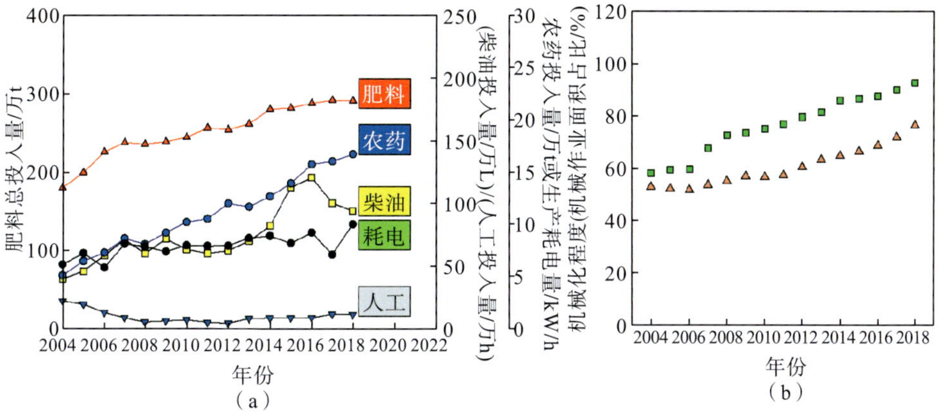

图 4-5　长江经济带小麦生产总投入量(a)及机械化程度(b)历史变化规律

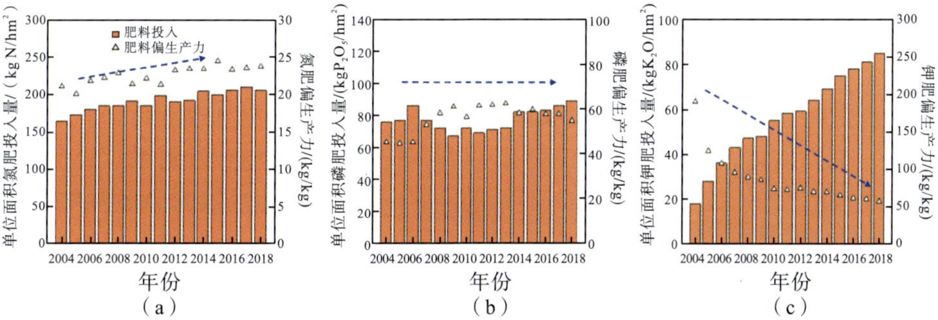

图 4-6　长江经济带小麦肥料投入量及肥料偏生产力历史变化

长江经济带小麦生产氮肥投入量整体低于全国平均水平(表 4-1)。2018 年，长江经济带小麦生产平均氮肥投入量为 205kg N/hm^2，低于全国平均水平(210.0kg N/hm^2)，氮肥偏生产力(23.7kg/kg)也低于全国平均水平(25.7kg/kg)；其中，上游投入量为 126.0kg N/hm^2，中游为 143.0kg N/hm^2，下游为 235.0kg N/hm^2，下游高出全国平均水平约 12%，但氮肥偏生产力低于全国平均水平。长江经济带小麦生产单位面积磷肥投入量(89.0kg P_2O_5/hm^2)低于全国平均水平(123.0kg P_2O_5/hm^2)，其中，上、中、下游投入量分别为 47.3kg P_2O_5/hm^2、75.0kg P_2O_5/hm^2 和 101.0kg P_2O_5/hm^2，均低于全国平均水平(123.0kg P_2O_5/hm^2)，这使得长江经济带的磷肥偏生产力高于全国平均水平。长江经济带小麦生产单位面积钾肥投入量(85.0kg K_2O/hm^2)整体高于全国平均水平(76.0g K_2O/hm^2)，这主要是由于种植面积较大的下游其小麦生产钾肥投入量为 98.0kg K_2O/hm^2，超出全国平均水平约 29%；同时，由于长江经济带小麦产量低于全国平均水平，所以其钾肥偏生产力(57.2kg/kg)整体低于全国平均水平(71.1kg/kg)。但上游钾肥投入量为 36.0kg K_2O/hm^2，仅为全国平均水平的约 47%，但上游钾肥偏生产力高于全国平均水平；中游小麦生产单位面积钾肥投入量(73.0kg K_2O/hm^2)与全国平均水平接近，但因产量过低而导致钾肥偏生产力(50.4kg/kg)低于全国平均水平。

表 4-1　2018 年长江经济带小麦生产肥料投入量及肥料偏生产力与全国平均水平的比较

区域	氮肥		磷肥		钾肥	
	投入量/($kg\ N/hm^2$)	偏生产力/(kg/kg)	投入量/($kg\ P_2O_5/hm^2$)	偏生产力/(kg/kg)	投入量/($kg\ K_2O/hm^2$)	偏生产力/(kg/kg)
长江经济带	205.0	23.7	89.0	54.6	85.0	57.2
上游	126.0	25.3	47.3	67.2	36.0	87.3
中游	143.0	25.8	75.0	49.2	73.0	50.4
下游	235.0	23.3	101.0	54.2	98.0	55.9
全国平均水平	210.0	25.7	123.0	44.1	76.0	71.1

4.2.3　长江经济带小麦生产环境效应

在农业生产中，化肥等农业资源的投入会加剧资源和能源消耗，导致严重的环境问题(Balmford et al.，2018)。长江经济带小麦生产整体农业资源投入接近全国平均水平，但耗电量低于全国平均水平，这可能是由于长江经济带小麦生产多以雨养为主。而农资大量投入使小麦产量得以提升，其中氮肥对我国粮食作物的贡献率达到 45%，其对于保证我国粮食安全具有重要意义(Yu et al.，2019)。但过量氮肥不能被作物有效利用，从而使小麦生产氮肥利用效率不高，在造成大量养分盈余的同时，氮肥将以活性氮的形式损失到环境中，造成巨大的环境污染。

本节将使用生命周期评价方法对长江经济带小麦生产中的温室气体排放进行分析，而小麦生产生命周期中的温室气体排放主要分为农资生产运输排放(肥料、农药和农膜生产中的温室气体排放)和田间生产管理排放(肥料在田间施用后的活性氮损失、农机燃烧柴油、灌溉产生、电力消耗和人力工作时排放 CO_2 等)。由先前的研究结果可知，小麦生产温室气体排放主要有肥料生产运输排放及肥料田间排放，二者占比较高，因此将小麦生产温室气体排放简化为三个部分：肥料生产运输排放、肥料田间排放和其他排放(农药生产运输、柴油、电力消耗、农膜和人工排放)(Chen et al.，2014；Cui et al.，2018)。田间活性氮损失则针对小麦生产中气候、土壤以及管理的差异，采用 Cui 等(2018)对全国小麦主产区活性氮田间排放的区域特异性模型进行计算。

1. 长江经济带小麦生产活性氮损失

通过对比长江经济带与全国小麦生产活性氮损失(图 4-7)发现，2014～2018 年长江经济带小麦生产活性氮损失(37.9kg N/hm^2)低于全国平均水平(39.7kg N/hm^2)，而 2004～2018 年呈持续增加趋势，与全国变化趋势相同；2004～2008 年长江经济带小麦生产平均活性氮损失量为 31.4kg N/hm^2，随后增加至 34.6kg N/hm^2。而上游与中游小麦生产活性氮损失量分别为 22.0kg N/hm^2 和 25.0kg N/hm^2，均低于全国平均水平。但上游与中游活性氮损失的变化趋势不同，上游为先降低后增加，中游则是持续降低。2014～2018 年下游小麦生产活性氮损失高达 44.5kg N/hm^2，高出全国平均水平约 12%，但变化趋势与全国一致。

长江经济带小麦生产活性氮损失途径与全国一致，即以氧化亚氮排放、氨挥发和氮淋洗为主，但各部分占比与全国平均水平存在差异。2014～2018 年，全国小麦生产中由氨挥发和氮淋洗导致的活性氮损失占比分别为 46%和 51%，而长江经济带小麦生产中由氮淋洗和氨挥发导致的活性氮损失占比分别为 48%和 49%。但上、中、下游活性氮损失组成及占比存在差异，上、中游以氨挥发为主，占比平均高达 74%，氮淋洗平均占比达 21%；下游以氮淋洗(55%)为主，氨挥发(43%)次之。

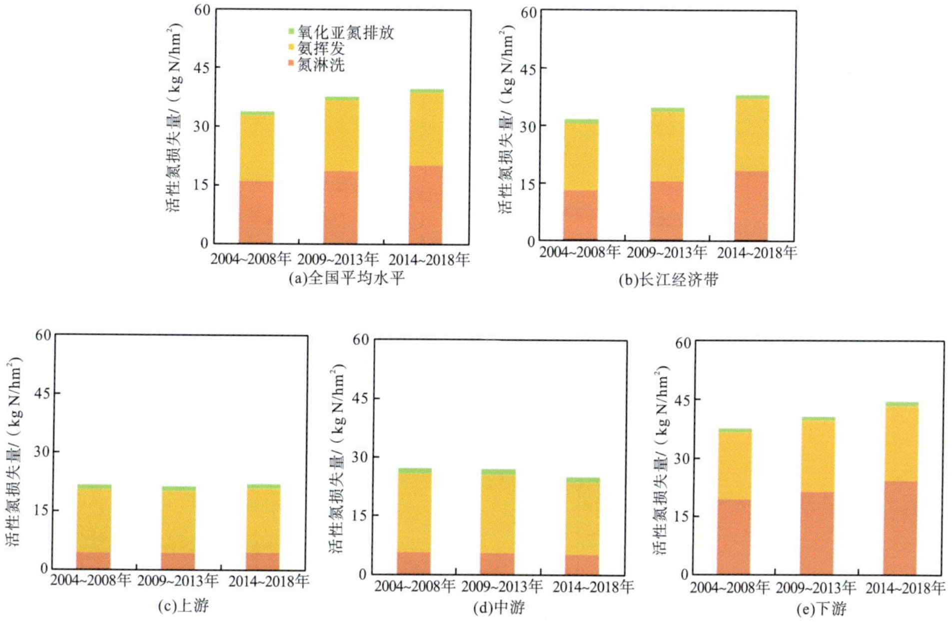

图 4-7　全国及长江经济带小麦生产活性氮损失历史变化

2. 长江经济带小麦生产温室气体排放与碳足迹

通过计算长江经济带小麦生产温室气体排放量及碳足迹，并将其与全国平均水平进行比较(图 4-8)发现，2014～2018 年长江经济带小麦生产温室气体排放量平均为 3508kg CO_2 eq/hm^2，低于全国平均水平(4445kg CO_2 eq/hm^2)。年际间变化趋势相同，2004～2018 年全国小麦生产温室气体排放量与长江经济带小麦生产温室气体排放量均持续增加：长江经济带小麦生产温室气体排放量从 2788kg CO_2 eq/hm^2 持续增加至 3508kg CO_2 eq/hm^2，增幅约 26%，且各区域间小麦生产温室气体排放量的变化趋势均为持续增加；其中，上游由 2133kg CO_2 eq/hm^2 增加至 2429kg CO_2 eq/hm^2，增幅约为 14%，中游则由 2663kg CO_2 eq/hm^2 增加至 2909kg CO_2 eq/hm^2，增幅约为 9%，下游小麦生产温室气体排放基数大且增长多，由 2004 年的 3162kg CO_2 eq/hm^2 增加至 2018 年的 3890kg CO_2 eq/hm^2，平均 1hm^2 增加排放量 728kg CO_2 eq，增幅高达 23%。

长江经济带小麦生产温室气体排放组成及占比与全国一致，即以肥料生产运输排放和肥料田间排放为主，但各部分占比与全国平均水平存在差异。2014～2018 年，全国小麦生产肥料生产运输排放和肥料田间排放分别占小麦生产温室气体总排放量的 44%和 13%，其他排放占比达 43%，其中以灌溉水消耗电力排放为主；而长江经济带小麦生产肥料生产运输排放和肥料田间排放分别占小麦生产温室气体总排放量的 51%和 18%，其他排放占比达 31%。其中，上游小麦生产肥料生产运输排放占小麦生产温室气体总排放量的 47%，肥料田间排放占比 25%，其他排放占比 28%；中游肥料生产运输排放占小麦生产温室气体总排放量的 45%，肥料田间排放占比 24%，其他排放仅占比 31%；而下游占比分别为 53%、16%和 31%。同时对比发现，上游其他排放占比低于 30%，这可能与上游小麦生产机械化程度较低有关。

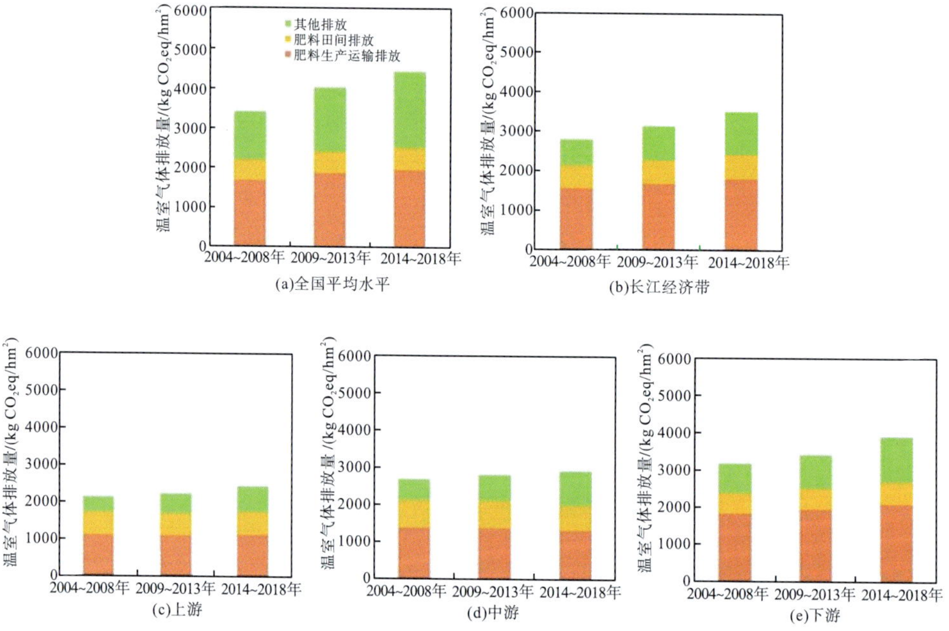

图 4-8　全国及长江经济带小麦生产温室气体排放量历史变化

对全国及长江经济带小麦生产温室气体排放组成变化趋势分析后发现，2004～2018 年，其他排放占比均有所增加，但长江经济带其他排放占比仍低于全国平均水平，这可能与长江经济带小麦生产以雨养为主而全国其他麦区以灌溉模式为主有关，而小麦生产中灌溉消耗电力时温室气体排放量较高，且随着小麦生产机械化程度加深，柴油大量投入，从而使其他排放占比增加。但长江经济带由于地形地貌约束，其小麦生产机械化程度低于全国其他区域。

碳足迹的变化趋势(图 4-9)则与温室气体排放量不同，2014～2018 年长江经济带小麦生产碳足迹平均为 725kg CO_2 eq/t，低于全国平均水平(825kg CO_2 eq/t)。2004～2018 年全国与长江经济带小麦生产碳足迹均呈先增加后减少趋势。其中，长江经济带小麦生产碳足迹由 2004～2008 年的 727kg CO_2 eq/t 持续增加至 2009～2014 年的 738kg CO_2 eq/t，随后降低至 725kg CO_2 eq/t 并基本保持稳定。而区域间小麦生产碳足迹变化趋势也存在差异。其中，上游小麦生产碳足迹持续增加，由 736kg CO_2 eq/t 持续增加至 761kg CO_2 eq/t，平均每吨小麦籽粒的生产增加 25kg CO_2 eq 排放量；中游小麦生产碳足迹则持续降低，由 874kg

CO_2 eq/t 降低至 770kg CO_2 eq/t，降幅约为 12%；下游小麦生产碳足迹先升高后降低，由 702kg CO_2 eq/t 增加至 723kg CO_2 eq/t，随后降低至 713kg CO_2 eq/t。碳足迹各部分占比则与温室气体排放各部分占比情况类似。

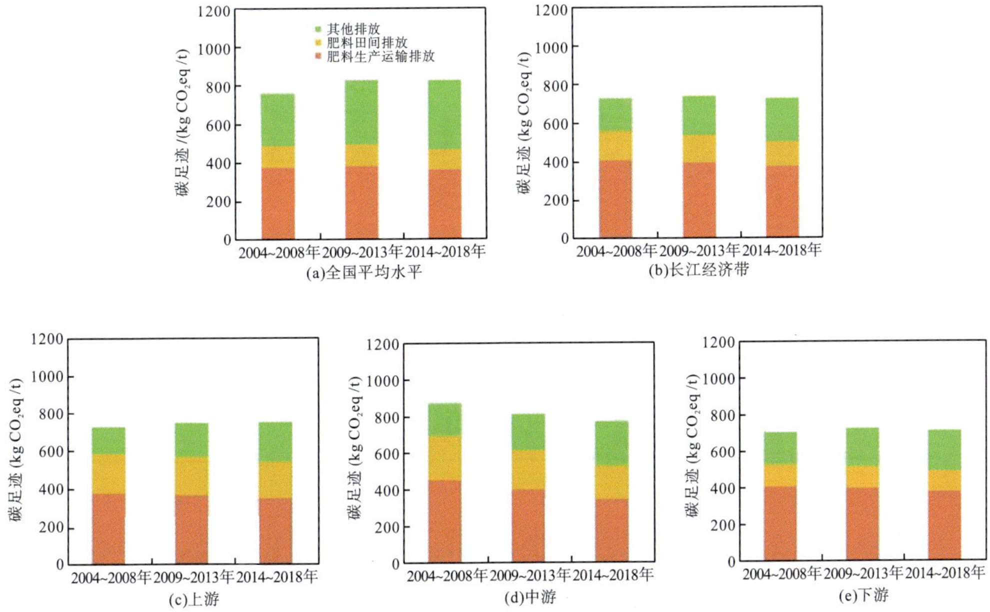

图 4-9　全国及长江经济带小麦生产碳足迹历史变化

4.2.4　长江经济带小麦生产减排潜力分析

在分析 2018 年长江经济带小麦种植情况和生产投入的基础上，对 2030 年小麦生产进行情景假设。BAU 假设为长江经济带小麦单产按照历史变化规律变化，为 5.5kg K_2O/hm^2。同时分别设置：情景 1（S1）——仅优化施肥，即氮肥 172kg N/hm^2、磷肥 74kg P_2O_5/hm^2、钾肥 56kg K_2O/hm^2，其他保持不变；情景 2（S2）——在情景 1 的基础上，实现 ISSM 高产高效组产量，即 6.5t/hm^2，且满足到 2030 年全国小麦需求 12500 万 t（Chen et al.，2014；Cui et al.，2018）；情景 3（S3）——在情景 2 的基础上，实现长江经济带小麦产量潜力的 85%，即 7.8t/hm^2。同时，针对小麦种植面积、化肥总施用量、活性氮损失、温室气体排放量和碳足迹等指标进行分析。

通过情景分析（表 4-2）发现，长江经济带小麦生产在仅优化施肥（S1）条件下，可减少化肥总施用量 60 万 t、活性氮损失 8 万 t 和总温室气体排放 279 万 t CO_2 eq。而在 S2 情景下，由于应用了 ISSM 理论，小麦单位面积产量大幅提升，同时由于到 2030 年膳食结构变化，人们对主粮的需求降低，以 2018 年长江经济带小麦总产量占全国小麦总产量的比例（28%）为例进行计算，到 2030 年，长江经济带小麦总产量达到 3500 万 t 即可满足粮食需求。所以在该情境下，可以较 BAU 降低土地资源消耗 230 万 hm^2，减少化肥总施用量 129 万 t；同时，可分别降低总活性氮损失和总温室气体排放 13 万 t 和 1012 万 t CO_2 eq。

在S3情景下，可实现产量潜力的85%，且小麦单产得到更大的提升，在满足小麦需求的同时，可以进一步降低317万hm^2土地资源的消耗，同时较BAU分别降低16万t总活性氮损失和1292万t CO_2 eq总温室气体排放。

表4-2　长江经济带小麦生产情景分析

指标	单位	BAU	S1	S2	S3
单位面积产量	t/hm^2	5.5	5.5	6.5	7.8
种植面积	万hm^2	767	767	537	450
总产量	万t	4218	4218	3500	3500
化肥总施用量	万t	291	231	162	136
活性氮损失	kg N/hm^2	38	30	30	30
总活性氮损失	万t N	29	23	16	13
温室气体排放量	kg CO_2 eq/hm^2	3557	3194	3194	3194
碳足迹	kg CO_2 eq/t	651	584	490	410
总温室气体排放量	万t CO_2eq	2728	2449	1716	1436

4.3　长江经济带小麦绿色生产实现途径

近年来小麦绿色生产技术飞速发展，为长江经济带小麦生产提供了可行方案。例如，在遗传育种和作物育种中培育出更高产且更高效的品种，既提高了产量，同时又减少了活性氮损失（Ying et al.，2019）；研发增效肥料，如控释肥料等，使养分释放与作物需求同步，从而减少养分损失，提高肥料利用效率（Li et al.，2018；Kanter and Searchinger，2018）；在农田管理上，采用水肥一体化可以在提升小麦单产的同时，显著提升小麦生产的水分利用效率和肥料偏生产力（Cai et al.，2020）；播种期对小麦产量、水分利用效率及蒸散量有着重要的影响，在合理范围内适当推迟播种日期，可以在实现高产的同时提升水分利用效率；农业机械设备的研发与应用可以提高农业生产效率和节省劳动力，为社会创造更多财富（Cassman and Grassini，2020）；利用"四密一疏"的种植模式，即缩小小麦种植传统行距，且每4行预留较大空行以用于机械设备开沟追肥，可以在不影响总茎数的同时实现产量大幅提升（吴洲，2021）；秸秆还田对于我国小麦生产具有较高化肥替代潜力，能够在减少化肥投入的同时，增加土壤碳的固定（李廷亮 等，2020；Xia et al.，2018）。因此，应将多项技术应用和转化，以提高系统生产力、降低环境代价（Tilman et al.，2011；Balmford et al.，2018），而科学合理地进行轮作和间套作可以提高生产系统的生态系统服务水平（Li et al.，2020），且间作种植模式集成应用免耕或少耕、秸秆带间覆盖、带间轮作、氮肥后移等农艺措施可产生显著的增产效果和优化生态效益（Chai et al.，2021）等。

笔者在华北平原开展的长期定位试验中发现，小麦生产存在着较大氮肥优化空间，在优化施氮（170kg N/hm^2）条件下可以实现高产，同时节省43%的氮肥投入；在此基础上应用新型肥料，可减少小麦生产温室气体排放量1%～8%，以及碳足迹2%～13%。因此，为促进小麦可持续生产，应首先进行肥料用量优化，并在满足小麦生产的基础上，应用新型肥料等，从而使小麦生产实现农学、环境及生态经济效益的协同提升，最终实现可持续的养分管理策略(Zhang et al.，2021)。而小麦是主要的口粮，在满足传统意义上粮食安全的同时，人们对营养品质也有着较高需求。通过长期定位试验发现，土施锌肥可以显著提高小麦籽粒锌含量和生物有效性，在使用锌肥条件下，以较优施锌量施肥 4 年即可达到生物强化目标值(45.0mg/kg)，并显著提升小麦籽粒的营养品质指数值；同时，合理施锌可以提高土壤脲酶、蔗糖酶等的活性，且又不会降低微生物群落的 α-多样性，可实现小麦生产微生态系统的可持续性。因此，小麦绿色生产须在降低环境代价的同时，考虑其籽粒的营养品质(Liu et al.，2017；Liu et al.，2020a，2020b，2020c)。高产优质与低碳绿色协同发展是小麦生产的目标。

“科技小院”可以提升其所在村农户的生产技术采纳率，实现增产提效(Zhang et al.，2016)，而“政产学研用”模式由各参与方为农户提供生产服务，可以在增产提效的同时，实现减排。“科技小院”与“政产学研用”模式为小麦绿色生产技术的推广提供了切实可行的思路与途径，其对于推动长江经济带小麦生产规模化、生产技术高效转化为实际生产力和实现长江经济带农业绿色发展意义重大。

4.4　小　　结

作为小麦种植面积在全国占比近 30%的区域，长江经济带的小麦绿色生产是全国小麦生产以及农业绿色发展的重要一环。通过政策补贴激发农户对小麦的种植热情，是保证小麦种植面积的重要一环。而小麦生产在满足国家未来农业发展需要(如粮食安全、资源高效和环境友好)的同时，还应通过施用含微量元素的肥料等方式进行生物性强化，以提升小麦籽粒的营养品质，保障人体健康。因此，未来长江经济带小麦产业的发展，须考虑高产优质和低碳绿色“两手抓”的绿色发展道路。

参 考 文 献

李延亮，王宇峰，王嘉豪，等，2020. 我国主要粮食作物秸秆还田养分资源量及其对小麦化肥减施的启示. 中国农业科学，53(23)：4835-4854.

吴良泉，2014. 基于“大配方、小调整”的中国三大粮食作物区域配肥技术研究. 北京：中国农业大学

吴洲，2021. 机械碾压及“四密一疏”条带种植模式对小麦生长和产量的影响. 北京：中国农业大学.

Balmford A，Amano T，Bartlett H，et al.，2018. The environmental costs and benefits of high-yield farming. Nature Sustainability，1(9)：477-485.

Bouis H E，Welch R M. 2010. Biofortification—A sustainable agricultural strategy for reducing micronutrient malnutrition in the global south. Crop Science，50(2)：S20-S32.

Cai D Y，Yan H J，Li L H，2020. Effects of water application uniformity using a center pivot on winter wheat yield，water and nitrogen use efficiency in the North China Plain. Journal of Integrative Agriculture，19(9)：2326-2339.

Cakmak I，2007. Enrichment of cereal grains with zinc：Agronomic or genetic biofortification?. Plant and Soil，302(1-2)：1-17.

Carlson K M，Gerber J S，Mueller N D，et al.，2016. Greenhouse gas emissions intensity of global croplands. Nature Climate Change，7：63-68.

Cassman K G，Grassini P，2020. A global perspective on sustainable intensification research. Nature Sustainability，3(4)：262-268.

Chai Q，Nemecek T，Liang C，et al.，2021. Integrated farming with intercropping increases food production while reducing environmental footprint. Proceedings of the National Academy of Sciences，118(38). https://doi.org/10.1073/pnas.2106382118.

Chen X P，Cui Z L，Vitousek P M，et al.，2011. Integrated soil-crop system management for food security. Proceedings of the National Academy of Sciences，108(16)：6399-6404.

Chen X P，Cui Z L，Fan M S，et al.，2014. Producing more grain with lower environmental costs. Nature，514(7523)：486-489.

Cui Z L，Zhang H Y，Chen X P，et al.，2018. Pursuing sustainable productivity with millions of smallholder farmers. Nature，55(7696)：363-366.

Guo C Y，Bai Z H，Shi X J，et al.，2021. Challenges and strategies for agricultural green development in the Yangtze River Basin. Journal of Integrative Environmental Sciences，18(1)：37-54.

Kanter D R，Searchinger T D，2018. A technology-forcing approach to reduce nitrogen pollution. Nature Sustainability，1(10)：544-552.

Kravchenko A N，Snapp S S，Robertson G P，2017. Field-scale experiments reveal persistent yield gaps in low-input and organic cropping systems. Proceedings of the National Academy of Sciences，114(5)：926-931.

Li C J，Hoffland E，Kuyper T W，et al.，2020. Syndromes of production in intercropping impact yield gains. Nature Plants，6(6)：653-660.

Li T Y，Zhang W F，Yin J，et al.，2018. Enhanced-efficiency fertilizers are not a panacea for resolving the nitrogen problem. Global Change Biology，24(2)：e511-e521.

Liu B H，Chen X P，Meng Q F，2017. Estimating maize yield potential and yield gap with agro-climatic zones in China—Distinguish irrigated and rainfed conditions. Agricultural and Forest Meteorology，239：108-117.

Liu D Y，Liu Y M，Zhang W，et al.，2017. Agronomic approach of zinc biofortification can increase zinc bioavailability in wheat flour and thereby reduce zinc deficiency in humans. Nutrients，9(5)：465.

Liu X J，Vitousek P，Chang Y H，et al.，2016. Evidence for a historic change occurring in China. Environmental Science and Technology，50(2)：505-506.

Liu Y M，Liu D Y，Zhang W，et al.，2020a. Photosynthetic characteristics and productivity in a wheat-maize system under varying zinc rates. Crop Science，60(6)：3291-3300.

Liu Y M，Liu D Y，Zhang W，et al.，2020b. Health risk assessment of heavy metals（Zn，Cu，Cd，Pb，As and Cr）in wheat grain receiving repeated Zn fertilizers. Environmental Pollution，257(1-2)：113581.

Liu Y M，Cao W Q，Chen X X，et al.，2020c. The responses of soil enzyme activities，microbial biomass and microbial community structure to nine years of varied zinc application rates. Science of the Total Environment，737(10)：140245.

Liu Z T，Ying H，Chen M Y，et al.，2021. Optimization of China's maize and soy production can ensure feed sufficiency at lower nitrogen and carbon footprints. Nature Food，2(6)：426-433.

Ma G S，Jin Y，Li Y P，et al.，2008. Iron and zinc deficiencies in China：What is a feasible and cost-effective strategy?. Public Health Nutrition，11(6)：632-638.

Meng Q F，Liu B H，Yang H S，et al.，2020. Solar dimming decreased maize yield potential on the North China Plain. Food and

Energy Security，9(4)：1-8.

Ortiz-Monasterio J I，Palacios-Rojas N，Meng E，et al.，2007. Enhancing the mineral and vitamin content of wheat and maize through plant breeding. Journal of Cereal Science，46(3)：293-307.

Reynolds M，Bonnett D，Chapman S C，et al.，2011. Raising yield potential of wheat. I. Overview of a consortium approach and breeding strategies. Journal of Experimental Botany，62(2)：439-52.

Shewry P R. 2009. Wheat. Journal of Experimental Botany，60(6)：1537-1553.

Smith L E D，2020. Policy options for Agriculture Green Development by farmers in China. Frontiers of Agricultural Science and Engineering，7(1)：90-97.

Tilman D，Balzer C，Hill J L，et al.，2011. Global food demand and the sustainable intensification of agriculture. Proceedings of the National Academy of Sciences of the Unitd States of America，108(50)：20260-20264.

Wu L，Chen X P，Cui Z L，et al.，2014. Establishing a regional nitrogen management approach to mitigate greenhouse gas emission intensity from intensive smallholder maize production. PLoS One，9(5)：98481.

Wu Y Y，Xi X C，Tang X，et al.，2018. Policy distortions，farm size，and the overuse of agricultural chemicals in China. Proceedings of the National Academy of Sciences，115(27)：7010-7015.

Xia L，Lam S K，Wolf B，et al.，2018. Trade-offs between soil carbon sequestration and reactive nitrogen losses under straw return in global agroecosystems. Global Change Biology，24(12)：5919-5932.

Yang L，Wang Y T，Wang R R，et al.，2020. Environmental-social-economic footprints of consumption and trade in the Asia-Pacific region. Nature Communications，11(1)：4490.

Yao Z，Zhang W S，Wang X Z，et al.，2021. Carbon footprint of maize production in tropical/subtropical region：A case study of Southwest China. Environmental Science and Pollution Research，28(22)：28680-28691.

Ying H，Yin Y L，Zheng H F，et al.，2019. Newer and select maize，wheat，and rice varieties can help mitigate N footprint while producing more grain. Global Change Biology，25(12)：4273-4281.

Yu C Q，Huang X，Chen H，et al.，2019. Managing nitrogen to restore water quality in China. Nature，567(7749)：516-520.

Zhang F S，Cui Z L，Fan M S，et al.，2011. Integrated soil-crop system management：Reducing environmental risk while increasing crop productivity and improving nutrient use efficiency in China. Journal of Environmental Quality，40(4)：1051-1057.

Zhang L，Zhang W S，Cui Z L，2021. Environmental，human health，and ecosystem economic performance of long-term optimizing nitrogen management for wheat production. Journal of Cleaner Production，311. https://doi.org/10.1016/j.jclepro.2021.127620.

Zhang W F，Cao G X，Li X L，et al.，2016. Closing yield gaps in China by empowering smallholder farmers. Nature，537(7622)：671-674.

第 5 章　油菜绿色生产的现状、挑战与途径

5.1　引　　言

油菜是重要的油料作物和能源作物，全球以 3200 万 hm^2 的面积生产了 6000 万 t 的油菜籽；其中，我国每年贡献了全球油菜籽产量的约 20.0%，是全球油料安全的重要保证(数据源于 FAO 官方网站)。长江经济带光温和水土资源丰富，油菜多作为冬季作物与水稻、玉米、棉花等夏季作物轮作(鲁剑巍　等，2018)。油菜也是长江经济带最主要的作物之一，其播种面积占区域农作物播种总面积的约 8.1%，贡献了全国 80.0%以上的油菜籽产量(数据源于国家统计局官方网站)。油菜浑身是宝，其在“油、菜、花、蜜、饲、肥”方面的广泛用途充分体现了自身的价值。具体而言：“油”——菜籽油不仅与大豆油、花生油并列为我国最主要的三大食用植物油，而且还是制成生物能源的重要原料，而不与夏粮争地的特点使其成为油料资源的重要储备(王汉中，2005)；“菜”——白菜型油菜在国外被称为芜菁油菜，而在我国不同生态区其主要用途不同，南方油白菜以油用为主，北方小油菜则以食用为主，它们都是重要的蔬菜作物(刘后利，1984；何余堂　等，2003)；“花”——以油菜花带动旅游业，并促进农业产业升级与调整，是发展现代生态农业的有效形式；“蜜”——油菜花蜜是营养丰富的天然食品，其产量较其他蜂蜜产品相对较高，且蜜蜂授粉在发达国家已实现了一定的商品化和规模化(Abrol，2007)，而油菜花蜜在我国油菜产业中的发展潜能还须进一步开发；“饲”——油菜饲用资源可分为饲料油菜和菜籽饼粕，饲料油菜是一种为畜牧业提供鲜草的新资源(傅廷栋　等，2004)，而菜籽饼粕蛋白质含量高，是一种重要的饲料资源(陈刚　等，2006)；“肥”——油菜作为绿肥为提升耕地质量提供了新的途径，与其他绿肥作物相比，油菜种植成本低、植株生物量大、养分(尤其是磷、钾)丰富，在现代农业发展中有广阔的前景(傅廷栋　等，2012)。

然而，改革开放以来我国食用植物油供给对外依赖度逐年提高，外资逐步控制了我国食用植物油消费市场，弱化了政府调控能力(王汉中，2010)。近年来，国家陆续在《全国种植业结构调整规划(2016—2020 年)》《农业生物质能产业发展规划(2007—2015 年)》等系列文件中要求在长江经济带内重点发展油菜生产，通过合理利用冬闲田，适当扩大油菜种植面积，同时发展高蓄能油菜品种、提高单位面积产量。有学者估算，利用长江经济带冬闲田扩种油菜，在单产达到 60%产量潜力的情况下，将增加油菜籽产量 910 万 t，并可在减少油菜籽进口的同时，抵消 810 万 t 的大豆进口(Tian et al.，2021)。在中美贸易战和新冠肺炎疫情对我国食用油供给安全造成影响的情况下，可以预见在未来一段时间，长江经济带油菜生产将进一步扩大。

因此，本章将系统分析长江经济带油菜生产的时空变化规律和总结各子流域不同油菜生产模式下油菜生产面临的挑战，并提出相应的优化策略，以期推动长江经济带作物系统的绿色发展。

5.2　长江经济带油菜生产现状

5.2.1　生产迅猛发展，中、上游地区成为重点

1949 年起，长江经济带 11 省(市)油菜生产得到了迅猛发展(数据源于国家统计局官方网站)。自 20 世纪 70 年代起，经济带油菜种植面积快速扩大，由 157.8 万 hm^2(1970 年)增长至 598.3 万 hm^2(2010 年)，每十年增长约 110 万 hm^2(图 5-1)。此外，长江经济带 11 省(市)是我国最主要的油菜种植区，油菜播种面积占全国油菜总播种面积的比例较为稳定，为 74.2%~82.4%(图 5-1)。1949 年至 20 世纪 90 年代，油菜种植面积在长江经济带上、中、下游的分布较为均匀。而 1990 年至 2010 年，随着中、上游油菜种植面积的持续增长和下游面积的不断减少，长江经济带油菜种植逐渐形成了以中、上游种植为重点的地理布局，种植面积占长江经济带油菜总种植面积的 83%(图 5-2)。四川省在 1950～1980 年是长江经济带内油菜种植面积最大的省份，种植面积占长江经济带油菜总种植面积的 18.80%～22.00%，而安徽、湖北和湖南分别是 1990 年、2000 年和 2010 年种植面积最大的省份，占比分别为 16.20%、19.80%和 20.50%。1950 年至 2010 年，浙江省和江西省的油菜种植面积占比降幅最大，分别为 7.20%和 5.95%；相反，湖南省和湖北省的油菜种植面积占比增幅最大，分别为 9.39%和 8.49%(图 5-2)。

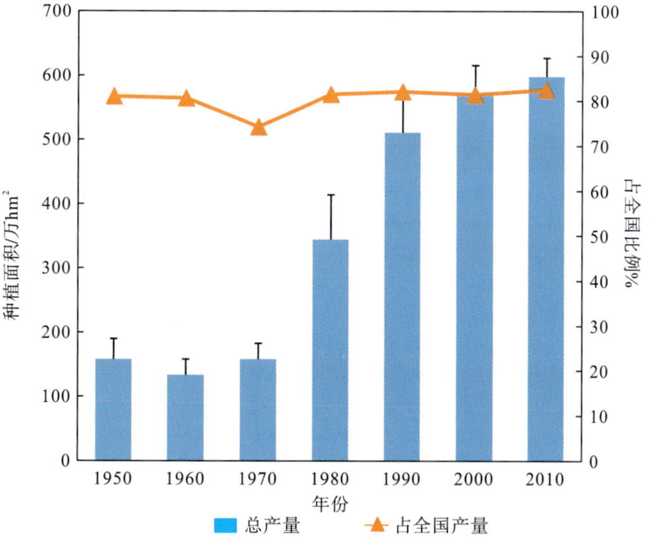

图 5-1　1950～2010 年长江经济带油菜种植面积及其占全国总种植面积情况

(数据源于国家统计局官方网站)

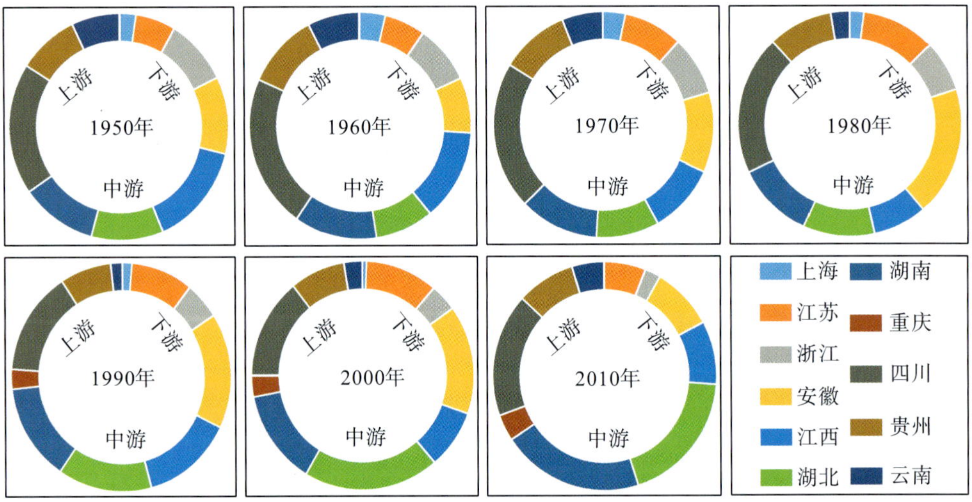

图 5-2　1950～2010 年各省(市)油菜种植面积变化情况

(数据源于国家统计局官方网站)

如图 5-3 所示，长江经济带 11 省(市)是我国最重要的油菜生产区，贡献了全国油菜籽总产量的 82.3%～86.7%。随着种植面积的快速增长，长江经济带油菜籽产量大幅度提升，由每年 74.0 万 t(1950 年)增加至每年 1151 万 t(2010 年)。四川省油菜籽产量占该区域的 16.4%～30.0%，2010 年年产量为 240 万 t，其次是湖北和湖南省，分别为 234 万 t 和 194 万 t(图 5-4)。湖北、湖南两省油菜籽产量增长快速，2010 年年产量分别是 1950 年的 34.4 倍和 27.9 倍。长江经济带下游上海、江苏、浙江和安徽 4 省(市)的油菜籽生产在前期发展较快，其产量在 1990～2000 年达到峰值后十几年持续降低，2010 年仅占经济带油菜籽总产量的 20.9%(图 5-4)。

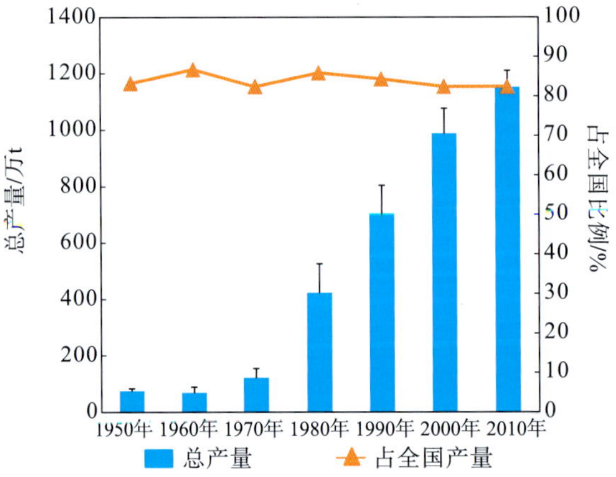

图 5-3　1950～2010 年长江经济带油菜籽产量及其占全国总产量情况

(数据源于国家统计局官方网站)

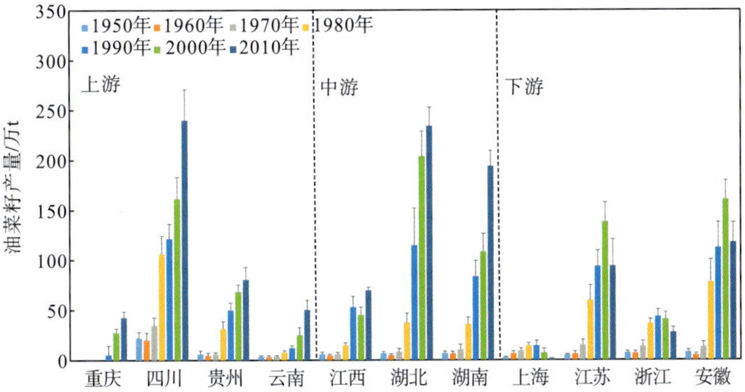

图 5-4　1950～2010 年各省(市)油菜籽产量变化情况

(数据源于国家统计局官方网站)

5.2.2　油菜生产子区域间农资投入和单产水平差异大

2004～2018 年，长江经济带油菜种植单位面积的氮肥和磷肥投入量变化不大，投入量分别为 133.0～136.0kg N/hm^2 和 55.5～60.0kg P_2O_5/hm^2(表 5-1)。下游氮肥投入量在三个时间段(2004～2008 年、2009～2013 年和 2014～2018 年)均高于中、上游，2014～2018 年下游氮肥投入量分别是上游和中游的 1.32 倍和 1.61 倍。磷肥投入量在区域间的差异不大，位于下游的江苏和浙江两省分别是 2014～2018 年油菜生产氮肥和磷肥投入量最高的两个省份，分别为 207kg N/hm^2 和 71.8kg P_2O_5/hm^2。2004～2018 年，各产区钾肥投入量增长幅度较大，2014～2018 年上、中、下游以及全域平均钾肥投入量分别比 2004～2008 年增长了 1.16 倍、0.75 倍、0.64 倍和 0.71 倍。2004～2018 年，油菜生产农药和柴油投入量增幅也较大，2014～2018 年其全域平均投入量分别是 2004～2008 年的 2.25 倍和 4.94 倍；各产区相比，2014～2018 年农药和柴油投入量均以中游较高，分别为 14.3kg/hm^2 和 84.2kg/hm^2(表 5-1)。

表 5-1　2004～2018 年长江经济带各省(市)农资投入变化

区域	省(市)	氮肥投入量/(kg N/hm^2)			磷肥投入量/(kgP_2O_5/hm^2)			钾肥投入量/(kgK_2O/hm^2)			农药投入量/(kg/hm^2)			柴油投放量/(kg/hm^2)		
		2004～2008年	2009～2013年	2014～2018年	2004～2008年	2009～2013年	2014～2018年	2004～2008年	2009～2013年	2014～2018年	2004～2008年	2009～2013年	2014～2018年	2004～2008年	2009～2013年	2014～2018年
上游	重庆	106.0	108.0	101.0	47.6	27.0	31.1	3.4	8.7	15.8	1.3	2.71	4.1	0.7	3.2	11.3
	四川	139.0	148.0	139.0	50.4	60.6	58.7	17.6	30.2	49.1	4.7	7.12	8.1	17.1	42.7	77.1
	贵州	110.0	105.0	131.0	65.2	57.5	59.0	18.7	18.9	32.7	2.6	3.06	4.1	0.8	20.7	72.3
	云南	180.0	186.0	191.0	77.1	67.9	70.9	36.1	30.4	33.7	8.1	13.1	13.6	17.7	22.5	55.8
	区域	130.0	139.0	139.0	56.9	57.5	57.3	18.2	25.1	39.4	4.0	6.5	7.4	11.0	30.2	65.8
中游	江西	99.0	93.9	86.6	43.6	57.9	60.7	41.8	49.1	59.8	4.4	10.7	16.0	3.3	21.4	43.7
	湖北	130.0	128.0	129.0	61.9	58.3	64.3	28.6	40.7	58.4	4.82	9.19	12.3	20.1	40.1	95.7

续表

区域	省(市)	氮肥投入量/(kg N/hm²)			磷肥投入量/(kgP_2O_5/hm^2)			钾肥投入量/(kgK_2O/hm^2)			农药投入量/(kg/hm^2)			柴油投放量/(kg/hm^2)		
		2004～2008年	2009～2013年	2014～2018年	2004～2008年	2009～2013年	2014～2018年	2004～2008年	2009～2013年	2014～2018年	2004～2008年	2009～2013年	2014～2018年	2004～2008年	2009～2013年	2014～2018年
	湖南	96.5	113.0	112.0	43.3	52.2	55.7	13.9	23.0	32.3	6.0	9.0	15.1	1.1	26.8	90.3
	区域	113.0	116.0	114.0	52.1	55.8	59.9	27.0	35.2	47.3	5.1	9.4	14.3	10.3	31.3	84.2
下游	江苏	188.0	191.0	207.0	60.3	60.1	69.4	41.3	51.4	62.6	8.8	10.9	13.1	22.5	22.8	25.4
	浙江	235.0	196.0	183.0	76.5	76.8	71.8	22.6	29.3	43.0	7.2	11.5	14.7	11.4	23.6	88.7
	安徽	160.0	166.0	170.0	55.4	60.6	65.0	36.2	45.4	60.9	5.3	8.8	14.1	33.0	41.1	74.7
	区域	179.0	179.0	184.0	59.9	62.7	67.4	36.2	45.3	59.2	6.8	9.9	13.8	26.5	32.2	60.9
全域		136.0	136.0	133.0	55.5	57.8	60.0	26.9	34.1	46.1	5.2	8.6	11.7	15.0	31.3	74.1

注：数据源于《全国农产品成本收益资料汇编(2005—2019)》；区域平均值和全域平均值是将各省(市)油菜种植面积加权并求平均值得到。

2004～2018 年，长江经济带油菜籽单产由 $1.55t/hm^2$ 增加至 $2.03t/hm^2$(图 5-5)。3 个生产区域中以下游产量最高，2004～2018 年其平均单产为 $2.26t/hm^2$；上游次之，平均为 $1.96t/hm^2$；中游最低，平均为 $1.65t/hm^2$。

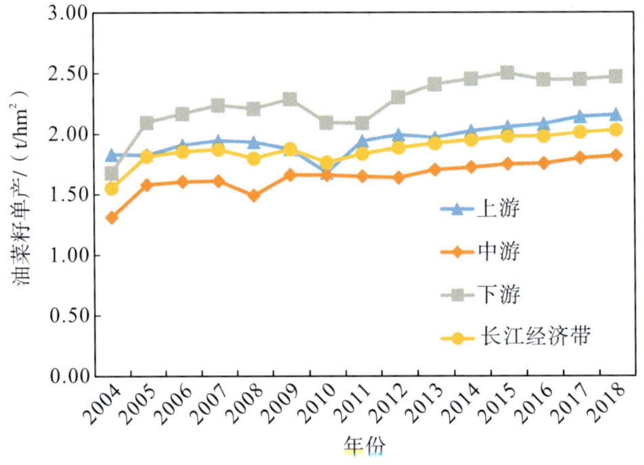

图 5-5　2004～2018 年长江经济带及各产区油菜籽单产变化

5.2.3　长江经济带油菜生产氮、磷盈余，钾亏缺

根据 2014～2018 年长江经济带油菜种植的氮肥、磷肥和钾肥投入及单产情况，并参考长江经济带每 1kg 油菜籽粒对 N、P_2O_5 和 K_2O 的需求量(分别为 5.00kg、2.10kg 和 6.70kg)(张福锁 等，2009)，计算长江经济带及各子流域氮、磷、钾养分表观盈余(图 5-6)。2014～2018 年，长江经济带油菜生产氮、磷投入量高于作物吸收量，每 $1hm^2$ 田地分别盈余氮、磷养分 44kg N 和 19kg P_2O_5；然而，钾素投入量远不及油菜吸收量，平均每 $1hm^2$

田地亏缺 90.0kg K_2O。各区域间不同养分的盈余和亏缺情况也有所不同。其中，氮素以下游盈余量最高，上游次之，中游最低，分别为 66.0kg N/hm^2、41.0kg N/hm^2 和 24.0kg N/hm^2；磷素盈余在各子流域间差异不大，上、中、下游分别为 13.3kg P_2O_5/hm^2、24.9kg P_2O_5/hm^2 和 18.4kg P_2O_5/hm^2；钾素盈余量则以下游和上游较高，分别达 106kg K_2O/hm^2、100kg K_2O/hm^2，中游为 64.0kg K_2O/hm^2。

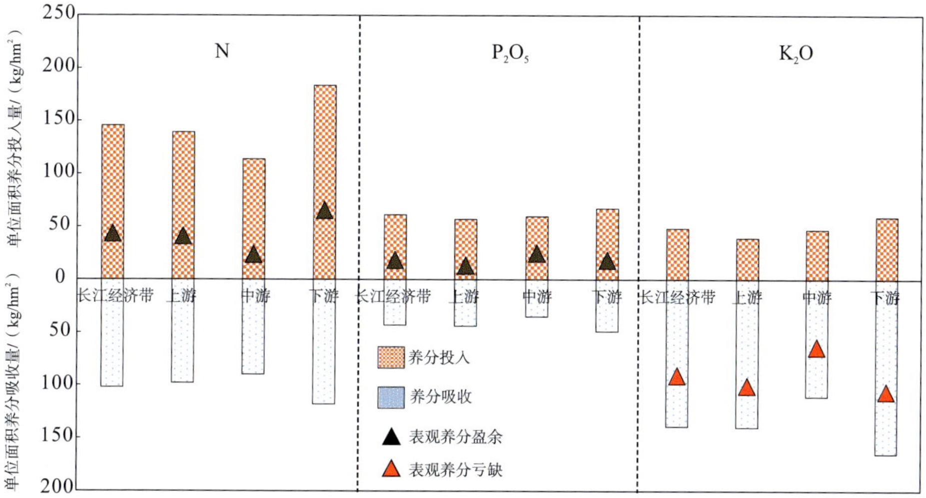

图 5-6　2014～2018 年长江经济带及各子流域油菜籽养分表观盈余情况

5.2.4　油菜种植土壤整体肥力高，钾、镁、硫、硼缺乏或潜在缺乏

为明确我国长江经济带冬油菜主产区油菜种植土壤养分现状，笔者所在课题组于 2018 年 4～5 月在我国长江流域 14 个省（市）冬油菜典型种植区域采集油菜并收获耕层土壤样品 430 个，同时测定了土壤基础理化性质（土壤有机质、全氮、速效磷、速效钾和 pH）以及中微量元素（有效钙、有效镁、有效硫、有效铁、有效锰、有效铜、有效锌和有效硼）含量，并参考第二次全国土壤普查结果以及油菜种植土壤的速效磷、速效钾和有效硼的分级指标，评价了长江经济带油菜种植区域耕层土壤养分状况（表 5-2 和表 5-3）。从土壤有机质和全氮分级来看，经济带耕层土壤有机质超过 20g/kg 和全氮超过 1.0g/kg 的比例分别为 61.4%和 74.3%，说明该区域油菜种植土壤的整体肥力较高。整个区域约有 1/3 的土壤有机质含量偏低，且全氮含量偏低的土壤占 25.7%，而有机质和全氮含量偏低的区域主要集中在湖北东部丘陵以及江西北部。从土壤速效磷分级来看，长江经济带油菜种植土壤的速效磷缺乏现象和速效磷过量现象并存（12～25mg/kg 为油菜种植土壤的速效磷适宜范围），二者的比例分别为 34.0%和 34.7%。土壤速效磷缺乏的区域主要集中在四川东部、湖北南部和江苏南部；而土壤速效磷含量高的区域则主要集中在云南西部、广西北部和湖南南部等。对于土壤速效钾而言，整个经济带土壤速效钾含量低于 135mg/kg 的比例高达 63.8%，呈潜在的钾素缺乏趋势。整个区域油菜种植土壤呈弱酸性，且 pH 低于 6.5 的比例为 66.1%，尤其是中、下游区域 pH 低于 5.5 的比例超过 40%。

表 5-2　长江经济带油菜种植区土壤养分丰缺状况

土壤养分指标	分级		分布频率/%			
			上游	中游	下游	全域
有机质/(g/kg)	＞40	1 级	23.1	9.0	13.2	14.0
	30～40	2 级	13.1	24.8	11.8	18.9
	20～30	3 级	30.8	26.1	31.5	28.5
	10～20	4 级	31.5	36.5	38.2	35.3
	6～10	5 级	0.8	2.7	5.3	2.6
	＜6	6 级	0.7	0.9	0	0.7
全氮/(g/kg)	＞2.0	1 级	23.1	18.0	14.5	18.9
	1.5～2.0	2 级	21.5	21.6	25.0	22.2
	1.0～1.5	3 级	34.6	32.0	34.2	33.2
	0.75～1.0	4 级	16.2	15.3	19.7	16.4
	0.5～0.75	5 级	2.3	7.7	5.3	5.6
	＜0.5	6 级	2.3	5.4	1.3	3.7
速效磷/(mg/kg)	＞30	1 级	30.8	28.1	32.9	29.8
	25～30	2 级	4.6	4.0	7.9	4.9
	12～25	3 级	34.6	34.8	15.8	31.4
	6～12	4 级	20.8	17.4	25.0	19.7
	＜6	5 级	9.2	15.7	18.4	14.2
速效钾/(mg/kg)	＞180	1 级	26.2	20.5	19.6	22.1
	135～180	2 级	15.4	11.2	21.1	14.2
	60～135	3 级	43.8	57.1	46.1	51.2
	＜60	4 级	14.6	11.2	13.2	12.5
pH	＞7.5	1 级	24.6	17.0	22.4	20.2
	6.5～7.5	2 级	16.2	13.4	10.5	13.7
	5.5～6.5	3 级	24.6	21.9	26.3	23.5
	＜5.5	4 级	34.6	47.7	40.8	42.6

注：1 级表示“养分很丰富”；2 级表示“养分丰富”；3 级表示“养分中等”；4 级表示“养分潜在缺乏”；5 级表示“养分缺乏”；6 级表示“养分极缺乏”。

表 5-3　长江经济带油菜种植区土壤微量元素含量

区域	指标	有效钙含量	有效镁含量	有效硫含量	有效铁含量	有效锰含量	有效铜含量	有效锌含量	有效硼含量
上游	范围/(mg/kg)	91.6～7032.0	13.9～636.0	3.2～115.0	5.0～833.0	7.1～324.0	0.5～9.7	0.4～13.4	0.1～3.4
	均值/(mg/kg)	2871.0	217.0	23.5	156.0	69.7	3.2	3.6	0.5
	变异系数值/(mg/kg)	67.9	62.6	75.2	111.0	87.1	60.6	70.5	89.5

续表

区域	指标	有效钙含量	有效镁含量	有效硫含量	有效铁含量	有效锰含量	有效铜含量	有效锌含量	有效硼含量
中游	范围/(mg/kg)	145.0～6410.0	25.9～822.0	4.5～86.3	9.3～813.0	10.1～423.0	0.2～8.6	0.2～13.3	0.1～2.5
	均值/(mg/kg)	2161.0	208.0	22.5	223.0	98.1	4.0	4.1	0.4
	变异系数/%	77.9	74.2	66.8	78.1	82.7	45.4	59.9	54.9
下游	范围/(mg/kg)	225.0～6360.0	26.1～759.0	4.7～145.0	16.1～881.0	11.2～281.0	0.31～12.6	0.1～12.5	0.1～1.4
	均值/(mg/kg)	2508.0	296.0	21.3	270.0	98.3	4.4	4.5	0.5
	变异系数/%	60.1	55.2	92.1	76.9	78.3	49.7	62.4	58.5
区域整体	范围/(mg/kg)	91.6～7032.0	13.9～822.0	3.2～145.0	5.0～881.0	7.1～425.0	0.2～12.6	0.1～13.4	0.1～3.4
	均值/(mg/kg)	2436.0	226.0	22.6	212.0	89.7	3.8	4.0	0.5
	变异系数/%	72.4	68.2	74.0	87.0	84.4	51.5	63.7	71.3

长江经济带油菜典型种植区域耕层土壤有效钙、有效镁和有效硫的平均含量分别为2436.0mg/kg、226.0mg/kg和22.6mg/kg，且这3种中量元素含量的变异系数分别为72.4%、68.2%和74.0%(表5-3)。不同区域油菜种植土壤的有效钙、有效镁和有效硫含量略有不同：上游土壤有效钙含量明显高于中游，而下游土壤有效镁含量则明显高于上游和中游，但3个区域土壤有效硫含量差异不明显。对于微量元素，长江经济带土壤有效铁、有效锰、有效铜、有效锌和有效硼的含量分别为212.0mg/kg、89.7mg/kg、3.8mg/kg、4.0mg/kg和0.5mg/kg，有效铁和有效锰的变异系数值明显大于其他微量元素的变异系数值。在上游油菜典型种植区域，土壤有效铁、有效锰、有效铜和有效锌含量明显低于中游和下游区域，长江中下游区域油菜种植土壤呈现出高有效铁、有效锰、有效铜和有效锌含量趋势。土壤有效硼的含量变化则略有不同，上游和下游土壤有效硼含量高，中游土壤有效硼含量最低。

土壤中微量元素含量的分级结果表明：整个区域土壤有效铁、有效锰和有效铜含量均处于丰富状态；土壤有效钙和有效锌含量处于4级(潜在缺乏)和5级(缺乏)的比例分别为8.4%和12.2%；土壤有效镁、有效硫和有效硼含量处于潜在缺乏和缺乏的比例进一步增加，分别为24.2%、36.0%和83.5%，有效镁缺乏的区域主要集中在湖南南部、江西和广西北部，有效硫缺乏的区域则主要集中在河南南部、湖北东北部以及安徽东南部；除云南及其与贵州、广西交界区域外，整个长江流域超过80%的油菜种植土壤均处于有效硼缺乏的状态。

5.2.5　低氮肥利用效率导致长江经济带油菜生产碳、氮足迹高

通过收集和整理已发表的文献中的数据，本章建立了中国油菜田间生产中不同活性氮

损失量与氮肥投入量的关系(图 5-7)。文献检索于 Web of Science 和中国知网(CNKI)数据库，检索通过以下几组词条的任意组合进行：“氨挥发(ammonia 或 NH_3 volatilization)”“硝酸盐淋洗(nitrate 或 NO_3 leaching)”“径流(nitrogen 或 N runoff)”“氧化亚氮(nitrous oxide 或 N_2O emission)”“施氮量”“油菜”“中国”。文献筛选标准为：①数据必须为油菜完整生育期内的田间测定结果；②同一篇文献必须同时包含一个活性氮损失量和一个氮肥施用量。根据以上标准，分别筛选出氨挥发、硝酸盐淋洗、氮素径流、氧化亚氮排放与油菜施氮量的数据 27 组、16 组、15 组和 25 组。如图 5-7 所示，中国油菜生产系统随着氮肥投入量的增加，其各活性氮损失量均呈显著的指数增加趋势。氨挥发量、硝酸盐淋洗量、氮素径流和氧化亚氮排放量与氮肥投入量之间的关系分别为 $y=0.68e^{0.0095}x$ ($R^2=0.85$)、$y=1.83\ e^{0.0048}x$ ($R^2=0.71$)、$y=0.44\ e^{0.0099}x$ ($R^2=0.72$) 和 $y=0.35e^{0.0085}x$ ($R^2=0.78$)。

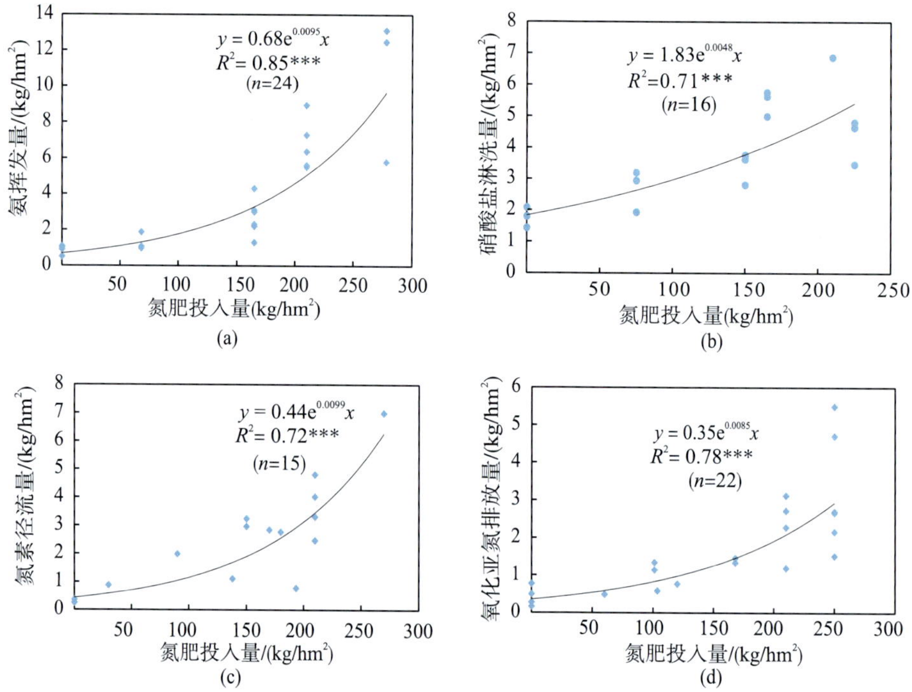

图 5-7　长江经济带油菜生产氮肥投入量与氨挥发(a)、硝酸盐淋洗(b)、氮素径流(c)和氧化亚氮排放量(d)的关系

将 2004～2018 年中国油菜生产的氮肥投入量(表 5-1)输入油菜生产活性氮损失模型(图 5-7)中，可估算出 2004～2018 年长江经济带油菜生产单位面积和单位产量的活性氮损失情况。如图 5-8 所示，长江经济带油菜生产单位面积和单位产量活性氮损失量均呈先增加后减少的趋势，其中 2009～2013 年最高，分别为 9.59kg/hm^2 和 5.18kg N/t。与 2004～2008 年平均损失量相比，2014～2018 年单位产量活性氮损失量有所降低，为 4.71kg/t；而单位面积活性氮损失量有所增加，为 9.37kg/hm^2(图 5-8)。淋洗是油菜生产中活性氮损失量最大的途径，2004～2018 年其平均占比为 37.5%；其次是氨挥发和径流，占比分别为 27.3%和 23.3%；以氧化亚氮形式损失的氮素占比较低，为 11.9%。

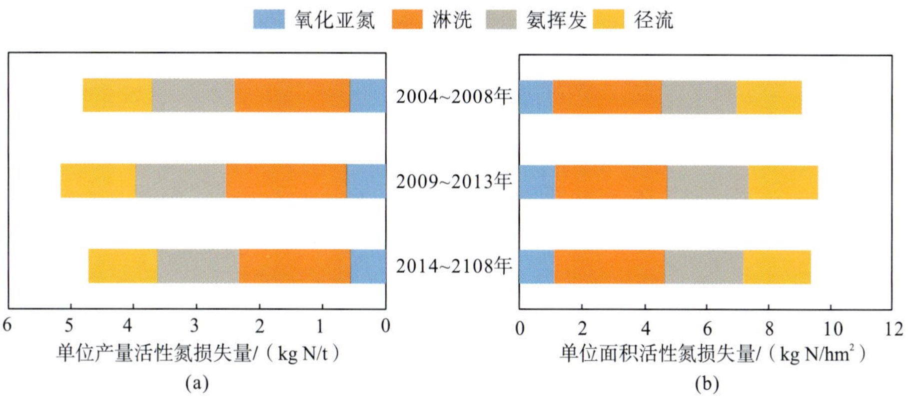

图 5-8　2004～2018 年长江经济带油菜生产活性氮损失情况

根据生命周期——从“摇篮”到“坟墓”的评价方法，计算出 2004～2018 年长江经济带油菜生产中各项农资投入品(化肥、农药、柴油等)从生产、运输到田间施用全生命周期的温室气体排放量，并在单位面积和单位产量上分析其变化趋势。如图 5-9 所示，2004～2018 年，单位面积油菜生产温室气体排放量显著增长，2014～2018 年平均值为 2174kg CO_2eq/hm^2，显著高于 2004～2008 年(1864kgCO_2eq/hm^2)和 2009～2013 年平均值(1980kg CO_2eq/hm^2)[图 5-9(a)]。相反，单位产量的温室气体排放量变化不大，2004～2008 年、2009～2013 年和 2014～2018 年分别为 1054kg CO_2eq/t、1038kg CO_2eq/t 和 1108kg CO_2eq/t[图 5-9(b)]。

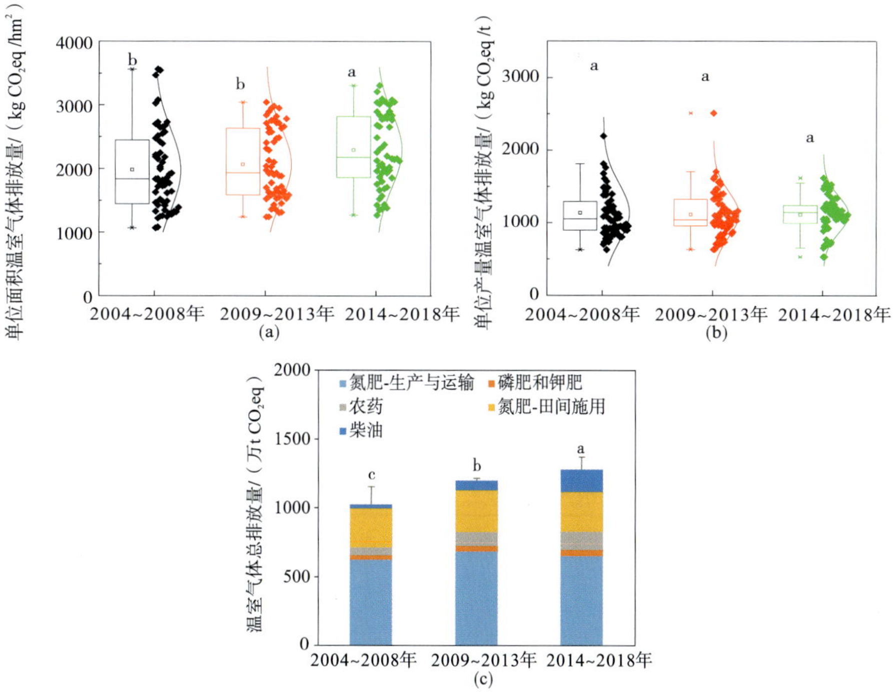

图 5-9　2004～2018 年长江经济带油菜单位面积温室气体排放量(a)、单位产量温室气体排放量(b)及温室气体总排放量(c)

氮肥是油菜生产中温室气体排放最主要的来源，其生产、运输和田间施用环节的排放量占比约为 81.5%；柴油的温室气体排放量在 2004～2018 年增加了 9.76%，成为油菜生产中继氮肥之后的第二大排放源，占比约为 12.8%；农药的温室气体排放量在 2004～2018 年也有所增长，由 2004～2008 年的 5.39%增加至 2014～2018 年的 10.3%[图 5-9(c)]。

2014～2018 年长江经济带各省(市)油菜生产温室气体排放情况如图 5-10 所示。单位面积温室气体排放量江苏、浙江和云南三省较高，分别为 3042kg CO_2eq/hm^2、2936kg CO_2eq/hm^2 和 2903kg CO_2eq/hm^2；重庆市和江西省较低，分别为 1356kg CO_2eq/hm^2 和 1592kg CO_2 eq/hm^2。单位产量温室气体排放量云南和浙江较高，分别为 1472kg CO_2 eq/t 和 1419kg CO_2 eq/t；重庆市最低，为 703kg CO_2eq/t[图 5-10(a)]。各省(市)温室气体总排放量湖南、湖北和四川三省较高，分别为 255 万 t CO_2eq、2.44 万 t CO_2eq 和 239 万 t CO_2eq，这 3 个省的温室气体总排放量占长江经济带温室气体总排放量的 57.7%；浙江和重庆排放量较低，分别为 33 万 t CO_2eq 和 34 万 t CO_2eq[图 5-10(b)]。

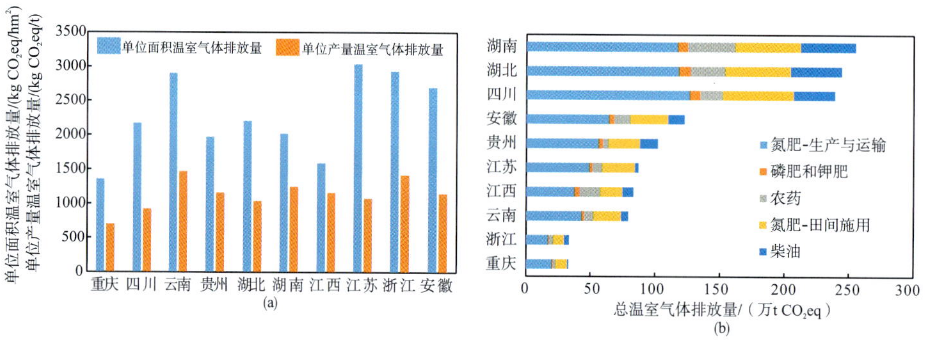

图 5-10　2014～2018 年长江经济带各省(市)油菜生产单位面积温室气体排放量、单位产量温室气体排放量(a)及总温室气体排放量(b)

如表 5-4 所示，长江经济带油菜生产平均氮肥偏生产力为 14.9kg/kg，且中、上游差异不大，分别为 15.5kg/kg 和 15.1kg/kg，均高于下游(13.0kg/kg)。国外平均氮肥偏生产力为 25.0kg/kg，比长江经济带平均值高 67.8%。长江经济带油菜生产单位面积温室气体排放量为 2174kgCO_2 eq/hm^2，是加拿大的 2.39 倍，与德国(2137kg CO_2 eq/hm^2)、波兰(2441kg CO_2 eq/hm^2)接近。而国外发达国家油菜生产单位产量温室气体排放量较低(369～794kg CO_2 eq/t)，长江经济带平均排放量是其平均值的 1.70 倍。

表 5-4　长江经济带油菜生产投入、产出与其他国家的比较

国家/地区	氮肥投入量/(kg/hm^2)	产量/(t/hm^2)	氮肥偏生产力/(kg/kg)	单位面积温室气体排放量/(kg CO_2 eq/hm^2)	单位产量温室气体排放量/(kg CO_2 eq/t)	参考资料
长江经济带	133	1987	14.9	2174	1108	本书研究
上游	139	2093	15.1	2122	1027	
中游	114	1765	15.5	2017	1155	
下游	189	2463	13.0	2840	1162	

续表

国家/地区	氮肥投入量/(kg/hm^2)	产量/(t/hm^2)	氮肥偏生产力/(kg/kg)	单位面积温室气体排放量/($kg\ CO_2\ eq/hm^2$)	单位产量温室气体排放量/($kg\ CO_2\ eq/t$)	参考资料
澳大利亚	70	1944	27.8	—	—	Hocking 等(2003)；Brennan 和 Bolland(2007)；Brennan 和 Bolland(2009)
意大利	78	2140	27.5	—	768	Forleo 等(2018)
英国	194	5150	26.5	—	—	White 等(2013)；Roques 和 Berry(2015)
智利	150	3900	26.0	—	790	Iriarte 等(2010)；Iriarte 等(2011)
德国	165	4110	24.9	2137	740	Rathke 等(2005)；Ulas 等(2012)；Pahlmann 等(2013)；Sieling 等(2014)；Elsgaard 等(2013)
波兰	170	3992	23.5	2441	794	Barlog 和 Grzebisz(2004)；Jankowski 等(2016)；Bieńkowski 等(2015)
加拿大	105	2437	23.2	909	455	Gan 等(2016)；Syrovy 等(2016)；Shrestha 等(2014)
丹麦	178	3610	20.3	—	369	Elsgaard 等(2013)

5.2.6 长江经济带油菜具有较大的增产潜力

依据气候特征、种植制度、地形地貌等因素，将长江经济带划分为 5 个生态亚区：长江上游低海拔区(L-URY)、长江上游高海拔区(H-URY)、长江中游二熟区(D-MRY)、长江中游三熟区(T-MRY)和长江下游(LRY)。并且选择两组不同来源的油菜产量数据进行产量差分析，即统计资料中的实际产量数据和 2000～2016 年肥料田间试验产量数据，包括搜集的文献(92 篇)数据和测土配方施肥项目数据(1437 条)。

本章研究中，油菜产量差的模式图如图 5-11 所示。共设置 4 个产量标准，由低到高分别为实际产量(Yact)、试验产量(Yexp)、可获得产量(Yatt)和潜在产量(Yp)，而产量差分为总产量差(YGt)和产量差 I(YG1)、产量差 II(YG2)、产量差 III(YG3)。各级产量差的定义如下：①总产量差(YGt)，即潜在产量与实际产量之间的差值，其由气候资源的利用情况、土壤条件、品种、管理措施等综合因素决定；②产量差 I(YG1)，即试验产量与实际产量之间的差值，主要是指由营养学管理措施(如肥料用量、氮肥运筹等)引起的产量差；③产量差 II(YG2)，即可获得产量与试验产量之间的差值，主要是指由栽培学管理措施(如种植模式、品种选择、密度控制、播期控制等)引起的产量差；④产量差 III(YG3)，即潜在产量与可获得产量之间的差值，主要是指由一些不可控的因素(环境因素)引起的产量差。

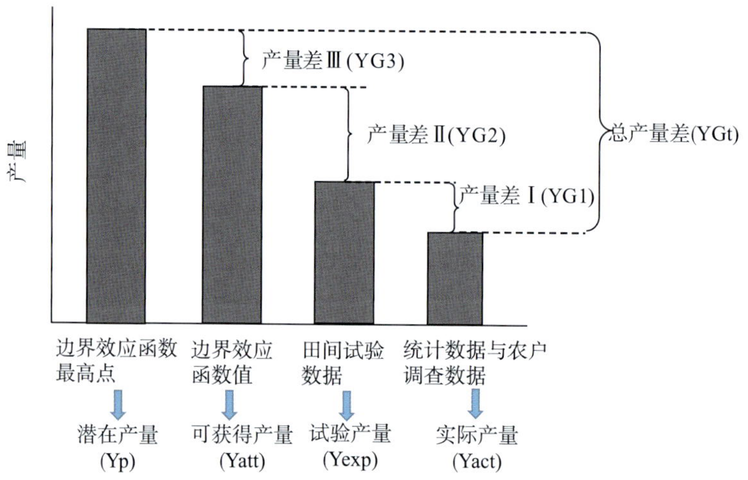

图 5-11 作物产量差模式图

产量差的相对值在一定程度上能体现作物的增产空间，且有利于分析不同产量限制因素对产量差的贡献比例。长江流域冬油菜生产各等级产量差占潜在产量的比例如表 5-5 所示，其中全区域总产量差平均为潜在产量的 55.0%，而长江中游三熟区的比例最高，达到 67.0%，其次依次为长江上游高海拔区和长江中游二熟区，分别为 60.0%和 53.0%，长江上游低海拔区和长江下游则相对较低，均在 50.0%以下。由各等级产量差的结果可知，产量差 I、产量差 II 和产量差 III 占潜在产量的比例分别为 16.0%、32.0%和 8.0%，说明栽培学管理措施是引起长江流域冬油菜产量差的主要因素。而区域间由营养学管理措施引起的产量差比例变幅为 11.0%～23.0%，其中长江中游三熟区远高于其他区域；不同区域间由栽培学管理措施引起的产量差比例则均明显高于其他因素，且变幅较小，为 29.0%～35.0%；由一些不可控因素引起的产量差比例变幅为 6.0%～12.0%，其中长江中游三熟区(12.0%)明显高于其他区域 6.0%～8.0%。

表 5-5 长江经济带油菜各级产量差占潜在产量的比例(%)

区域	总产量差(YGt)	产量差 I(YG1)	产量差 II(YG2)	产量差III(YG3)
上游低海拔区(L-URY)	49.0	14.0	29.0	6.0
上游高海拔区(H-URY)	60.0	17.0	35.0	8.0
中游二熟区(D-MRY)	53.0	14.0	33.0	6.0
中游三熟区(T-MRY)	67.0	23.0	32.0	12.0
下游(LRY)	47.0	11.0	30.0	6.0
长江经济带(YRB)	55.0	16.0	32.0	8.0

5.3　长江经济带油菜绿色生产途径分析

为了有效地指导生产实际，本章通过建立系统的油菜产量数据库，分析和明确了提高油菜产量的途径及其效果。该数据库使用了基于中国知网和 Web of Science 进行文献检索的方法，检索时间设置为 2000 年至 2020 年，研究区域(即试验地点)为长江流域冬油菜种植区，检索的关键词有“油菜(oilseed rape 或 rapeseed)”和“产量”(yield 或 seed)。而筛选出的文献必须符合以下标准：①试验为田间试验，排除盆栽试验；②同一试验必须包含处理组和对照组，如优化施肥处理和农民习惯施肥处理。共筛选出 149 篇文献(包括期刊论文和学位论文)，试验地点覆盖了长江经济带油菜主要种植区。

5.3.1　不同管理措施对油菜产量的影响

数据整合结果显示，不同管理措施对油菜产量的影响均表现为促进增产，产量变幅为 5.1%～45.6%(图 5-12)。从不同管理措施来看，优化施肥技术较农民习惯施肥可提高产量 21.1%，对应的 95%置信区间为 19.9%～22.2%。在水分管理方面，有效的深沟排水较渍水

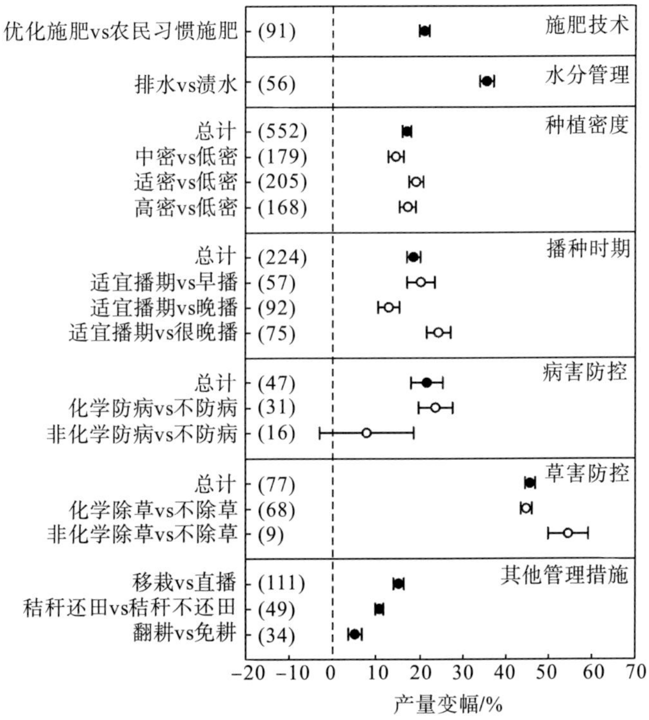

图 5-12　不同管理措施下油菜产量的分布

注：括号内数据为样本数，误差线表示 95%置信区间，下同。

可提高油菜产量 35.3%(95%置信区间为 33.7%～36.9%)。增加种植密度是实现油菜高产的重要途径，且可以在一定程度上替代氮肥的增产效果，与低密种植相比，中密可增产 14.5%，适密可达到 19.2%，但进一步增加密度后增产效果则有所降低。在播期控制中，适宜的播期较早播、晚播、很晚播可分别提高产量 20.3%、12.9%和 24.3%。在生物胁迫防控措施中，病害和草害防控可分别增产 21.6%和 45.9%，其中非化学防病对产量的影响未达到显著性水平，其 95%置信区间经过了 0 值，为-3.0%～18.6%。在其他管理措施中，移栽种植模式较直播可增产 15.2%(95%置信区间为 14.0%～16.4%)，秸秆还田较秸秆不还田可增产 10.8%(95%置信区间为 9.8%～11.7%)，翻耕较免耕可增产 5.1%(95%置信区间为 3.5%～6.7%)。

5.3.2　不同施肥技术对油菜氮肥效率的影响

氮肥利用效率综合分析结果如图 5-13 所示，不同施肥技术对氮肥利用效率的影响变幅为 9.2%～30.0%，其中氮肥运筹对氮肥利用效率的影响最大。在氮肥运筹措施中，氮肥分 2 次或分 3 次施用较一次性施用分别可提高氮肥利用效率 30.0%和 29.1%。在肥料施用方式中，集中施用较表面撒施(表施)可提高 20.7%的氮肥利用效率，而翻施肥料(翻施)可提高 9.2%。在氮肥类型的选择中，施控释肥和将控释肥与尿素混施可分别提高氮肥利用效率 11.2%和 10.7%。合理混施控释肥与尿素，不仅可以维持较高的氮肥利用效率，还可以降低肥料成本。

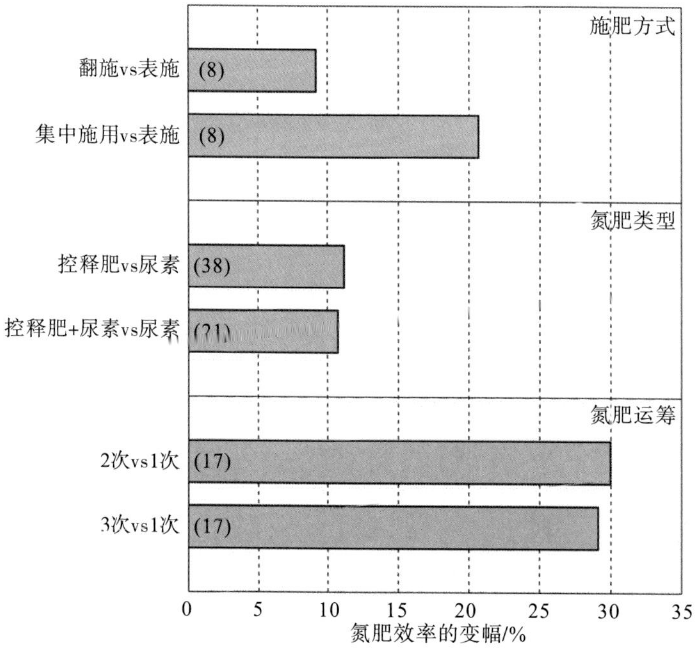

图 5-13　不同管理措施下油菜生产氮肥利用效率的分布

5.3.3　不同子流域油菜生产的主要问题及优化途径

根据 5.2.6 节将长江经济带油菜产区分为 5 个生态亚区，分别是长江上游低海拔区(L-URY)、长江上游高海拔区(H-URY)、长江中游二熟区(D-MRY)、长江中游三熟区(T-MRY)和长江下游(LRY)。近年来，长江流域油菜种植面积达到 610 万 hm^2(即 9150 万亩)，总产量达到 1044 万 t，其中长江中游二熟区和长江中游三熟区油菜种植最为广泛，其种植面积分别为 202 万 hm^2 和 174 万 hm^2(即 3030 万亩和 2610 万亩)，但总产量差异较大，分别为 95 万 t 和 196 万 t；其次为长江上游高海拔区，其种植面积为 100 万 hm^2(即 1500 万亩)，总产量为 159 万 t；长江上游低海拔区和长江下游油菜种植面积则相对较小，分别为 684 万 hm^2 和 661 万 hm^2(即 10260 万亩和 9915 万亩)，对应的总产量分别为 146 万 t 和 148 万 t。各区域由于自然条件(温度、光照、水分、地形)、轮作制度、经济发展和农民受教育程度存在差异，其油菜生产面临的主要问题和解决策略差异较大。本章基于多年经验和资料查阅，归纳总结了各区域油菜生产面临的主要问题及优化措施，如表 5-6 所示。在上游高海拔区，油菜种植面临的主要问题是机械化及轻简化栽培技术不成熟，且资源投入不平衡和不足的现象并存，主要的优化措施是研发并推广多功能油菜精量联合直播机、保障充足的资源(养分和劳动力)投入、推广轻简化技术规程。在上游低海拔区和中游二熟区，油菜种植面临的主要问题有机械化程度低、土壤肥力低、栽培管理新技术推广难、菌核病高发和油菜籽收购价格低，主要的优化措施是推广多功能油菜精量联合直播机、培育养分高效品种、推广轻简化飞播技术、种子包衣、加大政府补贴。在中游三熟区和下游地区，油菜种植面临的主要问题是由于双季稻生育期长、油菜播期晚，且水稻秸秆还田量大，导致油菜越冬期渍害发生概率加大，菌核病高发。因此，在该区域，油菜种植的优化措施是培育和推广油菜早熟品种，推广轻简化喷播或飞播技术，同时使用机械起垄降渍和农药高效复配技术。

表 5-6　长江经济带各子流域油菜生产的主要问题及优化措施

种植区域	主要问题	优化措施
上游高海拔区	机械化及轻简化栽培技术不成熟，资源投入不平衡和不足	研发并推广多功能油菜精量联合直播机、保障充足的资源(养分和劳动力)投入、推广轻简化技术规程
上游低海拔区、中游二熟区	机械化程度低、土壤肥力低、栽培管理新技术推广难、菌核病高发、油菜籽收购价格低	推广多功能油菜精量联合直播机、培育养分高效品种、推广轻简化飞播技术、种子包衣、加大政府补贴
中游三熟区、下游	油菜播期晚、秸秆还田量大、越冬期渍害、菌核病高发	选择早熟品种、推广轻简化喷播或飞播技术、机械起垄降渍、农药高效复配

5.4　油菜绿色生产案例
——稻油轮作氮肥增产增效综合调控模式技术

油菜与水稻实行复种轮作，便于合理利用土地、合理安排作物布局、发展粮食和油料生产，是长江经济带最主要的轮作类型。水旱轮作体系的典型特点是作物系统的水旱交替导致土壤系统在不同作物间出现干湿变化，从而直接影响土壤养分的迁移、形态转化和积累，进而影响养分资源的吸收和利用，构成独特的土壤肥力和生态环境。由于集约化程度高，水旱轮作系统无论是在物质循环方面还是在能量转化强度方面，都强于旱地和湿地。由于在氮素管理方面过度依赖对氮肥本身的调控，水稻-油菜轮作体系仍然存在氮素投入大、利用率低、损失严重等问题，从而限制了水稻-油菜轮作体系氮肥增产增效。因此，本节根据笔者所在团队多年的研究结果，集成单项调控途径，建立了长江流域水稻-油菜轮作体系氮肥增产增效综合调控模式(图 5-14)，以期为水稻-油菜轮作体系氮肥增产增效提供理论与技术支撑。

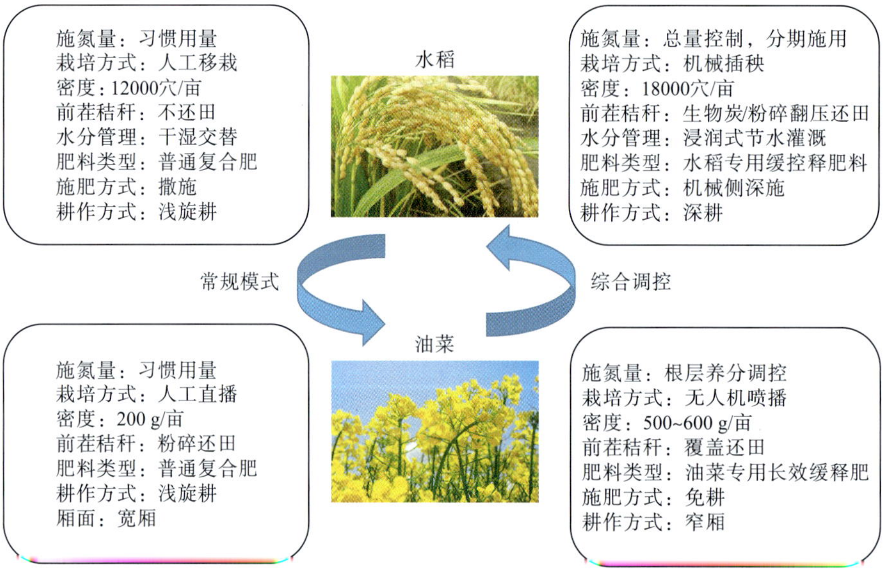

图 5-14　长江经济带水稻-油菜轮作体系氮肥增产增效综合调控模式技术

综合调控模式包括秸秆还田、有机扩库及深耕扩容、周年养分运筹和作物专用缓控释肥料调控以及高产高效栽培技术调控。具体而言涉及以下几个方面。①秸秆还田具有固碳和增加氮素供应的能力，但会造成水稻季秸秆直接还田与温室气体排放的矛盾加剧。而在水稻季采用生物炭还田、在油菜季采用秸秆覆盖还田，可以在减少氮肥用量的条件下维持作物产量，同时减少氨挥发和 N_2O 排放造成的氮损失，从而减少农田温室气体排放造成的环境污染。②氮肥的集中施用可显著增加油菜干物质积累量，特别是开花后油菜地下部分和地上部分干物质的同步累积量，从而可提高产量。因此在实际生产中应采取移栽油菜采用穴施、直播油菜采用条施的氮肥集中施用技术。特别是在土壤氮素供应能力较低的条件下，氮肥集中施用可以减少氮肥损失，保证土壤氮素供应，达到高产。③水稻季氮素总量进行控制，并分期调控。根据目标产量和不同产量水平下单位产量水稻吸氮量确定全生育期施氮量，即总量控制。同时，根据关键生育期水稻长势调整追肥用量，并进行分期调控。另外，要进行油菜季根层氮素养分管理。在不同生长发育阶段，氮素的推荐用量根据氮素目标供应值与施氮前根区土壤无机氮供应值的差值确定。因此，准确的氮素供应目标值就显得非常重要，这是基于土壤无机氮测试获得氮肥推荐用量的前提条件。④缓控释尿素可以减缓或控制肥料中氮素的释放速率或在土壤中的转化速率，以实现氮素供应与作物需求同步，从而实现提高氮肥利用率和减少环境污染的目的。水稻和油菜分别采用聚氨酯包膜控释尿素和抑制剂型缓释肥料实现轮作体系作物稳产高产，并显著减少氨挥发和温室气体排放。⑤作物产量是群体产量，而群体结构合理与否与最终产量关系密切。栽培密度和施氮量均是影响群体结构的重要因素。优化油菜栽培密度是达到高产的前提，进行高密栽培时，植株个体的干物质积累量和单株角果数量均显著减少，而合理施用氮肥则可以增加单株角果数量，进而提高油菜籽产量。⑥水分和养分对水稻的影响是相互的。水分一方面可以促进氮素的转化，另一方面也可以促进作物根系对氮素的吸收；同时，氮素可通过影响根系的形态、结构和功能等调控水稻的吸水性能。若苗期渍水，油菜的生长发育将受到抑制，与正常水分处理相比，其叶片数、叶面积和叶绿素含量均会有不同程度的减少，进而降低干物质积累量，影响氮素的吸收和利用，对油菜生长造成不可恢复的影响。

目前，水稻-油菜轮作体系氮肥增产增效综合调控模式已在湖北、湖南、安徽、江西、江苏等地区应用。与习惯用量施肥处理相比，在该模式下，可实现水稻增产 7.80%，减少 1 次或 2 次施肥，减少追肥用工量 0.30 个/亩，提高氮肥农学效率 8.80%，增加氮肥利用率 7.50%；油菜平均增产 3.90%，减少追肥用工量 0.05 个/亩，增收节支 67.5 元/亩，提高氮肥利用率至 48.0%。因此，长江流域水稻-油菜轮作体系氮肥增产增效综合调控模式在水稻、油菜生产中的增产、增效和减少氮素损失等方面发挥了重要作用。

5.5 小 结

长江经济带是我国传统的油菜生产优势区，拥有全国 80%以上的油菜种植面积和产量。然而，在该区域的油菜生产中，养分投入其不平衡、过量与不足的现象并存，且氮肥利用效率低，从而导致土壤表观氮、磷养分盈余，钾素、有效镁、有效硫、有效硼潜在缺乏，单位产量油菜籽的温室气体排放量远高于发达国家平均值。通过优化氮肥的施用量、施用时期、施用形态和施用位置，并采用深沟排水、合理密植、适宜播期、秸秆还田翻耕，可提高油菜单产和氮肥利用效率。而进一步集成以上优化技术，同时研发并推广多功能油菜精量联合直播机、种子包衣、机械起垄降渍、农药高效复配等轻简化技术规程，有助于油菜高效绿色生产的实现。在未来长江经济带油菜种植面积持续扩大的情况下，以上技术的推广与应用对于区域农业的绿色发展具有重要意义。

参考文献

陈刚，彭健，刘振利，等，2006. 中国菜籽饼粕品质特征及其影响因素研究．中国粮油学报，21(1)：95-99.

傅廷栋，梁华东，周广生．2012. 油菜绿肥在现代农业中的优势及发展建议．中国农技推广，28(8)：37-42.

傅廷栋，涂金星，张毅，等，2004. 在我国西北部地区麦后复种饲料油菜的研究与利用．中国西部科技，6：4-4.

何余堂，陈宝元，傅廷栋，等，2003. 白菜型油菜在中国的起源与进化．遗传学报，30(11)：1003-1012.

刘后利，1984. 几种芸薹属油菜的起源和进化．作物学报，10(1)：9-18.

鲁剑巍，任涛，从日环，等，2018. 我国油菜施肥状况及施肥技术展望. 中国油料作物学报，40(5)：712-720.

王汉中，2005. 发展油菜生物柴油的潜力、问题与对策．中国油料作物学报，27(2)：74-76.

王汉中，2010. 我国油菜产业发展的历史回顾与展望．中国油料作物学报，32(2)：300-302.

张福锁，陈新平，陈清，2009. 中国主要作物施肥指南. 北京：中国农业大学出版社.

中华人民共和国农业农村部，2007. 农业部关于印发《农业生物质能产业发展规划(2007—2015 年)》的通知. (2007-06-18)[2021-08-05]. http://www.moa.gov.cn/nybgb/2007/dshiq/201806/t20180614_6152047.htm.

中华人民共和国农业农村部，2016. 农业部关于印发《全国种植业结构调整规划(2016—2020 年)》的通知. (2017-11-27)[2021-08-05]. http://www.moa.gov.cn/gk/tzgg_1/tz/201604/t20160428_5110638.htm.

Abrol D P，2007. Honeybees and rapeseed：A pollinator-plant interaction. Advances in Botanical Research，45：337-367.

Barlog P，Grzebisz W，2004. Effect of timing and nitrogen fertilizer application on winter oilseed rape (*Brassica napus* L.). I. Growth dynamics and seed yield. Journal of Ggronomy and Crop Science，190(5)：305–313.

Bieńkowski J F，Dąbrowicz R，Holka M，et al.，2015. Carbon footprint of rapeseed in conventional farming：Case study of large-sized farms in Wielkopolska Region (Poland). Asian Journal of Applied Science and Engineering，3(4)：191-200.

Brennan R F，Bolland M D A，2007. Influence of potassium and nitrogen fertiliser on yield，oil and protein concentration of canola (*Brassica napus* L.) grain harvested in south-western Australia. Australian Journal of Experimental Agriculture，47(8)：976–983.

Brennan R F ，Bolland M D A，2009. Comparing the nitrogen and phosphorus requirements of canola and wheat for grain yield and quality. Crop and Pasture Science，60(6)：566–577.

Elsgaard L，Olesen J E，Hermansen J E，et al.，2013. Regional greenhouse gas emissions from cultivation of winter wheat and winter rapeseed for biofuels in Denmark. Acta Agriculturae Scandinavica，Section B—Soil & Plant Science，63(3)：219-230.

Forleo M B，Palmieri N，Suardi A，et al.，2018. The eco-efficiency of rapeseed and sunflower cultivation in Italy. Joining Environmental and economic assessment. Journal of Cleaner Production，172：3138-3153.

Gan Y，Blackshaw R E，May W E，2016. Yield stability and seed shattering characteristics of canola in the northern Great Plains. Crop Science，56(3)：1296-1305.

Hocking P J，Mead J A，Good A J，et al.，2003. The response of canola (*Brassica napus* L.) to tillage and fertiliser placement in contrasting environments in southern NSW. Australian Journal of Experimental Agriculture，43(11)：1323-1335.

Iriarte A，Rieradevall J，Gabarrell X，2010. Life cycle assessment of sunflower and rapeseed as energy crops under Chilean conditions. Journal of Cleaner Production，18(4)：336-345.

Iriarte A.，Rieradevall J，Gabarrell X，2011. Environmental impacts and energy demand of rapeseed as an energy crop in Chile under different fertilization and tillage practices. Biomass and Bioenergy，35(10)：4305-4315.

Jankowski K J，Budzyński W S，Załuski，D，et al.，2016. Using a fractional factorial design to evaluate the effect of the intensity of agronomic practices on the yield of different winter oilseed rape morphotypes. Field Crops Research，188：50-61.

Pahlmann I，Böttcher U，Sieling K，et al.，2013. Possible impact of the Renewable Energy Directive on N fertilization intensity and yield of winter oilseed rape in different cropping systems. Biomass and Bioenergy，57（4）：168-179.

Rathke G W，Christen O，Diepenbrock W，2005. Effects of nitrogen source and rate on productivity and quality of winter oilseed rape（*Brassica napus* L.）grown in different crop rotations. Field Crops Research，94（2-3）：103-113.

Roques S E，Berry P M，2015. The yield response of oilseed rape to plant population density. Journal of Agricultural Science，154（2）：1-16.

Shrestha B M，Desjardins R L，McConkey B G，et al.，2014. Change in carbon footprint of canola production in the Canadian Prairies from 1986 to 2006. Renewable Energy，63：634-641.

Sieling K，Kang N，Kage H，2014. Application of pig slurry—First year and residual effects on yield and N balance. European Journal of Agronomy，59：13-21.

Syrovy L D，Shirtliffe S J，Zarnstorff M E，2016. Yield response to early defoliation in spring-planted canola. Crop Science，56（4）：1981–1987.

Tian Z，Ji Y H，Xu H Q，et al.，2021. The potential contribution of growing rapeseed in winter fallow fields across Yangtze River Basin to energy and food security in China. Resources, Conservation and Recycling，164：105159.

Ulas A，Doganci E，Ulas F，et al.，2012. Root-growth characteristics contributing to genotypic variation in nitrogen efficiency of oilseed rape. Journal of Plant Nutrition and Soil Science，175（3）：489-498.

White C A，Roques S E，Berry P M，2013. Effects of foliar-applied nitrogen fertilizer on oilseed rape（*Brassica napus*）. Journal of Agricultural Science，153（1）：42–55.

第6章　柑橘绿色生产的现状、挑战与途径

6.1　引　　言

柑橘(*Citrus reticulata* Blanco)，芸香科柑橘属，营养价值高，富含多种氨基酸，是一种兼具食用和药用价值的水果(何莎莎，2018)。柑橘主要分布地区为30°N～35°S的亚热带温暖湿润地区，是全球第一大果树，总产量约为1.5亿t。我国是世界柑橘的原产地之一，柑橘资源丰富，种植历史约有4000多年(沈兆敏和刘焕东，2013)，且目前是世界上最大的柑橘生产国，总产量达4584万t，约占世界总产量的30.6%(数据来源于FAO官方网站)，而长江经济带是中国柑橘的主要生产区域，总产量达2565万t，约占世界总产量的17.1%(数据来源于国家统计局官方网站)。我国的柑橘种植以宽皮柑橘种植为主，种植面积占全国柑橘总种植面积的43%(邓秀新，2004)，且品种众多，例如，晚熟品种包括不知火、春见、沃柑等，夏季品种有夏橙，秋季早熟品种有爱媛、青秋等。柑橘为典型的多年生常绿果树，对养分、农药等农资的需求量较高(Roccuzzo et al.，2012)，在农户缺乏完善的柑橘管理技术规程的情况下，“大水大肥”“多药”的情况普遍存在。调研结果显示，我国柑橘主产区氮肥偏生产力为27.8～87.4kg/kg(梁珊珊，2017)，过量投入水肥、农药等农资，势必会对柑橘生长和环境造成一定影响，阻碍我国实现农业绿色发展(Chen et al.，2020；Yang et al.，2020)。长江经济带是我国柑橘的主要产区，我们需要从时间和空间的角度，系统分析柑橘生产的变化规律和生产过程中的问题及负面影响，以及明确未来长江经济带柑橘生产面临的挑战，并针对这些问题及挑战制定相应的优化措施和策略，以为长江经济带柑橘绿色生产提供支撑和为我国农业的绿色发展做铺垫。

6.2　长江经济带柑橘生产现状

6.2.1　长江经济带柑橘种植稳步增长，下游种植逐渐向中上游转移

长江经济带是我国主要的柑橘产区，经济带内的9省2市均有柑橘分布。自改革开放以来，长江经济带的柑橘种植面积迅速增加，总种植面积由1978年的13.4万hm^2增长至2019年的176.7万hm^2，约增长12倍(图6-1)。在长江经济带柑橘种植面积增长的同时，全国的总种植面积也在增长，但长江经济带总种植面积占全国总种植面积的比例长期稳定在60%以上(图6-1)。长江经济带上、中、下游的柑橘种植面积差异较大，其中中游种植面积最大，其次是上游，下游最小(图6-2)。随着时间的推移，中游和上游地区的种植面

积持续大幅度增长，而下游则在 20 世纪末增长缓慢，且在 21 世纪呈现出减少趋势，其中以浙江省柑橘种植面积减少为主，中游的柑橘种植面积增长幅度最大，由 1978 年的 7.31 万 hm^2 增长至 2019 年的 96.90 万 hm^2，增长约 12 倍，而上游柑橘种植面积由 1978 年的 3.99 万 hm^2 增长至 2019 年的 48.00 万 hm^2，增长约 11 倍(图 6-2)。

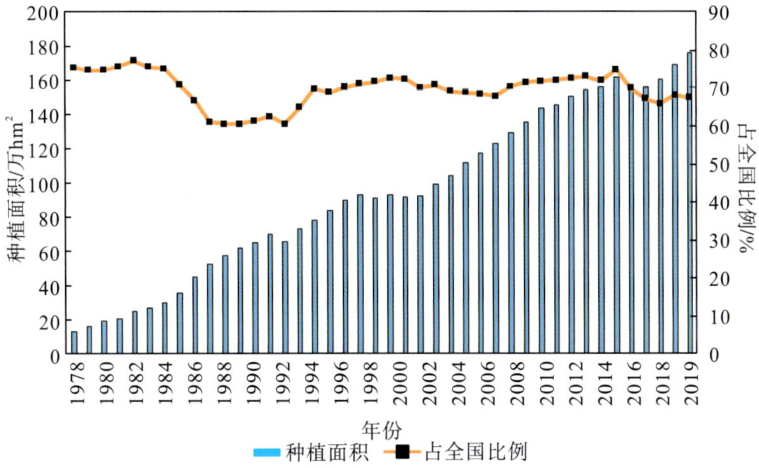

图 6-1　1978～2019 年长江经济带柑橘种植面积及其占全国比例变化情况

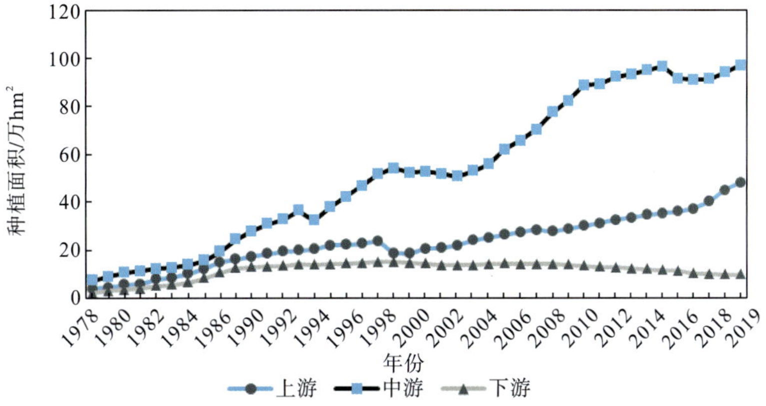

图 6-2　1978～2019 年长江经济带上、中、下游柑橘种植面积变化情况

随着柑橘种植面积的增加，其总产量也大幅度增长。长江经济带 11 省（市）的柑橘总产量从 1978 年的 23.3 万 t 增长至 2019 年的 2566.0 万 t，增长约 109 倍。整体来说，长江经济带生产了全国约 50%以上的柑橘，虽然总产量在稳步上升，但是 2015 年后增长速度较全国其他区域有所下降(图 6-3)。改革开放初期（1970～1990 年），长江经济带上游地区是长江经济带柑橘的主要生产区域，其产量约占长江经济带总产量的 44%，且以四川省的产量最高。1997 年，重庆被设立为直辖市后，浙江省便成为长江经济带柑橘产量最高的省份(图 6-4)。进入 21 世纪以后，中游柑橘产量大幅度增加，成为长江经济带柑橘的主产区域，其 2000 年和 2010 年的柑橘总产量分别占长江经济带柑橘总产量的 49%和 59%，

其中湖南省成为产量最高的省份。而下游的柑橘产量在长江经济带所占的比例快速下降，并呈现出向中、上游转移的趋势，且主要集中于中游地区(图 6-4)。

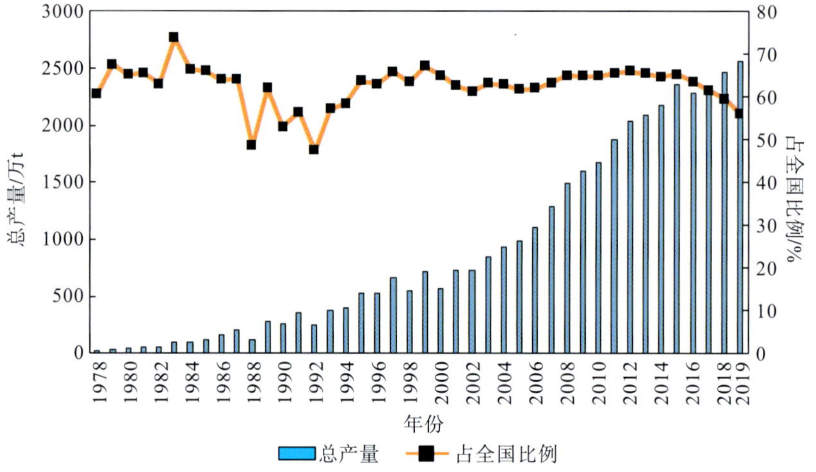

图 6-3　1978～2019 年长江经济带柑橘总产量及其占全国比例变化情况

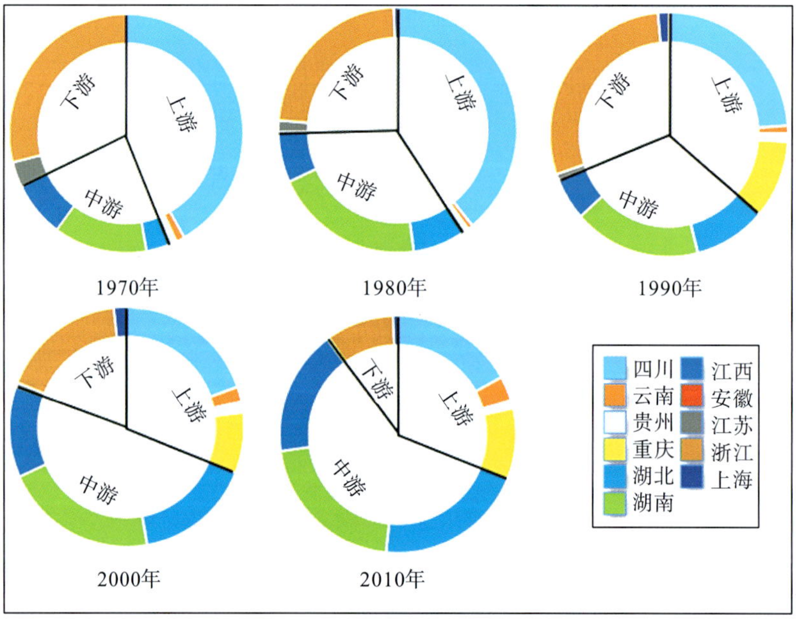

图 6-4　1970～2010 年长江经济带各省(市)柑橘产量变化情况

6.2.2　长江经济带柑橘生产单位面积产量低，资源投入大，养分盈余高

随着种植技术的提高和各类农作资源的投入，长江经济带柑橘单位面积产量呈稳步增长的趋势，由 2004 年的 9.05t/hm^2 增长至 2018 年的 15.30t/hm^2，增长约 69%(图 6-5)。其

中下游地区的单位面积产量最高，平均为 16.40t/hm^2；其次为中游，平均单位面积产量为 12.20t/hm^2；上游最低，平均为 9.80t/hm^2(图 6-5)。如图 6-6 所示，2004～2018 年，长江经济带柑橘生产的农资总投入量呈明显的下降趋势，其中氮肥投入量下降约 39.7%，磷肥投入量下降约 36.2%，钾肥投入量下降约 32.7%，农药投入量下降约 36.3%，柴油投入量下降约 26.3%。上游的肥料投入量显著高于中、下游，其中上游氮肥投入量分别高于中游和下游 40.1%和 63.9%(图 6-6)。

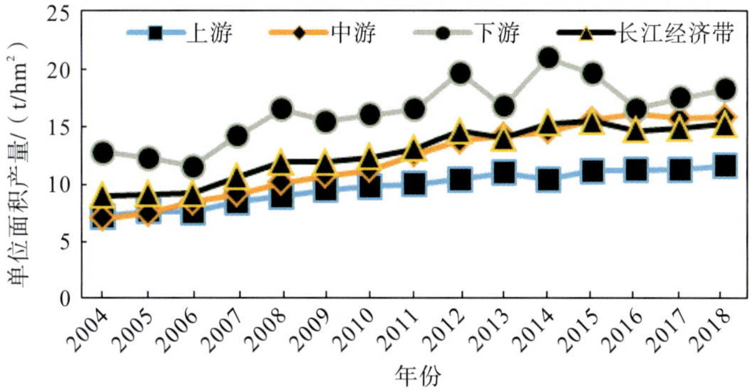

图 6-5　2004～2018 年长江经济带柑橘单位面积产量变化情况

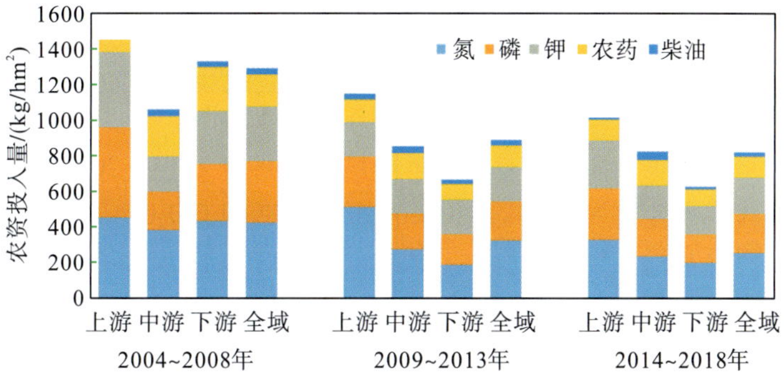

图 6-6　2004～2018 年长江经济带柑橘生产农资投入量变化情况

注：上游数据主要来源于重庆市；中游数据主要来源于湖北省、湖南省、江西省；下游数据主要来源于浙江省。

如图 6-7 所示，2014～2018 年长江经济带柑橘生产的表观氮盈余平均为 233kg N/hm^2，上游最高，为 313kg N/hm^2；磷盈余平均为 204kg P_2O_5/hm^2，上游最高，为 276kg P_2O_5/hm^2；钾盈余平均为 132kg K_2O/hm^2，上游最高，为 215kg K_2O/hm^2。

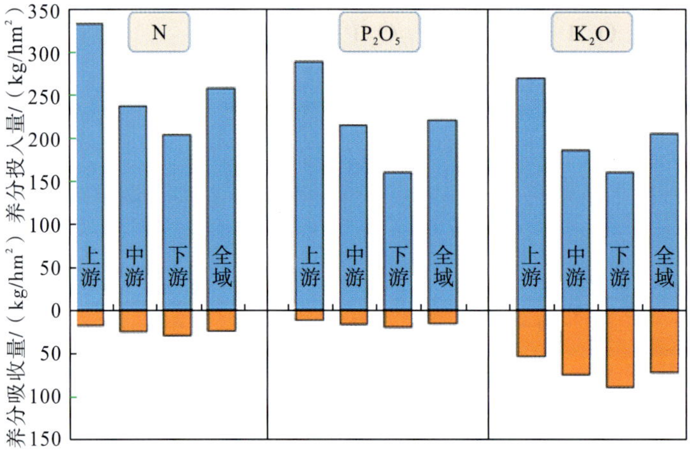

图 6-7　2014～2018 年长江经济带柑橘生产表观养分平衡情况

注：表观养分盈余=养分投入量-果实养分吸收量；果实养分吸收量=N 吸收量—P_2O_5 吸收量—K_2O 吸收量=1.58—1.05—4.77kg/t（《中国主要作物施肥指南》）。

6.2.3　长江经济带柑橘生产环境代价高，但整体呈好转趋势

2004～2018 年，长江经济带柑橘生产所造成的环境代价逐渐降低。从温室气体排放来看，2004～2008 年，长江经济带柑橘生产周年温室气体排放量达 13200 万 t CO_2eq，其中中游排放量最高，为 8530 万 t CO_2eq；在此后的两个 5 年周期内，周年温室气体排放量大幅度下降，分别为 3830 万 t CO_2eq 和 4400 万 t CO_2eq（图 6-8）。并且 2004～2018 年单位面积和单位产量的温室气体排放量均呈下降趋势，其中 2014～2018 年的单位面积和单位产量温室气体排放量分别为 5484kg CO_2eq/hm^2 和 389kg CO_2eq/t。氮肥的生产和使用是柑橘生产过程中对温室气体排放的最大贡献者，其导致的温室气体排放量约占总排放量的 58%，其次是农药的使用，约占 38%（图 6-9）。

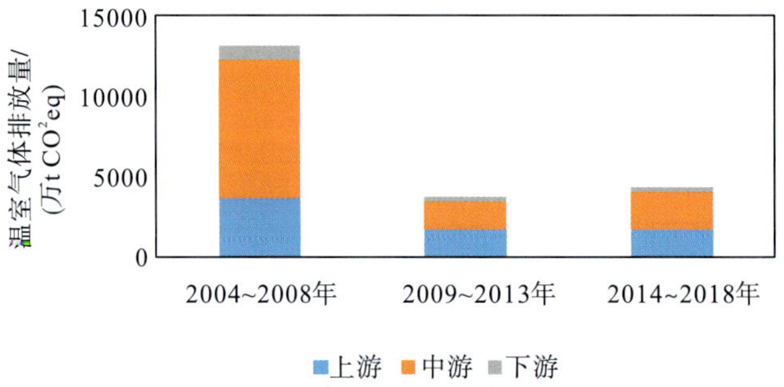

图 6-8　2004～2018 年长江经济带柑橘生产周年温室气体排放量情况

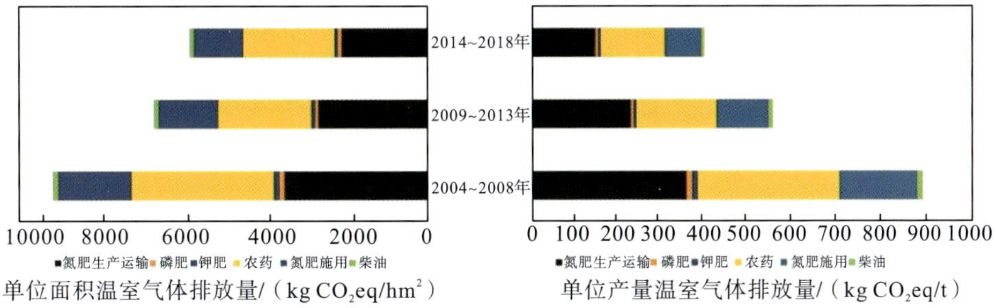

图 6-9　2014～2018 年长江经济带柑橘生产单位面积和单位产量温室气体排放量情况

如图 6-10 所示，2004～2018 年长江经济带柑橘生产过程中的周年活性氮损失量呈下降趋势，2014～2018 年周年活性氮损失量为 9.88 万 t，其中中游地区的活性氮损失量最大，为 5.82 万 t，约占长江经济带柑橘生产活性氮损失量的 58.9%。2004～2018 年单位面积活性氮损失量也呈下降趋势，其中 2014～2018 年为 71.7kg N/hm^2，主要是淋洗损失，损失量为 46.7kg N/hm^2，约占单位面积活性氮总损失量的 65.1%(图 6-11)。

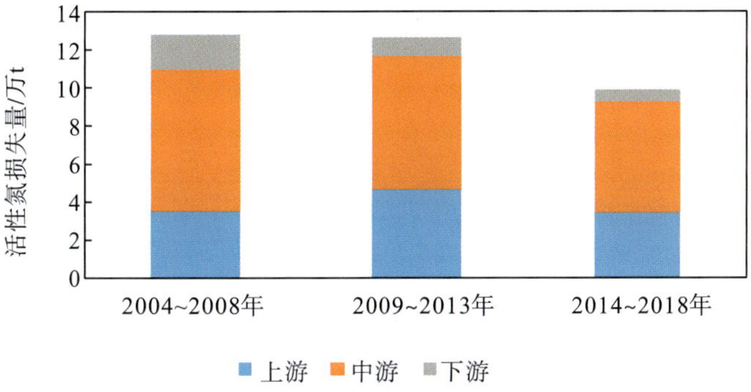

图 6-10　2004～2018 年长江经济带柑橘生产周年活性氮损失量情况

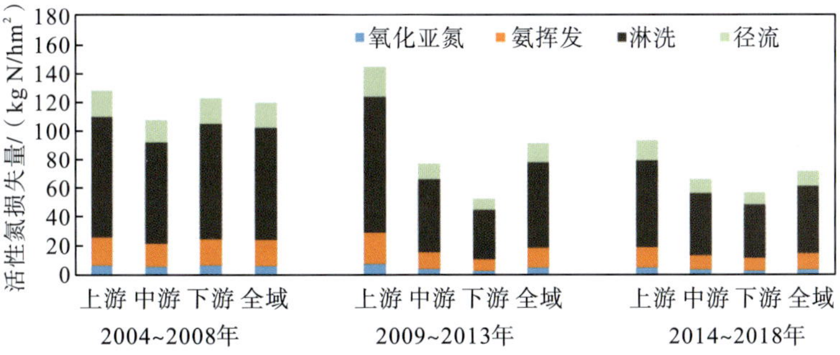

图 6-11　2004～2018 年长江经济带柑橘生产单位面积活性氮损失量情况

6.2.4 长江经济带柑橘生产技术与国外先进柑橘生产技术的差距大

长江经济带柑橘生产的氮肥投入高、产量低，环境代价高。如表 6-1 所示，通过对比长江经济带和柑橘主产国的柑橘生产可以发现，长江经济带的单产处于较低水平，是伊朗单产的约 25.9%；而氮肥投入量却处于较高水平，比美国、巴西等国家的氮肥投入量高 60.6%。国外平均氮肥偏生产力为 149kg/kg，长江经济带平均氮肥偏生产力为 64.5kg/kg，是国外平均氮肥偏生产力的 43.3%。长江经济带单位面积温室气体排放量为 6616kg CO_2 eq/hm^2，远高于西班牙(3737kg CO_2 eq/hm^2)和伊朗(2889kg CO_2 eq/hm^2)，且分别是西班牙和伊朗的 1.77 倍和 2.29 倍。长江经济带单位产量温室气体排放量为 441kg CO_2 eq/t，分别是西班牙(100kg CO_2 eq/t)和伊朗(127kg CO_2 eq/t)的 4.41 倍和 3.47 倍。

表 6-1 长江经济带与柑橘主产国柑橘生产肥料投入和温室气体排放情况

国家/地区		氮肥投入量/(kg/hm^2)	产量/(kg/hm^2)	氮肥偏生产力/(kg/kg)	单位面积温室气体排放量/(kg CO_2 eq/hm^2)	单位产量温室气体排放量/(kg CO_2 eq/t)	参考资料及文献
中国	长江经济带	257	16576	64.5	6616	441	《全国农产品成本收益资料汇编(2015～2019)》；《中国农业统计年鉴(2015～2019)》
	上游	331	11197	33.8	7692	644	
	中游	236	15650	66.3	6866	439	
	下游	203	22140	109.1	5290	239	
西班牙		233	38087	163.5	3737	100	Gorriz 等(2014)
伊朗		409	63920	156.3	2889	127	Ali 等(2019)
美国		160～200	30000～40000	188.0～200.0	—	—	Obreza 和 Morgan(2008)
巴西		160～200	25000～30000	156.0～187.0	—	—	Junior 等(2012)
南非		200～250	30000～40000	150.0～160.0	—	—	de Villiers 和 Joubert(2006)
印度		160～350	10000～15000	43.0～63.0	—	—	Srivastava 等(2012)

6.3 长江经济带柑橘绿色生产面临的挑战

6.3.1 长江经济带柑橘生产农资投入高，养分盈余大

截至 2019 年，长江经济带柑橘种植面积为 176.7 万 hm^2，占全国柑橘总种植面积的 67.5%(图 6-1)，种植面积大，且主要集中于中上游地区。目前长江经济带柑橘生产过程中的肥料投入大，且由此造成的养分盈余较大，尤其是氮、磷盈余。虽然随着时间的推移，2004～2018 年长江经济带柑橘生产中的肥料投入在减少，但是根据 2014～2018 年的肥料投入情况可分析得出，上游氮、磷盈余量均超过 250kg/hm^2(图 6-7)。相比较而言，下游的投入量相对较小，但种植面积也相对较小。因此，中、上游尤其是上游的肥料利用率提高潜力较大。

6.3.2 长江经济带柑橘生产环境代价高

通过对 2004～2018 年长江经济带柑橘生产中的温室气体排放和活性氮损失情况进行统计分析，发现单位面积及单位产量的温室气体排放量均有所下降，且总量也大幅度降低，但是仍然处于较高水平，而 2014～2018 年有回升的趋势，产生温室气体排放最主要的原因还是肥料和农药投入量过高，尤其是氮肥的生产和使用(图 6-8 和图 6-9)；周年活性氮损失量以及单位面积活性氮损失量也呈下降趋势，但是仍然较高(图 6-10 和图 6-11)。总而言之，环境代价较高的主要原因在于农资投入过量。

6.3.3 长江经济带柑橘生产影响因素多，减排增效难度大

长江经济带包括从上游到下游的 11 个省(市)，地形地貌复杂，导致不同区域间气候特征存在明显的差异。而长江经济带柑橘产区种植品种众多、成熟期不一，管理方式也存在差异，且部分农户存在管理方式单一的情况，导致资源浪费严重，产量难以提升，环境代价高。

6.4 长江经济带柑橘绿色生产技术途径

6.4.1 长江经济带柑橘增产增效与环境减排的技术及潜力

目前我国是世界上最大的柑橘生产国，种植面积居世界第一，但单位面积产量远低于南非、巴西等柑橘主产国(杨敏，2020)。长江经济带的柑橘生产情况也是如此，其实际单位面积产量远低于国外柑橘种植高产国家(表 6-1)。目前长江经济带柑橘单产与我国优化施肥种植后的单产及国外高产种植的单产相比，仅占我国优化施肥种植后单产的 65%，以及国外高产种植单产的 24%(图 6-12)，且从区域来看，上、中、下游的单产分别占国外高产种植单产的 18%、25%和 29%。造成我国与国外柑橘高产国家之间单产存在差距的主要原因在于肥料管理模式差异较大。

肥料管理是柑橘生产过程中的关键环节之一，不合理或过量施肥不仅会影响柑橘的产量和质量，降低肥料利用率，而且会造成温室气体排放、水体富营养化以及土壤酸化(张福锁 等，2008；Guo et al.，2010)。经过多年的研究，专家提出了一套柑橘施肥管理技术。根据国内专家推荐的施肥量，当长江经济带柑橘单位面积产量保持在 15t/hm^2 时，氮肥、磷肥和钾肥的投入量可分别减少 57kg/hm^2、100kg/hm^2 和 45kg/hm^2，分别占当前施肥量的 22.2%、45.5%和 22.0%(表 6-2)。并且上游的减肥潜力最大，其氮肥、磷肥和钾肥投入量可分别减少 131kg/hm^2、167kg/hm^2、109kg/hm^2，分别占当前长江经济带上游施肥量的 39.6%、58.2%和 40.5%(表 6-2)。

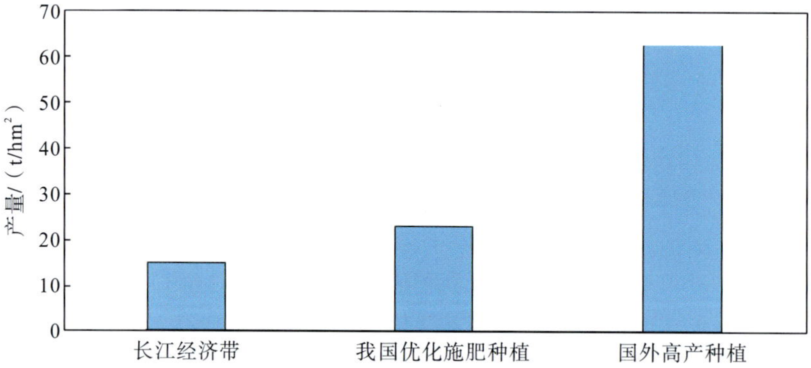

图 6-12　长江经济带、我国优化施肥和国外高产种植的柑橘产量

表 6-2　长江经济带采用国内专家推荐施肥量的节肥潜力

地区	农户习惯施肥量/(kg/hm^2)			推荐施肥量/(kg/hm^2)			节肥量/(kg/hm^2)		
	氮肥	磷肥	钾肥	氮肥	磷肥	钾肥	氮肥	磷肥	钾肥
上游	331	287	269	200	120	160	131	167	109
中游	236	214	185	200	120	160	36	94	25
下游	203	160	160	200	120	160	3	40	0
全域	257	220	205	200	120	160	57	100	45

注：农户习惯施肥量为 2014～2018 年《全国农产品成本收益资料汇编》的统计数据；国内专家推荐施肥量按生产 1t 鲜柑橘的需氮量 7～10kg 计算，氮肥：磷肥：钾肥为 1：0.6：0.8，推荐用量为 200kg/hm^2、120kg/hm^2 和 160kg/hm^2，下同。

国内专家推荐施肥量在保证产量的前提下大幅降低了肥料投入量，随着肥料投入的减少，环境代价也大大降低（Cui et al.，2020）。如表 6-3 所示，在使用国内专家推荐施肥量的情况下，氧化亚氮排放、氨挥发、硝酸盐淋洗及径流造成的氮损失可分别减少 0.86kg N/hm^2、2.38kg N/hm^2、10.31kg N/hm^2 和 2.28kg N/hm^2，总活性氮损失量降低 22.0%。其中上游活性氮减排潜力最大，其氧化亚氮排放、氨挥发、硝酸盐淋洗及径流造成的氮损失可分别减少 1.99kg N/hm^2、5.50kg N/hm^2、23.84kg N/hm^2 和 5.27kg N/hm^2，总活性氮损失量降低 39.6%（表 6-3）。

表 6-3　长江经济带采用国内专家推荐施肥量的活性氮减排潜力

地区	农户习惯施氮量/(kg/hm^2)	推荐施氮量/(kg/hm^2)	活性氮损失减少量/(kg N/hm^2)				
			氧化亚氮	氨挥发	硝酸盐淋洗	径流氮损失	总计
上游	331	200	1.99	5.50	23.84	5.27	36.60
中游	236	200	0.55	1.51	6.55	1.45	10.06
下游	203	200	0.05	0.13	0.55	0.12	0.85
全域	257	200	0.86	2.38	10.31	2.28	15.83

与国内专家推荐施肥量相比，在保证产量的前提下，减肥减排的潜力非常大。与国外高产柑橘种植相比较，节肥潜力如表 6-4 所示。在保证单位面积产量稳定在 15t/hm^2 的情况下采用国外水肥一体化推荐施肥量，其氮肥、磷肥和钾肥的投入量可分别减少 177kg/hm^2、170kg/hm^2、155kg/hm^2，分别占当前长江经济带柑橘种植农户施肥量的 68.9%、77.3%和 75.6%。其中上游的减肥潜力最大，其氮肥、磷肥和钾肥的投入量可分别减少 251kg/hm^2、237kg/hm^2 和 219kg/hm^2，分别占当前长江经济带上游柑橘种植农户施肥量的 75.8%、82.6%和 81.4%（表 6-4）。

表 6-4　长江经济带采用国外水肥一体化推荐施肥量的节肥潜力　（单位：kg/hm^2）

地区	农户习惯施肥量			推荐柑橘需肥量			节肥量		
	N	P_2O_5	K_2O	N	P_2O_5	K_2O	N	P_2O_5	K_2O
上游	331	287	269	80	50	50	251	237	219
中游	236	214	185	80	50	50	156	164	135
下游	203	160	160	80	50	50	123	110	110
全域	257	220	205	80	50	50	177	170	155

注：农户习惯施肥量为 2014～2018 年《全国农产品成本收益资料汇编》的统计数据；国外水肥一体化推荐施肥量按照柑橘需肥量计算，推荐用量为 80kg/hm^2、50kg/hm^2 和 50kg/hm^2，下同。

国外水肥一体化推荐施肥是根据柑橘营养需求进行少量、高频施肥，这降低了肥料的浪费程度，进而显著减少了活性氮的损失。如表 6-5 所示，国外水肥一体化推荐施肥量与长江经济带农户习惯施肥量相比，其氧化亚氮排放、氨挥发、硝酸盐淋洗及径流造成的氮损失分别减少了 2.69kg N/hm^2、7.42kg N/hm^2、32.15kg N/hm^2 和 7.10kg N/hm^2，总活性氮损失减少 68.8%。其中上游活性氮的减排潜力最大，其氧化亚氮排放、氨挥发、硝酸盐淋洗及径流造成的氮损失可分别减少 3.82kg N/hm^2、10.54kg N/hm^2、45.68kg N/hm^2 和 10.09kg N/hm^2，总活性氮损失占长江经济带上游农户习惯施肥量造成的总活性氮损失的 75.8%（表 6-5）。

表 6-5　长江经济带采用国外水肥一体化推荐施肥量的活性氮减排潜力

地区	农户习惯施氮量/（kg/hm^2）	推荐施氮量/（kg/hm^2）	活性氮损失减少量/（kg N/hm^2）				
			氧化亚氮	氨挥发	硝酸盐淋洗	径流氮损失	总计
上游	331	80	3.82	10.54	45.68	10.09	70.13
中游	236	80	2.37	6.55	28.39	6.27	43.59
下游	203	80	1.87	5.17	22.39	4.94	34.37
全域	257	80	2.69	7.42	32.15	7.10	49.36

6.4.2 长江经济带柑橘绿色增产技术

1. 果园生草技术，绿肥替代化肥，促进节肥减排

果园生草技术对柑橘产量和质量的提高具有显著的效果。在绿肥替代氮肥 30%的情况下，柑橘园的土壤肥力(包括有效氮、有效磷、有效钾以及中微量元素)、柑橘果实的产量和品质(包括果实外观质量以及可溶性固形物、可滴定酸、维生素 C 等内在物质的质量)无显著变化(田想 等，2020)。种植绿肥柑橘园相较于清耕柑橘园显著提高了果实产量，最高可增产 52%，且提高了果实的质量(Mo et al.，2019)。绿肥替代化肥对苗期柑橘生长产生的影响主要表现在能提高根系生物量、根长等根系指标值以及促进新梢、新叶的生长，同时对茎粗和株高的增加均有促进效果。并且绿肥的覆盖和翻压可增加土壤微生物量，提高土壤有机质含量，为柑橘的生长提供良好的土壤条件(方林发，2020)。

长江经济带地形、地貌复杂多变，且以山地、丘陵等坡地为主，多数柑橘种植园分布在山坡上，而山地和坡地土层较浅，保水、保肥性能差，且水土流失严重。果园生草技术可使果园具有较好的保水性能，减少水土流失，而周年绿肥覆盖可分别显著降低 9%～27%的径流量和 30%～60%的氮磷径流损失量(Zhang et al.，2020；刘瑞 等，2021)。

2. 柑橘专用配方肥研发技术

通过对柑橘生产的调研发现，目前柑橘种植中的肥料投入还存在很大问题，例如，肥料投入量不合理，以氮肥、磷肥和钾肥的使用为主，忽视中微量元素肥料的使用，并且肥料的使用和树体需求有较大偏差。柑橘施肥量及其比例受到品种、树龄、结果量、树势强弱、根系吸肥力、土壤供肥情况以及气候条件等的影响(沈兆敏和刘焕东，2013)。目前长江经济带柑橘园平均施肥量约为氮肥 260kg/hm^2，磷肥 220kg/hm^2，钾肥 200kg/hm^2。在常规施肥的基础上减少施用量、提高春季硝态氮肥比例、增施中微量元素和有机肥后，柑橘产量可提高 50%～70%，质量也得到显著提高，并且环境代价降低 50%～70%(杨敏，2020)。

3. 土壤改良技术

近几十年来，由于人为活动影响，酸沉降增加，同时随着化学肥料的大量不规范使用，我国农田土壤酸化进程大大加速。经济作物的土壤 pH 下降速率为谷类作物的两倍(Guo et al.，2010)。中国柑橘产业体系土壤测试数据表明，我国柑橘主产区土壤酸化程度严重，且长江经济带柑橘产区为主要酸化区域，其中江西省土壤 pH 小于 5.5 的区域占比达到 100%，其次是湖南和浙江，分别占 87%和 80%(杨敏，2020)。土壤酸化将导致土壤微生物中的菌群失调，以及铝、锰等重金属元素污染加重，且会严重影响土壤的肥力和质量，进而影响柑橘的生长发育和果实质量(沈兆敏和刘焕东，2013)。

土壤酸化改良技术包括施用生石灰、生物炭、有机肥等，从氮素矿化及净消化速率的角度来讲，生物炭是最佳选择，同时生物炭具有多孔的优点，能增加土壤孔隙度，进而提高土壤呼吸速率，促进根系的生长和养分吸收。从土壤微生物含量的角度来看，有机肥可

以提高土壤微生物含量，尤其是生物有机肥的使用可以增加土壤有益微生物菌群数量，缓解柑橘园土壤板结问题，促进根系生长，提高根系活力，进而提高柑橘的产量和质量。

4. 水肥一体化技术

长江经济带的柑橘多种植于山地和丘陵地区，但水肥管理不规范，且部分地区存在灌溉难问题。水肥一体化技术通过控制时间和肥料供应量，以少量多次的方式，并根据柑橘养分需求规律，实现精准施肥和提高养分有效利用率，其可实现节肥 60%(马小川，2018)。同时水肥一体化可减少由降雨引起的径流和淋溶养分损失，提高肥水利用率，提升果实的产量和质量，降低环境代价。

6.5　小　　结

长江经济带作为我国主要的柑橘产区，生产了我国 50%以上的柑橘，并且总种植面积和产量还在继续增加，但其生产过程中存在较多管理问题。从种植面积等来看，下游种植面积最小，但是单位面积产量最高、农资投入最少、造成的环境代价也最小；上游生长了长江经济带 30%以上的柑橘，但种植问题最严重，单位面积产量最低、农资投入最多、养分盈余量最大、造成的环境代价最高。造成这种现象的原因是，一方面，管理技术不够专业；另一方面，上游地形复杂多变，土壤、气候等条件相对较差。只有对不同区域的关键限制因素进行分析，并针对具体的限制因素采取优化改良措施(如改良土壤、增施有机肥、果园生草、营养诊断、配方肥研制、使用新型肥料、水肥一体化等)，以及真正根据果树需求进行管理，才能有效提高产量和质量(Martínez-Alcántara et al.，2012)，降低农资投入量，减少环境代价(李文涛，2018)。另外，要加强对柑橘种植农户的柑橘优化管理措施及相关技术的宣传培训，并通过合理有效的方式，提高种植农户的管理技术水平，以实现节肥减排、提质增效，进而促进长江经济带柑橘绿色生产，推动我国农业绿色发展。

参考文献

淳长品，彭良志，凌丽俐，等，2013. 撒施复合肥柑橘园土层剖面中氮磷钾分布特征. 果树学报，30(3)：416-420.

邓秀新，2004. 国内外柑橘产业发展趋势与柑橘优势区域规划[J]. 广西园艺，15(4)：6-10.

方林发，2020. 豆科绿肥替代化肥对柑橘氮素营养及生长发育的影响. 重庆：西南大学.

何莎莎，2018. 不同类型柑橘果实氨基酸组成分析及“三度”法营养价值评价. 重庆：西南大学.

李发林，谢南松，郑域茹，等，2014. 生草栽培方式对坡地果园氮磷流失的控制效果. 福建农林大学学报(自然科学版)，4(3)：304-311.

李文涛，2018. 纽荷尔脐橙氮磷钾养分推荐技术初步研究. 重庆：西南大学.

梁珊珊，2017. 我国柑橘主产区氮磷钾肥施用现状及减施潜力研究. 武汉：华中农业大学.

刘瑞，张宇亭，王志超，等，2021. 绿肥覆盖对紫色土坡耕地柑橘园氮磷流失的阻控效应研究. 水土保持学报，35(2)：68-74.

马小川，2018. 湖南省柑橘肥水管理调查及水肥一体化对肥料利用和柑橘生长发育的影响. 长沙：湖南农业大学.

沈兆敏，刘焕东，2013. 柑橘营养与施肥. 北京：中国农业出版社.

田想，张威，伍玉鹏，等，2020. 绿肥种植配施减量氮肥对橘园土壤肥力及果实质量的影响. 中国土壤与肥料，(6)：197-204.

杨敏，2020. 柑橘园酸性土壤氮素转化与调控研究. 重庆：西南大学.

张福锁，陈新平，陈清，2009. 中国主要作物施肥指南. 北京：中国农业大学出版社，

张福锁，王激清，张卫峰，等，2008. 中国主要粮食作物肥料利用率现状与提高途径. 土壤学报，915-924.

张珍珍，2017. 中国柑橘园节肥增效潜力分析及实证研究. 重庆：西南大学.

Alishah A， Motevali A，Tabatabaeekoloor R，et al.，2019. Multiyear life energy and life cycle assessment of orange production in Iran. Environmental Science and Pollution Research，26：32432-32445.

Chen X H，Xu X Z，Lu Z Y，et al.，2020. Carbon footprint of a typical pomelo production region in China based on farm survey data. Journal of Cleaner Production，277：124041.

Cui M，Zeng L H，Qin W，et al.，2020. Measures for reducing nitrate leaching in orchards：A review. Environmental Pollution，263：114553.

Guo J H，Liu X J，Zhang Y，2010. Significant acidification in major Chinese croplands. Science，327(5968)：1008-1010.

Junior M D，Quaggio J A，Cantarella H，et al.，2012. Nutrient management for high citrus fruit yield in tropical soils [J]. Better Crops with Plant Food，(1)：4-7.

Martínez-Alcántara B，Quiñones A，Legaz F，et al.，2012. Nitrogen-use efficiency of young citrus trees as influenced by the timing of fertilizer application. Journal of Plant Nutrition and Soil Science，175(2)：282-292.

Martin-Gorriz B，Soto-García M，Martínez-Alvarez V，2014. Energy and greenhouse-gas emissions in irrigated agriculture of SE (southeast) Spain. Effects of alternative water supply scenarios. Energy，77：478-488.

Mo M H，Liu Z，Yang J，et al.，2019. Water and sediment runoff and soil moisture response to grass cover in sloping citrus land，Southern China. Soil and Water Research，14(1)：10-21.

Obreza T A，Morgan K T，2008. Nutrition of Florida citrus trees. 2nd. Gainesville：Institute of Food and Agricultural Sciences，University of Florida.

Roccuzzo G，Zanotelli D，Allegra M，et al.，2012. Assessing nutrient uptake by field-grown orange trees. European Journal of Agronomy，41：73-80.

Srivastava A K，2013.Site specific nutrient management in citrus. Scientific Journal of Agricultural，2(2)：53-67.

Yang M，Long Q，Li W L，et al.，2020. Mapping the Environmental Cost of a Typical Citrus-Producing County in China：Hotspot and Optimization. Sustainability，12(5)：1827.

Zhang Y，Xie D T，Ni J P，et al.，2020. Conservation tillage practices reduce nitrogen losses in the sloping upland of the Three Gorges Reservoir area：No-till is better than mulch-till. Agriculture，Ecosystems and Environment，300：107003.

第 7 章　蔬菜绿色生产的现状、挑战与途径

7.1　引　　言

蔬菜是人类每天必不可少的食物，其不仅含有多种人体重要的营养与功能物质(如维生素 C、矿物质等)，同时能够预防多种疾病(如高血压等心血管疾病)(Boeing et al.，2012)。20 世纪以来我国蔬菜产业发展迅猛，2004～2018 年我国蔬菜总产量增加了 70%左右。截至 2019 年，我国蔬菜种植面积占世界的 41.3%，并生产了全世界 52.3%的蔬菜，是除谷类作物以外的第二大作物体系(数据源于 FAO 官方网站)。与此同时，我国蔬菜生产系统已成为高投入、高环境代价的热点系统(Perrin et al.，2014；Wang et al.，2021)。我国蔬菜收获面积仅占全球作物收获面积的 1.7%，却消耗了全球 7.8%的肥料，且排放的温室气体量占全球作物生产温室气体排放量的 6.6%(Wang et al.，2021)。因此，降低蔬菜生产系统的环境代价是实现全球食物系统可持续发展目标的关键。

长江经济带是我国重要的农业主产区，也是我国蔬菜生产优势区域《全国蔬菜产业发展规划(2011～2020)》。2018 年长江经济带蔬菜种植面积及总产量分别达到全国的 51.7%和 43.3%[①]。长江经济带生态地位重要、发展潜力巨大，其农业绿色发展问题已受到政府部门的高度关注(何可　等，2021)。近年来，国家相继颁布了多项长江经济带保护和发展政策，以全面推动长江大保护。2016 年颁布的《长江经济带发展规划纲要》强调推动农业现代化发展、改善长江流域生态环境，并明确提出要把保护和修复长江生态环境摆在首要位置，走"生态优先、绿色发展"之路。2018 年颁布的《关于支持长江经济带农业农村绿色发展的实施意见》提出了支持长江经济带农业农村绿色发展，以及构建人与自然和谐共生的农业农村发展新格局的目标和任务。面对农业发展的资源环境压力，长江经济带要实现农业跨越式发展，就必须抓住乡村振兴这个机遇，加快实现农业现代化(丁宝根　等，2019；黄敏　等，2021)。因此，在农业绿色发展的大背景下，我们需要响应国家号召，明确长江经济带蔬菜生产现状、养分投入、环境代价状况、时空差异，以及当前长江经济带蔬菜绿色生产面临的挑战，并以蔬菜高产优质、资源高效、土壤健康、生态友好为目标，提出蔬菜绿色生产技术途径，推动长江经济带蔬菜绿色生产，从而为推动长江经济带农业农村绿色发展和实现乡村振兴贡献力量。

---

① 数据源于《中国统计年鉴 2019》。

7.2　长江经济带蔬菜产业发展现状

7.2.1　长江经济带蔬菜产业发展迅速，但是单产增加缓慢

随着我国农业结构调整和农业政策驱动，长江经济带蔬菜产业发展迅速。统计数据显示，2004～2018 年长江经济带蔬菜种植面积和总产量分别增加了 41.6%和 59.3%，增幅约为同期全国蔬菜种植面积和总产量增幅的 2 倍(图 7-1)。2004～2018 年长江经济带蔬菜种植面积占全国的比例由 42.5%增加至 51.7%，总产量由 34.7%增加至 43.3%(图 7-1)，说明长江经济带在我国蔬菜生产中占据越来越重要的地位。

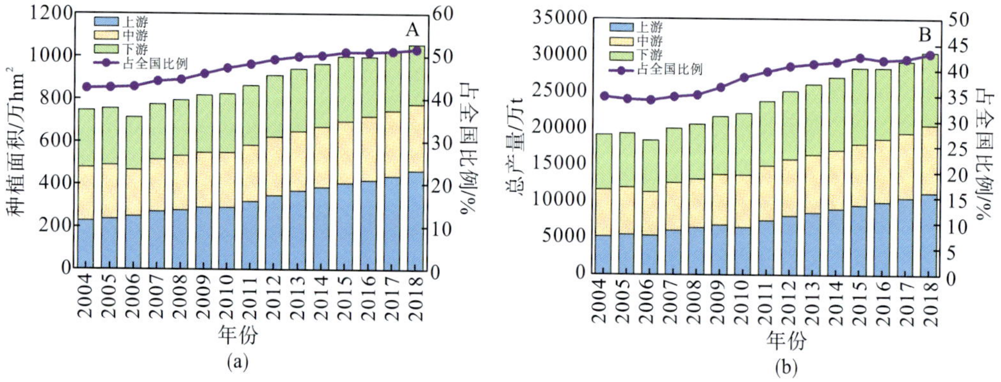

图 7-1　2004～2018 年长江经济带蔬菜种植面积(a)和总产量(b)变化

(数据源于《中国统计年鉴 2019》)

同时，2004～2018 年，长江经济带蔬菜单位面积产量呈现出逐年缓慢增长趋势，仅增加了 15.8%(图 7-2)。因此，长江经济带蔬菜总产量快速增加是量(种植面积)变的过程，而不是质(单产)变的过程。2018 年，长江经济带蔬菜单产达到 28.8t/hm^2，高于欧盟

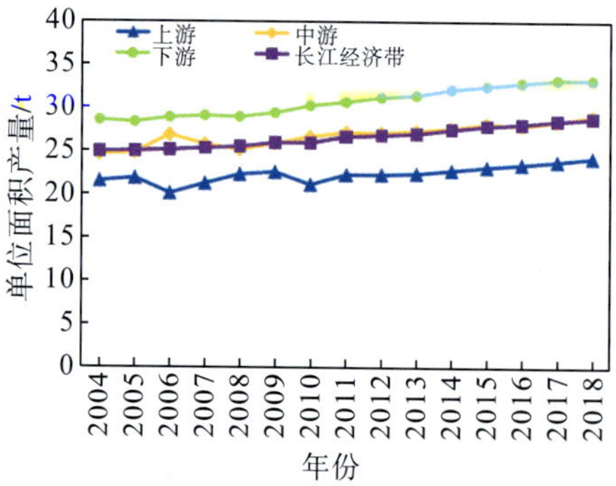

图 7-2　2004～2018 年长江经济带蔬菜单产变化

(数据源于《中国统计年鉴 2019》)

(27.6t/hm^2) 和世界 (18.9t/hm^2) 蔬菜平均产量水平，但是低于全国 (36.7t/hm^2) 和美国 (33.9t/hm^2) 蔬菜平均产量水平［数据源于 FAO、USDA[①]（美国农业部和国家统计局）官方网站］。因此，长江经济带蔬菜产量有一定的提升潜力。

7.2.2 上游地区发展迅猛，中游和下游地区发展平缓

长江经济带蔬菜种植面积、总产量和单产时空分布差异显著。2018 年长江经济带上、中、下游蔬菜种植面积分别占整个经济带的 43.9%、29.5%和 26.6%，总产量分别占 36.8%、30.6%和 32.6%。2004～2018 年，长江经济带上、中、下游蔬菜种植面积、总产量和单产都呈增加趋势，其中上游蔬菜种植面积和总产量增幅最大，分别为 105%和 118%，上游种植面积增幅分别是中游及下游的 4.6 倍和 19.7 倍，总产量增幅是中游及下游的 2.6 倍和 3.7 倍（图 7-1 和图 7-2）。特别是 2012 年国家发改委、农业部在综合考虑地理气候、区位优势等因素后，将全国蔬菜产区划分为华南与西南热区冬春蔬菜区、长江流域冬春蔬菜区、黄土高原夏秋蔬菜区、云贵高原夏秋蔬菜区、北部高纬度夏秋蔬菜区、黄淮海与环渤海设施蔬菜区 6 个优势区域，并重点建设 580 个蔬菜产业重点县（市/区）（数据源于《全国蔬菜产业发展规划（2011～2020）》）以来，长江经济带上游蔬菜种植面积和总产量增加得更快。虽然长江经济带上游蔬菜种植面积和总产量均高于中游和下游，但是其单产低于中游和下游。这可能是因为长江经济带上游地区以高原、丘陵、山地为主，管理起来较为困难，而且全年高温多雨，养分损失严重。

7.3 长江经济带蔬菜资源投入状况时空分析

7.3.1 长江经济带蔬菜生产养分投入量高、肥料利用效率低

肥料投入是影响蔬菜高产的重要因素。自 2004 年起，长江经济带蔬菜生产单位面积氮肥、磷肥和钾肥用量呈增加趋势。2006 年之后，随着“测土配方施肥”“化肥零增长”等政策持续推进，长江经济带蔬菜生产单位面积氮肥和磷肥用量呈降低趋势，而钾肥用量仍呈增加趋势[图 7-3（a）]。当前长江经济带蔬菜生产系统肥料用量高，2018 年每季的氮肥、磷肥和钾肥用量分别为 315kg N/hm^2、194kg P_2O_5/hm^2 和 181kg K_2O/hm^2[图 7-3（a）]，低于全国平均水平（343kg N/hm^2、222kg P_2O_5/hm^2 和 213kg K_2O/hm^2），但是比我国玉米和小麦生产的肥料用量高 45.8%～177.0%（Chen et al.，2014；《全国农产品成本收益资料汇编 2019》）。造成蔬菜生产系统肥料投入量高的原因主要有两方面：首先，在生物学特性上，相比粮食作物，由于蔬菜根系浅和养分吸收能力低，但养分需求量大、吸收速率快，为满足蔬菜生长对氮素的需求，通常需要投入更多的肥料（Tei et al.，2020）。小麦、玉米等大田作物的根系通常分布在土壤深度 0～200cm 范围内，而蔬菜作物的根系分布较浅，主要

① 网址为 https：//www.usda.gov/。

集中在 0～40cm 的表层土壤中，因此淋洗到蔬菜根系 40cm 以下的氮素难以被吸收(单立楠，2015)。同时，受社会经济因素影响，尽管蔬菜施肥成本高，但单位产量的施肥成本低，因此农民对肥料投入量的敏感度也低。我国小麦和玉米的施肥成本分别为 371 元/t 和 291 元/t，然而我国典型蔬菜如辣椒、大白菜、番茄和黄瓜的施肥成本仅分别为 124 元/t、132 元/t、138 元/t 和 147 元/t(《全国农产品成本收益资料汇编 2016》)。另外，农户种植规模小，管理难度大。我国粮食作物生产规模为平均每户 3.92 亩，然而蔬菜生产规模为平均每户仅 0.76 亩(数据源于国家统计局官方网站)。我国蔬菜种植者，尤其是小农户，其氮肥用量过高，因为他们错误地坚信高肥料投入量能够避免产量的损失(Chen et al.，2004；武良等，2016)。就肥料总用量而言，受蔬菜种植面积影响，长江经济带蔬菜生产氮肥、磷肥和钾肥总用量随着年际的增加呈增加趋势[图 7-3(b)]。2004～2018 年氮肥、磷肥和钾肥总用量分别增加了 43.5%、65.8%和 82.9%。2018 年长江经济带蔬菜生产氮肥、磷肥和钾肥总用量分别为 330 万 t、210 万 t 和 190 万 t，分别占全国蔬菜生产氮肥、磷肥和钾肥总用量的 47.5%、45.3%和 44.2%。

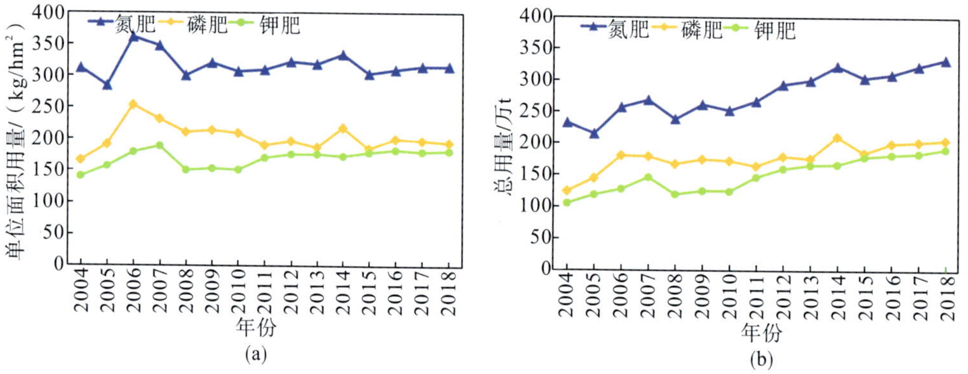

图 7-3　2004～2018 年长江经济带蔬菜生产氮肥、磷肥和钾肥单位面积用量(a)及总用量(b)变化

[数据来源：《全国农产品成本收益资料汇编》(2005～2019)]

2004～2006 年，长江经济带蔬菜生产氮肥、磷肥和钾肥利用效率(肥料偏生产力)呈降低趋势；2007～2018 年氮肥和磷肥利用效率呈增加趋势，而钾肥利用效率呈降低趋势。肥料的大量投入必然导致肥料利用效率低下，2018 年长江经济带蔬菜生产氮肥、磷肥和钾肥利用效率分别为 91kg N/hm^2、148kg P_2O_5/hm^2 和 159kg K_2O/hm^2(图 7-4)，低于全国平均水平(107kg N/hm^2、165kg P_2O_5/hm^2 和 173kg K_2O/hm^2)，这与长江经济带蔬菜产量低于全国平均水平有关。与美国相比，长江经济带蔬菜生产氮肥利用效率为美国 195kg N/hm^2 的 46.7%(数据源于美国农业部官方网站)，这主要是因为长江经济带蔬菜生产氮肥用量高于美国。当肥料的施用量超过蔬菜吸收能力和土壤固持能力后，多余的肥料就会随灌溉水和降水流入河流，或淋溶至土壤深层，或经氨挥发、反硝化等途径排放到大气中(刘兆辉等，2016；Wang et al.，2020)，导致肥料利用效率和生产效益低下。不合理地施用肥料还会导致蔬菜植株营养失调、品质下降、风味欠佳(曹兵 等，2007；吴玥，2020)，菜田土壤理化性状遭受到不同程度的破坏、土壤肥力退化(黄绍文 等，2011)，大气中氧化亚氮

排放量增加、地表水体富营养化、地下水硝酸盐富集，从而直接影响蔬菜产区的环境质量，引起高资源消耗和高污染排放，造成较高的环境代价(黄绍文 等，2011；刘丽鹃，2013；Ti et al.，2015；Zhao et al.，2019)。因此，肥料的不合理管理制约着长江经济带蔬菜产业的绿色发展，应采取科学合理的肥料管理措施，以提高蔬菜肥料利用效率，降低环境风险，推进长江经济带蔬菜产业绿色发展。

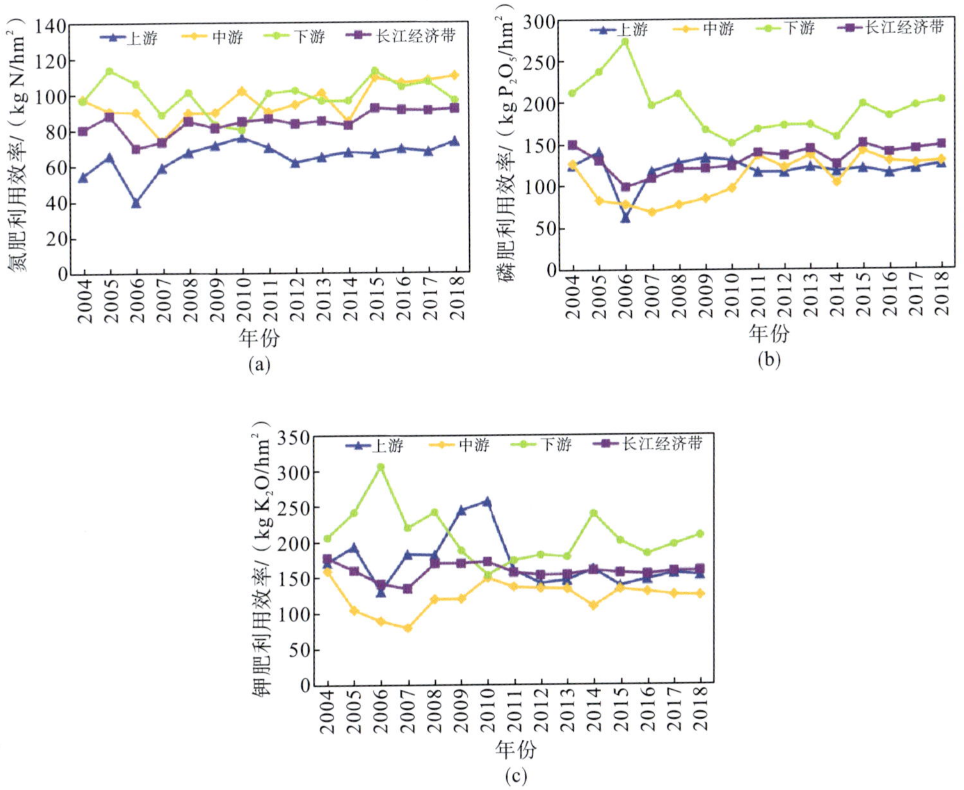

图 7-4 2004～2018 年长江经济带蔬菜生产氮肥(a)、磷肥(b)和钾肥(c)利用效率

[数据源于《全国农产品成本收益资料汇编(2005～2019)》]

7.3.2 不同区域蔬菜氮、磷、钾养分用量和肥料利用效率差异大

在长江经济带蔬菜生产中，不同区域单位面积氮、磷、钾养分投入量不同(图 7-5)。2004～2018 年平均氮肥投入量，上游最高，中游最低；磷肥，中游最高，下游最低；钾肥，中游最高，上游最低。不同区域蔬菜生产单位面积氮肥、磷肥和钾肥投入量和种植面积不同，导致其氮肥、磷肥和钾肥总用量不同，其中上游氮肥、磷肥和钾肥总用量均为最高，较中游和下游高 1.2%～93.2%。而不同地区土壤特征、气候条件、地形条件、耕作条件和田间管理措施等差异较大，导致区域间蔬菜生产肥料用量差异较大(张芬 等，2020)。另外，因为经济、技术和交通等因素的制约，各地区肥料施用量也会存在较大差异。同时，这些因素也会导致长江经济带不同区域养分利用效率不同。总体上，就氮肥利用效率而言，

中游和下游较高，且高于长江经济带平均水平，上游较低；磷肥利用效率，中游和下游均高于上游；钾肥利用效率，上游和下游均高于中游（图 7-4）。因此，需要因地制宜，优化种植区域蔬菜布局，优化肥料用量，提高养分利用效率。

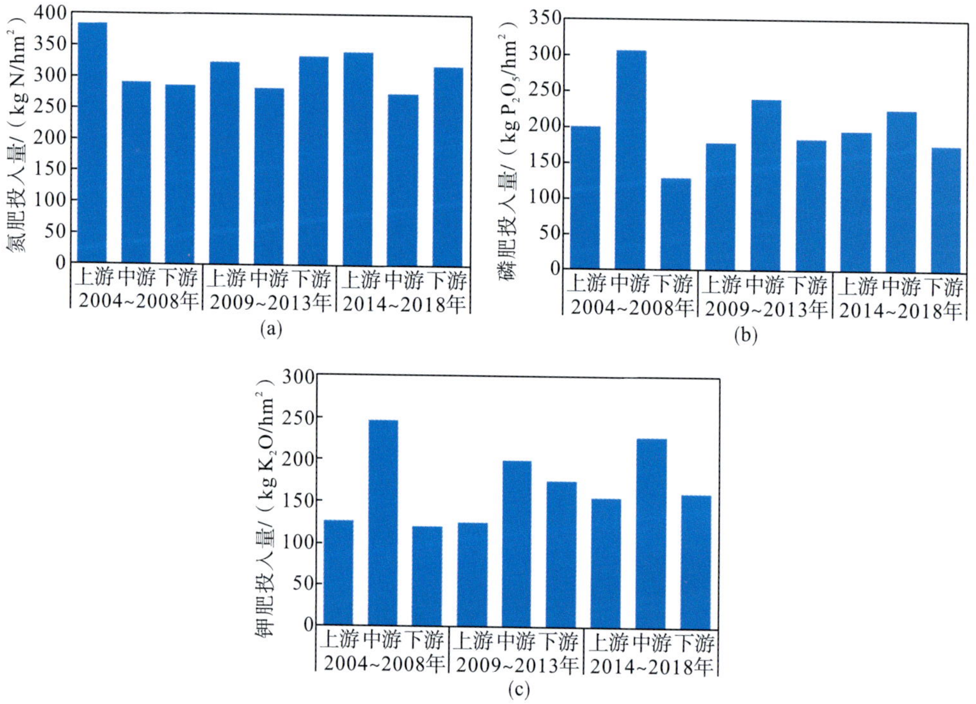

图 7-5　2004～2018 年长江经济带各区域氮肥(a)、磷肥(b)和钾肥(c)投入状况

[数据源于《全国农产品成本收益资料汇编(2005～2019)》]

7.4　长江经济带蔬菜生产环境代价时空分析

7.4.1　长江经济带蔬菜生产环境代价高

2004～2018 年长江经济带蔬菜生产单位面积和单位产量活性氮损失量和温室气体排放量与氮肥用量变化趋势一致（图 7-6）。2018 年长江经济带蔬菜生产单位面积活性氮损失量和温室气体排放量分别为 81kg N/hm^2 和 4842kg CO_2 eq/hm^2，低于全国平均水平（89kg N/hm^2 和 5164kg CO_2 eq/hm^2），但是比我国玉米和小麦活性氮损失量和温室气体排放量高 24.6%～47.3%（《全国农产品成本收益资料汇编 2019》；Chen et al.，2014）。硝酸盐淋洗是活性氮损失的主要途径，占比为 75.0%～75.4%。氮肥是长江经济带蔬菜生产系统温室气体排放的主要贡献者，农资阶段的氮肥生产和运输以及农作阶段的氮肥施用总共造成了 85.2%～87.3%的温室气体排放（图 7-6）。因此，优化肥料用量，尤其是优化氮肥用量，是减少长江经济带蔬菜生产温室气体排放的重要措施。基于蔬菜生产需求优化氮肥用量并不

会降低蔬菜产量，而会显著提高氮肥利用率，减少温室气体排放(He et al., 2009; Min et al., 2012)。

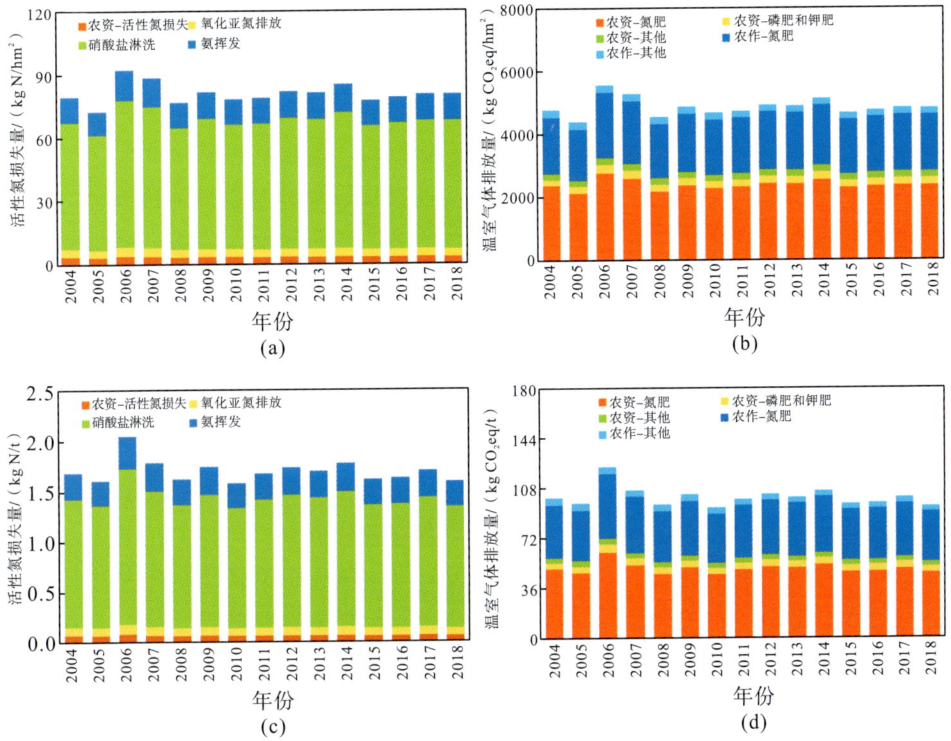

图 7-6　2004～2018 年长江经济带蔬菜生产活性氮损失量(a, c)和温室气体排放量(b, d)变化

注：农资阶段的温室气体排放包括氮肥和其他农资(磷肥、钾肥、农药、农膜和钢材)在生产和运输过程中产生的温室气体排放；农作阶段的温室气体排放包括氮肥和其他农资(柴油)在使用时产生的温室气体排放，下同。

2004～2018 年在长江经济带蔬菜生产中，活性氮总损失量和温室气体总排放量都呈增加趋势(图 7-7)，这主要与长江经济带蔬菜种植面积增加有关。2004～2018 年活性氮总损失量和温室气体总排放量分别增加了 43.1%和 42.7%。2018 年长江经济带蔬菜生产活性

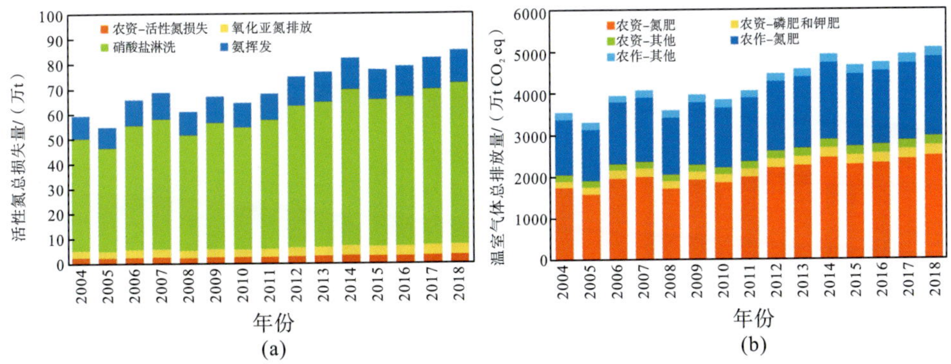

图 7-7　2004～2018 年长江经济带蔬菜生产活性氮总损失量(a)和温室气体总排放量(b)变化

氮总损失量为 86 万 t，温室气体总排放量为 5120 万 t CO_2 eq，分别占全国蔬菜生产活性氮总损失量和温室气体总排放量的 47.1%和 48.6%，是我国蔬菜生产中温室气体排放热点区域。

7.4.2 不同区域活性氮损失和温室气体排放差异大

长江经济带不同区域蔬菜生产中单位面积和单位产量活性氮损失和温室气体排放不同，其中，上游蔬菜生产单位面积和单位产量活性氮损失量和温室气体排放量均较高，而中游均较低(图 7-8)。这主要与长江经济带上游蔬菜生产养分投入量高，特别是氮肥投入量较高，但产量较低有关。不同的蔬菜在不同的种植区域有一定的适宜性。如果一种蔬菜对某一特定地区的适宜性较差，那么就需要投入更多的资源来克服作物生长中的非生物和/或生物胁迫，蔬菜产量就可能不高(Huang et al.，2017)。因此，对于不适宜生产蔬菜的地区而言，其养分投入量高，环境代价也高。另外，长江经济带上游地区(如重庆、贵州)山地和丘陵较多，生产活动受到不同程度的限制；而长江经济带中、下游地区拥有大量平原和适于耕种的土地，其养分投入量低，环境代价也低。这说明我们可以进一步优化长江经济带蔬菜种植结构，从而减少温室气体排放，提高作物产量。另外，长江经济带上游蔬菜生产活性氮总损失量和温室气体总排放量在整个经济带的占比最高，且该占比随着蔬菜种植面积的增加而增加。2014～2018 年长江经济带上游蔬菜生产活性氮总损失量和温室气体总排放量比中游和下游地区高 56.6%～74.3%，说明长江经济带上游是我国蔬菜生产中温室气体排放热点区域，需要重点关注。

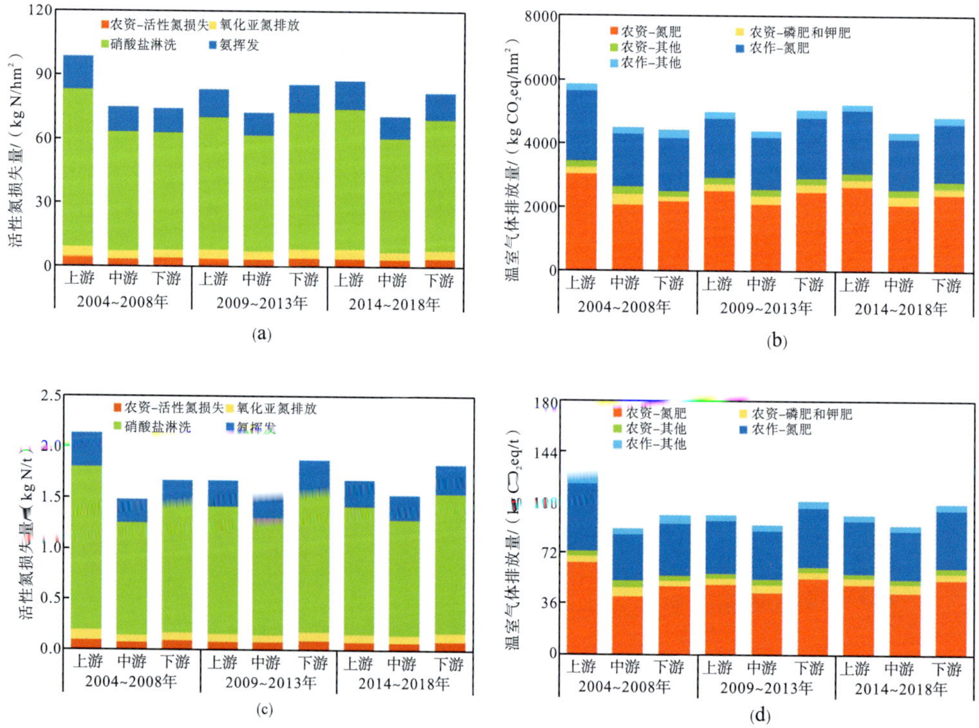

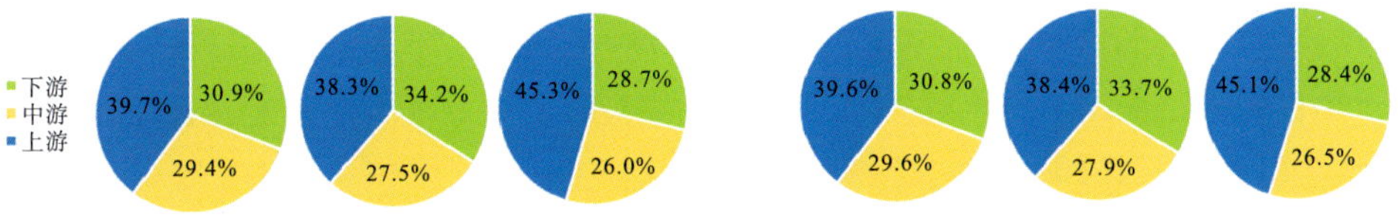

(e)　　(f)

图 7-8　长江经济带蔬菜生产不同区域活性氮损失量(a，c)、温室气体排放量(b，d)及其占长江经济带蔬菜生产活性氮总损失量(e)和温室气体总排放量的比例(f)

7.5　长江经济带蔬菜产业发展挑战

在长江经济带蔬菜产业快速发展的同时，蔬菜绿色生产提质增效面临系列挑战。

挑战一：长江经济带农资市场中可用于蔬菜生产的肥料产品种类非常繁杂，肥料质量参差不齐，绝大部分产品的配方存在一定的盲目性，专用性差，没有结合作物的营养特点和区域土壤特征，而且与蔬菜需求的匹配度低，导致肥料在施用过程中利用率低。另外，市场中农药种类众多。用量标准模糊，且农户缺乏专业知识，导致当前常规农药用量大但效果差。

挑战二：长江经济带菜田土壤质量问题越来越突出，因此必须保障菜田土壤健康。设施菜田有机肥用量大，导致土壤碳、氮含量失调，土壤有机质含量提升缓慢，土壤酸化、盐渍化加剧。同时，由于过量施用畜禽粪便，菜田土壤重金属、抗生素累积。而露地菜田其较低的有机肥投入量和频繁的耕作等管理措施会造成土壤有机碳含量明显下降(Lu et al.，2021)，有机碳含量不足会造成很多土壤质量问题，如土壤退化和土壤板结。我国由于持续多年对肥料过量施用，菜田土壤氮、磷养分累积严重，且露地菜田土壤有效磷及水溶性磷均呈逐年累积并向深层土壤迁移的趋势。目前我国菜田耕层土壤(0～20cm)有效磷浓度为 74.8mg/kg，远高于报道的粮田土壤有效磷浓度 34mg/kg(Zhang et al.，2021)。另外，长江经济带蔬菜种植结构单一，土壤连作障碍问题比较突出。

挑战三：养分投入量高，环境代价高。长江经济带蔬菜生产系统用占全国 51.7%的蔬菜种植面积，生产了全国 43.3%的蔬菜，但消耗了全国 45.7%的化肥，同时产生了占全国 48.6%的温室气体排放，是我国蔬菜生产中养分管理的热点系统。因此，需要因地制宜，并突出管理重点，以持续推进长江经济带蔬菜生产养分管理和减排工作。

挑战四：匹配灌溉与作物的水分需求是提高水分利用率的关键。虽然随着滴灌、喷灌等节水灌溉技术的应用与发展，长江经济带蔬菜生产中上畦灌、大水漫灌的现象有了很大改观，但是由于成本、技术等因素的限制，其推广及应用面积还比较有限，并且主要集中在设施蔬菜上。长江经济带在以散户为主要经营主体的蔬菜生产条件下，其水肥一体化设备比较简易，灌溉主要凭经验，并且在实际生产中也缺乏相应的土壤水分监测设备和作物水分需求特性研究，所以其水分的定量、定额管理还有待于进一步加强。

挑战五：长江经济带蔬菜单产增加缓慢，增产潜力大。由于农户间施肥管理水平差异大，蔬菜增产潜力大。笔者所在的课题组在安徽设施辣椒的研究过程中发现，同一区域不同农户均具有较大的增产潜力(Wang et al.，2018)。另外，不合理的施肥管理导致的蔬菜品质问题也越来越突出，这不仅影响了蔬菜的表观、安全品质，还影响了蔬菜的营养品质(卢明，2021；吴玥，2020)。

挑战六：因为蔬菜种植户对病虫害的鉴别能力较低且对农药知识相对缺乏，农药的自主选择性差，主要依靠经销商推荐。随着农业相关部门对剧毒农药的查处和宣传，大部分种植户对农药的安全使用意识都有所提高，高毒、剧毒农药的使用明显减少，但种植户对药剂的使用还存在一定误区，“轻预防重用药”的问题突出，即在病虫害较轻时以药剂的最大使用量使用，在病虫害较重时则随意加大用量，造成药害、毒害事件时有发生。

挑战七：栽培密度、定植时间经验性强，缺乏科学技术指导。我国蔬菜品种繁多、特性不一，对光温等环境条件的需求不同，而种植户对这方面的认识相对欠缺，不能很好地根据其所种植的蔬菜的种类、特性和栽培方式适当地调整栽培密度和定植时间。

挑战八：蔬菜生产规模化程度低。当前长江经济带蔬菜生产主体仍以小农户为主，其占比为80%～90%，专业合作社和企业占比较低；蔬菜生产的专业化、组织化程度低，蔬菜专业合作社大都有名无实，很难在蔬菜生产规划、农资采购、栽培管理和蔬菜营销方面发挥应有的作用；在农事托管型社会化服务方面也相对落后，因为蔬菜作物种类繁多，栽培茬口多样，种植方式和技术复杂多变，农事作业环节的社会化服务难以展开。另外，务农劳动力短缺，老龄化、女性化情况严重，“谁来种菜”的问题日益突出。

7.6 长江经济带蔬菜绿色生产技术途径

7.6.1 蔬菜绿色生产技术途径

长江经济带蔬菜生产养分投入量高、环境代价高，如何实现蔬菜生产与环境保护的“双赢”？基于国内外研究经验，本书总结出了以健康土壤和绿色蔬菜为核心的长江经济带蔬菜全生育期绿色生产技术途径(图7-9)，其包括以下几个方面。

图7-9 长江经济带蔬菜绿色生产技术途径

(1) 创新绿色投入品，即将农艺和工艺相结合，并综合考虑长江经济带不同区域的气候特征、地形条件、土壤类型、蔬菜种类、劳动力等因素，有针对性地设计和研发绿色投入品。例如，针对不同区域、不同蔬菜，设计区域配方肥、蔬菜专用肥、专用水溶肥、中微量元素增效肥料；针对长江经济带高温多雨的气候易造成养分淋洗损失，设计硝化抑制剂、脲酶抑制剂；针对劳动力短缺、施肥困难，设计缓控释肥料；针对土壤质量下降、有机肥施用困难，设计高碳有机肥；针对土壤连作障碍，研发土壤调理剂；针对农药产品繁杂、专用性差，设计绿色高效农药等。

(2) 创新绿色生产技术(基于知识和产品的土壤-作物综合管理)。①健康土壤培育技术。针对长江经济带菜田土壤有机质含量有待提升和土壤氮、磷、钾含量高等突出问题，通过创制高碳氮比、高碳磷比的生物有机肥，代替常规畜禽粪便，并优化有机肥用量和施肥方式，以快速提升土壤有机质含量，降低土壤养分含量。针对具有土壤连作障碍问题的菜田，施用适宜的土壤调理剂，以改善土壤结构，消除土壤连作障碍。②绿色施肥技术。基于作物生长发育和养分吸收规律，进行作物全生育期根层养分调控，并优化全生育期蔬菜施肥量、施肥时间和施肥次数，以满足高产作物在整个生育期的养分需求，降低环境代价。同时，选用缓控释肥料、硝化抑制剂、水溶肥、纳米肥料等新型增效肥料进行形态调控，并筛选出适合长江经济带不同地区的最佳新型肥料，以阻控养分损失，促进作物吸收，提高肥料利用率，最终实现高产优质、节肥增效、绿色环保。③最佳作物栽培管理技术。以作物产量为基础，从品种、密度和播期等方面对作物生产体系进行设计，并优化群体结构和功能，以最大限度地利用光温资源，提高作物产量。选用高产、高抗病抗逆能力且优质的蔬菜品种。同时选用合理的种植密度和播期并充分利用区域光热资源，以充分挖掘蔬菜增产潜力。④优化田间管理，即优化施肥时间、灌溉方式和耕作方式，并利用生态调控、物理防控等绿色手段有效防治病虫害的发生。⑤绿色蔬菜智慧信息技术。为解决劳动力老龄化严重和用工成本高等“用工难”问题，在未来，长江经济带蔬菜管理还需要结合新肥料、新技术和物联网、大数据平台，朝着智能化和信息化方向发展，以实现绿色、精准、高效、智能、舒适的蔬菜全程机械化生产，同时需要利用数字化、信息化的检测与管控系统，达到全程智慧化管理的目的。

(3) 技术推广模式：“政产学研用”模式。政府要宏观布局，并创新政策和法规。例如，优化长江经济带蔬菜种植结构和布局，推广和实行化肥限量施用标准，以及推广有机替代技术。另外，政府要积极地进行科技示范与农业技术推广，培养科技农民；科研人员要积极地进行技术突破；农民需要转变生产方式，并积极地响应国家政策和号召，积极使用新技术。

综上所述，这需要多元主体交叉融合，并对不同的主体施加不同的侧重点，以推动长江经济带蔬菜绿色生产。

7.6.2　蔬菜绿色生产关键技术

1. 基于根层养分调控技术和优化氮肥管理策略的节肥减排分析

控制肥料用量是重要的减排措施。本书通过数据整合发现，长江经济带蔬菜生产养分投入量高于推荐施肥量(露地：238kg N/hm^2、142kg P_2O_5/hm^{2}和 220kg K_2O/hm^2；设施：385kg N/hm^2、208kg P_2O_5/hm^{2}和 289kg K_2O/hm^2)，有节肥减排空间。

基于推荐施肥量进行节肥减排潜力分析，发现优化肥料用量可减少 21%的氮肥用量、32%的磷肥用量和增加 16%的钾肥用量；降低 21%的单位面积活性氮损失量和 20%的单位面积温室气体排放量；减少 71.1 万 t 氮肥、18.1 万 t 活性氮损失和 1040 万 t CO_2 eq 温室气体排放(表 7-1)。长江经济带不同区域的节肥减排潜力不同，其中上游和下游节肥减排潜力高于中游，说明上游和下游是未来节肥减排重点区域。

表 7-1　长江经济带蔬菜生产节肥减排潜力

	2018 年				优化潜力			
	上游	中游	下游	全域	上游	中游	下游	全域
氮肥施用量/(kg N/hm^2)	331	265	346	315	−84.0	−15.4	−97.1	−67.3
磷肥施用量/(kg P_2O_5/hm^2)	192	224	164	194	−60.1	−91.5	−33.4	−62.3
钾肥施用量/(kg K_2O/hm^2)	159	234	160	181	51.5	−23.1	50.4	29.2
活性氮损失量/(kg N/hm^2)	85	68	89	81	−21.5	−3.96	−24.7	−17.2
温室气体排放量/(kg CO_2eq/hm^2)	5064	4172	5219	4842	−1213.0	−304.0	−1372.0	−987.0
氮肥投入量/万 t N	153.0	82.6	97.2	333.0	−39.0	−4.8	−27.3	−71.1
磷肥投入量/万 t P_2O_5	89.3	69.8	46.2	205.0	−27.9	−28.6	−9.4	−65.9
钾肥投入量/万 t K_2O	73.8	72.9	45.0	192.0	23.9	−7.2	14.2	30.9
活性氮总损失量/万 t N	−39.4	21.3	24.9	85.6	−10.0	−1.2	−6.9	−18.1
温室气体总损失量/万 t CO_2 eq	235.0	1300.0	1470.0	5120.0	−563.0	−94.9	−386.0	−1040.0

2. 有机肥替代化肥的土壤质量提升技术

为满足化肥零增长、减少环境污染、发展绿色可持续农业的需求，有机肥施用替代氮肥施用的工作正在全面推进。有机肥替代化肥，不仅可实现有机肥养分还田利用，降低有机废弃物造成的环境压力，而且可促进养分循环，减少化肥用量。合理的有机肥替代化肥措施可以在增加或维持蔬菜产量的同时，减少活性氮损失，提高土壤有机碳含量，减少温室气体排放。当有机肥替代氮肥的比例小于或等于 70%时，蔬菜产量和土壤有机碳含量分别提高了 5.5%～5.6%和 13.1%～18.0%，氮淋洗损失量降低了 41.6%～48.1%(图 7-10) (Liu et al.，2021)。

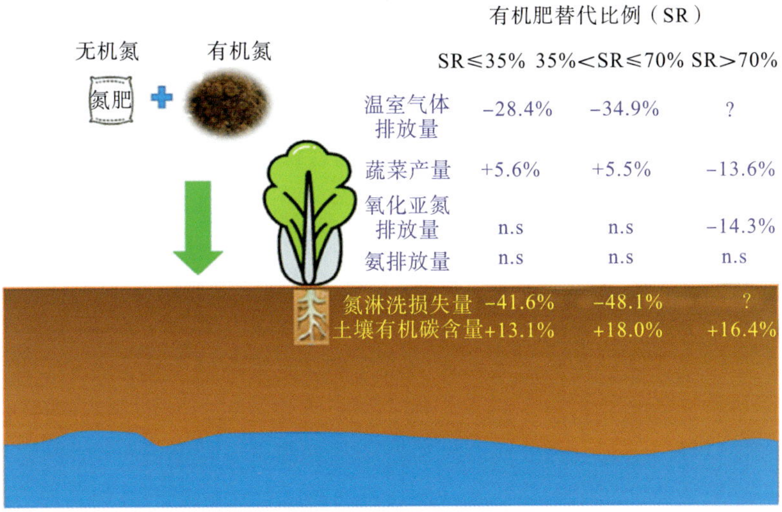

图 7-10　有机肥替代化肥的土壤质量提升技术（改自：Liu 等，2021）

注：+表示增加；−表示减少；?表示无数据；n.s 表示无显著变化。

3. 基于产品和知识的土壤作物综合管理措施

基于区域生态条件和蔬菜种类特点，本书针对蔬菜生产设计了集成产品和知识的土壤-作物综合管理技术（integrated knowledge and products strategy，IKPS）（Wang et al.，2020）。IKPS 包括两个方面的内容：一是理论知识方面，结合根层养分调控技术和土壤健康管理措施，保证季节性根层养分供应与蔬菜生长发育相匹配，并筛选出高产高品质蔬菜品种，优化种植密度和种植时间，充分利用光热资源；二是产品应用方面，基于区域和蔬菜特点进行产品创新，并改善根系生长和养分吸收，同时控制养分损失。其本质是基于作物养分需求规律，通过优化作物管理和使用增效肥料（控释肥、硝化抑制剂等）进行蔬菜生产中的养分综合管理，以在时间、空间和数量上满足蔬菜生长对养分的需求，实现蔬菜高产，并最大限度地降低环境损失。

我国是世界第一大辣椒生产国，全国辣椒种植面积占世界辣椒总种植面积的 40%。长江经济带下游设施塑料大棚辣椒生产区是我国辣椒生产的优势区域之一，因此本书以长江经济带下游秋延辣椒为例具体介绍 IKPS。基于对 160 户辣椒种植农户调研数据的分析发现，限制该地区辣椒绿色生产的主要因素包括以下几个方面。①土壤连作障碍问题严重。由于该地区农户连续种植辣椒 20 多年并过量投入肥料，尤其是过量投入鸡粪，导致土壤连作障碍问题比较严重。②作物管理不合理。种植密度是限制该区域辣椒生产的主要因素，研究发现，当地农户普遍存在种植密度过小的问题，导致辣椒在生长过程中不能充分利用光热资源，影响了辣椒的生长。③水肥管理问题突出。一方面，施肥普遍过量，尤其是有机肥的施用过量。农户氮、磷、钾总投入量分别为 537kg N/hm^2、488kg P_2O_5/hm^2 和 529kg K_2O/hm^2，其中有机肥中氮、磷、钾投入量分别为 407kg N/hm^2、371kg P_2O_5/hm^2、338kg K_2O/hm^2，远远超过辣椒在生长过程中的养分需求；另一方面，各时期氮、磷、钾的施用比例、施肥基追比例不合理。农户一般习惯重施基肥，尤其是鸡粪，其氮肥、磷肥和钾肥投入量分别占总投入量的 95%、97%和 83%。基肥投入过多，会抑制前期辣椒根系的生长，同时导致大量的肥料损失，尤其是淋洗损失。而辣椒在后期对钾的需求量高于氮与磷，但农户在追肥过程中，易造成氮、钾比例失衡，钾肥投入比例过高，导致后期钾与镁、钾与钙拮抗问题比较突出，并出现中微量元素缺乏的现象，影响辣椒的产量与品质。

针对该地区辣椒绿色生产问题，本书采用“自上而下”和“自下而上”相结合的设计思路，构建了以高产、高效理论为基础，以新型肥料产品设计为抓手的 IKPS，其主要包括以下方面。①土壤修复管理。由以上分析可知，土壤连作障碍是限制该地区辣椒高产、养分高效的主要因素之一。施用碱性土壤消毒剂石灰氮和土壤灌水闷棚措施，可改良土壤酸碱度，杀灭土壤病原菌，改善土壤连作障碍问题；而采用微生物商品有机肥替代常规鸡粪，可增加土壤有益微生物数量，提高土壤有机质含量，同时减少有机肥投入量，减少养分盈余。②作物管理。通过合理的高产优质蔬菜品种筛选、合理的种植/移栽时间和合理的种植密度等，可最大化地利用光热资源，构建高产群体，达到高产效果。对 160 户农户产量差进行分析表明，种植密度显著影响辣椒的产量，且当种植密度在 50000～60000 株/hm^2 时，产量随着种植密度的增加而呈显著的线性增加趋势。因此，基于高产前 25%农户区组，需要适当增加 6%的种植密度以提高产量。③水肥优化管理措施。首先，明确了辣椒全生育期的生长发育规律、干物质累积规律、养分吸收规律。其次，要基于辣椒生长中的养分需求规律和土壤养分累积规律，设计和研发全生育期辣椒专用肥产品(基肥配方肥产品：N-P_2O_5-K_2O：20-20-9；追肥水溶肥产品，N-P_2O_5-K_2O: 21-10-24+TE，TE 含镁、锰、铜、锌、硼等中微量元素)。同时，要以创新新型肥料为抓手，优化施肥量、施肥时间以及氮、磷、钾配比和基追比例，添加中微量元素，提高肥料利用率。具体措施包括：前期采用缓控释育苗技术，促进幼苗根系生长；采用辣椒专用配方肥(20-20-9)和微生物商品有机肥，降低基肥肥料用量；采用含中微量元素的辣椒专用水溶肥(21-10-24+TE)，并优化后期养分配比与用量(表 7-2)。

表 7-2　长江经济带下游秋延辣椒高产体系绿色生产技术集成

	农民传统(FP)	高产高效体系(IKPS)	措施和成效
品种	‘好农 11’	‘好农 11’	高抗病毒能力、高产、易坐果、果面光滑，转红快且着色艳丽，商品性好
种植密度	农民习惯 54600 株/hm^2，高产高效体系 51800 株/hm^2	40/40 cm	适当减少种植密度，构建高产群体
定植时间	8 月 13 日	8/13	
育苗方式	普通基质育苗	缓控释肥育苗	培育壮苗，实现带肥移栽
施肥	N-P_2O_5-K_2O (kg/hm^2) 有机肥：407-371-338，鸡粪(干) 基肥：101-101-101(15-15-15) 追肥：29.3-15.8-90(13-7-40，追肥：3 次) 总量：537-488-529	N-P_2O_5-K_2O (kg/hm^2) 有机肥：83.3-221-79.2，商品有机肥 基肥：60-60-27(20-20-9) 追肥：101-48-115(21-10-24+TE，追肥：5 次) 总量：245-329-222	根据养分吸收规律，优化施肥量、施肥时间以及氮、磷、钾配比和基追比例，添加中微量元素，最终达到降低磷肥用量和提高肥料利用率的目的

续表

	农民传统(FP)	高产高效体系(IKPS)	措施和成效
土壤修复技术	高温煮田	高温煮田+石灰氮	消除土传病害，解决重茬问题，调节土壤酸碱度
目标产量	31.3 t/hm^2	47.3 t/hm^2	提高产量 50%，单果重达 80g 以上，果长 14～15cm，粗 4.5～5.0cm，果大肉厚，皮薄，商品性好

笔者所在课题组以“科技小院”为依托，自 2015 年 8 月至 2018 年 7 月，进行了持续 3 年的“2+X”试验，试验处理包括 FP 和 IKPS 处理，其具体应用效果如下。①对农学效应的影响。连续 3 年的辣椒田间试验结果表明，IKPS 处理较 FP 处理有明显的增产效果，其辣椒总产量和商品果产量分别提高了 17%和 21%，而氮肥总投入量较 FP 处理减少了 52%，氮肥吸收量增加了 11%，取得了明显的减肥、增产、增效效果。②对经济效益的影响。IKPS 处理虽然会增加相应的成本投入（尤其是肥料和劳动力投入，1hm^2 的成本较 FP 增加 0.93 万元），但会使产量增加，由此带来收入提高，而提高的收入可以完全抵消增加的成本，所以 IKPS 获得了更高的净收益，其较 FP 处理 1hm^2 增收 1.10 万元，取得了良好的经济效益。③对环境代价的影响。与 FP 处理相比，IKPS 能够显著减少单位面积活性氮损失（28%）和温室气体排放（19%），同时能够显著减少单位产量氮足迹（39%）和碳足迹（30%）。

另外，在全国 54 个蔬菜联网试验点的 13 种蔬菜试验中应用 IKPS 时发现，相比农户习惯，IKPS 减少 38.0%的氮肥用量，并使蔬菜产量提高 17.3%，活性氮损失和温室气体排放分别减少 54.3%和 42.2%，能够减轻我国蔬菜生产的资源和环境负担，增强粮食和营养安全（Wang et al.，2021）。

综上所述，综合考虑土壤修复、群体匹配、水肥运筹的集约化蔬菜绿色生产策略，以及基于知识和产品的 IKPS 技术，能够在提高蔬菜产量、增加经济收益的同时，减少环境排放，促进长江经济带蔬菜生产绿色发展。

7.7　小　　结

长江经济带蔬菜生产系统用占全国 51.7%的种植面积，生产了占全国 43.3%的蔬菜，但消耗了全国 45.7%的化肥，同时产生了占全国 48.6%的温室气体排放，其养分投入量高、环境代价高，是养分管理的热点系统。

通过以养分管理为核心、多学科集成和多元主体实质性融合，对蔬菜生产体系进行农田生态系统层面的重新设计，同时创新绿色投入品、绿色生产技术以及政策和法规，转变生产方式，集成以健康土壤和绿色蔬菜为核心的蔬菜全生育期绿色生产技术，可以实现长江经济带蔬菜高产、优质、节肥、减排生产。

利用“政产学研用”模式破解长江经济带蔬菜绿色生产发展难题，以推动长江经济带蔬菜绿色生产。

参 考 文 献

曹兵，贺发云，徐秋明，等，2007. 露地种植大白菜的氮肥效应与氮素损失研究. 植物营养与肥料学报，13(6)：1116-1122.

单立楠，2015. 不同施肥模式下菜地氮素面源污染特征及生态拦截控制研究. 杭州：浙江大学.

丁宝根，杨树旺，赵玉，2019. 长江经济带种植业碳排放时空特征及驱动因素研究. 生态与农村环境学报，35(10)：1252-1258.

何可，李凡略，张俊飚，等，2021. 长江经济带农业绿色发展水平及区域差异分析. 华中农业大学学报，40(3)：43-51.

黄敏，刘润，孙佑宇，等，2021. 长江经济带农垦农业现代化水平时空格局及制约因素研究. 资源开发与市场，37(7)：793-799，835.

黄绍文，王玉军，金继运，等，2011. 我国主要菜区土壤盐分、酸碱性和肥力状况. 植物营养与肥料学报，17(4)：906-918.

刘丽鹃，2013. 有机无机配施对大棚和露地蔬菜生长及土壤性状和温室气体排放的影响. 南京：南京农业大学.

刘兆辉，薄录吉，李彦，等，2016. 氮肥减量施用技术及其对作物产量和生态环境的影响综述. 中国土壤与肥料，4(2)：1-8.

卢明，2021. 西南黄壤辣椒-白菜轮作系统的镁营养调控与品质效应. 重庆：西南大学.

吴玥，2020. 氮肥供应对辣椒品质的影响及机制. 重庆：西南大学.

武良，张卫峰，陈新平，等，2016. 中国农田氮肥投入和生产效率. 中国土壤与肥料，4(2)：76-83.

张芬，程泰鸿，陈新平，等，2020. 我国典型露地蔬菜生产中的温室气体排放. 环境科学，41(7)：3410-3417.

Boeing H，Bechthold A，Bub A，et al.，2012. Critical review：vegetables and fruit in the prevention of chronic diseases. European Journal of Nutrition，51(6)：637-663.

Chen Q，Zhang X S，Zhang H Y，et al.，2004. Evaluation of current fertilizer practice and soil fertility in vegetable production in the Beijing region. Nutrient Cycling in Agroecosystems，69(1)：51-58.

Chen X P，Cui Z L，Fan M S，et al.，2014. Producing more grain with lower environmental costs. Nature，514(7523)：486-489.

He F F，Jiang R F，Chen Q，et al.，2009. Nitrous oxide emissions from an intensively managed greenhouse vegetable cropping system in Northern China. Environmental Pollution，157(5)：1666-1672.

Huang X M，Chen C Q，Qian H Y，et al.，2017. Quantification for carbon footprint of agricultural inputs of grains cultivation in China since 1978. Journal of Cleaner Production，142(3)：1629-1637.

Liu B，Wang X Z，Ma L，et al.，2021. Combined applications of organic and synthetic nitrogen fertilizers for improving crop yield and reducing reactive nitrogen losses from China's vegetable systems：A meta-analysis. Environmental Pollution，269(2)：116143-116154.

Lu M，Powlson D S，Liang Y，et al.，2021. Significant soil degradation is associated with intensive vegetable cropping in a subtropical area：a case study in southwestern China. Soil，7(2)：333-346.

Min J，Zhang H L，Shi W M，2012. Optimizing nitrogen input to reduce nitrate leaching loss in greenhouse vegetable production. Agricultural Water Management，111(8)：53-59.

Perrin A，Basset-Mens C，Gabrielle B，2014. Life cycle assessment of vegetable products：a review focusing on cropping systems diversity and the estimation of field emissions. The International Journal of Life Cycle Assessment，19(6)：1247-1263.

Tei F，De Neve S，de Haan J，et al.，2020. Nitrogen management of vegetable crops. Agricultural Water Management，240(10)：106316-106328.

Ti C P，Luo Y Y，Yan X Y，2015. Characteristics of nitrogen balance in open-air and greenhouse vegetable cropping systems of China.

Environmental Science and Pollution Research，22(23)：18508-18518.

Wang X Z，Dou Z X，Shi X J，et al.，2021. Innovative management programme reduces environmental impacts in Chinese vegetable production. Nature Food，2(1)：47-53.

Wang X Z，Liu B，Wu G，et al.，2018. Environmental costs and mitigation potential in plastic-greenhouse pepper production system in China：A life cycle assessment. Agricultural Systems，167(11)：186-194.

Wang X Z，Liu B，Wu G，et al.，2020. Cutting carbon footprints of vegetable production with integrated soil - crop system management：A case study of greenhouse pepper production. Journal of Cleaner Production，254(13)：120158-120167.

Zhang W，Zhang Y W，An Y L，et al.，2021. Phosphorus fractionation related to environmental risks resulting from intensive vegetable cropping and fertilization in a subtropical region. Environmental Pollution，269(2)：116098-116107.

Zhao H，Li X Y，Jiang Y. 2019. Response of nitrogen losses to excessive nitrogen fertilizer application in intensive greenhouse vegetable production. Sustainability，11(6)：1513-1527.

第 8 章　茶叶绿色生产的现状、挑战与途径

8.1　引　　言

茶，是世界公认的三大健康饮品之一，全球有 60 多个国家产茶，30 多亿人饮茶，超过 10 亿人从事与茶相关的工作。茶叶是重要的经济作物，茶叶产业是许多国家特别是发展中国家的农业支柱产业，也是当地农民的重要收入来源，关系到经济发展、社会安定和文化延续。因此，联合国将每年 5 月 21 日设为“国际茶日”，以肯定茶叶在经济、社会和文化方面的价值，从而促进全球茶叶产业的可持续发展。

我国是世界上最早发现、栽培和利用茶叶的国家。同时，我国也是世界上最大的茶叶生产国和消费国，以及世界第二大茶叶出口国。据统计，2019 年全国茶叶的种植面积、产量、消费量和出口量分别占世界的 61.4%、45.5%、38.8%和 19.4%，茶叶对于我国国民经济至关重要(梅宇和梁晓，2019)。

长江经济带是我国茶树种植和利用历史最悠久、种植面积最大、规模最集中、出产茶类最完备、名优茶品最丰富的茶叶产区，其茶叶生产已经成为区域社会经济发展的重要支柱。近年来，在市场和政策的共同驱动下，长江经济带茶叶产业快速发展，产业规模不断扩大。党的十九大报告指出“我国经济已由高速增长阶段转向高质量发展阶段”，而长江经济带茶叶产业如何实现由高速增长向高质量发展的绿色转型，已成为今后一段时间亟待解决的深刻问题。本章旨在通过对长江经济带茶叶产业现状的分析，阐释区域茶叶产业发展面临的挑战，并明确解决问题的途径，以为今后区域乃至全国茶叶产业的发展提供有价值的参考。

8.2　长江经济带茶叶生产现状

8.2.1　茶叶种植

1. 茶园面积不断扩大

长江经济带是我国最核心的茶叶产区，其茶叶种植面积和采摘面积一直占据全国的 70%以上。近年来，在区域良好的自然禀赋基础上，国家不断引导长江经济带茶叶产业发展，其茶园面积在 2000 年以后一直保持快速增长趋势。截至 2019 年，长江经济带实有茶园种植面积 243.4 万 hm^2，采摘面积 191.7 万 hm^2，分别占全国茶园种植面积和采摘面积

的 78.4%和 77.6%。从 2000～2019 年茶叶种植面积的净增长来看，20 年间长江经济带茶叶种植面积增长了 161.3 万 hm^2，采摘面积增长了 124.7 万 hm^2，增幅分别为 196.0%和 186.1%，增长量分别占全国增长量的 80.0%和 78.4%。从增速来看，2000～2019 年长江经济带茶叶种植面积年均增速 5.9%，高出全国 0.2 个百分点。

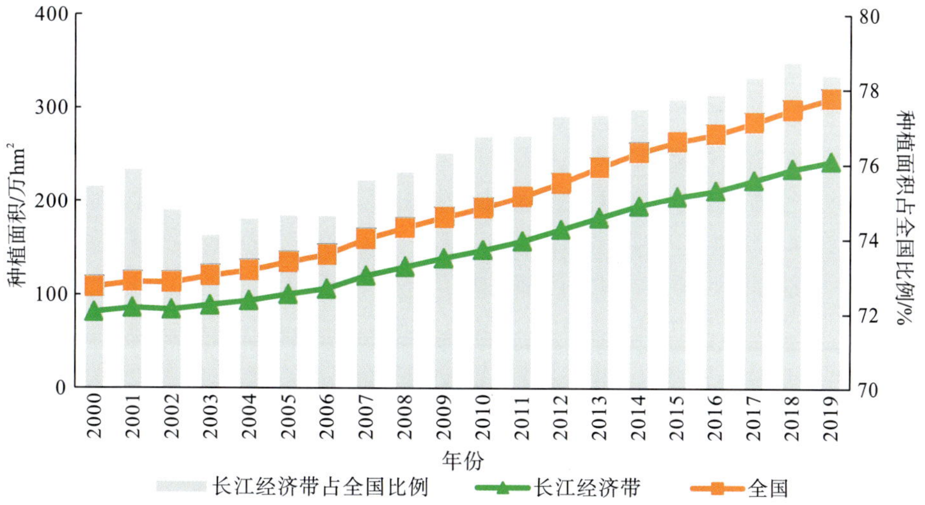

图 8-1　2000～2019 年长江经济带茶园种植面积变化

（数据源于国家统计局官方网站）

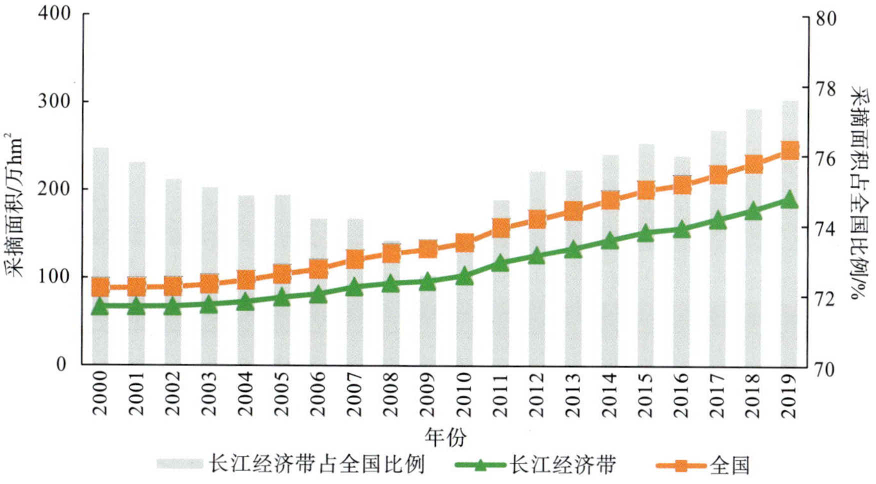

图 8-2　2000～2019 年长江经济带茶叶采摘面积变化

（数据源于国家统计局官方网站）

2. 茶园生产重心西移

从长江经济带各省（市）的种植规模来看，除上海茶叶种植面积较小以外，其余 10 个省（市）均有较大种植规模，截至 2019 年，这 10 个省（市）按种植面积由大到小依次是：云南(48.09 万 hm^2)、贵州(46.44 万 hm^2)、四川(38.70 万 hm^2)、湖北(34.77 万 hm^2)、浙江(20.14 万 hm^2)、安徽(18.71 万 hm^2)、湖南(17.49 万 hm^2)、江西(10.91 万 hm^2)、重庆(4.75 万 hm^2)、江苏(3.38 万 hm^2)。从时间尺度来看，2000 年以后，各省(市)茶园面积均呈快速增长趋势，其中贵州茶园种植面积增长了 936.7%，四川茶园种植面积增长了 367.2%，云南、湖北、湖南、江西等省份茶园面积的增长均超过 1 倍(表 8-1)。从生产空间格局来看，长江经济带不同省(市)茶叶生产地域空间格局变动大、地域分异明显，且茶叶种植在上游西部省(市)加快发展的趋势明显。2019 年，长江上游 4 个省(市)(云南、贵州、四川和重庆)的茶园面积占整个经济带茶园总面积的 56.7%，中游 3 个省份(湖北、湖南和江西)的茶园面积占 26.0%，下游 4 个省(市)(安徽、江苏、浙江和上海)仅占 17.3%；与 2000 年比较，上游 4 个省(市)的茶叶种植面积占比提升了 17.9%，而中游 3 个省份的占比降低了 3.9%，下游 4 个省(市)的占比降低了 14.0%。长江经济带茶叶生产基本形成了以东部浙江、安徽，中部湖北、湖南，以及西部云南、贵州、四川等 7 省为主导的地域分布格局，但东部浙江、中部湖南等传统产茶大省在区域茶叶生产中的占比有所降低，而西部云南、贵州、四川的占比逐渐增高。

表 8-1　长江经济带各省(市)茶园面积

省(市)	种植面积/万 hm^2		种植面积增减率/%	采摘面积/万 hm^2		采摘面积增减率/%
	2000 年	2019 年		2000 年	2019 年	
云南	16.74	48.09	187.3	14.14	41.65	194.6
贵州	4.48	46.44	936.7	3.28	31.27	853.4
四川	8.28	38.70	367.4	6.41	29.50	360.2
重庆	2.38	4.75	99.6	1.82	3.29	81.7
湖北	12.10	34.77	187.4	9.03	26.48	193.2
湖南	7.41	17.49	136.1	6.21	13.13	111.3
江西	5.01	10.91	117.8	4.07	8.52	109.3
安徽	10.84	18.71	72.6	9.34	16.56	77.3
江苏	1.99	3.38	69.8	1.55	3.03	95.5
浙江	12.89	20.14	56.2	11.18	18.27	63.4

注：数据源于国家统计局官方网站。

8.2.2　茶叶产量和茶类结构

1. 茶叶产量持续增加

长江经济带茶叶产量在全国占有重要地位，其占全国的比例多年来一直维持在 70%左右。2000～2019 年长江经济带茶叶产量持续增加，由 2000 年的 47.7 万 t 增加至 2019 年的 197.2 万 t，增幅达 313%(图 8-3)。截至 2019 年，区域内云南、四川、湖北 3 省茶叶年产量均超过 30 万 t，贵州、湖南和安徽、浙江茶叶年产量分别维持在 20 万～30 万 t 和 10～20 万 t，重庆、江西茶叶产量为 4 万～7 万 t，江苏不足 2 万 t。各省(市)茶叶产量在 2000～2019

年均有大幅增加，其中贵州、云南、四川、重庆、湖北、湖南、江西、安徽等 8 省(市)茶叶产量增长均超过 1 倍，而贵州茶叶产量增长达 975%。不同省(市)茶叶单位采摘面积产量差异较大，除江苏和浙江外，其余各省(市)茶叶单位面积产量在 2000～2019 年均呈增长趋势。2019 年湖南茶叶单产最高，达 1.78t/hm^2，江苏茶叶单产最低，仅 0.47t/hm^2(表 8-2)。

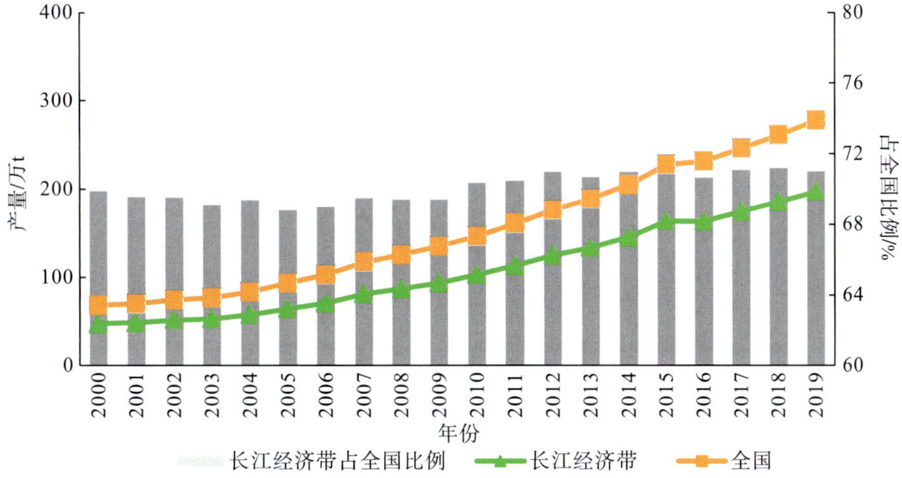

图 8-3　2000～2019 年长江经济带茶叶产量变化

(数据源于国家统计局官方网站)

表 8-2　长江经济带各省(市)茶叶产量

省(市)	总产量/万 t		总产量增减率/%	单位面积产量/(t/hm^2)		单位面积产量增减率/%
	2000 年	2019 年		2000 年	2019 年	
云南	7.94	43.72	451	0.56	1.05	88
贵州	1.84	19.78	975	0.56	0.63	13
四川	5.45	32.54	497	0.85	1.10	29
重庆	1.45	4.48	209	0.80	1.36	70
湖北	6.37	35.25	453	0.71	1.33	87
湖南	5.73	23.34	307	0.92	1.78	93
江西	1.57	6.68	326	0.39	0.78	100
安徽	4.54	12.20	169	0.49	0.74	51
江苏	1.20	1.43	19	0.78	0.47	−40
浙江	11.64	17.72	52	1.04	0.97	−7

注：数据源于国家统计局官方网站。

2. 茶类结构趋于多元化

从茶类结构来看，长江经济带以绿茶为主，其产量占比在 2006 年曾高达 82.1%，近年来略有降低(降低至 2019 年的 74.2%)。红茶产量占比多年来呈波动性变化，2000～2007 年，其从近9%连续降低至6%以下，2010年以后又逐年提升至接近9%。近年来，以黑茶、白茶为主的其他茶类产量占比持续增加，由2000年的13.5%增加至2019年的17.3%，增长了3.8个百分点。

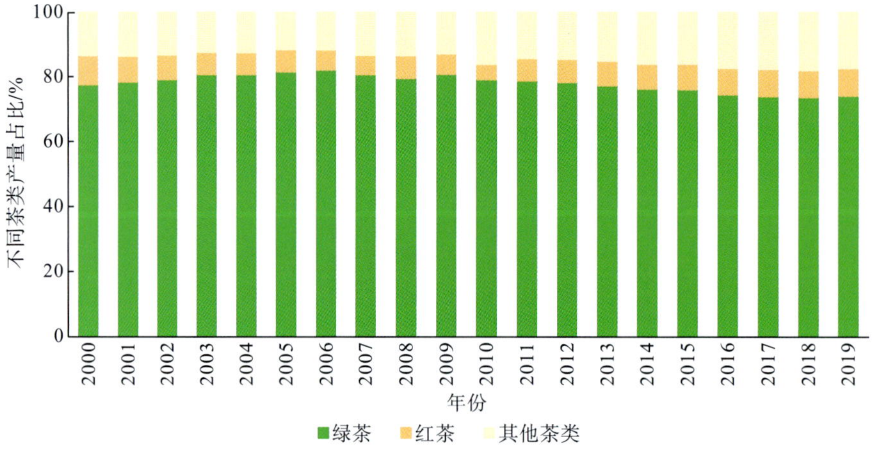

图8-4　2000～2019年长江经济带茶类结构变化

（数据源于国家统计局官方网站）

不同省（市）茶类结构差异较大，云南是长江经济带内绿茶和红茶产量最高的省份，2019年其绿茶和红茶产量分别高达30.86万t和5.66万t。贵州、四川、重庆、安徽、浙江5省（市）以生产绿茶为主，其绿茶产量占省内茶叶产量的比例均在80%以上；江苏红茶产量占省内茶叶产量的比例达25.17%，是区域内红茶占比最高的省份；湖南和湖北生产黑茶较多，2019年湖南黑茶产量突破9.60万t，而湖北黑茶产量达5.40万t，分别占湖南和湖北茶叶产量的41.1%和15.4%。

表8-3　2019年长江经济带各省（市）茶类结构特征

省（市）	绿茶		红茶		其他茶类	
	产量/万t	占比/%	产量/万t	占比/%	产量/万t	占比/%
云南	30.86	70.59	5.66	12.95	7.20	16.47
贵州	15.83	80.03	1.67	8.44	2.28	11.53
四川	26.98	82.91	1.04	3.20	4.52	13.89
重庆	3.93	87.72	0.39	8.71	0.16	3.57
湖北	24.12	68.43	3.70	10.50	7.43	21.08
湖南	10.44	44.73	2.35	10.07	10.55	45.20
江西	5.23	78.29	0.85	12.72	0.60	8.98
安徽	10.63	87.13	0.69	5.66	0.88	7.21
江苏	1.07	74.83	0.36	25.17	0	0
浙江	17.10	96.50	0.14	0.79	0.48	2.71

注：数据源于国家统计局官方网站。

3. 茶叶产能过剩问题凸显

据统计，2010～2019 年，随着全国茶叶产量的提升，茶叶内销和出口量均有所增加，但茶叶年内销售比率却逐年降低，而库存持续增加，其中年内茶叶库存量从 2010 年的 16.56 万 t 增加至 2019 年的 38.49 万 t(表 8-4)。以云南省为例：云南以生产普洱茶为主，仅 2019 年，其普洱茶库存量就高达 4.67 万 t，2015～2019 年累计库存量超过 20.69 万 t，相当于 2018～2019 年省内普洱茶总销售量(表 8-5)。另外，幼龄茶园持续投产，全国茶叶采摘面积和产量仍会持续增加，产能过剩问题会逐步成为区域乃至全国茶叶产业发展面临的挑战。

表 8-4　中国茶叶产销情况　(单位：万 t)

年份	产量	内销量	出口量	库存量
2010	146.25	98.81	30.88	16.56
2011	160.76	109.61	32.95	18.20
2012	176.15	124.01	32.32	19.82
2013	188.72	133.83	33.54	21.35
2014	204.93	150.25	31.28	23.40
2015	227.66	167.91	32.50	27.25
2016	231.33	171.06	32.90	27.37
2017	246.04	181.70	35.50	28.84
2018	261.04	191.05	36.50	33.49
2019	277.70	202.56	36.65	38.49

注：数据源于中国茶叶流通协会(2020)和中华人民共和国海关总署官方网站①。下表同。

表 8-5　2015～2019 年云南普洱茶产销情况　(单位：万 t)

年份	产量	内销量	出口量	库存量
2015	12.95	8.80	0.33	3.82
2016	13.40	9.13	0.29	3.98
2017	13.60	9.28	0.27	4.05
2018	14.00	9.53	0.30	4.17
2019	15.50	10.55	0.28	4.67

8.2.3　茶叶产值和出口

1. 农业产值保持增长

2019 年，长江经济带茶叶农业产值达到 1154.1 亿元，占全国的 62.2%。其中，茶叶农业产值超过 100 亿元的省份有 5 个，依次是湖北(194.2 亿元)、四川(185.3 亿元)、浙江

① 网址为 http//www.wstoms.gov.cn/。

(183.0 亿元)、贵州(148.8 亿元)和湖南(137.7 亿元)；产值超过 50 亿元的省份有 2 个，分别是安徽(66.1 亿元)和江苏(51.4 亿元)。从单位采摘面积产值来看，长江经济带 $1hm^2$ 茶园的产值为 6.02 万元，较全国低 19.8%，其中 $1hm^2$ 采摘面积产值较高的省份分别为江苏(16.96 万元)、湖南(10.49 万元)和浙江(10.02 万元)，高于全国平均水平(7.50 万元)。

2. 茶叶出口稳定

2019 年，长江经济带茶叶出口量为 31.7 万 t，出口额超 13.08 亿美元，出口量和出口额分别占全国茶叶出口量和出口额的 88.0%和 63.3%。其中，茶叶出口量突破 1 万 t 的省份有 6 个，依次是浙江(15.88 万 t)、安徽(6.00 万 t)、湖南(3.90 万 t)、湖北(1.74 万 t)、江西(1.45 万 t)和四川(1.08 万 t)。出口额达到 1 亿美元以上的省份有 4 个，依次是浙江(4.84 亿美元)、安徽(2.48 亿美元)、湖北(2.14 亿美元)和湖南(1.03 亿美元)(表 8-6)。

表 8-6　2019 年长江经济带茶叶产值情况

省(市)	产值/亿元	单位面积产值/(万元/hm^2)	出口量/万 t	出口额/亿美元
云南	152.7	3.67	0.80	0.67
贵州	148.8	4.76	0.23	0.48
四川	185.3	6.28	1.08	0.29
重庆	17.9	5.44	0.51	0.09
湖北	194.2	7.33	1.74	2.14
湖南	137.7	10.49	3.90	1.03
江西	16.6	1.95	1.45	0.88
安徽	66.1	3.99	6.00	2.48
江苏	51.4	16.96	0.13	0.19
浙江	183.0	10.02	15.88	4.84
上海	0.4	—	0.78	0.30
长江经济带	1154.1	6.02	31.73	13.08
全国	1852.9	7.50	36.06	20.65

注：数据源于《中国农村统计年鉴 2020》，及中华人民共和国海关总署官方网站。

8.2.4　茶叶产地环境

1. 茶园土壤肥力有待提高

研究显示，长江经济带茶园土壤有机质含量仅为 24.3g/kg(有机质含量范围：1.68～103g/kg)，其中土壤有机质含量低于 20g/kg 的茶园占比接近 50%，而不同省份茶园土壤有机质含量差异明显，区域内仅云南茶园土壤有机质含量超 30g/kg，江苏和江西茶园土壤有机质含量低于 20g/kg，其土壤肥力有待提高(表 8-7)。

云南土壤有机质含量高于 30g/kg 的茶园超过 50%，但仍有近 20%的茶园土壤有机质含量在 20g/kg 以下。贵州、安徽和湖南 3 省均有超过 50%的茶园土壤有机质含量低于 20g/kg，且均有 5%～10%的茶园土壤有机质含量低于 10g/kg。四川土壤有机质含量在 10～20g/kg 的茶园比例最高，约为 40%，而土壤有机质含量超过 30g/kg 的茶园不足 20%，有近 50%的茶园土壤有机质含量低于 20g/kg。重庆土壤有机质含量在 10～20g/kg 的茶园数量最多，而土壤有机质含量超过 30g/kg 的茶园约有 20%，且超过 50%的茶园土壤有机质含量低于 20g/kg。湖北和浙江两省的茶园其土壤有机质含量特性较为接近，均有近 40%的茶园土壤有机质含量低于 20g/kg。江西土壤有机质含量在 10～20g/kg 的茶园数量最多。而江苏茶园土壤有机质含量主要在 10～20g/kg，且低于 10g/kg 的茶园超过 25%(表 8-8)。

表 8-7　长江经济带各省(市)茶园土壤有机质含量

省(市)	样本数	范围/(g/kg)	均值/(g/kg)
云南	724	2.0~103.0	36.9
贵州	388	4.1~83.0	20.1
四川	782	1.7~87.5	23.5
重庆	148	3.7~63.2	22.1
湖北	473	3.1~70.5	23.5
湖南	260	6.2~63.2	20.4
江西	123	5.1~62.2	19.4
安徽	410	3.4~84.4	20.6
江苏	407	2.6~54.4	16.4
浙江	515	3.9~99.7	24.8
长江经济带	4230	1.7~103.0	24.3
全国	5764	1.7~103.0	23.0

数据来源：伊晓云，2021；数据不含上海。

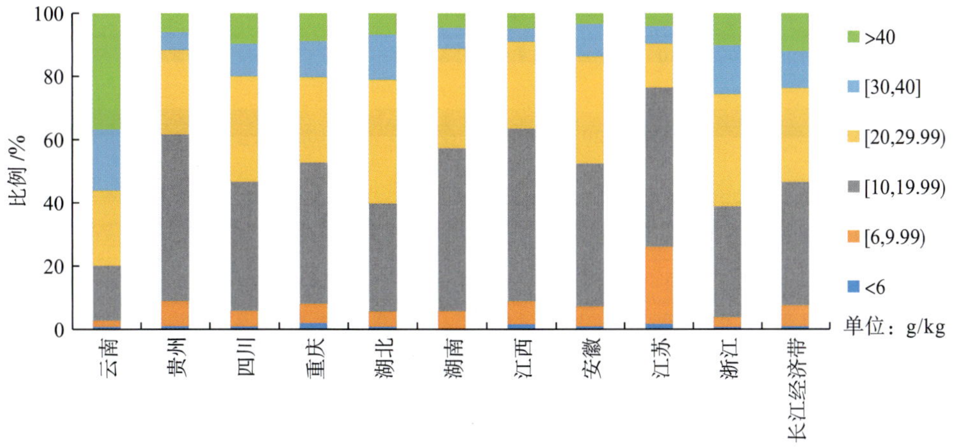

图 8-5　长江经济带各省(市)茶园土壤有机质含量不同等级样本比例

(数据来源：伊晓云，2021；数据不含上海)

2. 土壤酸化问题突出

长江经济带茶园土壤酸化程度严重，茶园土壤 pH 平均为 4.47，而不同省份土壤 pH 范围为 4.06～5.06，其中贵州、四川、重庆、湖北、江西等 5 个省(市)茶园土壤 pH 小于 4.5。同时，长江经济带茶园土壤酸化比例也较高，其中 49.3%的土壤样本 pH 小于 4.5，仅 43.7%的土壤样本 pH 在 4.5～5.5。其中，贵州、四川、重庆、江西 4 省(市)茶园土壤酸化比例超过 70.0%，而湖北有近 60%的茶园土壤 pH 小于 4.5(表 8-6)。

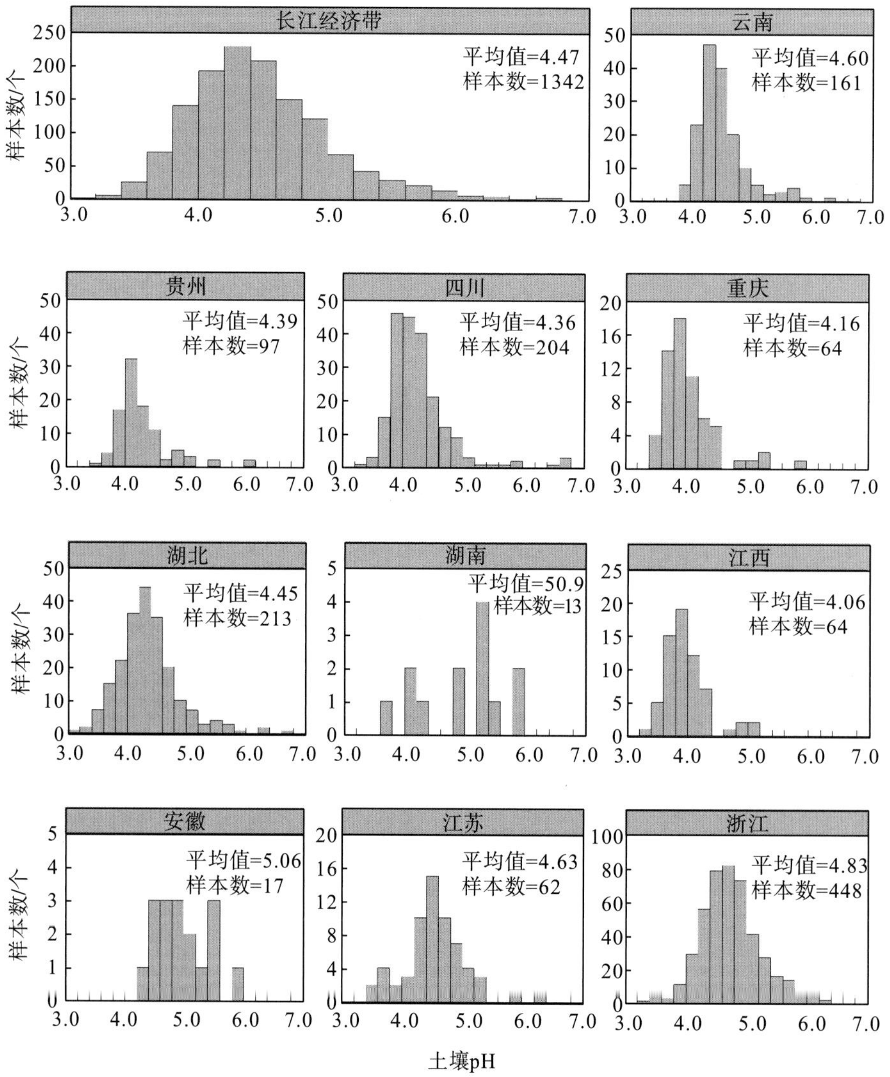

图 8-6　长江经济带各省(市)茶园土壤酸化特征

(数据来源：Yan 等，2020；数据不含上海)

8.2.5　茶叶生产资源投入

1. 肥料投入过量和不足并存，区域间不平衡

据统计，长江经济带茶园肥料 N、P_2O_5 和 K_2O 总投入量分别为 523kg/hm^2、142kg/hm^2 和 144kg/hm^2，比例为 1∶0.27∶0.28。不同省（市）茶园养分投入差异极大，湖北、湖南、江西 3 省茶园的年均养分投入量均高于 1000kg/hm^2，总养分投入量最低的重庆仅为 449kg/hm^2，最高与最低的省（市）相差超过 1 倍。不同省份化肥用量差异也较大，湖北、湖南、四川 3 省的氮肥用量最高，超过 600kg N/hm^2，而氮肥用量最低的是重庆，不足 300kg N/hm^2；磷肥用量最高的省份是江苏（242kg P_2O_5/hm^2），用量最低的是云南，不足 90kg P_2O_5/hm^2；江西、江苏钾肥投入量较高，均高于 200kg K_2O/hm^2；而重庆、云南两省（市）的钾肥用量则为 80kg K_2O/hm^2 左右（表 8-8）。马立锋等（2013）对浙江省内各地茶园的施肥现状调查也显示，同一省份不同市（县）间氮肥用量的变异系数值在 25%～150%，而用量的极值可相差 100 倍。本书将目前专家推荐的茶园施肥量限量基准值（450-150-150）作为过量施肥的评价参考线，对区域内不同省（市）的肥料用量水平进行了评价，并发现长江经济带茶园的氮肥过量施用现象较为普遍，其中约有 37%的面积过量施氮，高于磷肥（24%）和钾肥（25%）过量施用的面积比例，这在一定程度上表明茶园施肥中偏施氮肥的现象仍然存在。部分省（市）茶园磷肥或者钾肥过量施用现象开始凸显，特别是江西、湖南、江苏、贵州等省份，超过 30%以上的茶园存在 P_2O_5 和 K_2O 养分投入过量（倪康 等，2019）。

表 8-8　长江经济带各省（市）茶园养分用量

省（市）	化肥养分用量/（kg/hm^2）			有机肥养分用量/（kg/hm^2）			有机肥养分普及率/%	总养分用量/（kg/hm^2）		
	N	P_2O_5	K_2O	N	P_2O_5	K_2O		N	P_2O_5	K_2O
云南	368	76	68	13	10	12	26	381	86	80
贵州	413	159	168	60	38	40	50	473	197	208
四川	573	107	105	54	40	49	52	627	147	154
重庆	235	59	51	46	33	25	38	281	92	76
湖北	708	112	112	37	21	24	47	745	133	136
湖南	606	164	135	68	40	45	70	674	204	180
江西	604	176	198	13	9	11	32	617	185	209
安徽	362	73	75	43	28	29	41	405	101	104
江苏	393	185	192	96	57	50	88	489	242	242
浙江	410	93	110	57	27	27	39	467	120	137
长江经济带	479	114	114	44	28	30	44	523	142	144
全国	444	115	119	47	32	39	46	491	147	158

注：表中养分用量数据为 2014 年各省（市）面积加权平均值；有机肥养分普及率为施用有机肥的茶园数量占调查样本总数的比例（数据来源：倪康等，2019）。表中数据不含上海。

2. 有机肥普及率低，肥料结构不合理

重化肥、轻有机肥的肥料结构不合理问题日益突出。长江经济带茶园化肥用量高达706kg/hm^2，但有机肥养分投入量仅 102kg/hm^2，有机肥养分替代率不足 15%。其中，云南、湖北、江西 3 省有机肥养分替代率不足 10%，而有机肥养分替代率高于 20%的省(市)仅重庆和江苏。长江经济带茶园有机肥的普及率也整体较低，仅 44%的农户施用有机肥，且各省(市)间具有较大差异。在长江经济带 10 个省(市)中，仅 4 个省(市)的有机肥普及率超过 50%，而云南、江西茶园的有机肥施用比例不足 30%。茶园有机肥中饼肥约占 28%，畜禽粪肥占 38%，而饼肥施用比例较高的有湖北、湖南、江苏、浙江；安徽、云南、湖南、重庆等地的有机肥以畜禽粪肥为主；部分地区使用了沼液肥，其占有机肥的比例为 5%；商品有机肥约占 29%，贵州、浙江、湖北和江西有较大比例的茶园施用了商品有机肥(倪康 等，2019)。同时，值得注意的是，有机肥的来源和生产加工工艺对有机肥质量和茶叶质量影响很大。对浙江省有机肥样品的调查发现，其重金属元素 As、Hg、Pb、Cd 和 Cr 的超标率分别高达 18.3%、2.3%、9.0%、3.9%和 5.2%(钟杭和娄烽，2013)。《农业农村部办公厅关于 2019 年下半年全国肥料监督抽查情况的通报》也显示，全国 29 个省(区/市)生产的有机肥料样品合格率仅 79.8%，其中有 15.4%的不合格有机肥产品被检测出重金属元素超标。学者也指出，商品鸡粪有机肥中的 Pb、Cd 和 Cr，商品猪粪有机肥中的 Cd 和 As，以及其他商品有机肥中的 Cr、Cd、Hg 和 As 为高超标率重金属元素(黄绍文 等，2017)，因此有机肥肥源质量对茶叶品质的影响值得关注。复合肥是茶园磷肥和钾肥的主要来源，化肥中的 P_2O_5 和 K_2O 养分分别有 95%和 96%来自复合肥。茶园施用的复合肥主要是等比例(15-15-15、16-16-16 或者 18-18-18)的三元复合肥，而施用茶树专用配方肥的比例不足 20%，除湖南、江西茶区的茶树专用配方肥施用比例较高外，其余多数地区的复合肥是等养分比例的通用复合肥。

3. 农药总投入量较大

据估算，长江经济带茶园农药投入量为 2.05kg/hm^2，其中杀虫剂用量最大，达1.00kg/hm^2，占比 48.8%，而除草剂和杀菌剂占比分别为 23.9%和 23.9%。不同省份农药施用存在较大差异，湖北、江西、安徽、江苏、浙江 5 省茶园除草剂施用量较大，超出全国茶园平均水平；湖北、湖南、江西、安徽、江苏、浙江杀虫剂施用量超出全国茶园平均水平；云南、江西、安徽、江苏、浙江杀菌剂用量较大。整体而言，长江经济带中下游 6 省(湖北、湖南、安徽、江西、江苏、浙江)茶园农药投入量较高，且均高于全国平均水平(表 8-9)。

表 8-9　2011 年长江经济带各省(市)茶园农药用量　(单位：kg/hm^2)

省(市)	除草剂用量	杀虫剂用量	杀菌剂用量	农药总投入量
云南	0.29	0.44	0.42	1.22
贵州	0.15	0.43	0.13	0.74
四川	0.23	0.56	0.26	1.07

续表

省(市)	除草剂用量	杀虫剂用量	杀菌剂用量	农药总投入量
重庆	0.11	0.58	0.24	0.96
湖北	0.50	1.11	0.33	2.02
湖南	0.32	0.94	0.25	1.59
江西	0.76	1.15	0.48	2.51
安徽	0.46	0.85	0.50	1.86
江苏	0.45	0.76	0.43	1.67
浙江	0.79	1.10	0.62	2.69
长江经济带	0.49	1.00	0.49	2.05
全国	0.38	0.77	0.38	1.57

注：数据源于 Ouyang 等，2016；表中数据不含上海。

8.2.6　茶叶生产环境效应

根据学者估算，2017 年长江经济带茶叶生产温室气体排放量达 2205.5 万 t，占全国茶叶生产温室气体排放量的 76.7%。其中茶叶加工中的能源排放、肥料生产排放和茶园土壤排放是主要来源，其排放量分别占总排放量的 37.7%、34.1%和 27.5%。不同省份的温室气体排放存在显著差异，其中温室气体总排放量最大的是湖北省(401.6 万 t)，而云南、贵州、四川 3 省温室气体总排放量均超过 300 万 t(表 8-10)。

表 8-10　长江经济带各省(市)茶叶生产温室气体排放量　(单位：万 t)

省(市)	农资阶段			农作阶段	加工阶段	合计
	肥料生产排放量	农药生产排放量	燃油排放量	土壤排放量	能源排放量	
云南	121.9	0.5	2.7	95.1	170.7	390.9
贵州	124.6	0.5	2.5	96.8	144.2	368.6
四川	121.1	0.3	1.7	100.2	123.5	346.8
重庆	7.2	0.1	0.3	6.4	16.3	30.3
湖北	156.3	0.4	1.8	125.4	117.7	401.6
湖南	59.9	0.2	0.8	49.4	86.9	197.2
江西	39.0	0.1	0.5	29.1	28.2	96.9
安徽	46.3	0.2	1.1	39.0	59.1	145.7
江苏	11.4	0.0	0.2	9.9	6.2	27.7
浙江	64.6	0.2	1.3	54.8	78.9	199.8
长江经济带	752.3	2.5	12.9	606.1	831.7	2205.5
全国	907.0	3.2	17.1	769.0	1178.0	2874.3

注：数据源于 Liang 等，2021；表中数据不含上海。

8.2.7　茶叶产业化

近年来，长江经济带茶叶产业化不断推进，至 2020 年，全国茶业百强县中长江经济带占 80.0%。茶产业作为一个扶贫产业，在全国脱贫攻坚战中具有重要的作用，长江经济带有 271 个贫困县将茶叶产业作为脱贫支柱产业，占全国涉茶贫困县的 80.4%。截至 2020 年 7 月 31 日，长江经济带有茶叶相关地理标志产品 145 个，绿色认证产品 3617 个，有机认证产品 3168 个，分别占全国的 71.8%、79.8%和 72.7%。在区域公共品牌的打造方面，长江经济带有 79 个公共品牌成为全国茶叶百强区域公共品牌，占比超过 70%，其中西湖龙井和普洱茶分列全国第一和第二。从茶叶企业来看，区域内茶叶企业总体不强，部分省份以原料生产为主，具有竞争力的自主品牌企业较少，且发展水平较低，地区间不平衡问题十分突出，这制约了区域茶叶产业的发展。据统计，在全国茶业百强企业中，长江经济带仅占 53 家，而企业价值仅占全国茶业百强企业总价值的 53.0%，并且区域内各省份的不平衡发展表现得尤为突出，其中安徽和浙江两省百强企业均超过 10 家，占区域百强企业总数的 45%，而西部云南和贵州两个全国茶叶面积最大的省份仅有 3 家，占比不足 10%(表 8-11)。因此，茶叶企业的品牌建设仍需加强。另外，长江经济带各省(市)政府和团体组织分别起草发布地方标准 623 项和团体标准 264 项，分别占全国的 71.4%和 55.7%，标准化建设也仍需加强。

表 8-11　长江经济带茶叶产业化状况

指标	全国	长江经济带	占比/%
茶业百强县	100 个	80 个	80.0
涉茶贫困县	337 个	271 个	80.4
地理标志产品	202 个	145 个	71.8
绿色认证产品	4532 个	3617 个	79.8
有机认证产品	4357 个	3168 个	72.7
百强区域公共品牌	108 个	79 个	73.1
百强区域公共品牌价值	2396 亿元	1737 亿元	72.5
百强企业	100 个	53 个	53.0
百强企业价值	404 亿元	214 亿元	53.0
团体标准	474 项	264 项	55.7
地方标准	873 项	623 项	71.4

注：数据源于中国茶叶流通协会(2020)；全国农产品地理标志查询系统官方网站①；胡晓云等，2021a，2021b；全国标准信息公共服务平台②。数据截至 2020 年 7 月 31 日。

① 网址:http://www.anluyun.com/。
② 网址:http://std.samr.gov.cn/。

8.3　长江经济带茶叶绿色生产技术途径

得益于优良的自然资源禀赋和生态环境，长江经济带已成为我国茶叶重点优势产区。“十五”以来，在国家茶产业政策的扶持下，长江经济带尤其是长江上游西部省份(云南、贵州、四川)的茶园面积快速扩大，茶叶产量也持续增长。“十三五”以来，茶叶产业朝着由快速增长向高质量发展的绿色转型迈进，并形成了一批特色鲜明的绿色生产技术。

8.3.1　绿色品种增产增效技术

无性系茶园是利用茶树枝条扦插培育出来的茶苗移栽建成的茶园，具有成园快、投产早、茶叶质量好等优点，因为茶苗能保持母本优良性状，所以这一茶苗繁育技术又被称为“植物克隆”。2000 年以后，长江经济带茶叶产量进入年均增速 5.9%的快速增长期，这主要得益于茶区无性系良种茶园面积比例的逐步提高。资料显示，长江经济带各省(市)无性系良种茶园面积占比逐年增加，截至 2019 年，贵州无性系茶园占比达 83%，四川达 82%，浙江达 75%，湖北达 62%。无性系茶树良种的推广，大大加快了长江经济带乃至全国茶叶规模的扩大，同时对保障茶叶品质和茶叶产业的可持续发展具有至关重要的作用。

8.3.2　化肥减施增效技术

针对茶园化肥用量大、肥料结构不合理和有机肥用量不足等问题，可结合区域内一些县(市)畜禽养殖量大且产生的粪尿资源丰富等情况，加快畜禽养殖废弃物的资源化利用，以形成一系列化肥减施增效技术模式。多省(市)大范围的试验示范结果显示，与习惯性施肥相比，采用有机肥+茶树专用肥、茶树专用肥+酸化改良剂、茶树专用肥+控释肥+酸化改良剂、有机肥+新型肥料(硝化抑制剂)、沼液肥+茶树专用肥、有机肥+水肥一体化等化肥减施增效技术模式，可在降低化肥用量 23%～88%的基础上，增产 5.5%～19.5%，并提高新梢养分利用率，实现 1hm^2 面积节本增收 1.17 万～2.25 万元(马立峰 等，2019a)。这些技术模式在长江经济带的浙江、江苏、四川、重庆等省(市)得到了较好的应用(表 8-12)。

表 8-12　长江经济带化肥减施增效技术应用效果

技术模式	化肥减少量/%	产量增幅/%	新梢养分利用率/%	节本增收/(万元/hm^2)
有机肥+茶树专用肥	49	5.5	5.1 (1.8)	1.43
茶树专用肥+酸化改良剂	75	7.8	11.5 (3.7)	1.89
茶树专用肥+控释肥+酸化改良剂	75	3.3	10.0 (3.7)	1.81
有机肥+新型肥料(硝化抑制剂)	23	16.4	1.0 (0.5)	1.49
沼液肥+茶树专用肥	88	11.5	—	1.17
有机肥+水肥一体化	47	19.5	15.8 (4.7)	2.25

注：表中的增减值表示该技术模式相应结果与当地施肥模式(或当地习惯施肥模式)下的值之差值；表中括号内的数值表示当地习惯施肥模式下的值。数据来源：马立锋等，2019a。

8.3.3　病虫草害绿色防控技术

茶园病虫草害防控是茶叶绿色生产的重点。我国在 2000 年就提出了无公害产品是茶叶生产的目标和要求，也是茶叶产品的市场准入标准，因此茶园有害生物综合治理非常重要，应在措施上更加强化农业防治和生物防治的应用。近年来，物理、生物、化学、生态、农业防治等方面的新技术不断涌现，同时化学农药的选用与使用也更加科学、合理，我国茶园有害生物综合治理的水平不断提高。

2019 年在农业农村部的领导下，浙江、湖南、江西、湖北等多省的近 2900hm^2 茶园开展了茶树害虫的绿色防控试验，涉及昆虫性信息素、双色诱虫板、狭波诱虫灯、植物性杀虫剂以及病毒和微生物杀虫剂等技术。昆虫性信息素涉及灰茶尺蠖、茶尺蠖、茶毛虫、茶细蛾、茶黑毒蛾等鳞翅目害虫。双色诱虫板中有 1 种颜色引诱害虫、1 种颜色驱避天敌，2019 年全国 9 个省 23 个地区的验证性试验结果显示：与市售常规色板相比，夏、秋季双色色板对茶小绿叶蝉的诱捕量分别提升了 28.9%和 65.8%，而对天敌的诱捕量分别下降了 30.0%和 35.4%。与普通诱虫灯相比，天敌友好型狭波 LED 杀虫灯对茶小绿叶蝉的诱杀量提高了 265.9%，对主要害虫的诱杀量提高了 127.0%，对茶园天敌的诱杀量降低了 40.2%（边磊等，2019a），实现了茶园害虫诱杀的精准化、高效化，并最大限度地降低了对天敌昆虫的误杀，保护了茶园生态环境。相较于各地茶农习惯性防治，技术示范推广区的化学农药减施了 33.0%～100%，平均为 79.5%；茶叶产量最高增产 15%；茶叶农残中水溶性农药、高毒农药等高风险农药“零检出”；茶农平均增收 1.6 万元/hm^2，收益增加 12.7%（边磊和曾建明，2019b）。

茶园草害控制是茶树栽培管理中的一项重要工作，长期以来我国茶园杂草防治的主要手段是使用化学除草剂，然而对化学除草剂的过度依赖会导致杂草抗药性上升，同时大大增加除草剂残留与药害的风险，影响我国茶叶产业的健康和可持续发展。近年来，我国采用覆盖抑草、间作绿肥等方式进行茶园杂草绿色防控，并取得了一定成效。蒋慧光等（2017）首次发现在 4 年生茶园中采用行间覆盖防草布方法，可以明显控制杂草发生，且成本远低于传统的人工除草，是值得推广的一种绿色控草方法。张永志等（2020）采用间作鼠茅草对茶园杂草进行抑制，结果显示，与清耕相比，间作鼠茅草后土壤的有机质、碱解氮、速效磷含量等肥力指标值明显提高，同时茶叶中的氨基酸、咖啡因、茶多酚和水浸出物含量以及茶叶产量也有所提高。因此，间作鼠茅草技术有望成为一种生态性的茶园抑草技术。

8.4　小　　结

长江经济带是我国最重要的茶叶产区，其茶叶生产对国民经济和民生福祉至关重要。过去 20 年，长江经济带茶叶生产经历了一段飞速发展的过程。然而，由于规模不断增加，产能过剩问题日益严峻，茶叶产业将由高速增长转向高质量发展。因此，茶叶生产绿色发展成为未来一段时期的重中之重。

长江经济带茶叶产业未来要实现绿色转型，就必须根植“创新、协调、绿色、开放、共享”新发展理念，引导地方控制生产规模，调整产业布局，同时要提升优质生态茶园建设水平，打造生态绿色茶叶基地，提升茶叶企业品牌竞争力，避免行业无序竞争。

目前，长江经济带茶叶产业绿色发展仍面临肥料施用过量、肥料结构不合理、有机肥普及率低、农药施用过量和生产环境代价高等问题。必须通过政府政策的引导和法规标准的制定，逐步加强绿色品种增产增效技术、化肥减施增效技术、病虫草害绿色防控技术等一系列绿色生产技术的推广及应用，以推动全产业链实现绿色提质升级。同时，必须加速推进茶产业的科技创新，并通过“政产学研用”模式，推进相关技术的快速普及，做好“茶产业、茶文化、茶科技”协调统一，提升绿色发展水平。

参考文献

边磊，曾建明，2019. 秦巴山区茶园主要害虫绿色防控技术. 中国茶叶，41(11)：17-21.

边磊，蔡晓明，陈宗懋，2019. LED 风吸式杀虫灯对有效范围内茶小绿叶蝉虫口动态的影响. 植物保护学报，46(4)：902-909.

高万君，李叶云，侯如燕，2021. 茶叶中草甘膦残留现状与对策. 中国茶叶，43(4)：20-24.

贺鼎， 2018. 重庆主产茶区化肥农药使用现状及双减对策探讨. 南方农业，12(28)：108-111.

胡晓云，李闯，魏春丽，等，2021a. 中国茶叶区域公用品牌价值评估报告.中国茶叶，43(5)：32-51.

胡晓云，魏春丽，李闯，等，2021b. 中国茶叶企业产品品牌价值评估报告.中国茶叶，43(6)：21-36.

黄绍文，唐继伟，李春花，2017. 我国商品有机肥和有机废弃物中重金属，养分和盐分状况. 植物营养与肥料学报，23(1)：162-162.

蒋慧光，张永志，朱向向，等，2017.防草布在幼龄茶园杂草防治中的应用初探. 茶叶学报，58(4)：189-192.

梁月荣，石萌，2015. 茶树遗传育种研究进展. 茶叶科学，35(2)：103-109.

刘声传，林开勤，周弟鑫，等，2019. 茶园控释复合肥肥效与施用技术研究. 中国土壤与肥料(4)：164-171.

吕军，刘声传，梁远发，等，2012. 贵州生态茶园建设及其发展模式探讨. 山地农业生物学报，31(3)：250-254.

马立锋，陈红金， 单英杰，等，2013. 浙江省绿茶主产区茶园施肥现状及建议. 茶叶科学，33(1)：74-84.

马立锋，倪康，伊晓云，等，2019a. 浙江茶园化肥减施增效技术模式及示范应用效果. 中国茶叶，41(10)：40-43.

马立锋，汪素琴，伊晓云，等，2019b."有机肥+茶树专用肥"高效施用技术模式. 中国茶叶，41(12)：36-37+41.

马立锋，颜鹏，伊晓云，等，2019c. 秦巴山区茶园优质高效栽培技术与示范应用. 中国茶叶，41(8)：18-23.

马立锋，伊晓云，方丽，等，2019d. "茶树专用肥+土壤酸化改良剂"高效施肥技术模式.中国茶叶，41(11)：40-41.

马立锋，杨向德，方丽，等，2020c. "沼液肥+茶树专用肥"高效施肥技术模式. 中国茶叶，42(5)：48-49.

马立锋，杨向德，王涛，等，2020d. "鼠茅草+有机肥+茶树专用肥"高效施用技术模式. 中国茶叶，42(4)：48-49.

马立锋，刘美雅，张群锋，等，2020a. "叶面肥+有机肥+茶树专用肥"高效施用技术模式. 中国茶叶，42(3)：48-49.

马立锋，石元值，杨向德，等，2020b."有机肥+水肥一体化"高效施肥技术模式. 中国茶叶，42(2)：46-47.

梅宇，梁晓，2020. 2019 世界茶叶产销形势发展报告//中国茶叶流通协会. 2020 中国茶叶行业发展报告. 北京：中国轻工业出版社

倪康， 廖万有， 伊晓云，等，2019. 我国茶园施肥现状与减施潜力分析. 植物营养与肥料学报，25(3)：75-86.

阮建云，马立锋， 伊晓云，等，2020. 茶树养分综合管理与减肥增效技术研究. 茶叶科学，40(1)：85-95.

杨亦扬，2021. 江苏茶园化肥农药减施增效集成技术. 农家致富，(2)：26-27.

伊晓云，2021. 茶园有机肥种类与施用比例效果研究. 北京：中国农业科学院.

伊晓云，马立锋，石元值，等，2017. 茶叶专用肥减肥增产增收效果研究. 中国茶叶，39(4)：26-27.

伊晓云，马立锋，石元值，等，2018. 茶园有机肥使用和有机肥替代化肥技术. 中国茶叶，40(6y：10-13.

张厅，刘晓，唐晓波，等，2021. 四川主要茶区茶园化肥农药减施增效技术. 四川农业科技，(6)：45-50.

张永志，王淼，高健健，等，2020. 间作鼠茅对茶园杂草抑制效果和茶叶品质与产量指标的影响. 安徽农业大学学报，47(3)：340-344.

中国茶叶流通协会，2020. 2020 中国茶叶行业发展报告. 北京：中国轻工业出版社.

中国茶叶流通协会，2020. 2020 中国普洱茶产销形势分析报告. (2020-04-22) [2021-08-20]. http://www.ctma.com.cn/zhuanyefuwu/zhuanyebaogao/2020/0422/63666.html.

钟杭，娄烽，2013. 浙江省商品有机肥重金属含量调查与分析. 浙江农业学报，25(5)：1092-1095.

Liang L, Ridoutt B G, Wang L, et al., 2021. China's tea industry: Net greenhouse gas emissions and mitigation potential. Agriculture, 11(4)：1-18.

Ouyang W, Cai G Q, Huang W J, et al., 2016. Temporal-spatial loss of diffuse pesticide and potential risks for water quality in China. Science of the Total Environment，541：551-558.

Yan P, Wu L Q, Wang D H, et al., 2020. Soil acidification in Chinese tea plantations. Science of The Total Environment，715(16)：136963.

第 9 章　生猪绿色生产的现状、挑战与途径

9.1 引　　言

生猪生产和猪肉消费在我国具有举足轻重的地位。2017 年，猪肉消费占中国居民动物性食物消费的 30%，是蛋白质、维生素 B 和硒等营养元素的重要来源[①]（中国营养学会，2016）。生猪产业产值占畜牧业总产值的 45%，是农业和农村的经济收入的主要来源之一。然而，大规模的生猪养殖也造成了粪尿氮（N）、磷（P）养分损失，抗生素滥用和土壤重金属污染等问题，严重威胁着人体和生态系统的健康。长江经济带是我国重要的生猪产区，也是生猪养殖污染的重点管控区域。据统计，长江经济带出栏了全国 50%的生猪，并创造了全国 33%的生猪业产值（图 9-1）。但长江经济带生猪养殖密度以及单位面积农牧系统氮素损失量也分别高出全国平均水平的 25%和 100%[②]（Lu et al.，2019），因此长江经济带迫切需要协同生猪生产和生态环境保护，实现生猪产业绿色发展。

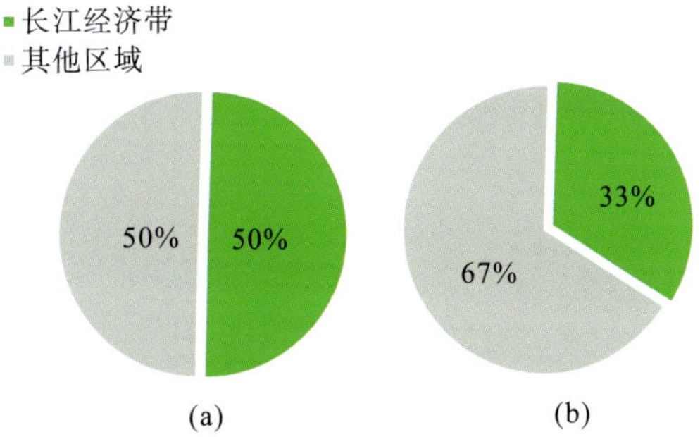

图 9-1　2017 年长江经济带生猪出栏量（a）和生猪产业产值（b）占全国的比例

随着农业面源污染治理的深入，2015 年后政府相关部门相继从生猪养殖布局、粪尿资源利用和农牧结合等方面指出了未来生猪养殖及其污染防治的方向（农业部，2015，2017a，2017b）。因此，本章将分析长江经济带生猪生产现状及其环境影响，阐明该地区生猪生产的重大挑战和绿色发展途径，以期为长江经济带生猪绿色发展提供支撑。

---

① 数据源于《中国统计年鉴 2018》。
② 数据源于《中国畜牧兽医年鉴（2003～2018）》。

9.2 长江经济带生猪生产现状

9.2.1 长江经济带生猪出栏和猪肉产量

长江经济带生猪出栏量呈波动上升趋势，从2002年的2.94亿头增长至2017年的3.45亿头，增幅为17%。猪肉产量变化趋势与出栏量一致，从2002年的2200万t增长至2017年的2680万t，增长了22%。但从全国来看，长江经济带生猪养殖的重要性略有降低，其出栏量和猪肉产量占比均从51%下降至49%(图9-2)。2006年和2015年出现了猪肉产量的下降，其中2006年的下降是由高致病性猪蓝耳病导致，而2015年则是由南方水网地区环保政策收紧导致，这表明长江经济带生猪养殖受疫病和政策影响较大(Bai et al.,2014；陈蓉，2009)。

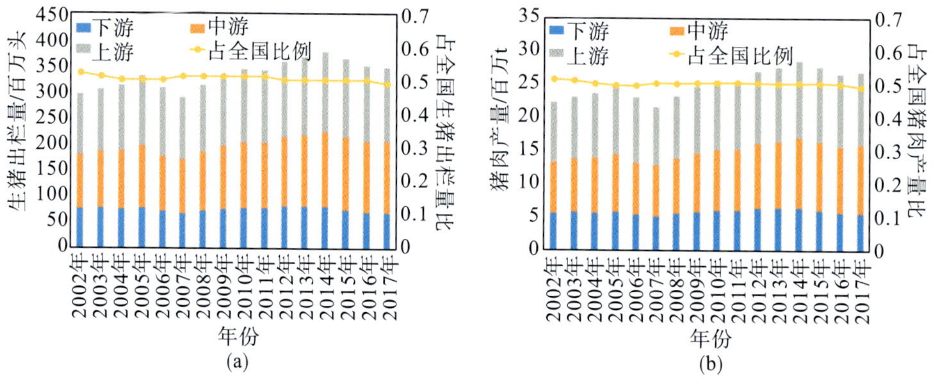

图9-2 2002～2017年长江经济带生猪出栏量(a)和猪肉产量(b)及其占全国的比例

长江经济带生猪出栏量和猪肉产量集中在上、中游地区，而下游生猪出栏量和猪肉产量所占比例较低。2002～2017年上游和中游生猪出栏量分别增加了21%和33%，而下游生猪出栏量却降低了10%[图9-3(a)]。猪肉产量与生猪出栏量的变化趋势一致，但下游猪肉产量降幅仅为1%，这说明下游生猪生产效率的增加基本弥补了生猪出栏量下滑所导致的产量下降[图9-3(b)]。从整个长江经济带看，生猪养殖重心逐渐向中游转移，其生猪出栏量和猪肉产量占比均从35%提升至38%，而下游生猪出栏量和猪肉产量占比则分别降低了4个百分点和2个百分点，上游占比基本保持不变。

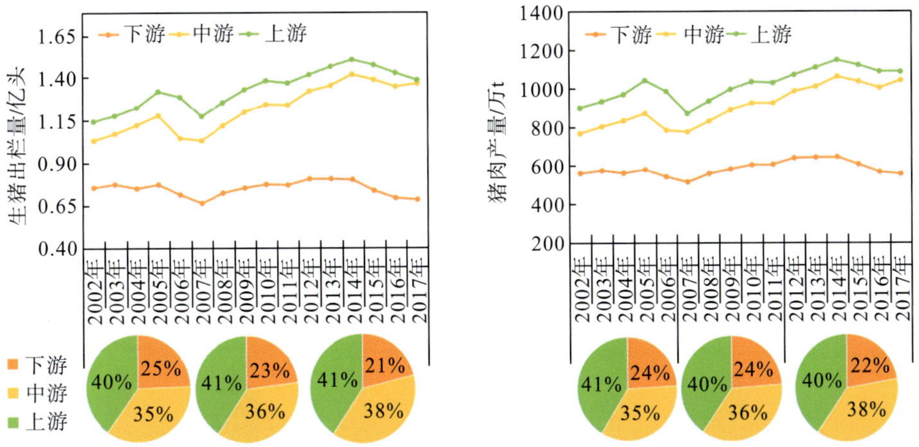

(a)　(b)

图 9-3　2002～2017 年长江经济带上、中、下游生猪出栏量(a)和猪肉产量(b)

9.2.2　长江经济带生猪养殖结构和生产效率

随着社会经济的快速发展，长江经济带生猪规模化养殖进程也不断加快。本章按生猪出栏量划分了 3 种不同的养殖类型，即传统养殖(出栏量为 1～49 头)、中型规模化养殖(出栏量为 50～2999 头)和大型规模化养殖(出栏量为 3000 头及以上)。如图 9-4 所示，2002～2017 年，大中型规模化养殖比例从 20%增长至 60%，增幅高达 200%。然而，在此期间生猪养殖效率的提升却并不明显：生猪出栏率(指年内生猪出栏量与上年末存栏头数之比)从 125%增加至 157%，增幅为 26%；猪肉单产(指一头出栏生猪的猪肉产量)增幅更小，仅增长了 5%。

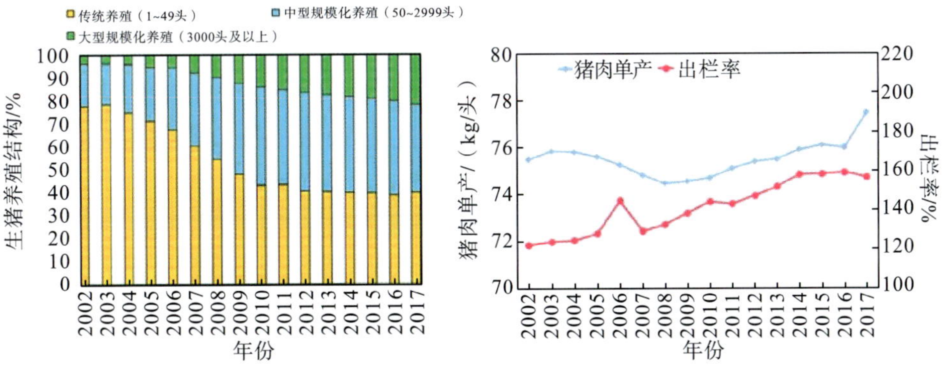

(a)　(b)

图 9-4　2002～2017 年长江经济带生猪养殖结构(a)以及猪肉单产和出栏率(b)变化

2002～2017 年，中游地区大型规模化养殖比例分别增长了 7 倍和 3 倍，中型规模化养殖比例增长了 3 倍和 60%以上。2012～2017 年间，上游地区仍然以传统养殖为主，占比为 55%；中游和下游地区以中型规模化养殖为主，占比分别为 47%和 41%[图 9-5(a)]。

2002～2017 年，上游地区仍然以传统养殖为主，占比达 55%，中游地区以中型规模化养殖为主。

从大、中型养殖分布来看，当前上游和中游已承担大部分规模化养殖产能从下面的环占比可以看出：上中游占中型规模(38%+45%)，大型规模(18%+49%)，下游则承担大型规模化养殖产能较多。这表明上、中游地区面临着生猪生产转型的压力，需要在可持续集约化的同时兼顾好传统养殖，而下游地区则以解决大型规模化生猪生产和环境问题为主(图 9-5)。

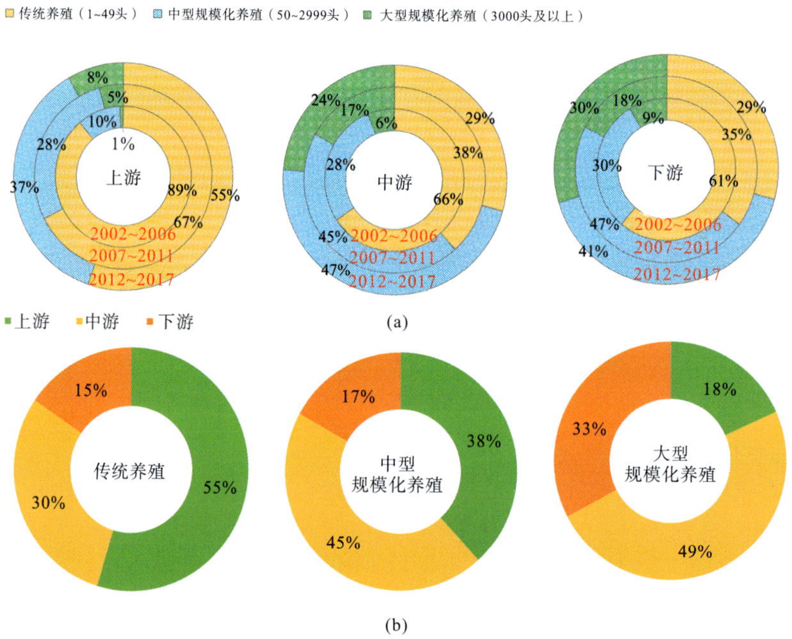

图 9-5　2002～2017 年长江经济带上、中、下游生猪规模化养殖比例(a)以及 2017 年不同规模产能的分布情况(b)

2002～2017 年，长江经济带上、中、下游出栏率均呈上升趋势，其中上游出栏率增长最快，从 2002 年的 103%增长至 2017 年的 138%；下游大部分时间保持最高的出栏率，至 2017 年已达 180%，接近于发达国家的水平；中游出栏率及其增长速率一直处于上游和下游之间，15 年间提升了 16%。上、中、下游在 2006 年均出现了出栏率异常下降的现象，这可能与当年发生疫情有关。

上游地区猪肉单产先降低后升高，但总体变化不大。2002 年，上游猪肉单产为 78.0kg/头，之后逐渐降低，到 2007 年降为历史最低值 73.6kg/头，然后逐步回升，增加至 2017 年的 77.6kg/头。这一趋势可能与该地区生猪养殖快速规模化有关：早期传统养殖周期较长，生猪出栏体重较大，而后向规模化转变，养殖周期趋向于经济最优，因此猪肉单产有所下降，之后随着养殖技术提升，猪肉单产逐步提高。中游地区猪肉单产也呈波动上升趋势，但变化幅度较小，从 2002 年的 73.9kg/头增长到 2017 年的 75.6kg/头，增长幅度为 2.3%。下游地区猪肉单产则不断上升，从 2002 年的 72.76kg/头 增长到 2017 年的 81.0kg/头，增长幅度高达 11.3%。

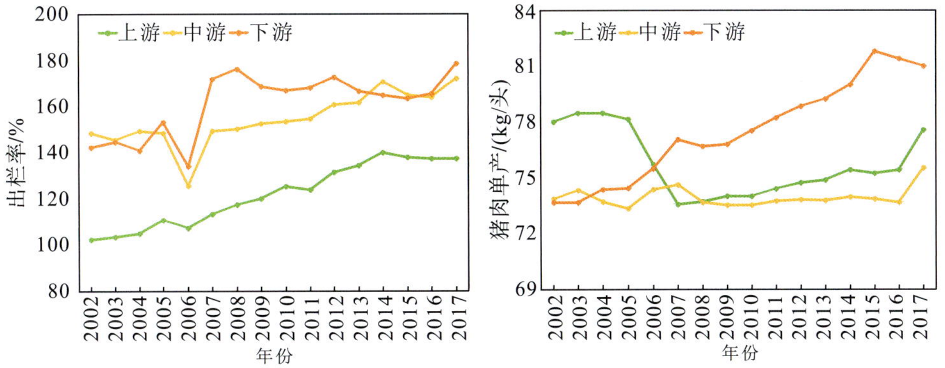

图 9-6　2002～2017 年长江经济带上、中、下游出栏率(a)和单位生猪产肉量(b)

9.3　长江经济带生猪生产的环境污染风险

9.3.1　长江经济带生猪氮素利用

长江经济带生猪生产粪尿循环率(以 N 计)呈先降低后升高的趋势，2002～2011 年由于规模化养殖快速发展，大型养殖场没有足够的土地消纳粪污，大量养分被直接排入水体，粪尿循环率持续降低。2015 年以后，各项环保政策不断出台，各养殖场被要求增设粪污处理设施，畜禽粪尿直接环境排放被严格禁止，大部分施用给经济作物，其中施用给粮食作物的相对比例以33%降至15%，施用给经济作物的相对比例从67%增加至 85%[图 9-7(a)]。

2002～2017 年，长江经济带群体氮素利用效率[即群体 NUE=畜禽产品氮/饲料投入氮，表征动物生产过程中的氮素利用情况]逐步增长，从 20.8%增长至 21.2%，增幅为 2%。而系统氮素利用效率[即系统 NUE=畜禽产品氮/农牧系统外源氮投入，表征从饲料种植到动物生产过程的氮素利用状况]却逐步降低，从 15%降低至 14%[图 9-7(b)]。

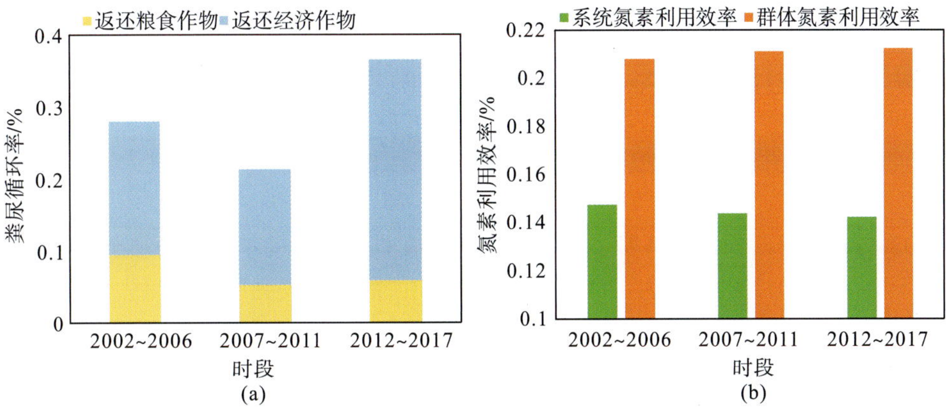

图 9-7　2002～2017 年长江经济带生猪生产体系粪尿氮素养分循环率(a)及氮素利用效率(b)

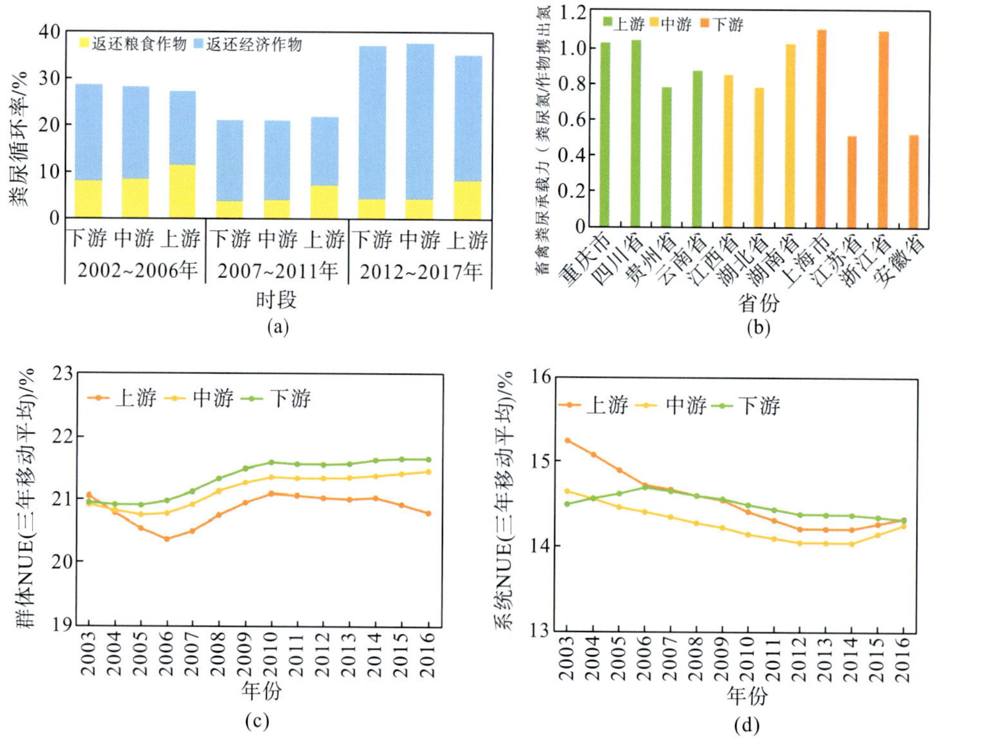

图 9-8　2002～2017 年长江经济带上、中、下游氮素循环率(a)、2012 年各省(市)畜禽粪尿承载力(b)群体氮素利用效率(三年移动平均值)(c)和系统氮素利用效率(三年移动平均值)(d)

各区域生猪粪尿氮循环率均呈先减少后增加的趋势，但循环的去向略有差异：上游返还粮食作物的粪尿比例略高于中下游，而中、下游返还经济作物的比例高于上游[图 9-8(a)]。若用畜禽粪尿氮与作物携出氮的比例表示粪尿承载压力，发现上海、浙江、湖南、四川和重庆的粪尿承载已超过 1.0，畜禽养殖可能需要疏解[图 9-8(b)]。群体 NUE 与系统 NUE 时空变化格局也有所不同，其中，中、下游主要是农牧分离导致了系统 NUE 下降，下降幅度分别为 2.3%和 1.7%；上游则呈群体 NUE 和系统 NUE 双下降的趋势，研究期间分别下降了 1.3%和 5.8%，应该重点对其加强管理[图 9-8(c)和图 9-8(d)]。

9.3.2　长江经济带生猪养殖养分和温室气体损失

2002～2012 年，长江经济带生猪生产系统氮素损失量从 173 万 t 增加至 242 万 t，之后开始下降，至 2017 年降低为 182 万 t[图 9-9(a)]；氮素损失强度同样呈先增高后降低的趋势，并且在 2017 年降低至 2.72kgN/kgN 的最低水平[图 9-9(b)]。这表明长江经济带生猪生产力有所提升，但养殖规模扩大所造成的氮素损失量超过了效率提升所减少的损失量，导致氮素总损失量增加。

除在 2007 年前后遭遇疫病外，生猪生产系统温室气体排放量持续增加，从 2002 年的 5200 万 t CO_2eq 增加至 2017 年的 6000 万 t CO_2eq，增幅为 15%[图 9-9(c)]。温室气体排放强度在此期间降低了 5%，但在 2007 年后持续反弹，主要是由于饲料作物施肥所导致的氧化亚氮排放量上升[图 9-9(d)]。

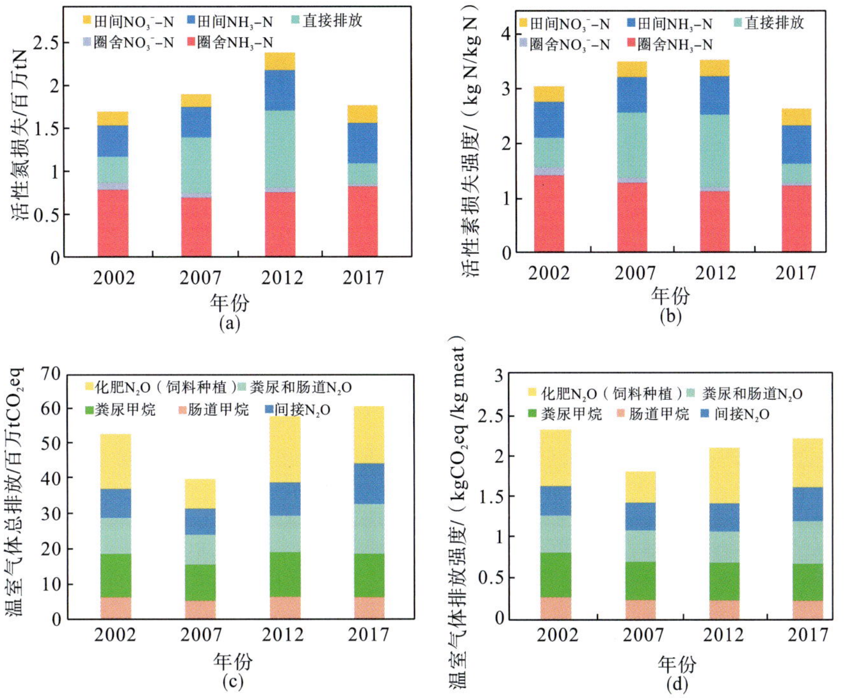

图 9-9　2002～2017 年长江经济带生猪生产系统氮素总损失量(a)、氮素损失强度(b)以及温室气体总排放量(c)和温室气体排放强度(d)

上、中、下游生猪生产系统的氮素损失趋势与长江经济带整体变化趋势相同。但从排放结构上看，三者间存在明显区别。例如，上游地区圈舍氨挥发强度较中、下游高 15%～25%，而中、下游地区水体直接排放强度较上游地区高 14%～23%。最终中、下游氮素损失占比分别提高和下降了 3 个百分点，而上游占比保持在 40%[图 9-10(a)]。

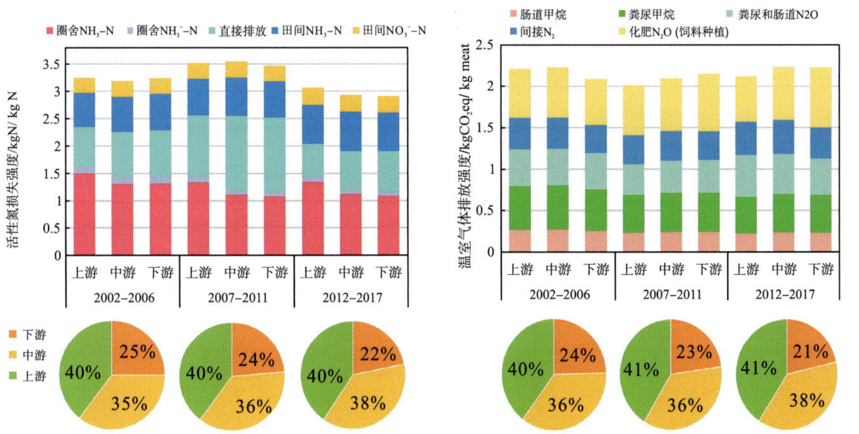

图 9-10　2002～2017 年长江经济带上、中、下游氮素损失强度(a)和温室气体排放强度(b)

2002～2017 年，温室气体排放强度格局发生了较大转变。下游地区排放强度从 2.08kg/kg CO_2eq 增长至 2.22kg/kg CO_2eq，至 2017 年，下游地区排放强度仅次于中游地区，其中饲料种植中化肥的氧化亚氮排放是该地区排放强度上升的主要原因。而上游地区是三大区域中唯一排放强度有所下降的区域，且在 2017 年其排放强度降低至最低。中游地区排放强度最高，其直接氧化亚氮排放和甲烷排放强度均高于其他地区。

9.3.3 长江经济带生猪抗生素使用和残留

我国是世界最大的抗生素生产国和消费国，2013 年我国抗生素总生产量为 24.80 万 t，国内消费量约为 16.00 万 t，其中 52%为兽用抗生素。Zhang 等（2019）调研了其中 36 种抗生素，其对应的总消费量为 9.27 万 t，其中生猪生产消费了 52%，而消费量最多的是喹诺酮类和β-内酰胺类抗生素（图 9-11）。30%～90%的兽用抗生素随动物粪便和尿液排出体外，排放量为 5.40 万 t，其中生猪生产排放量占比为 44%。空间分布上，洞庭湖流域抗生素排放量最大，达 3444t，而长江下游排放量也超过 3000t。如果平均到单位土地面积上，则太湖流域和钱塘江流域排放强度仅次于珠江和海河流域。利用逸度模型分析水体中抗生素浓度的结果表明，长江流域中喹诺酮类抗生素浓度＞磺胺类抗生素浓度＞四环素类抗生素浓度。但这一结果与实际观测结果差距较大，尤其是在喹诺酮类抗生素的预测结果上。例如，章强等（2014）的结果表明，黄浦江中最多的是磺胺类和四环素类抗生素，而长江口含量较高的是磺胺类和氯霉素类抗生素。Zhou 等（2019）对长江中下游潜水湖泊的研究也表明，磺胺类和四环素类抗生素是该地区潜水湖泊中浓度较大的抗生素，并且主要集中在太湖、鄱阳湖和洞庭湖流域。

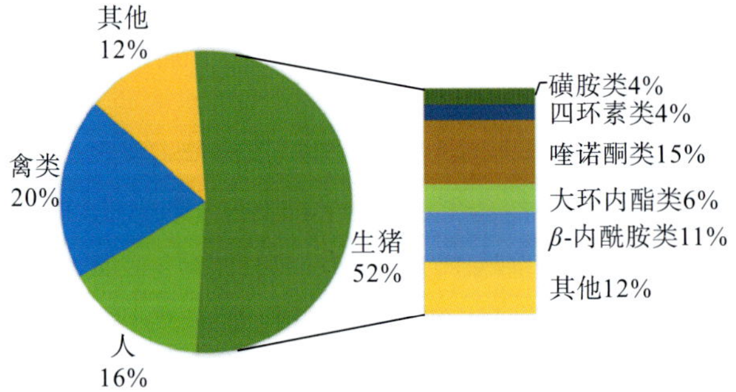

图 9-11　中国抗生素药物消费状况（引自：Zhang et al.，2015）

9.4　长江经济带生猪生产绿色发展技术途径

9.4.1　长江经济带生猪生产绿色发展面临的挑战

1. 长江经济带的挑战

1) 养殖密度大，粪尿承载力临近超载

长江经济带生猪出栏量占全国的 50%左右，但耕地面积仅为全国的 33%，单位耕地面积约承载 7.7 头猪，较全国平均水平高 43%，是欧美平均水平的 4～10 倍①。若用畜禽排泄量与作物携出量的比值(以氮计)来表征区域粪尿承载力(Jin et al.，2020)，则长江经济带的承载力高达 0.8，已临近超载，高于欧美国家 0.5 左右的水平。空间分布上，湖南中部和浙江北部生猪负载最高，且单位耕地面积承载的生猪均在 9 头以上，而耕地承载负荷在 1.5 以上。

2) 粪尿养分损失严重，抗生素环境排放较多

2002～2017 年，长江经济带生猪养殖经历了快速规模化的过程，但粪尿养分管理水平水相应提升，单位产品的氮素损失量和温室气体排放量均仅降低了 3%～13%。当前长江经济带畜产品氮素损失量高达 2.7kg/kg，尽管低于全国平均水平，但却是欧美平均水平的 2 倍左右。上游和下游地区是氮损失强度较高的地区，而中游则由于畜禽数量多，氮总损失量最大。此外，为提高生产性能，大量的抗生素被用于生猪养殖中，有研究表明中、下游是生猪养殖中抗生素使用和排放的热点区域，排放的主要抗生素类型为四环素类和磺胺类(Zhang et al.，2015)。

3) 生产效率偏低，增产潜力有待挖掘

2017 年，长江经济带生猪出栏率为 160%，与全国平均水平持平，但略低于欧美水平(170%)。从猪肉单产看，长江经济带仅为 77.5kg/头，不仅低于全国平均水平，更远低于欧美国家的水平(92～96kg/头)①。分区域看，上游和中游生产效率偏低的情况更为突出，例如上游出栏率仅为 136%，中游猪肉单产为 75.5kg/头。

2. 长江经济带上、中、下游的挑战

1) 上游规模化程度低，粪尿养分损失大，还田率偏低

上游地区规模化比例偏低(<50%)，这在一定程度上阻碍了该地区生产效率和粪尿管理水平的提升。以出栏率为例，上游地区仅为 1.36，低于中、下游地区的水平(1.7～1.8)。在粪尿管理和利用方面，上游地区传统养殖在圈舍和存储阶段的氨挥发损失较高，占整个长江流域氨挥发量的 31%，表明养分在粪尿施用前就大量损失。粪尿还田比例偏低，这可能与该地区地形复杂、交通不便有关。

---

① 数据源于 FAO 官方网站。

2）中游粪尿承载压力大，稻田粪尿还田难，水体粪尿损失强度高

中游地区以长江经济带 28%的耕地生产了长江经济带 40%的生猪，其单位耕地生猪承载量达 11 头/hm^2，粪尿排泄氮量与作物携出氮量之比为 0.9，耕地粪尿临近超载。猪肉单产处于长江经济带最低水平，但水体粪尿排放强度高。粪尿总体还田比例较高，但大部分施用给经济作物，水稻等粮食作物的有机肥施用比例持续下降。单位生猪产肉量处于长江经济带最低水平，但水体粪尿排放强度高，粪尿总体还田比例较高，但大部分施用给经济作物，水稻等粮食作物有机肥施用比例持续下降。

3）下游农牧分离，种养系统外源投入大，粪尿水体损失强度高

下游地区大规模养殖比例已达 30%，但户均耕地面积水平却是全国最低（董红敏 等，2019），粪尿难以在农户田地或区域内消纳。下游畜禽粪尿氮素水体排放超过 1.1kg N/kgN，其中养殖场直接排放的比例明显高于其他地区。此外，饲料种植化肥过量投入问题也值得关注，这不仅降低了该区域系统 NUE 水平，还使氧化亚氮排放水平明显提升。

9.4.2　长江经济带生猪生产绿色发展生产途径

1. 长江经济带绿色发展途径

1）科学评价粪尿承载力，合理布局养殖空间

“以地定畜”“畜地平衡”是实现粪尿资源化利用、促进种养结合的前提。欧盟国家早在 20 世纪 90 年代就规定粪肥年施用量不得超过 170kg N/hm^2。在我国，农业部于 2018 年发布了《畜禽粪污土地承载力测算技术指南》，在很大程度上推进了畜牧业合理布局。前面的分析结果表明长江经济带已是粪尿高承载地区，其生猪养殖规模可扩大的空间已不大（图 9-12）。

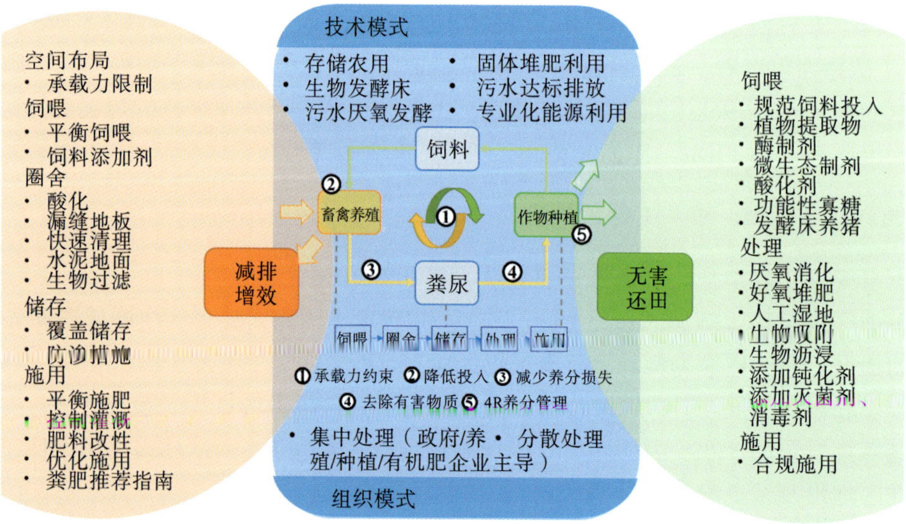

图 9-12　生猪生产绿色发展的技术框架

然而，当前承载力测算主要是从养分平衡角度展开的，并且大多集中在区域尺度上，还需针对长江经济带特点进一步改进和细化。一是需要考虑环境阈值约束。长江中下游水网密布，水体损失风险大，同时以抗生素为代表的新型污染物也需要被纳入考核。二是加强对养殖场的承载力评价，许多大中型养殖场出现了农牧分离现象，需要统筹区域耕地的承载力和循环模式研究。

2) 实施粪尿养分全链条管理，减少养分损失

粪尿养分是宝贵的资源，但也可能通过“圈舍—储存—处理—施用”链条不断损失，从而威胁生态环境和人体健康。因此，实施全链条管理是关键。建议：①在饲喂阶段，通过低蛋白量饲喂、分阶段饲养以及添加非淀粉多糖等从源头减少粪尿氮排泄量；②在圈舍阶段，通过漏缝地板、快速清理、添加酸制剂或脲酶抑制剂等方式减少氨排放；③储存阶段则主要通过覆盖和防渗措施减少氨挥发和硝酸盐淋溶；④堆肥处理往往会增加氨排放，可添加生物炭等进行抑制；⑤而在施用阶段，通过平衡施肥减少养分盈余是最经济的做法，且能够同时减少氨排放和硝酸盐淋溶损失(曹玉博　等，2018)。覆盖和注射施用也可显著减少氨挥发，但需要将其与硝态氮损失和氧化亚氮排放进行权衡。此外，控制灌溉、合理选择施肥时间是减少硝态氮淋溶或径流的重要手段。

3) 加强饲喂管理和粪尿无害化处理，降低粪尿抗生素残留量

粪尿含有抗生素等有害物质是阻碍粪尿还田的重要原因。总体而言，减少粪尿抗生素残留的方法主要包括源头控制和无害化处理两类。源头控制，即在饲喂阶段严格控制抗生素用量或者抗生素替代药物的使用。目前，抗生素替代药物以抗菌肽、微生态制剂、植物提取物、寡糖、有机酸和酶制剂为主，其能够改善动物生产性能，并在杀灭病原菌、调节肠道菌群平衡方面有显著效果，具有抑制病菌繁殖、促进饲料消化吸收、增强动物免疫功能、改善生态环境等功效(刘天旭　等，2021)。抗生素无害化处理中研究得较多的是堆肥和厌氧发酵技术，二者分别利用好氧和厌氧微生物实现对抗生素的降解。前人的研究结果表明，在猪粪和麦秸处理中，堆肥对四环素、土霉素和金霉素的去除率在 75%以上(张树清　等，2006)。厌氧硝化则对氟喹诺酮类抗生素、四环素和金霉素有显著的消减效果(成登苗　等，2018)。

2. 长江经济带上、中、下游绿色发展途径

1) 上游提高规模化养殖效率，控制粪尿圈舍氨挥发，探索多途径粪尿施用技术

目前，上游地区规模化养殖比例仍远低于长江经济带平均水平，进一步推进规模化、标准化养殖有利于提高上游地区生猪养殖效率。鉴于上游地区地形复杂、交通不便和人均耕地面积较小的现状，其养殖规模建议向中小规模转变。在粪尿承载力方面，云南、贵州承载空间仍然较大，是该区域未来生猪数量增长的热点区域，而四川、重庆则由于负载较大，应主要走内涵发展式路线。由于上游地区圈舍—储存环节氨挥发强度大，且主要来自传统养殖户，因此建议采取采用成本较低的漏缝地板、增加清粪频率以及覆盖储存等措施(Zhang et al.，2019)。总体上粪尿利用模式应当以储存农用模式为主，对于大中规模养殖场，可采取固体生产有机肥和液体厌氧农用模式。同时，应当鼓励第三方企业进行粪尿集中处理，并生产商品有机肥，从而促进粪尿养分在区域间循环。以玉米、水稻、薯类、油

菜和其他果蔬为主的多元种植结构是该地区的重要特点之一，果菜茶类作物的施肥可参照《果菜茶有机肥替代化肥施肥指导意见》进行，而粮食作物的施肥有机肥的指南较少，需要加强相关研究。

2）中游适当疏解养殖压力，全链条管控养分损失，探索水稻有机肥机械施用技术

中游地区的突出特点是养殖密度大，耕地负荷临近超载。其中，湖南、江西增长潜力已十分有限，尤其是湖南中南部、江西南部和湖北西部已经超过当地承载力（以氮计），需要适当进行疏解。另外，该地区生猪规模化养殖比例已经达到70%，但是猪肉单产和总氮损失量分别处于长江经济带内的最低和最高水平，说明其规模化质量偏低，但规模化养殖户可通过改善圈舍条件、添加植物提取物等方式促进生猪生长。氮素损失方面，传统养殖以圈舍-存储氨挥发为主，大中型养殖场则以硝态氮和水体直接排放为主。因此，传统养殖户采取低成本减氨策略的同时，还需要重点引导施用有机肥的种植户采取平衡施肥、控制灌溉、添加硝化抑制剂以及避免雨季施用等措施（张福锁等，2012）。由于中游地区温度较高且发酵时间短，建议传统种植农户采取固体堆肥农用＋液体厌氧发酵模式，而大中型养殖场采取固体生产有机肥＋液体厌氧农用模式（代思汝，2016），以水稻为主的种植模式也在一定程度上阻碍了粪尿还田，须加强小型有机肥施用机械和技术，促进有机肥在大田作用的施用。

3）下游探索多样化粪尿资源化利用方式，促进种养空间耦合

下游地区生猪承载压力较小，但在养殖场层面，由于耕地数量和运输距离的限制，对有机肥循环造成了困难，合理分配和运输粪尿是上游地区首先需要解决的问题。在利用模式上，应主要采用固体生产有机肥＋液体循环利用的模式。政府应鼓励不同主体成立合作组织，以促进粪尿在区域内或者区域间循环利用。

参 考 文 献

曹玉博，邢晓旭，柏兆海，等，2018. 农牧系统氨挥发减排技术研究进展. 中国农业科学，51(3)：566-580.

陈蓉，2009. 我国生猪生产波动周期分析. 农业技术经济，(3)：77-86.

成登苗，李兆君，张雪莲，等，2018. 畜禽粪便中兽用抗生素削减方法的研究进展. 中国农业科学，51(17)：3335-3352.

代思汝，2016. 我国畜禽养殖污染防治模式分区研究. 长沙：湖南农业大学.

董红敏，左玲玲，魏莎，等，2019. 建立畜禽废弃物养分管理制度促进种养结合绿色发展. 中国科学院院刊，34(2)：180-189.

刘天旭，杨晓洁，徐建，2021. 畜禽养殖抗生素替代物研究进展. 家畜生态学报，42(7)：1-7.

农业部，2015. 农业部关于促进南方水网地区生猪养殖布局调整优化的指导意见.（2015-11-26)[2021-08-31]. http：//www.moa.gov.cn/nybgb/2015/shierqi/201712/t20171219_6104128.htm.

农业部，2016. 农业部关于印发《全国生猪生产发展规划(2016—2020年）》的通知.（2016-04-18)[2021-08-31]. http：//www.moa.gov.cn/nybgb/2016/diwuqi/201711/t20171127_5920859.htm.

农业部，2017. 农业部关于印发《畜禽粪污资源化利用行动方案(2017—2020年）》的通知.（2017-07-07)[2021-08-31]. http：//www.moa.gov.cn/nybgb/2017/dbq/201801/t20180103_6134011.htm.

农业部，2017. 农业部关于印发《开展果菜茶有机肥替代化肥行动方案》的通知.（2017-02-08)[2021-08-31]. http：//www.moa.gov.cn/nybgb/2017/derq/201712/t20171227_6130977.htm.

农业部办公厅，2018. 农业部办公厅关于印发《畜禽粪污土地承载力测算技术指南》的通知.（2018-01-25）[2021-08-31]. http：//www.moa.gov.cn/gk/tzgg_1/tfw/201801/t20180122_6135486.htm.

农业农村部种植业管理司，2018. 2018 年果菜茶有机肥替代化肥施肥指导意见.（2018-09-26）[2021-08-31]. http：//www.moa.gov.cn/ztzl/nyhfjlzxd/201809/t20180926_6158957.htm.

张福锁，崔振岭，陈新平，等，2012. 高产高效养分管理技术. 北京：中国农业大学出版社.

张树清，张夫道，刘秀梅，等，2006. 高温堆肥对畜禽粪中抗生素降解和重金属钝化的作用. 中国农业科学，（2）：337-343.

章强，辛琦，朱静敏，等，2014.中国主要水域抗生素污染现状及其生态环境效应研究进展.环境化学，33（7）：1075-1083.

中国营养学会，2016. 中国居民膳食指南. 北京：人民卫生出版社.

Bai Z H，Ma L，Qin W，et al.，2014. Changes in pig production in China and their effects on nitrogen and phosphorus use and losses. Environmental Science and Technology，48（21）：12742-12749.

Jin X P，Bai Z H，Oenema O，et al.，2020. Spatial planning needed to drastically reduce nitrogen and phosphorus surpluses in China's agriculture. Environmental Science and Technology，54（19）：11894-11904.

Lu J，Bai Z，Chadwick D，et al.，2019. Mitigation options to reduce nitrogen losses to water from crop and livestock production in China. Current Opinion in Environmental Sustainability，40（5）：95-107.

Zhang N N，Bai Z H，Winiwarter W，et al.，2019. Reducing ammonia emissions from dairy cattle production via cost-effective manure management techniques in China. Environmental Science and Technology，53（20）：11840-11848.

Zhang Q Q，Ying G G，Pan C G，et al.，2015. Comprehensive evaluation of antibiotics emission and fate in the river basins of China：source analysis，multimedia modeling，and linkage to bacterial resistance. Environmental Science and Technology，49（11）：6772-6782.

Zhou L J，Li J，Zhang Y，et al.，2019. Trends in the occurrence and risk assessment of antibiotics in shallow lakes in the lower-middle reaches of the Yangtze River basin，China. Ecotoxicology and Environmental Safety，183：109511.

第 10 章　家禽绿色生产的现状、挑战与途径

10.1　引　　言

2019 年长江经济带禽蛋产量占全国禽蛋总产量的比例超过 30%，是重要的禽蛋产区(图 10-1)，而江苏、安徽、湖北和四川是长江经济带重要的禽蛋产区。此外，2017 年长江经济带禽肉产量占全国禽肉总产量的比例约为 34%，其中安徽、江苏、四川禽肉总产量占长江经济带总产量的 50%以上。大规模的禽类养殖在满足禽蛋产品需求的同时，也造成了严重的环境污染问题。长江中下游城市群的畜禽氮排放量达到总排放量的 34%，而畜禽养殖中的氨排放是主要的污染排放源(赖敏　等，2016)。除了氮损失之外，长江流域的水体磷损失也不容忽视。续衍雪等(2018)指出目前磷污染已经成为长江经济带主要的水体污染之一，其中源于畜禽养殖业的磷总排放量占农业源总排放量的 68%，是造成磷环境风险的主要原因。畜禽养殖所带来的环境污染问题逐渐成为长江经济带绿色发展的重要阻碍。

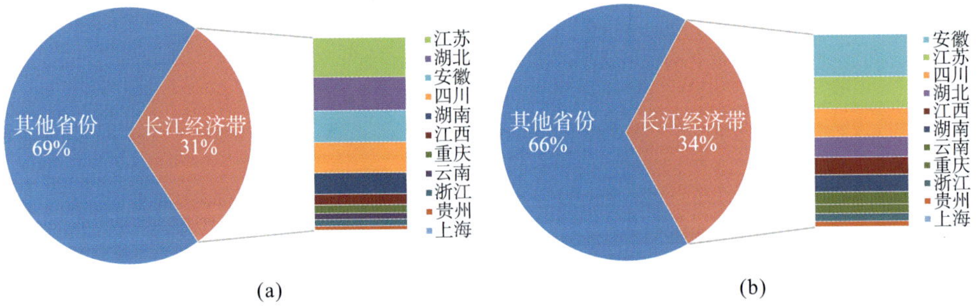

图 10-1　2019 年长江经济带禽蛋产量(a)及 2017 年禽肉产量(b)占全国的比例

(数据源于国家统计局官方网站)

长江经济带作为我国绿色发展的主战场，必须走“生态优先，绿色发展”之路，这是关系我国农业绿色发展全局的重大战略。近几年，中央政府、生态环境部、农业农村部相继出台了一系列针对长江经济带农业绿色发展的指导文件，并多次提到要指导长江经济带合理布局畜禽养殖，推进畜禽粪污资源化利用项目。因此，对长江经济带畜禽养殖的规模、结构组成、污染特征等问题进行分析，有利于指导畜牧养殖合理布局，同时能为开展污染防控提供理论依据。此外，长江经济带的水禽养殖业也十分发达，但由于数据有限，本章不做介绍。

10.2　长江经济带家禽生产现状

10.2.1　蛋鸡生产数量、结构和生产效率的历史变化

1999～2017 年，长江经济带蛋鸡的养殖规模、养殖结构、产蛋量和生产效率均发生一定变化，但不同指标值的变化存在一定差异(图 10-2)。其中，长江经济带蛋鸡存栏量在 6 亿～7 亿羽的范围内上下波动，但鸡蛋产量从 500 万 t 增长至 742 万 t 左右。至 2017 年，长江经济带禽蛋产量约占全国禽蛋产量的 30%左右。同一时期，鸡蛋单产呈曲折式上升趋势，从 8.5kg/羽增长至 12.6kg/羽，增长率约为 48%。禽蛋单产水平的大幅提升，是该地区禽蛋总产量大幅增长的主要因素。

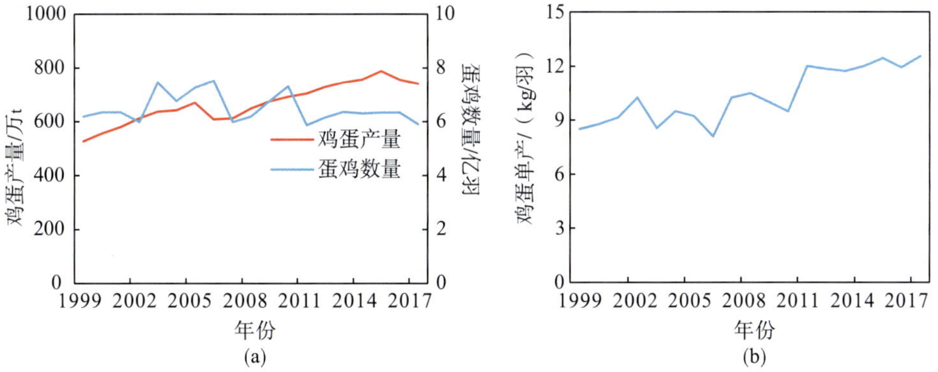

图 10-2　1999～2017 年长江经济带蛋鸡数量和鸡蛋产量(a)及鸡蛋单产(b)的历史变化趋势

蛋鸡养殖按规模大小可划分为 3 类，分别是传统规模(1～499 羽)养殖、中规模(500～9999 羽)养殖和大规模(10000 羽及以上)养殖。同时，蛋鸡生产效率随着集约化水平的提高而不断提高。统计数据(图 10-3)表明，1999～2017 年，长江经济带蛋鸡养殖业传统规模占比大幅萎缩，从 75%降低至 10%左右。与此同时，规模化(中规模和大规模)养殖占比从 25%增长至 90%，且大规模占比越来越高。蛋鸡养殖规模化水平与区域人均 GDP 和城镇化率存在正相关关系。

根据蛋鸡养殖结构的变化情况可以看出，规模化水平快速提高。分析其增长的驱动因素可以发现，蛋鸡养殖规模化水平与人均 GDP 和城镇化率均呈明显的正相关关系。城镇化率和经济水平的提高，会在一定程度上提高居民对禽蛋产品的需求，进而推动禽蛋产业的发展(图 10-3)。

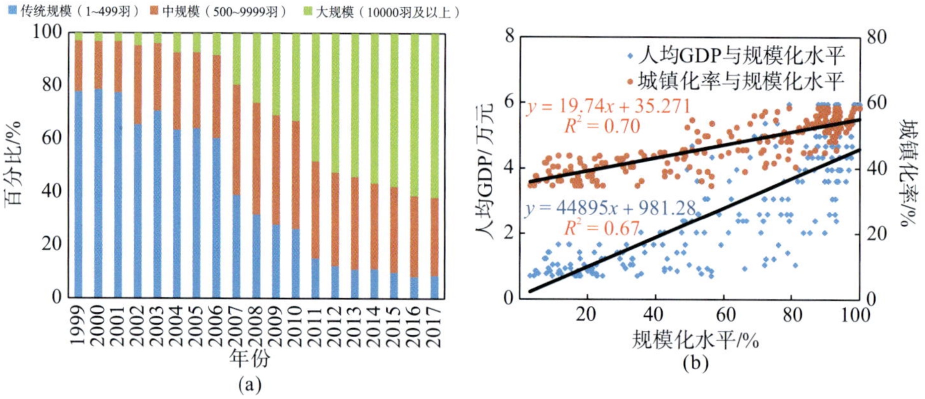

图 10-3　1999～2017 年长江经济带蛋鸡养殖规模构成(a)
以及人均 GDP 和城镇化率对蛋鸡养殖规模化水平的影响(b)

10.2.2　肉鸡生产数量、结构和生产效率的历史变化

1999～2010 年，肉鸡数量和鸡肉总产量总体呈现出增长的趋势，其中肉鸡数量从 11 亿羽增长至 25 亿羽，鸡肉总产量从 400 万 t 波动增长至 500 万 t 左右。肉鸡数量涨幅高达 1 倍以上，而鸡肉总产量增长约 25%。2010 年以后，鸡肉产量持续增长至 530 万 t 左右，但肉鸡出栏量开始持续降低至 17 亿羽。1999～2004 年，肉鸡生产效率呈小幅波动(2.7～2.6kg/羽)趋势，2004 年以后，肉鸡生产效率下降至 2.0kg/羽，随后缓慢回升至 3.0kg/羽左右(图 10-4)。

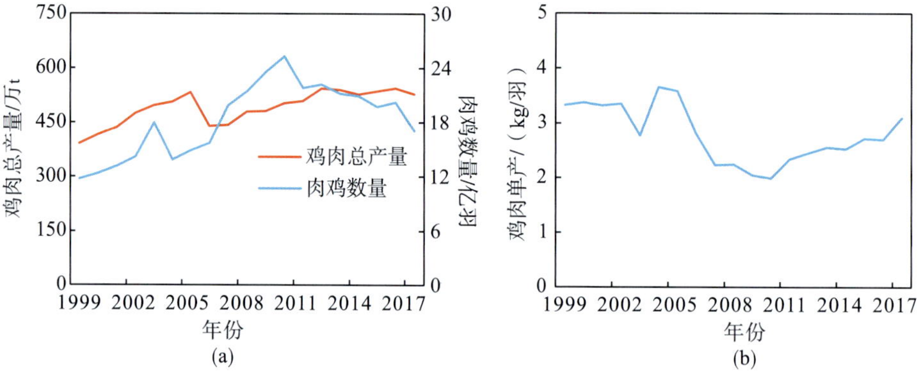

图 10-4　1999～2017 年长江经济带肉鸡数量和鸡肉总产量(a)及鸡肉单产(b)的历史变化趋势

传统规模、中规模和大规模肉鸡养殖的分类标准分别为 1～1999 羽、2000～49999 羽和 50000 羽及以上。尽管分类标准不同，但是其集约化水平的变化趋势与蛋鸡养殖基本一致，也表现为规模化水平大幅提高(图 10-5)。在 2017 年肉鸡养殖规模化水平达到 90%，但是规模化水平的增速低于肉鸡养殖。传统小规模的养殖方式在长江经济带的养殖结构中仅不到 10%，预计未来这一比例还将进一步减小。从规模化养殖的结构上看，2017 年中

规模和大规模养殖占比基本相同。肉鸡养殖规模化水平的影响因素与蛋鸡养殖相似，均与人均 GDP 和城镇化率呈显著的正相关关系。

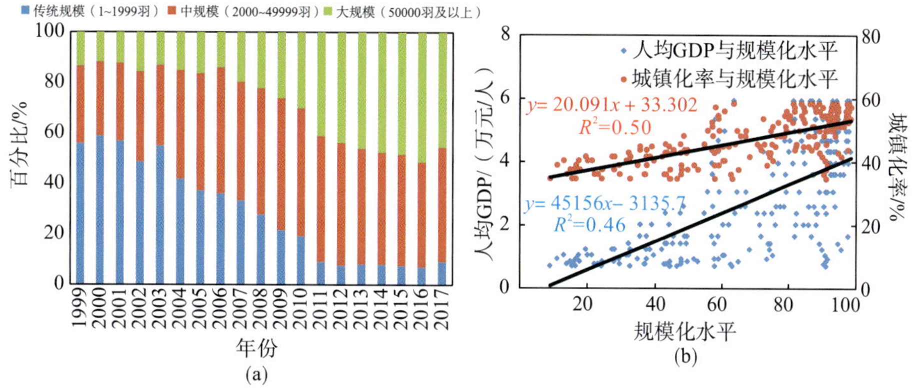

图 10-5　肉鸡养殖规模构成(a)以及人均 GDP 和城镇化率对肉鸡养殖规模化水平的影响(b)

10.2.3　长江经济带家禽生产数量和结构、生产效率的空间规律

1. 蛋鸡生产结构和生产效率的空间规律

1999～2017 年，长江经济带上、中、下游蛋鸡存栏量历史变化存在一定差异，其中上游蛋鸡存栏量波动式下降，中游波动式上升，下游上下波动[图 10-6(a)]。就上、中、下游蛋鸡存栏量对比来看，上游蛋鸡存栏量一直处于最低水平。1999～2011 年，中游蛋鸡存栏量低于下游，但是随后逐渐超过下游。

2017 年长江经济带蛋鸡数量空间分布结果显示，湖北和江苏是该区域的养殖大省，其存栏量均在 1 亿羽以上，其次是安徽和四川[图 1-6(b)]。就养殖结构来看，各省(市)规模化养殖水平均较高，且以大规模养殖为主。其中，上海大规模养殖占比最高，这可能是由于上海具有较为发达的经济水平和较高的人口密度。此外，江苏、云南和贵州的规模化比例也较高，其大规模养殖占比均超过 75%。

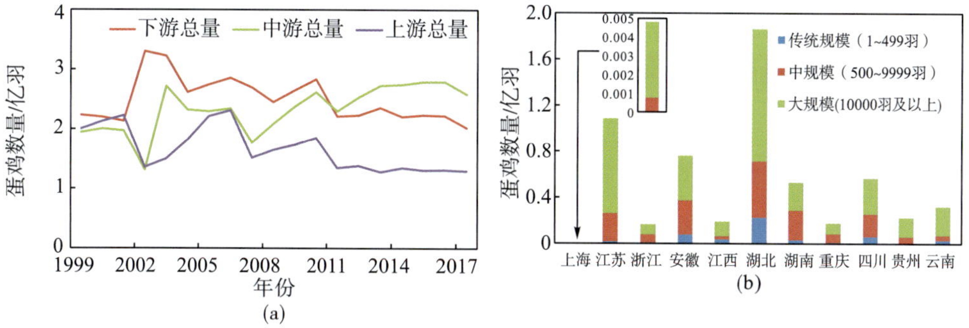

图 10-6　长江经济带上、中、下游蛋鸡数量(a)的历史变化和 2017 年各省(市)蛋鸡数量(b)

从鸡蛋产量[图 10-7(a)]来看，下游也居于首位，其次是中游和上游。从产量增长趋势看，中游和上游的产量增长率最高，分别为 51%和 84%。1999 年下游鸡蛋产量占长江经济带鸡蛋总产量的 48%，但 2017 年下游鸡蛋产量占比(40%)有所下降，虽然下游鸡蛋产量依然最高，但其重要性有所降低。

2017 年上游和下游鸡蛋单产较高，均达到 14kg/羽以上；中游的鸡蛋单产最低，仅为 9.75kg/羽。虽然从之前的养殖数量来看，2017 年中游蛋鸡的养殖数量剧增，但因其单产较低，鸡蛋总产量并未出现大幅增加[图 10-7(b)]。

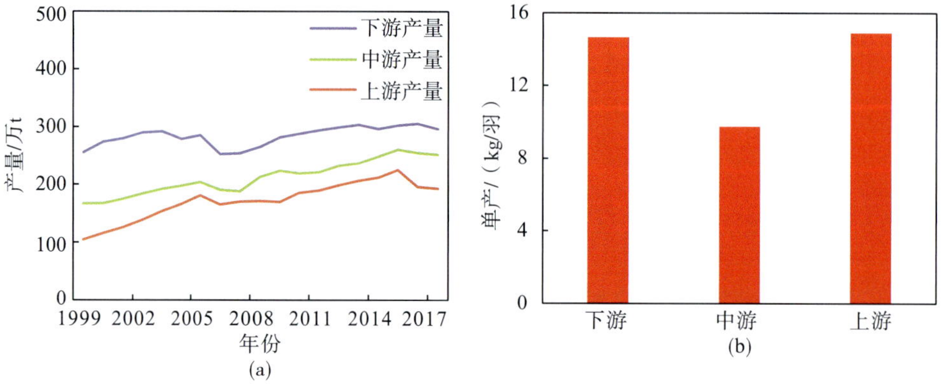

图 10-7　1999～2017 年长江经济带鸡蛋产量历史变化(a)
及 2017 年鸡蛋单产在上、中、下游的变异(b)

2. 肉鸡生产结构和生产效率的空间变化

图 10-8(a)显示，1999～2017 年上、中、下游肉鸡出栏量的历史变化，肉鸡的养殖数量在上、中、下游一直处于缓慢增长的态势，且下游最高、其次是中游、上游最低。其中下游的肉鸡养殖数量在 2006～2010 年曾大幅度上升，之后又缓慢下降。2017 年，下游养殖数量超过了 8 亿羽。1999～2017 年，中游肉鸡数量由 3 亿多羽增长至 5 亿多羽，增长了 54%；上游的肉鸡数量也表现为缓慢的增长趋势，由 1999 年的 2.5 亿羽增加到 3.7 亿羽。

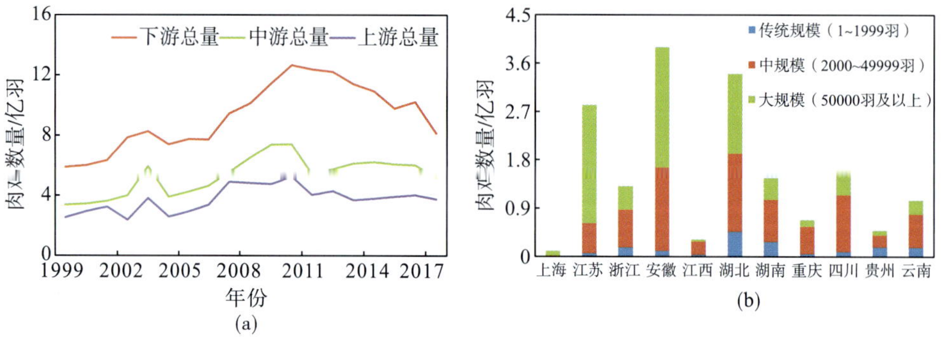

图 10-8　上、中、下游肉鸡数量(a)的历史变化和 2017 年肉鸡数量(b)空间分布

肉鸡出栏量空间分布显示，安徽和湖北养殖数量最多，江苏和四川次之。肉鸡养殖结构与蛋鸡有明显区别，其规模化养殖水平主要集中在中规模。2017 年，规模化比例接近 50%，但在大多数省(市)，例如四川、云南、贵州、浙江、江西、湖南、重庆等，中规模占比均较高[图 10-8(b)]。

从鸡肉产量来看，下游也居于首位，其次是中游和上游[图 10-9(a)]。在产量增长趋势上，中游的产量增长率最高，达到 60%；上游达到 52%。1999 年下游鸡肉产量占长江经济带鸡肉总产量的 48%，这一时期与蛋鸡养殖相似，有将近 50%的肉鸡生产集中在长江下游；但 2017 年，下游鸡肉产量仅占长江经济带总产量的 40%。

鸡肉单产上游最高，中游次之，下游最低。其中上游肉鸡单产达到 4.0kg/羽，下游仅为 2.6kg/羽[图 10-9(b)]。虽然下游的肉鸡养殖数量和鸡肉产量都明显高于上游和中游，但是其肉鸡单产却比上游低 1.4kg/羽。

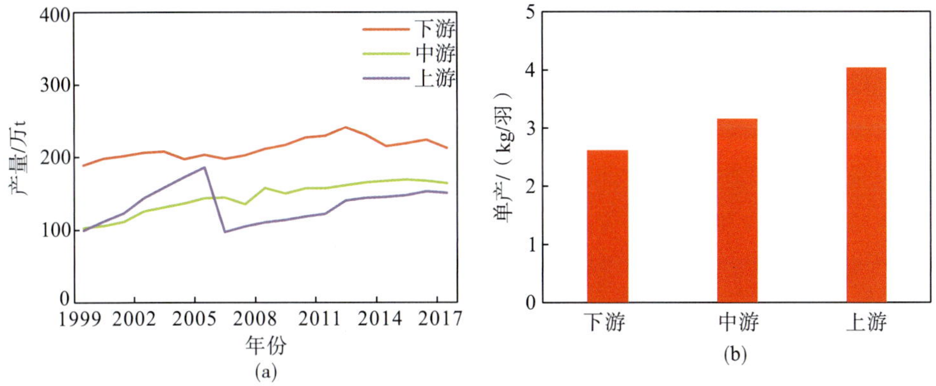

图 10-9　1999～2017 年长江经济带鸡肉产量历史变化(a)
和 2017 年鸡肉单产在上、中、下游的变异(b)

10.3　长江经济带家禽生产养分管理现状与环境污染风险

10.3.1　蛋鸡生产养分管理现状与环境污染风险

1999～2017 年，蛋鸡养殖业氮损失总量呈先增长后降低的趋势，而粪尿还田率刚好相反(图 10-10)。1999～2012 年，蛋鸡养殖业氮损失总量从 10 万 t 增长至 50 万 t，随后至 2017 年降低至 40 万 t 左右。其中，氮损失以气体损失为主，但是其占氮损失总量的比例有所下降。水体氮损失量的历史变化与氮损失总量相同，也表现为先增长后降低。1999～2012 年，蛋鸡养殖业水体氮损失是氮损失的主要途径，其损失量从 4 万 t 增长至 23 万 t，随后降低至 10 万 t 左右。1999～2017 年，蛋鸡养殖业气态活性氮的主要损失途径是氨挥发，蛋鸡氨总挥发量从 6 万 t 增长至 18 万 t，增长近两倍。

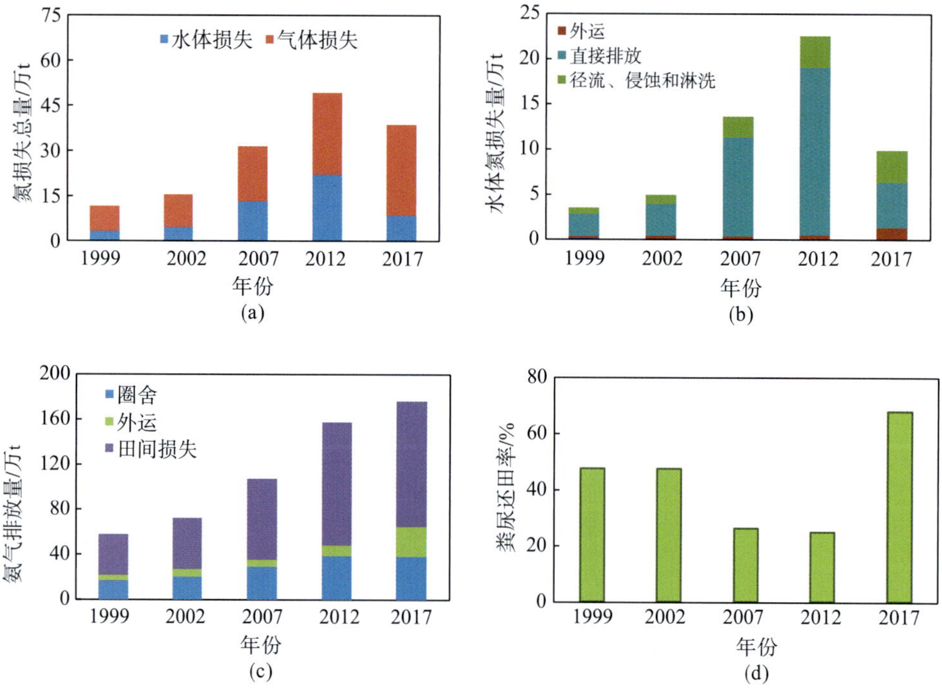

图 10-10　1999～2017 年长江经济带蛋鸡养殖氮损失总量(a)、水体氮损失量(b)、氨气排放量(c)及粪尿还田率(d)的历史变化

10.3.2　肉鸡生产养分管理现状与环境污染风险

1999～2017 年，肉鸡养殖系统氮损失总量和粪尿还田率的变化与蛋鸡养殖系统相似。其氮损失总量在 1999～2012 年呈增长趋势，随后开始下降，但氮损失总量低于蛋鸡养殖系统。水体氮损失量也表现为先增长后降低，即从 3.8 万 t 增长至 12.3 万 t，随后又降低至 1999 年的水平。气态活性氮损失主要来自氨挥发，其变化趋势与氮损失总量接近。1999～2012 年，肉鸡养殖业氨气挥发量从 2.4 万 t 增长至 9.3 万 t，随后呈下降趋势。至 2017 年，肉鸡养殖业氨气挥发量降低至 8.0 万 t 左右。肉鸡养殖业氨气挥发量主要发生在圈舍和田间施用环节，这两个环节的氨气挥发量分别占氨氮总挥发量的 28%和 75%左右图(10-11)。

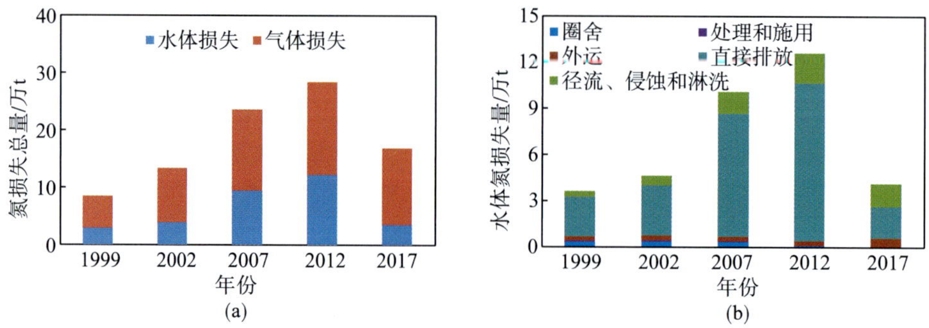

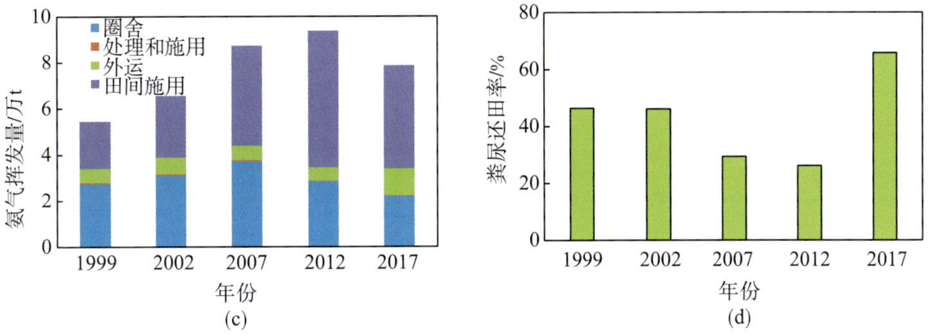

图 10-11　1999～2017 年长江经济带肉鸡氮损失总量(a)、水体氮损失量(b)、氨气挥发量(c)及粪尿还田率(d)的历史变化

10.3.3　家禽生产抗生素污染风险概述

中国是抗生素的生产和使用大国，每年抗生素消费量为 15 万～20 万 t，约占世界消费量的 50%(Lu et al.，2019)。畜牧业是我国消费抗生素的重要产业，其抗生素消费量约占全国抗生素总消费量的 84%(Zhang et al.，2015)，其中每年 1000t 以上的磺胺喹啉被投入家禽养殖。家禽养殖中常用的抗生素种类有庆大霉素、盘尼西林、盐酸林可霉素、红霉素、杆菌肽、恩罗氟沙星、四环素、莫能菌素等(Muhammad et al.，2020)。这些抗生素随着畜禽废弃物被排放到环境中后，会在环境中不断累积，经由土壤水体环境，最终进入人体。Zhou 等(2016)研究发现，长江下游浅水湖水体中抗生素的含量为 42mg/L 左右，已经远高于国家水质标准规定的抗生素含量。

10.3.4　畜禽生产重金属元素污染风险概述

近几十年来，农业土壤中重金属的污染问题及其带来的生态健康风险问题日益成为人们关注的焦点。中国的畜禽粪尿中的重金属含量远高于其他国家(表 10-1)，其中畜禽养殖业是农业土壤中大多数重金属的主要来源。由于畜禽粪便富含大量作物所需的养分，大部分畜禽粪便直接或经过处理后作为有机肥被施用于农田。但是，对粪污的一般处理并不能有效降低重金属的浓度，甚至在处理过程中会出现重金属富集。因此，长期过量施用重金属含量高的畜禽粪便会导致潜在的农田土壤重金属污染风险。我国的畜禽养殖是环境中重金属的重要来源之一。

表 10-1　国内外畜禽粪尿中重金属元素含量对比　(单元：t)

国家	年份	粪便来源	Zn	Cu	Pb	Cd	Cr	Hg	As	Ni
中国	2017	猪、牛、羊、家禽	183122	82037	3773	602	9870	75	2763	3742
中国	2005	猪、牛、羊、家禽、马、驴、骡	95668	49229	2594	778	6113	23	1412	2643
法国	2012	猪、牛、羊、家禽、马	15190	4869	696	54	1001	12	134	568

续表

国家	年份	粪便来源	Zn	Cu	Pb	Cd	Cr	Hg	As	Ni
英国	2000	猪、牛、羊、家禽	4200	909	97	6.5	203	2	18	119
波兰	2003	猪、牛、鸡	1681	393	137	7	382	—	—	240
荷兰	2003	猪、牛、鸡	1250	425	—	3	—	—	—	—

注：数据源于 Liu 等，2020。

10.4 长江经济带家禽养殖绿色发展技术途径

10.4.1 长江经济带家禽养殖绿色发展的挑战

1. 生产结构不均衡

从研究结果来看，蛋鸡和肉鸡的养殖结构都存在规模化养殖占比大的特点。其中蛋鸡规模化养殖占比在 2017 年达到了 90%以上，且规模化养殖中大规模养殖(即 10000 羽及以上)占 68%；而肉鸡规模化养殖占比在 2017 年也达到了 90%以上，其主要特征是中规模养殖占比较大。家禽养殖高度集约化导致大量的禽类废弃物循环利用的困难，处理不恰当会对空气和水体均造成污染。此外，大规模养殖会给生产管理带来很多问题，例如，较高的养殖密度会造成疫病无法控制，病死的鸡和淘汰的鸡比例增加，造成抗生素大量使用等问题。

2. 氮素水体排放量高

蛋鸡和肉鸡养殖系统都具有氮素水体排放量高的特点。2015 年之后受环境政策管控的影响，损失比例大幅降低。从区域分布来看，下游和中游的水体氮素损失是最大的，这可能与中、下游水网密集有密切的关系。对比 2002 年和 2017 年的数据发现，2017 年的水体氮素损失剧增，尤其是中游蛋鸡养殖的水体氮素损失剧增，这可能与中游蛋鸡养殖数量增加有关。

3. 氨挥发量高

氨气损失的历史变化表明，1999～2017 年氨气损失持续增加。畜牧业是氨气的主要来源，同时氨气是雾霾形成的关键前体物。因此，对禽业的氨气损失进行控制是十分有必要的，这对于未来的大气环境治理和保障人类健康具有重要意义。

4. 粪尿抗生素污染风险大

畜牧业的抗生素滥用问题一直以来都是养殖行业的痛点，这在长江经济带禽业养殖过程中也不例外。研究表明，抗生素被畜禽服用后有 60%～90%会通过粪尿的形式排出体外(Halling-Sørensen et al.，1998)，随后积累在土壤和水体中，对环境和人体健康造成危害。因此，对禽业来源的抗生素进行消减也是一个亟待解决的问题。

5. 粪尿重金属残留量大

与国外相比，中国畜禽粪尿重金属含量远高于其他国家，含有重金属的畜禽粪尿作为有机肥施用到土壤中，会造成土壤污染。长江经济带作为禽类养殖的主产区，其重金属的污染也不容忽视，这也成了长江经济带禽类养殖的重要挑战。

10.4.2 长江经济带家禽养殖绿色发展技术途径

针对当前长江经济带禽类养殖所面临的主要挑战，本书提出了一些具有针对性的绿色发展途径和技术模式（图 10-12）。

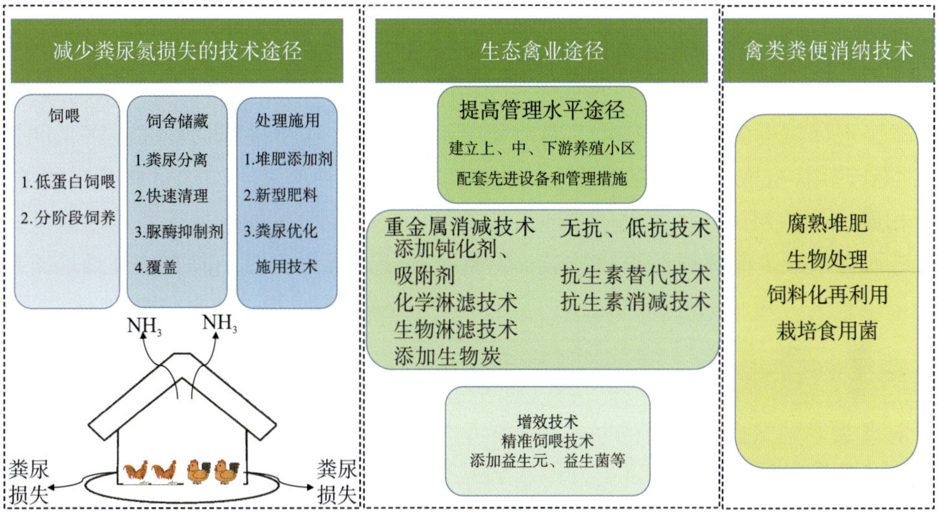

图 10-12 长江经济带家禽养殖绿色发展技术途径

1. 采用适宜的规模及提高管理水平

目前长江经济带禽类规模化养殖占比大，造成家禽养殖所产生的粪污无法就近循环与消纳。此外，与大规模养殖配套的管理模式和技术相对不够完善，由此带来的一些环境污染问题会危害长江流域的绿色发展。针对畜禽养殖污染问题，政府部门已经发布了一系列相关文件，例如，2014 年国务院印发了《关于依托黄金水道推动长江经济带发展的指导意见》，强调要建设生态绿色廊道；2018 年国家发改委发布了《关于加快推进长江经济带农业面源污染治理的指导意见》，提出要积极开展农业农村面源污染治理，促进绿色发展，之后农业面源总氮和总磷排放量均有所下降。需要先从控制规模化养殖占比和提高管理水平做起，例如，在上、中、下游分别建立中小规模养殖示范区，示范区包括配套的禽类养殖先进技术、与养殖规模匹配的土地以及符合当地条件和规模化养殖的优良禽种和先进管理措施等（辛翔飞和王济民，2013）。农民合作社在标准化的养殖小区进行学习，之后完善和改进养殖模式和技术。

2. 提高生产效率途径

家禽养殖系统的主要挑战之一是生产效率低，这会对经济、动物健康和环境产生各种负面影响。以下几种营养策略可以最大限度地减少养分的排泄，提高禽类养殖的生产及养分利用率。①精准饲喂，如采用低蛋白饲喂技术，并考虑禽类生长阶段的需求差异，可以通过分期或群饲方案满足家禽不同阶段的养分需求。②通过添加植酸酶、生长促进剂、益生菌、益生元、维生素 D 异构体和有机酸等，提高饲粮中氮、磷和微量元素的生物利用度(Lin et al.，2017)。研究表明育肥肉鸡中，在阶段性饲喂计划下每隔一天降低饲粮中赖氨酸、硫氨基酸和苏氨酸的含量，能提高肉鸡生长性能，降低其粗蛋白摄入量和氮排泄量，并对胴体性状无任何不利影响(Pope et al.，2004)。

3. 氮水体损失防控技术

长江经济带禽类养殖的水体氮损失较高，自从实施严格的管控政策后，水体氮损失已明显减少。但由于养殖数量庞大，水体氮损失依然阻碍了长江经济带禽类养殖的绿色发展。当前，减少水体氮损失的途径有：①圈舍采用水泥地板，这一措施在长江经济带的禽类养殖中已得到应用，且取得了较好的效果；②储藏阶段的化粪池采用防渗材料及其相关设施；③配套相应比例的农田，并最大限度地消纳粪污，提高粪污在种植系统和养殖系统的循环效率，进而有效减少液体粪污直接排放；④禽类粪便进行还田时，需要计算当地土地的承载力和消纳能力，避免粪肥投入过多，养分出现渗漏，造成地下水和湖泊水体被污染。

4. 氨挥发减排技术

针对禽类养殖氨挥发严重的问题，需要考虑养殖全链条即“饲喂—饲舍—储藏—处理—施用”各环节的减排措施，以更好地达到减少损失的目的。①在饲喂阶段采用低蛋白饲喂技术，可以减少粪尿的氮排泄；或者采用分阶段饲养，以达到充分利用饲料和减少养分排泄量的目的。②饲舍和储藏环节采用快速清理、空气净化、喷酸、撒施脲酶抑制剂和覆盖等技术。快速清理技术包括传送带干清粪、机械刮板清粪、人工清粪等；空气净化技术是指利用空气净化设备对鸡舍的空气进行过滤的技术；储藏阶段采用覆盖式储藏技术可以减少 20%～50%的氨挥发(Döhler et al.，2011)。③处理阶段采用堆肥并加入堆肥添加剂，如调节 pH 的酸性调节物质等。④施用阶段采用新型肥料和粪尿优化施用技术等，如采用缓控释肥和机械深施等技术，以尽量减少施用阶段的氨气损失。

5. 无抗及抗生素消减技术

(1)抗生素替代技术(无抗技术)。抗生素的使用不仅会造成严重的环境污染问题，还会使禽类体内产生耐药菌群，对禽类的健康造成危害。目前有很多研究集中在抗生素替代技术上，例如，有研究发现，植物提取物、植物衍生产品可以作为禽类抗生素的替代品。相对于合成抗生素，其毒性更小，且通常无残留，此外还可以使肠道健康。植物提取物通常可以分为四类：草药、植物组织或器官、挥发油和油树脂(Diaz-Sanchez et al.，2015)。除植物提取物外，益生菌、益生元、有机酸、酶、抗菌肽、超免疫 lgY 等也可以作为抗生素替代品(Gadde et al.，2017)。

(2)抗生素消减技术。畜禽体内的抗生素通常经粪便排出体外，因此除源头控制外，还可以考虑对粪便中的抗生素进行消减。当前使用的抗生素消减技术有高温堆肥和外源添加微生物生态制剂这两种主要技术。张树清等(2006)的研究结果表明，鸡粪和麦秸堆肥处理对四环素、土霉素和金霉素的去除率分别为 67%、82%和 73%。此外，外源添加微生物生态制剂也对抗生素有明显的消减作用。

6. 重金属元素消减技术

由于禽类粪便中重金属的含量较高，因此要想实现无害化禽类粪便利用，就需要对禽类粪便中的重金属进行消减。当前对重金属的消减技术有添加钝化剂、吸附剂、化学淋滤法、生物淋滤法和添加生物炭等技术。①钝化剂工作原理：加入碱性物质，例如生石灰等提高 pH，使重金属形成沉淀，达到钝化重金属的目的。②吸附剂工作原理：利用具有特殊结构的物质来分离去除重金属(例如天然沸石)，目前沸石在畜禽粪便无害化处理过程中得到了广泛应用，能有效降低畜禽粪便堆肥产品的重金属风险(Jiang et al., 2018)。③化学淋滤法工作原理：采用酸或者用络合剂将其中的重金属分离出来，但其缺点是容易对环境有二次污染。④生物淋滤技术工作原理：利用自然界的微生物通过直接作用或间接作用，将固相中的某些不溶性成分如重金属分离浸提出来的一种技术，主要的生物钝化剂有氧化亚铁硫杆菌与氧化硫硫杆菌。

参 考 文 献

曹玉博，邢晓旭，柏兆海，等，2018. 农牧系统氨挥发减排技术研究进展. 中国农业科学，51(3)：566-580.

辛翔飞，王济民，2013. 我国家禽产业政策综述及政策建议. 中国家禽，(23)：43-46.

续衍雪，吴熙，路瑞，等，2018. 长江经济带总磷污染状况与对策建议. 中国环境管理，10(1)：70-74.

张树清，张夫道，刘秀梅，等，2006. 高温堆肥对畜禽粪中抗生素降解和重金属钝化的作用. 中国农业科学，39(2)：337-343.

赖敏，王伟力，郭灵辉，2016. 长江中下游城市群农业面源污染氮排放评价及调控. 中国农业资源与区划，37(8)：1-11.

Diaz-Sanchez S，D'Souza D，Biswas D，et al.，2015. Botanical alternatives to antibiotics for use in organic poultry production[J]. Poultry Science，94(6)：1419-1430.

Döhler H，Eurich-menden B，Röler R，et al.，2011. Systematic cost-benefit analysis of reduction measures for ammonia emissions in agriculture fornational cost estimates. Dessau-Rölau：Umweltbundesamt.

Gadde U，Kim W H，Oh S T，et al.，2017. Alternatives to antibiotics for maximizing growth performance and feed efficiency in poultry：A review. Animal Health Research Reviews，18(1)：26-45.

Halling-Sørensen B，Nielsen S N，Lanzky P F，et al.，1998. Occurrence，fate and effects of pharmaceutical substances in the environment-a review[J]. Chemosphere，36(2)：357 - 393.

Jiang H F，Hu X F，Huang X K，et al.，2018. Research progress on the treatment of livestock and poultry feces containing heavy metal residues by passivator. Applied Ecology and Environmental Research，16(6)：7551-7562.

Lin L U，Liao X，Luo X，2017. Nutritional strategies for reducing nitrogen，phosphorus and trace mineral excretions of livestock and poultry. Journal of Integrative Agriculture，16(12)：2815-2833.

Liu W R，Zeng D，She L，et al.，2020. Comparisons of pollution characteristics，emission situations，and mass loads for heavy metals in the manures of different livestock and poultry in China. Science of The Total Environment，734：139023.

Lu P，Fang Y，Barvor J B，et al. 2019. Review of antibiotic pollution in the seven watersheds in China. Polish Journal of Environmental Studies，28(6)：4045-4055.

Muhammad J，Khan S，Su J Q，et al.，2020.Antibiotics in poultry manure and their associated health issues：A systematic review. Journal of Soils and Sediments，20(1)：486-497.

Pope T，Loupe L N，Pillai P B，et al.，2004. Growth performance and nitrogen excretion of broilers using a phase-feeding approach from twenty-one to sixty-three days of age. Poultry Science，83(4)：676.

Zhang Q Q，Ying G G，Pan C G，et al.，2015. Comprehensive evaluation of antibiotics emission and fate in the river basins of China：source analysis，multimedia modeling，and linkage to bacterial resistance. Environmental Science and Technology，49(11)：6772-6782.

Zhou L J，Li J，Zhang Y，et al.，2019. Trends in the occurrence and risk assessment of antibiotics in shallow lakes in the lower-middle reaches of the Yangtze River basin，China. Ecotoxicology and Environmental Safety，183：109511.

第 11 章　牛、羊绿色生产的现状、挑战与途径

11.1　引　　言

我国畜牧业自 1949 年后综合生产能力持续增强，至 2020 年，我国肉类和禽蛋产量已居世界第一，奶类产量居第三(FAO 官方网站)。畜牧业发展带动了相关产业加速发展，有效促进了就业与农户增收，同时人们的膳食结构和营养水平都得到了极大改善和提升。根据 2020 年国务院发布的中央一号文件，加快发展畜牧业是解决农业、农村、农民“三农”问题的重要途径之一。随着经济发展、人口增加和人类饮食结构变化，人们对高营养价值的肉、蛋、奶制品的需求不断增加。为了满足人们日益增长的需求，畜牧业集约化水平需要不断提高。然而，目前我国牛、羊养殖业仍然以散养和小规模养殖模式为主，对自然资源(饲料、耕地、水资源)和生产资源(兽药、农药等)的依赖性较强。小农户往往通过增加饲料投入得到更高的产量，从而导致对氮、磷等资源的需求量增加，然而未被动物高效利用的氮、磷等养分会通过粪尿大量排出体外。牛、羊粪尿排泄量大，管理过程中养分损失率高，同时由于有机肥的施用被种植户认为费时、费工而较少采用，因此造成了资源浪费和环境污染问题。研究表明，粪便若被适当储存处理后与化肥配合施用到农田，能够减少化肥用量、提高作物产量和改良土壤等(Xia et al.，2017)。为了满足人们对牛、羊产品的消费需求，未来牛、羊养殖业对资源的需求将会持续增加，如何在满足人们需求的同时减轻环境压力是我国畜牧业面临的一个严峻挑战。根据《关于加快推进长江经济带农业面源污染治理的指导意见》，长江经济带是农业面源污染重点治理区域。因此，本章从长江经济带牛、羊养殖现状出发，探索该区域的养分流动特征，并基于此明确牛、羊绿色生产在长江经济带区域的重大挑战，进而提出有针对性的绿色发展途径，以为当地牛、羊养殖的绿色发展提供理论和数据支撑。

11.2　长江经济带牛、羊养殖现状

11.2.1　奶牛、肉牛、羊养殖数量、规模和产能历史变化

自 2010 年以来，长江经济带牛养殖数量略微下降，而羊养殖数量呈上升趋势。2019 年，牛、羊养殖数量分别为 3321 万头和 5921 万头，分别占全国养殖数量的 36%和 20%。与 2010 年相比，牛养殖数量减少了 9%，羊养殖数量增加了 17%(图 11-1)。长江经济带

的牛肉、羊肉和牛奶产量在2019年分别为166万t、115万t和305万t，分别占全国产量的25%、24%和10%，且与2010年相比分别增加了14%、31%和5%(图11-1)。长江中下游地区(尤其是湖北、江苏、浙江)奶牛规模化养殖增长速度较快，云南、四川地区则均以中小规模养殖为主(图11-1)。从2014年开始，长江中下游地区(尤其是湖南、江苏)开始出现肉牛规模化养殖，而上游地区都是小规模农户养殖。长江中下游地区(尤其是湖北、江西、浙江)从2010年开始其羊规模化养殖程度就相对较高，而上游地区(尤其是云南、贵州、四川)从2015年开始才陆续向规模化发展(图11-2)。

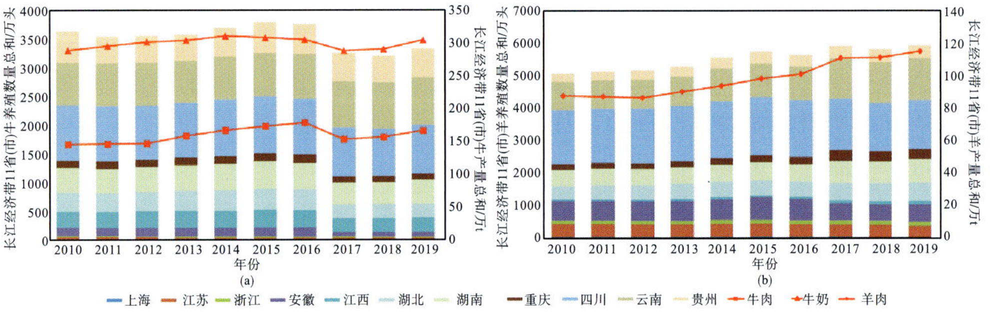

图11-1　长江经济带11省(市)牛(a)、羊(b)养殖数量和产量

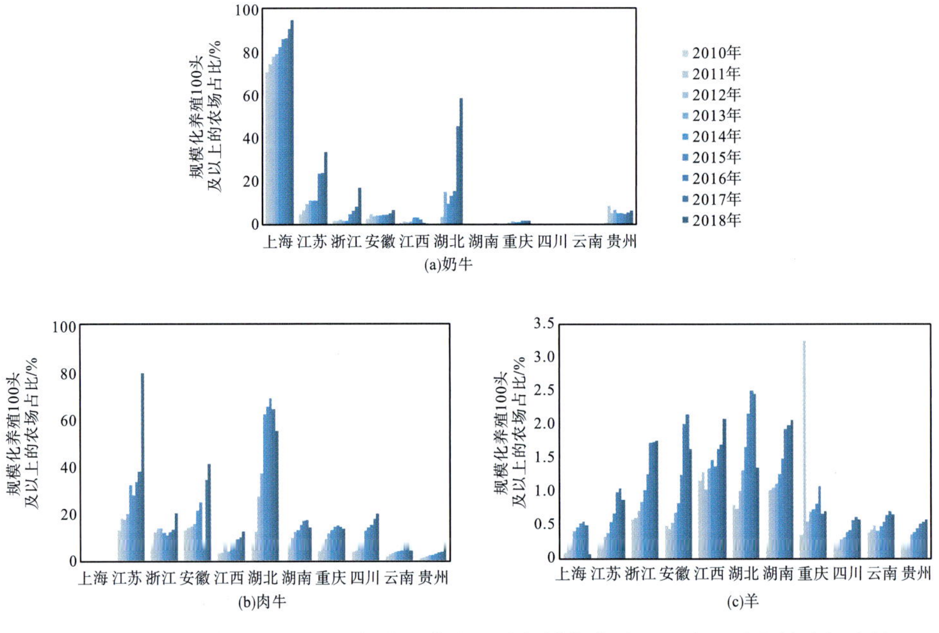

图11-2　长江经济带11省(市)奶牛、肉牛、羊规模化养殖100头及以上的农场占比

11.2.2　奶牛、肉牛、羊生产空间分异规律

长江经济带按照区域划分，可以分为长江经济带上游(四川、云南、重庆、贵州)、长江经济带中游(湖北、湖南、江西)和长江经济带下游(安徽、江苏、上海、浙江)。2019

年，在长江经济带 11 省(市)中，上游地区省(市)(尤其是四川、云南、贵州)牛养殖数量较多(2276 万头)，占长江经济带 11 省(市)牛总养殖数量的 69%。其中，四川和云南牛养殖数量相对较高，分别占长江经济带的 26%和 25%，其他省(市)从高到低依次是贵州、湖南、湖北、江西、重庆、安徽、江苏、浙江、上海(表 11-1，图 11-1)。下游地区养殖数量较低，占比为 4%。上游地区羊养殖数量占长江经济带羊总养殖数量的 60%，中游和下游地区养殖数量相差不大，分别占 23%和 17%(表 11-1)。

表 11-1 长江经济带上、中、下游牛、羊养殖情况(2019 年)

	上游	中游	下游
牛养殖数量/万头	2276	911	134
牛养殖数量占比/%	69	27	4
羊养殖数量/万头	3510	1376	1035
羊养殖数量占比/%	60	23	17

2019 年，上游地区牛肉产量占长江经济带 11 省(市)总产量的 63%，中游地区占比为 29%，下游地区产量最低，占比为 8%。上游地区羊肉产量最高(59 万 t)，占长江经济带 11 省(市)总产量的 52%，中游地区和下游地区产量相差不大，占比均为 24%(表 11-2)。就牛奶产量而言，中游地区奶牛养殖数量最少，所以牛奶产量也相对较低，只占长江经济带牛奶产量的 9%。牛奶产量大多集中于上游和下游地区，尤其是四川省和云南省。

表 11-2 长江经济带上、中、下游牛奶、牛肉和羊肉生产情况(2019 年)

	上游	中游	下游
牛肉产量/万 t	104	48	14
牛肉产量占比/%	63	29	8
羊肉产量/万 t	59	28	28
羊肉产量占比/%	52	24	24
牛奶产量/万 t	136	27	141
牛奶产量占比/%	45	9	46

11.3 长江经济带牛、羊生产养分管理现状与环境污染风险

为明确长江经济带总体及各省(市)养殖的管理情况和污染风险，本节通过物质流方法探明长江经济带牛、羊生产系统的饲料投入情况以及粪尿养分排泄管理和养分流动现状。根据养分流动特征，本节计算了长江上、中、下游各省(市)奶牛、肉牛和羊粪尿的氮、磷损失情况和循环效率，并锁定了排放热点地区和重点生产环节，为明确当地牛、羊生产系统面临的挑战提供了数据支撑。

11.3.1 奶牛、肉牛、羊生产管理现状

2013 年，长江经济带牛、羊生产系统共投入 6145 万 t 饲料干物质，占全国牛羊系统总投入量的 21%(表 11-3)。从单个动物类型来看，与长江经济带养殖数量相对应，奶牛投入量占比最低(6%)，而肉牛和羊各占全国的 24%。反刍动物多以青贮饲料、饲草和秸秆等粗饲料为主，这在肉牛和羊的生产系统中尤为明显，其次是蛋白和能量饲料等精饲料，其中奶牛的精饲料配比相对较高(图 11-3)。从牛、羊产能来看，除云南外，各省(市)牛奶单产均高于全国平均水平，但与规模化生产水平相比，仍有较大提升空间；各省(市)肉牛料肉比基本与全国平均值相当，而云南、贵州的牛肉生产效率较低(22kg 饲料/kg 牛肉)，需要投入更多饲料才能生产相同质量的牛肉(图 11-4)。

表 11-3　长江经济带饲料干物质年消费量及全国占比(2013 年)

动物分类	全国饲料用量/(万 t 干物质量)	长江经济带饲料用量/(万 t 干物质量)	占比/%
牛	16327	3059	19
奶牛	4913	292	6
肉牛	11415	2780	24
羊	12872	3086	24
绵羊	7062	1685	24
山羊	5811	1401	24
牛和羊	29199	6145	21

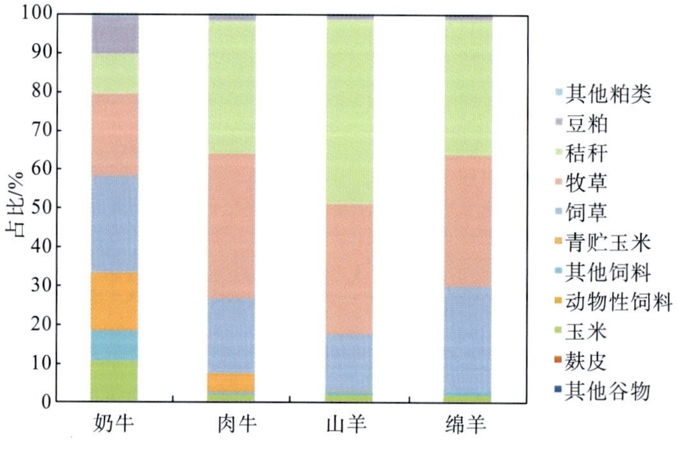

图 11-3　牛、羊系统饲料投入组分占比情况

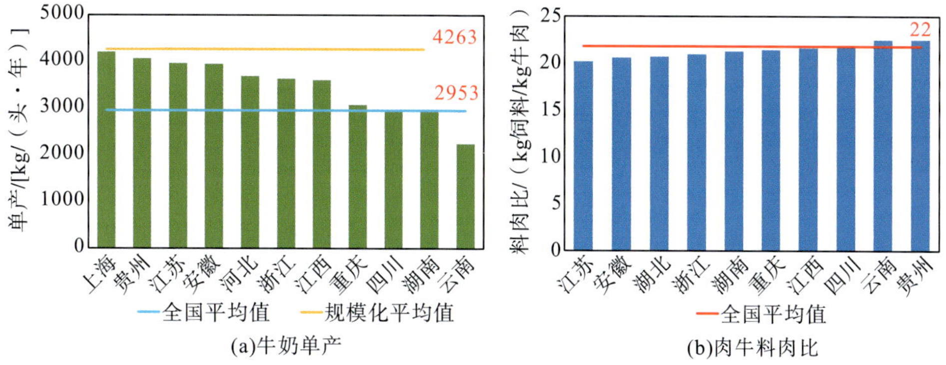

图 11-4　长江经济带各省(市)奶牛和肉牛产能情况

饲料高投入的同时也带来了大量牛、羊粪尿及其氮、磷养分的排泄，2013 年，长江经济带产生的牛、羊粪尿含 117 万 t 氮和 25 万 t 磷，且粪尿排泄量占全国牛、羊粪尿总排泄量的 20%左右，其中肉牛和羊的氮排泄量最大(都为 55.5 万 t)，且肉牛磷排泄量最大，为 13.7 万 t(图 11-5)。粪污资源是一把“双刃剑”，可以成为有效替代化肥的有机肥资源，也可能因为管理不当等原因而被排放到水体、空气和土壤中，对环境造成严重危害。

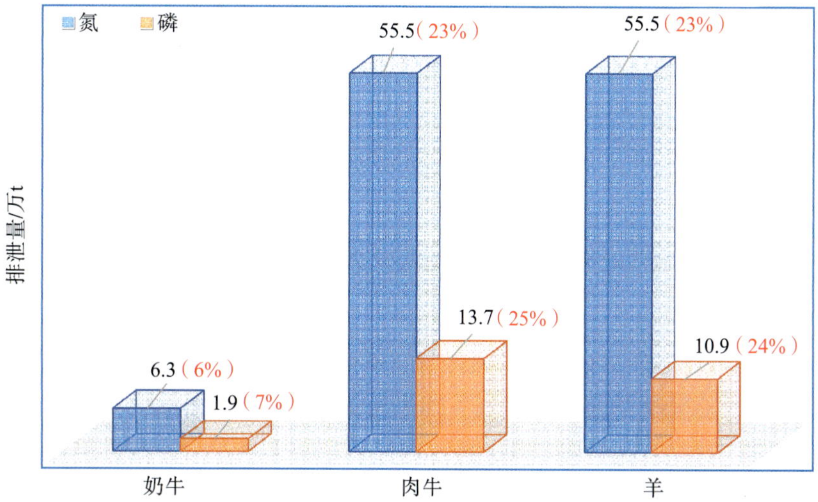

图 11-5　2013 年长江经济带牛、羊粪尿养分排泄量及全国占比

11.3.2　奶牛、肉牛、羊生产环境污染风险

为探明长江经济带的牛、羊系统粪污养分流动特征，本节分别对长江经济带 11 个省(市)奶牛、肉牛和羊生产系统的总氮、磷养分流动做了物质流分析，并计算了各省(市)的氮、磷养分损失情况，结果如表 11-4 所示。其中，奶牛养分损失占比最大(氮 73%，磷 21%)，但总损失量最低，且损失区域主要在上游和下游，而损失量最高的省份分别为江苏、四川和云南；肉牛氮损失量最大，达 314 万 t，损失区域主要为长江上游和中游，肉

牛磷损失主要在长江上游，其中云南和四川为养分损失热点省份；羊的氮损失量与肉牛相差不大，损失区域主要为上游和下游，而磷损失最大，损失区域主要为上游。综上所述，肉牛是养分损失最大的动物，而四川、云南和江苏是总损失量位居前三的省份，因此长江上游为环境危害最严重区域。

表 11-4　长江经济带上、中、下游各省市牛、羊粪尿管理过程中养分损失情况

		氮			磷		
		奶牛	肉牛	羊	奶牛	肉牛	羊
长江经济带	总排泄量/万 t	63	555	555	19	137	109
	损失量/万 t	46	314	312	4	15	17
长江经济带上游/%		41	53	49	53	69	57
	四川	18	19	33	23	25	40
	云南	18	23	9	25	32	10
	重庆	2	3	4	2	2	3
	贵州	3	7	3	3	10	4
长江经济带中游/%		13	33	17	11	20	14
	湖北	6	12	7	5	7	6
	湖南	3	12	9	3	8	7
	江西	4	9	1	3	5	1
长江经济带下游/%		46	14	34	36	10	29
	安徽	10	9	13	9	7	11
	江苏	22	4	18	17	3	15
	上海	7	0	0	4	0	0
	浙江	7	1	3	6	0	3

此外，本节通过物质流方法明确了牛、羊养殖系统粪尿管理链中最为薄弱的环节，可为减排技术有针对性地推荐和实施提供基础数据支撑。如图 11-6 所示，长江经济带奶牛饲料中氮投入量 7.56 万 t，磷投入量 2.09 万 t，分别占全国总投入量的 6.3%和 6.7%，而牛奶产出 1.24 万 t 氮、0.19 万 t 磷，因此奶牛氮、磷利用率分别为 16%和 10%；此外，奶牛产生的粪尿中氮、磷含量分别为 6.32 万 t 和 1.89 万 t，经过各环节的损失后，可被作物利用的仅剩 1.77 万 t 氮和 1.50 万 t 磷，其中饲舍和储藏环节是主要损失环节。肉牛氮、磷利用率分别为 8%和 13%，而可被作物利用的粪肥中仅有 25.0 万 t 氮和 12.0 万 t 磷，其中主要损失环节是饲舍和农田施用。羊的氮、磷利用率分别为 6%和 19%，其产生的粪尿中有 55.0 万 t 氮和 11.0 万 t 磷，但经过粪尿处理后可被作物利用的仅占 41%和 68%，其中其氮损失主要环节为饲舍，而磷主要在农田施用过程中损失。

在明确长江经济带 11 个省(市)牛、羊生产系统氮、磷流动现状后，本节通过计算各省(市)的粪尿氮、磷循环效率明确了管理水平需要得到重视和提升的地区。如图 11-7 所示，长江经济带各省(市)粪污养分循环效率基本与全国平均水平持平，其中上海、湖南、湖北和重庆基本高于全国平均水平，而云南、四川和贵州均低于全国平均水平，其提升潜力较大；从动物类型来看，养分循环效率基本呈肉牛养分循环效率＞羊养分循环效率＞奶牛养分循环效率的趋势，肉牛和羊的养分循环效率虽然高，但是其损失总量是不可忽视的（表11-14），另外奶牛养分循环效率仍有较大提升空间。

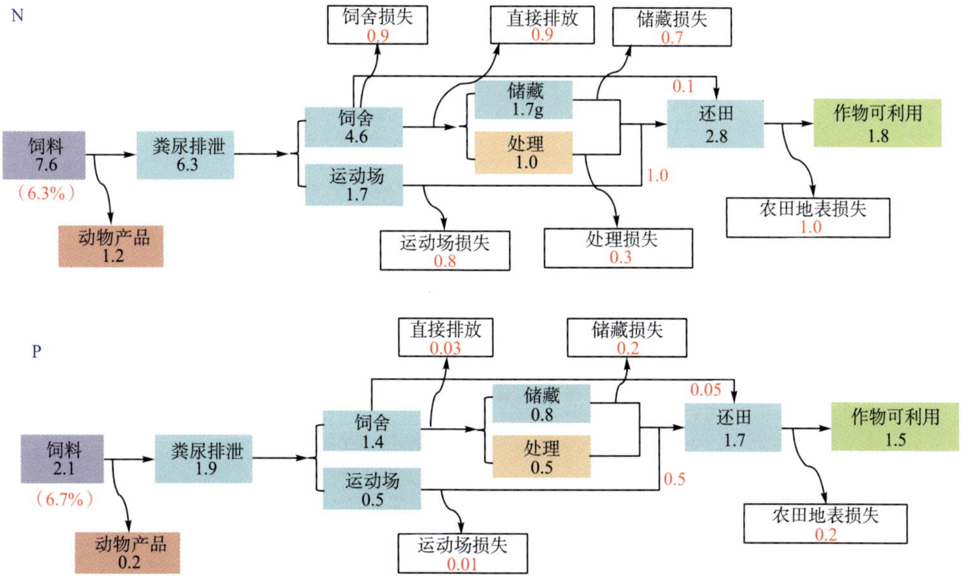

(a) 肉牛（单位：万t）

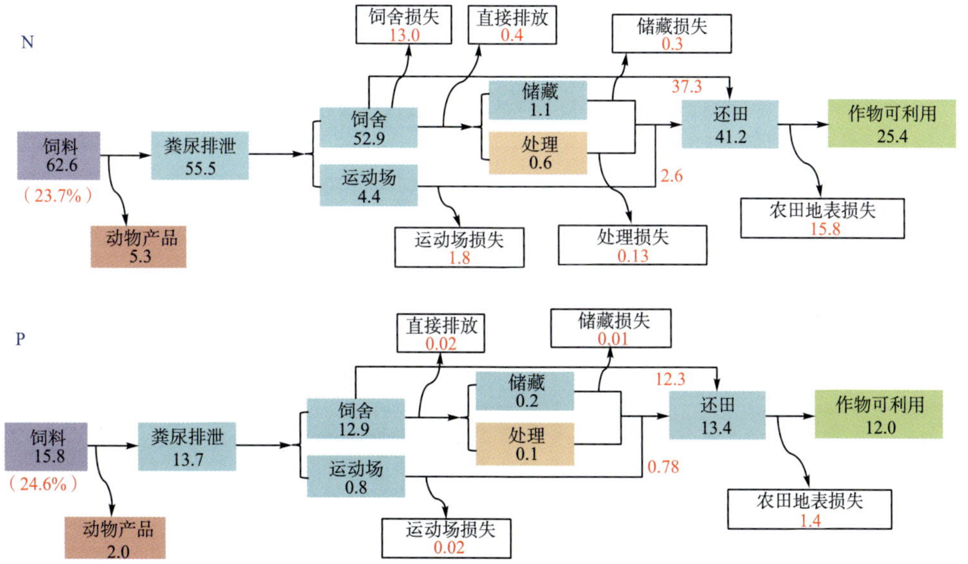

(b) 肉牛（单位：万t）

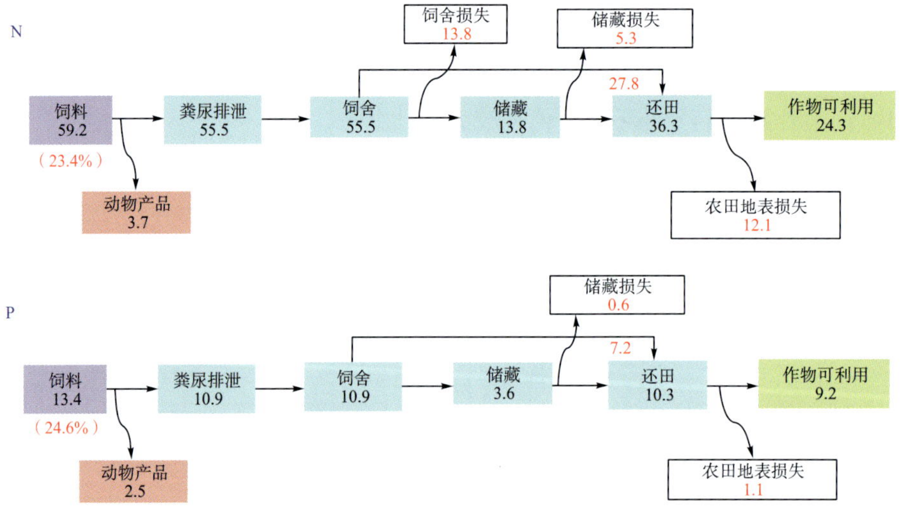

(c)羊(单位：万t)

图 11-6　长江经济带牛、羊生产系统氮、磷养分流动现状

注：括号中的数值表示占全国投入量的比例

在粪肥还田环节，有研究对长江经济带的粪肥还田现状做了调研，并对粪肥用户占比、粪肥替代氮肥的比例及其施用与否对化肥用量的影响做了分析(Zhang et al.，2020)。如图11-8 所示，在蔬菜、水果和谷物种植中，农户施用粪肥均可以显著降低化肥用量；相比蔬菜水果(采纳率为 60%～70%)而言，种植谷物的农户粪肥采纳率较低(<30%)，提升潜力较大；其中，施用粪肥的农户其粪肥氮用量替代了原化肥用量的 30%左右，根据我国有机肥替代比例的 Meta 分析结果，蔬菜和水果的替代率可以达到 60%左右(Zhang et al.，2019)，因此长江经济带蔬菜、水果的有机肥用量仍有较大提升潜力。

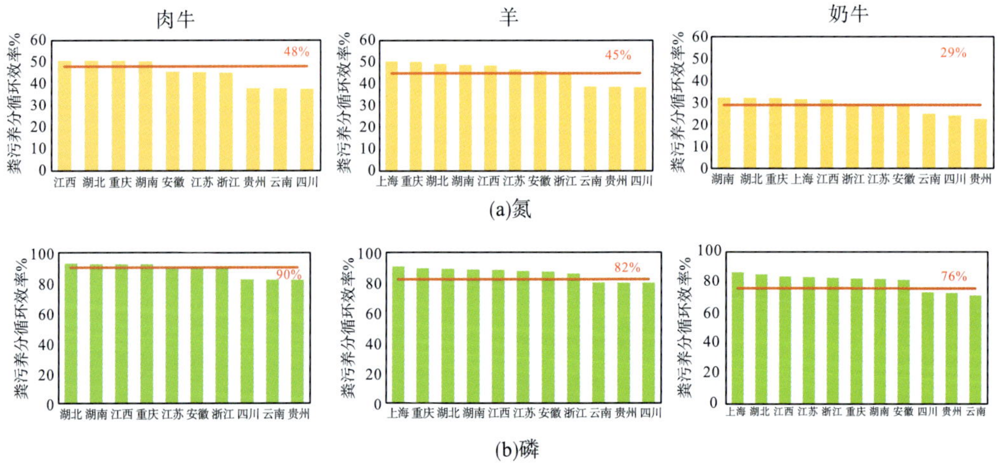

图 11-7　长江经济带各省(市)牛、羊粪污养分循环效率

注：粪污养分循环效率=作物可利用养分量(减去各环节及农田地表损失量)/养分排泄量×100%；红线代表全国养分循环效率平均水平。

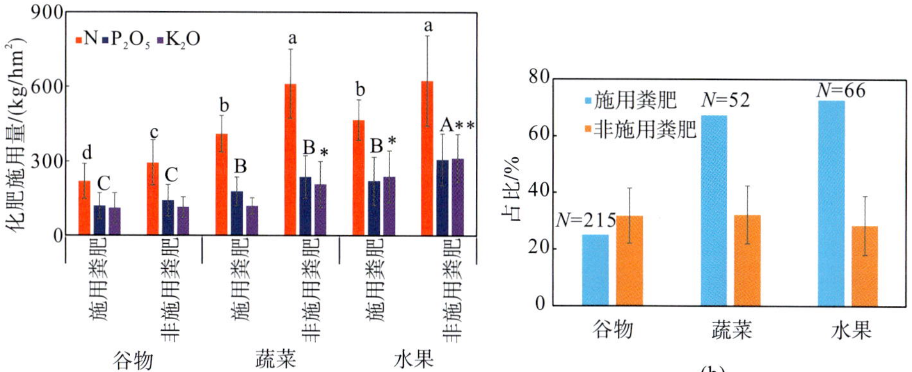

(a)
粪肥用户占比及粪肥氮替代率

(b)
不同作物体系粪肥与非粪肥用户化肥施用对比

图 11-8　农户粪肥还田情况及与不施粪肥的化肥用量比较

注：调研区域包括安徽、浙江和湖北；N 表示农户调研数量；不同字母和星号分别表示不同作物体系。

11.3.3　长江经济带牛、羊生产系统面临的挑战

综上所述，长江经济带牛、羊生产系统面临的挑战可以归结为以下几个方面。

(1) 养殖产能亟待提升。长江经济带 11 省(市)的牛、羊产能均低于全国平均水平，尤其是四川、云南、贵州甚至低于全国平均单产水平，而这 3 个省份是牛、羊养殖数量和相关产品供应量最高的省份。长江经济带牛、羊饲料干物质年投入量为 6145 万 t，占全国的 21%，但动物养分利用率较低(6%～19%)，这也是其产能较低的主要原因。因此，长江经济带尤其是养殖大省的牛、羊产能亟待提升，需要通过标准化饲养、提升养殖技术水平等措施来提高产能。

(2) 粪污养分利用率低，上游氮、磷污染风险高。长江经济带各省(市)粪污养分循环效率基本与全国平均水平持平，但各省(市)间存在显著的管理水平差异，其中云南、四川和贵州均低于全国平均水平，提升潜力较大。奶牛养分循环效率最低，但基于养殖数量来看，肉牛和羊的养殖污染风险更高。从上、中、下游来看，排放的热点区域基本集中在上游，其对空气和水质的污染严重，尤其是养分损失热点区域均在长江上游，随着水流这些养分将会对该区域造成严重的面源污染。因此，在牛、羊养殖中粪尿的管理和排放亟待严格把控。

(3) 对养殖饲舍和农田施用环节的管理重点把控。从长江经济带牛、羊养殖的养分流动特征来看，我们应着眼于优化动物的养殖管理，尤其是饲舍和农田施用环节，而在之后的政策制定和现场监督中，应有针对性地推广减排技术，并严格把控饲舍的管理水平和规范农田粪肥施用。

(4) 种养结合现实难度大。粪肥如何还田涉及农户的意愿、粪肥处理以及空间匹配和推广等多方面需要挖掘区域性种养循环典型模式，并了解农户意愿和驱动因素来因地制宜地推广粪肥施用。

11.4　长江经济带牛、羊养殖绿色高效发展途径

11.4.1　种养结合实现高效养分循环

中国畜牧业正处于由传统家庭后院养殖模式、专业化养殖模式向现代集约化养殖模式转型的阶段，但无耕地匹配的集约化养殖快速发展导致农牧分离问题凸显(Jin et al.，2021)，同时畜禽粪尿管理方式落后、粪尿储藏处理方式粗放及畜禽粪尿还田率低等问题造成畜牧业排放的氮、磷不断增加，这已成为长江经济带农业环境受到污染的主要原因，并由此对粮食安全和生态环境构成严重威胁。农牧体系中养分被不合理利用以及粪尿处理方式不当，已经严重影响农牧体系的可持续发展(Fan et al.，2018)。目前关于种养结合的研究主要集中在区域内和农户内，关于农户间种养结合的研究较少。内蒙古杭锦后旗是典型的养殖大县，其集约化养殖规模近年来逐渐增大，而养殖业收入占全旗收入的比例最大，是居民收入的主要来源之一。长江经济带奶牛养殖业也有向集约化养殖发展的趋势，因此可以以内蒙古杭锦后旗为借鉴(调研数据)，为长江经济带牛、羊生产系统种养结合探求发展之路。

杭锦后旗位于内蒙古自治区巴彦淖尔市中西部，地处河套平原，目前存在两种农户间合作模式。第一种模式是无协议集约化农场模式，这种模式的特征是养殖户不与当地种植户合作，种植户租地种植青贮玉米或者根本无地，其饲料自给率小于10%。在该模式下固体粪便堆放在储粪场或者农田上，且多数能还田，但是液体粪便还田率低，导致养分损失。第二种模式是种养协议农场模式，养殖户通过与当地专业化种植户签订饲料供给和粪污还田合同，实现物资交换和养分循环。这些农场的饲料自给率超过40%，且固体和液体粪便均可循环至合作的种植户或家庭农田(图11-9)。

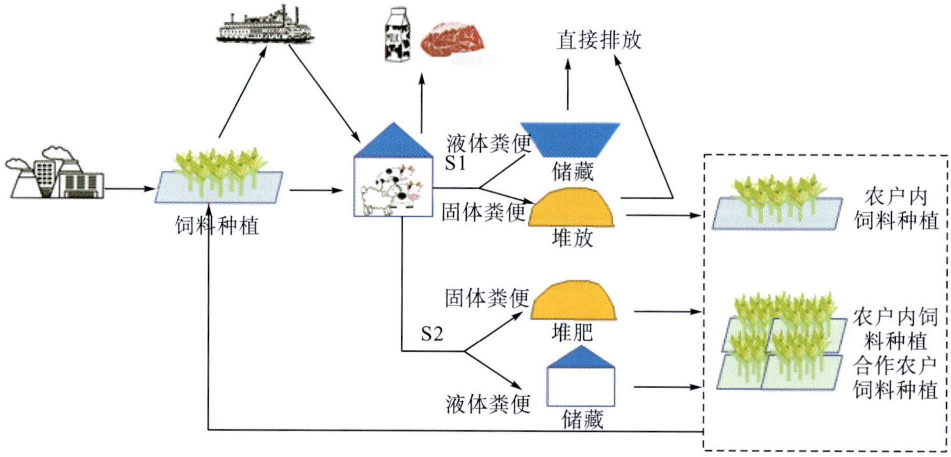

图11-9　无协议集约化农场模式(S1)和种养协议农场模式(S2)的结构特征

以内蒙古旭一牧业有限公司(以下简称旭一牧业)肉牛场为例，旭一牧业为保证肉牛饲草料的充足储备及安全性，整合周边耕地约 8000 多亩，同时与农户签订全株玉米青贮及优良苜蓿种植收购合同(20000 亩)，以确保饲草料原料的质量安全。公司秉承绿色发展理念，将饲草料生产加工、种牛繁育、肉牛养殖、饲草料生产加工、肉牛屠宰加工、市场销售、废弃物再利用等各环节紧密相连，形成了完整的绿色农牧业循环产业链。与普通养殖场相比，旭一牧业肉牛场在饲料生产过程中的氮排放量减少 48%，碳排放量减少 64%；在养殖过程中氮排放量减少 47%，碳排放量减少 11%；而在屠宰和销售过程中单位产品净收入提高 66%(图 11-10)。

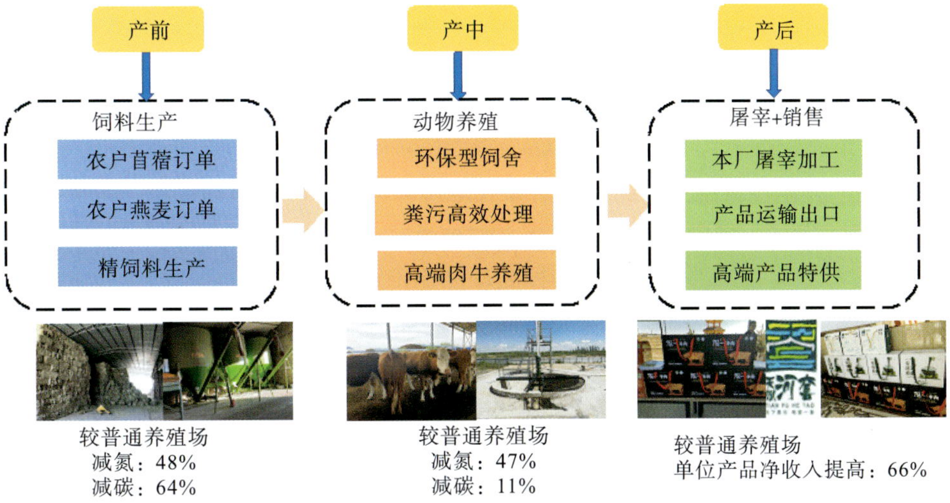

图 11-10　旭一牧业绿色农牧业循环产业链

11.4.2　加强畜禽粪污养分综合管理工程建设

1. 粪肥还田助力耕地质量提升

长江经济带横跨 11 个省(市)，其面积占全国国土面积的 21.4%。是我国重要的粮食主产区，其耕地规模、播种面积和粮食产量分别占全国的 33.34%、40.61%和 37.77%(罗素和胡守庚，2018)。“十四五”规划提出要提高资源利用率，其中提升耕地利用率是未来发展的重要方向(金贵　等，2018)。有机肥能够改善土壤酸碱度，并降低土壤容重，是增加土壤有机质含量的重要物质，能够在提升耕地质量上发挥重要作用(王凯等，2021)。有研究表明，目前长江经济带整体耕地利用率不高，存在很大的提升空间，且上、中、下游地区耕地利用率差异显著(吴郁玲　等，2020)。由于长江经济带山区较多，因此应大力发展山区立体农业，并实施精准施肥、有机肥替代化肥等措施，以推进化肥减量增效，提升土壤肥力。

2. 建立有机肥施用推荐体系

为降低牛、羊粪污带来的环境风险，实现粪污资源化利用，应建立合理的有机肥施用体系。首先，应制定畜禽养殖废弃物资源化处理的相关技术标准和规范，如牛粪应推荐使用沼气发酵和堆肥技术，以保障经过处理后的粪污所生产的有机肥的质量达到农田施用标准；其次，在我国区域测土配方施肥指南的基础上，根据长江经济带各省(市)不同区域的作物种类、气候条件以及其他因素，确定有机肥的合理施用范围；再次，配套有机肥施用设备，保障有机肥的施用能够真正落地；最后，政府或相关部门应推进有机肥施用的相关立法工作和政策补贴，并搭建养殖户与种植户之间的合作桥梁，以为有机肥施用提供政策和机制保障。综上所述，应建立有机肥施用推荐体系，以助力长江经济带种养一体化的实现。

3. 打造区域种养一体化建设工程

(1)选择产业基础良好、发展思路清晰且推进种养结合意愿强烈的牛、羊养殖大县，根据其土地承载能力，通过以县域为单位进行种养平衡分析，合理确定种植规模和养殖规模，以推进适度规模且符合当地生态条件的标准化饲草基地工程建设，弥补养殖饲料的不足，同时就近就地消纳养殖废弃物，推广有机肥还田利用，促进农牧循环发展。

(2)支持规模化牛、羊养殖场(区)配套建设畜禽粪污处理设施，搞好畜禽粪污综合利用，在种养密度较高的地区因地制宜地建设集中处理中心，探索规模化养殖的粪污第三方治理与综合利用机制。

(3)采取种养结合循环发展方式，重点开展粪污处理利用、种养结合设施完善、养殖设施改造等相关方面的建设，推进种养废弃物资源化利用，促进种植业与养殖业协调发展。

参 考 文 献

金贵，邓祥征，赵晓东，等. 2018，2005—2014年长江经济带城市土地利用效率时空格局特征. 地理学报，73(7)：1242-1252.

罗素，胡守庚，2018. 近10年长江经济带多尺度耕地利用变化特征. 中国农业资源与区划，39(7)：188-195.

王凯，高波，李红阳，等，2021. 江苏沿海地区耕地质量研究进展及提升政策——以盐城沿海地区为例. 大麦与谷类科学，38(2)：44-49.

魏莎，2016. 京郊畜禽养殖养分循环、环境损失及可持续性研究. 北京：中国农业大学.

吴郁玲，张佩，李佳，2020. 长江经济带耕地利用效率时空演变特征及提升路径研究. 农业现代化研究，42(4)：579-588.

Fan X，Chang J，Ren Y，et al.，2018. Recoupling industrial dairy feedlots and industrial farmlands Mitigates the Environmental Impacts of Milk Production in China. Environment Science & Technology，52(7)：3917-3925.

Jin X P，Zhang N N，Zhao Z Q，et al.，2021. Nitrogen budgets of contrasting crop-livestock systems in China. Environmental Pollution，288：117633.

Xia L L，Lam S K，Yan X Y，et al.，2017. How does recycling of livestock manure in agroecosystems affect crop productivity，reactive nitrogen losses，and soil carbon balance. Environmental Science and Technology，51(13)：7450-7457.

Zhang T，Hou Y，Meng T，et al.，2020. Replacing synthetic fertilizer by manure requires adjusted technology and incentives：A farm survey across China. Resources，Conservation and Recycling，168：105301.

Zhang X，Fang Q，Zhang T，et al.，2019. Benefits and trade-offs of replacing synthetic fertilizers by animal manures in crop production in China：A meta-analysis. Global Change Biology，26(2)：888-900.

第 12 章　水产绿色生产现状、挑战与途径

12.1　引　　言

水产品是健康膳食的重要组成部分。《中国居民膳食指南科学研究报告（2021）》指出，每日摄入适量的水产品有助于降低成年人全因的死亡风险、脑卒中的发病风险以及中老年人痴呆和认知功能障碍的发病风险并推荐中国的人均水产品摄入量为 45～75g/天，占人均日肉蛋奶推荐摄入总量的 12%，仅次于奶及奶制品。

根据《中国渔业统计年鉴》的统计数据，1998～2018 年，我国捕捞的水产品量减少了约 700 万 t（减少 33%），水产品养殖产量增长了约 3300 万 t（增长了 1.9 倍），上升至 6500 万 t，淡水养殖在水产养殖中的比例逐步增加（从 6%增长到 59%），预计未来其比例将持续增加。

长江经济带是我国的淡水产品的主产区，长江经济带的行政区划面积（205 万 km^2）仅占全国总面积的 21%，而其 2018 年的淡水渔业养殖面积和产量分别占全国总量的 56%和 62%（图 12-1）。《全国渔业发展第十三个五年规划》指出，坚持生态优先、推进绿色发展、转型升级水产养殖业、推进生态健康养殖是关键。

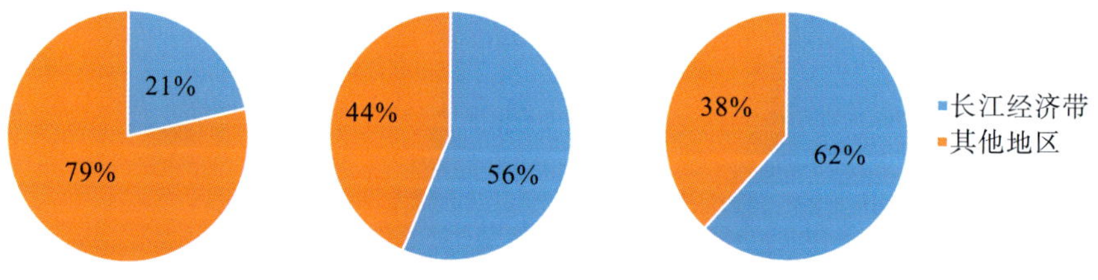

图 12-1　2018 年长江经济带行政区划面积（a）、淡水渔业养殖面积（b）及其产量（c）在全国的占比

本章通过分析长江经济带的淡水养殖规模、模式及其资源环境代价等状况，明确淡水养殖绿色发展面临的重大挑战，进而通过案例分析提出高能效、低投入和低排放的绿色发展技术措施，为实现长江经济带淡水养殖的绿色发展提供支撑。

12.2　长江经济带淡水养殖时空特征

《中国渔业统计年鉴（2005～2018）》统计数据显示，2003～2018 年长江经济带的淡水养殖面积下降了 12%（约 39 万 hm^2），而同期全国淡水养殖面积下降比例为 8%。上游淡

水养殖面积占长江经济带总淡水养殖面积的比例保持稳定(21%)，其中云南省淡水养殖面积增长较多，四川省、贵州省和重庆市增长较为缓慢；中游淡水养殖面积占比从 39%上升至 45%，其中江西省提升最多，其次为湖北省和湖南省；下游淡水养殖面积占比从 40%下降至 34%，其中江苏省下降最多，浙江省、安徽省和上海市次之。2007 年和 2017 年养殖面积和产量均出现明显的下降是由于严重蓝藻和病害的影响[①][图 12-2(a)]。

2003～2018 年，长江经济带淡水养殖产量从 1050 万 t 增加至 1841 万 t(提升了 75%)，其中，上游地区产量从 117 万 t 提升到 282 万 t(占比上升了 4 个百分点)，其中江苏省上涨最多，其次为安徽省和浙江省，上海市的产量出现了下降；中游地区产量从 510 万 t 提升到 912 万 t(占比保持在 50%不变)，其中湖北省的产量提升最高，其次为湖南省和江西省；下游地区产量从 423 万 t 提升到 647 万 t(占比下降了 5 个百分点)，四川省产量提升最多，云南省产量提升量次之，重庆市和贵州省的产量基本保持不变。

长江经济带淡水养殖面积和产量的时空变化特征表明，长江经济带淡水养殖的重心从中下游地区逐渐向中游聚集，淡水养殖效率整体呈上升趋势，单位面积淡水养殖产量上升了 $1.7 t/hm^2$；淡水养殖效率变化在空间上也存在明显的异质性：上游地区提升幅度较大，下游次之，中游最小。

淡水养殖按照养殖的水域及养殖方式的不同可以分为三类(Yuan et al.，2019；丁维新等，2020)，分别是稻渔系统(稻田水域养殖)、粗放型＋半集约化系统(池塘、湖泊、水库、河沟等水域养殖)和集约化系统(围栏、网箱、工厂化方式养殖)。统计数据表明[①]：2005～2018 年，长江经济带三种模式养殖产量共计 2.9 亿 t，其中稻渔系统养殖量占 4%，集约化系统养殖量占 6%，粗放型+半集约化系统养殖量占比达 90%，即长江经济带淡水养殖处于半集约化状态，集约化程度还有待进一步提升。就养殖结构的时空变化特征而言，稻渔系统产量逐年下降，粗放型+半集约化系统产量逐年增加，集约化系统产量在 2009 年之前不断上涨，随后开始下降；上、中、下游的粗放型+半集约化系统的占比分别为 37%、50%和 13%(图 12-3)。

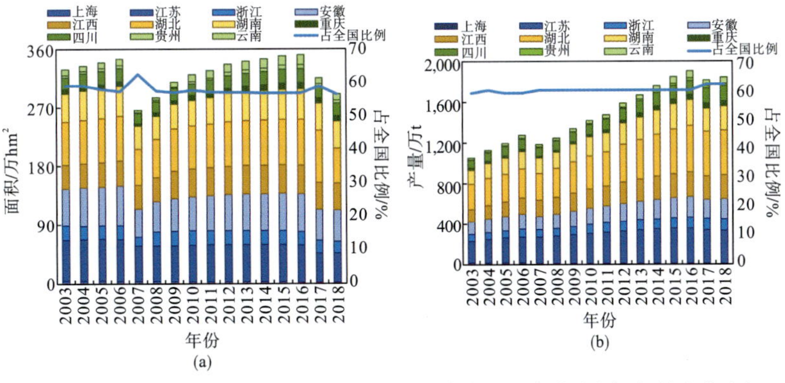

图 12-2　2003～2018 年长江经济带淡水养殖面积变化(a)与产量变化(b)

注：蓝色系代表下游，黄色系代表中游，绿色系代表上游。

① 数据源于《中国渔业统计年鉴(2005～2018)》和 FAO 官方网站。

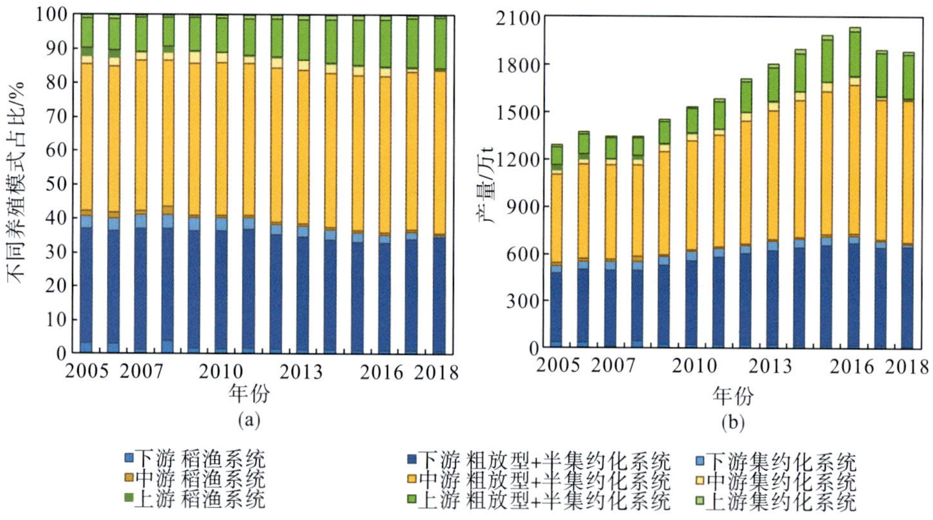

图 12-3　2005～2018 年长江经济带 3 种养殖模式淡水产量占比变化(a)和产量变化(b)

渔业产值随着淡水养殖产量的增加而提高[图 12-4(a)]。2003～2018 年，长江经济带渔业总产值从 2247 万元上涨至 11553 万元(增长了 4.1 倍)，高于全国同期渔业产值增长率(全国同期渔业产值增长了 3.4 倍)，其占全国渔业总产值的比例提升了 8%。从 2003～2018 年长江经济带的渔业总产值变化的空间上看，上游地区的增长速度最快，中游地区次之，下游地区增长最慢。其中湖北省的涨幅最大(约 10 倍)，贵州省、江苏省、江西省、重庆市和云南省的涨幅次之(均在 5 倍左右)，其余依次为湖南省和安徽省(约为 4 倍)、四川省(3 倍)、浙江省(2 倍)和上海市(0.2 倍)。渔民人均收入的增长也存在明显的空间差异[图 12-4(b)]，2005～2018 年各省(市)人均收入的增加均超过 2 倍，其中贵州涨幅最大(约 6 倍)，江苏省、浙江省和上海市的渔民人均收入增加量最高(约为 2 万元)。

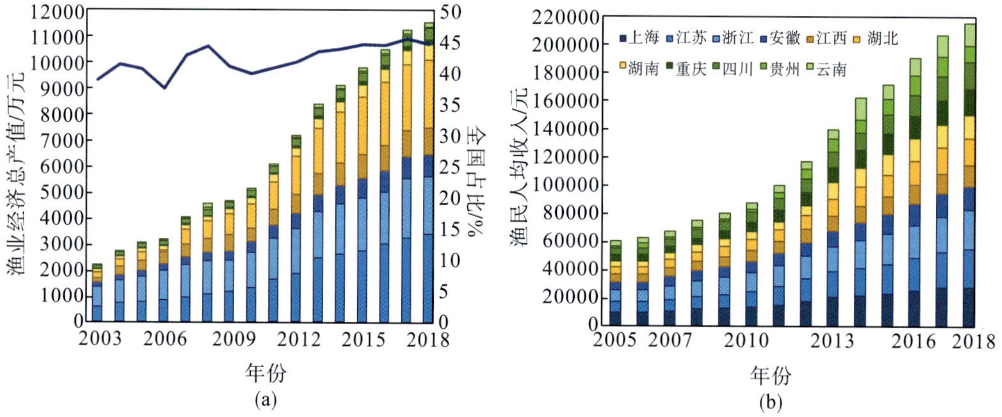

图 12-4　长江经济带渔业经济总产值变化情况(a)及渔民人均收入情况(b)

注：蓝色系代表下游，黄色系代表中游，绿色系代表上游。

12.3　长江经济带淡水养殖的养分管理及其资源环境代价

12.3.1　长江经济带淡水养殖养分流动特征

2006～2019 年，长江经济带淡水养殖中饲料的投入量从 150 万 t 增长至 225 万 t，上涨了 50%。除了少部分饲料氮被吸收转化为水产品外，大部分氮以不同的形式分别进入水体、底泥和环境[图 12-5(a)]。以 2019 年饲料氮的去向为例[图 12-5(b)]，24%转化为水产品，38%进入底泥，18%成为污水进入水体。

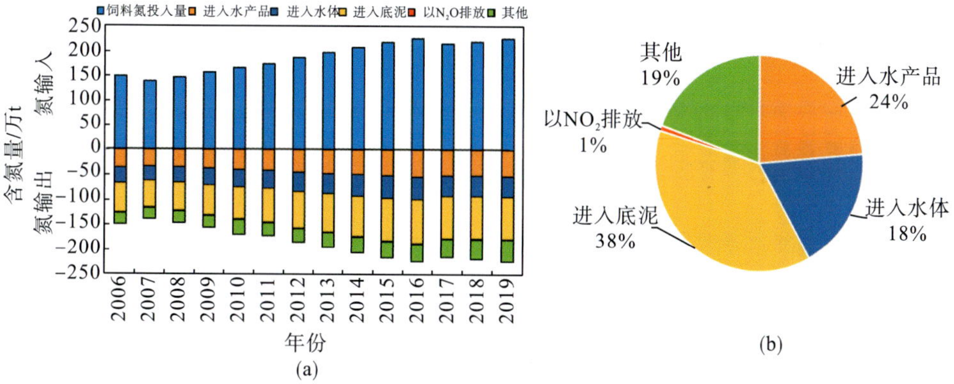

图 12-5　长江经济带饲料投入与不同形式氮排放量(a)及占比情况(b)

12.3.2　长江经济带淡水养殖资源环境代价

从整个长江流域来看，受养殖规模和强度的影响，长江经济带淡水养殖总氮和总磷排污量呈现迅速增长的趋势(图 12-6)。1991 年，长江经济带淡水养殖总氮排放量为 0.79 万 t，2016 年达到 7 万 t，增长约 7.9 倍。1991～2000 年，总氮排放量的平均年际增长率为 14.8%；2000 年以来，总氮排放量的年际增长率有所下降，平均为 5.7%。2017 年以来，总氮排污量有所下降，2019 年为 6.7 万 t。长江经济带总磷排污量变化趋势与总氮排放量一致。1991 年，总磷排污量为 0.15 万 t，2016 年达到历史顶点(1.3 万 t)后开始缓慢下降，2019 年下降至 1.2 万 t(高立方　等，2021)。

随着产量的不断增加，淡水养殖中的温室气体(GHG)排放也在不断增加。从 2006 年的 1.0 亿 t CO_2 eq 上涨至 2019 年的 1.3 亿 t CO_2 eq，上涨了 30%；其中甲烷(CH_4)的排放占总温室气体排放的 94%[图 12-7(a)]。对比长江经济带各区域不同淡水养殖模式的 GHG 排放发现：上游的稻渔系统、中游的粗放型+半集约化系统以及下游的粗放型+半集约化系统是长江经济带主要的温室气体排放源，分别贡献了长江经济带 16%、30%和 25%的温室气体的排放量[图 12-7(b)]。

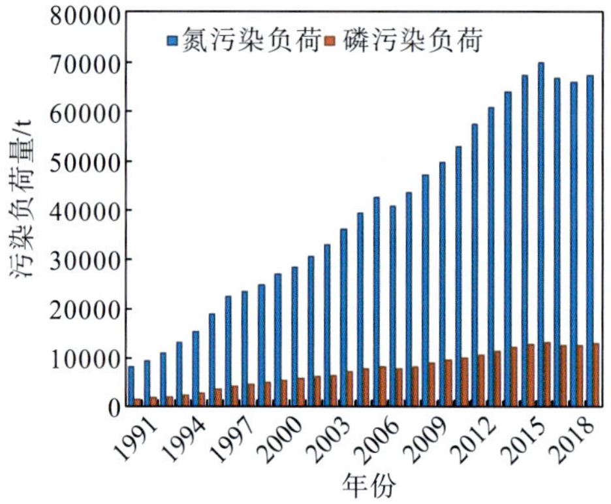

图 12-6　长江经济带淡水养殖水体氮、磷排放量变化（高立方，2021）

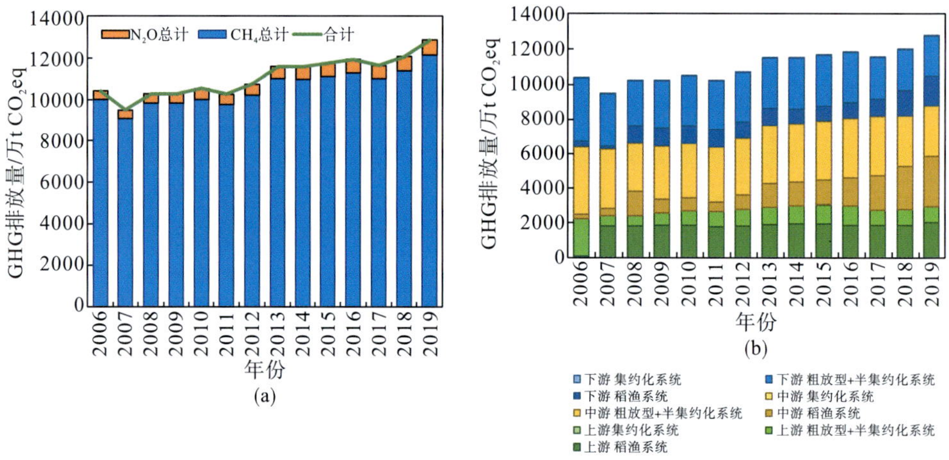

图 12-7　长江经济带 GHG 排放变化(a)和各流域 GHG 排放变化(b)

12.4　长江经济带淡水养殖绿色发展技术途径

长江经济带淡水养殖绿色发展面临的挑战如下：①饲料养分利用效率降低，造成资源的浪费；②温室气体排放增加，加剧环境压力；③底泥和尾水中养分大量累积，增加了环境污染风险。本节从养殖尾水处理、温室气体减排、坑塘底泥修复三个环节总结了公开发表的文献，以期为长江经济带淡水养殖绿色发展提供参考案例。

12.4.1　养殖尾水处理

氮、磷是水产养殖尾水中主要的污染物，适合长江流域淡水养殖尾水处理的技术主要有：生态沟渠、净化池塘或多种形式的组合。

案例一：生态沟渠+湿地+净化池塘的养殖尾水处理系统

针对粗放型或者半集约化系统，发展“生态沟渠+湿地+净化池塘”的养殖尾水处理系统。养殖尾水先进入生态沟渠，随后流经湿地、碎石坝和净化池塘。研究表明，该系统在 6～10 月对养殖尾水的全氮(TN)和全磷(TP)分别削减 43.02%和 30.39%，处理后的排放水全氮、全磷含量符合《淡水池塘养殖水排放要求》(SC/T 9101—2007)一级排放标准；秋季全氮的削减优于夏季，湿地+净化池塘组合对全氮的净化效果优于生态沟渠，生态沟渠是全磷的主要净化功能单元。同时，还应该兼顾考虑净化池塘水生动植物组合进一步提高尾水处理效果(徐嘉波　等，2021)。

案例二：大水面网箱收集养殖废弃物及水处理系统

集约化系统，发展大水面网箱水处理设施构建从废弃物收集、固液分离以养殖尾水生态浮床挂膜技术等，进行物理及生态处理。该系统将网箱养殖过程中产生的饲料残饵、排泄物进行快速收集、固液分离，并对分离后的养殖尾水进行生态处理，大幅降低经处理后的尾水含总磷、氨氮化学需氧量的排放浓度，减小对养殖水域的污染，实现淡水网箱养殖的绿色发展。研究结果：处理后尾水水质总磷、氨氮、化学需氧量分别为 0.305mg/L、0.095mg/L、16.2mg/L，达到了《淡水池塘养殖水排放要求(SC/T 9101—2007)》二级排放标准。根据《地表水环境质量标准》(GB 3838—2002)，经处理后排放的水质化学需氧量含量较低，达到地表水III类水质要求；就总磷指标来看，经处理后排放的水质总磷浓度达到了地表水 IV 类水质的要求。就氨氮指标来看，经处理后排放的水质氨氮浓度达到 III 类水质要求(江涛　等，2014)。

12.4.2　温室气体减排

水产养殖中甲烷(CH_4)的排放是大气 CH_4 的重要来源之一，水产养殖过程中投入的大量的外源营养物质作为饲料，盈余的饲料不仅会促进水产养殖系统的初级生产，也会通过影响微生物过程直接或间接影响碳氮生物地球化学过程，进而促进温室气体 CH_4 的排放(Serrano-Grijalva et al.，2011；Zhang et al.，2015；Xiao et al.，2017)。

案例一：混鱼塘和蟹塘系统混养水生植物的 CH_4 减排模式

实验表明：水产养殖系统中 CH_4 排放主要集中在淹水时期，其排放通量与沉积物温度、沉积物溶解有机碳和水体溶解氧浓度呈显著相关($P<0.05$)。混养鱼塘和蟹塘 CH_4 累积排放量分别为 64.4kg/hm^2 和 51.6kg/hm^2，差异显著($p<0.05$)。相较于混养鱼塘，建议结合实际采取混养其他水产的养殖模式(如：混养蟹塘)；可以在养殖池塘内适当种植水生植物，以降低 CH_4 的排放；但采取措施须结合当地实际情况(马煜春　等，2018)。

案例二：稻-鱼共生系统 N_2O 减排模式

以作物(粳稻、籼稻、小白菜和空心菜)-黄颡鱼共作为例，探索不同类型作物与鱼共作对养殖水体中 N_2O 排放的影响。实验结果表明：与单养鱼处理相比，作物-鱼共作处理均显著降低淡水养殖系统 N_2O 的排放。在共作处理 N_2O 产生过程中，作物对底泥中的功能基因丰度均有显著调控作用，同时作物-鱼共作显著降低养殖水体和底泥氮浓度，减少水产养殖氮污染。稻-鱼共作系统获得了水产品和作物产品，提高了氮素利用率，具有减缓 N_2O 排放的潜力。

12.4.3　坑塘底泥修复

案例一：牧草类植物对养殖池塘底泥修复技术

上海市青浦区南美白对虾养殖池塘，通过设置实验组、平行组和空白对照组来探究牧草类植物(南北方多年生黑麦草、1 年生黑麦草、冬牧黑麦草和紫花苜蓿)对鱼塘底泥的修复作用。实验结果表明：1 年生黑麦草、南北方多年生黑麦草长势最好，对底泥的养分利用效率最高。南方多年生黑麦草对底泥中的氮、磷和铬均有一定修复效果，去除率分别为 6.2%、6.3%和 31.4%。综合植物的生长状况和对底泥的修复效果，南方多年生黑麦草适合用于养殖间歇期对虾养殖池塘底泥的修复工程(刘立早　等，2020)。

案例二：养殖池塘污染底泥生物修复技术

通过添加复合微生物、微生物合酶菌液、添加营养促生剂、水底界面曝气等技术，对池塘污染底泥中溶氧、氨氮、硝态氮、化学需氧量(COD_{Cr})、有机碳、底泥生物降解能力、异养细菌数量和反硫化细菌数量等指标的动态变化进行研究，探究不同修复技术的环境效应。结果表明不同的添加物均对污染底泥产生了一定的修复作用，其中底泥营养促生剂的综合修复效果最为理想，几种生物制剂和营养促生剂的添加能使上覆水硝态氮和氨态氮含量升高，促进浮游藻类的阶段性生长(蔡惠凤　等，2006)。

参 考 文 献

鲍婷，王梦杰，吴俊男，等，2021. 作物-鱼共作对淡水养殖系统 N_2O 排放的影响. 农业环境科学学报，40(6)：1344-1353.

蔡惠凤，陆开宏，金春华，等，2006. 养殖池塘污染底泥生物修复的室内比较实验.中国水产科学，(1)：140-145.

丁维新，袁俊吉，刘德燕，等，2020. 淡水养殖系统温室气体 CH_4 和 N_2O 排放量研究进展. 农业环境科学学报，39(4)：749-761.

杜佳垠. 鱼藻复合养殖既增产又环保. 中国渔业报，2008-12-08(004).

冯永永，2016. 畜禽-鱼复合养殖模式中气单胞菌 I 类整合子的分子流行特征. 上海：上海海洋大学.

高航，2020. 基于碳氮循环的"鱼-菌-藻"共生系统性能强化研究. 济南：山东大学.

高立方，吴静颖，葛小东，等，2021. 长江经济带淡水养殖污染负荷特征分析. 华中农业大学学报，40(3)：64-74.

管卫兵，刘凯，石伟，等，2020. 稻渔综合种养的科学范式. 生态学报，40(16)：5451-5464.

江涛，许明昌，曾智，等，2014. 大水面网箱收集养殖废弃物及水处理系统研发.农业工程学报，30(20)：211-218.

李小龙，位耀光，吴英昊，等，2021. 智能化鱼菜共生系统及其在都市农业中的应用综述. 安徽农业科学，49(14)：8-12.

刘立早，张玉平，刘淑梅，等，2020. 牧草类植物对南美白对虾养殖池塘底泥的修复效果. 江苏农业科学，48(24)：173-177.

刘朋，2012. 草鱼不同混养系统有机碳、氮和磷收支及变动的初步研究. 青岛：中国海洋大学.

刘星，刘艳，虎治军，等，2021. 鱼菜共生立体高效生产系统研究进展. 安徽农业科学，49(15)：14-17.

马煜春，孙丽英，刘翠英，等，2018.太湖地区两种典型水产养殖系统 CH_4 排放研究. 生态环境学报，27(7)：1269-1275.

农业农村部渔业管理局，2018. 中国渔业统计年鉴. 北京：中国农业出版社.

孙世玉，2020. 上海郊区虾类养殖的水环境影响研究. 上海：上海海洋大学.

吴双，2018. 灌溉河流和淡水养殖湿地甲烷和氧化亚氮排放通量观测研究. 南京：南京农业大学.

吴雪，2012. 稻鱼系统养分循环利用研究. 杭州：浙江大学.

夏斌，2013. 草鲢复合养殖池塘主要营养要素生物学循环过程的研究. 青岛：中国海洋大学.

徐纪萍，高雪忠，叶军强，2017. 上海市奉贤地区淡水池塘凡纳滨对虾和鱼类混养模式探讨. 水产科技情报，44(3)：157-161.

徐嘉波，刘永士，施永海，等，2021. 集中连片池塘的尾水处理系统中氮磷的时空变化规律.渔业现代化，48(4)：35-42.

尹小玲，2017. 淡水鱼养殖模式、生产效率及环境影响研究. 南京：南京农业大学.

张文博，马旭洲，2020. 2000 年来中国水产养殖发展趋势和方向. 上海海洋大学学报，29(5)：661-674.

Serrano-grijalva L，Sánchea-carrillo S，Angeler D G，et al.，2011. Effects of shrimp-farm effluents on the food web structure in subtropical coastal lagoons. Journal of Experimental Marine Biology and Ecology，402(1-2)：65-74.

Xiao X，Agusti S，Lin F，et al.，2017. Nutrient removal from Chinese coastal waters by large-scale seaweed aquaculture. Scientific Reports，7. https://www.nature.com/articles/srep46613.

Yuan J J，Xiang J，Liu D Y，et al.，2019.Rapid growth in greenhouse emissions from the adoption of industrial-scale aquaculture. Nature Climate Change，9(4)：318-322.

Zhang Y，Bleeker A，Liu J，2015. Nutrient discharge from China's aquaculture industry and associated environmental impacts. Environmental Research Letters，10(4).

第 13 章　土壤健康现状与绿色发展挑战

13.1　引　　言

健康土壤是保障现代化农业高质量发展的根基，人类消耗的食物和能量 99%来源于土壤。世界粮农组织（Food and Agriculture Organization of the United Nations，FAO）在国际土壤年提出了“健康土壤带来健康生活”的理念和行动，认为只有健康的土壤才能生产健康的食物，进而孕育健康的人类和健康的社会。土壤作为脆弱的非再生资源，其健康状况和可持续性管理正成为全球关注的焦点和热点（Bouma，2014；Keesstra et al.，2016）。土壤健康不仅深刻影响植物、动物和人类的健康，而且与大气、水环境保护密切相关，是以人类健康为中心的整体健康系统中的一个重要组成部分，也是农业绿色发展的基石（张俊伶 等，2020）。农田生态系统中施用无机肥、无机+有机配施（包括无机肥+秸秆或无机肥+粪肥）均是提高土壤肥力的重要措施，其中后者对土壤肥力的提升更显著。土壤微生物通过自身代谢参与元素循环和污染物降解等过程，同时在增强根际免疫力、提高土壤肥力和作物产量方面扮演关键的角色，对于土壤健康乃至人类健康具有重要意义。同时，土壤微生物对土壤健康具有指示作用，而有效判定土壤健康状态是实现农业绿色发展的基础（梁文举 等，2021）。长江经济带是生态脆弱区，也是耕地保育的典型区，其中低产田分布广、土壤肥力低，耕地土壤中典型的土壤类型如红壤、黄壤、水稻土等存在酸化、有机质普遍贫乏、重金属元素含量高和土壤生物多样性下降等问题。基于以上方面，本书系统总结了长江经济带土壤肥力以及重金属元素和土壤微生物的多样性特征，并提出提升长江经济带土壤健康水平的对策，以落实“藏粮于地、藏粮于技”国家战略，提升区域土壤健康水平，实现土壤可持续管理，为保证粮食和农产品安全、生态环境安全提供科学依据。

13.2　长江经济带农田土壤肥力时空差异特征

13.2.1　长江经济带农田土壤肥力特征

1. 农田土壤中有机质含量在长江中、下游提升显著

如图 13-1 所示，与 1980 年比较，长江经济带旱地有机质平均含量有所降低，而水田有所升高。长江经济带旱地 1980 年与 2012 年的有机质平均含量分别为 27.07g/kg 和 26.34g/kg；而水田有机质平均含量分别为 25.55g/kg 和 26.55g/kg。其中，长江经济带上游

旱地与水田的有机质平均含量均呈降低趋势，且差异显著：旱地有机质平均含量由 1980 年的 29.60g/kg 降低至当前的 23.94g/kg，水田有机质平均含量由 1980 年的 27.05g/kg 降低至当前的 24.13g/kg。而长江经济带中、下游旱地与水田的有机质平均含量均呈升高趋势，其中长江经济带中游旱地和水田的有机质含量分别由 1980 年的 26.94g/kg 和 26.42g/kg 增加至当前的 27.83g/kg 和 29.74g/kg；而长江下游的旱地和水田分别由 1980 年的 16.8g/kg 和 22.69g/kg 增加至当前的 19.15g/kg 和 24.52g/kg。

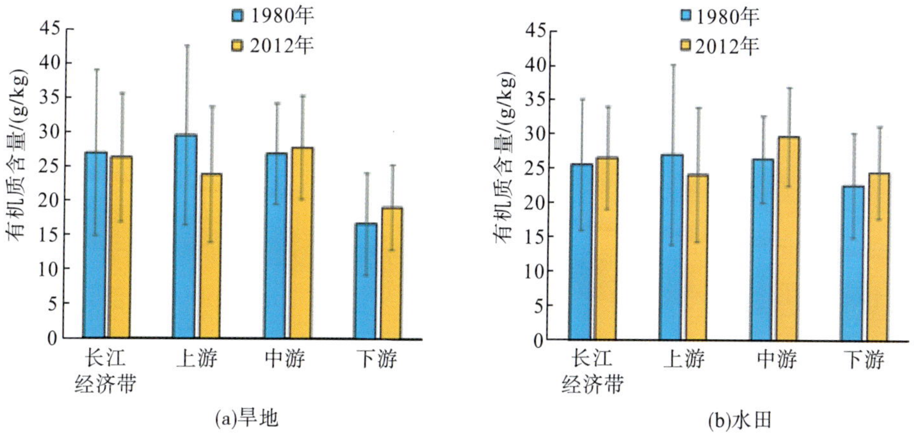

图 13.1　长江经济带及其上、中、下游有机质含量对比

长江经济带各省(市)农田土壤有机质含量时空对比如表 13-1 所示。当前与 1980 年相比旱地有机质平均含量除湖南、江西、安徽、江苏升高外，其他省(市)均呈降低趋势。其中湖南上升最多，平均为 3.23g/kg，重庆下降最多，平均为 8.06g/kg。而水田有机质平均含量除云南、贵州、重庆、湖北下降外，其他省(市)均呈升高趋势。其中重庆下降最多，平均为 4.52g/kg，江西上升最多，平均为 4.14g/kg。1980 年贵州旱地有机质平均含量(36.85g/kg)最高，且比最低的安徽(14.14g/kg)高 22.71g/kg。当前贵州旱地有机质含量(33.99g/kg)依然最高，同时当前安徽旱地有机质平均含量(15.91g/kg)仍为最低，两者相差 18.08g/kg。1980 年贵州水田有机质平均含量(39.62g/kg)最高，且比最低的四川(19.21g/kg)高 20.41g/kg。当前贵州水田有机质含量(36.50g/kg)依然最高，且当前重庆水田有机质平均含量(18.87g/kg)最低，两者相差 17.63g/kg。

表 13-1　长江经济带各省(市)农田土壤有机质含量对比　(单位：g/kg)

省(市)	旱地		水田	
	1980 年	当前	1980 年	当前
云南	34.71±16.27	32.54±12.33	34.94±16.75	33.85±12.15
贵州	36.85±7.35	33.99±9.09	39.62±8.06	36.50±8.84
四川	22.28±8.64	21.77±8.54	19.21±5.72	21.52±7.42
重庆	27.42±8.61	19.36±3.44	23.39±7.92	18.87±3.30

续表

省(市)	旱地		水田	
	1980年	当前	1980年	当前
湖北	25.67±8.68	22.29±4.75	24.14±7.32	22.77±4.46
湖南	29.81±5.07	33.04±7.69	29.18±4.74	33.04±7.62
江西	25.87±5.77	28.91±3.87	25.53±5.56	29.67±3.42
安徽	14.14±5.51	15.91±6.54	20.67±6.87	22.02±7.82
江苏	16.58±5.16	18.47±3.67	20.97±6.26	21.52±4.58
浙江	27.65±9.20	27.37±4.94	27.50±7.93	28.54±5.85
上海	30.03±3.34	26.01±4.03	23.90±4.05	25.00±6.78

注：表中数值为平均值±标准差。

2. 农田土壤pH在长江中、下游地区显著下降

如图13-2所示，与1980年比较，长江经济带旱地和水田pH均有所降低。长江经济带旱地1980年与2012年的pH平均值分别为6.52和6.33；水田pH平均值分别为6.36和6.09。长江上游旱地pH平均值呈升高趋势，水田比较稳定。其中，旱地pH平均值由1980年的6.48增加至当前的6.68。而长江中、下游旱地与水田的pH平均值均呈降低趋势，其中长江中游旱地和水田的pH分别由1980年的6.14和6.02降低至当前的5.95和5.79；而长江下游旱地和水田的pH平均值分别由1980年的7.27和6.53降低至当前的6.99和6.28。

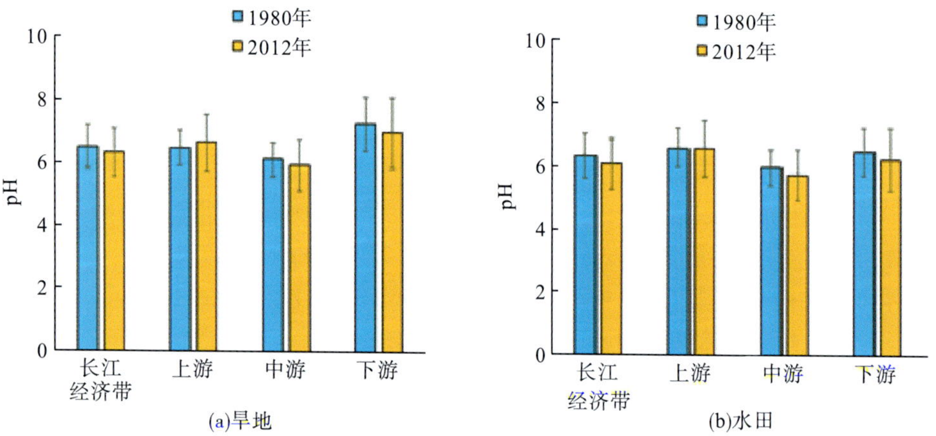

图13-2　长江经济带及其上、中、下游土壤pH对比

长江经济带各省(市)农田土壤pH时空对比如表13-2所示。当前与1980年相比，旱地pH平均值除四川、江苏升高外，其他省(市)均呈降低趋势。其中江苏上升最多，平均为0.15；浙江下降最多，平均为0.61。而水田pH平均值除云南升高外，其他省(市)均呈降低趋势。其中重庆下降最多，平均为0.64，而云南平均上升了0.15。1980年安徽旱地pH平均值(7.54)最高，且比最低的江西(5.45)高2.09。当前江苏旱地pH平均值(7.51)最

高，而当前江西旱地 pH 平均值(5.15)仍为最低，两者相差 2.36。1980 年上海水田 pH 平均值(7.42)最高，且比最低的江西(5.39)高 2.03。当前江苏水田 pH 平均值(7.16)最高，而当前江西水田 pH 平均值(5.11)依然最低，两者相差 2.05。

表 13-2　长江经济带各省(市)农田土壤 pH 对比

省(市)	旱地		水田	
	1980 年	当前	1980 年	当前
云南	6.10±0.35	6.09±0.70	6.14±0.36	6.29±0.77
贵州	6.38±0.43	6.20±0.55	6.25±0.65	6.00±0.66
四川	6.83±0.57	6.95±0.91	6.98±0.49	6.85±0.89
重庆	6.68±0.37	6.21±0.65	6.81±0.40	6.17±0.65
湖北	6.47±0.42	6.46±0.79	6.43±0.44	6.32±0.73
湖南	6.19±0.32	5.96±0.69	6.20±0.34	5.96±0.81
江西	5.45±0.35	5.15±0.28	5.39±0.36	5.11±0.24
安徽	7.54±0.84	6.97±1.04	6.16±0.53	5.76±0.61
江苏	7.36±0.58	7.51±0.80	7.17±0.62	7.16±0.73
浙江	6.06±0.45	5.45±0.50	6.18±0.48	5.60±0.58
上海	7.43±0.18	6.97±0.47	7.42±0.23	7.09±0.57

注：表中数值为平均值±标准差。

整体而言，长江中、下游地区土壤酸化程度更为严重，尤其是水田土壤，其酸化范围更广。首先，这些地区土壤的本底值整体较低；其次，长江中、下游地区农田土壤主要类型为水稻土、砂姜黑土，这些土壤均有较高的阳离子交换量，而阳离子交换能促进土壤的酸化；再次，长江中、下游地区成土母质主要为河流冲积物或沉积物，缓冲体系主要是由原生矿物风化形成的硅酸盐缓冲体系，缓冲范围接近中性；最后，在水田种植水稻时需要大量的水，但由于酸沉降、空气中有大量 CO_2 等因素，导致自然界中的降水常呈微酸性，这些水通过灌溉进入稻田易导致土壤 pH 相对较低。

3. 农田土壤全氮在长江中、下游地区显著升高

如图 13-3 所示，与 1980 年比较，长江经济带旱地和水田全氮平均值均有所降低。长江经济带旱地 1980 年与当前的全氮平均值分别为 1.39g/kg 和 1.29g/kg；水田全氮平均值分别为 1.33g/kg 和 1.27g/kg。长江上游旱地全氮平均值呈降低趋势，水田比较稳定。其中旱地全氮平均值由 1980 年的 1.51g/kg 降低至当前的 1.37g/kg，水田 1980 年与当前的全氮平均值分别为 1.40g/kg 和 1.39g/kg。而长江中、下游旱地与水田的全氮平均值均呈升高趋势，其中长江中游旱地和水田的全氮平均值由 1980 年的 1.36g/kg 和 1.34g/kg 分别增加至当前的 1.56g/kg 和 1.69g/kg；长江下游旱地和水田的全氮平均值分别由 1980 年的 0.94g/kg 和 1.23g/kg 增加至当前的 1.21g/kg 和 1.54g/kg。

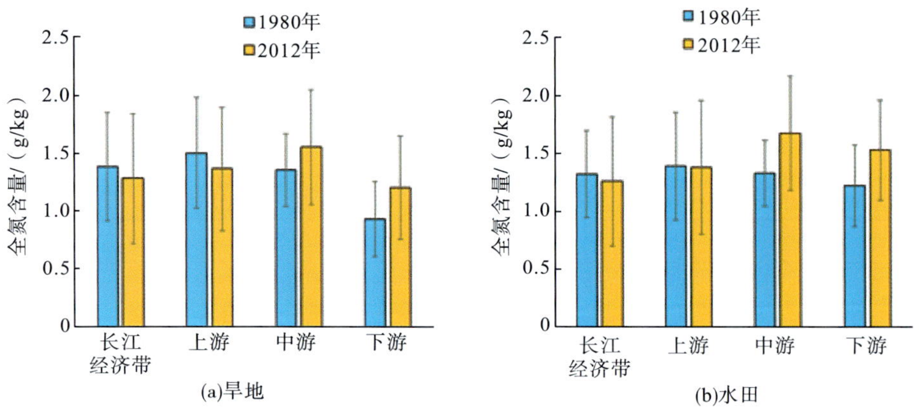

图 13-3　长江经济带及其上、中、下游全氮对比

长江经济带各省(市)农田土壤全氮含量时空对比如表 13-3 所示。当前与 1980 年相比，旱地全氮含量平均值除四川、重庆、湖北、上海降低外，其他省(市)均呈升高趋势。其中浙江上升最多，平均为 0.37g/kg，重庆下降最多，平均为 0.37g/kg。而水田全氮含量平均值除重庆、上海下降外，其他省(市)均呈升高趋势。其中重庆下降最多，平均为 0.18g/kg，云南上升最多，平均为 0.43g/kg。1980 年贵州旱地全氮含量平均值(1.86g/kg)最高，且比最低的安徽(0.80g/kg)高 1.06g/kg。当前云南和湖南旱地全氮含量平均值(1.88g/kg)最高，同时当前安徽旱地全氮含量平均值(1.09g/kg)仍为最低，两者相差 0.79g/kg。1980 年贵州水田全氮含量平均值(1.91g/kg)最高，且比最低的安徽和四川(均为 1.11g/kg)高 0.80g/kg。当前贵州水田全氮含量平均值(2.05g/kg)依然最高，而当前重庆水田全氮含量平均值(1.18g/kg)最低，两者相差 0.87g/kg。

表 13-3　长江经济带各省(市)农田土壤全氮含量对比　　(单位：g/kg)

省(市)	旱地		水田	
	1980 年	当前	1980 年	当前
云南	1.59±0.52	1.88±0.90	1.60±0.51	2.03±1.06
贵州	1.86±0.28	1.86±0.47	1.91±0.29	2.05±0.42
四川	1.25±0.39	1.24±0.41	1.11±0.24	1.22±0.36
重庆	1.54±0.43	1.17±0.27	1.36±0.42	1.18±0.27
湖北	1.27±0.33	1.23±0.45	1.20±0.26	1.23±0.45
湖南	1.57±0.21	1.88±0.43	1.56±0.20	1.95±0.43
江西	1.25±0.26	1.43±0.19	1.23±0.24	1.47±0.19
安徽	0.80±0.23	1.09±0.56	1.11±0.33	1.38±0.33
江苏	0.97±0.29	1.16±0.24	1.20±0.34	1.36±0.30
浙江	1.37±0.29	1.74±0.40	1.42±0.28	1.82±0.46
上海	1.75±0.17	1.64±0.27	1.74±0.22	1.60±0.27

注：表中数值为平均值±标准差。

4. 农田土壤速效磷含量在长江经济带地区普遍显著升高

如图 13-4 所示，与 1980 年比较，长江经济带旱地与水田速效磷平均含量均大幅升高。长江经济带旱地 1980 年与当前的速效磷平均含量分别为 5.10mg/kg 和 16.41mg/kg；水田速效磷平均含量分别为 4.64mg/kg 和 16.25mg/kg。长江经济带上、中、下游旱地与水田的速效磷平均含量均明显升高，且差异非常显著。其中长江经济带上游旱地和水田的速效磷平均含量分别由 1980 年的 5.57mg/kg 和 4.98mg/kg 增加至当前的 15.36mg/kg 和 15.68mg/kg；长江经济带中游旱地和水田的速效磷平均含量分别由 1980 年的 4.94mg/kg 和 4.89mg/kg 增加至当前的 15.98mg/kg 和 16.53mg/kg；长江经济带下游旱地和水田的速效磷平均含量分别由 1980 年的 3.44mg/kg 和 3.91mg/kg 增加至当前的 18.19mg/kg 和 18.38mg/kg。

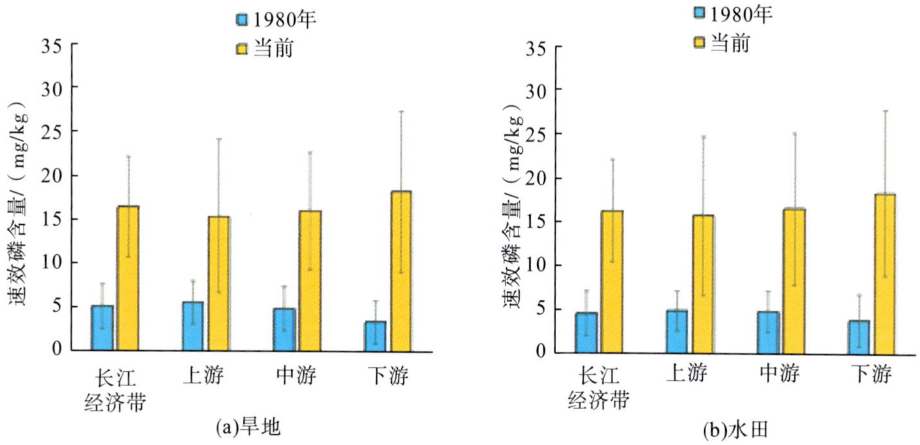

图 13-4　长江经济带及其上、中、下游速效磷含量对比

长江经济带各省(市)农田土壤速效磷含量时空对比如表 13-4 所示。当前与 1980 年相比，旱地速效磷平均含量各省(市)均大幅升高，其中上海上升最多，平均为 27.39mg/kg。同时水田速效磷平均含量各省(市)也大幅升高，其中上海升高最多，平均为 22.37mg/kg。1980 年上海旱地速效磷平均含量(16.35mg/kg)最高，且比最低的江西(2.64mg/kg)高 13.71mg/kg。当前上海旱地速效磷平均含量(43.74mg/kg)依然最高，而当前重庆旱地速效磷平均含量(12.94mg/kg)最低，两者相差 30.80mg/kg。1980 年上海水田速效磷平均含量(15.07mg/kg)最高，且比最低的江西(2.61mg/kg)高12.46mg/kg。当前上海水田速效磷平均含量(37.44mg/kg)仍为最高，而当前重庆水田速效磷平均含量(12.71mg/kg)最低，两者相差 24.73mg/kg。

表 13-4　长江经济带各省（市）农田土壤速效磷含量对比　　（单位：mg/kg）

省（市）	旱地		水田	
	1980 年	当前	1980 年	当前
云南	7.37±2.83	20.71±13.67	7.18±2.99	21.14±14.01
贵州	6.16±1.16	15.54±5.62	6.03±1.08	16.55±6.22
四川	4.19±1.53	15.12±8.72	3.80±1.25	14.97±8.43
重庆	4.25±1.46	12.94±4.93	4.09±1.23	12.71±5.12
湖北	5.23±2.46	14.05±5.85	5.56±2.21	13.69±5.81
湖南	6.20±1.72	18.48±8.29	6.12±1.58	18.60±11.11
江西	2.64±1.59	15.28±2.50	2.61±1.69	15.23±2.60
安徽	3.19±1.66	20.17±9.63	3.40±2.24	16.40±8.62
江苏	3.52±2.66	14.83±4.26	3.17±1.89	14.50±4.26
浙江	3.79±1.94	23.72±10.07	4.41±2.09	21.80±9.65
上海	16.35±3.24	43.74±37.52	15.07±3.86	37.44±20.08

注：表中数值为平均值±标准差。

5. 农田土壤速效钾含量在长江中、下游地区升高显著

如图 13-5 所示，与 1980 年比较，长江经济带旱地与水田速效钾平均含量均显著升高。长江经济带旱地 1980 年与当前的速效钾平均含量分别为 91.01mg/kg 和 112.54mg/kg；水田速效钾平均含量分别为 66.32mg/kg 和 96.88mg/kg。长江上游旱地速效钾平均含量呈降低趋势，水田有所升高。其中旱地由 1980 年的 108.18mg/kg 降低至当前的 104.60mg/kg，水田由 1980 年的 95.46mg/kg 增加至当前的 98.04mg/kg。而长江中、下游旱地与水田的速效钾平均含量均显著升高，其中长江中游旱地和水田的速效钾平均含量分别由 1980 年的 64.56mg/kg 和 61.23mg/kg 增加至当前的 96.67mg/kg 和 93.80mg/kg；长江下游旱地和水田的速效钾平均含量分别由 1980 年的 56.07mg/kg 和 39.84mg/kg 增加至当前的 118.62mg/kg 和 97.29mg/kg。

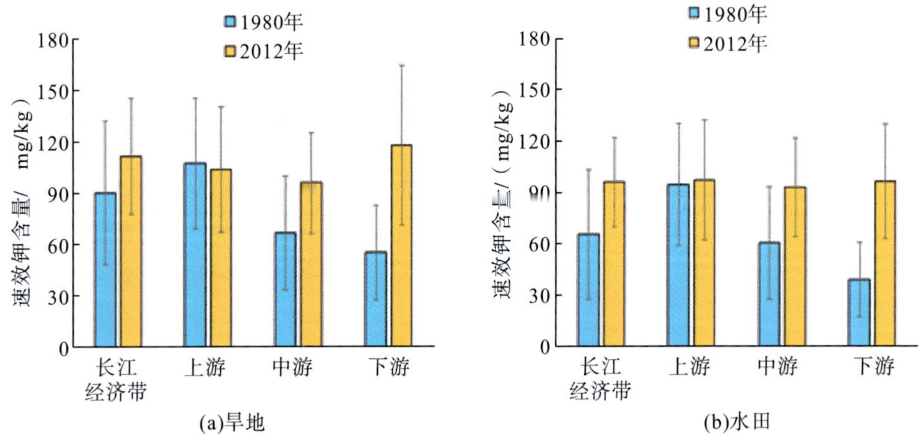

图 13-5　长江经济带及其上、中、下游速效钾含量对比

长江经济带各省(市)农田土壤速效钾含量时空对比如表 13-5 所示。当前与 1980 年相比，旱地速效钾平均含量除重庆降低外，其他省(市)均呈升高趋势。其中安徽上升最多，平均为 71.87mg/kg，而重庆平均下降 11.54mg/kg。同时水田速效钾平均含量除重庆下降外，其他省(市)均呈升高趋势。其中重庆平均下降 11.83mg/kg，而江苏上升最多，平均为 61.70mg/kg。1980 年云南旱地速效钾平均含量(135.98mg/kg)最高，且比最低的江西(21.49mg/kg)高 114.49mg/kg。当前云南旱地速效钾平均含量(144.99g/kg)依然最高，同时当前江西旱地速效钾平均含量(78.01mg/kg)仍为最低，两者相差 66.98mg/kg。1980 年云南水田速效钾平均含量(128.90g/kg)最高，且比最低的江西(19.78mg/kg)高 109.12mg/kg。当前云南水田速效钾平均含量(143.45g/kg)依然最高，而当前江西水田速效钾平均含量(76.21mg/kg)仍为最低，两者相差 67.24mg/kg。

表 13-5　长江经济带各省(市)农田土壤速效钾含量对比　(单位：mg/kg)

省(市)	旱地		水田	
	1980 年	当前	1980 年	当前
云南	135.98±27.60	144.99±61.31	128.90±28.87	143.45±60.15
贵州	108.42±23.86	139.55±38.35	104.06±24.86	126.73±39.98
四川	88.26±42.94	95.42±25.45	76.50±33.38	88.44±21.76
重庆	100.10±20.56	88.56±15.58	98.50±18.04	86.67±15.28
湖北	81.64±26.03	106.79±31.88	81.93±23.64	101.39±29.14
湖南	80.94±20.12	97.93±29.15	76.75±17.94	100.40±31.44
江西	21.49±13.25	78.01±13.10	19.78±10.96	76.21±11.98
安徽	65.20±29.24	137.07±47.32	37.28±13.82	95.41±33.41
江苏	54.50±18.76	121.35±47.40	44.93±18.64	106.63±36.81
浙江	25.78±13.31	82.12±20.43	31.07±17.83	86.91±23.51
上海	113.55±41.42	124.28±33.14	102.58±39.40	135.86±51.32

注：表中数值为平均值±标准差。

13.2.2 长江经济带农田土壤肥力与全国及世界农田土壤肥力的差异

如图 13-6 所示，长江经济带农田土壤各项指标值与全国及世界有一定差异，其中土壤有机质平均含量为 26.45g/kg，分别比全国(32.07g/kg)和世界(38.87g/kg)平均水平低 5.62g/kg 和 12.42g/kg；土壤 pH 平均值为 6.21，低于全国平均水平(6.85)，但高于世界平均水平(5.99)；土壤全氮平均值为 1.28g/kg，分别比全国(1.56g/kg)和世界(1.66g/kg)平均水平低 0.28g/kg 和 0.38g/kg；土壤速效磷平均含量为 16.33mg/kg，分别比全国(18.46mg/kg)和世界(24.30mg/kg)平均水平低 2.13mg/kg 和 7.97mg/kg；土壤速效钾平均含量为 104.71mg/kg，分别比全国(111.46mg/kg)和世界(156.00mg/kg)平均水平低 6.75mg/kg 和 51.29mg/kg。综合来看，长江经济带农田土壤肥力水平低于全国及世界平均水平，尤其与世界平均水平差异更加明显。

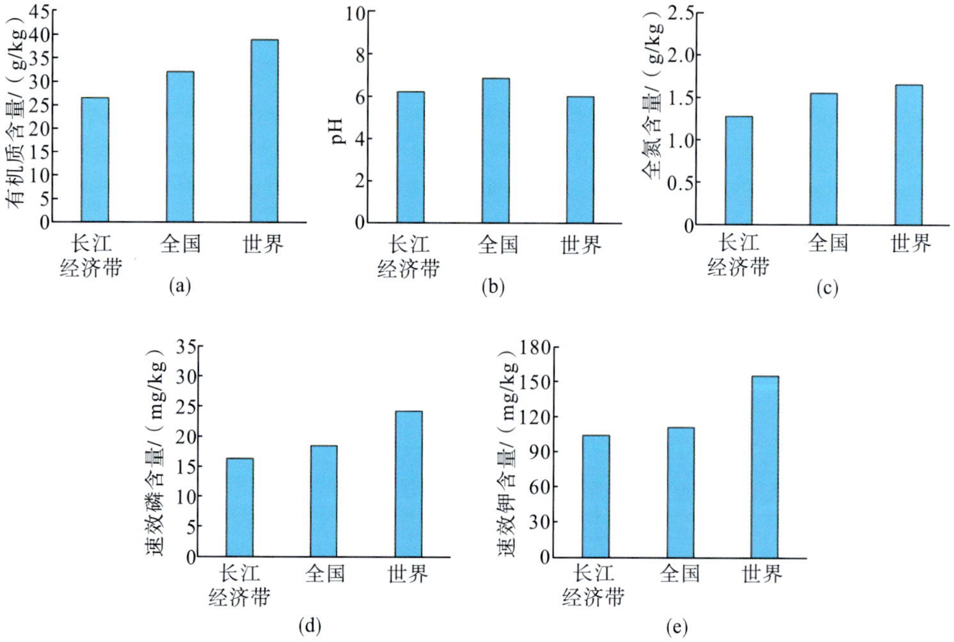

图 13-6　长江经济带与全国及世界土壤肥力差异

13.3　长江经济带农田土壤重金属元素污染环境风险评估

13.3.1　长江经济带农田土壤重金属元素空间分布和平均含量特征

数据统计结果显示，重金属元素 Cr 的县域峰值出现在贵州，次峰值均匀分布在长江经济带的中部和西南部；Cd 在长江经济带中部和东部较为富集；As 在重庆、贵州等地富集程度较高；Cu 主要富集分布在长江经济带的两端，且在云南出现峰值富集；Hg 主要富集分布在西南地区；Ni 和 Pb 主要分布在西南地区和华东地区，且在西南地区出现峰值富集；Zn 主要富集分布在贵州和浙江等地。

表 13-6　长江经济带各省（市）农田土壤重金属元素含量平均值　（单位：mg/kg）

省（市）	项目	Cr	Cd	Hg	As	Pb	Zn	Ni	Cu
安徽	平均值	66.92	1.12	0.10	15.46	48.01	173.07	31.38	65.54
	背景值	66.50	0.10	0.03	9.99	26.60	62.00	29.80	20.40
贵州	平均值	71.49	2.59	1.06	21.98	53.54	532.36	78.99	46.55
	背景值	95.90	0.66	0.11	20.00	35.20	99.50	39.10	32.00
湖北	平均值	69.53	0.85	0.11	13.30	31.88	80.12	22.42	46.04
	背景值	86.00	0.17	0.08	12.30	26.70	83.60	41.70	30.70
湖南	平均值	79.16	1.71	0.38	48.13	83.95	250.88	25.60	41.65

续表

省(市)	项目	Cr	Cd	Hg	As	Pb	Zn	Ni	Cu
	背景值	71.40	0.13	0.12	15.70	29.70	94.40	31.80	27.30
江苏	平均值	71.89	2.18	0.17	9.38	29.13	107.56	31.63	31.12
	背景值	77.80	0.13	0.29	10.99	26.20	62.60	26.70	22.30
江西	平均值	57.65	0.41	0.56	9.20	28.70	84.63	28.61	61.77
	背景值	45.90	0.11	0.08	14.90	32.30	69.40	21.50	20.30
上海	平均值	71.68	0.18	0.14	7.52	27.93	111.02	39.75	34.07
	背景值	70.20	0.14	0.10	9.19	25.00	81.30	29.90	27.2
四川	平均值	63.04	0.29	0.12	7.65	30.53	86.71	29.08	32.07
	背景值	79.00	0.08	0.06	10.40	30.90	86.50	32.60	31.10
云南	平均值	73.07	2.32	0.16	24.34	106.88	140.01	39.51	147.95
	背景值	65.20	0.22	0.06	18.40	40.60	89.70	42.50	46.30
浙江	平均值	58.38	3.05	1.34	7.50	31.92	129.93	18.36	30.63
	背景值	52.90	0.07	0.09	9.20	23.70	70.60	24.60	17.60
重庆	平均值	46.19	0.48	0.08	139.71	37.44	104.81	32.51	22.12
	背景值	49.08	0.14	0.04	6.99	23.52	78.22	—	22.87

根据表 13-6 可以看出，含量最高的 8 种重金属元素分别为 Cr(79.16mg/kg，湖南)、Cd(3.05mg/kg，浙江)、Hg(1.34mg/kg，浙江)、As(139.71mg/kg,重庆)、Pb(106.88mg/kg，云南)、Cu(147.95mg/kg，云南)、Zn(532.36mg/kg，贵州)、Ni(78.99mg/kg，贵州)。其中贵州、云南、浙江省农田土壤重金属元素平均含量相对较高，而安徽、江西、四川相对较低。以各省(市)的土壤背景值为标准计算各省(市)农田土壤重金属元素含量超出当地背景值的倍率，结果显示，安徽 8 种重金属元素的含量全部超出该省的背景值，但超出范围较小。而各种重金属元素含量超出省域背景值最大的分别是 Cr(江西)、Cd 和 Hg(浙江)、Zn 和 Ni(贵州)、As(重庆)、Pb 和 Cu(云南)，超出倍率分别为 25.60%、4257.14%和 1388.89%、435.04%和 102.02%、1898.71%、163.25%和 219.55%。

由表 13-7 和表 13-8 的统计数据可以看出，长江经济带农田土壤 Cd、Hg、As、Pb、Zn、Cu 这 6 种元素的平均均超出了全球背景值；而 Cr 和 Ni 这两种元素则未超出全国和世界农田土壤重金属元素背景值，元素 Cr 仅超出欧洲地区。虽然长江经济带农田土壤重金属元素含量多数超出全国和世界背景值，但按照不同地区农田土壤重金属元素含量标准值来评价，则只有 Cd 和 As 两种元素超标，且超标率分别为 360.00%和 10.60%。由此来看，长江经济带农田土壤重金属元素 Cd 污染情况较严重。

表 13-7　不同地区农田土壤重金属元素含量值　(单位：mg/kg)

区域	项目	Cr	Cd	Hg	As	Pb	Zn	Ni	Cu	参考资料和文献
长江经济带	平均值	66.27	1.38	0.38	27.65	46.36	163.74	34.35	50.86	本研究

续表

区域	项目	Cr	Cd	Hg	As	Pb	Zn	Ni	Cu	参考资料和文献
全国	背景值	65.61	0.13	0.06	11.11	25.45	73.96	—	23.92	全国土壤元素背景值
欧洲	背景值	54.09	0.60	—	6.95	20.90	68.62	72.80	46.20	Facchinelli 等(2001)
世界	背景值	100.00	0.06	0.01	5.00	10.00	54.00	40.00	20.00	Gowd 等(2010)

表 13-8　不同地区农田土壤重金属元素含量标准　(单位：mg/kg)

区域	项目	Cr	Cd	Hg	As	Pb	Zn	Ni	Cu	参考资料和文献
长江经济带	平均值	66.27	1.38	0.38	27.65	46.36	163.74	34.35	50.86	本研究
全国	标准值	150.00	0.30	0.50	25.00	70.00	200.00	60.00	50.00	全国土壤环境质量标准
欧洲	标准值	100.00	5.00	—	—	100.00	300.00	100.00	100.00	Kabata-Pendias 和 Pendias(2001)

13.3.2　不同类型土壤重金属元素污染情况

由图 13-7 可以看出，在不同类型土壤中，Cr 元素的富集程度在紫色土中最低，其他类型土壤均显著高于紫色土；Cd 元素在潮土中的富集程度极显著高于黄壤和水稻土；Hg 和 As 主要富集在水稻土中，并且富集程度极显著高于其他类型土壤，同时 As 的富集程度在潮土和红壤中较低；而 Pb 在紫色土、黄壤、红壤、水稻土中的富集程度差异不大，但均显著高于潮土；Zn 在黄壤中地富集程度最高，且极显著地高于其他土壤类型；Ni 在黄棕壤中的富集程度略高于其他类型土壤，在红壤中最低；Cu 在各种类型土壤中的含量相差不大。

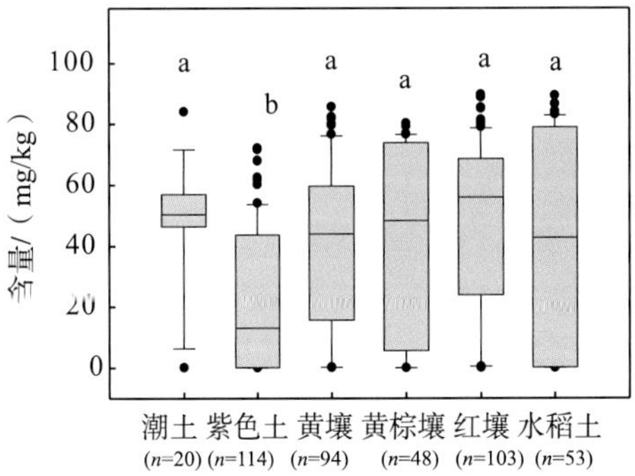

(a)Cr

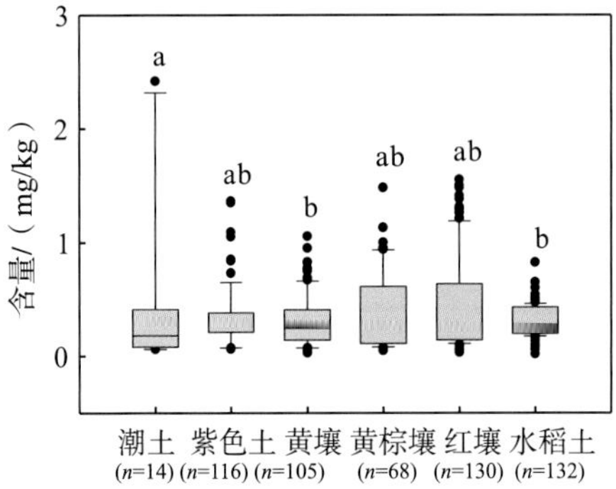

(b)Cd

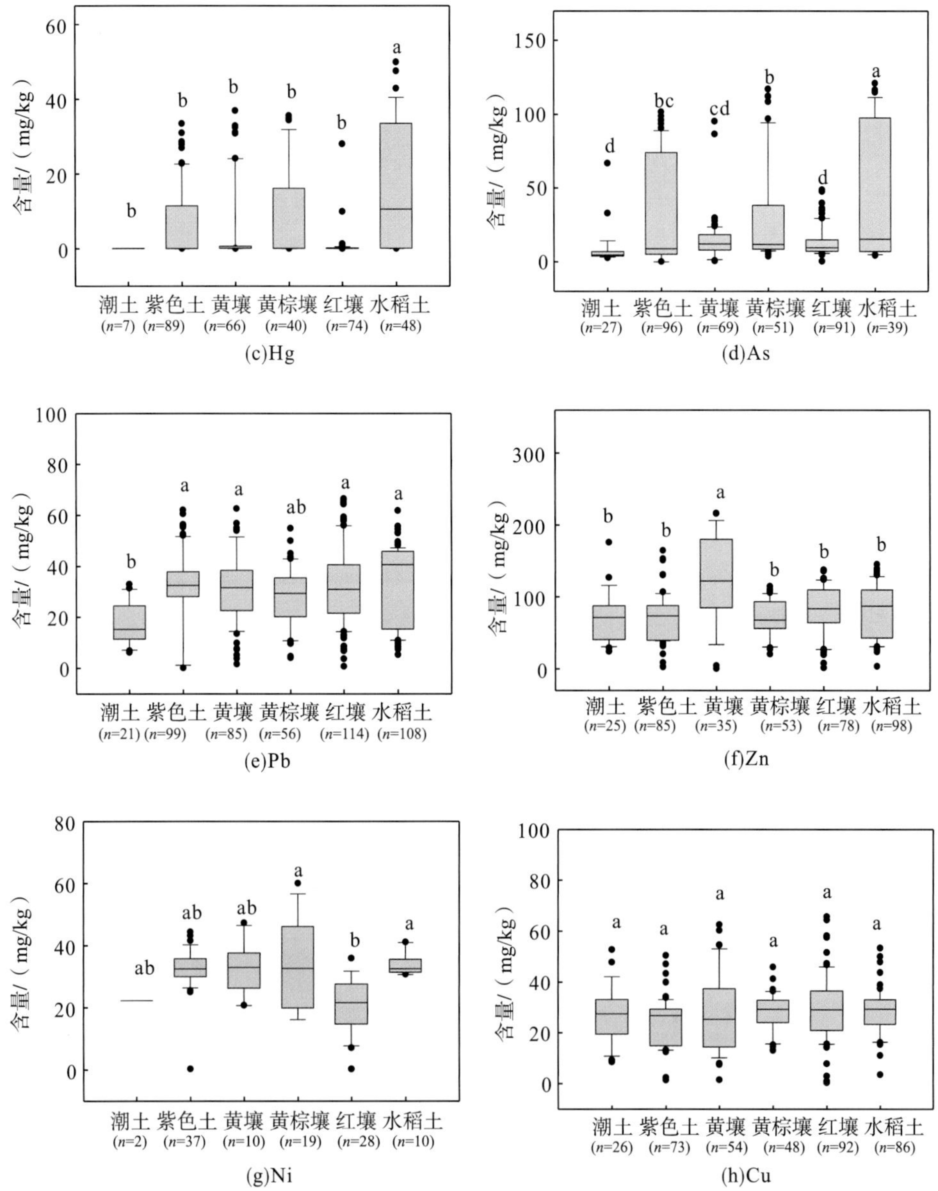

图 13-7　不同土壤类型下农田土壤重金属元素含量

注：*n* 为样本量(个)，下同。

13.3.3　不同种植体系重金属元素污染情况

由图 13-8 可以看出，在不同种植体系中，重金属元素 Cr、Cd、Pb、Ni 等在粮食作物和蔬菜作物土壤中的富集程度均高于果园和茶园土壤；Hg、Cu 在各种种植体系中无差异，说明二者的分布和富集程度与土地利用类型无关；Zn 在蔬菜作物土壤中的富集程度略高于粮食、果园和茶园土壤；而 As 则在果园和茶园土壤中的富集程度最高，且显著高于粮食作物和蔬菜土壤。

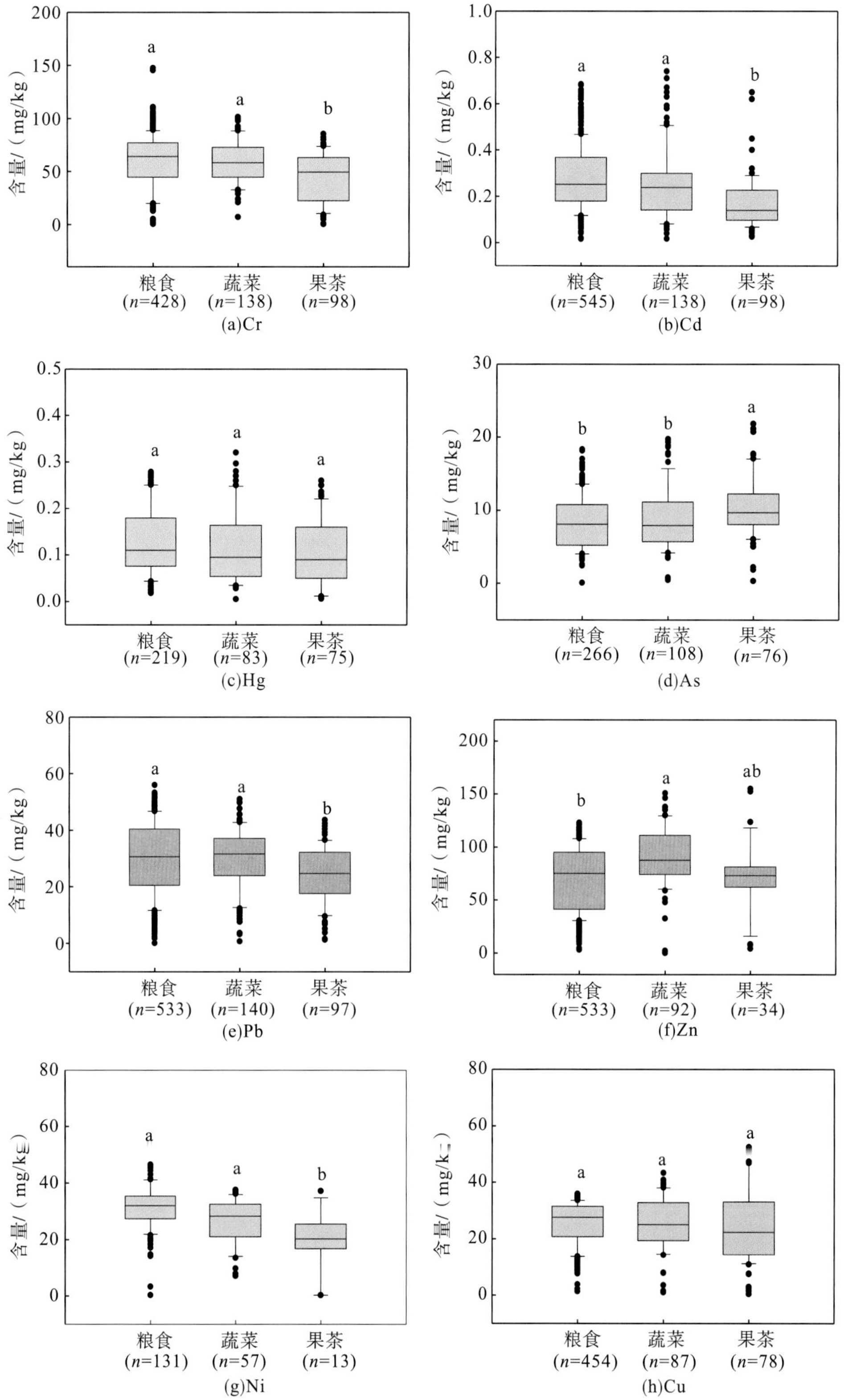

图 13-8　不同种植体系下农田土壤重金属元素含量

13.3.4　长江经济带农田土壤重金属元素污染评价

以长江经济带各省(市)土壤重金属元素含量背景值为标准，计算各省(市)农田土壤中 8 种重金属元素的地质累积指数(I_{geo})值并估测农田土壤重金属元素污染等级，结果如表 13-9 和表 13-10 所示。从地质累积指数平均值来看，长江经济带农田土壤地质累积指数值大小依次为：Cd、Hg、Cu、Zn、Pb、Ni、As 和 Cr。其中各省(市)农田土壤 Cr 的 I_{geo} 值均小于 0，并且部分省(市)土壤 Pb、Cu、Zn、Ni 和 As 的 I_{geo} 值小于 0，表明这 6 种重金属元素的主要来源是成土母质岩层等；而长江经济带农田土壤 Cd 和 Hg 的 I_{geo} 平均值分别为 1.32 和 0.32，表明这两种元素并非来源于成土母岩，而主要来源于人类活动。

表 13-9　长江经济带各省(市)农田土壤地质累积指数值

省(市)	Cr	Cd	Hg	As	Pb	Zn	Ni	Cu
云南	−0.88	2.09	0.38	−0.01	0.38	−0.30	−0.26	0.34
贵州	−0.60	1.85	1.63	0.02	0.05	0.31	0.15	0.19
四川	−1.72	0.79	0.14	−2.32	−0.89	−0.61	−0.68	−0.32
重庆	−1.13	1.40	−0.70	−1.35	−0.24	−0.33	−0.27	−0.79
湖南	−0.74	2.09	1.50	0.48	0.59	0.43	−0.67	0.27
湖北	−0.59	2.16	−0.05	−0.65	−0.32	−0.32	−0.28	0.29
江西	−1.05	0.85	0.14	−1.03	−0.53	−0.87	−0.62	−0.13
安徽	−0.46	1.21	−0.67	−0.88	−0.14	−0.35	−0.29	−0.35
江苏	−0.55	0.84	0.10	−1.05	−0.55	−0.44	−0.42	−0.38
浙江	−0.86	0.99	0.67	−1.47	−0.65	0.01	−1.12	−0.39
上海	−0.91	0.28	0.40	−1.16	−0.39	−0.04	−0.02	−0.06

表 13-10　长江经济带农田土壤重金属元素污染等级(根据 I_{geo} 值)

项目	Cr	Cd	Hg	As	Pb	Zn	Ni	Cu
长江经济带 I_{geo} 平均值	−0.86	1.32	0.32	−0.86	−0.25	−0.23	−0.41	−0.12
I_{geo} 最小值	−1.72	0.28	−0.70	−2.32	−0.89	−0.87	0.15	0.34
I_{geo} 最大值	−0.46	2.16	1.63	0.48	0.59	0.43	−1.12	−0.79
无污染区域比例/%	100	0	27.27	81.82	72.73	72.73	90.91	63.64
轻度污染区域比例/%	0	45.45	54.55	18.18	27.27	27.27	9.09	36.36
中度污染区域比例/%	0	27.27	18.18	0	0	0	0	0
重度污染及以上区域比例/%	0	27.27	0	0	0	0	0	0

综合分析表 13-9 和表 13-10 可知，长江经济带农田土壤重金属元素的污染比例为 30.00%，其中贵州、湖南、云南等地 I_{geo} 值较大的重金属元素种类最多。各省(市)土壤中 Cr 的污染等级均属无污染；除部分省(市)土壤中 Pb(贵州、湖南、云南)、Cu(贵州、湖

南、湖北、云南)、Zn(贵州、湖南、浙江)、Ni(贵州)以及As(贵州、湖南)的I_{geo}值分布在0～1(属轻度污染)外，其他省(市)的I_{geo}值均小于0(属无污染)；各省(市)土壤中Cd和Hg的污染等级较高，分别有100%和72.73%的污染(轻度污染及以上)。Cd在长江经济带11个省(市)范围内均有不同程度的污染，其中以湖北、湖南和云南3省最为明显。Hg仅在安徽、湖北和重庆属无污染等级，中度Hg污染区域为贵州和湖南，其他区域均为轻度污染，这与既往的研究结果一致。从整个长江经济带来看，各省(市)农田土壤中Cd与Hg的I_{geo}值较高，而其平均值也表明农田土壤中Cd和Hg污染较严重。

综上所述，长江经济带农田土壤中8种金属元素含量最高的地区为Cr(79.16mg/kg，湖南)、Cd(3.05mg/kg，浙江)、Hg(1.34mg/kg，浙江)、As(139.71mg/kg，重庆)、Pb(106.88mg/kg，云南)、Cu(147.95mg/kg，云南)、Zn(532.36mg/kg，贵州)、Ni(78.99mg/kg，贵州)。其中贵州、云南、浙江农田土壤重金属元素平均含量相对较高，而安徽、江西、四川相对较低。各种重金属元素在长江经济带的分布特征大体相同，而峰值出现在西南地区和华东地区。长江经济带农田土壤中Cd、Hg、As、Pb、Zn、Cu等的含量超出我国和世界背景值。Cd和As两种元素的含量均超出我国和世界环境标准值，超标率分别为360.00%和10.60%。在不同类型土壤中，重金属元素除Cu外的富集程度存在较大差异；在不同种植体系中，Cr、Cd、Pb、Ni等元素在果园和茶园土壤中富集程度较低，但As相反。污染评价结果显示，长江经济带的重金属元素污染程度依次为：Cd、Hg、Cu、Zn、Pb、Ni、As和Cr，其中Cd和Hg的污染程度最严重；另外，贵州、湖南、云南等地I_{geo}值较大的重金属元素种类最多。

13.4 长江经济带农田土壤微生物的群落特征

土壤微生物是生物地球化学循环的引擎，其通过自身代谢参与元素循环和污染物降解等过程，同时在增强根际免疫力以及提高土壤肥力和作物产量方面扮演关键的角色，对土壤健康乃至人类健康具有重要意义。同时，土壤微生物对土壤健康具有指示作用，而有效判定土壤健康状态是实现农业绿色发展的基础(梁文举 等，2021)。本节综述了长江经济带上、中、下游典型类型土壤的不同种植体系(表13-11)中土壤微生物的群落特征，并明确了长江经济带农田土壤的微生物群落特征(包括alpha-多样性以及群落的结构、组成及其驱动因子)，可为基于微生物的土壤健康调控提供指导。

表13-11 长江经济带上、中、下游典型土壤种植体系

区域	省(市)	土壤类型	种植体系
上游	贵州	黄壤	水稻
	重庆	紫色土性水稻土	水稻-小麦轮作
	四川	石灰性水稻土	水稻-小麦轮作
	重庆	紫色土	玉米-蔬菜轮作
	四川	黏壤土结构淋溶土	茶园

续表

区域	省(市)	土壤类型	种植体系
上游	云南	红壤	玉米
	云南	红壤	烟草
	贵州	高山土	葡萄
中游	湖南	红壤	小麦-玉米轮作
	江西	水稻土	双季稻
	江西	红壤性水稻土	双季稻
	湖南	红色黏土性水稻土	双季稻
	湖北	黄棕性水稻土	水稻-小麦轮作
下游	安徽	黑土	小麦-大豆轮作
	江苏	水稻土	水稻-小麦轮作
	浙江	黄红壤	茶园
	江苏	潮土	玉米

13.4.1 长江经济带农田土壤微生物的 alpha-多样性变化特征

长江经济带不同区域的土壤类型、种植体系、施肥方式等显著影响微生物的 alpha-多样性(Shannon 指数)。在湖南红壤长期定位试验的夏玉米-冬小麦轮作体系中发现，对照处理的 alpha-多样性显著高于无机肥+粪肥处理、单施无机肥处理和无机肥+秸秆处理(荀卫兵，2015；王慧颖，2018)。在江西水稻土的双季稻种植体系中发现，无机肥+粪肥处理的细菌 Shannon 指数值显著高于无机肥处理(毕庆芳，2020)。在江西进贤红壤性水稻土长期双季稻定位试验和湖南红色黏土性水稻土长期双季稻定位试验中发现，江西和湖南各处理按 Shannon 指数值的大小排序依次为对照处理、无机肥处理、无机肥+秸秆处理，且江西的 Shannon 指数值高于湖南(张丽，2016)。

在湖北南湖试验站黄棕性水稻土长期稻麦轮作体系定位试验中发现，小麦季土壤中不同处理的细菌 sobs 指数值和 Shannon 指数值无显著差异，而在稻季土壤中化肥配施有机肥处理的 sobs 指数值和 Shannon 指数值均显著低于其他处理，表明淹水条件下施用有机肥会降低细菌群落丰富度及多样性(陈洁，2019)。然而，在江苏省的研究中发现，在水稻季，无机肥+秸秆处理和无机肥+粪肥处理的细菌丰富度高于对照和无机肥处理，且无机肥+粪肥处理的丰富度最高；而细菌 Shannon 指数值在各处理间无显著差异；在小麦季，无机肥+秸秆处理、无机肥+粪肥处理细菌丰富度高于对照和无机肥处理，但在不同处理间无显著差异，而 Shannon 指数值在不同处理间无显著差异。研究同时表明，采样季和施肥处理均显著影响细菌丰富度指数 ACE 和 Chao1；而细菌丰富度指数 sobs 和 Shannon 指数均只受采样季的显著影响(赵军，2016)。在四川遂宁的石灰性水稻土小麦-水稻轮作体系中，在水稻季，无机肥+粪肥处理的 Shannon 指数值和微生物丰富度最高，其次是无机肥处理，而对照处理中最低；在小麦季，无机肥+粪肥处理的 Shannon 指数值和微生物丰富度最高，而对照处理中最低。通过地区之间的细菌 Shannon 指数值差异性比较发现，湖北和江苏的细菌 Shannon 指数均高于相同种植体系中四川的细菌 Shannon 指数值(Gu et al.，2009)。

在重庆不同 pH 紫色土的长期定位试验玉米-蔬菜轮作体系中发现，在玉米季，石灰性紫色土不同施肥处理间细菌的 OTU 丰富度和 Shannon 指数值并无显著差异。在酸性和中性紫色土中，相比对照处理，细菌的 OTU 丰富度和 Shannon 指数值在无机肥+粪肥处理下有所升高，但在无机肥处理下却有所降低，表明土壤细菌的 OTU 丰富度和 Shannon 指数值随着土壤 pH 的升高(从酸性到中性)而升高，之后随着 pH 的升高(从中性到碱性)而略微降低(张宇亭，2017)。安徽黑土的小麦-大豆轮作体系研究表明，无机肥+粪肥处理可以维持细菌的丰富度和多样性；而无机肥+秸秆处理对细菌丰富度和多样性的影响与无机肥处理相比，差异不显著(Sun et al.，2015)。在四川黏壤土结构淋溶土的茶园种植体系中研究茶树不同种植年限对土壤细菌多样性的影响时发现，在无机肥+粪肥处理下，茶树种植年限为 23 年的茶园土壤其细菌的丰富度和 Shannon 指数值最高，其次是茶树种植年限分别为 16 年和 31 年的茶园土壤，而茶树种植年限为 53 年的茶园土壤其细菌的丰富度和 Shannon 指数值最低(Wang et al.,2019)。在浙江黄壤和红壤不同茶园中，土壤细菌 Shannon 指数值之间无显著差异(汪华，2015)，表明在不同区域种植的同一作物的土壤中，细菌的 alpha-多样性存在显著差异。在云南玉溪红壤烟草种植体系中发现，随着有机质含量的增加，细菌群落的多样性也会增加，且水分含量和速效钾含量对细菌群落多样性也有影响(Wang et al.，2019)。

总的来说，单施无机肥会显著降低土壤中细菌的 alpha-多样性，而有机肥+无机肥配施可提高土壤中微生物的 alpha-多样性，这是由于长期施用无机肥(尤其是氮肥)会引起 pH 较低和养分不均衡，从而刺激了嗜酸和嗜氮微生物的生长(Geisseler and Scow，2014；Rousk et al.，2009)。同时，生物间的竞争导致其他微生物生长变慢，甚至消失，从而造成微生物多样性降低。而施用有机肥能够缓解 alpha-多样性降低的趋势，这可能是由于一方面有机肥改善了由施用无机肥引起的土壤酸化和养分不均衡(Tibbett and Sanders.，2002；Xun et al.，2015)，从而有效减缓了嗜氮和嗜酸微生物对其他微生物的抑制作用；另一方面，有机肥向土壤输入了大量的外源微生物，从而提高了微生物的多样性。对于不同作物体系而言，施用有机肥后，种植粮食作物的土壤中细菌的多样性低于种植经济类作物的土壤；而施用无机肥后，粮食作物种植体系的细菌多样性由于种植地区不同而产生差异，且施肥处理类型和种植体系共同调控细菌的 alpha-多样性。

13.4.2　长江经济带农田土壤微生物的群落组成特征

在湖南红壤长期定位试验的夏玉米-冬小麦轮作体系中发现，门水平上的优势类群主要为 Proteobacteria 和 Acidobacteria，而有机肥处理与无机肥处理相比，Bacteroidetes 在有机肥(粪肥)处理中尤为丰富(荀卫兵，2015；王慧颖，2018)。*Bacteroidetes* 主要为动物肠道微生物，因此长期施用有机粪肥可使 *Firmicutes* 的相对丰度显著增加。江西省宜春市上高县红壤性水稻土的双季稻种植体系研究结果表明，与化肥处理相比，有机肥+无机肥配施处理显著降低了 *δ-proteobacteria* 和 *β-proteobacteria* 相对丰度，相反 *α-proteobacteria*、

Firmicutes、*Phylum Firmicutes*、*Actinobacteria*、*Acidobacteria* 和 *Bacteroidete* 的相对丰度在有机肥+无机肥配施下显著提高，并成为优势微生物(毕庆芳，2020)。对江西进贤红壤性水稻土、湖南望城红色黏土性水稻土的研究发现，长期单施化肥降低了 *Nitrospira* 的数量比例，而长期使用秸秆并配施化肥则对 *Nitrospira* 的数量有明显提升作用。江西试验点仅无机肥+秸秆处理的 *Nitrospira* 数量有所增加(张丽，2016)。

在湖北黄棕性水稻土的水稻-小麦轮作体系中，小麦季土壤中细菌门水平上的相对丰度以 *Proteobacteria* 为最高，其次为 *Chloroflexi*、*Actinomycetes*、*Acidobacteria* 和 *Nitrospirae*。施氮处理条件下，*Chloroflexi* 和 *Gemmatimonadetes* 的相对丰度显著高于其他施肥处理；无机肥+粪肥处理下 *Actinobacteria* 的相对丰度最高，且与对照处理相比提高了 39.5%，较无机肥处理提高了 40.9%。无机肥+粪肥处理下的 *Proterbacteria* 相对丰度较无机肥处理显著提高了 23.1%。而各种施肥处理均提高了 *Bacteroidetes* 的相对丰度，其中化肥配施有机肥处理对 *Firmicutes* 的促进作用较明显，具 *Firmicutes* 相对丰度较对照处理增加了 65.3%。此外，无机肥+粪肥处理抑制了 *Acidobacteria* 的生长，而其他处理均促进了 *Acidobacteria* 的生长(陈洁，2019)。水稻季土壤与小麦季土壤中相对丰度较高的细菌种类一致，且不同施肥处理间相对丰度变化的趋势也趋于一致。无机肥+粪肥处理下的 *Actinomycetes* 相对丰度显著高于其余处理。施氮处理及对照处理下的 *Chloroflexi* 相对丰度显著高于其余施肥处理。此外，施肥抑制了细菌中 *Verrucomicrobia* 的生长，而无机肥+粪肥处理显著抑制了 Verrucomicrobia 的生长，且其 *Verrucomicrobia* 相对丰度较对照处理降低了 135.5%(陈洁，2019)。在重庆北碚紫色土稻麦轮作的无机肥和无机肥+秸秆处理中，*Nitrospira* 数量比例较对照处理分别增加 3.27%和 10.72%(张丽，2016)。在江苏省金坛市指前镇水稻-小麦轮作体系的水稻土(乌栅土)研究中发现，在水稻季，与对照和无机肥处理相比，无机肥+秸秆处理增加了 *Proteobacteria*、*Chloroflexi* 和 *Nitrospirae* 的相对丰度，降低了 *Acidobacteria*、*Bacteroidetes* 和 *Gemmatimonadetes* 的相对丰度；而无机肥+粪肥处理增加了 *Proteobacteria* 和 *Gemmatimonadetes* 的相对丰度，降低了 *Bacteroidetes*、*Chloroflexi*、*Verrucomicrobia* 和 *Nitrospirae* 的相对丰度。在小麦季，只有 *Acidobacteria*、*Verrucomicrobia* 和 *Nitrospirae* 的相对丰度在不同处理间有显著差异。无机肥+秸秆处理和无机肥+粪肥处理均降低了 *Acidobacteria* 的相对丰度，但增加了 *Bacteroidetes* 的相对丰度(赵军，2016)。在四川遂宁石灰性水稻土长期施肥试验中，采用变性梯度凝胶电泳分析了种植小麦和水稻后土壤的细菌群落结构，与无机肥处理相比，无机肥+有机肥处理的变性梯度凝胶电泳条带明显增多(Gu et al.，2009)。

在重庆不同 pH 紫色土的长期玉米-蔬菜轮作体系中发现，优势土壤细菌门类为 Proteobacteria、Actinobacteria、Chloroflexi 和 Acidobaoteria，其次为 Bacterioidetes、Planctomycetes、Gemmatimonadetes、Firmicutes、Cyanobacteria 和 Nitrospirae。在酸性和中性土壤上施用无机肥和不施用有机肥的处理其细菌群落相似，而无机肥+粪肥处理与无机肥处理存在显著差异(张宇亭，2017)。在湖南河潮土单作玉米以及同时间作花生和大豆均对细菌真菌群落的组成产生影响，在间作花生和大豆后，*Actinobacteria* 和 *Gamma-proteobacteria* 的相对丰度较玉米单作显著增加(陈红日，2018)。在四川紫色土的玉米-大豆轮作体系中研究了玉米成熟期根际土壤样品的细菌群落在门和属水平上的组成和丰度，结果表明，80%以上的细菌属于 *Actinobacteria*、*Proteobacteria*、*Chloroflexi*、*Acidobacteria* 和 *Gemmatimonadetes*；大豆土壤细菌群落主要有 *Proteobacteria*、*Actinobacteria*、*Acidobacteria*、*Chlorofexi*、*Bacteroidetes* 和 *Gemmatimonadetes*；而属水平上主要以 *Streptomyces* 和 *Microbacterium* 为主(付智丹，2018)。在四川黏壤土结构淋溶土茶园体系中发现，*Proteobacteria*、*Actinobacteria*、*Chloroflexi* 和 *Acidobacteria* 均为优势类群，其中，*Proteobacteria* 和 *Actinobacteria* 在茶树种植年限为 23 年的茶园中的相对丰度均较高，随着种植年限的继续增加，相对丰度降低。*Chloroflexi* 和 *Acidobacteria* 的相对丰度随种植年限的增加不断增加(汪华，2015)。而在对浙江黄壤和红壤茶园的研究中发现，茶园土壤细菌主要由 *Proteobacteria*、*Acidobacteria*、*Chloroflexi*、*Actinobacteria*、*Bacterioidetes*、*Bacterioidetes* 和 *Firmicutes* 等构成，其中 *Proteobacteria* 在茶园土壤细菌中的占比达到 50%。

总的来说，土壤细菌群落的组成受种植体系、土壤类型、施肥方式和种植年限等因素影响。Proteobacteria、Actinobacteria、Acidobacteria 是不同类型土壤或不同种植体系中的优势细菌门。在添加秸秆时，*Nitrospira* 在水稻土(夏玉米、冬小麦)和紫色土、乌栅土(稻麦轮作)中的相对丰度增加(赵军，2016；张丽，2016)。在玉米-小麦体系的不同类型土壤中，施肥均增加了 *Bacteroidetes* 相对丰度，且在有机肥作用下相对丰度增加较为明显，这可能是由于 *Bacteroidetes* 主要为动物肠道微生物(荀卫兵，2015；王慧颖，2018；毕庆芳，2020)，而水稻-小麦体系的研究结果与以上研究结果相似(陈洁，2019)。在水稻-小麦体系中，小麦季 *Bacteroidetes* 相对丰度在配施有机肥或配施秸秆时增加，而水稻季相反，这可能是由水稻季淹水导致(赵军，2016)。不同类型土壤(水稻土、紫色土)中，施用无机肥与施用无机肥和有机肥时细菌群落差异显著(Gu et al.，2009；张宇亭，2017)。不同区域、土壤类型不同以及种植体系的差异导致微生物群落在组成上存在一定的特异性特征。

13.4.3 影响长江经济带农田土壤微生物群落的驱动因子

pH 是影响微生物群落的重要驱动因子之一。土壤 pH 受到不同施肥处理的显著影响，整体上无机肥+有机肥(粪肥)配施显著提高了土壤 pH，进而提高了微生物的 alpha-多样性这与江西水稻土双季稻体系、湖南红壤冬小麦-夏玉米轮作体系、重庆三种不同类型(包括酸性、中性和石灰性)紫色土蔬菜体系的研究结果相似。然而，单施无机肥时土壤的 pH 降低，从而显著降低了细菌的 alpha-多样性(毕庆芳，2020；荀卫兵，2015；张宇亭，2017)。同时，pH 显著影响细菌的群落组成。在湖南红壤冬小麦-夏玉米轮作体系中，*Firmicutes* 和 *Gemmatimonadetes* 在高 pH 土壤中较丰富；而 *Chloroflexi* 在低 pH 土壤中较丰富。同时，*Acidobacteria* 的相对丰度与土壤 pH 呈显著相关关系(荀卫兵，2015)。在江苏水稻土水稻种植体系中，土壤 pH 与优势细菌种群之间的相关性也是非常显著的，其中 pH 与 *β-Proteobacteria* 和 *γ-Proteobacteria* 均呈显著正相关关系，与 *δ-Proteobacteria* 和 *Firmicutes* 均呈显著负相关关系(黄静，2013)。在重庆的酸性、中性和石灰性紫色土壤蔬菜体系中，*Actinobacteria*、*Bacterioidetes*、*Fibrobacteres* 和 *Firmicutes* 的相对丰度均随着 pH 的变化(酸性→中性→碱性)呈先增加后降低的趋势，且在 pH 为中性时最高，而 *Acidobacteria*、

Chloroflexi 和 *Planctomycetes* 的相对丰度则呈相反趋势(张宇亭，2017)。以上的研究结果表明，pH 是影响微生物群落多样性的主要驱动因子，这与全球尺度上的 Meta 分析结果一致。在全球尺度上，气候变暖、二氧化碳富集、降水变化、大气氮沉降、养分施用、土地利用变化及其组合等全球性变化数据表明，全球变化因素主要改变土壤的 pH，且会影响微生物的多样性和群落结构(Yang et al.，2021；Zhou et al.，2020；Dai et al.，2018)。

有机质的土壤环境会对保持微生物多样性起到重要的作用。有机质含量提高可改良土壤质地，促进土壤不同粒径的团聚体的形成和微生物群落结构的稳定性。在江苏稻麦轮作体系的水稻土中，无机肥+秸秆和无机肥+粪肥的配施提高了土壤中有机质的含量，并分别使细菌的相对丰度增加了 1.4 倍和 1.8 倍(郭俊杰，2018)。在湖南红壤的冬小麦-夏玉米轮作体系中，无机肥+粪肥配施使 *Firmicutes*、*Alphaproteobacteria* 和 *Gemmatimonadetes* 的相对丰度分别增加了 7.4%、15.9%和 13.9%(苟卫兵，2015)。

不同的施肥方式、土壤类型以及种植体系也会影响全氮、全磷、速效磷等土壤理化性质(Wang et al.，2020；王文辉，2017；张倩，2019；荣勤雷，2018)，另外，不同地区的气候条件(如温度、降雨)会显著影响微生物的群落结构特征(Yang et al.，2021；Zhou et al.，2020)。

13.5　长江经济带土壤健康的挑战与机遇

13.5.1　建立基于长江经济带特色的土壤健康评价指标体系

土壤具有多重生态功能，衡量土壤健康状况不能使用单一的指标和方法，需要针对不同的区域、土壤类型、作物体系建立具有目标性、相对性和实效性的评价体系(张俊伶 等，2020；张江周 等，2021)。因此，建立基于长江经济带特色的土壤健康评价指标体系非常重要。

13.5.2　长江经济带土壤的生产功能和生态系统服务功能须同步提升

土壤健康维持机制属于农业可持续发展的核心，也是反映农田生态系统生产力的关键因素(Dubey et al.，2019)。保护性耕作对土壤健康的维护和提升具有重要作用，而耕作措施可以调控土壤微生物的数量和种类，以及群落的代谢和功能多样性，同时也有利于有机碳的固持(Zhang et al.，2015)。秸秆还田通过调控食物网低营养级和高营养级之间的上行和下行效应，为土壤提供碳源和营养物质，并为维持土壤健康提供保证(Derpsch et al.，2010)。合理的土壤培肥也能够提升土壤健康水平，其中酸性土壤应采用化肥配施有机肥策略防止土壤酸化，而施用有机肥能提高真菌数量以及真菌与细菌的数量比值，有助于土壤生态系统朝健康的方向发展(Pommeresche et al.，2017；Li et al.，2013)。长期施用有机肥可增加土壤有机质，加快有机质矿化速率，影响土壤食物网对于外源碳的利用效率，提高土壤对养分的保蓄能力，从而有利于维持土壤生态系统的稳定(Liang et al，2009；Cui et al.，2018)。因此，应针对不同的管理调控措施，在长期定位研究平台上开展土壤生物健康监测研究，为长江经济带土壤生产功能和生态系统服务功能的同步提升提供保障。

13.5.3 建立土壤健康管理信息系统

对于我国典型土壤生态系统，应建立土壤健康数据管理平台(张俊伶 等，2020)，同时监测土壤健康属性的变化，使生产者和管理者能够及时掌握土壤健康变化情况，并针对这些变化做出精准调控(Lehmann et al.，2020)。而对于长江经济带多样化种植体系，应系统建立可视化土壤健康数据管理平台，为农民、土地管理者、科研人员以及决策者掌握土壤健康状况提供重要保障。

参 考 文 献

毕庆芳，2020. 施肥模式和耕作年限影响土壤磷有效性和碳氮磷耦合转化的微生物学机制. 杭州：浙江大学.

陈红日，2018. 旱地间套作对土壤微生物与酶活性和养分利用效率的影响. 长沙：湖南农业大学.

陈洁，2019. 长期施肥对稻麦轮作土壤碳组分及微生物特征的影响. 北京：中国农业科学院.

陈文轩，李茜，王珍，等，2020. 中国农田土壤重金属空间分布特征及污染评价. 环境科学，41(6)：2822-2833.

付智丹，2018. 减量施氮对玉米/大豆套作系统土壤细菌群落及温室气体排放的影响. 成都：四川农业大学.

郭俊杰，2018. 优化施肥下作物稳产增效潜力与土壤微生物学特征研究. 南京：南京农业大学.

郭笑笑，刘丛强，朱兆洲，等，2011. 土壤重金属污染评价方法. 生态学杂，30(5) ：889-896.

黄静，2013. 两种典型水稻土剖面细菌生物多样性及其矿物风化效应研究. 南京：南京农业大学.

梁文举，董元华，李英滨，等. 2021. 土壤健康的生物学表征与调控. 应用生态学报，32(2)：719-728.

荣勤雷，2018. 有机肥/秸秆替代化肥模式对设施菜田土壤团聚体微生物特性的影响. 北京：中国农业科学院.

汪华，2015. 茶园土壤微生物群落结构对植茶年限、施肥和高温条件的响应研究. 杭州：浙江大学.

王慧颖，2018. 长期不同施肥下我国典型农田土壤细菌和真菌群落的特征. 北京：中国农业科学院.

王文辉，2017. 土壤微生物群落结构及捕食性细菌对有机耕作及水稻生长时期的响应研究. 南京：南京农业大学.

荀卫兵，2015. 长期不同施肥下旱地红壤细菌群落结构特征及驱动因子的探究. 南京：南京农业大学.

张江周，李奕赞，李颖，等，2021. 土壤健康指标体系与评价方法研究进展. 土壤学报，59(3)：1-17.

张俊伶，张江周，申建波，等，2020. 土壤健康与农业绿色发展：机遇与对策. 土壤学报，57(4)：783-796.

张丽，2016. 长期秸秆还田对水稻土氮固持与释放的影响研究. 武汉：华中农业大学.

张倩，2019. 云和梯田不同海拔土壤微生物多样性及硝化作用差异研究. 杭州：浙江大学.

张宇亭，2017. 长期施肥对土壤微生物多样性和抗生素抗性基因累积的影响. 重庆：西南大学.

赵军，2016. 苏南地区稻麦轮作系统的高产土壤微生物区系培育与调控研究. 南京：南京农业大学.

中国环境监测总站，1990. 中国土壤元素背景值. 北京：中国环境科学出版社.

朱永官，彭静静，韦中，等，2021. 土壤微生物组与土壤健康. 中国科学：生命科学，51(1)：1-11.

Bouma J，2014. Soil science contributions towards Sustainable Development Goals and their implementation：Linking soil functions with ecosystem services. Journal of Plant Nutrition and Soil Science，177(2)：111-120.

Cui S Y，Liang S W，Zhang X K，et al.，2018. Long-term fertilization management affects the C utilization from crop residues by the soil micro-food web. Plant and Soil，429(1-2)：335-348.

Dai Z M，Su W Q，Chen H H，et al.，2018. Long-term nitrogen fertilization decreases bacterial diversity and favors the growth of *Actinobacteria* and *Proteobacteria* in agro-ecosystems across the globe. Global change biology，24(8)：3452-3461.

Derpsch R，Friedrich T，Kassam A，et al.，2010. Current status of adoption of no-till farming in the world and some of its main benefits. International Journal of Agricultural and Biological Engineering，3(1)：1-25.

Dubey A，Malla M A，Khan F，et al.，2019. Soil microbiome：A key player for conservation of soil health under changing climate. Biodiversity and Conservation，28(8)：2405-2429.

Facchinelli A，Sacchi E，Mallen L，2001. Multivariate statistical and GIS-based approach to identify heavy metal sources in soils.Environmental Pollution，114(3) ：313-324.

Geisseler D，Scow K M，2014. Long-term effects of mineral fertilizers on soil microorganisms-A review. Soil Biology and Biochemistry，75：54-63.

Gowd S S，Reddy M R，Govil P K，2010. Assessment of heavy metal contamination in soils at Jajmau (Kanpur) and Unnao industrial areas of the Ganga Plain，Uttar Pradesh，India. Journal of Hazardous Materials，174(1-3)：113-121.

Gu Y F，Zhang X P，Tu S H，et al.，2009. Soil microbial biomass，crop yields and bacterial community structure as affected by long-term fertilizer treatments under wheat-rice cropping. European Journal of Soil Biology，45(3)：239-246.

Kabata-Pendias A，Pendias H，2001. Trace elements in soils and plants. 3rd ed. Boca Raton:CRC Press.

Keesstra S D，Bouma J，Wallinga J，et al.，2016. The significance of soils and soil science towards realization of the United Nations Sustainable Development Goals. Soil，2(2)：111-128.

Lehmann J，Bossio D A，K?gel-Knabner I，et al.，2020. The concept and future prospects of soil health. Nature Reviews Earth and Environment，1(10)：1-10.

Li L J，Han X Z，You M Y，et al.，2013. Carbon and nitrogen mineralization patterns of two contrasting crop residues in a Mollisol：Effects of residue type and placement in soils. European Journal of Soil Biology，54：1-6.

Liang W J，Lou Y L，Li Q，et al.，2009. Nematode faunal response to long-term application of nitrogen fertilizer and organic manure in Northeast China. Soil Biology and Biochemistry，41(5)：883-890.

Pommeresche R，Løes A K，Torp T，2017. Effects of animal manure application on springtails(Collembola) in perennialley. Applied Soil Ecology，110：137-145.

Rousk J，Broojers P C，Baath E，2009. Contrasting soil pH effects on fungal and bacterial growth suggest functional redundancy in carbon mineralization. Applied and Environmental Microbiology，75(6)：1589-96.

Sun R B，Guo X S，Wang D Z，et al.，2015. Effects of long-term application of chemical and organic fertilizers on the abundance of microbial communities involved in the nitrogen cycle. Applied Soil Ecology，95：171-178.

Tibbett M，Sanders F E，2002. Ectomycorrhizal symbiosis can enhance plant nutrition through improved access to discrete organic nutrient patches of high resource quality. Annals of Botany，89(6)：783-789.

Wang S Q，Li T X，Zheng Z C，et al.，2019. Soil aggregate-associated bacterial metabolic activity and community structure in different aged tea plantations. Science of the total environment，654(1)：1023-1032.

Wang Y Y，Huang R，Xu G X，et al.，2020. Soil alkaline phosphatase activity and bacterial phoD gene abundance and diversity under regimes of inorganic fertilizer reduction with straw. Journal of Soils and Sediments，21(1)：388-402.

Wang Z B，Yang Y，Xia Y Z，et al.，2019. Time-course relationship between environmental factors and microbial diversity in tobacco soil. Scientific Reports，9. https://www.nature.com/articles/s41598-019-55859-4.

Wei B G，Yang LS，2010. A review of heavy metal contaminations in urban soils，urban road dusts and agricultural soils from

ChinaMicrochemical Journal，94(2)：99-107.

Xun W B，Huang T，Zhao J，et al.，2015. Environmental conditions rather than microbial inoculum composition determine the bacterial composition，microbial biomass and enzymatic activity of reconstructed soil microbial communities. Soil Biology and Biochemistry，90：10-18.

Yang Y，Li T，Wang Y Q，et al.，2021. Negative effects of multiple global change factors on soil microbial diversity. Soil Biology and Biochemistry，156：108229.

Zhang S X，Li Q，Lü Y，et al.，2015. Conservation tillage positively influences the microflora and microfauna in the black soil of Northeast China. Soil and Tillage Research，149：46-52.

Zhou Z H，Wang C K，Luo Y Q，2020. Meta-analysis of the impacts of global change factors on soil microbial diversity and functionality. Nature Communications，11(1)：3072.

第 14 章　水体环境现状与绿色发展挑战

万涓成水，汇流成河。本书前面各章节主要介绍了长江经济带的陆地农业活动。虽然近年来我国的农业从业人员和专家学者们一直致力于提高肥料利用率，以减少农业面源污染，但是整体而言，长江经济带农业面源污染形势不容乐观。因此，长江干流和支流的水质情况就成为反映长江经济带陆地绿色发展历史和现状的一面镜子。更重要的，长江是中华民族的母亲河，也是我们须臾不能离的命脉。长江流域水环境的状况反过来又决定着流域的健康发展。本章首先从近年来长江干流和支流的水质状况、水体富营养化现象等揭示长江流域水体养分负荷的现状，其次从传统农业面源污染物角度分析水体营养负荷的来源，再次以一些新型农业面源污染物为例，阐述长江流域水环境保护所面临的新挑战，最后通过分析总结国内外的经验教训，提出应对长江流域水质现状的可能途径，以对相关探索起到抛砖引玉的作用，或为政策决策者提供借鉴。

14.1　长江流域水体养分负荷现状分析

长江流域水质监测工作起步于 20 世纪 50 年代(印士勇　等，2011)。自 20 世纪 70 年代末起，依托于长江流域水环境监测站网，长江流域水环境监测体系逐步完善，监测站点也不断增加，功能已从单一的水资源监测向省界水体监测、水功能区监测、水源地监测、入河排污口监测、水生态监测等针对性更强的方向发展。根据《长江流域及西南诸河地表水资源公报》，长江流域水资源质量总体良好，但部分河段特别是一些城镇河段水体水质较差，如太湖水系的大部分河流和湖口以下干流区的部分河流水体污染较为严重；主要湖泊水体水质也较差，如太湖、巢湖大部分水域持续处于中度富营养状态，且一些湖泊水华现象频发；但主要水库水质状况相对良好。

14.1.1　河流水质

随着管理的需要和监测能力的提升，依托于长江流域水环境监测网，长江流域监测评价河长近年来一直稳步增长。2003～2018 年，长江流域监测评价河长从 25094km 增加至 79543.3km，增长了 2.17 倍。随着建设能力的提升和流域水资源保护与管理要求的提高，流域水资源监测工作逐步向精细化发展。

按照《地表水环境质量标准》(GB 3838—2002)对监测成果进行评价，长江流域水体水质总体较好，水质高于(含，后同)Ⅲ类标准的河长占总评价河长的比例在 64%～88%(均值为 73%)，且在 2009 年后持续趋好。长江流域水质以Ⅱ～Ⅲ类为主，而符合Ⅰ类标准的河长占比在 5%左右波动，且近几年基本稳定在 7%以上；2003～2011 年年度评价结果达到Ⅱ类标准的河长占比在 32%以上，且 2012 年后水质符合Ⅱ类标准的比例有上升趋势，至 2017 年这一比例已经超过 50%；符合Ⅲ类标准的河长占比在 25%上下小幅波动。近年来，长江流域Ⅲ类和Ⅳ类水体比例总体稳中趋降，而Ⅴ类和劣Ⅴ类水体比例显著降低。长江流域水体水质的这种趋好变化与近年来实施的“共抓大保护、不搞大开发”，以及“生态优先、绿色发展”等战略思想及相关治理行动密切相关，其促进了长江流域总体水质进一步提升(陈善荣　等，2020)。根据《国务院关于长江流域生态环境保护工作情况的报告》，2020 年，长江流域水质优良(Ⅰ～Ⅲ类)断面比例已经达到 96.7%，高于全国平均水平 13.3%。据 2021 年 1 月 6 日的报道，2020 年首次实现消除劣Ⅴ类水体。2003～2018 年长江流域河流水质监测评价统计分析图如图 14-1 所示。

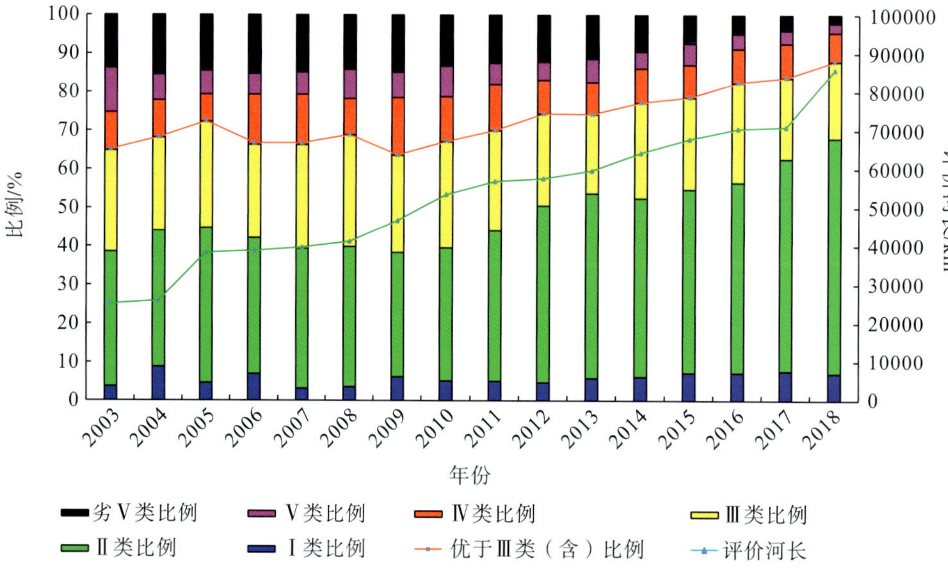

图 14-1　长江流域河流水质监测评价统计分析图

14.1.2　长江干流水质

2003～2018 年，长江干流水质总体以Ⅲ类为主，除 2003 年和 2017 年外，年度水质符合Ⅲ类标准的河长占比均在 30%以上；而符合Ⅰ～Ⅱ类标准的河长占比变化较大，最低为 2011 年的 18.9%，最高为 2017 年的 78.1%。近几年来，符合Ⅰ类水质标准的比例在 20%上下波动。

长江干流水质变化情况可以总结为 2 个上升期和 2 个平台期，且总体趋好。第一个上升期为 2003～2005 年，水质高于Ⅲ类标准的河长占比快速上升，从 47.3%上升至 75.8%；第二个上升期为 2009～2012 年，水质高于Ⅲ类标准的河长占比从 76.1%上升至 95.9%，但年均增幅较前一个上升期小。第一个平台期为 2005～2009 年，水质高于Ⅲ类标准的河长占比基本稳定在 75.0%左右，变化幅度很小；第二个平台期为 2012～2018 年，水质高于Ⅲ类标准的河长占比均在 95.0%以上，且 2014 年后除 2018 年外均达到 100%(图 14-2)。根据《国务院关于长江流域生态环境保护工作情况的报告》，2020 年，长江干流首次全线达到标准Ⅱ类水质标准。

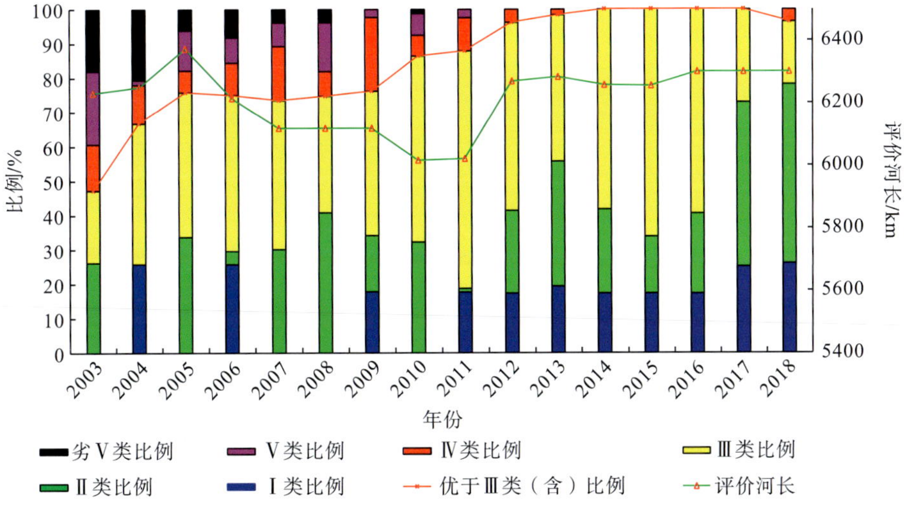

图 14-2　长江干流水质变化趋势图

14.1.3　湖泊水库水质

根据 2005～2018 年长江流域湖泊监测及评价结果进行统计分析，监测评价情况如图 14-3 所示。由图 14-3 可知，长江流域纳入评价的湖泊中约有 60%以上其水体受到不同程度的污染，其中水质以Ⅴ类、劣Ⅴ类为主的湖泊占相当大的比例，且近年来水质低于Ⅲ类

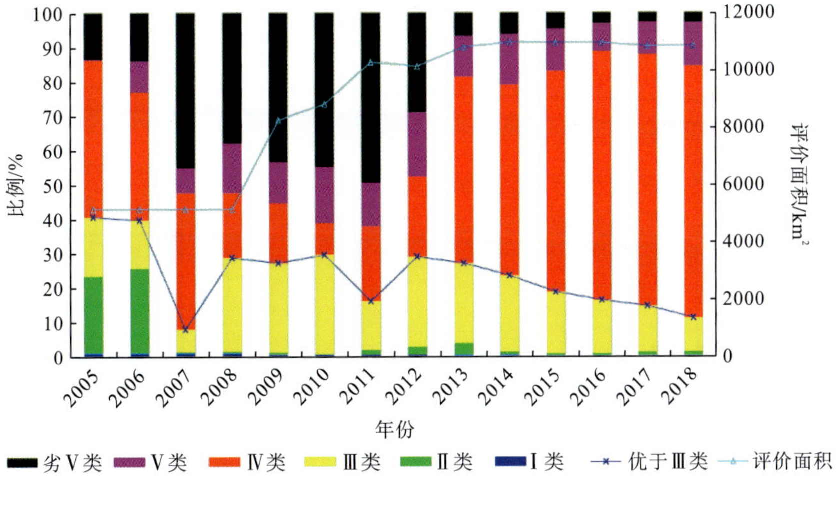

图 14-3　长江流域湖泊水质评价结果图

标准的面积占比有上升趋势。《长江流域及西南诸河地表水资源公报》显示，流域内巢湖、洪湖、太湖、长湖等大型湖泊的水质令人担忧，且有些已难以满足各种用水要求。为了更好地说明问题，本书将2005～2018年程海、泸沽湖、邛海、鄱阳湖、甘棠湖、巢湖、太湖、淀山湖、西湖等9个湖泊的评价结果进行对比，结果表明，这些湖泊也明显呈现出这种趋势(图14-4)。湖泊水体的主要超标项目为总磷、总氮、氨氮、5日生化需氧量、高锰酸盐指数等，特别是总磷、总氮两项指标。

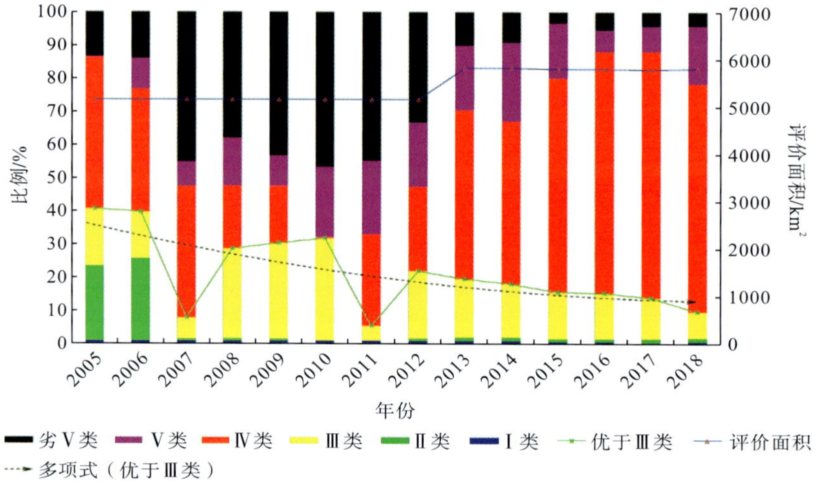

图14-4　长江流域9个持续监测湖泊水质评价结果对比图

流域内湖泊水质的主要问题仍然是富营养化，其程度已经十分严重。自2003年以来，参与统计的湖泊中处于贫营养、中营养状态的比例呈下降趋势，而处于富营养状态的湖泊比例逐渐增加(图14-5)。另外，大型湖泊富营养化问题令人担忧，其中长江流域的巢湖、太湖、洞庭湖、石臼湖、洪湖、梁子湖、大官湖、黄湖、龙感湖、长湖等湖泊均达到富营养或中度富营养水平，特别是巢湖、太湖已经达到十分严重的程度。

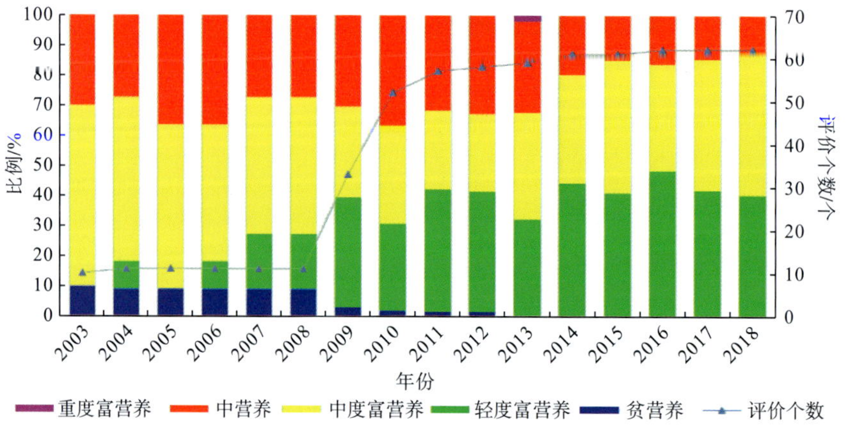

图14-5　长江流域湖泊富营养化变化趋势图

1. 国家重点治理的湖泊

巢湖位于长江、淮河之间的安徽中部，是我国第五大淡水湖。巢湖东、西半湖水质有一定差异，东半湖水质优于西半湖。东半湖水质为Ⅳ～Ⅴ类，处于中度富营养状态，主要超标项目为总磷；西半湖水质为Ⅳ类至劣Ⅴ类，也处于中度富营养状态，主要超标项目为总磷和氨氮。

太湖位于长江三角洲南部，介于江苏、浙江两省之间，是我国第三大淡水湖。太湖湖体大部分水域水质较差，处于中度富营养状态，主要超标项目为总磷。

根据 2003～2018 年长江流域水库水质监测及评价结果进行统计分析，监测评价情况如图 14-6 所示。由图 14-6 可知，长江流域纳入评价的水库中约有 60%以上水质相对较好，且以Ⅱ～Ⅲ类水质为主的水库占较大比例。水质评价结果高于Ⅲ类标准的水库数量呈先上升后下降的趋势，虽然这种趋势有可能受到评价范围扩大的影响，但总体来讲，长江流域水库水质好于湖泊。而不同于湖泊，水库主要污染物为总磷和总氮两项。

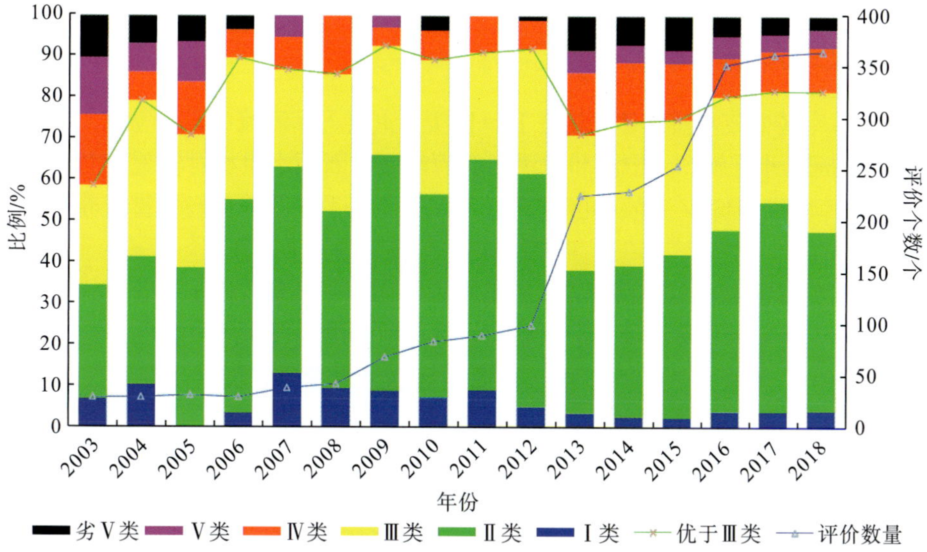

图 14-6　长江流域水库水质变化情况统计分析图

长江流域水库以中营养为主，其次为轻度富营养，具体情况如图 14-7 所示。但自 2003 年以来，参与统计的水库中处于中营养状态的比例呈下降趋势，而处于轻度富营养、中度富营养状态的水库比例逐渐增加。水库富营养化的一个重要表现就是水华局部爆发，如有研究表明，近年来三峡水库水华的爆发频次和影响范围均有所增加(王英才 等，2012)。这种变化应引起足够关注和重视。

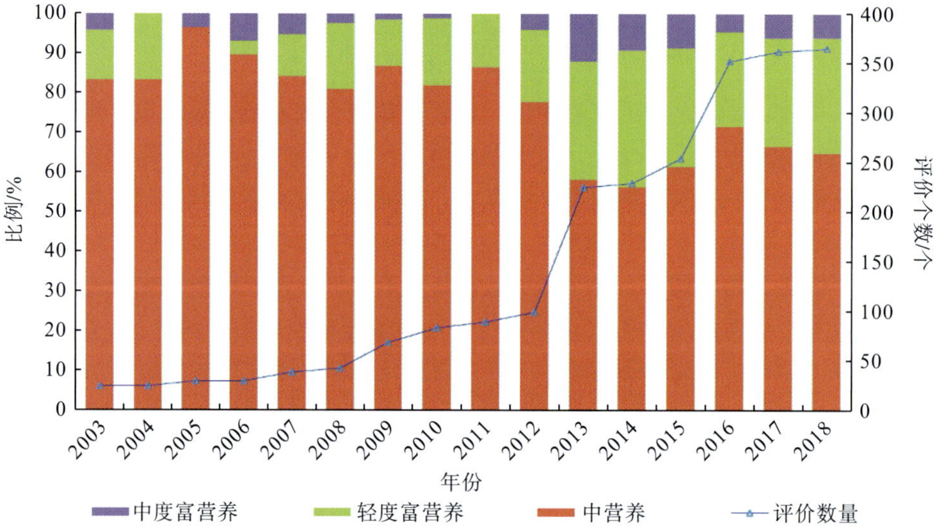

图 14-7　长江流域水库富营养化情况统计分析图

2. 长江流域主要水库

三峡水库库区干流水质总体稳定在Ⅱ～Ⅲ类。主要入库河流中，嘉陵江、乌江水质相对较好，御临河、小江河、大宁河和香溪河等河流河口断面水质相对较差，主要超标项目为总磷(按湖库标准评价)。三峡库区大部分入库支流处于中营养至轻度富营养状态，且局部经常爆发水华。

丹江口水库库区水质总体良好，水质基本稳定在Ⅰ～Ⅱ类，处于中营养状态。直接入库河流中汉江、丹江、将军河、天河、堵河、淘沟河、淇河、滔河和老灌河等河流水质相对较好，神定河、泗河水质相对较差，主要超标项目为总磷、氨氮、高锰酸盐指数和 5 日生化需氧量。

通过对长江流域部分湖泊和水库水资源质量的统计分析可知：①湖泊水质总体较差，水体严重污染的湖泊面积占比持续增加，且污染程度有恶化趋势；②水库水质相对较好，且以Ⅱ～Ⅲ类为主，但近年来存在污染风险；③湖泊富营养化程度较高，水库富营养化程度相对较低，但近年来流域内的湖泊、水库均呈现出营养水平从低营养状态向高营养状态变化的趋势。综上所述，长江流域湖泊、水库水体污染及富营养化问题令人担忧，特别是湖泊的富营养化问题应引起高度重视。

14.1.4　三峡库区支流富营养化现象与分析

1. 水体富营养化现象与分析

水体富营养化是指因水体中氮、磷等营养盐含量过高而引起的水质污染现象，其表现形式就是水华爆发。在阐述长江流域水体富营养化现象时，由于巢湖、太湖等浅水湖泊的富营养化成因有许多相似之处，且相关文献众多，因此本书在此不再赘述。本节通过选取三峡水库这个河流型水库，并以其中位于库中和库首的 2 条一级支流的富营养化现象为代表，揭示与长江流域浅水湖泊富营养化不同的河流其富营养化现象及成因，以为长江流域富营养化治理提供更多视角。

三峡大坝的建成使长江上游的咽喉地带形成三峡库区，而库区自然生态调节系统受到人为干预，造成水环境安全受到影响。三峡成库使得三峡库区一级支流在冬、春季高水位时期呈湖泊的状态，夏、秋季呈河流的状态(黄伟　等，2021)。库区共有 38 条流域面积大于 100km^2 的一级支流，其中有 19 条支流(即 50%)均出现水华，且富营养化程度呈现出库区上游支流高于下游支流、支流回水区高于非回水区的趋势(杨正健　等，2017；李礼　等，2019)。这一方面是因为蓄水后，大量的有机质和无机氮、无机磷在库区积累和滞留。以水华期营养盐含量为例，总磷含量均值为 0.06～1.00mg/L，总氮含量均值为 1.37～4.37mg/L，分别远高于湖库水体出现水华时总磷(0.02mg/L)和总氮(0.20mg/L)的临界浓度(袁辉　等，2007)。长江干流的养分负荷比支流高得多，干流通过回水效应将水体输送至支流，随着蓄水位的增加，干流回水对支流的顶托和倒灌效应增强(邱光胜　等，2011)。另一方面是，蓄水导致支流断面流速下降。蓄水前大多数支流的平均流速在 1m/s。三峡成库后，随着水位的升高，水体流速逐渐减缓(水位在海拔 135m 时，支流断面平均流速约为 0.04m/s；在 156m 时，约为 0.01m/s；在 175m 时，小于 0.01m/s)，甚至部分次级河流出现大面积“死水区”(邱光胜　等，2011)。低流速有利于泥沙沉降，从而使库区支流透明度及透光性显著增加，藻类的生长条件改善，而在流速较快的水体中，即使营养盐浓度较高，也不易引发藻类生物量急剧增加(曾辉　等，2007)。但与所有亚热带和温带水体水华一般发生于盛夏不同，三峡库区支流的水华一般集中于每年的春季，即 3～5 月(图 14-8)(Xiang et al.，2021)。

三峡库区中游的澎溪河(小江)存在富营养化现象。澎溪河(30°49′N～31°42′N，107°56′E～108°54′E)是三峡库区北岸最大的支流(秦镕聪　等，2018)，其主河道长 182.4km，年平均径流量为 34.1 亿 m^3，流域面积为 5172.5km^2，属亚热带湿润季风区，具温带亚湿润气候，年平均气温为 18.6℃，年平均降水量为 1100～1500mm。同时，澎溪河是三峡库区内最易发生水华的支流之一，其水华一般发生在每年 4 月或 5 月(李哲　等，2010；郭劲松　等，2011；周川　等，2016)。高阳平湖位于澎溪河中游(31°05′27.4″N，108°40′41.6″E)，水面面积为 25km^2，最大宽度超过 1km，形成于 2003 年，是修建三峡大坝导致水位上升的结果。受三峡库区水位调节的影响，高阳平湖在夏季为浅湖(最大水深 10m)，在其余季节为深湖(最大水深 40m)(Zhang et al.，2010)。自 2007 年以来，高阳平湖是澎溪河流域水华现象最严重的区域(郭劲松　等，2011；周川　等，2016；Zhang et al.，2010；张磊　等，2015)。发生水华时，其水体叶绿素(Chlorophyll a，Chl-a)浓度会超过 400mg/L(张钘，2021)。

大量研究表明，水体分层对水华的发生极其重要(Davis and Koop，2006)。稳定分层水体中的藻类可以长时间处于真光层表层水体中进行光合作用，因而此类水体可以积累大量生物量，形成水华。春季的亚热带和温带湖泊，由于湖面宽广、过风距离长而形成水浪，导致水体上下频繁混合，分层不稳定且水温低，因而不易形成水华；在夏末的最大热含量期，短暂(数日)的高温可以导致形成具有稳定混合层(图 14-9)的水体，加上高温和足够的热量，该时期成为常见的水华高发期(Paerl and Huisman，2008)。

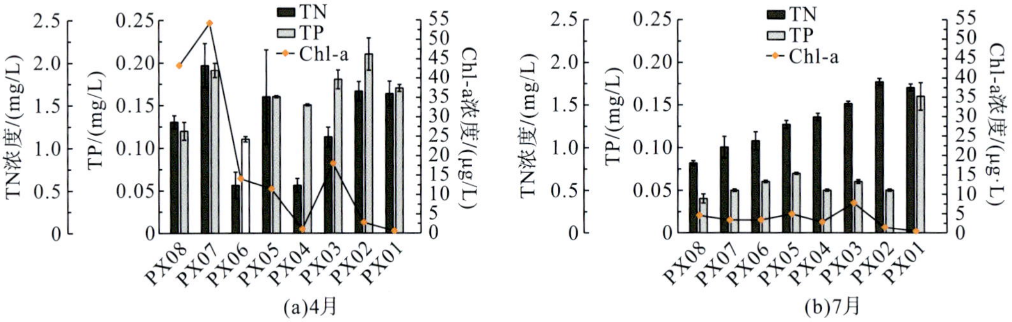

图 14-8　澎溪河春、夏季水体叶绿素 a(Chl-a)、总氮(TN)、总磷(TP)浓度对比

注：PX01～PX08 是从澎溪河河口至上游渠马段均匀分布的采样点(Xiang et al.，2021)

但是在三峡库区，水华却主要出现在春季(Zhang et al.，2020；Xiang et al.，2021)，这与三峡库区特殊的地形有关。三峡库区中超过 95%的区域是山地(Peng et al.，2006)，水面和山峰之间的地形高差很大(～2000m)(Li et al.，2001)，导致库区地表风速非常低(0.9～2.1m/s，杨兵 等，2017)。地形和气候特点，加上北亚热带的暖春，一方面使得三峡库区一级支流在春季就出现明显的分层现象[图 14-9(a)]；另一方面，这种分层与通常在温带湖泊中观察到的热分层[图 14-3(b)]不同，其没有混合层(即从水体表面到一定深度，温度相对一致的层次)，这是因为虽然三峡大坝蓄水导致库区一级支流水面显著加宽，但库区山地地形决定了支流水面宽度有限(一般小于 1km)，因而限制了过风距离，阻止了水体表面由风浪造就的混合层的出现。在三峡库区水体的春季分层剖面中，从水体表面至水下 2m 左右深度，形成了一个水体温度及密度随水深急剧变化的浅薄层次，即表密度层(surface density layers，SDLs)(Zhang et al.，2020)[图 14-9(a)]。

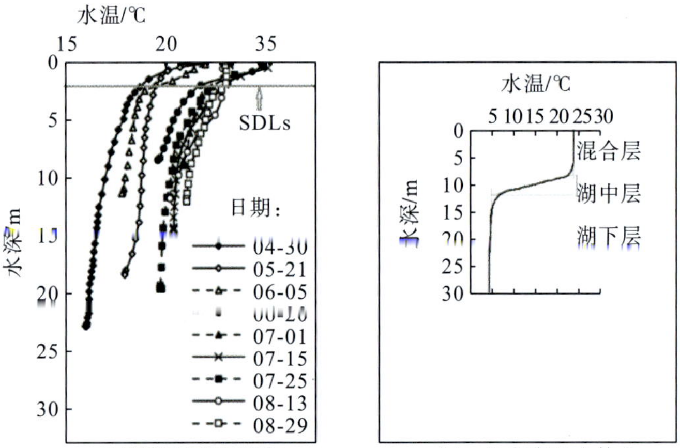

(a)澎溪河高阳平湖 2013年春季至夏季的水体分层　　(b)一般湖库的水体分层（注意混合层）

图 14-9　一般湖泊水体分层与三峡库区支流澎溪河水体分层对比(Paerl and Huisman，2008)

澎溪河的春季水华过程就是随着 SDLs 的出现而发展，并随着 SDLs 的稳定而消亡的周而复始的过程。Chl-a 的含量是水体中浮游植物生物量的间接反映。在 2019 年 4 月 15 日～5 月 17 日的 33 天连续水华季采样过程中，水体表层 Chl-a 含量起起伏伏，日日不同[图 14-10(a)]。这些起伏与同一时间的水体分层状态相对应。4 月 19 日水体开始分层，且水体分层持续处于动态变化中[图 14-10(b)]。在 4 月 21～23 日、4 月 28 日～5 月 1 日、5 月 4～6 日、5 月 7～10 日、5 月 13～16 日等时间内表层水体的混合深度(z_{mix})由于风的扰动大幅增加，导致相应 Chl-a 含量不同程度地出现峰值。特别是 5 月 7～10 日，一场风速只有 5.4m/s 的风扰动便使下部水体中以可溶性磷为代表的营养盐悬浮至上层[图 14-10(c)]，而上层水体中的浮游植物因此而迅速增殖，从而酿成 Chl-a 浓度高达 413μg/L 的恶劣水华！

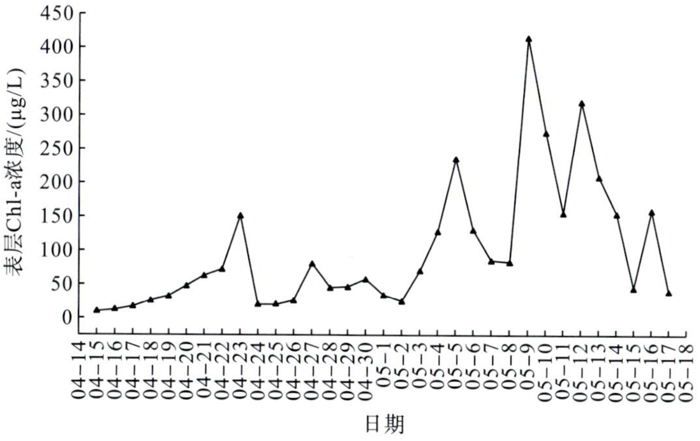

(a)表层Chl-a浓度日变化

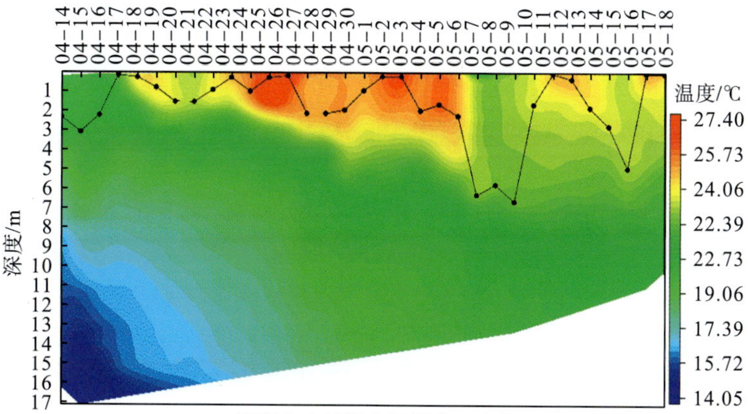

(b)温度和表层混合层深度日变化

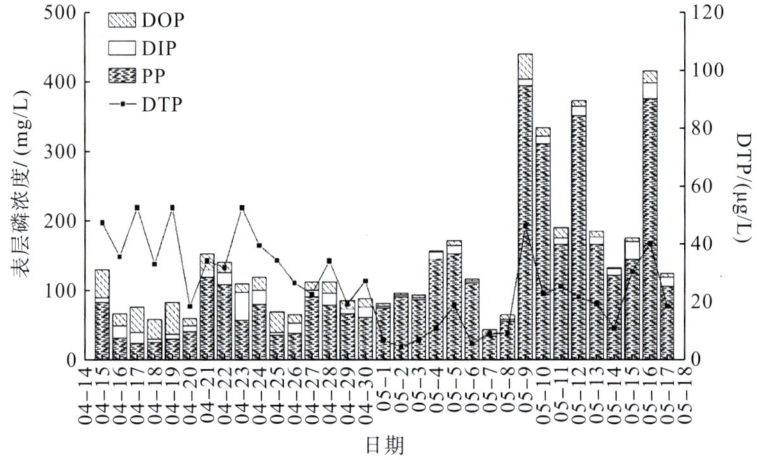

(c)表层不同形态的磷的浓度日变化

图 14-10　三峡库区澎溪河高阳平湖 2019 年 4 月 15 日～5 月 17 日水华季水体 Chl-a、水体分层和表层磷形态日变化

注：PP 表示颗粒态磷；DIP 表示溶解态无机磷；DOP 表示溶解态有机磷。TP（总磷）=PP+DIP+DOP（Zhang et al.，2020）

上述数次处于 Chl-a 峰值的水华为什么会消亡？我们发现在 4 月 18～19 日、4 月 24～27 日、5 月 2～3 日和 5 月 11 日等时间段，水体的混合深度几乎为 0，即随着气温升高和水体分层的发展，水体表层出现了 SDLs 现象。此时，表层水体难以与下部水体交换营养，SDLs 的营养由此逐渐消耗殆尽，水华也随之终结。此过程说明了一个有趣的现象，即在富营养化水体中，由于水体分层和 SDLs 的存在，藻类的生长也会面临营养缺乏的困境。

SDLs 还可以用于解释三峡库区在夏季为什么鲜有支流爆发水华，即高温风少的夏季使水体更长时间地维持 SDLs 现象，并导致水体表层温度可以高达 30℃（Zhang et al.，2020），而营养和高温胁迫阻止了水华的发生。也有研究将夏季少有水华归因于夏季三峡大坝放水导致支流水流速度快，从而抑制了藻类的繁殖。事实上，澎溪河高阳平湖 5～8 月流速平均只有 0.32m/s（Zhang et al.，2020），这还不足以阻止水华的发生（Wang et al.，2019；Li et al.，2021）。

另外，水体分层与水华的关系机理，以及 SDLs 现象，也解释了从水体底部通气但破坏水体分层的办法不能缓解三峡库区支流水华的原因。

2. 三峡库区库首香溪河的富营养化现象

香溪是长江三峡水库（TGR）下游最大的支流，其长度为 94km，年平均流量为 47.4m^3/s，流域面积为 3099km^2，位于 31°04′N～31°34′N、110°25′E～111°06′E，起源于中国湖北省宜昌市西北部的神农架国家公园，自北向南流经兴山县和秭归县，最后在香溪镇汇入长江干流，距三峡大坝仅 32km，是距库首的第二条一级支流（Yang et al.，2015）。

2003 年三峡水库的首次蓄水就将香溪变成一个深水湾（深度：39.6m±22.0m）。因此，有关蓄水后香溪的研究都直接称香溪为香溪湾（Xiangxi bay，XXB）。2010 年水库蓄水至 175m 的最高水位时，干流回水延伸至距河口 40km 的上游（Zhu et al.，2013；Ji et al.，2017；

Jiang et al.，2018）。受三峡水库水利运行的影响，在香溪形成了 4 个不同的水动力循环阶段：①供水阶段——每年 4～5 月；②洪水阶段——每年 8 月左右；③蓄水阶段——每年 9 月；④高水位阶段——每年 12 月（Yang et al.，2015；Xu et al.，2011）。香溪的水动力条件包括年流量、泥沙流量和流速（图 14-11 和图 14-12），它们在 2002～2003 年三峡水库蓄水前与蓄水后均发生了显著变化。干流的顶托效应导致香溪从激流状态转变为静水状态（图 14-12），其表现为较长的水体停留时间（179 天）和较高的悬浮固体浓度。香溪水体营养来源包括：①离河湾较近的峡口镇其矿业造成磷素流失，流失的磷素通过径流进入河流；②沿岸周边各县的生活污水，通过排水口进入河湾（Zhou et al.，2012）。

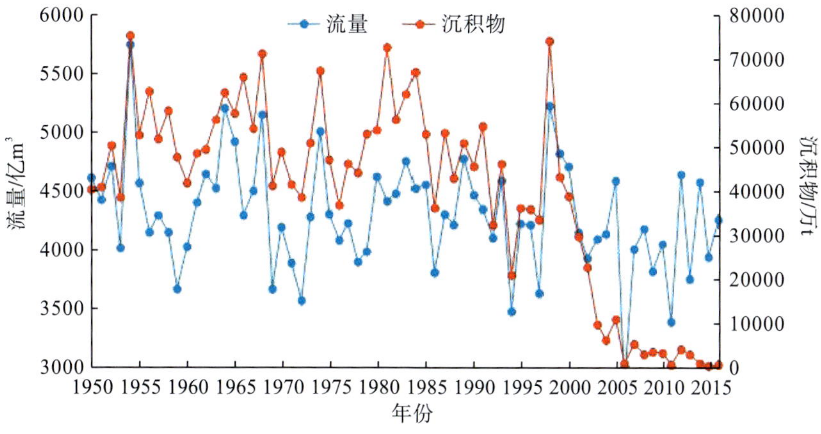

图 14-11　香溪年流量和底泥沉积变化（Zhou et al.，2012）

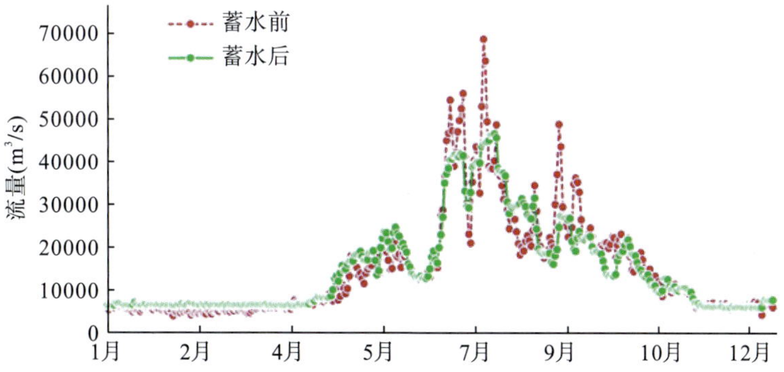

图 14-12　三峡大坝蓄水前后长江上游宜昌干流断面的月流量变化（Yang et al.，2015）

由于兴山县峡口镇至秭归县的种植业相较于畜牧业规模更大，其农业面源污染造成香溪溶解性氮含量大幅度增加。香溪流速和营养状况的急剧变化导致了大规模水华的爆发，其特点是全年水质长时间恶化，尤其是在春、夏季。值得注意的是，在三峡大坝建成和开始蓄水前，该区域从未有过水华报道。香溪的藻类水华是点源和非点源污染，以及三峡大坝水动力条件多重影响的结果。由此可以得出，在水动力条件和营养负荷的双重影响下，人为因素是香溪水华的主要诱导因子。

3. 香溪水华发生与养分供应机制

受三峡水库运行机制、分层密度流和水位波动的影响，香溪的养分循环对水动力因素表现出强烈的敏感性，而水动力因素又极大地促进了种养业所造成的水体富营养化。基于密度流理论(Yang et al.，2018)可以得出三种长江干流回水侵入香溪的密度流形式(称为异重流)，即冬季从底层侵入的异重流，春季和夏季从中层侵入的异重流，以及秋季从表层侵入的异重流。已有研究表明，这些异重流向香溪提供了大量养分，加剧了支流河湾的富营养化。从中层侵入的异重流是春季和夏季水体产生热分层的原因，只要从中层侵入的异重流持续产生，香溪的水华爆发程度就不会减弱。

三峡大坝水体的储存和排放都有可能刺激香溪浮游植物的大量生长。具体而言，在枯水期(最大水位为 175m)，大坝的蓄水过程使得总氮/总磷浓度高的水体从干流流入香溪；在汛期(最小水位为 145m)，大坝的排水过程使得总氮/总磷浓度低的水体从香溪进入干流。因此，周期性的水和养分循环促进了水华的发展，而水动力因素成为除农业径流和城市排放(氮输入)以及工业废水和生活污水(磷输入)等因素外控制香溪养分供应机制的重要因素。水动力因素的影响使得香溪与太湖以及世界其他淡水湖和水库不同，其限制性养分种类和生态系统生产力的空间分布具有很强的变异性，特别是在春、夏季。此外，造成香溪春季藻类水华的另一原因是香溪中上游营养物在冬季至早春期间富集并混合，从而阻止了上游水流流入干流。所以，应优先考虑水华缓解措施(如改善上游水动力条件)，以迫使营养物质在冬季流入三峡水库，降低水华发生的风险(Lang et al.，2019)。

4. 香溪的季节性分类动态和浮游植物群落结构

香溪的水体浮游植物带有显著的种群季节性特征。其中，有 5 个主要浮游植物类群的季节性变化显著，即蓝藻门(Cyanophyta)、硅藻门(Bacilliariophyta)、绿藻门(Chlorophyta)、隐藻门(Cryptophyta)和甲藻门(Pyrrophyta)。优势种群显示出其对季节性变化具有强烈敏感性(图 14-13)，如在秋季水华发生期间，群落结构中少有裸藻门(Euglenophyta)和黄藻门(Xanthophyta)。

在香溪，每个季节通常都会有一个或多个优势分类群，但不是所有分类群同时都会成为优势种群。秋季藻类类群数量多于其他季节，这表明秋季支持支流中多数浮游植物类群的生长。在秋季，蓝藻门(3800 万个细胞/L)和绿藻门(3300 万个细胞/L)的细胞密度较高而硅藻门(1000 万个细胞/L)、隐藻门(310 万个细胞/L)和甲藻门(250 万个细胞/L)的细胞密度低于蓝藻门和绿藻门。在冬季，硅藻门(1010 万个细胞/L)、蓝藻门(85700 个细胞/L)、绿藻门(13 万个细胞/L)和隐藻门(104000 个细胞/L)的细胞密度显著降低，而只有甲藻门占据优势地位。在春季，隐藻门(1230 万个细胞/L)的细胞密度最大，而硅藻门(540 万个细胞/L)、绿藻门(240 万个细胞/L)和甲藻门(12000 个细胞/L)的细胞密度显著下降，蓝藻门种群甚至完全消失。在夏季，蓝藻门(9010 万个细胞/L)占据绝对优势，其次是绿藻门(1190 万个细胞/L)，而甲藻门(585 万个细胞/L)和硅藻门(113 万个细胞/L)的细胞密度极低，隐藻门则完全消失。夏季水华的群落组成与秋季水华具有一定的相似性。

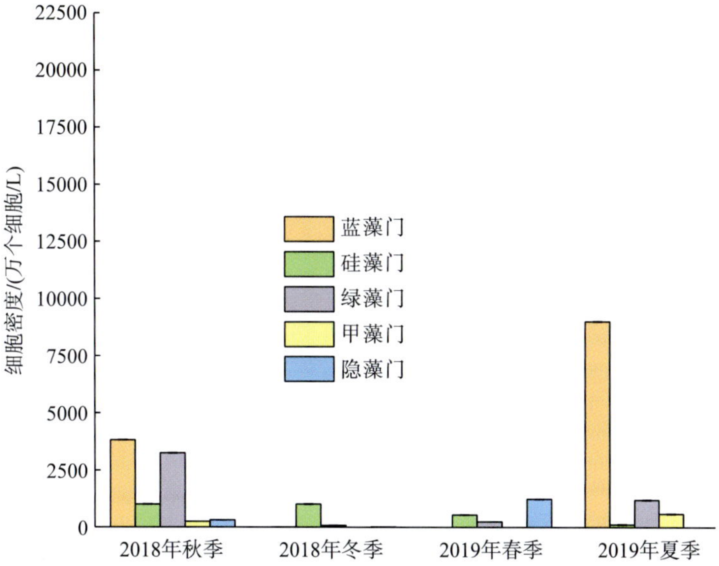

图 14-13　2018 年秋、冬季和 2019 年春、夏季香溪代表性浮游植物群落优势度的季节性变化

浮游植物种群季节性特征可归因于营养盐和水文的季节变异性。浮游植物群落结构主要由营养盐的比例和供应率控制(Nwankwegu，2019)。营养盐包括总氮、总磷和含氮无机物(NO_3^- 和 NH_4^+)，其通量对水生系统浮游植物群落结构产生很大影响(Harris et al.，2017)。春季蓝藻门和隐藻门的消失与 NH_4^+ 浓度显著降低有关，而充足的硝酸盐是蓝藻门和隐藻门在春季成为优势种群的重要条件。已有的研究表明，蓝藻具有很强的利用 NH_4+ 的能力(Xu et al.，2013；Schoffman，2016)，而硅藻则具有很强的利用 NO_3^- 的能力(Harris et al.，2017)。冬季硅藻门显著的高密度种群更替证实了硅藻对寒流和水体高混合状态的耐受性，这是香溪冬季水华的特征。研究表明，硅藻更适合生长于流速快且混合程度高的水体，而蓝藻则偏爱流速缓慢、炎热且明显分层的水环境，因此蓝藻在夏季水华中占有优势地位(Nwankwegu，2019)。同时，硅藻具有能在低光照和低温下生长的能力，因此在冬季水华期间，其在静水和激流水环境中都是优势种(Paerl，2016)。

5. 香溪季节性浮游植物物种更替

分类类群之间的组成成分更替表明，养分负荷的季节性变化在物种的季节性转换中起着重要作用，但在各种浮游植物门类内部并没有稳定的种类构成模式。例如，隐藻门在秋季水华期间以尖尾蓝隐藻(*Chroomonas acuta*)为主；而在冬季和春季隐藻种类数量急剧下降，且在夏季仅出现单一优势种，即啮蚀隐藻(*Cryptomonas erosa*)。硅藻门中，除夏季有两个种外，其他季节均以小环藻(*Cyclotella*)为主。另外，尖针杆藻(*Synedra acus*)和卵形藻(*Cocconeis* sp.)均依赖于优势藻种并受后者控制。冬季没有蓝藻门藻类，整个群落结构中的优势属是小环藻属，这可能是因为气温较低(Paerl，2016)和春季蓝藻优先利用的铵态氮缺乏(Li et al.，2020；Xu et al.，2013)。绿藻门的属/种组成最为多样，尤其是在秋季和冬季，其门内优势种随季节持续更替[从秋季和春季的栅藻属(*Scenedesmus* spp.)到冬季的丝藻属(*Ulothrix* sp.)，以及夏季的河生集星藻(*Actinastrum fluviatile*)]。在蓝藻门中，夏、秋两季，无论是在门类中还是在整个水体浮游植物种群结构中，微囊藻(*Microcystis* spp.)都占据压倒性的优势。冬季和春季的浮游植物群落结构通常不包括蓝藻门的种群。

综上所述，对三峡水库的库中一级支流澎溪河、库首一级支流香溪的水体富营养化和水华机理研究，再一次印证了“水华的发生因河而异，需要区别对待”的结论。作为水体营养盐严重超标的三峡库区支流，澎溪河和香溪的连年水华不能简单粗暴地归咎于营养盐过剩，其爆发有内在的规律可循。同时我们也需要将库区不同一级支流的水质与流域内的农业生产负荷、城镇污染物排放和生态需求综合联系起来，以在更大的视角上研究库区支流的水华防控。

14.2 主要污染源分析

水体营养盐主要来源于陆地面源污染和河流点源污染。面源污染是指在非特定的地点和时间，在降水和径流冲刷作用下，农田污染物通过农田地表径流、农田排水和地下渗漏进入受纳水体(河流、湖泊、水库、海湾)所引起的污染，其具有间歇性和随机性、发生机理和发生过程复杂、排放路径和量级不确定等特点，在区域尺度上难以对其进行监测和控制(Shen et al.，2012)。河流点源污染是指通过固定排放点将污染物排入地表水系统时所引起的污染，主要包括工业污水排放和城市居民生活污水排放污染(Bouwman et al.，2005)。但是在中国，农牧系统还存在向地表水直接排放畜禽粪尿的点源污染现象(Strokal et al.，2016a)。尤其是在2000年前后，畜禽养殖高速增长，但相应环境法规不完善，造成点源畜禽粪便排放污染对中国河流中可溶性无机氮和可溶性无机磷的贡献率分别高达44%和82%(Strokal et al.，2016b)。

要解决流域水体营养盐污染问题，首先需要明确流域水体的营养负荷热点区域和主要污染源。而模型化工具为营养盐在流域内复杂环境中的产生和转移过程提供了定量化描述的可能性，其有助于分析污染的时空分布特征，还可用于模拟主要污染源的排放和迁移路径，以及预测污染负荷水平及其对水环境的影响。尤其是对于缺乏规模化水质监测工作的大尺度流域，水质模型化工具可实现跨区域污染源贡献的定量化评估，并可根据评估结果进行区域减排方案设计和确定需要开展水质监测的区域。另外，模型工具还可用于评价未来的土地利用，促进管理和技术措施的改善，帮助研究者了解气候变化等对水环境的影响，为流域环境规划和管理提供理论依据(Shen et al.，2012)。

目前，针对整个长江流域水体氮磷营养盐负荷来源解析的模型包括 Global NEWS(global nutrient export from water sheds model)、IMAGE-GNM(integrated model to assess the global environment-global nutrient model)、MARINA(model to assess river inputs of nutrients to seas)和其他平衡模型等。早在2010年初，中国学者便开始利用 Global NEWS 模型对长江流域水体氮、磷营养盐来源进行定量化分析(Wang et al.，2014；Yan et al.，2010)。Global NEWS 是联合国教科文组织(United Nations Eductional，Scientific and Cultural Organization，UNESCO)开发的用于模拟流域营养盐输出过程的模型，其是机理

模型、统计模型和经验模型的组合，能够模拟多种元素的各形态营养盐在陆地系统中的循环过程及在河道中的迁移转化过程。通过 Global NEWS 模型研究发现，农田面源污染一直是长江水体氮素营养盐的主要来源，生物固氮和生活污水对长江水体氮素营养盐的贡献从 1978 年开始逐渐降低，而农田化肥、有机肥和大气沉降的贡献逐年上升(Yan et al., 2010)。从 1990 年开始，农田化肥成为主要污染源。而在 1988 年左右，农田面源污染(化肥和有机肥)对长江水体磷素营养盐的贡献便首次超过生活污水，且不断增长(Li et al., 2011)。Liu 等(2018)利用 IMAGE-GNM 模型量化了长江在 1919～2010 年的氮磷营养盐的迁移、滞留和输出过程。IMAGE-GNM 模型是空间(0.5°×0.5°)分布式水质模型，由生态环境模型 IMAGE 与全球水文模型 PCR-GLOBWB 耦合而成。研究结果显示，自 1970 年开始，农业活动的加剧是长江流域水体氮磷营养盐负荷增长的主要原因，农业生产造成的总氮损失量占河流总氮损失量的比例从 38%增加至 83%，总磷量比例则从 55%增加至 81%。其中农田区域的地下水输出是地表水体氮素营养盐的主要来源，而地表径流损失是水体磷素营养盐的主要来源。Tong 等(2017)利用平衡法分别估算了干流水体氮、磷主要来源及支流对干流氮、磷输出的贡献。结果显示，面源污染是水体氮磷营养盐的主要来源。其中，干流面源污染对长江氮素营养盐总输出的贡献率为 36%，各支流贡献率在 50%以上。在整个支流中，洞庭湖是最大的氮素输出源，其贡献率达 21%。同时，长江流域干流面源污染对整个流域磷素营养盐输出的贡献率高达 63%。MARINA 模型是瓦格宁根大学与中国研究团队合作，在 Global NEWS-2 模型架构的基础上，针对中国大江大河开发的子流域尺度的河流营养盐排放评估模型，其重新更新了中国区域内的水库信息，并包含中国特有的点源(畜禽粪尿直接向地表水排放)和面源(施用在农田的人类排泄物)污染。MARINA 模型已在长江流域应用，并分别量化了 2000 年和 2012 年不同污染源对氮、磷营养盐输出的贡献率差异。相比其他模型的研究结果，MARINA 模型的研究结果强调畜禽生产对水体氮磷营养盐负荷增长的影响。Wang 等(2020a)强调了水产养殖对水体氮磷营养盐负荷增长的贡献。据估算，目前淡水养殖约贡献了长江流域 5%的氮素营养盐和 8%的磷素营养盐。

从子流域尺度上分析，不同污染源对水体氮磷营养盐的贡献还存在空间和时间上的差异。以 2012 年为例，大气沉降和生物固氮在长江上游(金沙、岷江)对水体氮素营养盐的贡献要远高于中、下游。中、下游水体氮素营养盐的主要来源是化学氮肥的使用，例如，在长江中游干流和下游，其贡献率在 42%以上；而水体磷素营养盐负荷则主要跟畜禽养殖中粪便管理不善相关(Wang et al., 2020b)。Chen 等(2019)基于 MARINA 模型并以 2000 年长江流域的数据输入为基础开发了季节性模型，结果表明，不同季节的流域氮素营养盐输出的主要污染物存在一定差异。春季时，农田施用的化学氮肥对于所有子流域向河口输出的 DIN 来说都是主要污染源，且贡献率在 30%以上，甚至在三角洲子流域高达 60%。夏季时，在嘉陵江、乌江、上游干流和汉江，农田大气氮沉降成为河流向河口输送的 DIN 重要污染源之一。这是因为夏季降水量高，由此带来的湿沉降量也相应增高。在子流域的洞庭湖、鄱阳湖、中游干流和三角洲地区，夏季的主要污染源是化学氮肥，这主要是因为长江中下游区域在夏季的晚稻种植面积大。在长江流域，作物不仅仅只播种于春季，秋播作物在长江流域也很普遍，主要包括冬小麦和冬油菜。这也解释了为什么在秋季化学氮肥对大部分子流域河流向河口排放的 DIN 来说仍然贡献很大。但是在子流域的乌江和洞庭湖，大气氮沉降是最大污染源，其对河流向河口输出的 DIN 的贡献率与化学肥料相近。点源污染中的居民生活污水排放(连接到污水处理系统)在春季、夏季和秋季对河口 DIN 排放的贡献率都很低。唯一的例外是在人口密度大的三角洲地区，污染物排放是重要的污染源之一。但是在冬季，点源污染成为多个子流域河流 DIN 排放的主要污染源。

综上所述，目前的研究表明，农业生产(作物种植和动物养殖)过程中造成的资源浪费是长江流域水体氮磷营养盐负荷高的主要原因，且贡献率在 50%以上。Chen 等(2020)进一步解析了不同作物种植系统的氮素损失差异。据估算，2012 年长江流域的农田中大约有 600 万 t 溶解性无机氮进入水体，其中蔬菜生产是长江流域作物生产中氮素损失的主要贡献者，贡献率为 20%～33%。在长江所有子流域中，有 20%～33%的河流 DIN 负荷是来自蔬菜生产。当然，蔬菜也是子流域中金沙江、嘉陵江、岷江、洞庭湖、鄱阳湖和中游干流河流 DIN 负荷的主要作物源。在这些子流域中，也存在与蔬菜生产贡献率相当的作物源。例如，在长江中下游，双季稻(早稻和晚稻)是被广泛种植的作物。而在鄱阳湖，双季稻对河流 DIN 负荷的贡献率甚至高达 40%。在其他 5 个子流域(乌江、上游干流、汉江、长江下游和长江三角洲)中，河流 DIN 负荷的主要作物源各不相同。薯类生产是乌江和上游干流河流 DIN 负荷的主要作物源，而小麦和水稻分别是长江下游和长江三角洲河流 DIN 负荷的主要作物源。而且在长江下游和长江三角洲子流域中，水稻和小麦的贡献率之和达到 50%。相比较而言，玉米生产对水体 DIN 负荷的贡献率相对较小。即使在贡献率较高的金沙江、嘉陵江、乌江、上游干流、汉江和长江下游子流域，其对河流 DIN 负荷的贡献率也仅有 12%～20%。在所有子流域中，大豆生产产生的 DIN 负荷最少，其对河流 DIN 负荷的贡献率仅为 1%～3%。不同氮素输入源在作物生产中向河流输入的 DIN 量大同小异。相对于整个流域而言，畜禽粪尿对于河流中来自农田的 DIN 负荷仅贡献了 12%，而有 78%是来自蔬菜、果树和薯类(图 14-14)。农田向河流输入的 DIN 中有近 2/3 是来自化学氮肥，这主要是因为长江流域大部分作物的生长都依赖氮肥的投入。因此，化学氮肥也是大多数作物在生产中向河流输入 DIN 的主要氮素输入源。

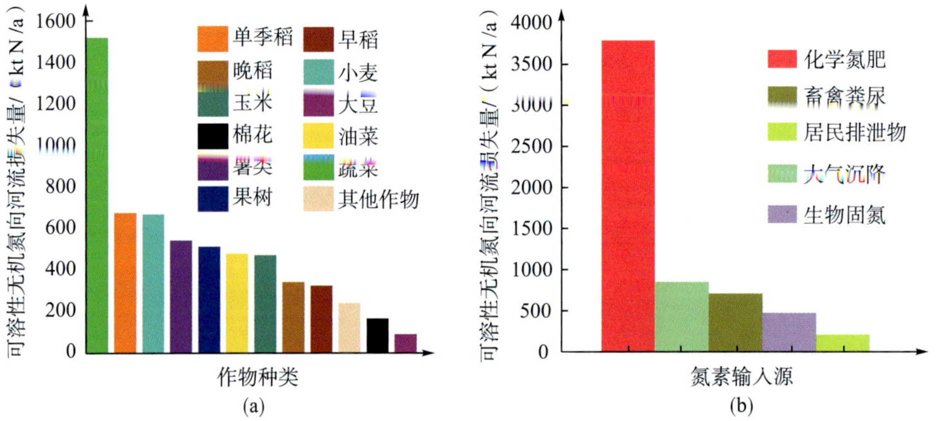

图 14-14　长江流域农田系统中氮素向水体损失的作物源和氮素输入源解析(Chen et al.，2020)

2004 年长江流域废污水总排放量较 2003 年有所下降，之后持续增加，但增幅逐渐减小，至 2012 年达到最大值后又有所回落。全国城市废污水处理率经过“十一五”至“十三五”期间持续的规划和处理，已经以较高增长幅度上升，至 2013 年已经达到 90.00%以上，至 2018 年已经达到 95.49%。长江流域历年废污水排放量和废污水处理率(因无单独的流域统计结果，此处采用全国统计值)与水质高于Ⅲ类标准河长占总评价河长比例的关系如图 14-15 所示。

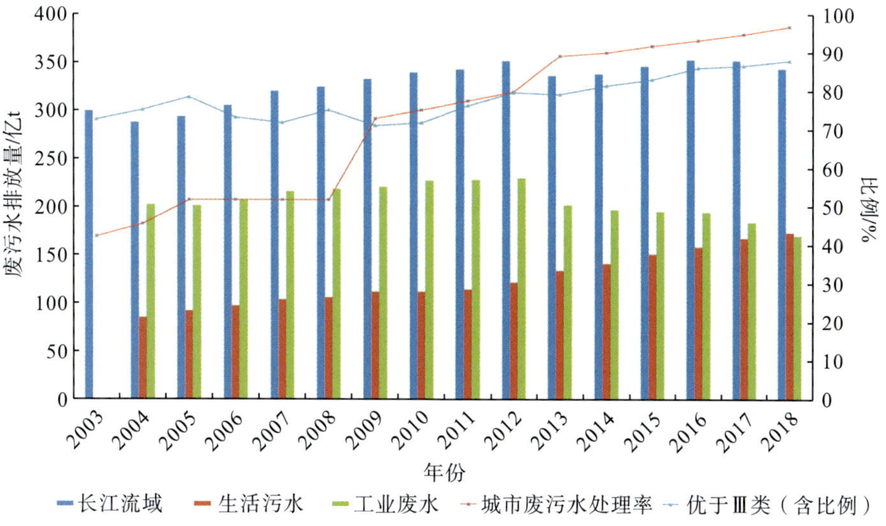

图 14-15　长江流域废污水排放量和废污水处理率与总体水质状况关系图

由图 14-15 可以看出，长江流域水质高于Ⅲ类的河长比例呈小幅升高后下降且 2009 年后又微升的趋势，这与废污水年总排放量变化趋势和废污水处理率有一定的相关性，虽然这种相关性并不十分显著。由此可见，随着国家节能减排等政策的落实，在流域废污水年总排放量得以控制的同时，废污水处理率的快速提高对流域水资源质量的提升起到了一定的积极作用。但是，由于收集管网建设落后，与废污水处理率相对应的废污水收集率成为一个比较棘手的问题。按照相关规划，我国到 2025 年，力争全国城市生活污水集中收集率达到 70%。这说明，当前我国废污水收集率总体还处于一个较低水平，其仍然是治理水污染的瓶颈之一。若将处理率维持在一个较高水平，并解决收集率这个问题，那么流域水体水质将有望得到进一步改善，特别是废污水总排放量较大且排放较集中的太湖水系、洞庭湖水系、湖口以下干流、鄱阳湖水系、宜昌至湖口段、岷沱江水系和汉江水系等二级水资源区。2019 年初，生态环境部展开了长江入河排污口排查整治专项行动，并打算通过两年左右的时间完成“查、测、溯、治”四项主要任务。这有利于摸清“长江里到底有多少排污口，到底在哪里排，到底谁在排，到底排什么，到底排多少”这些重要的基础性“底数”，从而为改善长江生态环境提供保障。

14.3 长江流域新兴污染物

近年来随着社会经济的发展，由新兴污染物导致的生态问题逐步显现，其对长江生态环境安全的影响不容忽视。因此，深入开展新兴污染物相关研究对于支撑长江大保护的国家战略和实现长江生态环境质量根本好转的目标具有重要的意义。

新兴污染物一般指尚未有相关的环境管理政策、法规或标准控制其排放，但根据对其检出频率及潜在健康风险的评估，有可能将其纳为管制对象的物质。这类物质不一定是新的化学品，其通常是已长期存在于环境中，但由于浓度较低，其存在或潜在的危害近期才被发现的污染物。在新兴污染物中，有机化学品种类繁多、性质各异。经过几十年的研究，学界对多环芳烃及有机氯农药等传统污染物的环境行为及毒理学特性有了系统认识，在采取一系列控制措施之后，其环境浓度及危害程度已逐渐下降。然而，对于一些在环境中广泛存在的化学品(如抗生素、微塑料、增塑剂、新型阻燃剂、表面活性物质、人工纳米材料和全氟化合物)，虽然它们被人们长期大量使用，但人们对其环境行为与毒理学特性知之甚少，且缺乏相关的管控标准。另外，这些化学品暴露途径复杂，当它们作为新兴污染物进入环境与人体时，会给人体健康带来严重的负面影响(世界自然基金会，2020)。

对于新兴污染物的风险管控，需要从三个方面来进行。首先，要厘清其来源、区域污染特征及影响其多介质分布的迁移转化过程；其次，要全面掌握其生态与健康风险；最后要创新处理、处置、修复及循环利用技术，以及发展前端的绿色替代技术，以便从源头减少污染物的使用和释放。

总之，新兴污染物的环境行为、生态与健康风险及其控制技术，须符合国家及国际社会对其环境危害的管控需求，这也是环境科学领域的前沿和热点问题。加强对新兴污染物的深入研究，必将推动环境科学学科理论水平的提升，带动相关技术与方法的创新。

14.3.1 长江流域抗生素污染现状

随着经济发展和人口增加，中国抗生素的消费量和使用量也逐年增加，大量的抗生素被排到环境中，对人体健康和生态环境造成严重威胁。我国是抗生素生产和使用大国，根据估算，2013 年中国抗生素的总产量为 24.8 万 t，进出口量分别为 600t 和 8.8 万 t，抗生素使用量约为 16.2 万 t。人类消费的抗生素量约占抗生素总量的 48%，其余由动物消费(Zhang et al.，2015)。人用和兽用的抗生素中有 70%～90%不会被吸收，而会随尿液和粪便排出。抗生素的主要来源有生活污水处理厂(WWTPs)、医院和养殖场的污水、粪污还田造成的农业面源污染等(Danner et al.，2019)。有研究在中国的土壤、地表水和沿海水域中检测出 65 种不同类型的抗生素，检出率分别达到 100%、98.0%和 96.4%(Lyu et al.，2020)。抗生素的滥用会影响微生物的群落结构，增强细菌的耐药性并产生“超级细菌”，而“超级细菌”可能会通过在食物链富集影响人体健康。因此，抗生素及其耐药基因成为我国水环境中关于新兴污染物的研究重点。通过数据整合发现，长江流域抗生素含量平均值为 130.20ng/L，该值低于全国平均值 229.15ng/L，也低于世界其他河流平均值 424.51ng/L。但长江流域上、中、下游抗生素污染情况不同，长江中、下游抗生素污染情况严重，且中游含量最高(676.54ng/L)，其次为下游(428.06ng/L)，上游含量最低(14.71ng/L)。与中国其他河流相比，虽然长江流域抗生素含量平均值(130.20ng/L)小于黄河(247.37ng/L)、珠江(130.54ng/L)、辽河(476.76ng/L)和海河(383.90ng/L)(图 14-16)，但是长江中、下游抗生素污染情况严重，污染水平远超过全国及世界平均水平。有研究在江苏的典型养殖场(养猪场和奶牛场)中测定出了 26 种抗生素，且猪的粪便中的抗生素含量远远高于牛。根据测算，在全国范围内通过猪、牛粪便排泄进入环境的抗生素总量分别达到 3080t/年和 164t/年(Zhou et al.，2019)。而长江经济带是全国三大养猪产业带之一，其畜禽养殖密度大，抗生素用量高，长江流域抗生素治理迫在眉睫。长江作为重要水源地，其水质直接影响着数亿人的健康。对抗生素污染的治理，根本途径就是控制源头排放。我国这些年虽然颁布了一系列抗生素药物的使用和处理规范，医院使用抗生素的比例也在下降，但在源头治理方面，仍显不足。因此，需要将抗生素纳为常态化监测指标。同时，需要按照“谁污染，谁治理”的方针，对生产制造和使用消费抗生素的单位和个人，落实污染治理责任，并明确环保部门对抗生素污染的管理责任，细化长江支流和干流上制药业、畜牧业等相关行业的排放标准。未来，相关部门还需要更常态化、更有力度地进行管控，从而逐步减少抗生素的使用和污染(张田勘，2020)。

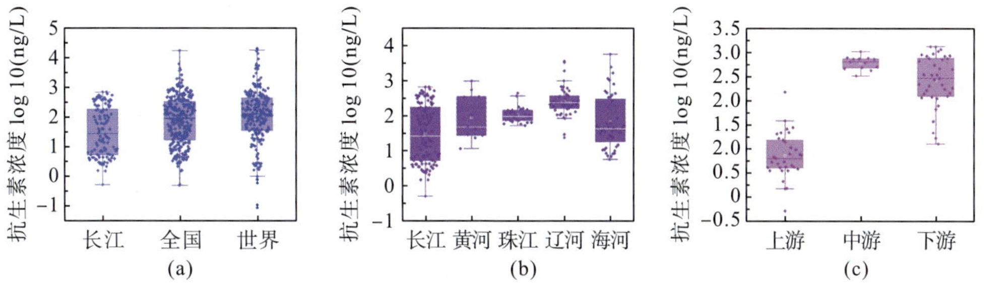

图 14-16　长江流域抗生素污染现状

14.3.2　长江流域农药污染现状

据估计，2011 年我国农药总损失量约为 4390t，我国农药使用强度较大的省份为河南、广东、福建、浙江和江西。农药损失率较高的省(市)主要集中在我国东部和南部地区，其中山东、广东、安徽、江苏、江西、上海、浙江是农药流失较为严重的省(市)(Ouyang et al.，2015)。长江经济带农林牧渔业总产值占全国农业总产值的比例保持在 40%左右，是全国农药生产、消费以及使用的重点区域(黄寰　等，2018)。水体中农药的主要来源有：农药生产、加工企业废水的排放及水体施药；施用于农田的农药随雨水或灌溉水向水体迁移；大气中残留的农药和农药在使用过程中的飘移沉降，以及施药工具和器械的清洗等。其中，农田中的农药流失是水体中农药的最主要来源。农药进入水体生态系统后，可能会改变生态系统的结构和功能，影响生物多样性，导致某些生物种类减少，最终破坏生态平衡。同时，由于食物链的富集作用，水体中的农药会在生物体内逐渐积累，而人处于食物链的末端，因此受到的危害最为严重。

上游、支流、湖泊和非点源排放的新型烟碱类杀虫剂量分别占长江新型烟碱类杀虫剂总量的 1.5%、2.5%、4.7%和 91.3%，其中农田非点源排放是影响河流新型烟碱类杀虫剂总量的主要因素[图 14-17(a)]。旱季，水体中新型烟碱类杀虫剂的浓度显著升高，这可能是由于稀释作用减弱和人类用水量增大(Chen et al.，2019)。

在丰水期，宜昌(上游)和南京(下游)站点 14 种杀菌剂的总浓度均高于其他站点。在枯水期，下游 14 种杀菌剂的总浓度均高于上游和中游[图 14-17(b)](Liu et al.，2015)。

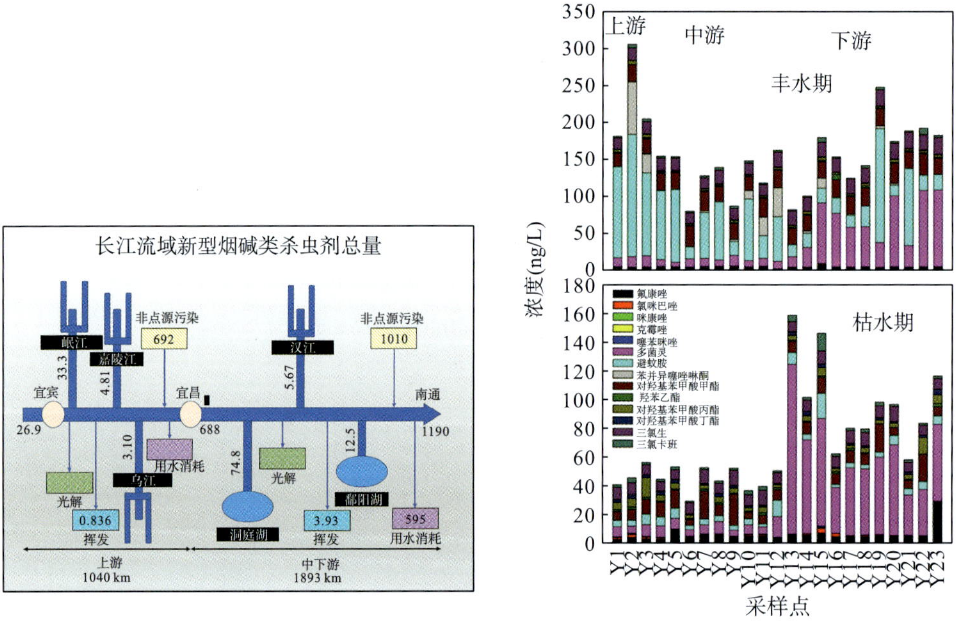

(a)　　(b)

图 14-17　长江流域农药污染区域特征(Chen et al.，2019；Liu et al.，2015)

由于雨量充沛、地形复杂，杀虫剂、除草剂和杀菌剂等三种类型的农药在长江流域的损失量均较高，且均呈现出增长趋势，因此长江流域是农药流失的热点地区(Sun et al.，2019)。长江经济带 11 省(市)的农业经营主体大多仍是个体，其通常依赖个体经验调整农药喷洒计量以及选择农药品种；同时其喷洒农药的器械与手段均较为传统，使得农药利用率低下且农药残留问题严重，对农药减量行动造成许多阻碍，因此建议从以下几个方面进行治理。

(1)构建病虫害绿色综合防控，推进长江经济带绿色发展，加快农业绿色防治产品和技术研发。

(2)建立专业化防治管理体系。建立乡镇一级的专业基层病虫害防治组织，对病虫害防治工作进行统一实施，推行太阳能杀虫灯诱捕器等无污染的物理防治手段，严格执行农药施用安全标准和科学的使用方法。

(3)政府加大对相关物资的购买力度以及认证补贴扶持力度。在推进过程中，从实际出发，准确把握操作过程中所需要的机械设备和各项用品的实际需求。

(4)推行现代化农业生产方式。加快现代化农业器械的更新换代，淘汰落后低效的农业器械，积极开展高效植保机械适用机型试验示范，提高现代化农业器械的普及率，推进长江经济带农业生产条件的改善，利用现代化技术提高农药使用效率，增强生态效益。

(5)组织开展绿色防控技术“产、学、研”协同创新。继续完善相关配套设施，完善产业链结构，把“产、学、研”三者融为一体，实现长江经济带绿色农业技术研发、转化、推广的全面展开(黄寰　等，2018)。

14.3.3　长江流域微塑料污染现状

微塑料是指粒径在 5mm 以下的小颗粒塑料。随着塑料制品的大量生产和使用，大量的废弃塑料通过不同的途径进入环境，并降解转化为微塑料。微塑料由于具有粒径小、难以降解等特点，极易在生物体内富集；并且疏水性强，比表面积大，能富集高浓度的持久性污染物(如重金属、农药等)，会对生物产生复合毒性，因此成为一种新兴污染物并受到广泛关注。污水处理厂是微塑料的一个重要汇聚地。污水处理厂中的微塑料主要有三个来源：①含有个人护理品、洗涤衣物脱落纤维的生活污水；②纺织厂、服装制造厂等的工业废水；③携带轮胎碎片和塑料胶片的雨水等(Rillig and Lehmann，2020)。此外，由于污泥农用、污水灌溉以及塑料地膜的长期使用，在经济发达的长江中下游地区的农业土壤中检测出了较高丰度的微塑料，而土壤中的微塑料可能会通过降雨径流和土壤侵蚀进入水体环境。微塑料被生物摄食后会对生物产生机械性损伤，造成生物摄食效率降低、生长缓慢、受伤甚至死亡。而微塑料在迁移转化过程中所释放的增塑剂等化学成分，会对生物产生毒害作用，改变生物体内的内分泌功能，影响其生殖和发育等。另外，微塑料与持久性有机污染物的共存，会促进污染物在生物体内的富集，改变污染物的毒性效应，并对生物产生复合毒害作用。同时，微塑料作为微生物、藻类和昆虫等生物的载体，在进行生物能量迁移的同时，将带来生物入侵威胁等(朱莹　等，2019)。

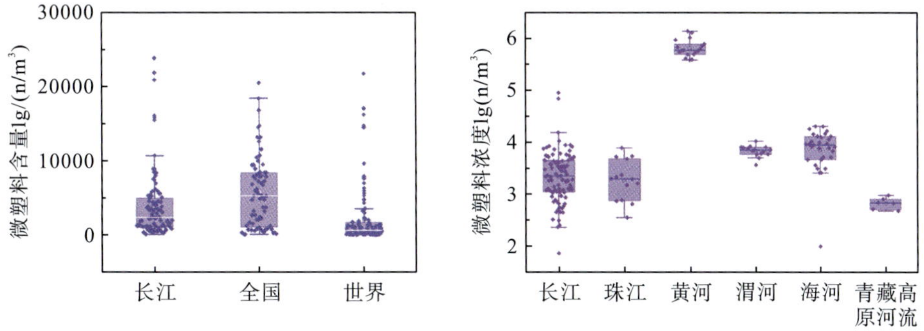

(a)　(b)

图 14-18　长江流域微塑料污染现状

与其他河流相比，长江流域微塑料丰度平均值为 4719n/m^3，处于中等水平，低于黄河(689560n/m^3)、渭河(7123n/m^3)和海河(9344n/m^3)等河流以及全国平均水平，但高于世界平均水平(2092n/m^3)(图 14-18)。因此，长江流域微塑料污染需要得到重视。

长江流域水体中的微塑料在空间分布上整体呈现出自上游向下游增多的趋势。在金沙江下游至长江口的所有水样中均检测出微塑料，金沙江河段微塑料的丰度低与该地区经济发展强度低和人类活动弱有关，而三峡库区微塑料丰度最高，且长江入海口是微塑料污染热点地区(表 14-1)。较高的人口密度和较强的人类活动(如固体废弃物的不当处置、工业生产、地表径流、废水排放、旅游业等)是长江水体出现微塑料污染的重要原因。

表 14-1　长江流域表层水体微塑料丰度

序号	水体名称	微塑料丰度
1	长江河口	0～259n/m^3
2	长江河口	231n/m^3
3	长江河口	10900n/m^3
4	长江河口	4137n/m^3
5	太湖	3402580n/m^3
6	巢湖	747n/m^3
7	鄱阳湖	2891064n/m^3
8	鄱阳湖	240n/m^3
9	鄱阳湖	500034000n/m^3
10	武汉东湖	1000n/m^3
11	洪湖	1800n/m^3
12	洪湖	12504650n/m^3
13	洞庭湖	6162316n/m^3
14	洞庭湖	9002800n/m^3
15	洞庭湖	293n/m^3
16	长江(武汉段)	1660～8925n/m^3
17	三峡水库	159712611n/m^3
18	长江中下游	50310n/m^3
19	丹江口水库	467～15017n/m^3
20	丹江口水库	7248n/m^3
21	御临河	13360n/m^3
22	赤水河	1771433n/m^3
23	沱江	911～3395n/m^3
24	太湖	1000～6800000n/km^2
25	洞庭湖	4310～6200n/km^2
26	长江中下游	195000～900000n/km^2
27	三峡水库	4.1～13600000n/km^2

水体微塑料污染的直接危害是漂浮和沉积的塑料垃圾会降低水体观感，影响水体水质和供水安全。因此，长江流域水体微塑料污染应引起高度的重视，并应在流域层面出台相关的政策，加强对微塑料污染的防控。

(1)源头管控。减少初级微塑料生产，提高次级塑料制品的循环利用率。

(2)过程阻断。改进污水处理厂的处理工艺，增加膜过滤、二次沉淀等措施，减少出水中的微塑料。针对污水处理厂出水、降雨、农业地表径流等排入河、湖的水，可通过建设人工湿地、河湖缓冲带、砂滤池、生态沟渠等土壤处理系统，拦截进入水体之前的部分微塑料和其他污染物。

(3)加强管控。应加强对固体废弃物的处置和管理。固体废弃物被收集后在一些农村乡镇依然随意堆放，从而在大气环流、风力影响下成为微塑料污染的点源，因此需要加强对这些固体垃圾的及时处置。

(4)法规制度。用法律手段管理和限制塑料制品的使用，是减少环境中微塑料排放的重要措施(李天翠 等，2021)。

14.4　长江流域水体环境绿色发展途径及思考

14.4.1　国际经验总结

在全球范围内，最普遍的水质问题是水体富营养化，即生物所需的氮、磷等营养物质大量进入水体，引起藻类及浮游生物迅速繁殖，造成水体溶解氧浓度下降，鱼类和其他生物大量死亡。营养物质主要源头包括农业径流、生活污水、工业废水以及大气沉降。自1970 年以来，全球范围内输入河流的营养物质增加了约 15%，湖泊海藻的数量增加了约74%。1990 年以来，沿海水体富营养化区域数量急剧增加，全球至少 169 个沿海区域出现“缺氧”现象，且普遍分布在东南亚、欧洲和北美洲。目前只有 13 个沿海区域正在恢复，大部分位于北美洲和欧洲北部。

在过去的 30 年里，欧洲、北美洲、亚洲和澳大利亚开展了一系列针对水体富营养化问题的行动，并取得了显著成效。波罗的海周边国家(丹麦、瑞典、芬兰、德国、波兰、立陶宛、拉脱维亚、爱沙尼亚、俄罗斯)自 1974 年加入《保护波罗的海海洋环境公约》以来，其氮和磷养分负荷相比 1980 年的峰值大幅减少了约 24%和 50%。在丹麦，自 1981 年卡特加特发生鱼类和贝类缺氧死亡事件后，政府便颁布了旨在减少氮和磷的国家水生环境行动计划，促使从陆地生态系统到沿海生态系统的养分输入大幅减少约 50%的氮和 76%的磷)。自 1981 年北海德国湾发生缺氧事件后，奥斯帕公约便开始执行，使得水体中溶解的无机氮和无机磷负荷开始下降，到 2010 年，磷含量下降 81%，氮含量下降 45%。美国东部和墨西哥湾沿岸的许多海湾也都经历了水体富营养化过程，但自坦帕湾河口计划在1998 年生效后，坦帕湾河口 2000～2011 年的总氮负荷比 20 世纪 70 年代中期减少了 61%；切萨皮克湾自 1983 年全面开展切萨皮克湾计划后，2017 年其磷负荷降低至预期目标。20 世纪 50 年代，日本濑户内海的大面积赤潮和东京湾附近的鱼类死亡引发人们对沿海水质恶化的担忧，但自1970年颁布《水污染控制法》以后，濑户内海的磷和氮负荷在1979～2009年分别减少了55%和45%。20世纪60年代，蓝藻大量繁殖在澳大利亚珀斯以南的Peel-Harvey河口，20世纪90年代后期，地方政府开始实施污水脱氮处理，到2011年，废水中排放的氮和磷分别减少了65%和46%(Donald，2019)。为了更好地探究长江流域水体环境绿色发展途径，本节对美国、欧盟、日本、澳大利亚的河流治理案例进行了整理，以为我国水环境管理者提供参考。

1. 美国

20世纪50年代左右，美国墨西哥湾开始出现季节性大范围的缺氧窒息区，其对渔业、旅游业、生态环境都造成极大破坏。高强度的农业发展产生大量营养盐，造成海水分层，藻类大量繁殖，海底氧气被大量消耗，最终导致缺氧窒息区形成。美国国家环境保护局(简称美国环保局)(U.S.environmental protection agency，USEPA)调查结果显示，农业面源污染是美国河流和湖泊污染的第一大污染源，水体中的氮66%来自农作物栽培，且其中52%来自玉米和大豆种植区；而磷主要来自畜牧场动物粪便以及农田作物种植，分别占37%和43%(Rabalais et al.，2002)。1991年, 美国环保局颁布《流域保护方法框架》(WAF)，以加强地区、流域之间跨学科、跨部门的合作，方便共同治理水体污染；同时，结合排污许可证发放管理、水源地保护和财政资金优先资助项目筛选，以有效提高治理能力。另外，美国环保局制定了密西西比河非点源污染管理计划(NPS)，通过集中研究、责任监管、广泛教育以及与其他机构及公众合作，共同保护和改善国家水域水质，维持野生动物和水生生物的繁衍，保障人们用水安全；同时，政府采取分州、分流域的调查新实践和新技术运用，以验证最佳管理实践(best management practices，BMPs)的有效性，减少非点源污染，并评估污染来源及其造成的影响。

在治理中开发的新技术及采取的新措施包括排水管理系统的改进、木屑生物反应器和人工湿地的使用。排水管理措施是指在主排水管道上安装水控结构，并根据农民在种植中的需水情况来调整挡水装置的高度，同时通过控制不同排水强度，减少不必要的排水，并储存多余的水以用于夏季早期作物生长，减少硝酸盐随排水进入河道(Skaggs and Fausey，2012)。木屑生物反应器是指在排水管上接入一个装满木屑的生物反应器，通过密封流水创造厌氧环境，并利用木屑饲养反硝化细菌，以对排水中的硝酸盐进行反硝化，从而达到除氮的效果(Christianson et al.，2012)。人工湿地是指人工构建一个综合生态系统，并应用自然的物理、生物、化学过程实现污染物及养分的良性循环，获得污水处理与资源再利用的最大效益。其优点是受水量波动的影响小，除污染物效率高，环境代价小，兼具改善水质及美化环境的作用，以及能为其他水生生物提供栖息地（Vymazal，2007)。与传统技术及措施相比，这三种新技术及新措施的硝氮去除率均在40%以上。综合技术革新和政策管理的作用，密西西比河子流域河口水质得到改善，斯蒂尔河口总固体悬浮物(total suspended solid，TSS)去除率达40%以上，总氮(TN)去除率在20%左右，总磷(TP)去除率在9%～35%，且沉积物负荷显著下降，水葫芦覆盖面积减少约95%。

2. 欧盟

一直以来，欧洲将水体富营养化确定为水管理的优先问题，并在治理方面取得了重大进展。《欧盟化肥减量政策》包含针对农作物生产中的化肥使用而提出的一系列政策，这些政策大致可分为命令控制型和经济激励型。命令控制型政策包括 1980 年出台的《饮用水法令》，其规定饮用水硝酸根含量不得超过 50mg/L；1991 年又出台了《硝酸盐法令》，规定应监测水域的硝酸盐含量以确定受污染影响的水域，同时规定污染区域内有机肥施用量(以 N 计)不得超过每年 170kg/hm^2；2000 年《水框架指令》出台，其对各成员国在水环境保护与管理方面提出了统一的目标和要求，包括对理化要素(每 3 个月)、浮游植物(每 6 个月)、水生植物(每 3 年)、大型无脊椎动物(每 3 年)和鱼类(每 3 年)定期进行评估。经济激励型政策包括调整农产品价格、调整排污收费、激励和鼓励农民自愿使用环保创新型耕种方式、惩罚违反《农业环境法规》的行为并采取税收手段等。欧盟各国都积极响应《化肥减量政策》，其中奥地利、德国、芬兰、丹麦、匈牙利、瑞典、西班牙和比利时都对农户的化肥施用征收了农业面源污染税。德国为防治河流近岸污染，规定沿岸 5m 范围内或者斜度超过 20° 的岸坡不得作为农田，并且规定在冬季休耕期、雨天均不得开展施肥作业。英国在 1980 年对英格兰和威尔士划定了 32 个硝酸盐脆弱区，区域内农民若自愿不施用或限量施用化肥，则可按照土地面积得到补偿津贴(65～625 ￡①/hm^2，不同污染程度补贴力度不同)。最终，1988 年有 90%的区域其地下水硝酸盐含量下降了 10%～20%，该计划带来的环境效益已经大大超过其成本。自 20 世纪 80 年代末以来，各国流域逐步实施农业生产氮、磷总投入量控制，氮肥和磷肥用量分别下降了大约 30%和 50%。

与此同时，欧盟在畜禽养殖面源污染治理上也获得了巨大成效。第二次世界大战之后人们对动物制品的需求不断提高，1970～1980 年，荷兰境内生猪增加 500 万头，鸡增加 2000 万只；2015～2016 年，由于欧盟废除了牛奶配额制度，牛奶产量增加了 20%。过去，大多数荷兰农民实行混合耕牧，并将畜禽粪便用作农肥，而农作物的秸秆则被用作动物饲料。但目前荷兰动物饲料主要依靠进口且大部分动物制品出口他国，而粪便却留在了荷兰，这对空气和水质造成了明显的负面影响。为了解决这一问题，荷兰政府推行了粪肥生产权(粪肥配额)，即采取行政手段对猪和家禽的产业规模设定最高限值，并实地监督粪肥的生产、运输和使用。而生产权可自由交易，达到产业规模上限的公司可向放弃生产权的公司购买生产权。与此同时，政府鼓励优化粪便处理技术，并强制进行粪肥处理和磷酸盐出口，2014～2018 年，牧场分布密集的荷兰南部、东部和其他地区的粪肥磷酸盐盈余被强制加工和出口的比例分别上升了 40%、35%和 5%。通过一系列政策，荷兰农业用地浅层地表水硝酸盐含量从 1992 年的约 190mg/L 下降至 2016 年的约 50mg/L，实现了从粪污的源头、运输过程到出口的整体性分析和系统性监管，并高效利用了养分和资源，荷兰农业由此成功向循环型农业转型。

① ￡：镑。

3. 日本

20 世纪 60 年代，日本的许多城市河流污染严重，九州外的海湾水体被严重污染，大肠杆菌浓度严重超标，儿童骨骼疾病频发。因此在 1970 年，日本通过了 14 个污染防治方面的法律，其中包括《水污染控制法》。1980 年，东京湾、伊势湾和濑户内海也使用了总污染物负荷控制系统(Yanagi，2015)。

除了政府部门通过制定相关法律来对水资源实行严格的管理和保护外，日本的污水治理还充分利用了生物技术。①采用淡水贻贝来清理河流：由于硅藻和浮游生物主要以氮和磷为食，贻贝可以通过消耗水中的硅藻和其他浮游生物来净化水源。②渡良濑蓄水池通过开发人工芦苇湿地来净化水源：芦苇通过对污染物的吸附、沉淀及吸收作用，去除水中的氮、磷及浮游植物，因此，通过将蓄水池水引入人工湿地，再使水流回至蓄水池，可达到净水目的。据监测，人工湿地的最大净化水体能力为 2.5m^3/s，整个净化过程约为 5h，其对总磷、总氮和悬浮物的去除率分别达到 23.20%、18.22%和 9.20%。

4. 澳大利亚

多年来沿海开发及农业污染物排放严重威胁了大堡礁的生态环境。2003 年，澳大利亚和昆士兰州政府开始联合实施珊瑚礁水质保护计划，该计划主要依赖于农业用地使用自愿的最佳管理实践。

在 Janes Creek 子流域，通过改进甘蔗种植中农药和化肥的投入来改善水质。珊瑚礁水质保护计划包括建造高效处理的蓄水系统，一对一地建立农户集水区组(多为牧民和甘蔗种植户)，培训农户收集农田径流中的水样，以及提供关于子流域农村和城市地区水质的报告。自 2009 年珊瑚礁水质保护计划实施以来，农药负荷减少了 28%，沉积物负荷减少了 11%，总氮负荷减少了 10%，溶解无机氮减少了 16%(Australia and Queensland，2015)。

通过对以上国外成功治理水体富营养化案例的综合分析，我们发现制定并完善与农业面源污染相关的法律是治理水污染的有效武器。美国就有专门针对地表水污染的《清洁水法》《海岸管理条例》《安全饮用水法》，以及针对地下水污染的《资源保护和可再生法》《环境风险、赔偿和责任综合法》《农药使用联邦法》。欧盟从 1980 年以来陆续颁布了规范农业生产的《化肥法案》《土壤保护法案》《硝酸盐法案》《饮用水法案》《水框架指令》等一系列法案。在日本，与农业面源污染有关的法律有《农药取缔法》《土壤污染防止法》《可持续农业法》《堆肥品质管理法》《食品废弃物循环利用法》等。这些法律的颁布和实施，能够在农业生产的各个环节中有效地规范操作，最大限度地避免农业生产对环境造成破坏。另外，采取必要的经济措施对农业面源污染进行干预也十分重要。例如，英国在硝酸盐脆弱区对农民减“种”减“肥”采取不同程度的奖励性经济补贴，而污染严重的区域其补助力度就大，由此能优先解决这些地区的人地矛盾；荷兰在畜牧业生产中推行的粪肥生产权，在守住环境阈值的同时灵活运用市场交易调动了生产者的积极性。当然，新技术的开发和运用也是水污染治理的重要保障。无论是美国在治理污水中开发的可调节水位高度的排水管理系统和除污时采用的木屑生物反应器，还是荷兰发明的螺旋压力机(用于对粪浆进行机械化固液分离，以便将固体部分出口到德国、比利时、法国)，又或者是日本运用淡水贻贝来捕食海藻的生物防治措施，都表明污水治理最后的落脚点是技术创新。最后，农民环保意识的加强也不可忽略。澳大利亚 Janes Creek 子流域甘蔗种植项目通过让农户直接参与取水区构建、水样采集、污染物测量和评估工作，让农户切身体会和意识到自己所处的区域被污染，从而愿意主动采取措施来减缓污染，这便为后续政府与农户达成共识，合作发展绿色环保的农业生产奠定了基础。值得提出的是，在借鉴国外经验的同时，我们还应注意分析其实用性和可行性。例如，就农业面源污染相关措施的执行情况而言，由于国外农户数量少、生产规模大、农业种植类型单一、农业经营主体专业化程度高，对污染行为进行评估、处罚或者针对性地进行奖励相对容易。而我国小农户居多且分散，作物种植系统多样，农民专业化程度低，如何因地制宜地提供措施并完善监管值得进一步深思和讨论。

14.4.2　流域面源污染综合治理措施分析

长江流域面积广阔，不同地区面源污染特征不同。西南山地丘陵地区雨量充沛，种植模式多样，施肥量处于中等水平，生猪养殖量较大；地表径流污染风险高，地膜残留问题突出。南方湿地平原地区降水丰富，河网密集，水稻、蔬菜施肥量高；规模化生猪养殖场数量、淡水池塘养殖量大，地表径流污染风险高。同时，各地区面源污染现状不同，面临的挑战也不同，需要因地制宜地采用相应的防控技术。要坚持保护与发展相结合，农艺防治与工程治理相结合，源头控制与过程阻断、末端治理相结合，政策引导与生态补偿相结合，科技支撑与技术推广相结合，而在这一过程中，既要注重科学性、可行性，还要具有一定的前瞻性，要抓住主要矛盾，解决突出问题，以为实现环境效益、社会效益、经济效益的可持续发展提供保障(武淑霞　等，2018)。

1. 西南山地丘陵地区

在三峡库区上游以“适度规模—种养结合—土地消纳—粪污资源化利用”为指导核心，研发与集成生态养殖(养猪)种养循环技术。在三峡库区以“源头减量、径流调控与氮磷流失阻控”为指导核心，在水稻-榨菜轮作水田、玉米-榨菜轮作旱坡地、优质柑橘园和库区上游流域的水稻-油菜轮作水田、玉米-油菜轮作旱坡地研发与集成面源污染防控技术。在三峡库区及其上游流域的农村地区以“景观优化配置—污染物低能耗处理—多级拦截消纳”为指导核心，研发与集成农村面源污染防控技术。在三峡库区及其上游流域的丘陵山地以“径流调控、氮磷流失阻控和耕地质量提升”为指导核心，制定丘陵山地耕作田块修筑技术的实施原则、目标、内容及技术要点等(谢德体，2018)。

2. 南方湿地平原地区

以“源头减量(reduce)—过程阻断(retain)—养分再利用(reuse)—水生生态系统修复(restore)”策略全局防控农业面源污染。

(1)源头减量。减少来源是农业面源污染防控的关键和最有效的策略。由于养分利用效率低且肥料投入过量，直接导致农田中氮和磷过度排放。因此，减少源头的策略主要包括优化养分和水分管理过程，减少肥料投入，提高养分利用效率，以及实施节水灌溉和径流控制。

(2)过程阻断。过程控制技术包括修建生态沟渠、缓冲带、生态池塘和人工湿地。修建生态沟渠是农业领域最有效的营养保留技术之一。在生态沟渠中，排水中的氮、磷等营养物质可以通过沟渠中的生物进行有效的拦截、吸附、同化和反硝化等多种方式去除。此外，采用保护性耕作、免耕和生态隔离带等措施也是减少农业面源污染的重要措施。

(3)养分再利用。该措施通过使面源污水中的氮、磷等营养物质再度进入农作物生产系统，为农作物提供营养，以达到养分循环利用的目的。畜禽粪便和农作物秸秆中的氮、磷养分，可直接还田或通过养殖废水和沼液经预处理后进行还田。农村生活污水、农田排水及富营养化河水中的氮、磷养分，可通过稻田湿地系统进行消纳净化和回用。

(4)水生生态系统修复。水生生态系统指的是农业区域内的污水路径(如运河、沟渠、池塘和溪流)，而不是指最终的目的地水域(如湖泊和水库)。尽管在运输过程中采取了有效措施以减少化肥投入和控制污染物输出，但仍有大量的有机质和氮、磷等污染物不可避免地被释放出来。因此，需要对这些面源污水的输移路径进行水生生态修复，以提高其自净能力(杨林章和吴永红，2018)。

3. 生态补偿制度

(1)国家层面的政策制定和实施。近年来，中央及国家部委陆续出台了关于长江流域生态补偿的国家层面政策，如《中央财政促进长江经济带生态保护修复奖励政策实施方案》《关于建立健全长江经济带生态补偿与保护长效机制的指导意见》等，这些政策对长江流域的生态补偿建设起到了指导作用。

(2)跨省(市)区域生态补偿。长江流域多个省(市)进行了跨省(市)生态补偿探索，并且取得了良好的成效，也积累了一定的跨区域生态补偿经验。全国首个跨省(市)流域生态补偿机制是安徽、浙江两省推进的新安江流域上、下游横向生态补偿机制。此外，湖南、湖北、江西、安徽四省共同着力建设生态补偿长效机制；四川、云南、贵州三省推进赤水河流域横向生态保护补偿；湖南、重庆两省(市)推进酉水河流域省际横向生态保护补偿。

(3)省(市)级范围内的横向生态补偿。长江流域生态补偿典型省(市)(如重庆、四川、湖北、江西、贵州等)已经制定了省(市)内流域横向生态补偿机制，各个省(市)的生态补偿对当地的生态建设起着重要作用。目前，长江流域已经初步建立起以政府为主导的中央和地方两个层次的生态补偿机制雏形(罗来军 等，2020)。

4. 化肥与农药实名购买制度

2019 年，浙江省率先提出“肥药两制”改革并召开全省农业绿色发展暨“肥药两制”改革推进会。“肥药两制”指的是化肥、农药等农业投入品通过实名制购买，并定额施用。今后，“肥药两制阶段”改革从以农药实名购买和化肥定额施用阶段向更高层次的化肥与农药“双实名、双定额”阶段迈进(汪洁，2021)。作为全国首个整省推进的国家农业可持续发展试验示范区暨农业绿色发展试点先行区，浙江省实行的化肥与农药减量化使用是农业绿色发展的重要内容。在制度层面，浙江省将推进全省主要作物化肥定额施用标准落地执行，打造“一户、一业、一方”精准施肥模式，并拓展投入品减量增效路径，加强农业资源循环高效利用，严格保护和修复农业生态环境。在落实层面，浙江省将依法规范农业投入品的生产和流通市场，严把生产和经营主体资格准入关，开展“肥药两制”农资店建设，加大“店内码”等农资产品电子标识码应用力度，推行刷脸、刷卡等信息化购销方式，努力打造农资零售新业态，并对厂商直购、线上云购的规模化主体进行管理，探索实行采购备案制度。到 2022 年，浙江省“肥药两制”改革将实现县域全覆盖，并可高质量实现资源利用生态高效、产品供给优质安全、产地环境绿色清洁、产业发展提质增效等目标，同时化肥、农药用量均将比 2018 年下降 5%，从而促进农业绿色发展。

5. 法律

我国从 2021 年 3 月 1 日起施行《中华人民共和国长江保护法》。《中华人民共和国长江保护法》是我国第一部流域专门法律，其重点关注影响长江流域污染防治以及生态环境保护和修复的重点领域关键性问题。《中华人民共和国保护法》提到，长江流域是指由长江干流、支流和湖泊所形成的集水区域，其涉及青海省、四川省、西藏自治区、云南省、重庆市、湖北省、湖南省、江西省、安徽省、江苏省、上海市，以及甘肃省、陕西省、河南省、贵州省、广西壮族自治区、广东省、浙江省、福建省等相关行政区域。这意味着，除了长江干流流经的 11 个(省)市外，还涉及甘肃省、陕西省等相关区(县)。目前，长江流域污染治理迫在眉睫，如果不从广度上解决现有的问题，那么既不能解决支流或湖泊的问题，而且也保不住干流。磷矿、磷肥、磷化工和相关尾矿的污染问题都是长江流域比较突出的问题，其中总磷污染已经成为长江流域首要污染，《中华人民共和国保护法》已明确提出长江流域要控制总磷排放，即对于磷超标排放等违法行为，要在现有的《中华人民共和国水污染防治法》基础上实施更严厉的处罚。其在《中华人民共和国水污染防治法》的基础上提高处罚度的同时，也提出了新的处罚项目，包括建设化工厂、化工园区，以及新建、改建或扩建尾矿库。《中华人民共和国保护法》同时提出，国家应加强长江流域饮用水水源地保护：国务院水行政主管部门应会同国务院有关部门制定长江流域饮用水水源地名录；长江流域省级人民政府水行政主管部门应会同本级人民政府有关部门制定本行政区域的其他饮用水水源地名录；长江流域县级以上地方人民政府及其有关部门应当合理布局饮用水水源取水口；丹江口库区及其上游所在地县级以上地方人民政府应当按照饮用水水源地安全保障区、水质影响控制区、水源涵养生态建设区管理要求，加强山水林田湖草整体保护，以增强水源涵养能力，保障水质稳定达标。虽然长江流域已首次全面消除劣Ⅴ类水，干流水质也首次全面达到Ⅱ类标准，但是长江流域水质整体提升依然任重道远。例如，城市和工业污染的治理任务依然繁重，部分地方的环境基础设施仍较落后，黑臭水体的整治、工业污染的治理等其成效还不确定，效果还有待于进一步巩固。因此，农业面源污染的防治仍亟待突破。

14.4.3 面源污染系统减排、深度减排和精准减排的方案思考

“共抓大保护，不搞大开发”是推动长江经济带发展的战略导向，而中国政府想要

“留下一条清洁美丽的万里长江”的决心也是坚定不移的。因此，应始终坚持以水环境质量改善为核心，统筹水污染治理、水生态修复、水资源保护，实施“三水共治”。但与此同时，面临的挑战也是巨大的，如此大规模的流域保护行动，需要政府、企业和科研单位等社会各界的共同努力和参与。

首先，应设立长江流域水环境保护协调委员会。国家相关部委和流域各省(市)相关部门等应参与并负责协调长江沿岸各省(市)水环境保护工作，同时制定长江水环境保护战略规划，开展流域水质和跨界断面水质监测等。

其次，应完善长江流域水质监测系统和评价机制。建立流域统一的水质监测系统和评价机制，以为解决长江流域跨界纠纷和协调各省(市)利益奠定基础，包括：整合和完善长江流域水质监测和评价系统，整合环保部门、水利部门和农业部门及长江流域各省(市)的监测数据，建立涵盖水质、水量和污染源信息的监测信息共享平台；基于监测数据，定期对长江流域的水质进行评价，并确定长江流域各功能区和跨界断面的水质目标；流域各省(市)根据辖区内各功能区和跨界断面的水质目标，制定本区域的具体保护规划和实施方案。

最后，在长江流域保护规划和政策制定中紧抓流域污染源控制。在制定长江流域保护规划和实施方案的过程中，应围绕水环境质量改善这个核心目标，按照水文地理条件，科学划定流域管理范围，并集中流域内相关政府部门、工业企业、农民、研究机构和公众力量，着力解决氮磷污染等最突出的水环境问题。

长江流域水环境保护工作要将流域水质保护目标与排污许可制度、总量控制制度的实施相统一。在总结排污许可制度试点经验后，应尽快推动其在流域内的大范围实施，以控制点源污染。在核发排污许可证的过程中，要将污染物排放标准和水体水质标准作为确定污染源排放限值的双重约束，以实现排污许可制度与水环境质量改善目标挂钩。同时，加强总量控制，控制非点源污染：将城市地表径流和农业面源等非点源污染纳入流域管理规划和总量控制指标分配，并从农业、林业、市政管理等多方面做好技术引导和经济激励；充分利用各方资源控制非点源污染，通过总量控制进一步加强对非点源污染排放行为的约束(李瑞娟，2016)。

“我们既要绿水青山，也要金山银山。宁要绿水青山，不要金山银山，而且绿水青山就是金山银山”。长江流域水环境治理应以“两山”理论为指导，以最严格的生态环境保护制度为保障，努力将“黑水”改善为“绿水”，使“绿水” 更“清洁”。

参考文献

“十二五”全国城镇污水处理及再生利用设施建设规划[R].国办发〔2012〕24号.

“十四五”城镇污水处理及资源化利用发展规划 [M].国家发展改革委、住房城乡建设部. 发改环资〔2021〕827号.2021

长江流域2020年首次实现消除劣Ⅴ类水体[R].文汇报.教科卫/综合/专题006版.2021.1.6.

长江流域及西南诸河地表水资源质量状况年度报告(2003-2018)[R].武汉.长江流域水资源保护局.2003-2018.

长江入河排污口排查整治专项行动暨试点工作启动会召开[R].生态环境部网站.2019.2.16.

陈善荣，何立环，张凤英，等，2020. 2016—2019年长江流域水质时空分布特征. 环境科学研究，33(5)：1100-1108.

董哲仁，曾向辉. 2002. 受污染水体的生物-生态修复技术. 水利水电技术，33(2)：1-4.
高芳，2016. 荷兰禽畜粪便处理之战. 世界环境，(2)：41-45.
郭劲松，陈园，李哲，等，2011. 三峡小江回水区叶绿素 a 季节变化及其同主要藻类的相互关系. 环境科学，(4)：976-981.
国务院关于长江流域生态环境保护工作情况的报告[R].第十三届全国人民代表大会常务委员会第二十九次会议. 2021.6.7.
黄寰，秦思露，雷卓亮，2018. 积极推进长江经济带农药减量增效，中国环境报，2018-10-29(3).
黄伟，张钘，罗晓佼，等，2021. 三峡库区支流的河-湖两态及其对底泥不同形态磷含量的影响. 环境科学(待刊) 建议删
居小秋，2021. 莱茵河华丽转身的治理经验. http://www.qunzh.com/qzxlk/jczx/2020/202022/202011/t20201124_93696.html.
李芳，冯淑怡，曲福田，2017. 发达国家化肥减量政策的适用性分析及启示. 农业资源与环境学报，34(1)：15-23
李礼，喻航，刘浩，等，2019. 三峡库区支流"水华"现状及防控对策. 安徽农业科学，47(3)：72-74.
李瑞娟，2016. 长江保护可借鉴密西西比河治理经验. 中国环境报，2016-08-30(3).
李天翠，黄小龙，吴辰熙，等，2021. 长江流域水体微塑料污染现状及防控措施. 长江科学院院报，38(6)：143-150.
李哲，郭劲松，方芳，等，2010. 三峡小江回水区蓝藻季节变化及其与主要环境因素的相互关系. 环境科学，31(2)：301-309.
罗来军，罗碧琼，陈文君，2020. 健全长江流域生态补偿机制. 中国社会科学报，2021-06-09(3).
秦镕聪，肖艳，郭劲松，等，2018. 三峡库区澎溪河典型优势藻细胞 N/P 比与限制性评价的原位分析. 湖泊科学，30(5)：1284-1294.
邱光胜，胡圣，叶丹，等，2011. 三峡库区支流富营养化及水华现状研究[J]. 长江流域资源与环境，20(3)：311-316.
世界基金自然会，2020. 长江生命力报告.
舒庆.全国城镇污水处理及再生利用设施"十一五"建设规划[M].全国环境保护"十一五"规划汇编.红旗出版社.2008.
水利部长江水利委员会，青海省水利厅，2011. 长江源综合考察与研究. 武汉：长江出版社.
陶艳茹，苏海磊，李会仙，等，2021.《欧盟水框架指令》下的地表水环境管理体系及其对我国的启示. 环境科学研究，34(5)：1267-1276.
汪洁，2021. 浙江省化肥农药实名制、定额制改革实践与思考. 南方农业，15(1)：27-31.
王洋，2018. 发展改革委就《关于加快推进长江经济带农业面源污染治理的指导意见》答记者问. http://www.gov.cn/zhengce/2018-11/ 01/ content_ 5336549.htm.
王英才，邱光胜，陈水松，等，2012. 三峡库区试验性蓄水期间浮游生物群落特点研究. 人民长江，43(12)：4-9.
武淑霞，刘宏斌，刘申，等，2018. 农业面源污染现状及防控技术. 中国工程科学，20(5)：23-30.
谢德体，2018. 三峡库区及上游流域农村面源污染控制技术与工程示范. 乡村科技，(29)：117-120.
闫杰，F.E. de Buisonjé，R.W. Melse. 2017. 白皮书——荷兰经验对中国畜禽粪便治理的启发.
杨兵，何丙辉，王德宝，2017. 三峡前置库汉丰湖试运行年水文水质变化特征. 环境科学，38(4)：1366-1375.
杨林章，吴永红，2018. 农业面源污染防控与水环境保护. 中国科学院院刊，33：168-176.
杨正健，俞焰，陈钊，等，2017. 三峡水库支流库湾水体富营养化及水华机理研究进展. 武汉大学学报(工学版)，50(4)：507-516.
印士勇，苏海，王瑞琳，2011. 长江流域水环境监测站网规划与布设探讨.人民长江，42(2)：71-74.
袁辉，黄川，崔志强，等，2007. 三峡库区消落带与水环境响应关系预测. 重庆大学学报(自然科学版)，30(9)：134-138.
曾辉，宋立荣，于志刚，等，2007. 三峡水库"水华"成因初探. 长江流域资源与环境，16(3)：336-339.
张磊，蔚建军，付莉，等，2015. 三峡库区回水区营养盐和叶绿素 a 的时空变化及其相互关系. 环境科学，36 (6)：2061-2069.
张田勘，2020. 治理抗生素污染当纳入《长江保护法》. 科学大观园，(10)：62.
张钘，2021. 三峡库区澎溪河磷负荷及其与水华的关系. 重庆：西南大学.
周川，蔚建军，付莉，等，2016. 三峡库区支流澎溪河水华高发期环境因子和浮游藻类的时空特征及其关系. 环境科学，37 (3)：

873-883

朱莹，曹淼，罗景阳，等，2019. 微塑料的环境影响行为及其在我国的分布状况. 环境科学研究，32(9)：1437-1447.

Australia and Queensland，2015. Highlights of the Reef 2050 Long-Term Sustainability Plan. Canberra：Australian Government.

Sawe B E. The most polluted rivers in the world. https：//www.worlddatlas.com/articles/the- most-polluted-rivers-in-the-world.html. 2017.

Bouwman，A F，Van Drecht G，Knoop J M，et al.，2005. Exploring changes in river nitrogen export to the world's oceans. Global Biogeochemical Cycles，19(1). https：//doi.org/10.1029/2004GB002314.

Chen X J，Strokal M，Kroeze C，et al.，2019. Seasonality in river export of nitrogen：A modelling approach for the Yangtze River. Science of the Total Environment，671 (25)：1282-1292.

Chen X J，Strokal M，Kroeze C，et al.，2020. Modeling the contribution of crops to nitrogen pollution in the Yangtze River. Environmental Science and Technology，54(19)：11929-11939.

Chen Y C，Zang L，Shen G F，et al.，2019. Resolution of the ongoing challenge of estimating nonpoint source neonicotinoid pollution in the Yangtze River Basin using a modified mass balance approach. Environmental Science and Technology，3 (5)：2539-2548.

Christianson L E，Bhandari A，Helmers M J，2012. A practice-oriented review of woodchip bioreactors for subsurface agricultural drainage. Applied engineering in Agriculture，28 (6)：861-874.

Chuo M Y，Ma J，Liu D F，et al.，2019. Effects of the impounding process during the flood season on algal blooms in xiangxi bay in the three gorges reservoir，China. Ecological Modelling，392(1)：236-249.

Danner M C，Robertson A，Behrends V，et al.，2019. Antibiotic pollution in surface fresh waters：Occurrence and effects. Science of The Total Environment，664(10)：793-804.

Davis J R，Koop K，2006. Eutrophication in Australian rivers，reservoirs and confluences-A southern hemisphere perspective on the science and its implications. Hydrobiologia，559(1)：23-76.

Ding S，Chen P P，Liu S M，et al.，2019. Nutrient dynamics in the changjiang and retention effect in the three gorges reservoir. Journal of Hydrology，574(2)：96-109.

Donald F B，2019. Barriers and Bridges in Abating Coastal Eutrophication. Frontiers in Marine Science，6：123..

Xu H，Paerl H W，Qin B，et al.，2015. Determining critical nutrient thresholds needed to control harmful cyanobacterial blooms in eutrophic Lake Taihu，China. Environmental Science and Technology，49 (2)：1051-1059.

Harris T D，Smith V H，Graham J L，et al. 2017. Combined effects of nitrogen to phosphorus and nitrate to ammonia ratios on cyanobacterial metabolite concentrations in eutrophic Midwestern USA reservoirs. Inland Waters，6 (2)：199-210.

Ji D B，Wells S A ，Yang Z J，et al.，2017. Impacts of water level rise on algal bloom prevention in the tributary of Three Gorges Reservoir，China. Ecological Engineering，98(2)：70-81.

Jiang H C，Qiang M S，Fan Q X，et al.，2018. Scientific research driven by large-scale infrastructure projects：A case study of the Three Gorges Project in China. Technological Forecasting and Social Change，134(2)：61-71.

Lang Y，Wang L L，X Cai，et al.，2019. Research on Hydrodynamics with water temperature characteristics and spring algal blooms in a typical tributary bay of three gorges reservoir. Mathematical Problems in Engineering. https://doi.org/10.1155/2019/7654543.

Li J J，Xie S Y，Kuang M S，2001. Geomorphic evolution of the Yangtze gorges and the time of their formation. Geomorphology，41(2-3)：125-135.

Li J，Yin W，Jia H Y，2021. Hydrological management strategies for the control of algal blooms in regulated lowland Rivers.

Hydrological Processes，5(6)：e14171.

Li X Y，Yang L B，Yan W J，2011. Model analysis of dissolved inorganic phosphorus exports from the Yangtze River to the estuary. Nutrient Cycling in Agroecosystems，90(1)：157-170.

Li Y P，Nwankwegu A S，Huang Y N，et al.，2020. Evaluating the phytoplankton，nitrate，and ammonium interactions during summer bloom in tributary of a subtropical reservoir. Journal of Environmental Management，271(2). https://doi.org/10.1016/j.jenvman.2020.110971.

Liu W R，Zhao J L，Liu Y S，et al.，2015. Biocides in the Yangtze River of China：Spatiotemporal distribution，mass load and risk assessment. Environmental Pollution，200 (5)：53-63.

Liu X C，Beusen A H W，Van Beek L P H，et al.，2018. Exploring spatiotemporal changes of the Yangtze River(Changjiang) nitrogen and phosphorus sources，retention and export to the East China Sea and Yellow Sea. Water Research，142(1)：246-255.

Lv J，Wu H J，Chen M Q. Effects of nitrogen and phosphorus on phytoplankton composition andbiomass in 15 subtropical，urban shallow lakes in Wuhan，China. Limnologica，41(1)：48-56.

Lyu J，Yang L S，Zhang L，et al.，2020. Antibiotics in soil and water in China-A systematic review and source analysis. Environmental Pollution，266 (1)：115147.

Nwankwegu A S，2019. Harmful algal blooms under changing climate and constantly increasing anthropogenic actions：The review of management implications. Biotechnology，9(12)：1-19.

Osman E O，Smith D J，Ziegler M，et al.，2017. Mississippi River/Gulf of Mexico Watershed Nutrient Task Force 2017 Report to Congress 2017.

Ouyang W，Cai G Q，Huang W J，et al.，2015 Temporal-spatial loss of diffuse pesticide and potential risks for water quality in China. Science of the Total Environment，541(1)：551-558.

Paerl H W，Huisman J，2008. Blooms like it hot. Science，320 (5872)：57-58.

Paerl H W，2016. Mitigating cyanobacterial harmful algal blooms in aquatic ecosystems impacted by climate change and anthropogenic nutrients. Harmful Algae，54(2)：213-222.

Paerl H W.c. Water Research. 2011;45，1973-1983.

Peng J，Wang Y L，Wu J S，2006. Ecological effects associated with land-use change in China's southwest agricultural landscape. International Journal of Sustainable Development and World Ecology，13 (4)：315-325.

Rabalais N,，Turner R，Wiseman W，2002. Gulf of Mexico hypoxia，A.K.A. “The Dead Zone”. Annual Review of Ecology and Systematics，33：235-263

Rillig M C，Lehmann A，2020. Microplastic in terrestrial ecosystems. Science，368(6498)：1430-1431.

Sanseverino I，Conduto D，2016. Algal bloom and its economic impact. Luxembourg：Publications Office of the European Union.

Schoffman H，2016. Iron-nutrient interactions within phytoplankton. Frontiers in Plant Science，7：1223.

Shen Z Y，Liao Q，Hong Q，et al.，2012. An overview of research on agricultural non-point source pollution modelling in China. Separation and Purification Technology，84(1)：104-111

Cardoso S C，Fábio，R，2012. Phytoplankton abundance，biomass and diversity within and between pantanal wetland habitats. Limnologica-Ecology and Management of Inland Waters，42(3)：235-241.

Skaggs R W，Fausey N R. Evans R O，2012. Drainage water management. Journal of Soil and Water Conservation，67(6)：167-172.

Strokal，M，Kroeze C，Wang M R，et al.，2016a. The MARINA model (Model to Assess River Inputs of Nutrients to seAs)：Model description and results for China. Science of the Total Environment，562(2)：869-888.

Strokal M，Ma L，Bai Z H，et al.，2016b Alarming nutrient pollution of Chinese rivers as a result of agricultural transitions. Environmental Research Letters 2016b; 11(2)：14-24.

Sun C，Chen L，Zhai L M，et al.，2019. National assessment of spatiotemporal loss in agricultural pesticides and related potential exposure risks to water quality in China. Science of the Total Environment，677(2)：98-107.

Tong Y D，Bu X G，Chen J Y，et al.，2017. Estimation of nutrient discharge from the Yangtze River to the East China Sea and the identification of nutrient sources. Journal of Hazard Mater，321(2)：728-736.

Tong Y D，Yao R H，He W，et al.，2016. Impacts of sanitation upgrading to the decrease of fecal coliforms entering into the environment in China. Environmental Research，149(1)：57-65.

UN Environment，2019. Global environment outlook-GEO-6：Summary for policymakers. Cambridge：Cambridge University Press.

Van Drecht G，Bouwman A F，Knoop J M，et al.，2003. Global modeling of the fate of nitrogen from point and nonpoint sources in soils，groundwater，and surface water. Global Biogeochemical Cycles，17(4). https://doi.org/10.1029/2003GB002060.

Vymazal J，2007. Removal of nutrients in various types of constructed wetlands. Science of the total environment，380(1-3)：48-65.

Wade A J，Butterfield D，Whitehead P G，2006. Towards an improved understanding of the nitrate dynamics in lowland，permeable river-systems：Applications of INCA-N. Journal of Hydrology，330(1-2)：185-203.

Wang J J，Beusen A H W，Liu X C，et al.，2020a. Aquaculture Production is a large，spatially concentrated source of nutrients in Chinese freshwater and coastal seas. Environmental Science and Technology，54(3)：1464-1474.

Wang J N，Li X Y，Yan W J，et al.，2014. Watershed nitrogen export model related to changing nitrogen balance and hydrology in the Changjiang River Basin. Nutrient Cycling in Agroecosystems，98(1)：87-95.

Wang J N，Zhang Z L，Johnson B，2019. Low flows and downstream decline in phytoplankton contribute to impaired water quality in the lower Minnesota River. Water research，161(1)：262-273.

Wang M.，Kroeze C，Strokal M，et al.，2020b. Global Change Can Make Coastal Eutrophication Control in China More Difficult. Earths Future，8(4)：e2019EF001280.

Wang X，Hao F H，Cheng H G，et al.，2010 Estimating non-point source pollutant loads for the large-scale basin of the Yangtze River in China. Environmental Earth Sciences，63(5)：1079-1092.

World Health Organization. Drinking-water. https：//www.who.int/news-room/fact-sheets/detail/drinking-water，2019.

Xiang R，Wang L J，Li H，et al.，2021. Water quality variation in tributaries of the three gorges reservoir from 2000 to 2015. Water Research，195(1)：116-993.

Xu H，Zhu G W，Qin B Q，2013. Growth response of Microcystis spp to iron enrichment in different regions of Lake Taihu，China. Hydrobiologia，700(1)：187-202.

Xu Y Y，Zhang M，Wang Lan，et al.，2011. Changes in water types under the regulated mode of water level in Three Gorges Reservoir，China. Quaternary International，244(2)：272-279.

Yan W J，Mayorga E，Li X Y，et al.，2010. Increasing anthropogenic nitrogen inputs and riverine DIN exports from the Changjiang River basin under changing human pressures. Global Biogeochemical Cycles，24(4). https://doi.org/10.1029/2009GB003575.

Yanagi T，2015. Eutrophication and oligotrophication in Japanese estuaries：The present status and future tasks. Dordrecht：Springer.

Yang L，Liu D F，Huang Y L，et al.，2015. Isotope analysis of the nutrient supply in xiangxi bay of the three gorges reservoir. Ecological Engineering，77(1)：65-73.

Yang Z J，Xu P，Liu D F，et al.，2018. Hydrodynamic mechanisms underlying periodic algal blooms in the tributary bay of a subtropical reservoir. Ecological Engineering，120(1)：6-13.

Zhang L，Gu X Z，Fan C X，2010. Impact of different benthic animals on phosphorus dynamics across the sediment-water interface. Journal of Environmental Sciences，22(11)：1674-1682.

Zhang L，Xia Z Q，Zhou C，2020. Unique surface density layers promote formation of harmful algal blooms in the pengxi river，three gorges reservoir. Freshwater Science，39(4)：722-734.

Zhang Q Q，Ying G G，Pan C G，et al.，2015. Comprehensive evaluation of antibiotics emission and fate in the river basins of China：Source analysis，multimedia modeling，and linkage to bacterial resistance. Environmental Science and Technology，49(11)：6772-6782.

Zhou G J，Zhao X M，Bi Y H，et al.，2012. Effects of rainfall on spring phytoplankton community structure in Xiangxi Bay of the Three-Gorges Reservoir，China. Fresenius Environmental Bulletin，21(11)：3533-3541.

Zhou L J，Li J，Zhang Y D，et al.，2019. Trends in the occurrence and risk assessment of antibiotics in shallow lakes in the lower-middle reaches of the Yangtze River basin，China. Ecotoxicology and Environmental Safety，183(1)：109511.

Zhu K X，Bi Y H，Hu Z Y，2013. Responses of phytoplankton functional groups to the hydrologic regime in the Daning River，a tributary of Three Gorges Reservoir，China. Science of the Total Environment，450-451：169-177.

第 15 章　大气质量现状及绿色发展挑战

长江经济带是横贯东西、地跨南北的重要腹地，覆盖上海、江苏、浙江、安徽、江西、湖北、湖南、重庆、四川、云南和贵州等 11 个长江沿岸省(市)，连接 3 个国家级城市群，即成渝城市群、长江中游城市群和长江三角洲城市群。长江经济带面积约为 205 万 km^2，约占全国陆地面积的 21.4%，其人口数量和生产总值均超过全国的 40%，是我国重要的人口密集区和产业承载区，在我国的经济发展中处于极其重要的战略支撑地位。长期以来，高强度的发展使区域内环境污染问题加重，大气污染尤为突出，大气环境质量严重下降。日趋严重的污染问题直接损害民众的健康，同时对社会经济发展等造成了较大的负面影响。因此，推进长江经济带大气污染治理，提高空气质量，已成为区域经济实现绿色发展的迫切要求。

15.1　长江经济带大气污染物排放及空气污染

20 世纪经历工业革命后，人口和经济快速增长，伴随而来的是以化石燃料燃烧为主的工业活动、以集约化为主要形式的农业活动和汽车拥有量急剧增加的交通运输业等迅猛发展。在人口大幅增长以及农产品和工业产品快速生产的同时，自然资源和化石燃料被大量消耗，导致污染气体被排放至大气，主要包括二氧化硫(SO_2)、氮氧化物(NO_x)、氨气(NH_3)、挥发性有机物(VOCs)和黑炭等。本章受篇幅限制，将主要讨论 SO_2、NO_x 和 NH_3 三种大气污染物。

SO_2 是大气主要污染物之一，味臭，能溶于水。当空气中 SO_2 浓度超过一定允许范围时，不仅会直接危害人体健康和动植物生长，还会通过二次转化与大气沉降对空气、水体、土壤等生态环境造成严重的危害。NO 和 NO_2 共同组成 NO_x，即与空气污染最相关的氮氧化物的通称，其中以 NO_2 为主，而大气中的 NO 能很快被空气中的 O_2 氧化成红棕色的 NO_2。NO_x 和 SO_2 的主要来源分为自然源和人为源，其中自然源包括土壤、闪电、森林或草原火灾、生物源，人为源主要包括工业、燃煤等过程，即发电厂、工业锅炉、水泥窑、涡轮机等工业来源以及汽车、卡车和各种非道路车辆(如建筑设备、船舶等)源。NO_x 和 SO_2 在对流层的停留时间一般为几小时至几天，停留时间取决于各种因素(唐孝炎 等，2006)。

NH_3 是大气环境中重要的碱性痕量气体。农业源是 NH_3 的主要排放源，而其他排放源包括生物质燃烧、人体粪便、化工生产、废物处理、交通排放、煤炭燃烧等。氮肥施用和畜禽养殖是 NH_3 排放的重要来源，这二者的总排放量占全球排放量的 57%以上，占亚洲总排放量的 80%以上(Bouwman et al.，1997)。NH_3 在大气中的停留时间很短，一般几小时至几天左右(Erisman et al.，1988)，且在大气中的水平运动距离较短，一般不超过50km(Walker et al.，2004)，这是因为NH_3可以快速溶解于空气中的水蒸气或与酸性气体反应形成铵盐(Aneja et al.，2001)。当NH_3转化为铵盐后，其在大气中停留的时间将会延长至1～15天，并且可以随大气环流传输到较远的区域。

15.1.1　SO_2、NO_x、NH_3排放量

长江经济带各省(市)SO_2、NO_x、NH_3年际排放量如图15-1所示。SO_2、NO_x排放量数据来自国家统计局官方网站，NH_3排放量数据来自中国多尺度排放清单模型(MEIC)。2017年长江经济带SO_2、NO_x和NH_3排放量分别为310.9万t、544.8万t和433.2万t，分别占全国SO_2、NO_x和NH_3总排放量的48%、32%和42%，可见SO_2和NH_3单位面积排放量相对较高。从2011年开始，NO_x排放量逐渐高于SO_2，成为大气主要污染物。SO_2排放量较高的是江苏省、四川省和贵州省，NO_x排放量较高的则是江苏省较高。四川省NH_3排放量显著高于其他省(市)，但中游地区NH_3排放量和上游地区相当，二者省(市)年均值分别为47.1万t/省(市)和46.1万t/省(市)。从历史变化来看，SO_2排放量的下降从2005年开始，2004～2017年长江经济带SO_2排放量减少了65%，其中2011～2017年下降了60%，远高于2004～2010年的降幅(9%)。上游地区降幅(78%)最大，下游地区(59%)次之，中游地区(55%)最小。2011～2017年，长江经济带NO_x排放量持续下降(降低了近31%)，且同样表现为上游地区降幅(40%)最大，下游地区(28%)次之，中游地区(20%)最小。2008～2017年，长江经济带各省(市)NH_3排放量均表现为先增加后减少，2012年NH_3排放量最高。和2008年相比，2017年上游地区降幅最大，达16%；中游和下游地区NH_3排放量依然高于2008年。

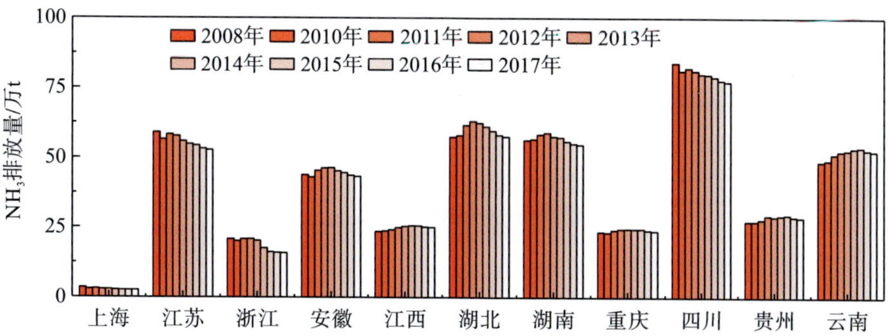

(a)

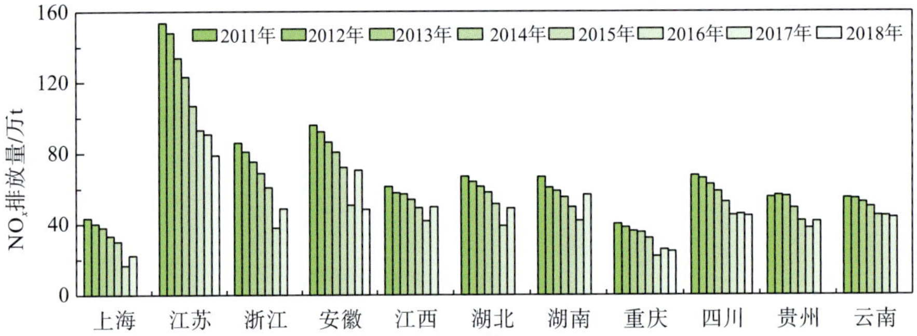

(b)

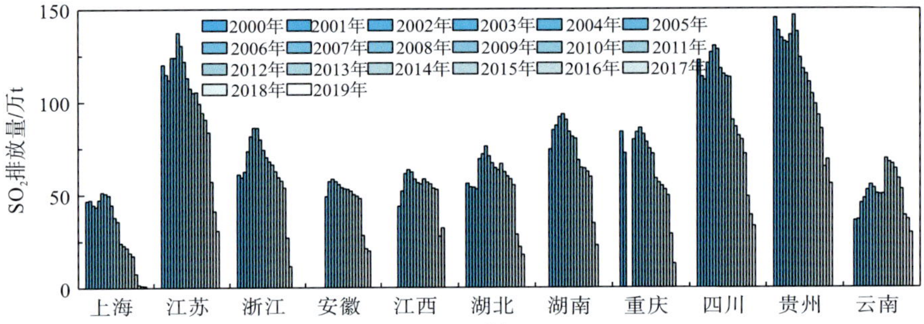

(c)

图 15-1 长江经济带 11 省(市) SO_2(a)、NO_x(b)、NH_3(c)排放量历史变化

长江经济带 SO_2、NO_x、NH_3 排放量变化主要是由该区域能源、交通和农业活动转型发展造成的(图 15-2)。SO_2 和 NO_x 的排放与我国能源结构和能源消费量密切相关，近年来我国能源总量持续上升，而煤炭是我国主要的消费能源，在 2009 年以前，煤炭总消费量占我国能源总消费量的 70%以上。随着我国生态环境的逐渐恶化，政府开始进行能源结构的调整，煤炭消费占比有所下降，2020 年该占比下降至 56.8%。在“十一五”(2006～2010 年)和“十二五”(2011～2015 年)期间，我国设置了 SO_2 总排放量的控制目标，要求排放量均减少 8%；在“十三五”(2016～2020 年)期间，要求排放量减少 15%。另外，2011 年后我国开始关注 NO_x 排放问题，并计划大幅减少 NO_x 排放。为了实现各项减排目标，我国政府在全国范围内调整优化产业结构、能源结构、运输结构、用地结构，强化区域联防联控和重污染天气响应，对电力、工业、交通运输等行业开展了末端治理作业，同时提高排放标准，推行“超低排放”技术(Zheng et al.，2018)。长江经济带在国内能源转型的背景下，其能源消耗量虽然依旧上升，但是煤炭消耗量开始减少，且随着脱硫、脱硝技术的广泛实施，其 SO_2 排放量快速下降。NO_x 排放量也会随着能源消耗和汽车保有量的急剧增长而持续快速增加，长江经济带民用汽车拥有量从 1980 年的 55.4 万辆提高至 2019 年的 10161.0 万辆，但是 2011 年开始开展的 SO_2 和 NO_x 总量控制行动，有效减少了长江经济带 NO_x 排放。2016 年《长江经济带绿色发展规划》颁布，这是引领长江经济带绿色发展的纲领性文件，同时一系列驱动产业转型升级、推进新型城镇化进程的措施也随之实施，从而进一步促进了大气酸性气体排放的减少。

中国作为世界上较大的粮食和肉类生产国之一，其农业 NH_3 排放(主要来自农田施肥和畜牧养殖)在过去 40 年里大幅增加。我国目前的减排措施主要集中在工业和交通运输业的 SO_2 和 NO_x 排放上，对 NH_3 的减排措施还未以国家政策的形式颁布实施。2015 年农业部下发的《到 2020 年化肥使用量零增长行动方案》旨在改变我国化肥(包括氮肥)大量使用和氮肥利用效率低的现状，同时减少化肥在使用中给生态环境带来的 NH_3 污染。长江经济带农用氮肥施用折纯量从 1987 年开始逐年上升，到 2013 年开始下降，2019 年氮肥施用量已减少 18%。同时从 2012 年开始，大牲畜、猪、羊数量开始逐年下降，家禽数量在一定范围内波动，因此长江经济带 NH_3 排放量自 2012 年开始缓慢降低。

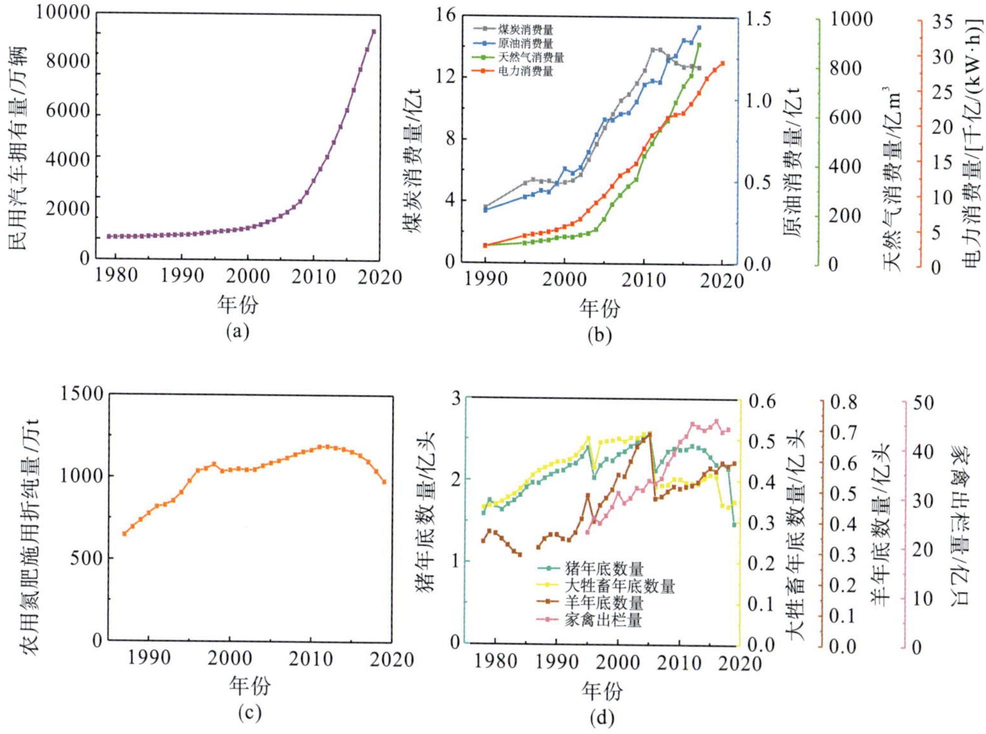

图 15-2　长江经济带民用汽车拥有量(a)、能源消费量(b)、农用氮肥施用折纯量(c)和畜牧养殖量(d)年际变化(数据源于国家统计局官方网站)

注：氮肥施用折纯量包括 30%复合肥折纯量。

15.1.2　环境问题

1. 细颗粒物($PM_{2.5}$)污染

自 20 世纪 90 年代末以来，中国经历了极其严重的区域性雾霾污染。2010 年，超过 80%的人口生活在空气质量差的地区(Apte et al.，2015)。2013 年 1 月，中国发生持续性严重雾霾事件，雾霾覆盖面积约 140 万 km^2，影响 8 亿人(Huang et al., 2014)。这一极端事件成为公众关注中国雾霾问题的转折点。霾主要是由大气中高浓度细颗粒物(尤其是

$PM_{2.5}$，指空气动力学直径小于或等于 2.5μm 的细颗粒物）造成的。雾霾污染会降低能见度（Zhao et al.，2011），并通过改变太阳辐射改变区域气候，影响自然和农业生态系统。除了上述影响，相关的健康风险是公众对于雾霾污染最关心的问题。短期暴露于大气细颗粒物环境会影响呼吸系统、肺功能和心血管系统（Habre et al., 2018），而长期接触还会产生更强烈的影响，并可能对公共健康造成其他未知的后果（Forouzanfar et al.，2016）。

细颗粒物来自直接排放或通过气体粒子相互转化形成（即二次气溶胶）。NH_3 是大气中唯一的碱性气体，其在大气中会和二氧化硫（SO_2）、氮氧化物（NO_x）氧化形成的硫酸（H_2SO_4）、硝酸（HNO_3）发生中和反应，形成硝酸铵（NH_4NO_3）、硫酸铵[（NH_4）$_2SO_4$]等化合物铵盐气溶胶。二次无机气溶胶质量浓度约占 $PM_{2.5}$ 质量浓度的 40%～57%。因此，气态 SO_2、NO_x、NH_3 的排放对 $PM_{2.5}$ 污染的时空变化起至关重要的作用。

2020 年全国 367 个城市监测点的 $PM_{2.5}$ 年均浓度为 33.1μg/m^3，华北平原 57 个城市监测点的 $PM_{2.5}$ 年均浓度为 45.9μg/m^3，长江经济带 119 个城市监测点的 $PM_{2.5}$ 年均浓度为 30.9μg/m^3。长江经济带 $PM_{2.5}$ 平均浓度和华北平原相比低 33%，同时略低于全国平均水平，但是依然高于世界卫生组织标准（10μg/m^3）。2020 年全国和华北平原大气 SO_2 浓度年均值分别为 10.0μg/m^3 和 10.6μg/m^3，长江流域 SO_2 年均浓度为 10.1μg/m^3，介于全国及华北平原 SO_2 浓度年均值之间，但是三者差异并不显著。与 SO_2 空间格局不同，长江经济带 NO_2 年均浓度为 24.2μg/m^3，低于全国（24.7μg/m^3）和华北平原（30.9μg/m^3）平均水平。2019 年在全国氮沉降监测网中，长江经济带各监测点的 NH_3 平均浓度在 1～12μg/m^3 波动，同样介于华北平原和全国各监测点的 NH_3 平均浓度之间（图 15-3）。

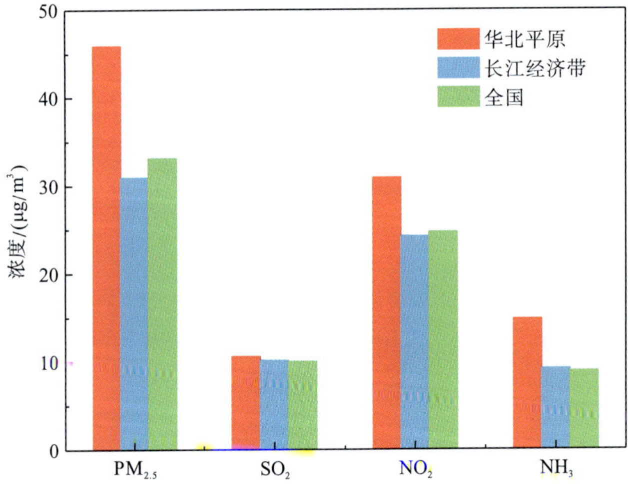

图 15-3　2020 年长江经济带、全国和华北平原大气中 $PM_{2.5}$、SO_2、NO_2、NH_3 浓度对比

（数据来源：$PM_{2.5}$、SO_2、NO_2 浓度数据来自生态环境部官方网站，NH_3 浓度数据来自全国氮沉降监测网）

如图 15-4 所示，2015～2020 年长江经济带 $PM_{2.5}$ 浓度从 48.4μg/m^3 降低至 30.9μg/m^3，下降幅度为 36%，特别是 2019～2020 年下降了近 5.5μg/m^3，这可能是因为受到了污染物排放量和气象条件变化的共同影响。类似地，大气 SO_2 浓度在该时间范围内下降明显，从

28.1μg/m^{3}下降至 10.1μg/m^3，下降幅度达 64%，与长江经济带 SO_2 排放量的降幅一致。但是与 $PM_{2.5}$ 浓度变化趋势不同，2019～2020 年 SO_2 浓度略微上升。大气 NO_2 浓度降幅较小，其在 2015～2017 年持续上升，随后开始下降；与 2017 年相比，2020 年 NO_2 浓度下降约 23%。

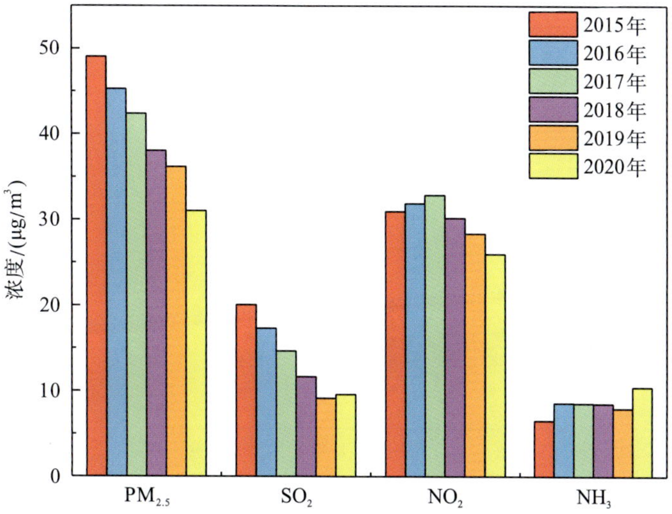

图 15-4　2015～2020 年长江经济带大气中 $PM_{2.5}$、SO_2、NO_2、NH_3 浓度变化

与酸性气体变化趋势相反，大气 NH_3 浓度在 2015～2020 年的波动范围为 6.30～9.13μg/m^3，并表现为在波动中上升，上升幅度约 45%。SO_2 和 NO_x 排放量的下降，显著降低了 $(NH_4)_2SO_4$ 和 NH_4NO_3 的生成量，更多的 NH_3 被划分至气相，并以气态 NH_3 形式存在于大气中。因此，大气中 NH_3 浓度上升的重要原因除 HN_3 排放量较为稳定之外，也部分归因于 SO_2 和 NO_x 两种酸性气体排放量的下降(Fu et al.，2017；Liu et al.，2018)。类似地，在美国，由于《清洁空气法》修正案的实施，SO_2 和 NO_x 排放量下降，但这却促使大气中 NH_3 浓度上升，二者对大气中 HN_3 浓度上升的相对贡献分别为 66.7%和 33.3%(Yu et al.，2019b)。因此，NH_3 浓度的上升会降低 SO_2 和 NO_x 排放控制措施对空气质量改善的有效性，使得未来空气污染治理的阻力越来越大。

2015～2020 年大气中 $PM_{2.5}$、SO_2、NO_2、NH_3 浓度在长江经济带上游(四川、重庆、贵州、云南)、中游(江西、湖南、湖北)和下游(安徽、浙江、江苏、上海)之间存在明显空间差异(图 15-5)。上游地区(34.6μg/m^3)大气中 $PM_{2.5}$ 浓度明显低于中游(44.5μg/m^3)和下游地区(43.0μg/m^3)。大气中 SO_2 浓度在这 3 个区域之间没有明显差异，上游地区(12.6μg/m^3)略低于中游(15.7μg/m^3)和下游(13.4μg/m^3)地区。大气中 NO_2 浓度在这 3 个区域之间表现为下游浓度＞中游浓度≈上游浓度，其中上游地区不同省(市)之间波动范围较大。大气中 NH_3 浓度的空间格局与酸性气体相反，上游地区 NH_3 浓度最高，为 9.33μg/m^3，其次为下游、中游。

不同地区 $PM_{2.5}$、SO_2、NO_2、NH_3 浓度的年际变化同样存在差异(图 15-6)。2015～2020

年，大气中 $PM_{2.5}$ 浓度在上、中、下游的降幅分别为 36%、37%和 38%；SO_2 浓度在中游的降幅(56%)略高于上游(51%)和下游(50%)；NO_2 浓度在这上游和中游的降幅均为 16%，下游的降幅为 41.35%，且同样表现为 2017 年浓度最高；NH_3 浓度在中游地区增加显著(增加了近 1.6 倍)，上游地区 NH_3 浓度相对稳定，与 2015 年相比，其 NH_3 浓度增加约 29%，而下游地区 NH_3 浓度增加约 45%。

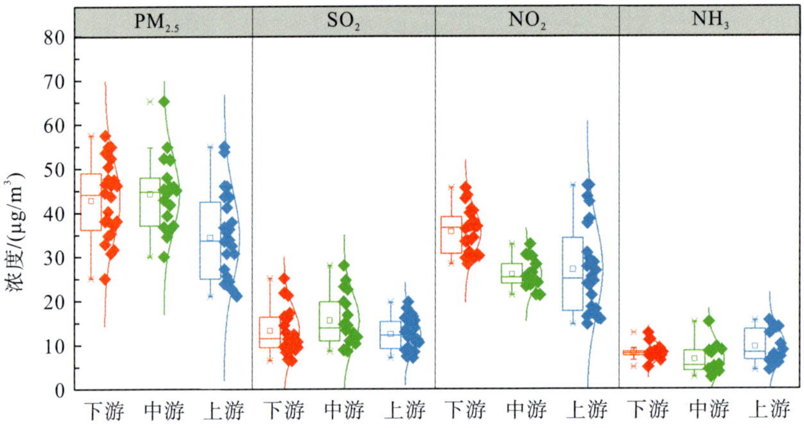

图 15-5　2015～2020 年长江经济带下、中、上游地区 $PM_{2.5}$、SO_2、NO_2 和 NH_3 浓度空间格局

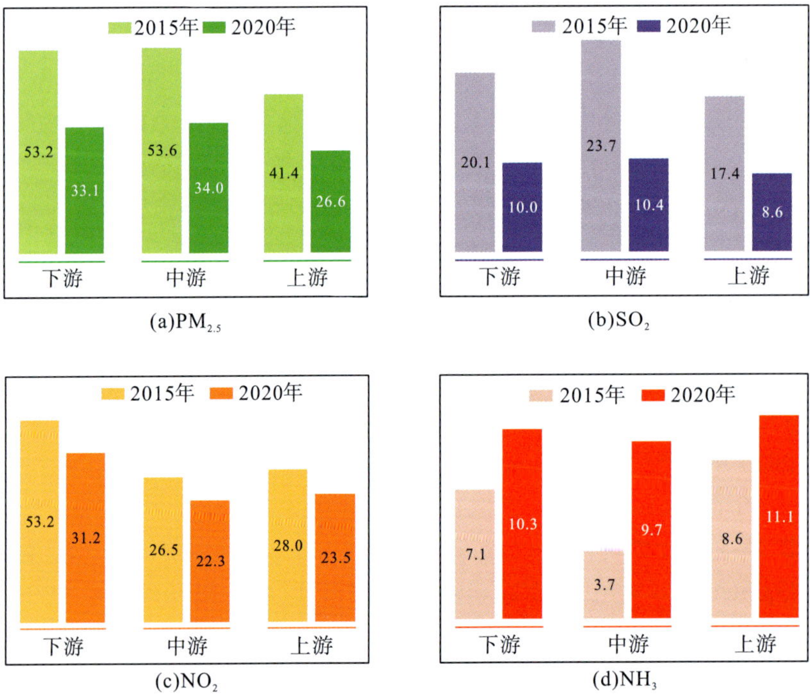

图 15-6　2015 年和 2020 年长江经济带下、中、上游地区 $PM_{2.5}$、SO_2、NO_2 和 NH_3 浓度差异(单位：μg/m^3)

2. 酸雨

酸雨是指 pH 小于 5.6 的降水。SO_2 和 NO_x 作为大气中主要的污染物之一，在酸雨污染等区域性环境污染的形成中起着至关重要的作用。20 世纪 80 年代初，我国便开始建立全国酸雨监测网，并对酸雨的空间分布特征、形成及传输机制和生态效应开展相关研究。随后全国酸雨区面积逐渐减少，重酸雨区的污染程度有所缓和。“七五”至“九五”期间，一方面我国扩大了酸雨研究面积，另一方面制定了酸雨控制方案，并完成了国家 SO_2 控制区与酸雨控制区(简称“两控区”)的划分。根据《中国生态环境状况公报》，2020 年中国降水的 pH 平均值为 5.6，酸雨区面积约 46.6 万 km^2，约占国土面积的 4.85%。公报同时指出酸雨主要分布在长江以南、云贵高原以东区域，即长江经济带部分区域酸雨污染仍较严重。

此处对比了 2000～2005 年和 2015～2020 年两个时间段长江经济带 11 个省(市)酸雨的变化趋势(图 15-7)。2000～2005 年 11 个省(市)大气降水 pH 平均值为 5.16，2015～2020 年为 5.72，上升了 0.56 个单位。其中，2020 年有 7 个省(市)大气降水 pH 平均值超过酸雨标准值(5.60)(其中上海、浙江、江西和湖南未达标)。2000～2005 年长江经济带上游、中游、下游大气降水 pH 平均值分别为 5.29、5.16 和 5.04，2015～2020 年分别上升至 6.10、5.63 和 5.41。其中上游地区大气降水 pH 平均上升最明显，升幅约 15%；其次是中游地区，约 9%；最后为下游地区，约 7%。湖南上升幅度最小，仅 1%。目前，长江经济带大气降水酸度逐渐减弱，区域环境已经从“酸雨恶化”阶段进入“酸雨改善”阶段，而酸雨的变化与长江流域 SO_2 和 NO_x 排放的变化呈现出一致性。

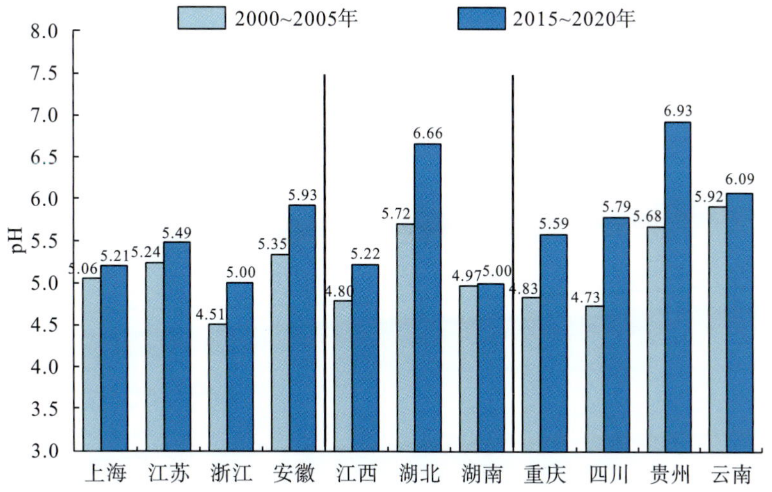

图 15-7　长江经济带各省(市)2000～2005 年与 2015～2020 年酸雨年均值比较

注：安徽 2000～2005 年的数据实际为 2010～2014 年的数据。

数据来源：各省(市)生态环境公报。贵州数据只有最大值和最小值，此处数据为两者的平均值

3. 臭氧问题

除 $PM_{2.5}$ 外，NO_x 也是对流层臭氧(O_3)的前体物，其在光照下与碳氢化合物反应形成臭氧。近年来，我国大部分地区空气质量得到改善，但 O_3 污染却逐步显现。2020 年，我国以 O_3 为首要污染物的污染超标天数占比为 37.1%，仅次于 $PM_{2.5}$。高浓度 O_3 有可能危害人体健康(如对部分敏感人群的眼睛和呼吸道造成刺激和损伤)，并可能使植物发黄枯萎。O_3 污染主要集中在夏季，这也是作物生长的季节。空气中 O_3 浓度为～40ppb 时，主要粮食作物(如马铃薯、水稻、小麦、大豆等)产量比在无 O_3 污染下的产量下降 10%(Feng and Kobayashi，2009)。在对北京及其周边地区的调查中发现，有 28 种植物或品种存在典型的 O_3 症状(Feng et al.，2014)。如果 O_3 浓度继续增加，小麦和水稻产量将分别减少 6.4%～14.9%和 14.8%～23.0%(Feng et al.，2015)。当前，中国 O_3 污染降低了年均净初级生产力 10.1%～17.8%(Yue et al.，2017)。因此，中国粮食安全正受到或已经受到当前地面高臭氧浓度的严重影响。若不采取特别措施和预防措施，我国大气中 O_3 含量将继续上升。

2020 年长江经济带大气 O_3-8h(O_3 的 8 小时平均浓度)年均值为 85.8μg/m^3，低于全国平均水平(138μg/m^3)。如图 15-8 所示，2015～2019 年，长江经济带下游地区 O_3 污染相对严重，O_3-8h 年均值为 98.7μg/m^3，其中上海和江苏 O_3-8h 年均值较大，均超过 100μg/m^3；中游和上游地区大气 O_3 污染程度略低于下游，O_3-8h 年均值分别为 86.0μg/m^3 和 77.1μg/m^3，其中重庆 O_3-8h 年均值最小，为 72.2μg/m^3。上游地区 O_3-8h 年均最大值出现在 2017～2018 年，下游和中游地区则出现在 2018～2019 年。2019～2020 年，11 个省(市)O_3-8h 年平均值均出现明显下降。2015～2020 年，安徽 O_3-8h 年均值增幅最大，为 34%左右；上海和浙江略有下降，分别为 2%和 1%(图 15-9)。随着近些年长江经济带对 $PM_{2.5}$ 的治理，大气通透性明显改善，更充足的光照给 O_3 的形成创造了条件。另外，由于臭氧与其前体物之间存在非线性关系，导致减排 NO_x 反而会使得大气中 O_3 浓度增加(Huang et al.，2021；Li et al.，2021b)。

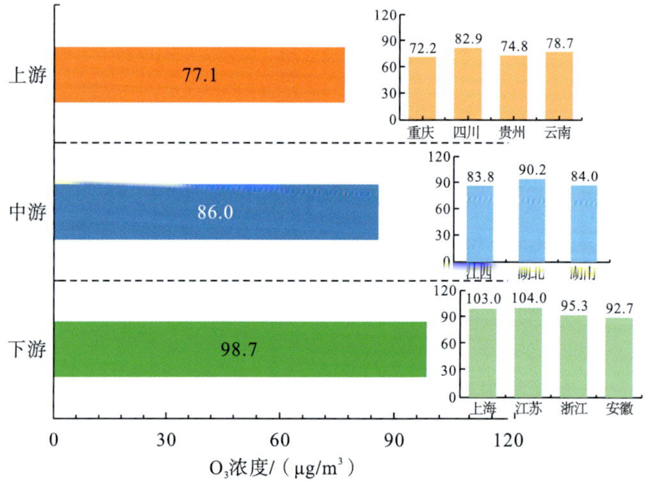

图 15-8　2015～2019 年长江经济带上游、中游、下游地区 O_3-8h 年均值空间差异

(数据源于各省(市)生态环境公报)

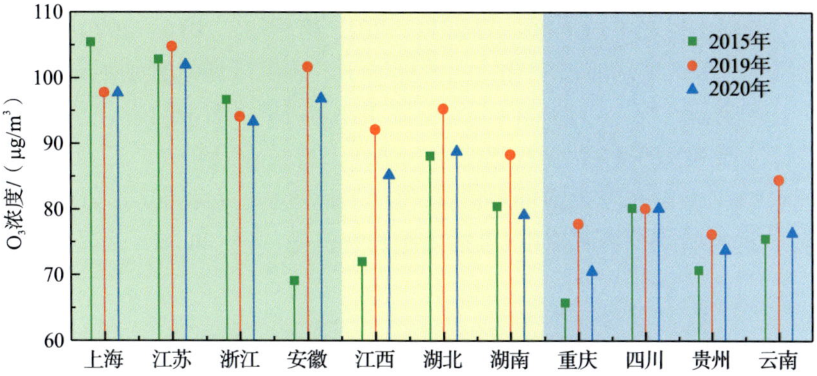

图 15-9　2015～2020 年长江经济带各省(市)O_3-8h 浓度年际变化

15.2　长江经济带大气沉降与生态效应

大气沉降是指将气体和颗粒从大气中去除的重要过程。由于其对自然生态系统中水体的酸化和富营养化、有毒物质和重金属的生物性积累以及生物多样性具有影响，并与人类健康和全球气候变化关系密切，因此成为全球关注的重要环境问题。了解大气沉降的空间分布和量级，对于识别易受影响的地区、人群、农田和生态系统是至关重要的，其有利于控制过度的污染物排放(Liu et al.，2013)。大气湿沉降，即水溶性或颗粒态的物质通过降雨、冰雹、降雪的溶解或冲刷作用返回到地表。大气干沉降则是指大气中气态和颗粒态物质在没有降雨的情况下，通过大气传输到植被、土壤或其他表面的过程。由于长江经济带 SO_2 排放量显著下降，本节重点关注大气氮沉降。活性氮在大气中经混合、扩散、转化、漂移，从大气中迁移并降落到陆地和水体，由此便构成了大气氮沉降的复杂耦合过程。

15.2.1　大气氮沉降

2011～2020 年长江经济带大气氮沉降通量为 38.8kg N/(hm^2·a)，这是生态系统一个重要氮源。长江经济带大气氮沉降水平略高于全国平均水平[37.8kg N/(hm^2·a)](图 15-10)，但是低于华北平原水平[44.3kg N/(hm^2·a)]。其中干沉降通量为 16.6kg N/(hm^2·a)，湿沉降通量为 22.2kg N/(hm^2·a)，可见长江经济带以湿沉降为主。2011～2020 年，干沉降通量持续降低，而湿沉降通量在一定范围内波动。2020 年或受新冠肺炎疫情影响，干沉降通量相比最大年均值(出现在 2016 年)降低了近 37%。湿沉降通量通常受到降水量的影响，我国南方地区降水量大，因此其年均通量较大。大量的降水显著降低了空气污染物容量，使得大气中活性氮浓度和干沉降通量均降低，因此在长江经济带大气氮沉降形式以湿沉降为主(Xu et al.，2015)。

2011～2020 年，长江经济带大气氮沉降表现出明显的空间差异，且最大值出现在上游地区[40.5kg N/(hm^2·a)]，这可能是由于在该区域有较多的人为活性氮排放，其次为下游[36.2kg N/(hm^2·a)]和中游[35.3kg N/(hm^2·a)]。干沉降通量较大值出现在上游地区，湿沉降通量较大值则出现在中游地区。与2011～2015年相比，2016～2020年长江经济带不同区域大气氮干、湿沉降均有所变化，上游地区干、湿沉降通量分别上升7%和36%，中游地区分别下降9%和7%，下游地区分别下降13%和18%(图15-11)。从区域尺度上看，总无机氮沉降主要来源于种植业氮肥使用(40%)、畜牧业(11%)、工业(13%)、发电厂(9%)、交通运输业(9%)和其他方面(18%)(包括生活废物、人类活动、土壤排放、照明和生物质燃烧)，这表明减少氮肥施用(包括化肥和有机肥)产生的NH_3是降低氮沉降量的优先选择。

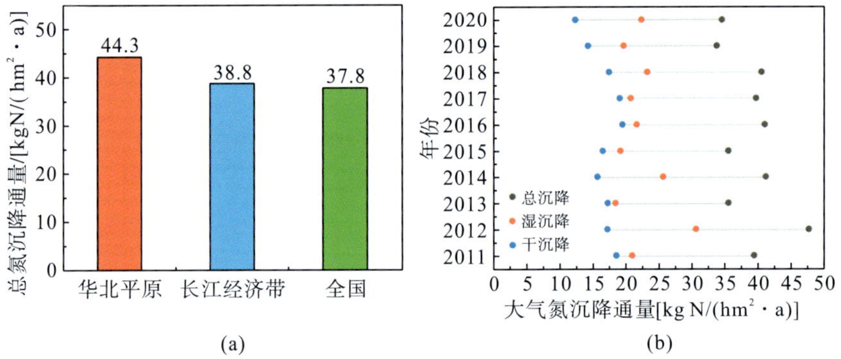

图15-10　2011～2020年长江经济带大气氮沉降(a)及年际变化(b)

（数据来源：全国氮沉降监测网）

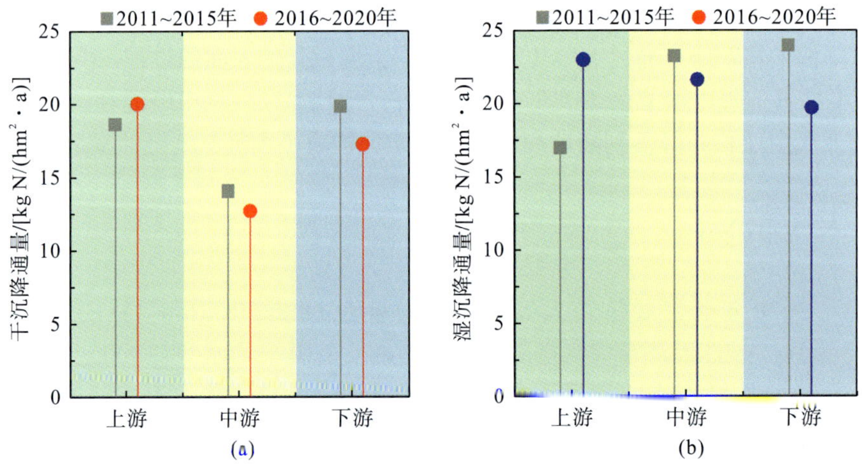

图15-11　2011～2015年和2016～2020年长江经济带各区域大气氮沉降通量年际变化

15.2.2　生态效应

1. 酸化

地表水酸化和土壤酸化是因为受到大气酸沉降的间接影响。随着大气中硫和氮的大量排放，在我国许多地区，尤其是在长江流域，出现了地表水酸化的趋势。20世纪90年代，长江上游支流地表水中的硫酸盐(SO_4^{2-})浓度迅速增加，平均在 8 年内增加 1 倍，pH 同步降低(Duan et al.，2011)。根据生态环境部地表水监测结果，全国 73 个大型水体中有 31 个水体(主要位于海河、太湖、长江)的 pH 呈显著下降趋势(Qiao et al.，2016)。除了大型水体外，重庆铁山坪森林小溪流地表水 pH 同样出现明显降低(Yu et al.，2017)。

虽然长江流域地表水呈现出一定酸化，但是普遍具有较大的 pH 和酸中和容量。2004～2014 年中国地表水 pH 变化范围为 6.5～9.0，依然大于地表水酸化的临界值(pH 为 6.0)。全国 255 个森林小溪流中仅有 5 个 pH 小于 6.0。酸化的地表水会随着酸沉降的减弱而逐渐恢复。随着 SO_2 排放的稳定，地表水 pH 的下降趋势被遏制。然而，由于氮沉降的增加，地表水中 NO_3^- 浓度有所上升，这在一定程度上延迟了酸化的地表水的恢复。目前，长江经济带大气氮沉降开始呈现出减弱趋势，结合硫沉降的快速减弱，预计未来地表水酸化问题将得到一定的缓解。

根据全国 5598 个土壤样品的研究结果，我国森林土壤酸化显著，2006～2010 年土壤 pH 相比 1981～1985 年减小了 0.36 个单位，其中大气沉降的贡献率达到 84%(Zhu et al.，2016)。我国西南、东南地区一方面由于其土壤对酸化较为敏感，另一方面因承受较高水平的酸沉降，因此土壤酸化最为明显，土壤 pH 分别减小了 0.63 和 0.55 个单位。在长江小流域的一些观测站点中同样发现其土壤溶液有较强的强酸阴离子、较小的 pH(小于 4.0)和较高的 Al^{3+}浓度，如重庆铁山坪站点、湖南蔡家塘站点等(Larssen et al.，2011)。

氮沉降在土壤酸化中起着越来越重要的作用。森林表层土壤水中 NH_4^+会通过硝化作用转化为 NO_3^-，在此过程中产生了大量的酸输入。在氮沉降较强的铁山坪站点，2001～2013 年通过氮转化产生的年均酸输入通量[3kmol/(hm^2·a)]甚至远大于由大气酸沉降直接带来的酸输入通量[1.91kmol/(hm^2·a)]，且随着氮沉降对酸沉降贡献的增加，由氮转化产生的酸输入对总酸输入的贡献也在增大(余倩 等，2021)。

2. 生物多样性

氮沉降量升高是生物多样性损失的重要驱动因素之一。有研究表明，我国约有 15% 的土地面临着临界负荷超标，这意味着负生态效应(如生物多样性损失)的风险很高(Zhao et al.，2017)。氮沉降带来的“陆地富营养化”，将会导致植物群落中已经存在的侵略性物种扩张或原本不存在的物种入侵，最后随着生态系统氮饱和，它们的生产力转变受到水分、磷素等其他因素的限制。植物多样性的影响因气候区、生态系统类型、施氮水平、施氮类型和试验时间的不同而不同(Han et al.，2019)。通过氮添加对物种多样性进行 Meta 分析，发现氮添加对物种丰富度的负面影响在亚热带地区强于在其他地区。由此可见，长江经济带面临着森林生态系统林下植被物种消失的风险。

此外，土壤酸化通常会导致植物种类减少，因为很少有植物适合生长在酸性土壤中。当酸沉降量增加到阈值水平以上时，森林和草地生产力将会显著下降，同时会出现农田土壤板结，作物根系伸展困难，根系吸收能力降低，以及根际有害微生物在酸性条件下大量繁殖。酸化土壤中活化的铝或其他重金属会毒害植物的根和其他生物，导致森林中养分失衡，植物生长受到抑制，以及生物多样性下降(Huang et al., 2015)。随着我国实施了一系列控制措施，我国硫沉降和氮沉降问题进一步得到缓解，未来植物物种丰富度将得到逐步恢复。

3. 水体富营养化

对于贫乏营养的湖泊和海洋区域，大气氮沉降会刺激浮游植物的生长，造成水体富营养化。以中国第三大淡水湖太湖为例，氮干沉降量约占总氮投入量的33%(Ti et al., 2018)；氮沉降对滇池的相对贡献率约为16%(Zhan et al.，2017)；洞庭湖大气氮沉降量可达75kg N/(hm^2·a)(Zhang et al.，2019)。我国沿海海域也出现了高氮沉降量的现象。东海无机氮沉降通量从1999～2003年的68.4mmol/(hm^2·a)增加至2004年的201mmol/(hm^2·a)，占生产系统的1.1%～3.9%(Wang et al., 2021)。大气氮沉降和磷酸盐的输入可显著提高富营养化水体中Chl-a浓度(Li et al.，2021a)。此外，大气氮沉降还会导致海洋有机物快速产生，从而增加海藻水体风险，且当凋落物进入海底并开始分解时，会造成氧气耗竭，最终导致河口和其他水体缺氧区大面积增加(Yau et al.，2020)。

15.3 长江经济带绿色发展挑战

综上所述，长江经济带大气环境治理目前存在以下两个问题：①SO_2工业减排空间日益缩小，大气污染依然处于较高水平；②长江经济带逐渐成为继华北平原之后的强大气氮沉降区域，由此将带来一系列水体酸化与富营养化所造的生态环境问题。为解决长江经济带大气污染问题，须继续控制SO_2、NO_x和VOCs等大气污染物排放量，同时应限制农业和非农业氨排放量，以实现工业、农业、交通业的绿色发展。在此过程中，须考虑长江经济带的特殊性(Wen et al., 2021)。

15.3.1 长江经济带特殊的地形、气候条件

1. 阶梯形地形

长江经济带自西向东呈阶梯形地形，途经山地、高原、盆地、丘陵和平原等。四川盆地是特殊的盆地地形，这不利于污染物的扩散，且受小风、逆温等不利气象条件的影响显著。2020年川渝地区$PM_{2.5}$平均浓度相比2019年仅下降3.52μg/m^3，$PM_{2.5}$污染依然是川渝及周边地区严重的区域性环境问题。中上游地区污染物受区域传输作用影响明显，如来自华北平原的大气污染物受到北风的影响，使该区域空气污染严重。

2. 降水量大、相对湿度高

长江经济带年均降水量基本在1000mm以上，沉降形式以湿沉降为主，这意味着降低大气污染物浓度非常关键。另外，长江经济带河流、湖泊众多，森林资源丰富，夏季暴雨发生频率较高(在中、下游地区，年暴雨日数自东南向西北递减；在上游地区，年暴雨日数自四川盆地西北部边缘向盆地腹部及西部高原递减；山区暴雨多于河谷及平原)，导致大量污染物被冲刷至地表，这对自然生态系统的危害风险较高。除此之外，相对湿度是二

次气溶胶形成的重要条件，长江经济带相对湿度分布趋势与年降水量分布趋势基本一致，即由东南向西北递减。相对湿度较大的区域为洞庭湖水系大部、江西中部、湘西、鄂西山地、四川盆地至云贵高原部分地区，其年平均相对湿度略大于 80%，而较高的相对湿度将促进雾霾的发生。

15.3.2　上、中、下游产业结构不同，不同区域治理重点不同

长江经济带工业发达，承担了全国 30%的石化产业、40%的水泥产业，但因此带来的环境问题不可忽视：长三角城市群产业重化比例高，密集规模大；中游城市群重化规模大，装备水平不高，污染排放强度大；成渝城市群产业相对低端，环保配套设施建设不足，污染治理水平相对较差。由前面的内容可知，下游地区 NO_2 和 O_3 浓度较高，这主要是由于长三角工业源占比最高(约占 66%)，且为长江经济带 VOCs 排放强度最高、减排任务最重的区域。

长江经济带耕地面积占全国耕地总面积的 25%，而农业产值占全国农业总产值的 40%，粮食产量占全国的 40%，其中水稻产量占全国的 70%，棉花产量占全国的 33%以上，油菜籽、芝麻、蚕丝、麻类、茶叶、烟草、水果等经济作物的产量在全国也占有非常重要的地位。成都平原、江汉平原、洞庭湖区、鄱阳湖区、巢湖地区和太湖地区都是中国主要的商品粮基地。另外，长江经济带养殖业兴旺，四川、湖南、江苏是全国生猪拥有量最多的 3 个省份，四川、上海、湖南 $1hm^2$ 耕地载有生猪量为全国最高的 3 个省(市)，四川的黄牛、水牛等大型家畜拥有量居全国之冠。因此，长江经济带是我国重要的农业生产基地，也是畜牧业生产的重要基地。由前面的内容可知，上游地区 NH_3 浓度较高，因此上游地区是农业氨减排的重点区域。

面对复杂的减排需求，长江经济带应寻求污染物协同减排途径。研究表明，当全国 SO_2、NO_2 减排 15%且 NH_3 减排 50%时，$PM_{2.5}$ 浓度将降低 11%～17%，氮沉降量减少 34%，超过临界负荷的面积将从 17%减少至 9%(Liu et al.，2019)。

15.3.3　长江经济带在国家发展中具有举足轻重的地位

长江经济带是具有全球影响力的内河经济带、东中西互动合作的协调发展带、沿海沿江沿边全面推进的对内对外开放带，也是生态文明建设的先行示范带。因此，长江经济带的发展牵动我国经济的动向。

在 2019 年联合国大会上，中国宣布要在 2030 年前实现 CO_2 排放达峰，2060 年之前实现碳中和。有研究表明，通过履行国家减排目标和继续实施空气污染控制政策，并加大源头治理力度，可提升可再生能源比例，推动钢铁、水泥等高耗能产品产量尽早达峰，加快散煤清洁化替代进程。同时，持续推进非电行业、柴油机和 VOCs 重点行业污染治理工作，则可在 2030 年实现碳达峰目标的同时，将全国人群 $PM_{2.5}$ 年均暴露水平从 2015 年的 $55\mu g/m^3$ 降低至 $28\mu g/m^3$，实现“减污降碳”的协同效应。然而，到 2030 年，末端治理的好处将基本耗尽；在碳中和情景下，到 2060 年，我国若能完成低碳能源转型，此时碳排

放将减少 90%，$PM_{2.5}$ 年均暴露水平将下降至 8μg/m^3 左右，空气污染问题将得到根本解决（Cheng et al.，2021）。长江经济带是我国社会经济发展的重要区域，因此也是碳减排的先锋区域，其未来的大气污染控制应与碳减排和碳中和目标结合起来。

15.4　小　　结

目前，长江经济带大气环境质量、大气氮沉降水平基本和全国持平。受全国减排行动的影响，长江经济带大气污染气体排放量明显下降，空气质量有所好转；生态系统逐步恢复；但下游地区空气污染程度相比中游和上游地区仍较为严重。

长江经济带地形、气候特殊，其污染治理应结合其区域内的污染特征因地制宜地进行，并结合实际情况对减排技术进行选择。未来大气环境质量的提升依然存在挑战，应推动碳达峰与碳中和目标下的 $PM_{2.5}$ 与臭氧污染协同治理。在发展战略上，应在充分考虑区域环境承载力和绿色边界容量（Schulte-Uebbing and De Vries，2021；Yu et al.，2019a）的前提下实现长江经济带的绿色发展和大气环境质量的根本好转。

参 考 文 献

唐孝炎，张远航，邵敏，2006. 大气环境学（第 2 版）. 北京：高等教育出版社.

余倩，段雷，郝吉明，2021. 中国酸沉降：来源，影响与控制. 环境科学学报，41（3）：731-745.

Aneja V P，Roelle P A，Murray G C，et al.，2001. Atmospheric nitrogen compounds II：Emissions，transport，transformation，deposition and assessment. Atmospheric Environment，35（11）：1903-1911.

Apte J S，Marshall J D，Cohen A J，et al.，2015. Addressing global mortality from ambient PM2.5. Environmental Science and Technology，49（13）：8057-8066.

Bouwman A，Lee D，Asman W，et al.，1997. A global high-resolution emission inventory for ammonia. Global Biogeochemical Cycles，11（4）：561-587.

Cheng J，Tong D，Zhang Q，et al.，2021. Pathways of China's $PM_{2.5}$ air quality 2015—2060 in the context of carbon neutrality. National Science Review，nwab078. https://doi.org/10.1093/nsr/nwab078.

Duan L，Ma X，Larssen T，et al.，2011. Response of surface water acidification in upper Yangtze River to SO_2 emissions abatement in China. Environmental Science and Technology，45（8）：3275-3281.

Erisman J W，Vermetten A W，Asman W A，et al.，1988. Vertical distribution of gases and aerosols：The behaviour of ammonia and related components in the lower atmosphere. Atmospheric Environment，22（6）：1153-1160.

Feng Z Z，Kobayashi K，2009. Assessing the impacts of current and future concentrations of surface ozone on crop yield with meta-analysis. Atmospheric Environment，43（8）：1510-1519.

Feng Z Z，Sun J S，Wan W X，et al.，2014. Evidence of widespread ozone-induced visible injury on plants in Beijing，China. Environmental Pollution，193：296-301.

Feng Z Z，Hu E Z，Wang X K，et al.，2015. Ground-level O3 pollution and its impacts on food crops in China：A review. Environmental Pollution，199（4）：42-48.

Forouzanfar M H, Afshin A, Alexander LT, et al., 2016. Global, regional, and national comparative risk assessment of 79 behavioural, environmental and occupational, and metabolic risks or clusters of risks, 1990-2015: A systematic analysis for the Global Burden of Disease Study 2015. The Lancet, 388(10053): 1659-1724.

Fu X, Wang S X, Xing J, et al., 2017. Increasing Ammonia Concentrations Reduce the Effectiveness of Particle Pollution Control Achieved via SO_2 and NO_x Emissions Reduction in East China. Environmental Science Technology Letters, 4(6): 221-227.

Habre R, Zhou H, Eckel S P, et al., 2018. Short-term effects of airport-associated ultrafine particle exposure on lung function and inflammation in adults with asthma. Environment International, 118: 48-59.

Han W J, Cao J Y, Liu J L, et al., 2019. Impacts of nitrogen deposition on terrestrial plant diversity: a meta-analysis in China. Journal of Plant Ecology, 12(6): 1025-1033.

Huang R J, Zhang Y L, Bozzetti C, et al., 2014. High secondary aerosol contribution to particulate pollution during haze events in China. Nature, 514(7521): 218-222.

Huang X, Ding A J, Gao J, et al., 2021. Enhanced secondary pollution offset reduction of primary emissions during COVID-19 lockdown in China. National Science Review, 8: nwaa137. https://eartharxiv.org/repository/view/312/.

Huang Y M, Kang R H, Mulder J, et al., 2015. Nitrogen saturation, soil acidification, and ecological effects in a subtropical pine forest on acid soil in southwest China. Journal of Geophysical Research Biogeosciences, 120(11): 2457-2472.

Larssen T, Duan L, Mulder J, 2011. Deposition and leaching of sulfur, nitrogen and calcium in four forested catchments in China: Implications for acidification. Environmental Science and Technology, 45(4): 1192-1198.

Li H W, Chen Y, Zhou S Q, et al., 2021a. Change of dominant phytoplankton groups in the eutrophic coastal sea due to atmospheric deposition. Science of the Total Environment, 753: 141961.

Li K, Jacob D J, Liao H, et al., 2021b. Ozone pollution in the North China Plain spreading into the late-winter haze season. Proceedings of the National Academy of Sciences, 118(10): e2015797118. https://doi.org/10.1073/pnas.2015797118.

Liu M X, Huang X, Song Y, et al., 2018. Rapid SO2 emission reductions significantly increase tropospheric ammonia concentrations over the North China Plain. Atmospheric Chemistry and Physics, 18(24): 17933-17943.

Liu M X, Huang X, Song Y, et al., 2019. Ammonia emission control in China would mitigate haze pollution and nitrogen deposition, but worsen acid rain. Proceedings of the National Academy of Sciences, 116(16): 7760-7765.

Liu X J, Zhang Y, Han W X, et al., 2013. Enhanced nitrogen deposition over China. Nature, 494(7438): 459-462.

Qiao Y H, Feng J F, Liu X, et al., 2016. Surface water pH variations and trends in China from 2004 to 2014. Environmental Monitoring and Assessment, 188(7): 443.

Schulte-Uebbing L, de Vries W, 2021. Reconciling food production and environmental boundaries for nitrogen in the European Union. Science of The Total Environment, 786: 147427. https://doi.org/10.1016/j.scitotenv.2021.147427.

Ti C P, Gao B, Luo Y X, et al., 2018. Dry deposition of N has a major impact on surface water quality in the Taihu Lake region in southeast China. Atmospheric Environment, 190: 1-9.

Walker J, Whitall D R, Robarge W, et al., 2004. Ambient ammonia and ammonium aerosol across a region of variable ammonia emission density. Atmospheric Environment, 38(9): 1235-1246.

Wang Y J, Liu D Y, Xiao W P, et al., 2021.Coastal eutrophication in China: Trend, sources, and ecological effects. Harmful Algae, 107: 102058. https://www.sciencedirect.com/science/article/abs/pii/S1568988321000883.

Wen Z, Xu W, Liu X J, et al., 2021. Ammonia emission mitigation potential and its impact on $PM_{2.5}$ and acid rain in the Yangtze River Economic Belt. In preparation .

Xu W, Luo XS, Pan YP, et al., 2015. Quantifying atmospheric nitrogen deposition through a nationwide monitoring network across China. Atmospheric Chemistry and Physics, 15(21): 12345-12360.

Xu W, Zhao Y H, Liu X J, et al., 2018. Atmospheric nitrogen deposition in the Yangtze River Basin: Spatial pattern and source attribution. Environmental Pollution, 232: 546-555.

Yau Y Y, Baker D M, Thibodeau B, 2020. Quantifying the impact of anthropogenic atmospheric nitrogen deposition on the generation of hypoxia under future emission scenarios in Chinese coastal waters. Environmental Science and Technology, 54(7): 3920-3928.

Yu C Q, Huang X, Chen H, et al., 2019a . Managing nitrogen to restore water quality in China. Nature, 567(7749): 516-520.

Yu G R, Jia Y H, He N P, et al., 2019b. Stabilization of atmospheric nitrogen deposition in China over the past decade. Nature Geoscience, 12(6): 424-429.

Yu Q, Zhang T, Ma X X, et al., 2017. Monitoring effect of SO2 emission abatement on recovery of acidified soil and streamwater in southwest China. Environmental Science and Technology, 51(17): 9498-9506.

Yue X, Unger N, Harper K, et al., 2017. Ozone and haze pollution weakens net primary productivity in China. Atmospheric Chemistry and Physics, 17(9): 6073-6089.

Zhan X Y, Bo Y, Zhou F, et al., 2017. Evidence for the importance of atmospheric nitrogen deposition to eutrophic Lake Dianchi, China. Environmental Science and Technology, 51(12): 6699-6708.

Zhang Y, Liu C M, Liu X J, et al., 2019. Atmospheric nitrogen deposition around the Dongting Lake, China. Atmospheric Environment, 207: 197-204.

Zhao P S, Zhang X L, Xu X F, et al., 2011. Long-term visibility trends and characteristics in the region of Beijing, Tianjin, and Hebei, China. Atmospheric Research, 101(3): 711-718.

Zhao Y H, Zhang L, Chen Y F, et al., 2017. Atmospheric nitrogen deposition to China: A model analysis on nitrogen budget and critical load exceedance. Atmospheric Environment, 153: 32-40.

Zheng B, Tong D, Li M, et al., 2018. Trends in China's anthropogenic emissions since 2010 as the consequence of clean air actions. Atmospheric Chemistry and Physics, 18(19): 14095-14111.

Zhu Q C, de Vries W, Liu X J, et al., 2016. The contribution of atmospheric deposition and forest harvesting to forest soil acidification in China since 1980. Atmospheric Environment, 146: 215-222.

第 16 章　水土保持现状及绿色发展挑战

在世界范围内，土壤侵蚀都被认为是一个严重的环境问题(Nyesheja et al.，2018)，侵蚀带来的表层土壤流失会直接影响土壤肥力，导致作物减产，食物供应不足，甚至限制经济发展。此外，从土壤表面分离出来的土壤颗粒物质(如沉积物)会导致河道泥沙淤积，其携带的农药、有毒化学物质和营养物质进入湖泊和水库，导致水质恶化(如水体富营养化)，并最终影响水资源的安全。流域水土流失情势受到自然因素和人为因素的共同影响：自然因素包括降水、土壤质地、地形、坡度和植被覆盖率等；人为因素包括坝库修建、土地管理和坡耕地治理等(Zhou et al.，2016)。这些因素的变化同时改变了河流河道系统侵蚀和沉积的动力过程(Brandt，2000)，由此造成的流域流量和沙量的变化对防洪、河道整治和河流管理具有重要意义。

长江流域的径流和泥沙负荷引起科学界的广泛关注(Xu，1996；Lu et al.，2003)，其输沙和径流的变化会对长江三角洲的增减产生直接影响，同时，土壤侵蚀会导致重要物种栖息地的退化，对生态系统服务功能的配置提出挑战(Issaka and Ashraf，2017；Liu et al.，2014；Pan and Wen，2013；Naqvi et al.，2012；Munodawafa，2007；Lee，2004；Yang et al.，2003；Chambers et al.，2000)。

16.1　长江经济带径流-泥沙现状、趋势与挑战

16.1.1　长江流域多年平均径流量与输沙量

长江上游年径流量达 4279.35 亿 m^3，占全流域径流量的 48.57%，其中 70%以上来自汛期；长江上游年输沙量达 4.17 亿 t，由于长江中下游河道、湖泊和大坝的淤积，至大通站年均输沙量减小为 3.31 亿 t，其中 95%以上来自汛期(图 16-1)。

长江流域泥沙大多来自上游地区，上游地形多为山区，河流比降大、流量大，悬移质泥沙难以堆积，输沙量沿程增加；进入中下游平原后，因河谷展宽，河床比降变缓，产生淤积，输沙量沿程变小。长江流域年径流量和年输沙量具有一定的相关关系，其中上游径流量和输沙量的相关性较中下游更显著。

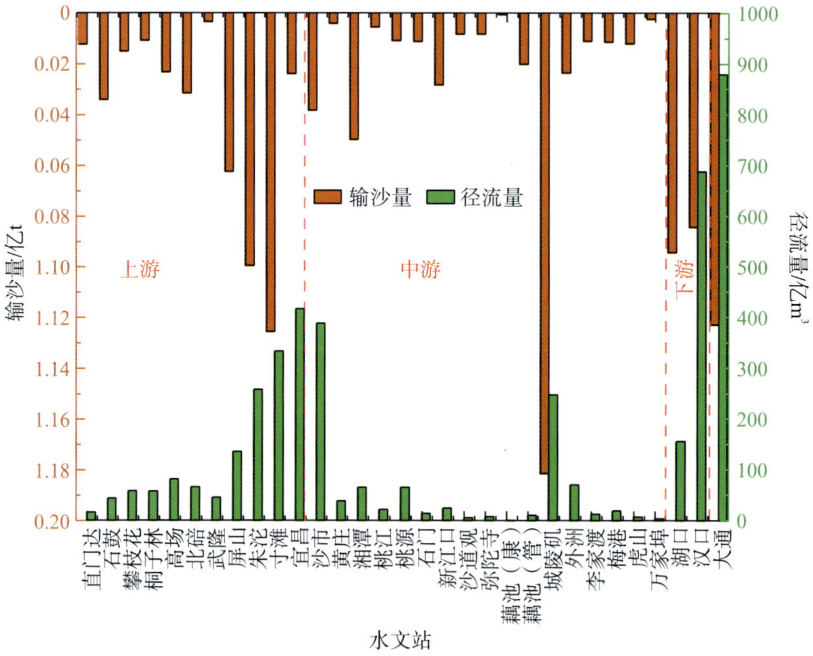

图 16-1　长江流域上中下游水文站的多年平均径流量和输沙量

[数据源于《长江流域水文年鉴(1980—2020)》]

16.1.2　长江流域径流-泥沙变化趋势分析

选取屏山、高场、武隆、北碚站(控制长江流域上游 85.5%的面积)，宜昌、城陵矶、黄庄站(控制长江流域中游 94.8%的面积)，汉口和湖口(控制长江流域下游 96%的面积)及大通站(代表整个长江流域)10 个水文站 1960～2020 年的水沙数据进行 M-K 趋势检验和突变点分析。趋势分析结果表明，各水文站输沙量在研究期内均显著下降($P<0.01$)，径流量除高场、城陵矶和黄庄站显著下降，湖口站显著上升外，其余各站径流量变化不显著。

武隆站 1960～2020 年多年平均径流量为 489.40 亿 m^3，输沙量为 0.17 亿 t，水沙变化如图 16-2(a)所示，年径流量无显著趋势性减少，年输沙量显著减少($P<0.01$)。武隆站径流量在 2003 年发生突变，1960～2002 年多年平均径流量为 503.35 亿 m^3，2003～2020 年为 453.29 亿 m^3，减小了 9.95%；输沙量在 1990 发生突变，1960～1989 年多年平均输沙量为 0.29 亿 t，1990～2020 为 0.06 亿 t，减小了 79.31%(图 16-3)。水沙的突变是由于 1980 年以来，乌江干流上的乌江都、索风营、东风等大型水库的运行，导致泥沙的持续减少(陈松生 等，2008；郭文献 等，2020)。

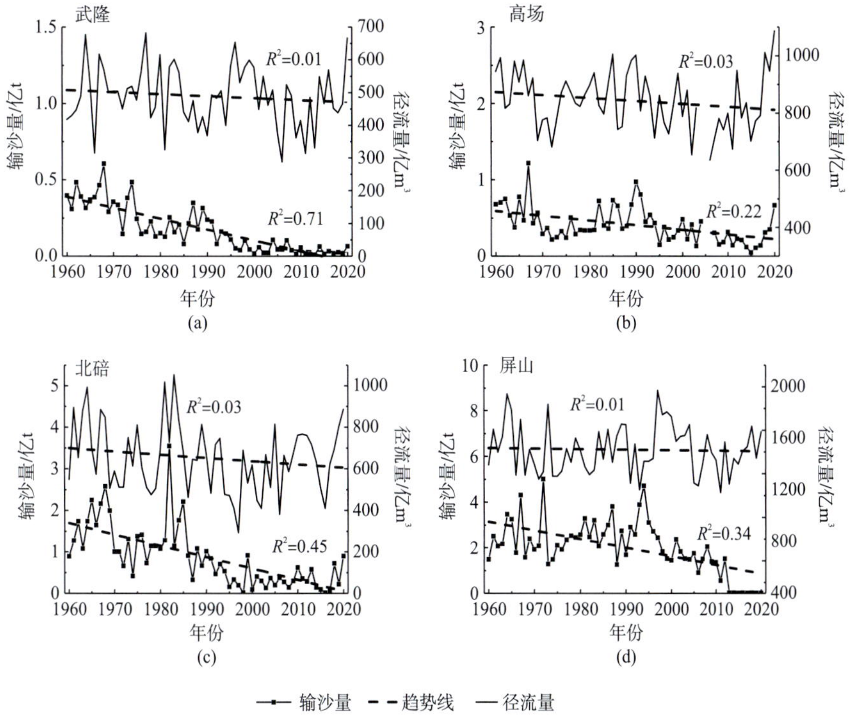

图 16-2　长江流域上游主要控制站径流量和输沙量变化趋势

[数据源于《长江流域水文年鉴(1980—2020)》]

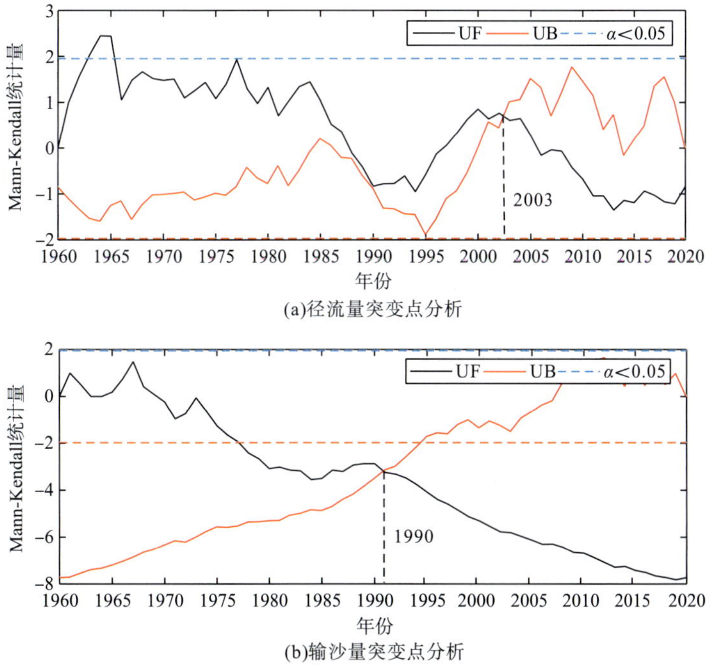

图 16-3　武隆站径流量和输沙量的突变点分析结果

注：UF 为顺序时间的标准正态统计变量，UB 为逆序时间的标准正态统计变量，下文同。

[数据源于《长江流域水文年鉴(1980—2020)》]

高场站 1960～2020 年多年平均径流量为 843.60 亿 m^3，输沙量为 0.41 亿 t，水沙变化如图 16-2(b)所示，年径流量无显著趋势性减少，年输沙量显著减少($P<0.01$)。径流量在 1990 年和 2003 年发生突变，1960～1989 年多年平均径流量为 868.83 亿 m^3，1990～2020 年为 817.52 亿 m^3，减小了 5.91%；输沙量 1960～2002 年为 0.46 亿 t，2003～2020 年为 0.26 亿 t，减小了 43.48%(图 16-4)。岷江流域截至 20 世纪 80 年代末建成的各类水库成为高场站水沙突变的主要原因(李龙成等，2008)。

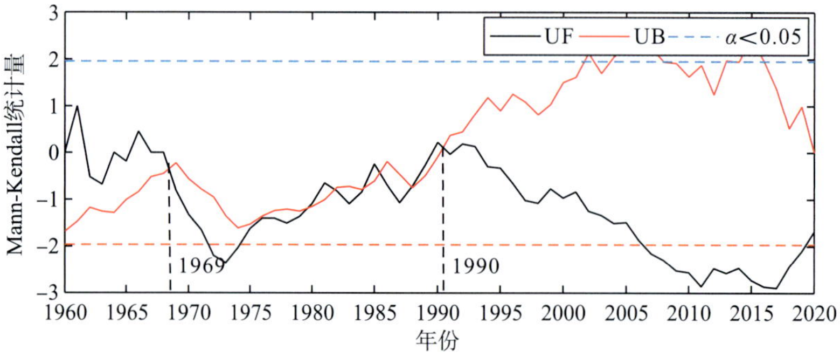

(a)径流量突变点分析

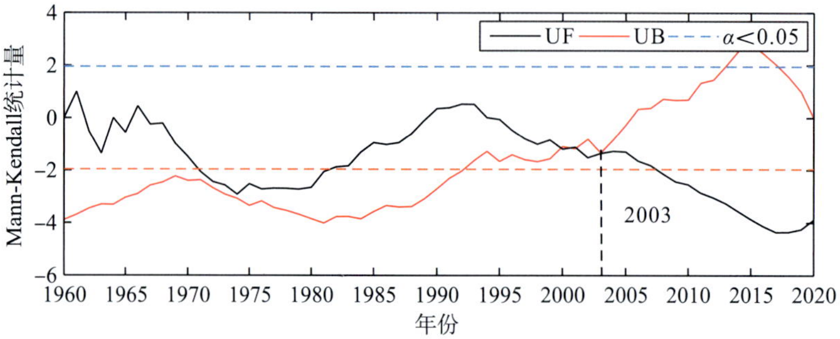

(b)输沙量突变点分析

图 16-4　高场站径流量和输沙量的突变点分析结果

[数据来源于《长江流域水文年鉴(1980—2020)》]

北碚站 1960～2020 年年平均径流量为 652.39 亿 m^3，输沙量为 0.87 亿 t，水沙变化如图 16-2(c)所示。该站径流量无显著趋势性减少，输沙量虽呈显著减小趋势($P<0.01$)，但 20 世纪 70 年代嘉陵江流域开始建立的水库库容均相对较小，且大多处于支流，对干流水沙影响较小，故 70 年代之前输沙量无明显变化，近年来大力开发水利工程，水库拦截上游来沙，直接造成嘉陵江输沙量显著减少(许全喜　等，2004；丁文峰　等，2008；许全喜　等，2008；郭文献　等，2019)。嘉陵江流域径流量在 1969 年发生突变，1960～1969 年多年平均径流量为 748.66 亿 m^3，1970～2020 年多年平均径流量为 633.52 亿 m^3，减小了 15.38%；输沙量在 1989 年产生突变，1960～1988 年多年平均输沙量为 1.41 亿 t，1989～2020 年为 0.38 亿 t，减少了 73.05%(图 16-5)。

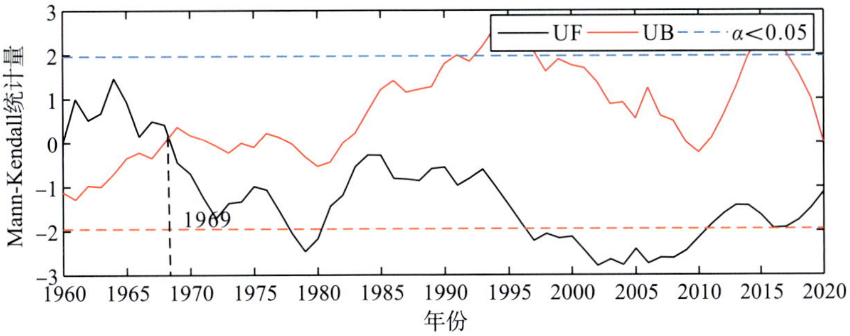

(a)径流量突变点分析

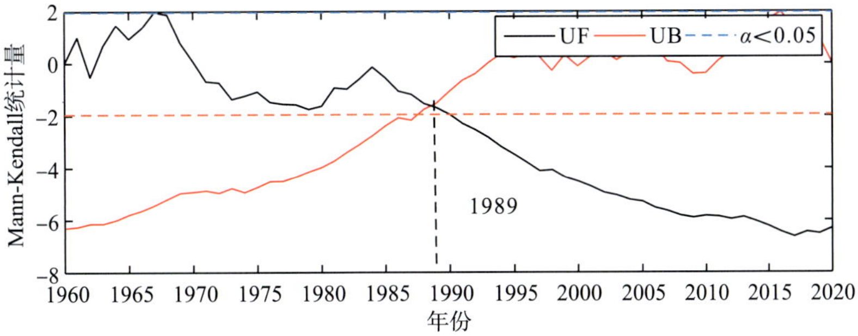

(b)输沙量突变点分析

图 16-5　北碚站径流量和输沙量的突变点分析结果

[数据源于《长江流域水文年鉴(1980—2020)》]

屏山站 1960～2020 年多年平均径流量为 1421.22 亿 m^3，输沙量为 2.00 亿 t，水沙变化如图 16-2(d)所示，年径流量无趋势性变化，年输沙量呈显著减小趋势($P<0.01$)。径流量在 2004 年发生突变，1960～2004 年多年平均径流量为 1442.62 亿 m^3，2005～2020 年减少至 1355.60 亿 m^3，减少约 6.03%；输沙量在 2012 年发生突变，1960～2011 年输沙量为 2.30 亿 t，2012～2020 年减少至 0.01 亿 t，减少约 99.57%(图 16-6)。2012 年后输沙量的急剧减小，多归因于溪洛渡、向家坝电站库区泥沙淤积(廖宇和倪长健，2011；Du et al.，2013；史雯雨 等，2016；刘尚武 等，2020)。

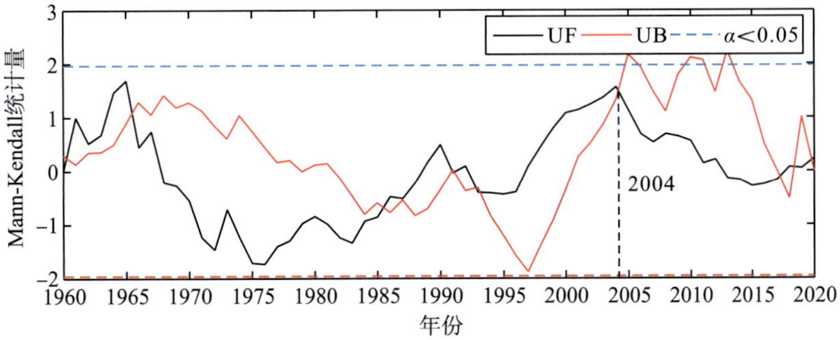

(a)径流量突变点分析

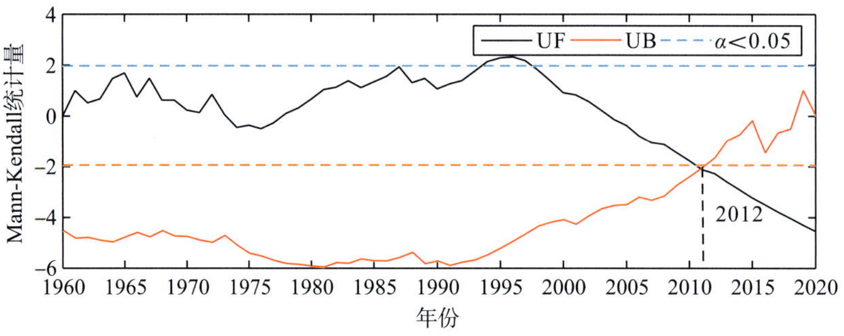

(b)输沙量突变点分析

图 16-6　屏山站径流量和输沙量的突变点分析结果

[数据源于《长江流域水文年鉴(1980—2020)》]

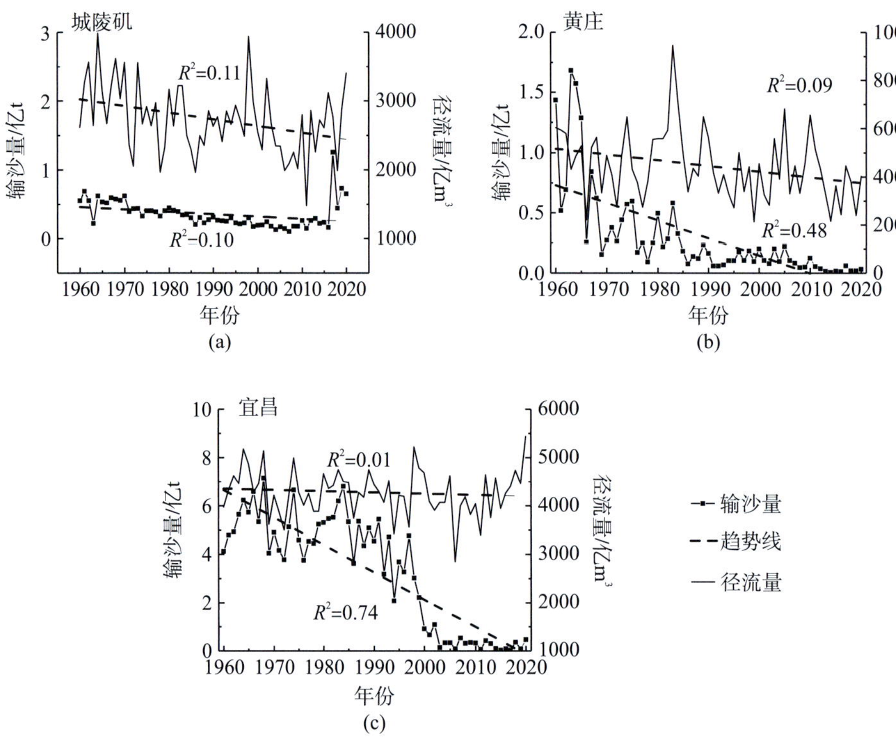

图 16-7　长江流域中游主要控制站径流量和输沙量变化趋势

[数据源于《长江流域水文年鉴(1980—2020)》]

城陵矶站 1960～2020 年多年平均径流量为 2732.34 亿 m^3，输沙量为 0.35 亿 t，水沙变化如图 16-7(a)所示，年径流量无显著趋势性减少，年输沙量显著减小(P<0.01)。城陵矶站径流量在 1974 年发生突变，1960～1973 年多年平均径流量为 3063.46 亿 m^3，1974～2020 年为 2624.37 亿 m^3，减小了 14.33%；输沙量在 1984 年发生突变(图 16-8)。

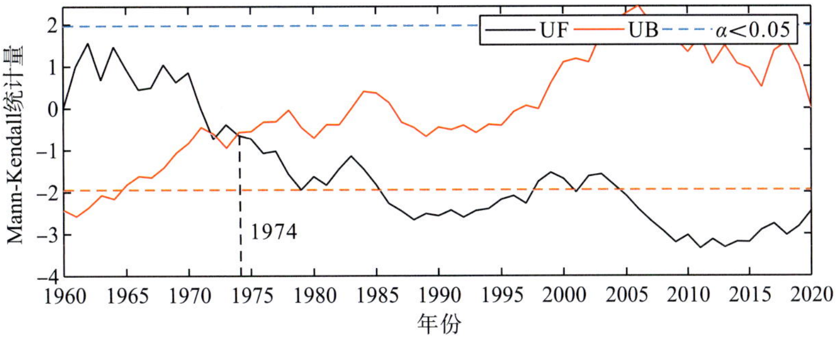

(a)径流量突变点分析

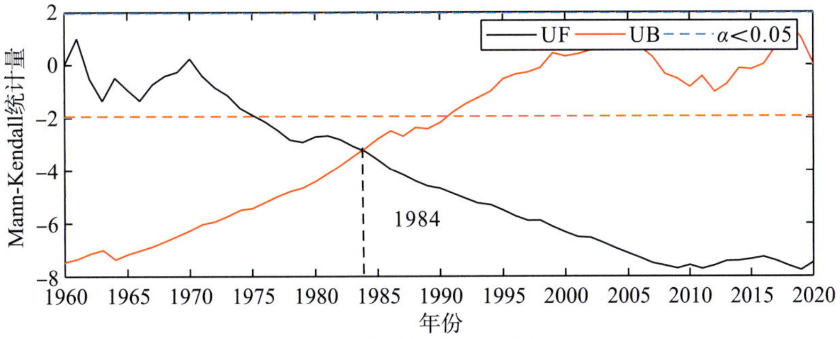

(b)输沙量突变点分析

图 16-8　城陵矶站径流量和输沙量的突变点分析结果

[数据源于《长江流域水文年鉴(1980—2020)》]

黄庄站 1960～2020 年多年平均径流量为 445.34 亿 m^3，输沙量为 0.29 亿 t，水沙变化如图 16-7(b)所示，年径流量无显著趋势性减少，年输沙量呈显著减少趋势($P<0.01$)。皇庄站年径流量的突变点为 1991 年，1960～1990 年多年平均径流量为 495.53 亿 m^3，1991～2020 年为 392.04 亿 m^3，减小了 20.88%；输沙量突变点为 1988 年，1960～1987 年多年平均输沙量为 0.51 亿 t，1988～2020 年为 0.09 亿 t，减小了 82.35%(图 16-9)。黄庄站输沙量的突变多是因为汉江在 20 世纪 80 年代以前，在部分支流兴建了多座水库，影响了河流的汇流和泥沙的淤积(郭世兴 等，2015)。

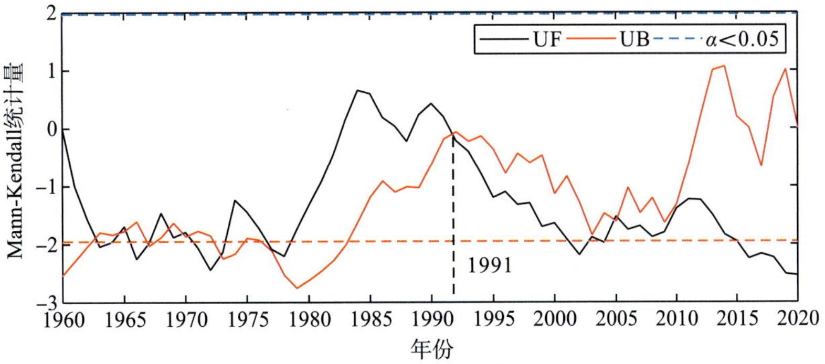

(a)径流量突变点分析

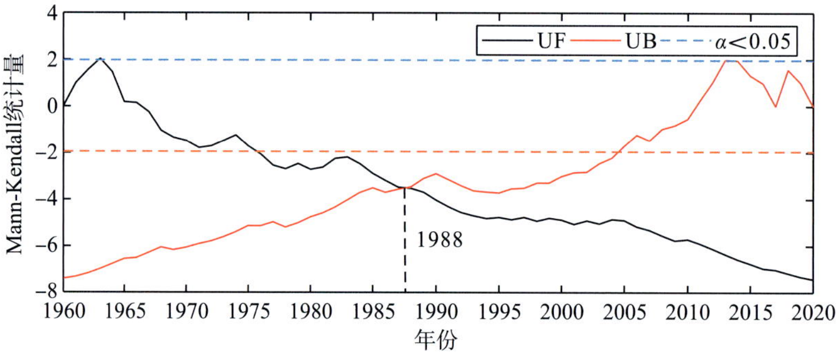

(b)输沙量突变点分析

图 16-9　黄庄站径流量和输沙量的突变点分析结果

[数据源于《长江流域水文年鉴(1980—2020)》]

宜昌站 1960～2020 年多年平均径流量为 4279.35 亿 m^3，输沙量为 3.26 亿 t，水沙变化如图 16-7(c)所示，年径流量无显著变化趋势，年输沙量呈显著减少趋势($P<0.01$)。2003 年是宜昌站径流量和输沙量的突变点，表明三峡水库蓄水运用后，宜昌站年输沙量大幅减小，三峡水库拦沙作用非常明显，对中下游河道的来沙产生重要影响(武旭同 等，2016；王延贵 等，2014；匡翠萍 等，2013；许全喜和童辉，2012)。1960～2002 年多年平均径流量为 4318.91 亿 m^3，2003～2020 年为 4191.30 亿 m^3，减小了 2.95%；1960～2002 年多年平均输沙量为 4.52 亿 t，2003～2020 年为 0.24 亿 t，减小了 94.69%(图 16-10)。

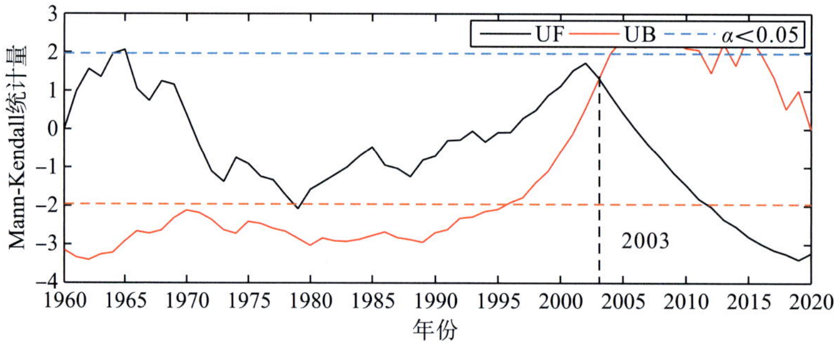

(a)径流量突变点分析

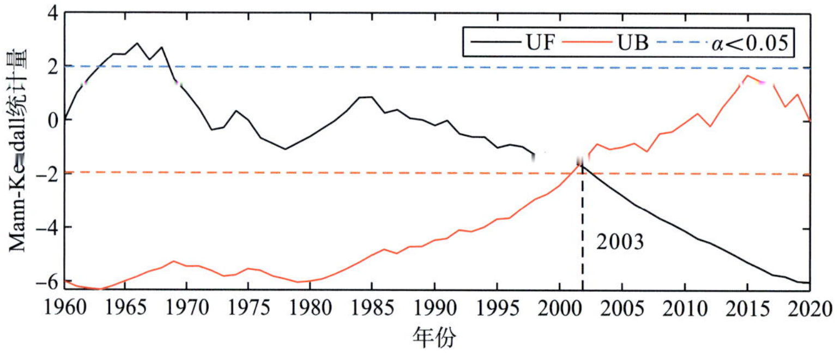

(b)输沙量突变点分析

图 16-10　宜昌站径流量(上)和输沙量(下)的突变点分析结果

[数据源于《长江流域水文年鉴(1980—2020)》]

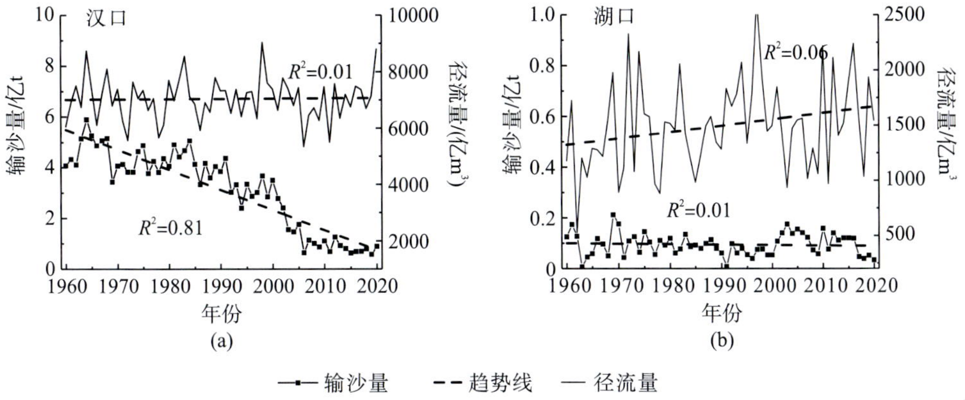

图 16-11 长江流域下游主要控制站径流量和输沙量变化趋势

[数据源于《长江流域水文年鉴(1980—2020)》]

汉口站 1960～2020 年多年平均径流量为 7043.02 亿 m³，输沙量为 3.12 亿 t，水沙变化如图 16-11(a)所示，年径流量无变化趋势，年输沙量呈显著减少趋势($P<0.01$)。汉口站径流量和输沙量的突变点均为 2003 年(三峡水库建坝运行的时间)。建坝前 1960～2002 年多年平均径流量为 7089.35 亿 m³，2003～2020 年为 6932.33 亿 m³，减少幅度 2.21%；1960～2002 年多年平均输沙量为 4.01 亿 t，2003～2020 年为 0.97 亿 t，减小了 75.81%(图 16-12)。宜昌站的减沙及长江干支流水利工程建设影响到汉口站，但三峡水库对汉口站的影响弱于对宜昌站的影响。

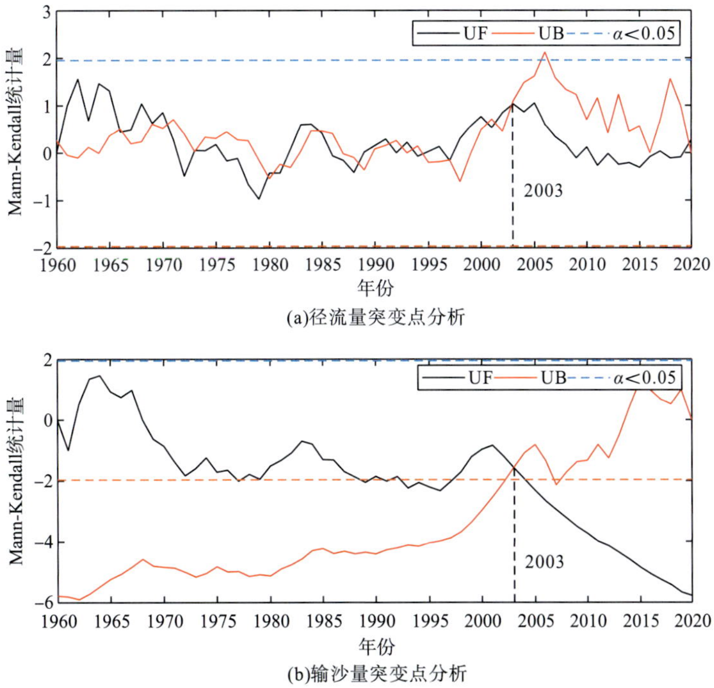

图 16-12 汉口站径流量和输沙量的突变点分析结果

[数据源于《长江流域水文年鉴(1980—2020)》]

湖口站 1960～2020 年多年平均径流量为 1496.28 亿 m³，输沙量为 0.09 亿 t，水沙变化如图 16-11(b) 所示，年径流量呈无显著的增加趋势，年输沙量呈显著减少趋势($P<0.01$)。湖口站径流量的突变点为 1986 年，1960～1985 年多年平均径流量为 1369.21 亿 m³，1986～2020 年为 1600.30 亿 m³，增加了 16.88%。输沙量的突变点在 1984 年和 2000 年，湖口站多年平均输沙量在第一阶段减少了 28.76%，第二阶段增加了 30.55%(图 16-13)。

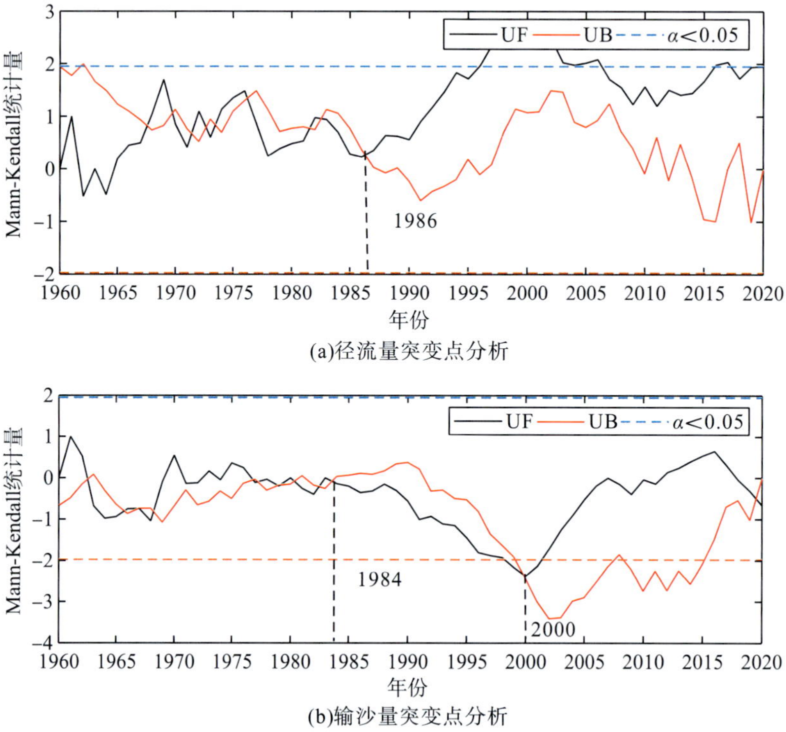

图 16-13　湖口站径流量(上)和输沙量(下)的突变点分析结果

[数据源于《长江流域水文年鉴(1980—2020)》]

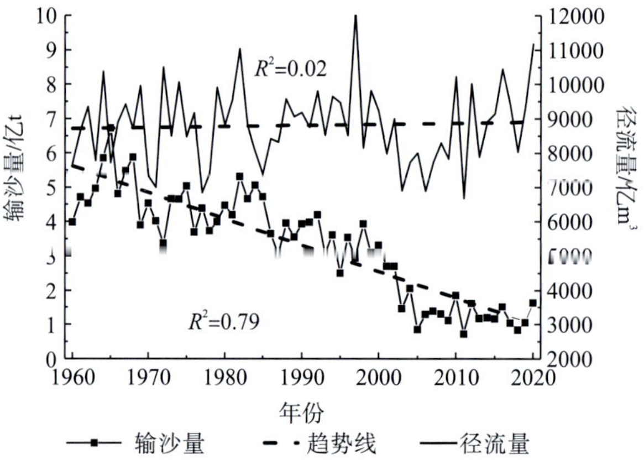

图 16-14　大通站径流量和输沙量变化趋势

[数据源于《长江流域水文年鉴(1980—2020)》]

大通站 1960～2020 年多年平均径流量为 8809.89 亿 m^3，输沙量为 3.31 亿 t，水沙变化如图 16-14 所示，年径流量无显著变化趋势，年输沙量呈显著减少趋势（$P<0.01$）。大通站径流量的突变点为 1998 年，1960～1997 年多年平均径流量为 8913.59 亿 m^3，1998～2020 年为 8638.56 亿 m^3，减少了 3.09%；输沙量的突变点在 1995 年，1960～1994 年多年平均输沙量为 4.40 亿 t，1995～2020 年为 1.82 亿 t，减少了 58.64%（图 16-15）。大通站代表全流域的水沙状况，20 世纪八九十年代间长江流域建成的大型水库蓄水、拦沙效果显著，对长江流域水沙突变产生影响。

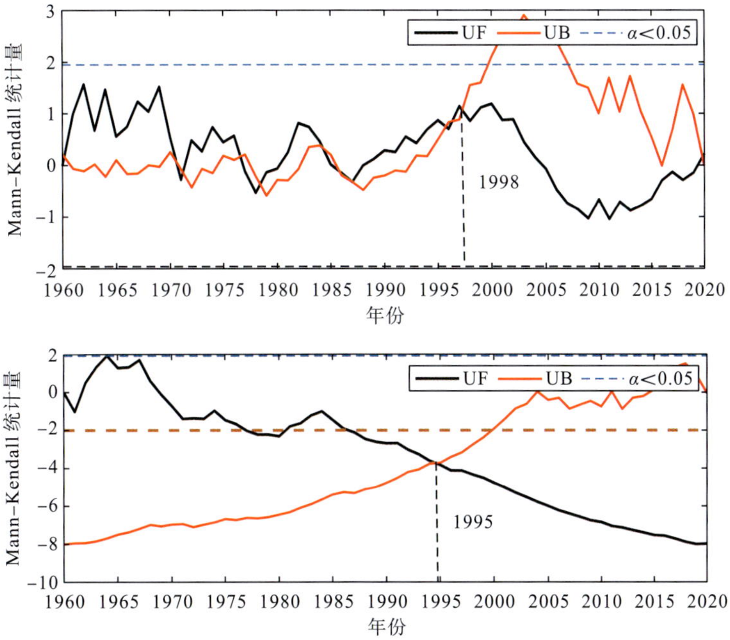

图 16-15　大通站径流量（上）和输沙量（下）的突变点分析结果

[数据源于《长江流域水文年鉴（1980—2020）》]

16.2　长江经济带水土保持侵蚀关键区及成因分析

中国正面临着世界上最严重的土壤侵蚀，至 2010 年，中国土地仅占全球土地面积的 6.8%，但全国的土壤侵蚀量为 88.7 亿 Mg，相当于全球 750 亿 Mg 总量的 11.83%（Pimentel et al.，1995）。2010 年中国平均土壤侵蚀速率为 9.39Mg/(hm^2·a)，其中水蚀速率为 14.27Mg/(hm^2·a)，远低于 20 世纪 80 年代全国平均水平的 14.70Mg/(hm^2·a)（Yang et al.，2003）及 20 世纪平均水蚀水平 38.00Mg/(hm^2·a)（Li et al.，2008），即中国土壤侵蚀条件显著改善。

长江流域面积约为 180 万 km^2，至 2013 年水土流失面积为 38.46 万 km^2，占流域土地总面积的 21.37%。其中，水力侵蚀面积为 36.12 万 km^2（第一次全国水利普查数据），与全国第二次水土流失遥感调查数据（2002 年公布）相比减少 14.62 万 km^2，减少比例为

28.81%(《2006～2015 年长江流域水土保持公报》)。长江流域中上游山区灾害的主要原因是森林砍伐和不合理开垦造成的土壤侵蚀(水利部 等，2010)。在下游地区，由于对分洪区农业用地的不合理开垦，导致河流泄洪能力下降。

16.2.1 长江流域土壤侵蚀分布及其变化关键区

至 2016 年，中国土壤侵蚀面积总量约为 17306 万 hm^2，占陆地总面积的 18.31%。其中长江流域土壤侵蚀面积最大，占全国侵蚀面积的 28.37%；长江流域土壤侵蚀速率次于黄河流域和西南部河流流域，为 15.20Mg/(hm^2·a)；长江流域土壤侵蚀量也最高，为 27.06 亿 Mg，占全国土壤侵蚀总量的 30.50%。出现这种情况是因为该区域降雨丰富，地形起伏，黏土质重，渗透性差。

微度和轻度的土壤侵蚀构成了长江流域的主要土壤侵蚀水平(至少占流域面积的 98%)，其余 2%的区域包括汉江、鄱阳湖、长江下游和中游流域，最常见的土壤侵蚀水平为中度土壤侵蚀。1981～2015 年，长江流域大部分地区土壤侵蚀呈下降趋势，其中 21.5%的地区显著下降($P<0.05$)。长江流域土壤侵蚀呈增加趋势的地区主要集中在长江上游(西部地区)，其中 2.1%显著增加($P<0.05$)。土壤侵蚀增加最多的为羌塘高原区，减少量最多的位于嘉陵江流域(Li et al.，2021)。

16.2.2 长江流域侵蚀性降雨分析

在引起土壤侵蚀的各种因素中，降雨是最主要的动力因子。计算由降雨引起的土壤侵蚀的潜在能力，即降雨侵蚀力，是定量预报土壤流失的重要环节。在所有降雨中，只有部分降雨发生地表径流，进而引起土壤侵蚀，发生真正意义上的土壤流失，这部分降雨被称为侵蚀性降雨(王万忠，1984；周大溯，2010)。

年降雨侵蚀力与强烈的土壤侵蚀和产沙密切相关(Wei et al.，2011；Xin et al.，2010)。研究发现 1960～2005 年长江流域的年降雨侵蚀力变化在 131.21～16842MJ·mm/(hm^2·a)(Huang et al.，2012)，多年均值为 5646 MJ·mm/(hm^2·a)，且该地区的降雨侵蚀力空间变化大。降水在长江流域由东南向西北递减，在长江下游，特别是鄱阳湖流域，年平均降水量大于 2000mm，而金沙江流域大部分地区年平均降水量小于 800mm。降雨侵蚀力的空间分布格局与年平均降水量的分布格局非常相似，从西北向东南呈现明显的增加趋势。根据在中国的研究结果(Zhang et al.，2003)，将年平均降雨侵蚀力小于或等于 4000MJ·mm/(hm^2·a)的区域定义为低降雨侵蚀力区域，大于或等于 10000MJ·mm/(hm^2·a)的区域定义为高降雨侵蚀力区域，其他为中降雨侵蚀力区域。基于此分类，低降雨侵蚀力主要位于金沙江流域和岷江、沱江流域，高降雨侵蚀力区域主要位于洞庭湖流域和鄱阳湖流域。

1960～2005 年长江流域大部分地区的年降雨侵蚀力以增加趋势为主。从空间上看，下降趋势显著的地区主要分布在金沙江流域和鄱阳湖流域。降雨侵蚀力强趋势主要发生在 1 月、6 月、7 月和 9 月。其中，1 月、6 月和 7 月呈显著上升趋势，9 月呈显著下降趋势。1 月份，太湖流域、鄱阳湖流域和洞庭湖流域降雨侵蚀力显著上升，6 月份呈显著增加趋势的地区主要集中在金沙江流域和长江流域中部，7 月份则主要集中在洞庭湖流域，9 月份降雨侵蚀力呈显著减少趋势的地区主要集中在嘉陵江流域和汉江流域。在其他月份，长江流域大部分地区降雨侵蚀力的变化趋势不明显(Huang et al.，2012)。该现象与长江流域逐月降水的变化趋势吻合较好，说明月降水的时间变化可能是月降雨侵蚀力变化的直接原因(Jiang et al.，2007，2008)。长江流域无论是侵蚀性降雨量还是侵蚀性降雨天数，均表现为 8 月份最大，7 月份较大，1 月份最小，说明 7、8 月份容易发生侵蚀性降雨，因此应加强该时段内水土流失的防治，特别是生产建设项目的施工(周大湖，2010)。

16.2.3　长江流域林田湖草格局演变

除气候变化外，土地利用变化也会对水文过程产生深远影响。以往的研究已确定全球和区域气候变化(主要是降水变化)和局部人类活动是影响水文循环的两个主要因素(Wang et al.，2012)。1999 年，我国开始了一个名为“坡地保护计划”的试点项目，随后在 2002 年扩大为一个全面的项目，即“退耕还林草工程”(grain for green project，GGP)。其目标是到 2010 年将 1467 万 hm^2 农田转为森林或草地，另外还有一个“软”目标，即绿化荒地面积大致相等(SFA 2003)。在 GGP 成功完成之时，中国国家森林面积将增加 10%～20%，现有耕地面积将减少 10%(《中国统计年鉴 2001》)。

长江流域 1980～2020 年山林地面积增加，自 1980 年的 47.26 万 km^2 增加到 2020 年的 69.45 万 km^2，增加了 46.95%，以坡角为 25° 以上的增加为主。森林覆盖从 1980 年的 30.38%增加到 2020 年的 44.65%；耕地面积总体变化不大，2020 年与 1980 年对比，耕地保有比例为 98%，耕地面积由 1980 年的 44.15 万 km^2，减少到 2020 年的 43.26 万 km^2，中间年份略有变化(图 16-16、表 16-1)。

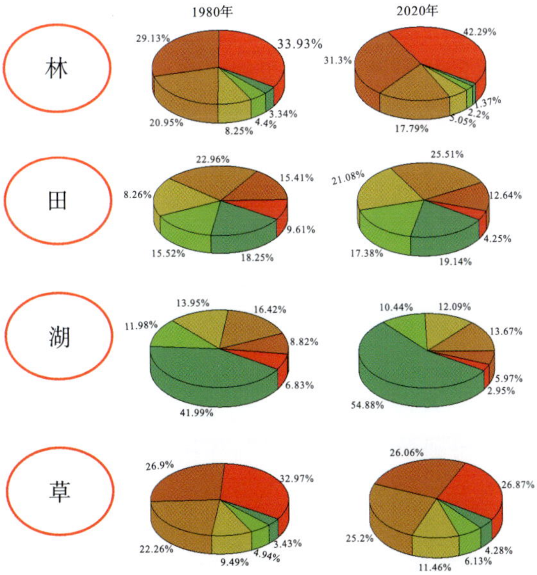

图 16-16　1980 年、2020 年长江流域林田湖草面积在不同坡度的比例

(数据源于 ESA GlobCover 和 GLC_FCS30-2020)

表 16-1 长江流域 1980～2020 年不同土地利用类型面积 (单位：万 km^2)

土地利用年份	林地	耕地	水域	草地
1980	47.26	44.15	4.56	36.18
1990	51.45	67.55	2.97	26.88
1995	51.29	67.94	2.97	26.61
2000	80.14	44.44	2.59	20.72
2005	51.02	69.03	2.94	26.10
2010	85.01	40.72	2.63	19.76
2015	63.57	48.11	2.99	35.86
2020	69.45	43.26	3.09	32.38

至 2020 年长江流域 15°～25° 的坡耕地仍有 5.47 万 km^2，超过 25° 的坡耕地仍有 1.84 万 km^2，主要分布在长江上游地区，为土壤侵蚀和面源污染埋下隐患。西南地区继续开展水土保持工作潜力巨大。

16.3 长江经济带典型区域水土保持调查与研究

长江经济带（流域）是我国水土流失最严重的区域之一，复杂多变的地质地貌条件、丰沛的降水和强烈的人类活动，使流域内水土流失量大面广、类型多样。根据第一次全国水利普查数据（2013 年公布），长江流域水土流失面积 38.46 万 km^2，占总面积的 21.37%，侵蚀速率超过 50t/(hm^2·a)（Lu et al.，2004；Zhang et al.，2004；Zhang et al.，2003）。水土保持措施可以有效地减少和控制土壤侵蚀和泥沙移动（Maetens et al.，2012；Montgomery，2007）。长江经济带采用了一系列土壤保持措施以防止水土流失，其中包括保护性耕作、梯田、植物篱的种植和覆盖、坡面水系、保土耕作和退耕还林还草等，这些措施都具有明显的保水、减沙效应。

16.3.1 坡耕地农作系统水土保持调查与研究

长江流域是我国坡耕地分布面积最广的地区之一。根据 GLC_FCS30-2020 统计资料显示，长江流域坡耕地面积仍然有 900 万 hm^2，占全国坡耕地总面积的 42.5%，占全国总面积的 30%。其构成为：5°～15°坡耕地面积为 367 万 hm^2，占坡耕地总面积的 41%；15°～25°坡耕地面积为 347 万 hm^2，占坡耕地总面积的 38%；大于 25°坡耕地面积为 186 万 hm^2，占坡耕地总面积的 21%。在坡耕地实行常规的耕作措施很容易造成土壤的侵蚀和退化。因此，一些水土保持措施如免耕、等高耕作等在坡耕地被广泛利用，以减少径流和泥沙。在四川省，小麦秸秆覆盖的等高耕作与常规耕作相比，径流深度和产沙量分别减少了 34% 和 29%（Zhang et al.，2016b）。在重庆地区，横坡垄作使径流量和产沙量分别减少了 42% 和 62%（田太强 等，2014）。湖南地区的实验结果显示，相比于传统耕作方法，垄作区田的径流量减少了 44%(谢庭生 等，2015)。从知网、Web of Science 和 Science Direct 等数据库上收集了不同水土保持措施的径流量和产沙的数据集。最终的数据集包含了长江经济带 43 个站点的 243 个径流数据和 264 个泥沙数据(图 1-1)。在本章中，考虑的水土保持措施主要包括免耕(NT)、免耕覆盖(NTM)、免耕垄作(CSNT)、等高耕作(CT)、等高耕作+植物篱(CTH)和垄作区田(MBT)6 种措施(图 16-17)。

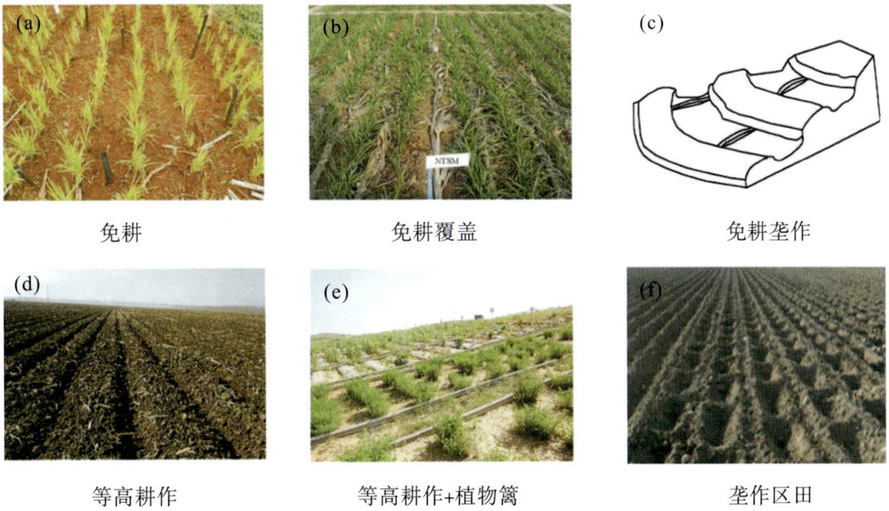

图 16-17 农作系统常见的水土保持措施

水土保持措施比常规耕作减少径流 39.17%。在减少径流方面，不同的水土保持措施之间存在显著差异。在 6 种水土保持措施中，免耕垄作(CSNT)的径流减少量最高(51.68%)，等高耕作(CT)(34.45%)与等高耕作+植物篱(CTH)(33.93%)的径流减少量显著低于免耕垄作(CSNT)。在不同坡角下和不同坡长下，不同的水土保持措施对于径流量的减少量没有显著差异。水土保持措施比常规耕作减少产沙量 38.65%。考虑的 6 种水土保持措施都显著降低了产沙量，其中垄作区田(MBT)的产沙减少量最多(77.53%)，显著高

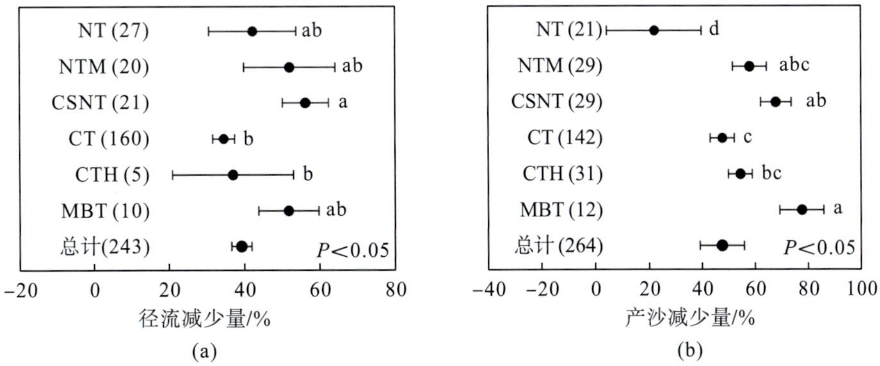

图 16-18 长江经济带地区不同的水土保持措施的径流、产沙量的减少效果

于其余 5 种水土保持措施，而免耕措施下产沙减少量最少(27.32%)。水土保持措施在 0～5m 坡长下产沙量的减少幅度(73.54%)则显著高于其他坡长。在长江经济带地区，免耕垄作(CSNT)、垄作区田(MBT)、免耕覆盖(NTM)的减水减沙效果优于其他 3 种水土保持措施(图 16-18，图 16-19)。

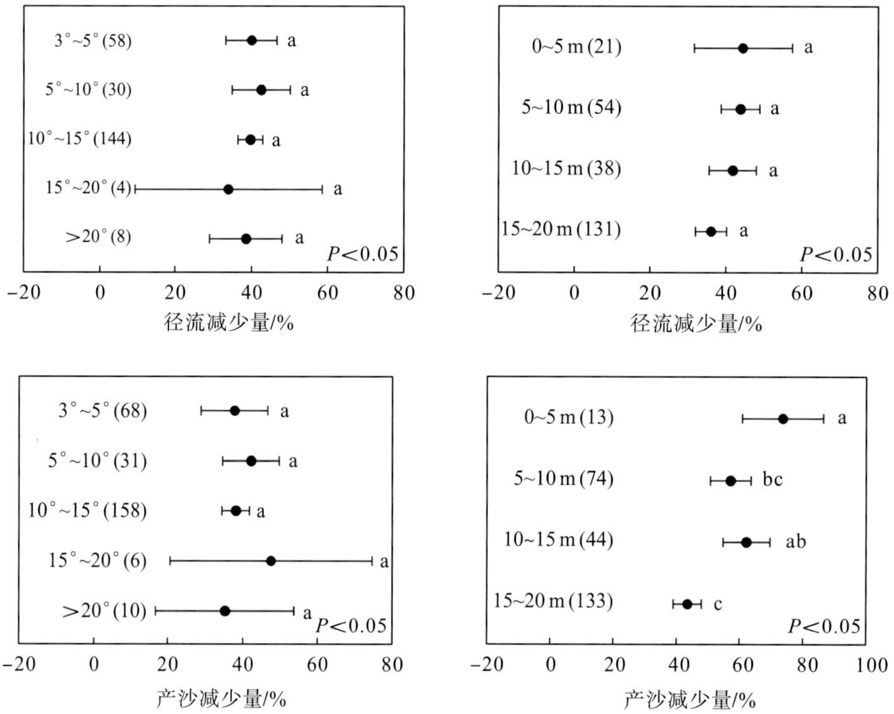

图 16-19　长江经济带地区不同坡角和坡长下水土保持措施的径流、产沙量的减少效果

16.3.2　三峡库区水土保持调查与研究

三峡库区是中国最重要的生态功能区之一。地形起伏大、降雨量相对集中以及密集的人类活动造成了三峡库区严重的土壤侵蚀问题，该地区的生态安全将直接影响长江上游地区乃至整个长江经济带的可持续发展 (Bao et al.，2015；Fu et al.，2010)。因此，探明三峡库区土壤侵蚀量的历史变化，并制定水土保持措施控制土壤侵蚀，是该地区环境管理的核心目标。1990～2015 年，三峡库区的土壤侵蚀模数总体呈下降趋势，即 1990～2000 年增加，2000～2005 年减少。25 年间，三峡库区的年均土壤侵蚀模数减少 291.16t/(km^2·a)，减少 9.97%，目前该地区的土壤侵蚀模数为中等水平，达到 2905.97t/(km^2·a)。该地区土壤侵蚀模数的空间分布与研究区地形基本一致，呈现出东高西低的特征。三峡库区轻度土壤侵蚀分布最广，占总面积的 79.55%。非常强烈和极强烈的土壤侵蚀主要发生在坡度大、海拔高的地区，如兴山县、秭归县北部和巫山县，占总面积的 6.56%。总的来说，三峡库区的土壤侵蚀情况已得到缓解(Chu et al.，2020)。

为实现减少土壤侵蚀这一目标，政府的参与密不可分，自 1998 年以来，我国先后实施了长江防护林重点建设工程、退耕还林工程、天然林保护工程、水库周边绿化工程、三峡库区绿化工程和三峡库区生态保护工程等一系列重点森林恢复工程。随着三峡工程等区域尺度生态修复工程的实施，大量坡耕地(9473.72km^2)被改造为林地或灌丛。植被覆盖率的提高显著加大了降雨和地表径流对于土壤的侵蚀，尤其是在高土壤侵蚀风险地区(坡角大于 15°)。除增加植被覆盖率外，三峡库区也通过水土保持措施来控制农田水土流失(Xu et al.，2012)。三峡库区的耕地多位于相对平坦的地区或土层较深的洼地，该地区的农业生产模式逐渐从分散的小农户模式转变为集中的合作社或大规模农场经营，这种种植模式的转变尤其体现在水稻、玉米和柑橘的种植上。秸秆还田、坡耕地改梯田、免耕等水土保持措施在三峡地区被普遍应用，显著降低了该地区土壤侵蚀力度(Xu et al.，2018)。

16.3.3 喀斯特典型区域水土保持调查与研究

喀斯特石漠化是我国最严重的生态问题之一，指在热带和亚热带脆弱喀斯特生态系统中，由于不合理的人类活动导致的植被退化、水土流失严重、基岩大面积裸露、土地退化的过程。这个过程一旦开始就很难逆转，因此被称为“地球的癌症”。不断恶化的石漠化问题严重影响了当地的生态环境安全，导致干旱、洪水、山体滑坡等一系列的地质灾害。石漠化不仅使生态环境恶化，还影响了农林生产，严重阻碍了当地社会经济的可持续发展(Yang et al.，2014)。我国喀斯特，主要分布在西南地区，这里是全球三大岩溶集中分布区之一涉及贵州、云南、四川、广西、广东、湖南、湖北和重庆 8 个省(区、市)。该地区土壤侵蚀问题严重，土壤侵蚀影响面积为 0.2520×10^{6}km^2，占该地区土地总面积的 21.9%(Li et al.，2019；Zhang et al.，2016a)。水蚀和喀斯特石漠化是土壤侵蚀的主要形式，高降雨强度、高可溶碳酸盐岩含量、较浅的土层以及密集的土地利用等因素导致了严重的水土流失(Dai et al.，2017；Gao and Wang，2019；Li et al.，2019；Wang et al.，2004；Zhang et al.，2016b)。为了遏制石漠化问题并在促进生态环境修复同时发展地区经济，2006 年起我国进行了石漠化控制项目。截至 2016 年，我国石漠化土地面积为 1007 万 hm^2，与 2005 年相比，我国石漠化土地面积净减少 289.3 万 hm^2(图 16-20)。石漠化发展的趋势在整体上得到有效遏制，岩溶地区石漠化土地呈现面积持续减少、危害不断减轻、生态状况稳步好转的态势，但未来治理工程仍面临严峻挑战。

广西平果县果化岩溶石山区石漠化综合治理示范区，总面积为 6.0km^2，具有典型的峰丛洼地地貌。2000 年以前，该地区遭受严重的石漠化问题，石漠化面积占据该地区土地面积的 70%以上(金新锋 等，2006)。2001 年 10 月起，当地政府开展了峰丛洼地石漠化综合治理示范工程，形成了典型石漠化地区的综合治理方案，采取的措施包括：在上游构建复合植被带，在中游将坡耕地改为梯田同时配备节水灌溉系统，在下游收集表层岩溶水，同时构建猪舍—鱼塘—沼气池一体化的循环模式(图 16-21)。该工程实施后构建了一个兼顾水土保持、环境改善和经济发展的生态农业体系，治理后该地区的生态环境和社会经济明显改善，石漠化面积减少 20.0%，土壤侵蚀率下降 40.0%以上，土地生产力提高近 50.0%，当地农民收入显著增加。

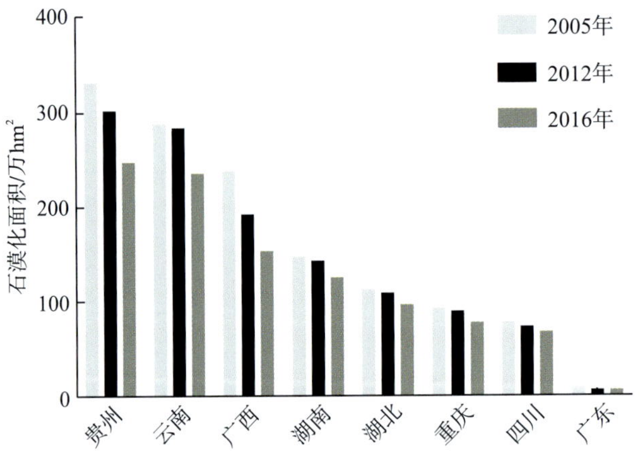

图 16-20　2005 年、2012 年和 2016 年各省份石漠化面积(Dai et al.，2017)

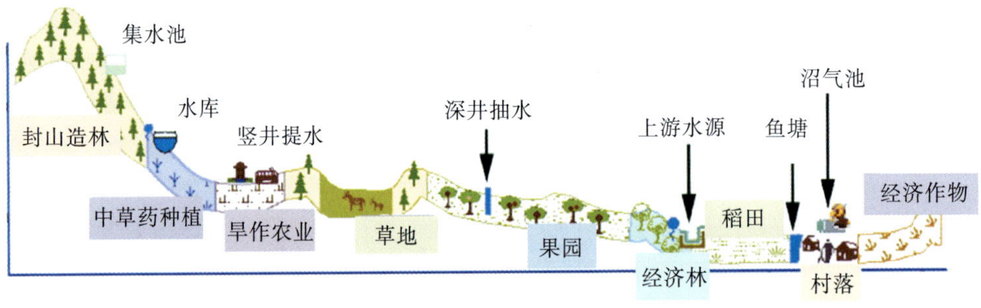

图 16-21　石漠化综合治理示范区生态农业结构示意图(金新锋 等，2006)

一般来说，雨滴飞溅对土壤结构的破坏作用使坡面径流更容易对地表土壤进行冲刷。土壤侵蚀的直接主导因素包括降水、地形特征、土壤特征、植被覆盖和利用变化(Lieskovsky and Kenderessy，2014；Liu et al.，2014；Montgomery，2007)。许多证据表明，在不同的环境条件下，适宜的植被覆盖将显著减少土壤侵蚀(El Kateb et al.，2013；Zhou et al.，2016)，而植被覆盖的减少则会导致径流和侵蚀的增加(Lufafa et al.，2003；Zhao et al.，2013)。研究结果显示，不同水土保持处理下的径流量均与降雨量显著相关(Dai et al.，2018)。冗余分析的结果显示，坡度和降水对于水土保持功能具有较强的驱动作用(Xiao et al.，2017)。因此，实施水土保持措施应综合考虑相关因素对其造成的影响。长江经济带区域人口稠密，存在着社会经济发展与生态功能之间的矛盾。由于西南紫色土地区降雨径流充足，土壤可蚀性较强，人类活动密集，严重水土流失问题给该地区的可持续发展带来巨大挑战。因此，我国政府在长江经济带地区实施了一系列环境工程以应对该地区的环境问题。

16.4　长江经济带水土保持领域的问题与挑战

综上所述，长江经济带水土流失治理仍存在以下问题：①随着水土保持治理工作的开展，研究区内输沙量日益减少，但流域内水量、沙量分布不均的问题仍未解决；②退耕还林草工程的实施在保证了耕地保有率的情况下，大幅提高了陡坡上林草地的占比，但目前长江上游地区仍有部分 25°以上陡坡地为耕地，退耕还林草工程仍需实施。为解决长江经济带水土流失问题，需继续开展退耕还林草等生态治理工程，从源头减小水土流失的可能，同时也要结合长江经济带的特殊性，强调因地制宜地制定符合当地民生条件的水土保持治理工程。

16.4.1　加强长江中上游水沙监测与演变趋势评估

长江上游干流水沙主要来自屏山站(金沙江流域)，其径流量占宜昌站的 33.21%，输沙量占宜昌站的 61.35%；北碚站(嘉陵江流域)径流量占宜昌站的 15.25%，输沙量占26.69%。其他水文站控制流域来水来沙量不大。从长江上游水沙变化趋势来看，1960～2020年，除高场站(岷江流域)径流量显著下降外，其余各流域径流量无明显变化趋势，但各流域输沙量均显著下降，其中下降速率最快的为金沙江流域，其次为嘉陵江流域。长江全流域的泥沙减少趋势显著，上游地区依然是最主要的产沙区域。因此，应该加强针对长江中上游地区的水沙监测与水沙演化趋势评估等相关工作。

16.4.2　长江经济带侵蚀重点区域的整治与政策支持

长江流域的主要土壤侵蚀水平为微度和轻度侵蚀，1981～2015 年长江流域大部分地区土壤侵蚀呈下降趋势，但四川、云南、贵州和重庆仍是该区域水土流失严重的省(市)。截至 2020 年，分布在长江中上游广大山区的坡耕地中仍有 8000 多万亩位于 15°～25°的坡地上，2000 多万亩位于大于 25°的陡坡上，这些耕地造成的水土流失还未得到根本治理，需要将退耕还林的政策进一步推行。

16.4.3　水土保持与农业系统复合污染的新挑战

易受侵蚀的紫色土是长江经济带的主要土壤类型。水土流失主要发生在坡耕地、荒坡地和矿区裸露土地。坡度、植被覆盖和降雨强度被认为是影响该地区土壤侵蚀过程的主要因素。长江经济带上游地区多山地丘陵，以种植柑橘、茶叶、花椒、榨菜等经济作物为主。植经济作物可以增加农户单位面积土地上的收入；同时基于经济利益的趋势，农户更倾向于使用更多的化肥、农药、杀虫剂等保证作物的高产稳产。农业多投入的污染物伴随着区域较高的径流和泥沙产出，使得上游的水土保持形势更加严峻。水土保持与农业系统复合

第 17 章　生态系统服务现状与绿色发展挑战

水是孕育地球生命的必要元素，是连接地球各圈层和生态系统的重要媒介，也是人类文明起源的重要基础。水在地表汇聚成河流，由河流组成的汇水区称为流域。流域是连接水体与土地生态资源的一个完整、独立的水文区域，对于生态系统和人类社会发展具有重大意义。人类四大文明古国均诞生于大河流域，气候、水源、土地、土壤以及植被种植都是人类文明能发展至今的重要因素。因此，我们在讨论长江经济带的生态服务功能时，仅仅将行政区域作为边界并不能完全体现生态系统及自然活动对经济带发展的重要性。因此本章我们将以流域为边界来研究长江流域生态系统的现状与发展，从生态系统服务的角度出发，着重以长江流域水资源的供给服务与碳平衡、生物多样性的调节服务来分析人类发展与未来生态建设的协同性，为长江经济带绿色发展提供宏观背景视角。

17.1　长江流域生态系统服务现状分析

作为连接生态系统和人类文明的中心区域，世界上的各大型河道及流域均承受着人类活动带来的越来越重的压力。人类对于资源的需求随着人口增长及社会发展不断增加，粮食生产、水力发电、用水供应、产业发展等方面均给河道和流域造成了一定程度的威胁，给一些较严重区域的河道和流域造成了不可逆转的危害(Best, 2019)。

长江是世界第三、亚洲第一长河，在世界大河流域面积排序中排列第 11 位(图 17-1)。长江流域拥有丰富的水资源和生物资源，哺育了中国 30%的人口(世界 7%的人口)，也是未来经济发展的重要战略区域。长江流域横跨我国东西部，拥有丰富的土地资源，海拔跨度大，地形复杂多样。流域地理空间广袤，上游承接青藏高原生态屏障与黄土高原-川滇生态屏障，承担水源涵养、气候调节、水土保持、承载天然植被屏障等生态功能，保障长江中、下游地区的生态安全；中、下游为农产品主产区，承担水稻、小麦、油菜、畜牧和水产品产业带的生产功能，上、中、下游各司其职，是未来兼具生态功能与农业发展等多重核心的重要地带。然而，土地资源的过度开发及其他频繁的人类活动已经超出了长江流域生态环境的承受力，导致生态平衡与经济发展的矛盾突出。因此，中共十九届五中全会强调，要深入可持续发展战略，完善长江上、中、下游流域的统筹协调机制，促进长江经济带绿色转型发展。

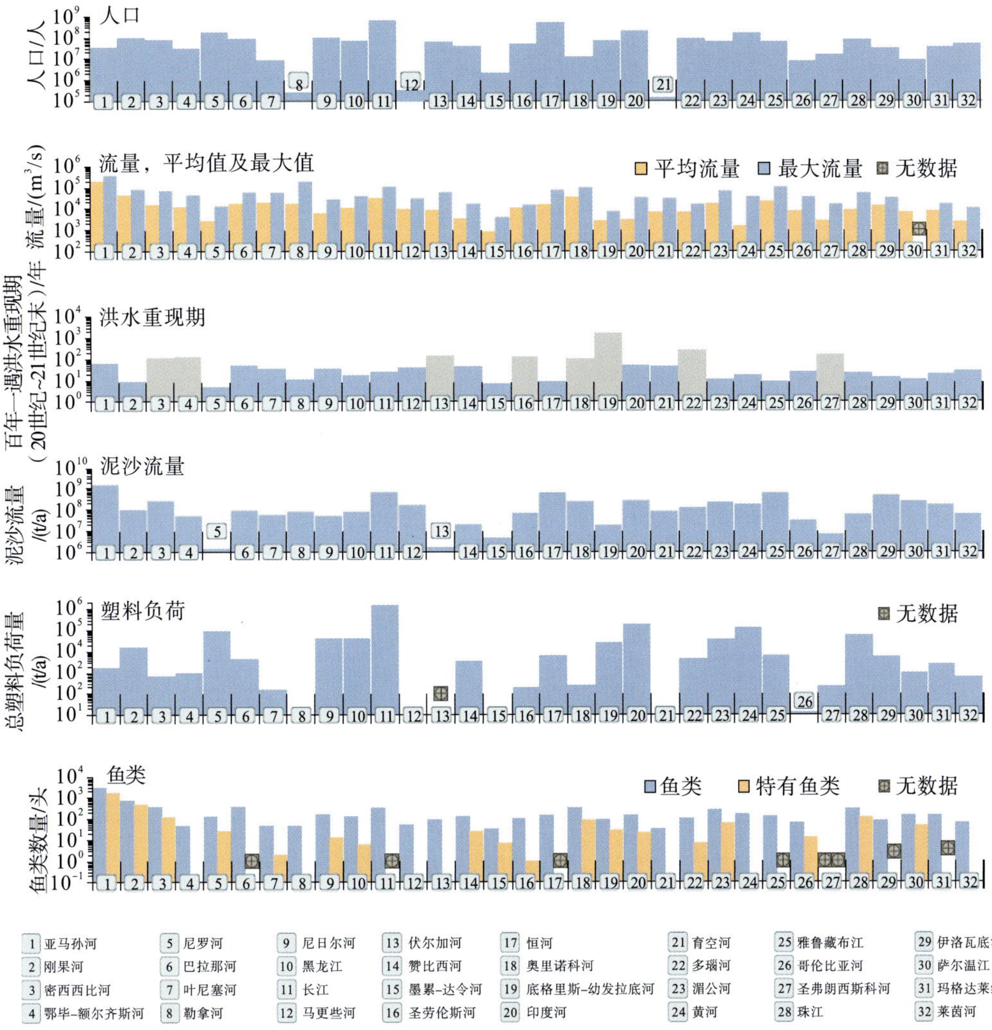

图 17-1　世界最大的 32 条河流资料统计(按流域面积和主要支流排列)(Best，2019)

生态系统服务是指人类从生态系统中获得的重要利益，按功能可分为直接影响人类生活的供给、调节和文化服务，以及维持这些服务的支持服务(图 17-2)。服务与服务之间可以是相互制约的权衡作用，也可以是相互促进的协同作用。但随着人类活动强度的增加，越来越多的自然土地被占用并转化为人类栖息地或耕地，导致生态系统退化或者被破坏(Guan et al.，2019)，生态系统服务也随之减弱。因此，作为衡量人类生存发展与自然生态平衡的重要指标，从生态服务的角度出发，可以全面有效地了解长江流域生态功能现状，并为未来的绿色发展战略提供指导和帮助。

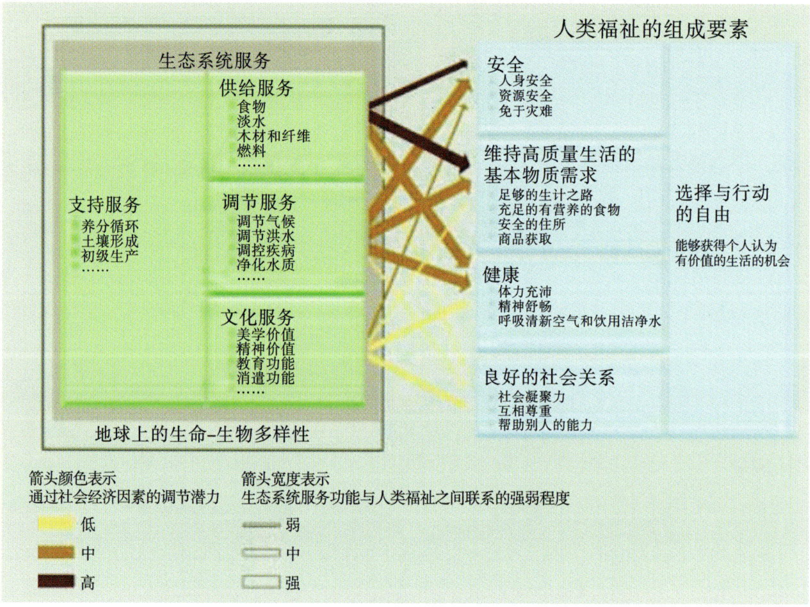

图 17-2 生态系统服务功能与人类福祉联系

（资料源于《千年生态系统评估报告》）

17.1.1 供给服务：长江流域水资源与人类用水

长江流域水系发达、水资源充沛，大部分地区属于亚热带季风气候，夏季降水频繁。2019 年《长江流域及西南诸河水资源公报》显示，长江流域 2006～2019 年平均降水量为 1074.7mm，平均降水总量为 19159.7m^3，年平均水资源总量为 9766.6 亿 m^3(图 17-3)，产流系数为 0.52，其中绝大部分为地表水。但是，受到季风和青藏高原的影响，流域内时空降雨分布不均匀，水资源年际变化大，降雨量及径流量分布呈现由东南地区向西北地区递减的趋势，沿海地区降水相较西南等内陆地区更为频繁。同时，按区域划分来看，中游地区水资源量最多，地表水资源量占长江全流域比例大于面积占比，而上、下游水资源量占比均小于面积占比，且中游平均产水系数和产水模数也高于上、下游地区(王政祥 等，2011)。但近年来，受全球气候变化影响，长江流域的降水发生显著变化：空间上，上游降水量减少，而中、下游降水量增加；季节上，冬、夏季出现径流增加，而春、秋季径流呈减少趋势(陈婷 等，2019)。

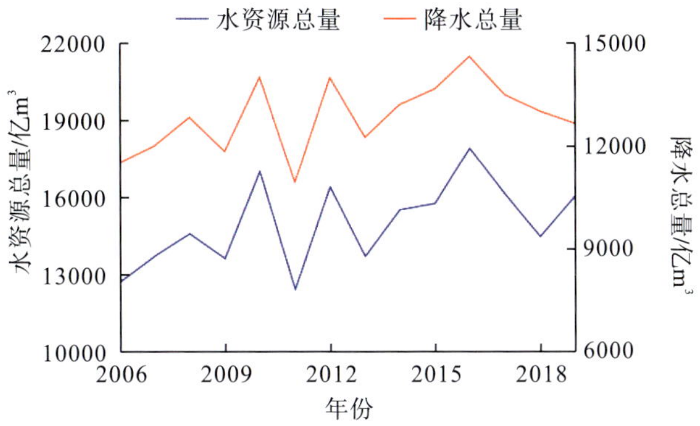

图 17-3　2006～2019 年长江流域水资源总量与降水总量趋势图

（资料源于 2017 年《长江流域及西南诸河水资源公报》）

目前，长江流域丰富的水资源可完全满足流域内的经济发展和人民生活需求。2006～2017 年长江流域年平均用水量为 2005 亿 m³，仅占流域水资源总量的 20%，其中农业灌溉用水占到用水量的一半（图 17-4）。从用水类型来看，将用水量按生产、居民生活及生态环境用水划分，长江流域主要用水类型为生产用水，其次为居民生活用水，生态环境用水仅占极小的比例（1%左右）。《长江流域及西南诸河水资源公报》显示，1997 年以来，长江流域的总用水量呈现缓慢上升趋势，主要为生活用水和工业用水增加，而农业用水量因受气候影响呈现上下波动情况，但总体较为稳定。此外，以 2017 年为例，生产用水中第一产业（即农田、草场和林果地灌溉，畜牧用水及鱼塘补水）用水占比为 48.2%，第二产业（工业及建筑用水）约占 36.0%，而第三产业仅占 4.2%（图 17-5）。从人均用水量上来看，2006～2017 年长江流域人均用水量总体稳定在 2100m³ 左右，高于全国 2064m³ 的人均用水量，但远低于世界 6074m³ 的人均水资源量（世界银行数据）。此外，人均占有水资源量也受到区域发展的影响。上游地区地广人稀，相较于中下游地区其经济水平较低较弱，人口较少，因而上游地区水资源人均占有量高于中下游人口稠密、经济发达地区。

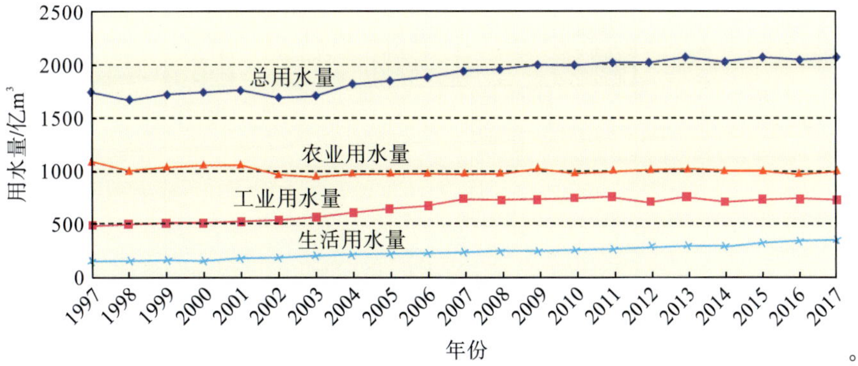

。

图 17-4　1997～2017 年长江流域用水量变化趋势图

（资料源于 2017 年《长江流域及西南诸河水资源公报》）

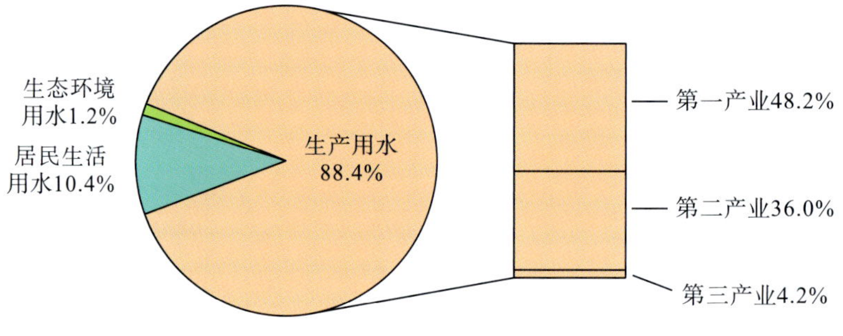

图 17-5　2017 年长江流域用水量组成

（资料源于 2017 年《长江流域及西南诸河水资源公报》）

17.1.2　调节服务：长江流域水文调节与洪涝灾害

水量调节服务是生态系统的重要水文调节功能。根据吕一河等(2015)的观点，水量调节可以理解为生态系统对水循环各种影响和作用的总称，主要包括对降雨-径流过程的影响。自然植被覆盖和人类活动(如土地利用变化、水利工程和人类用水等)是影响水量调节的重要因素(廖文婷　等，2018)。长江流域整体处于亚热带季风气候区，横跨我国三级阶梯，夏季降雨成因复杂多变，降雨时空分布不均，有连续的丰水年和枯水年(王政祥　等，2011)，同时存在频繁的干旱和洪涝灾害。根据中国环境科学研究院的数据，长江流域的水文调节能力大致由东南向西北递减，与降水量及水资源分布趋势相同，不同子流域间调节能力差异较为显著。廖文婷等(2018)也指出长江中游为长江流域主要的水文调节作用区域，其中汉江水系具有最强的调节能力，而上游水系(如嘉陵江水系)调节能力相对最弱(图 17-6)。此外，根据影响因素分析显示，水库库容和自然植被覆盖

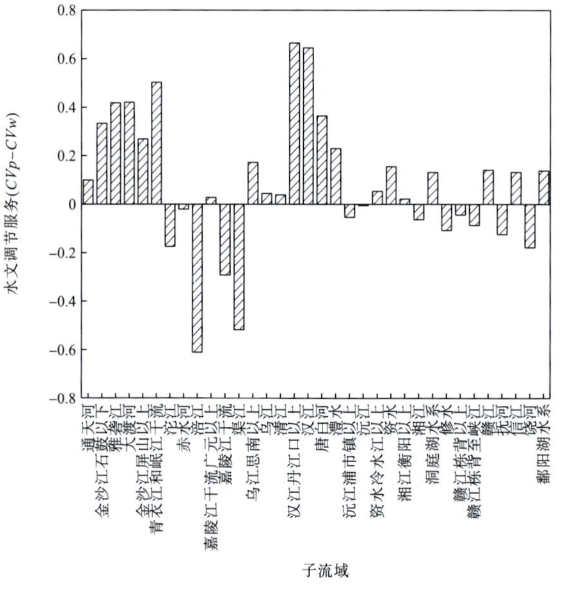

图 17-6　长江流域水文调节服务分布(廖文婷等，2018)

面积对水文调节具有正向作用，而农田面积和人口则具有反向作用(图 17-7)。上游地区存在大面积的森林生态系统，其水源涵养功能对长江流域整体的水量调节具有重要作用。因此，在上游地区实施各类植被恢复措施是十分必要的。而中下游地区受经济发展和农业生产的影响，洪水调蓄能力有所减弱，沿河农田、居住区容易遭受洪涝灾害影响。

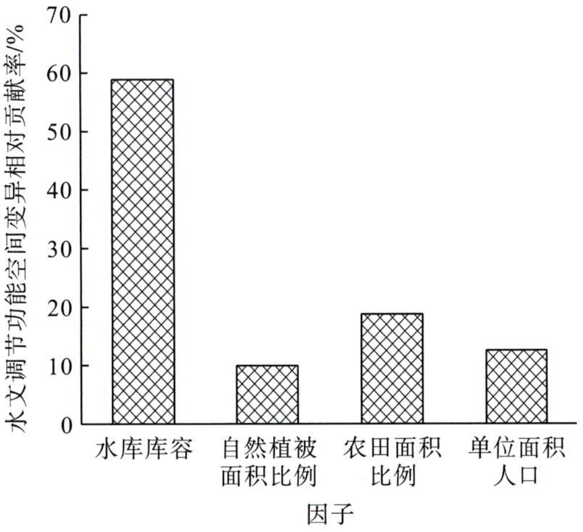

图 17-7　长江流域生态系统水文调节功能空间变异相对贡献率(廖文婷等，2018)

受全球气候变暖影响，长江流域洪旱灾害频发。20 世纪 90 年代长江流域发生多起严重洪涝，21 世纪后长江重要支流如嘉陵江、岷江、沱江及汉江等频繁出现洪旱灾(郭广芬等，2021)。针对长江流域 1961～2017 年夏季极端降雨事件进行统计发现(图 17-8)，长江流域极端多雨情况呈现东多西少、南多北少的分布差异，极端多雨和极端少雨事件具有年代特征(郭广芬 等，2021)。

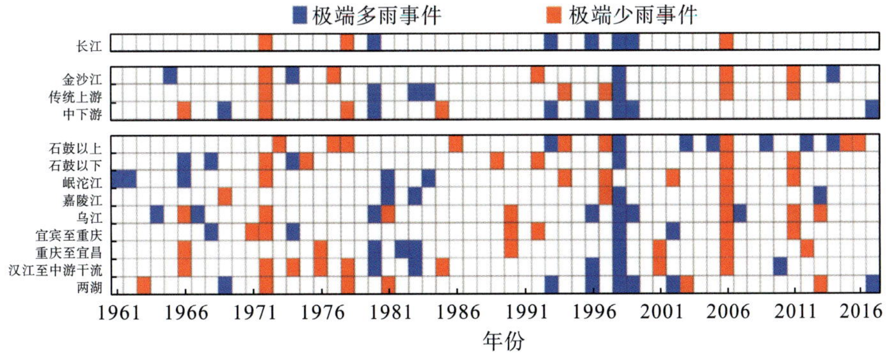

图 17-8　1961～2017 年长江各子流域夏季极端降水事件分布 (郭广芬等，2021)

注：长江传统上游包括岷沱江、嘉陵江、乌江、宜宾—重庆、重庆—宜昌等。

联合国政府间气候变化专门委员会(Intergovenmental Panel on Climate Change，IPCC)的报告指出，全球未来气候可能会在 2030～2052 年升高 1.5℃。Hirabayashi 等(2013)对气

候变化下全球 29 个大河流域的洪水风险预估显示，当气候情景为最恶劣的 RCP 8.5 时，长江流域百年一遇的洪水重现期仅为 5～25 年。同时，有学者对长江主干流的三个水量站进行气候情景 RCP 4.5 和 RCP 8.5 下的流量预测(图 17-9)显示，受到全球气候变暖的影响，未来 30 年长江流域的夏季极端降水量和径流量情况增加，特别是在 RCP 8.5 方案下，将显著提高干流流量，增加夏季极端气候事件的发作频率，并对长江沿岸的居民生活带来一定的压力(Gu et al.，2018)。

此外，海拔落差和人类长期不当的行为对长江流域(特别是上游区域)造成了严重的影响。水土侵蚀情况加剧、植被覆盖遭到破坏，土壤持水力下降，由于大量泥沙遭到降雨冲刷进入河道引发的河湖淤积、河床湖底被抬高、水体量减少和河湖调蓄洪水能力降低的现象，同时也可能诱发泥石流、山体滑坡等次生灾害(邓先瑞和黄建武，2003)。

总的来看，目前长江流域生态系统的洪水调蓄能力并不能抵抗气候变化所带来的风险和引发的灾害。人类长期不可持续的活动也可能加剧这一风险的发生，因此提升生态系统水文调节的服务质量对今后长江流域的经济发展和社会稳定有重要意义。

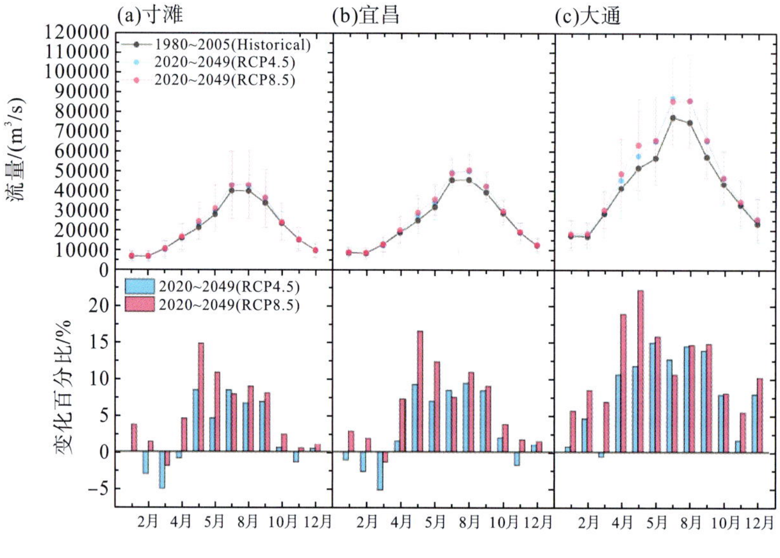

图 17-9　通过气候模型 RCPs 预测未来 30 年长江流域月平均径流量趋势变化图(据 Gu et al.，2018)

17.1.3　调节服务：长江流域碳平衡

化石燃料燃烧和土地利用变化是全球碳循环中碳排放的两个主要来源。IPCC 的报告显示，近年来，引起全球气候变化的主要因素是化石燃料燃烧和工业生产活动，1970～2020 年通过这两种途径释放了全球 78%的温室气体。研究学者曾测算，1959～2019 年通过化石燃料燃烧排放的二氧化碳量占到总碳排放的 81%，而土地利用变化造成的二氧化碳排放只占 19% (Friedlingstein et al.，2020)。尽管在碳循环中，海洋和陆地植被可以吸收部分二氧化碳并进行碳固存，但全球大气二氧化碳仍处于持续、大量释放状态(图 17-10)。为应对持续升高的气温和温室气体浓度，IPCC 提出在 21 世纪末将全球变暖幅度控制在 1.5℃

以内。中国政府承诺将在 2030 年实现碳达峰，并在 2060 年实现碳中和的“双碳”目标。因此，我国目前急需明确区域碳通量状态，探索创新技术以实现节能减排和绿色发展。2016 年，《长江经济带发展规划纲要》确立了“一轴、两翼、三级、多点”的发展新格局，明确了“生态优先、绿色发展”的发展理念，提倡推动长江生态环境保护、创新驱动产业升级转型、新型城镇化建设。因此，构建长江经济带生态文明将在未来减排固碳方面肩负重任。

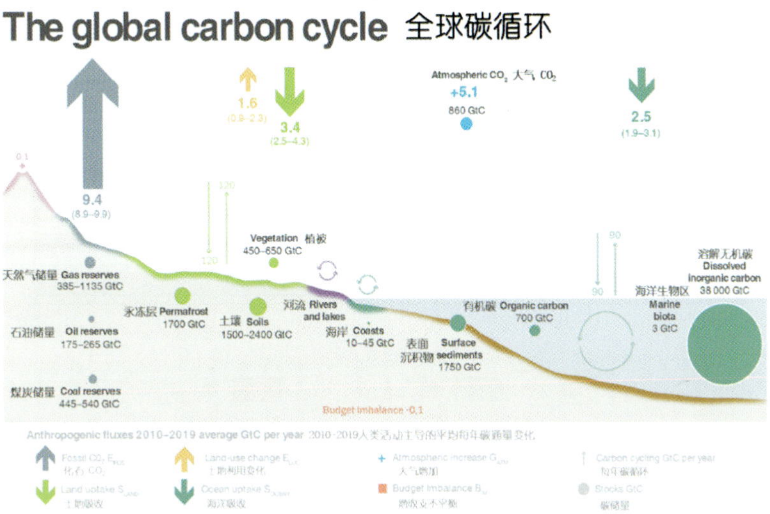

图 17-10　2010～2019 年受人为活动影响的全球碳循环系统（据 Friedlingstein et al., 2020）

1. 长江经济带碳排放

国内生产总值（GDP）的增长是中国碳排放增加的主要因素（黄国华和刘传江，2016）。改革开放至今 40 多年，工业化与城市化相互促进，产业发展吸引了人口聚集形成城市，城市化发展也为工业生产创造了良好外部环境。作为流域经济的典型代表，长江经济带横跨 11 个省（市），拥有全国超过 40%的人口和国内生产总值，是我国经济发展、城市化建设的重点区域，也是未来生态文明建设的先行示范区。长江经济带在过去 20 年里经历了快速城市化与产业化发展，集聚了钢铁、能源、汽车制造、机械电子、建材等一系列高耗能、高技术产业，大量土地的利用方式发生了变化，造成大量二氧化碳排放。资源消耗式的发展给生态环境带来了沉重的负担，因此实行经济转型和绿色低碳发展是长江经济带未来面临的两大挑战。有研究人员针对 2017 年长江经济带的产业链做了简要分析（图 17-11），结果显示长江经济带正处于工业化与后工业化的过渡时期，主导产业正逐步由重工业向高新技术产业和服务业转变（第一、二产业转向第三产业）。由于地理位置及国家政策的影响，长江三角洲地区的城市化发展远高于中游及上游城市，产业结构以第二、三产业为主，第一产业占比不到 5%，其中以上海市最为突出。上海市城镇化率达到 90%，甚至超过一些世界发达国家的城市化水平，产业结构仅有第二、三产业，其中第三产业占到约 70%。相对而言，上游省（市）的城市化发展规模较小，第一产业占比则相对较高，特别是云南和贵州两省，第一产业占比达到15%左右。此外，地处中游的江西、安徽等省份的第二产业占比在 11 个省(市)中相对较高，表明这些省份以工业为主要产业及经济支柱，其城市化水平较其他中游省份(湖北、湖南)相对滞后。

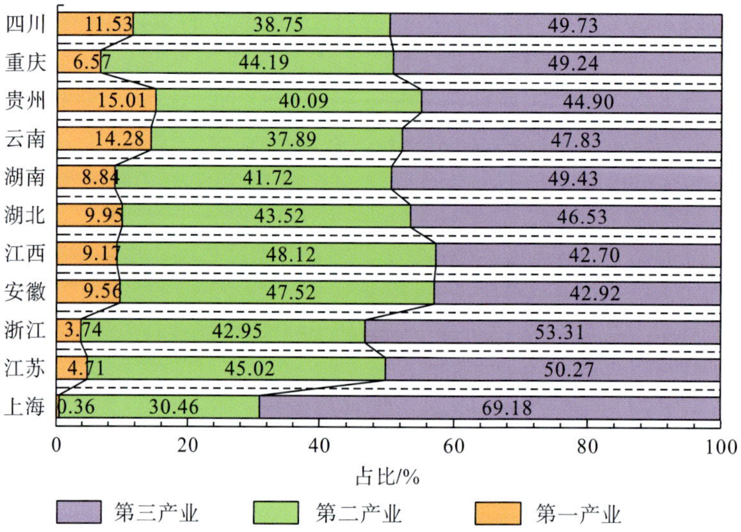

图 17-11　2017 年长江经济带 11 个省(市)产业结构图

整体上看，长江经济带的碳排放量从 2005 年的 22.5Gt 上升至 2017 年的 40.7Gt，年增长幅度为 5.1%(Li et al.，2021)。2008～2017 年碳排放整体趋势为先上升后稳定，拐点出现在2011年[图17-12(b)]。长江经济带所包括的11个省(市)碳排放总量占全国的30%～40%。人均碳排放量从 5.5t 上升至 7t 左右[图 17-12(c)]。从区域上看，碳排放量较高的区域为下游长三角地区、中游的湖南和湖北以及上游的四川。从省份上看，江苏的碳排放量和十年间增长量在 11 个省(市)中遥遥领先，其次为浙江、湖北、四川和安徽等。这些地区的碳排放量较高主要由长三角地区快速的经济发展、中游

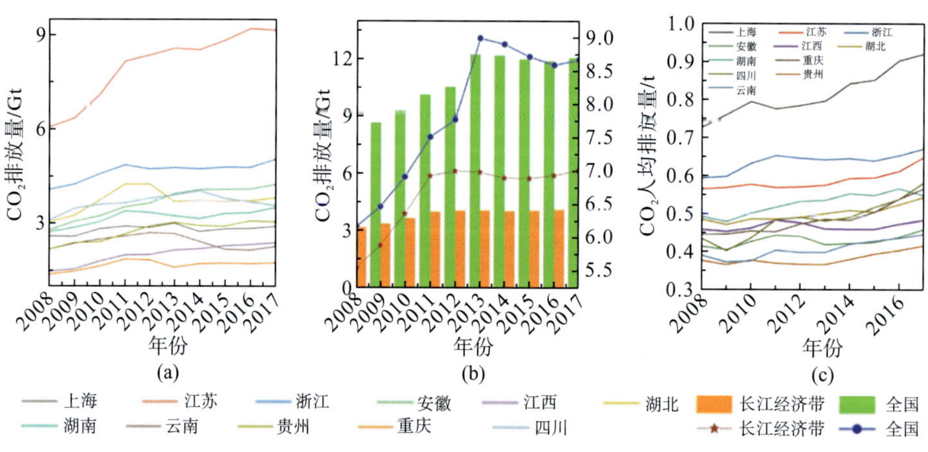

图 17-12　2008～2017 年长江经济带 11 个省(市)碳排放趋势及碳排放效率

地区的重工业经济支持以及上游四川省的大量人口导致。此外，碳排放效率指数与碳排放量呈现相似趋势，下游——特别是沿海地区的省(市)——整体优于中上游省(市)。上海市碳排放效率为所有省(市)中的最优，其次为浙江省，这与上海市和浙江省的经济发达程度以及高新技术产业密不可分。而云南和贵州等省份受限于地理环境和经济发展等因素，碳排放效率相对最低。

2. 长江流域碳固存

由于地理条件和空间位置差异，上游地区分布着丰富的植被生态资源，在碳循环中起着重要固存作用。长江中上游地区属于典型的亚热带气候，广泛分布着亚热带常绿阔叶林，而在平均海拔较高的西部高山峡谷和攀西—滇北地区则分布着耐低温、具有高生物量的云冷杉暗针叶林带，以及以弥补天然常绿阔叶林(因过去频繁开发而遭破坏损失)而大量人工种植的马尾松为主的松林。因此，针阔混交林是长江中上游地区森林固碳最主要的对象(张林 等，2009)。

人为活动对长江流域生态系统的固碳功能影响显著。自 20 世纪 70 年代起，国家开始重视生态环境的恢复和重建，各种规模的生态修复项目开始启动。长江上游作为大江源头，曾因过度砍伐造成严重水土流失等问题，因此中、上游地区重点开展了一系列人为生态建设项目，以保护森林资源，减少水土流失。同时，由于经济发展和大量农村劳动力迁移至城市推动区域城市化建设，也在一定程度上缓解了人类活动对生态的破坏。另一方面，快速的城市化进程增加了土地利用强度，对森林等资源的开发和利用也有更高的需求。频繁而短期的人工培育导致人工林生长多为幼、中龄林，生物量和碳密度远不如原生天然林(张林 等，2009)。因此，中、下游流域的固碳能力明显低于上游地区。方精云和于贵瑞团队针对中国过去 20 年开展的六大生态项目(三北防护林计划、长江珠江防护林工程、退耕还林工程、天然林保护工程、京津沙源治理工程、草原保护工程等)及碳量变化进行大量野外植被样地调研，结果显示人为生态保护对区域生态系统碳密度有极大的促进作用，在 20 世纪第一个 10 年内生态项目贡献的碳汇占到项目区生态系统碳汇总量的一半以上(其中，退耕还林贡献作用最大)(Lu et al.，2018；Tang et al.，2018)。在空间分布上，长江上游地区植被生物量和土壤碳密度均较高，而下游东部地区则较低，这与流域整体土地利用和土地覆盖趋势基本一致。

除生态系统保护外，农田管理方式的改进也在一定程度上影响着生态碳汇变化。过去几十年我国的农业生产坚持高投入、高产出的模式，走生产集约化路线，化肥和农药普遍施用，同时国家重视秸秆还田、畜禽粪便还田等农田管理措施，强化有机碳的输入。1980～2010 年的 30 年间，我国农田土壤有机碳均有一定程度的提升，特别是长江中下游平原，农田土壤有机碳显著增加(图 17-13)。秸秆还田等措施也使得农田土壤充当了碳汇的作用(Zhao et al.，2018)。但是随着氮肥的大量投入，土壤有机碳的固定速率开始呈先上升后下降的趋势，过量的氮投入限制了有机碳的固定，并且导致了温室气体的排放与水体污染。同时，Song 等(2021)的研究也显示，在农田大量施用氮肥以及大气酸沉降加剧的作用下，我国人工生态系统与自然生态系统均呈现出土壤酸化现象，含碳酸盐的土壤施用氮肥后释放二氧化碳，造成无机碳的损耗。近 30 年来，我国无机碳的总损耗量达到(1.37±0.37) Pg C，农田无机碳的损耗大约可抵消有机碳固定量的 57%。而在长江流域上游地区(特别是成都平原)的农田表层土壤已表现出无机碳密度下降的情况。因此，目前迫切需要从技术、管理等层面优化化肥的施用比例，降低农业生产对环境造成的负面影响。

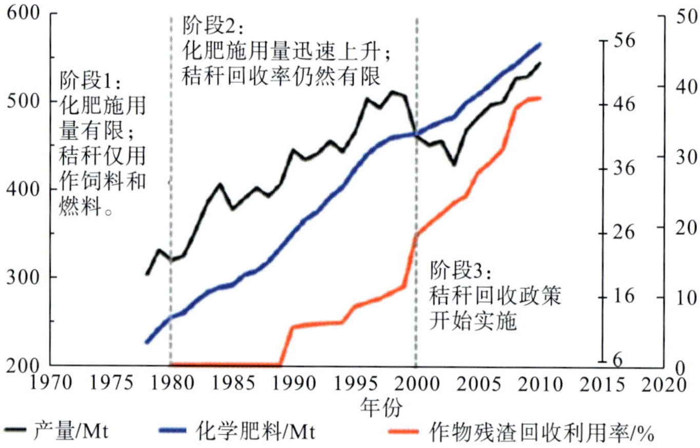

图 17-13　自 1980 年以来的农业活动变化及作物残渣碳输入(Zhao et al., 2018)

总体而言，长江流域的碳排放问题依然显著。尽管各种生态管理措施使得中上游区域保持着较为良好的固碳效应，但中下游的碳排放问题依然突出。未来气候变化也将是影响长江流域碳平衡的一大重要因素，但目前暂未有对整体长江流域进行详尽碳收支平衡的研究。

17.1.4　调节服务：生物多样性

长江流域拥有丰富的生物资源，是中国生物多样性最为丰富的生态流域之一，复杂的水系孕育了多种具有地域特性的水生和陆生生物资源。但是，过去快速的经济发展造成了一系列的生态环境问题，特别是水生生态环境遭到破坏，严重影响了长江流域的生态安全。国务院在《关于加强长江水生生物保护工作的意见》政策解读中明确指出，长江流域水生生物保护形势严峻，生物资源呈现持续衰退趋势，生物多样性指数下降、鱼类资源区域小型化、低龄化、珍稀动物数量持续恶化甚至部分濒临灭绝。统计资料显示，长江流域分布的水生生物多达 4300 多种，被列入《中国濒危动物红皮书》的濒危鱼类达到 92 种，其中不乏中华鲟、白鲟豚、长江江豚等无法维持稳定自然繁殖的国家重点保护水生生物。此外，以“四大家鱼”为主的鱼类多样性也呈急剧下降的趋势，鱼类数量与 20 世纪 80 年代相比锐减 80%。

人为活动干扰是生物多样性遭到破坏的重要因素。陈宇顺(2019)曾对主要的人类活动进行了详细的分析，指出 9 种主要的人类活动对长江流域水生环境造成的干扰，其中包括水库建设、水电开发、船舶航运和支港口及岸线开发、砂石开采、沿岸分布化工产业、围湖造田、城镇化建设以及过度捕捞等。这些人类活动交互影响，使得长江流域出现上、中、下游的河道被机械地阻隔，长江水势偏离自然涨落，河水缺乏大量自然携带的泥沙且泥沙开采量超过自然补给量，自然岸带被工业、农业大量占用，出现水生生物生存空间被长期缩减，生境丧失、食物短缺、过度捕捞使得长江的鱼类资源大量衰竭等现象。其中一项典型案例便是中华鲟：葛洲坝的修筑斩断了中华鲟洄游至上游金沙江产卵的路径，在 1980 年葛洲坝修筑之前，长江流域中华鲟产卵前数量超过 3500 尾，而 1989 年减少到 1000 尾，2017 年仅为 20 尾左右(Chen et al.，2020)。

长期以来，中国的水生资源管理在很大程度上依赖于各种有关鱼类的法规，其中力度最大的是各流域的"禁渔令"(最早的可以追溯到 1980 年初)，长江流域仅针对子流域或河道分段的"禁渔令"便有 7 个。然而，人口增长与经济发展使得居民对鱼类的需求日益高涨，"禁渔令"在需求和经济的压力下效果有限，淡水生物多样性危机依然显著。一方面，由于监管不力，违规捕捞的现象屡禁不止；另一方面，禁渔期结束后，反弹式过度捕捞反而导致鱼类数量受损更严重。据统计，随着人均需求量的上涨，长江流域鱼类捕获量自 1996 年的 25000t 左右开始锐减至 5000t 左右(图 17-14)(Chen et al.，2020)。此外，人类活动导致的水生生物栖息地丧失、食物短缺、受伤死亡风险增加等，也使得水生生物多样性呈急剧下降趋势。

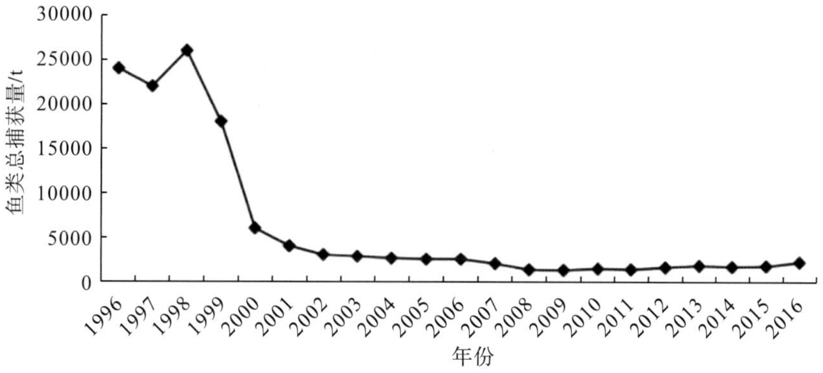

图 17-14　1996～2016 年长江流域所有鱼类的总捕获量(Chen et al., 2020)

除水生环境外，长江流域丰富的生物多样性也体现在陆地生态系统上。自然保护区的建立是全球公认的针对生物多样性保护的有效措施，其在减少栖息地损失和维持物种可持续性方面发挥着至关重要的作用。在长江上游人类活动较少的地区广泛分布着数百个自然保护区，包括 12000 种以上的高等植物，160 多种兽类、鸟类、两栖类和爬行类重点保护动物，其中有 22 种为区域特色或主要分布(吴波　等，2006)。但目前许多国家政策重点在对生物多样性进行区域和数量的调控，而没有对保护区物种特点进行因地制宜的保护，因而许多自然保护区并没有起到应有的作用(Shrestha et al.，2021；Svancara et al.，2005)。此外，保护区设定也可能造成了自然生态的不连续或破碎化、野生生物栖息地面积减小或者片段化、栖息地环境条件(如水文、地理)恶化和生物栖息地功能退化等负面情况。

人为干扰和气候变化是影响生物多样性变化的重要因素。在过去几十年，中国 2/3 的自然保护区的气温平均升高了 1℃。IPCC 报告明确指出，在未来气候升高 1.5℃的情境下，全球6%的昆虫、8%的植物和4%的脊椎动物的地理分布范围将减少一半以上。而在中国，人类活动是造成栖息地损失的主要威胁(Shrestha et al.，2021)。长江流域的自然保护区在这两个因素下表现出显著的生物脆弱性。Shrestha等(2021)将气候脆弱性、人为脆弱性和物种脆弱性三个脆弱性指数进行重叠，对全国范围的自然保护区进行评估，按严重程度划分为一至三类，结果显示生物脆弱性等级最严重的一、二级大部分位于长江中、上游地区，具有严重的气候不稳定性和较高的人为压力。

总体而言，长江流域的生物多样性处于较为恶劣的状态，无论是水生还是陆生环境，都面临着人类活动和气候变化影响等多重压力。基于目前的严峻形势，我国政府已经开始实施多项管控政策，如划定生态红线来保护长江地区的生态平衡，以减少人为活动对环境造成的负面影响。但如何针对气候变化增强生态系统的气候抵抗性，仍然是目前需要探索的问题。

17.2　长江流域生态系统服务功能提升的挑战

环境保护部(现生态环境部)2016年发布的《全国生态保护“十三五”规划纲要》(以下简称《十三五纲要》)明确提出，我国目前面临的生态问题主要包括：①空间生态遭到持续威胁；②生态系统质量和服务功能低；③生物多样性加速下降的总体趋势尚未得到有效遏制。综合长江流域关于水、碳资源平衡以及生物多样性的生态系统服务现状来看，人类活动和全球气候变化是未来持续导致生态问题的两个最主要外在挑战。

(1)经济发展所带来的人类活动与生态系统保护之间的矛盾依然突出。《十三五纲要》提到，城镇化、工业化、基础设施建设、农业开垦等开发建设活动占用生态空间，交通基础设施建设、河流水电水资源开发和工矿开发建设，直接割裂生物生境的整体性和连通性，过度的资源开发与利用又造成了生态质量的进一步下降。因此合理安排规划、优化国土空间布局，促进生态保护和经济社会的协同发展将是未来推动长江流域绿色发展的核心。

(2)全球气候变化背景下，“双碳”目标是机遇更是挑战。IPCC报告指出，1850～1900年，全球地表平均温度已上升约1℃，未来每十年升温(0.2±0.1)℃，全球升温将在2030～2052年达到1.5℃。在此背景下，2020年中国政府定下“双碳”目标，将在2030年左右将二氧化碳排放达到峰值，在2060年前实现碳中和。2020年12月的气候雄心峰会上，国家领导人进一步宣布，与2005年相比，到2030年中国单位国内生产总值的二氧化碳排放将减少65%以上，森林积蓄量增加60亿m^3。目前来看，现阶段内长江流域仍然聚集了大量的工业产业，11个省(市)中第一、二产业的占比高于第三产业，传统污染物排放和二氧化碳排放均处于全国较高水平，而上游的生态资源保护尽管在持续进行，但新生树木质量参差不齐，固碳能力与天然林尚有差距，同时目前也没有较为详细的资料表明上游的固碳量可以完全覆盖或者中和中下游释放的碳量。

经济发展和“双碳”目标的双重压力给各行各业都带来巨大的挑战，但同时也促进了我国经济、能源的加速转型，提升国际竞争力，有利于促进人类命运共同体的建设。

要克服目前面临的两大挑战，首先需从政策及调控方面入手，推进从上至下的管理措施，合理安排布局规划，针对不同产业实施宏观调控，大力发展创新技术路线。自 2021 年 3 月 1 日起，我国正式开始实施《中华人民共和国长江保护法》。这是目前我国第一部专用于流域的法律，代表了国家在政策调控上从长江流域生态环境的资源管理、污染治理、生态修复等各方面建立全方位的规划与管控。其次，针对环境专项问题，未来需确立更为详细的政策法案。例如针对碳排放，不同产业制定的相应减排及绿色调控措施，建立生态产品价值评价机制，推动生态资源权益交易，构建完善的碳排放交易市场等。银行、金融部门加大扶持力度，在资金上给予企业、部门扶持和帮助。除此之外，还需鼓励技术创新以响应政策。例如，工业产业生产上，发展清洁低碳能源，推进工业节能和制造优化；农业生产上，推行有机肥替代氮肥，提高畜禽粪污资源利用，加大秸秆还田处理等；建立有效的灾害防御措施及提升应急处理技术，降低灾害风险及危害等级等。

综上所述，目前长江流域的生态服务现状处于较为脆弱的程度。水资源供给方面，长江流域整体水资源充沛，但由于气候变化和降雨分布不均等原因导致人均可用水资源量较低、洪涝灾害频繁、生态系统调节能力较弱等问题。碳平衡调节方面，生态修复项目的实施加强了生态系统固碳服务，产业转型及农业管理措施改善在一定程度上减少了碳排放，但工业化、城镇化和农业生产依然导致大量温室气体排放，目前针对流域总体的碳收支情况还没有较为明确的研究。人类活动和气候变化对流域生物多样性造成了严重破坏，水陆生境脆弱敏感，亟待后续强化管理。

针对现状，我国已出台各项政策进行调控，颁布《中华人民共和国长江保护法》《全国生态保护“十三五”规划纲要》等法律和政策规划文件，围绕土地布局做合理规划，联系上、中、下游区域协调发展，落实生态脆弱敏感区和生态功能区管理，加强自然保护区监管，提高城市发展利用效率。此外，未来需要强化技术管理上的发展创新，加大对生物多样性的保护，减少农业及工业碳排放，建立应对气候变化的防御措施及应急处理方案等。

参考文献

陈婷，敖天其，黎小东，2019. 长江流域近七十年空中水资源的时空变化特征. 中国农村水利水电，(5)：6-11.

陈宇顺，2019. 多重人类干扰下长江流域的水生态系统健康修复. 人民长江，50(2)：19-23.

邓先瑞，黄建武，2003. 长江流域资源环境与可持续发展研究. 经济地理，23(4)：516-519，523.

郭广芬，杜良敏，肖莺，等，2021. 长江流域夏季极端降水时空分布特征. 干旱气象，(2)：235-243.

黄国华，刘传江，2016. 长江经济带碳排放现状及未来碳减排. 长江流域资源与环境，25(4)：638-644.

廖文婷，邓红兵，李若男，等，2018. 长江流域生态系统水文调节服务空间特征及影响因素：基于子流域尺度分析. 生态学报，38(2)：412-420.

吕一河，胡健，孙飞翔，等，2015. 水源涵养与水文调节：和而不同的陆地生态系统水文服务. 生态学报，35(15)：5191-5196.

王政祥，徐高洪，丁志立，2011. 长江流域水资源评价. 人民长江，42(18)：58-61.

吴波，朱春全，李迪强，等，2006. 长江上游森林生态区生物多样性保护优先区确定——基于生态区保护方法. 生物多样性，14(2)：87-97.

张林，王礼茂，王睿博，2009. 长江中上游防护林体系森林植被碳贮量及固碳潜力估算. 长江流域资源与环境，18(2)：111-112.

Best J，2019. Anthropogenic stresses on the world's big rivers. Nature Geoscience，12：7-21.

Chen Y S，Qu X，Xiong F Y，et al.，2020. Challenges to saving China's freshwater biodiversity：Fishery exploitation and landscape pressures. Ambio，49(4)：926-938.

Friedlingstein P，O'Sullivan M，Jones M W，et al.，2020. Global carbon budget 2020. Earth System Science Data，12(4)：3269-3340.

Gu H H，Yu Z B，Yang C G，et al.，2018. Projected changes in hydrological extremes in the Yangtze River basin with an ensemble of regional climate simulations. Water，10(9)：1279.

Guan Y J，Kang R P，Liu J G，2019. Evolution of the field of ecological restoration over the last three decades：A bibliometric analysis. Restoration Ecology，27(3)：647-660.

Hirabayashi Y，Mahendran R，Koirala S，et al.，2013. Global flood risk under climate change. Nature Climate Change，3：816-821.

Li K J，Zhou Y，Xiao H J，et al.，2021. Decoupling of economic growth from CO_2 emissions in Yangtze River Economic Belt cities. Science of The Total Environment，775：145927.

Lu F，Hu H，Sun W，et al.，2018. Effects of national ecological restoration projects on carbon sequestration in China from 2001 to 2010. Proceedings of the National Academy of Sciences，115(16)：4039-4044.

Shrestha N，Xu X T，Meng J H，et al.，2021. Vulnerabilities of protected lands in the face of climate and human footprint changes. Nature Communication，12：1632.

Song X D，Yang F，Wu H Y，et al.，2021. Significant loss of soil inorganic carbon at the continental scale. National Science Review. https://doi.org/10.1093/nsr/nwab120.

Svancara LK，Brannon J R，Scott M，et al.，2005. Policy-driven versus evidence-based conservation：A review of political targets and biological needs. BioScience，55(11)：989-995.

Tang X L，Zhao X，Bai Y F，et al.，2018. Carbon pools in China's terrestrial ecosystems：New estimates based on an intensive field survey. Proceedings of the National Academy of Sciences，15(16)：4021-4026.

Zhao Y C，Wang M Y，Hu S J，et al.，2018. Economics- and policy-driven organic carbon input enhancement dominates soil organic carbon accumulation in Chinese croplands. Proceedings of the National Academy of Sciences，15(16)：4045-4050.

第三部分

长江经济带农业绿色发展的举措与行动

第 18 章　重庆铜梁蔬菜全产业链绿色发展

党的十九大报告指出，践行绿色发展理念，建设美丽中国。我国是蔬菜生产大国，生产了全球一半的蔬菜。长江流域是我国蔬菜生产的优势产区，该地区蔬菜种植面积占全国蔬菜种植面积的 51%左右。西南地区是长江经济带蔬菜的重要优势产区之一，蔬菜种植面积和产量占长江经济带蔬菜的 44%和 37%(据《中国农业年鉴 2019》)。重庆市铜梁区地处重庆西北部，地形以山地丘陵为主，处于重庆“1 小时经济圈”和“成渝经济带”的双重覆盖区。全区面积 1340.48km^2，耕地 4.25 万 hm^2，辖 23 个镇、5 个街道办事处，总人口 84.9 万人[①]。该区是西南地区蔬菜生产的典型区域，同时是全国蔬菜产业重点区，是重庆蔬菜四大保供基地之一，正在创建国家农业科技园区和打造乡村振兴西郊示范片区。该区域属于亚热带季风气候，年平均气温 18.1℃，降雨量为 1070.6mm，非常适宜各类蔬菜生长。因此，实现铜梁区蔬菜全产业链绿色生产对推动铜梁整个农业绿色发展，乃至助力长江经济带农业绿色发展具有十分重要的意义。本章通过进行全区尺度蔬菜全产业链绿色生产调研，明确铜梁区蔬菜绿色高产高效限制因子，并提出蔬菜全产业链绿色解决方案；创新长江经济带蔬菜全产业链绿色发展模式，实现蔬菜产业高产优质、食品安全、资源高效、生态环保等多层次目标，引领长江经济带蔬菜全产业链绿色发展。

18.1　铜梁蔬菜产业发展现状

近年来铜梁蔬菜产业快速发展，2000～2019 年，铜梁区蔬菜总产量增加了 221%[图 18-1(a)]。当前蔬菜产业是已成为铜梁区除水稻外第二大农作物种植产业，2019

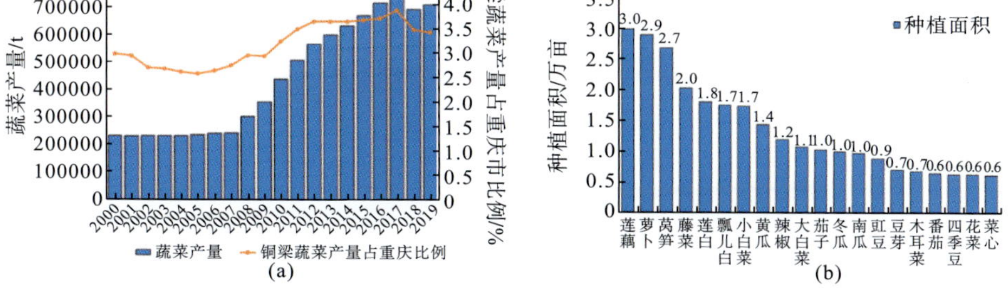

图 18-1　铜梁区蔬菜总产量变化(2000～2019 年)和各类蔬菜种植面积(2018 年)

(数据源于《铜梁区农业统计年鉴 2019》)

---

① 数据来源：重庆市铜梁区人民政府网站(www.cqstl.gov.cn)。

年铜梁区蔬菜种植面积约为 20 万亩，占整个铜梁区作物总种植面积的 25.3%（铜梁区农业统计年鉴，2019）。铜梁蔬菜种植分布广泛，平滩镇、旧县街道、侣俸镇、虎峰镇、少云镇是铜梁蔬菜种植面积由大到小排名前 5 地区。铜梁蔬菜种植类型多样，种植面积由大到小依次为：莲藕＞萝卜＞莴笋＞藤菜＞莲白＞瓢儿白＞小白菜＞黄瓜＞辣椒＞大白菜＞茄子＞冬瓜＞南瓜[图 18-1(b)]

18.2　铜梁蔬菜种植生产现状与存在问题

18.2.1　蔬菜生产产前现状与问题

1. 土壤养分状况

由于当前铜梁区蔬菜种植户大量施用化肥，且当前有机肥以畜禽粪便为主，导致当前菜地土壤有机质提升缓慢，大部分土壤有机质含量分布在 10～30g/kg，平均土壤有机质含量 25.1g/kg，处于中等水平(表 18-1)。如表 18-1 所示，铜梁地区菜地土壤 pH 平均为 7.26。由于常年过量使用氮磷钾肥料，菜地土壤 N、P、K 含量高，平均土壤碱解氮含量为 141mg N/kg，60%种植户菜地土壤碱解氮含量＞120mg N/kg；平均土壤速效磷含量为 129mg P_2O_5/kg，55%左右种植户菜地土壤速效磷含量＞60mg P_2O_5/kg，远超于环境阈值；平均土壤速效钾含量为 425mg K_2O/kg，90%左右种植户菜地土壤速效钾含量高于 200mg K_2O/kg，处于极高水平。高的土壤氮、磷、钾累积量增加了环境污染的风险，如土壤氮含量累积高的土壤活性氮(硝酸盐淋洗、氧化亚氮排放、氨挥发)损失风险大，进而引起温室气体排放问题突出；土壤磷含量高的土壤容易引起水体富营养化。除此之外，由于不合理的施肥和农药管理导致土壤结构性障碍、连作障碍等问题也层出不穷，严重阻碍了铜梁蔬菜产业绿色优质发展。

表 18-1　铜梁地区菜地土壤养分基础理化性质状况

	均值	范围	等级
pH	7.26	4.0～8.6	—
有机质/(g/kg)	25.1	24.7～49.8	中
碱解氮/(mg/kg)	141	121～316	高
速效磷/(mg/kg)	129	83.2～242	较高
速效钾/(mg/kg)	425	72.0～980	高

好的蔬菜品种是蔬菜获得高产优质的前提和基础。当前铜梁地区的蔬菜种植品种较为混乱、品种抗病性差、产量水平较低、商品质量参差不齐，经济收入较低。同时，不同蔬菜类型增产潜力大(图 18-2)。因此，引进高产优质蔬菜品种是实现该地区蔬菜绿色生产的关键。优良种苗质量是蔬菜高产的基础，当前铜梁区蔬菜种植户的育苗方式普遍以传统土培育苗为主，这种传统育苗方式占地面积大、播种量大、人工成本高、育苗效率低、种苗

质量差、种苗成活率低(图 18-3)。同时在育苗管理过程中多数采用一亩地施用 800～1000kg 商品有机肥再加 30～50kg/亩 15-15-15 复合肥的养分管理模式，导致育苗前期肥料一次过量使用，育苗后期容易出现供肥不足的现象。同时，由于土壤中存在较多的害虫和细菌，但蔬菜种植户缺乏对育苗土壤消毒的意识，导致育苗过程中病虫害较为严重。最终造成种苗质量较差，制约了铜梁区蔬菜产业的绿色高产优质发展。

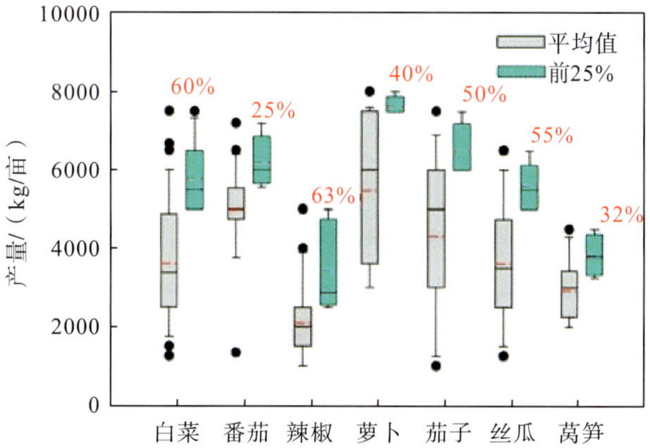

图 18-2　铜梁区不同蔬菜类型产量潜力分析

图 18-3　铜梁区蔬菜常规育苗方式

2. 绿色投入品

施肥过程中普遍使用传统肥料，缺乏绿色智能高效肥料。肥料市场上可用于蔬菜生产的肥料产品非常繁杂，肥料质量参差不齐，而且化肥施用主要以平衡性复合肥为主(图 18-4)，绝大部分产品配方存在一定的盲目性，专用性差，并没有结合作物的营养特点和区域土壤特征，导致肥料施用过程利用率低。蔬菜种植一般要施用有机肥作为基肥，传统的粪肥经腐熟发酵后直接施用较为普遍，粪肥的大量施用会造成一定的土壤环境问题。

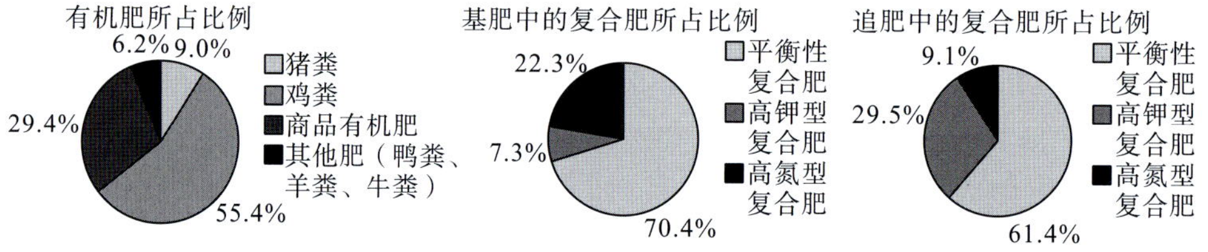

图 18-4　铜梁区蔬菜种植肥料使用结构

18.2.2　蔬菜生产产中现状与问题

1. 肥料资源投入

如表 18-2 所示，铜梁区蔬菜系统肥料用量高，平均每季单位面积氮、磷、钾肥料投入总量分别为 483g N/hm^2，321kg P_2O_5/hm^2 和 369kg K_2O/hm^2，远超于蔬菜自身养分需求量，分别是我国露地蔬菜平均氮磷钾肥用量的 1.41 倍、1.61 倍和 1.95 倍(张芬等，2020)，分别是铜梁区玉米的 3.19 倍、3.20 倍和 1.73 倍；水稻的 2.87 倍、4.73 倍和 5.27 倍。当前铜梁区蔬菜种植面积占整个作物种植面积的 25%，分别消耗了铜梁区整个作物生产系统氮磷钾消耗量的 42%、55%、77%。不同蔬菜种类、同一蔬菜类型不同农户施肥量存在较大的差异。如表 18-2 所示，不同蔬菜类型施肥量由大到小依次为：茄果类>丝瓜>白菜>莴笋>萝卜。从施肥种类来看，当前该地区蔬菜施肥以化肥为主，占总施肥量的 52%～82%；有机肥用量投入以畜禽粪便为主，占总施肥量的 18%～48%(表 18-2)。不同蔬菜施肥时期和氮磷钾配比不合理，从不同时期养分施用量来看，重基肥轻追肥，基追比例约为 0.71∶0.29、0.75∶0.25 和 0.73∶0.27，与整个蔬菜不同生育期氮磷钾吸收配比不一致；从氮磷钾总用量而言，氮磷钾投入总量为：1∶0.66∶0.76，与整个蔬菜生育期氮磷钾养分吸收总量不匹配(表 18-3)。综上，施肥用量高、施肥不合理已成为限制铜梁蔬菜高产优质、资源高效的主要限制因子之一。

表 18-2　铜梁区不同蔬菜种类养分施用量

蔬菜种类	样本量	有机肥/(kg/hm^2)			化肥/(kg/hm^2)			肥料总量/(kg/hm^2)		
		N	P_2O_5	K_2O	N	P_2O_5	K_2O	N	P_2O_5	K_2O
白菜	15	143±153	87.8±89.6	93.9±99.5	332±274	198±163	215±165	475±272	286±149	309±156
番茄	23	147±318	83.2±162.0	85.9±166.0	358±219	271±222	355±219	505±385	356±255	440±295
辣椒	35	180±101	114.0±61.5	122.0±72.0	334±241	230±182	285±189	515±248	344±200	407±198
萝卜	17	146±146	89.7±89.0	101.0±99.9	218±125	172±140	195±136	364±163	262±153	295±144
茄子	19	126±116	73.0±70.5	78.7±81.5	454±331	300±195	359±232	580±375	374±214	438±244
丝瓜	26	167±174	102.0±108.0	110.0±120.0	349±235	263±218	310±243	517±274	365±238	419±258
莴笋	15	169±133	103.0±86.7	114.0±96.3	186±110	132±101	144±101	354±163	235±134	258±133
玉米	21	143±153	87.8±89.6	93.9±99.5	332±274	198±163	215±165	475±272	286±149	309±156
水稻	25	147±318	83.2±162.0	85.9±166.0	358±219	271±222	355±219	505±385	356±255	440±295
总计	226	155±171	94.0±97.5	101.0±107.0	328±247	226±185	268±200	483±285	321±198	369±217

表 18-3　不同时期肥料养分施用量

蔬菜种类	样本量	基施肥量/(kg/hm^2)			追施肥量/(kg/hm^2)			基肥追肥比例		
		N	P_2O_5	K_2O	N	P_2O_5	K_2O	N	P_2O_5	K_2O
白菜	45	333±215	236±129	255±144	142±164	50.5±85.7	54.3±83.5	0.70∶0.30	0.82∶0.18	0.82∶0.18
番茄	23	340±321	240±183	271±188	164±147	116.0±144.0	170.0±158.0	0.67∶0.33	0.67∶0.33	0.61∶0.39
辣椒	35	371±203	257±166	291±181	143±173	87.8±106.0	116.0±125.0	0.72∶0.28	0.75∶0.25	0.71∶0.29
萝卜	17	315±165	224±134	256±131	49±88	38.0±79.4	39.3±79.7	0.87∶0.13	0.85∶0.15	0.87∶0.13
茄子	19	363±262	252±169	285±220	218±306	122.0±152.0	153.0±153.0	0.63∶0.37	0.67∶0.33	0.65∶0.35
丝瓜	26	360±244	257±178	290±213	156±144	108.0±127.0	129.0±131.0	0.70∶0.30	0.70∶0.30	0.69∶0.31
莴笋	15	300±158	211±132	232±135	55±79	24.0±58.7	25.8±59.8	0.85∶0.15	0.90∶0.10	0.90∶0.10
总计	180	344±228	242±155	270±174	139±175	78.6±114.0	98.6±126.0	0.71∶0.29	0.75∶0.25	0.73∶0.27

2. 农药投入

蔬菜种植过程中病虫害发生普遍，然而由于农户目前缺乏专业知识、农药种类杂多、用药用量标准模糊，导致当前常规农药用量大、效果差，影响了蔬菜的产量和品质，造成环境污染和人体健康问题突出。铜梁区蔬菜常见病虫害及常用化学防治药剂如表 18-4 所示。

表 18-4　铜梁区蔬菜常见病虫害及常用化学防治药剂

主要蔬菜	常见病虫草害	常用化学防治药剂
辣椒	疫病、青枯病、青虫、地下害虫、红蜘蛛	杀虫剂：吡虫啉、噻虫嗪、氯虫苯甲酰胺、甲维虫酰肼、啶虫脒 杀菌剂：多菌灵、烯酰吗啉、金霉素、环丙沙星、阿菌维素
番茄	病毒病、灰霉病、蚜虫	杀虫剂：四氯虫酰胺、氯虫苯甲酰胺、噻虫嗪、吡虫啉、氯氰菊酯、乙唑螨腈 杀菌剂：氟吗啉、噻唑锌、丙森锌、腐霉利、噻菌铜、烯·羟·吗啉胍
儿菜	病毒病、软腐病、小菜蛾、蚜虫	

3. 蔬菜生产环境代价

采用生命周期评价方法定量化当前铜梁蔬菜生产环境代价。结果发现，如图 18-5 所示，单位面积蔬菜种植上平均温室气体排放潜值、活性氮损失量、水体富营养化潜值和土壤酸化潜值分别为 6352kg CO_2eq/hm^2、141 kg N/hm^2、66.1kg PO_4eq/hm^2 和 109kg SO_2eq/hm^2，显著高于我国露地蔬菜生产系统的环境代价(张芬等，2020)，是我国粮食作物的 2.00 倍、1.69 倍、2.62 倍和 2.78 倍(Chen et al.，2014)。蔬菜系统肥力投入高，尤其是氮肥用量高是导致铜梁地区蔬菜生产系统环境排放高的主要原因。肥料投入分别贡献了温室气体排放潜值、活性氮损失量、水体富营养化潜值和土壤酸化潜值 92.5%～98.1%、97.7%～99.5%、98.1%～99.6%、93.6%～98.5%。不同蔬菜种类的环境代价差异显著，与不同蔬菜类型肥料用量变化一致，不同蔬菜类型环境代价排放潜值由大到小依次为：茄果类>丝瓜>白菜>莴笋>萝卜(图 18-5)。因此，基于作物养分吸收规律和土壤养分供应规律，优化施肥用量对降低该地区蔬菜生产环境代价尤为重要。

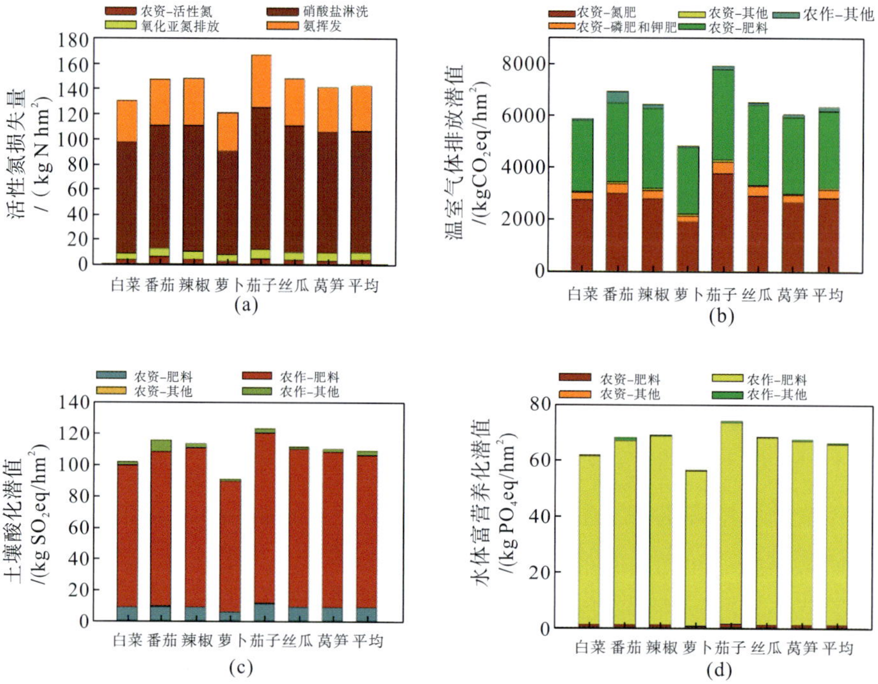

图 18-5　不同蔬菜种类在单位面积(每公顷)上活性氮损失量(a)、温室气体排放潜值(b)、土壤酸化潜值(c)和水体富营养化潜值(d)

18.2.3　蔬菜生产产后现状与问题

当前种植户尾菜普遍直接丢弃，环境污染问题突出。同时，一些种植散户尾菜直接还田，但由于其往往携带大量病菌虫卵，直接还田会引起作物病虫害加剧及缺苗(僵苗)等不良现象（图 18-6)。因此，如何合理进行尾菜资源化利用、转化为优质的有机肥，提升菜地土壤有机质，实现资源化循环利用尤为重要。

图 18-6　铜梁区尾菜处理现状

18.2.4　其他问题

1. 蔬菜品牌标准化差，经济效益低

蔬菜产业大而不强，缺乏实力强大的成熟龙头企业，致使蔬菜储存、保鲜、加工水平低；蔬菜种植过程管理粗放，全程品牌标准化差，缺乏产地标识，未形成品牌效应，价格竞争上处于劣势，即使行情好时利润也低廉，一旦行情不好亏损就在所难免，抗风险能力低。

2. 劳动力短缺，机械化程度低

由于工业化、城镇化的不断发展，当前在农村务农的青壮年劳动力已经很少，新生代农民工一般也不愿意返乡务农，务农劳动力老龄化、女性化的情况严重，“谁来种菜”的问题日益突出。尤其在基地集中、规模较大的地方用工困难凸显：①工人难请，基地内缺乏劳动力，主要是在基地集中分布的镇；②工价较高；③工人年龄普遍偏大，目前基地内 75%以上的工人年龄超过 60 周岁。蔬菜机械化、生产数字化管理水平较低，主要依靠人力解决生产与操作问题。同时，由于铜梁地势起伏不定，田块与路面高度差较大，机器下地工作较为困难。

18.3　铜梁蔬菜全产业链绿色生产全程技术模式

18.3.1　蔬菜全产业链绿色生产模式

1. 蔬菜生产产前技术模式

(1) 技术模式 1：“两化”(工厂化+绿色化) 蔬菜育苗培育。

技术要点：秧苗质量是保障蔬菜高产的基础，为解决铜梁传统育苗方式带来的种苗质量差、人工成本高等问题，采用“两化”(工厂化+绿色化) 蔬菜育苗培育壮苗(图 18-7)，具体内容包括：①育苗方式采取工厂化育苗。在基质搅拌消毒、播种、基质装盘过程，采用工厂化育苗核心技术替代人工，具备种苗质量好、病虫害少、育苗规模化、育苗效率高[提高育苗成活率(80%～90%)]、占地面积小、播种量小、育苗周期短、人工成本低 8 个优势。仅就效率而言，同样的操作可以提高 8～10 倍，提高育苗效率 5～20 倍。②在育苗过程管理方面，进行精准施肥施药，优化苗期肥药管理。如采用控释育苗技术，进行根际局部养分调控，促根壮苗，避免传统育苗中的后期供肥不足问题；实现带肥移栽，减少基肥用量，减少前期硝酸盐淋洗损失，提早开花结果，提高肥料利用率 10%～20%。通过向育苗基质中加入枯草芽孢杆菌、哈茨木霉菌等根际促生菌，使菌剂在根际定植，促进根系生长，植株生长健壮，同时诱导植株产生抗性，减少苗期病害发生。此外，通过降解粘虫板进行绿色植保防控，最终解决苗期病虫害严重，成活率低，农药使用率高、用量大等问题。基质原料方面，筛选适宜的基质原料和配比，保障育苗生长的适宜环境；采用可降解育苗钵，实现生态环保。最终，这些技术能够满足绿色蔬菜对优质高效、绿色环保种苗的需求。

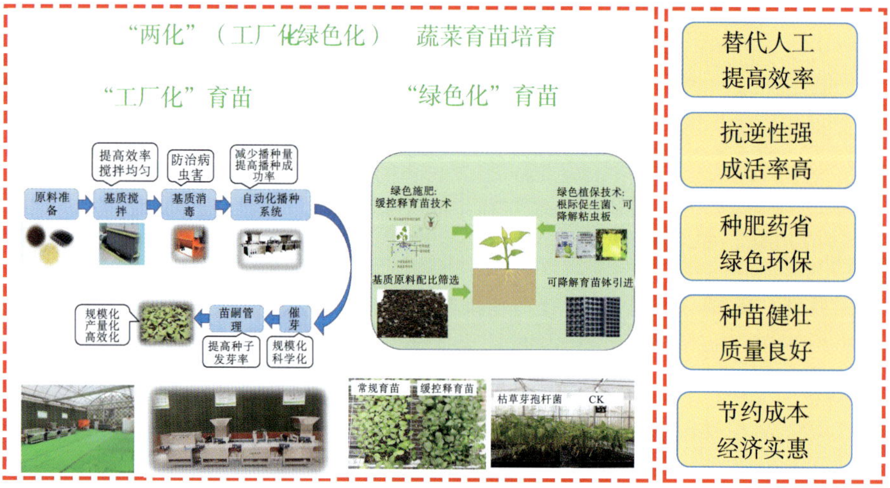

图 18-7　“两化”（工厂化+绿色化）蔬菜育苗培育研究思路与技术创新理论模式图

技术效果：采用缓控释育苗技术，与农民常规育苗相比，辣椒幼苗地上部干物质重提高了 31.5%，株高提高了 29.6%，茎粗提高了 12.3%，叶绿素 SPAD 值提高了 42.6%（表 18-5）。

表 18-5　缓控释育苗技术对辣椒幼苗生长发育的影响

处理	株高/cm	茎粗/mm	SPAD 值	地上部干物质重/(g/株)
CK（不施肥）	8.99	1.67	27.5	0.072
农民常规	10.8	1.79	25.1	0.108
缓控释育苗	14.0	2.01	35.8	0.142

采用枯草芽孢杆菌、哈茨木霉菌等根际促生菌技术，与农民常规育苗相比，辣椒幼苗总干物质量均提高了 14.3%，株高分别提高了 19.7%～22.2%，而茎粗仅在采用枯草芽孢杆菌时提高了 3.9%（表 18-6）。

表 18-6　根际促生菌技术对辣椒幼苗生长发育的影响

处理	株高/cm	茎粗/mm	地上部干物质重/(g/株)	地下部干物质重/(g/株)	总干物质量/(g/株)
农民常规	11.7	2.07	0.10	0.02	0.14
枯草芽孢杆菌	14.0	2.15	0.13	0.03	0.16
哈茨木霉菌	14.3	2.06	0.13	0.04	0.16

(2)技术模式 2：有机废弃物资源绿色循环利用技术。

技术要点：引入新型环保的罐式发酵和膜发酵等封闭式发酵技术，把周边的养殖废弃物(粪便等)收集起来，在密闭罐中发酵，种植废弃物(尾菜等)收集起来在气流膜中发酵，利用“一膜一罐”的技术生产出的堆肥成品，再回到种植基地里，改良土壤，提升土壤质量(图 18-8)。最终，形成“本地化原料+就近处理+本地化利用”的废弃物利用模式，变废为宝，源头防治污染，培育蔬菜健康土壤。与传统露天堆肥相比，该技术不仅降低了环境污染，而且生产出的有机肥肥效好，高温持续时间长，杀死病原菌更彻底，生产周期短。

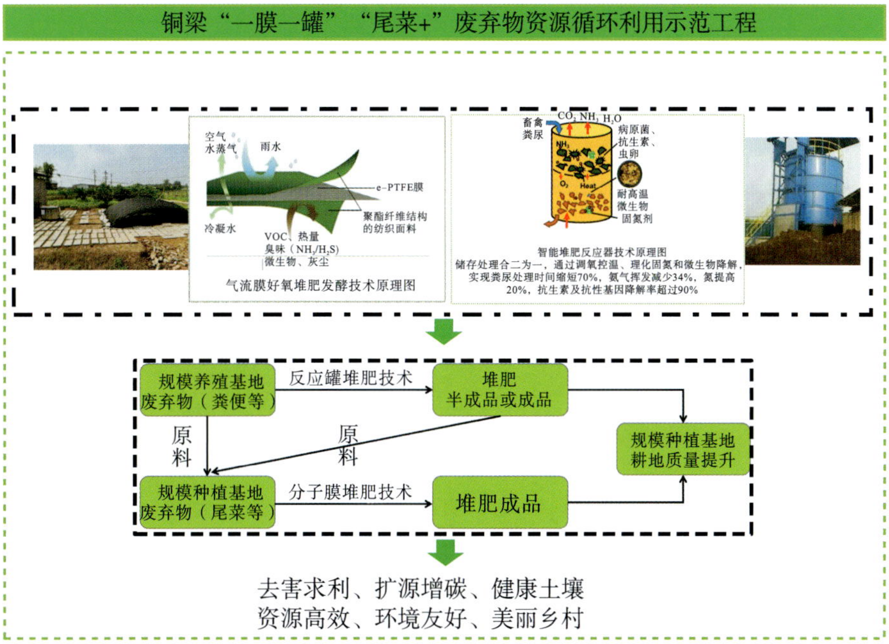

图 18-8　有机废弃物资源绿色循环利用技术理论模式图

技术效果：如图 18-9 所示，好氧堆肥覆膜发酵密闭性好，高温时间长，50℃的天数超过 5 天，无明显气味产生；通过该技术产出的产品肥效好、品质高，pH 为 8.24，有机质含量为 58.58%，总养分≥2.26%，含水率为 25.9%，均符合商品有机肥标准(NY/T 525—2021)；拥有更高的环境效应，与全区畜禽粪污氮素的总量相比，可减少 1090t 氮的损失，相当于 7%的作物氮素施用总量；建设成本低，产品价格在 300～400 元/t，占地面积小，可复制、可推广。

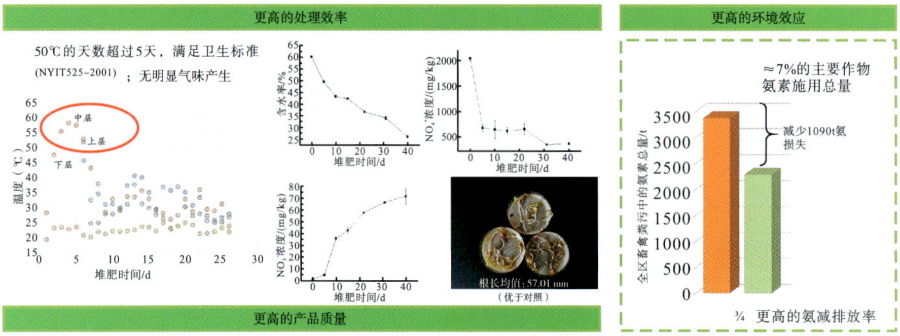

	有机质/%	水分/(%)	pH	总养分含量/%				铵态氮/(mg/kg)	硝态氮/(mg/kg)	硝酸根/(mg/kg)	发芽率/%	价格/(元/t)
				总氮	总磷	总钾	合计					
堆肥产品	58.58	25.9	8.24	1.67	2.36	1.23	5.26	367	71	39.5	100	370
商品有机肥标准(NY/T 525-2021)	≥30	≤30	5.5~8.5	·	·	·	≥40	·	·	·	≥70	500~600
是否符合标准要求	√	√	√	优于商品有机肥的产品品质			√	/	/	/	√	√

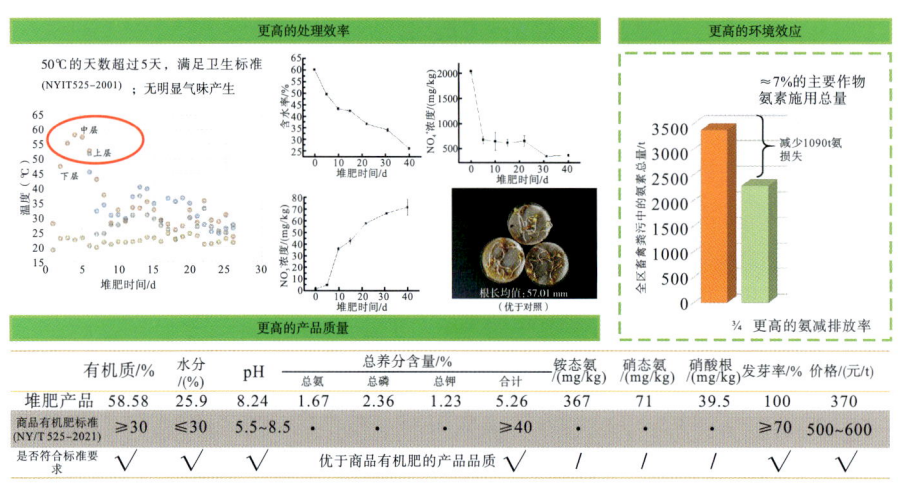

图 18-9　有机废弃物资源绿色循环利用技术进展

(3)技术模式 3：在产前阶段创新与升级绿色投入品。

针对产前阶段农资产品杂乱、专用性差、效果差等问题，将科技力量与农资企业融合，结合当地蔬菜特点与需求，助推农资产品升级，提高农户生产技术。首先，在绿色智能肥料方面：根据区域施肥习惯、当地蔬菜生长特征、区域土壤气候特征、考虑肥料生产工艺参数、考虑肥料原料配比，制定多套适合当地农业生产的专用肥配方及其施用技术，如专用掺混肥、水溶肥、稳定性肥料、缓控释肥料、有机无机复混肥、叶面肥、增值肥料等产品，满足不同农业经济主体的需求。其次，在有机肥创制方面：随着果菜茶有机替代技术不断推广，有机肥对蔬菜产量和品质、土壤质量的影响越来越重要。因此，基于当地特征，与当地优势企业联合，提高蔬菜尾菜、畜禽粪便的资源化利用，从原料筛选、有机肥产品生产过程、处理过程等方面进行有机肥产品的升级及其施用技术，改善土壤质量。最后，在绿色防控方面：推广绿色生态防控措施，田间布设可降解诱虫板、太阳能杀虫灯、性诱剂等绿色防控措施，绿色、高效、环保防治虫害。同时在田间施用微生物菌剂，改善土壤微生态环境，增强作物抵抗力，有效防治病害，并基于病害发生情况，有针对性施用生物农药，减少化学农药施用，农药施用更加规范。

2. 蔬菜生产产中技术模式

以实现蔬菜“高产优质、资源高效、土壤健康、生态环保”为目标，围绕蔬菜“种、土、肥、药、机”，开展品种引进、变废为宝、健康土壤培育、绿色施肥技术、绿色植保技术、智慧农业等研究，以“三品一标”为标准，集成创新基于健康土壤和绿色蔬菜为核心的蔬菜全生育期绿色生产技术(图 18-10，Wang et al.，2021)。具体技术包括：①最佳作物栽培管理。以作物产量生理学为基础，从品种、密度和播期等措施上对作物生产体系进行设计，优化群体结构和功能以最大限度利用光温资源，提高作物产量。选用高产、高抗病抗逆、优质的蔬菜品种，如选用“渝椒 13”、“艳椒 11”、“辛红”系列、“艳椒 435”等辣椒品种，同时选择合理的种植密度和播期充分利用区域光热资源，充分挖掘蔬菜增产潜力。②健康土壤培育技术。植株健康生长离不开健康的土壤。针对铜梁蔬菜有机质含量有待提升，土壤 N、P、K 含量高等突出问题，通过尾菜、畜禽粪便、生活垃圾等混合的资源化利用技术，创制高碳氮比、碳磷比的生物有机肥代替常规畜禽粪便，优化有机肥用量和施肥方式，以快速提升土壤有机质，降低土壤养分含量。针对土壤连作障碍的菜田，施用适宜的土壤调理剂类型和用量，改善土壤结构、消除土壤连作障碍。③绿色施肥技术。首先，基于作物生长发育和养分吸收规律，进行作物全生育期养分根层调控，优化全生育期蔬菜施肥用量、施肥时期和施肥次数，满足高产作物体系整个生育时期的养分需求，同时降低环境代价。其次，选用缓控释肥料、硝化抑制剂、水溶肥、纳米肥料等新型增效肥料进行氮形态调控，筛选适应铜梁地区最佳的新型肥料，阻控养分损失，促进作物吸收，提高肥料利用率，最终实现高产优质、节肥增效、绿色环保。④绿色防控技术：利用生态调控、物理防控等绿色手段有效防治病虫害的发生。首先，通过施用微生物菌剂有效改善土壤微生态环境，使土壤中病原菌数量减少，有益菌数量增加，诱导植株产生抗性，从而达到防病于未然的目的。其次，针对田间虫害，在田间布设粘虫板、杀虫灯、性诱剂，通过物理防控、生物防控手段防治虫害发生。最后，对于生态调控和物理调控的漏网之鱼，采用生物农药进行防治，最大程度地减少化学农药的施用，从而实现蔬菜绿色病虫害防治。⑤绿色蔬菜信息智慧技术。为解决铜梁区劳动力老龄化严重、用工成本高等用工难问题，引入铜梁蔬菜全程机械化生产和数字化管理技术，如尾菜有氧发酵堆肥装备、工厂化育苗装备、无人驾驶旋耕施肥装备、无人药肥喷施装备、水肥一体化等机械化装备，实现绿色、精准、高效、智能、舒适的蔬菜全程机械化生产，同时利用空地协同的数字化、信息化检测与管控系统，达到铜梁蔬菜全程数字化管理。

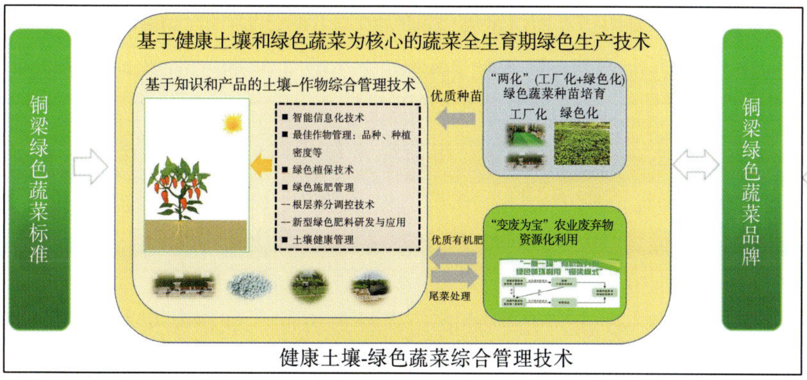

图 18-10　健康土壤-绿色蔬菜绿色生产理论模式图

18.3.2　案例分析：辣椒全生育期绿色生产模式

1. 品种选育

根据不同的栽种季节、消费习惯选择适宜铜梁区气候的，且高产、优质、抗病性好、抗逆能力强、每公顷产量水平在 2000～3000kg 的辣椒品种。

2. 育苗管理

采用基质穴盘育苗，育苗穴盘一般选 72 孔，基质为草炭∶蛭石∶珍珠岩=2∶1∶1，并可添加适宜的缓控释育苗专用肥、根际促生菌(如枯草芽孢杆菌等)混匀。采用全自动化播种机进行播种。根据穴盘规格调节好播种机的播种速率，确保每粒辣椒种子播入穴盘中央并覆盖完毕。播好种子的穴盘放到苗床上，用细孔喷头将穴盘浇透水(水里加上防疫菌剂)，最后盖上薄膜静待三四天后辣椒种子出苗。育苗过程保持适宜的温度和湿度。

3. 整地定植

严格选用无病虫害危害的健康壮苗进行田间定植。田间定植时进行合理密植，定植行距为 50cm，株距为 50cm，使作物充分利用光、热、水、肥，又能保障通风顺畅，同时要适时透光。辣椒定植前采用自动翻耕机进行 1 或 2 次深翻，起垄，垄宽 2.5m，高 20cm，两垄之间的小沟宽 40cm，排水沟深 60cm。对于降雨比较大的区域，要做好防洪措施，在场地每隔 2m 左右的距离挖一条水沟。

4. 水肥管理

1) 土壤改良-有机肥管理

底肥注重有机肥的使用，施用 300～400kg/亩餐厨资源化有机肥(或尾菜资源化利用有机肥)代替传统粪肥，以快速提升土壤有机质，改良土壤。因施用化肥过多而造成土壤板结的地块，可施用土壤改良剂进行土壤改良。

2) 施肥管理

基施 45%(15-15-15 或相近配方)的配方肥 20～30kg，在常规施肥模式下，每次每亩穴施 45%(16-5-24 或相近配方)的配方肥 20kg，分 3 或 4 次随水追施。追肥时期为开花坐果期、结果中期、结果盛期。根据收获情况每收获 2 次追施 1 次肥。在水肥一体化模式下，辣椒定植后前两次只灌水，不施肥，每次每亩灌水量为 15～20m^3。苗期、初花期推荐配方为 55%(21-10-24 或相近的配方)的水溶肥，每次每亩用量为 3～5kg，每隔 5～10 天灌水施肥一次，灌水量为每亩 10～15m^3，共 1 或 2 次；在开花坐果期、结果中期、结果盛期荐配方均为 51%(18-7-30 或相近的配方)的水溶肥，每次每亩用量为 6～8kg，每次每亩灌溉量为 10～15m^3，共 3～5 次。在中微量元素管理方面，辣椒结果初期、中期、盛期以及膨果期按每次每亩喷施 30～50kg 稀释 800～1000 倍的含钙、镁、硼元素的叶面肥。

5. 绿色防控技术

1) 产前预防

做好田地清洁、土壤消毒工作。在定植前，结合整地清除病残体，铲除田间及周边杂草。

2) 产中防控

优先采用高垄或高畦栽培方式。生产期应及时摘除病叶、老叶、病果，清除田间病株，并带至田外集中无害化处理。当田间出现中心病害植株时，应及时摘除为害的叶片、果实或拔除整株植株，带出田外深埋或烧毁，减轻病害传播蔓延。在进行整枝、打叉、农田除草或其他农作时，应减少对作物的机械损伤，防止农作时辣椒疫病等病害的传播。

(1)理化诱控。

①灯光诱杀。在鳞翅目、鞘翅目等害虫发生前期使用杀虫灯进行诱杀。

②性诱剂诱杀。根据害虫发生种类选择相应的性诱剂。

③粘虫板诱杀。定植后悬挂粘虫板检测害虫发生动态。用黄板诱杀蚜虫、粉虱等害虫。

(2)生态调控。

释放天敌。因地制宜释放天敌进行害虫防治，如释放瓢虫防治蚜虫。

(3)药剂防治。

辣椒常见虫害主要有烟青虫、夜蛾类害虫、蚜虫等。优先采用农业、物理、生态等措施进行防治，必要时选择生物源、矿物源等药剂防控虫害；选择高效低毒农药进行防治，严禁使用高毒、高残留农药，提倡农药交替使用。蚜虫等害虫通过喷施除虫菊素、苦参碱、鱼藤酮、啶虫脒等药剂进行防治；夜蛾类害虫通过喷施苏云金杆菌、氯虫·高氯氟、苦参碱、溴氰虫酰胺等药剂进行防治。

3)综合技术效果

与农民习惯处理相比，通过根层养分调控技术优化全生育期施肥管理策略、绿色防控技术、土壤有机质提升技术等蔬菜全产业链绿色生产技术(表 18-7 和图 18-11)，通过 2021 年田间试验研究结果表明，可显著提高辣椒总产量 10%；分别节约氮、磷、钾肥 37.4%、61.5%、27.3%，分别提高氮、磷、钾偏生产力 75.3%、186%、50.9%。增收经济效益 83%，分别减少活性氮损失量、温室气体排放潜值、土壤酸化潜值、水体富营养化潜值 36.9%、34.2%、35.5%和 44.8%(表 18-8)。

表 18-7　铜梁露地辣椒以健康土壤和绿色蔬菜为核心的绿色生产技术集成

	农民常规	绿色生产技术体系
品种	“兴合种鲜辣 1 号”	“兴合种鲜辣 1 号”
种植密度	35/40cm	50/50cm
定植时期	4/15	4/15
育苗方式	传统土壤培育	穴盘缓控释肥育苗
绿色施肥	N-P_2O_5-K_2O (kg/hm^2) 有机肥：321-196-220 鸡粪(干)900kg/亩 基肥：225-225-225(15-15-15，100kg/亩) 追肥：169-169-169(15-15-15，75kg/亩，追肥 1 次) 总量：715-590-614	N-P_2O_5-K_2O (kg/hm^2) 有机肥：80-28-10 商品有机肥 300kg/亩 基肥：68-68-68(15-15-15，30kg/亩) 追肥：119-46-198(55% 18-7-30+TE 的水溶肥，8.8kg/亩，追肥 5 次) 总量：267-142-276
土壤修复技术	无	土壤调理剂+生物有机肥
绿色防控	常规农药	生态、生物和物理防控相结合
产量	17.4t/hm^2	19.1t/hm^2

图 18-11　蔬菜全产业链绿色生产技术集成

表 18-8　全生育期绿色生产技术对辣椒生产可持续评价

		农民习惯	绿色生产技术集成	变化/%
肥料投入	氮肥用量/(kg N/hm^2)	426	267	-37.4
	磷肥用量/(kg P_2O_5/hm^2)	369	142	-61.5
	钾肥用量(kg K_2O/hm^2)	380	276	-27.3
产量/(t/hm^2)		17	19	10.4
总收入/(元/hm^2)		34838	38238	9.8
净收入(元/hm^2)		12038	22038	83.1
肥料利用率	氮肥偏生产力/(kg/kg)	41	72	75.3
	磷肥偏生产力/(kg/kg)	47	135	186
	钾肥偏生产力/(kg/kg)	46	69	50.9
环境代价	活性氮损失量(kg N/hm^2)	122	77	-36.9
	温室气体排放潜值/(kg CO_2eq/hm^2)	5508	3625	-34.2
	土壤酸化潜值/(kg SO_2eq/hm^2)	94	61	-35.5
	水体富营养化潜值/(kg O_4^{3-} eq/hm^2)	77	43	-44.8

18.3.3　以科技小院为核心的蔬菜全产业链绿色生产全程技术模式应用与服务推广

“政产学研用”融合共建，按照蔬菜全生产链绿色生产标准，统一运作品牌和标准经营产品，行政力量、绿色智慧农业科技、利益连接市场机制等方面融合，以科技小院为核心，以铜梁蔬菜种植大户、合作社及种植基地为主体，政府部门、科研院所和蔬菜种植户共建农业绿色发展产业化联合体，形成“抓需求、促生产、保优质、促绿色”蔬菜全产业链的融合创新模式，助力铜梁乡村振兴。打造绿色蔬菜“铜梁”品牌，共同推动铜梁蔬菜产业绿色发展。具体“铜梁模式”（图 18-12）如下：①以西南大学长江经济带农业绿色发展研究中心为主要支撑单位，涉及植物营养学、植物保护、环境工程、农学等多学科领域交叉，形成蔬菜全产业链技术服务支撑。主要职责为以科技小院为核心，进行科技攻关，技术培训、引进、示范和推广，小院师生扎根生产一线，深入实地了解铜梁蔬菜绿色生产短板，制定技术方案，推广示范蔬菜全产业链绿色生产技术模式。同时开展田间观摩培训会，培训铜梁蔬菜种植大户，改变传统种植管理方式，增产增收，减排环保。②以铜梁区人民政府、区农业农村委、科技局、科协等政府单位为主导，进行政策引导、行业监管、品牌准入，确保蔬菜全产业链绿色技术在全区推广。③绿色全产业链各环节企业、金融保险、电商平台等社会化服务主体，可提供生产过程绿色投入品，保障铜梁绿色蔬菜销售与品牌提升等。

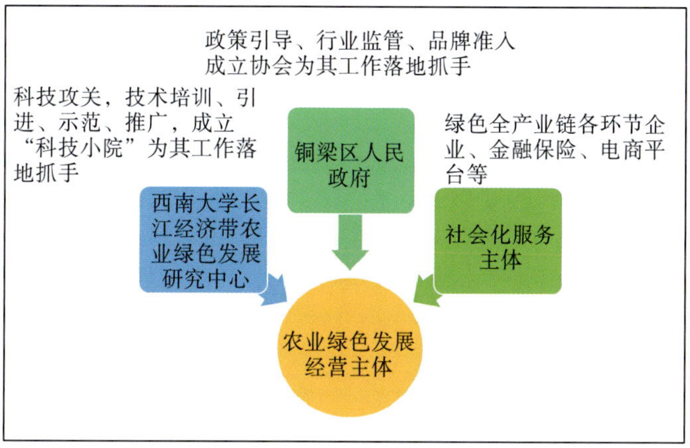

图 18-12　蔬菜全产业链绿色生产全程技术模式应用与服务推广

18.4　总结与展望

重庆铜梁是全国重要的蔬菜产区，当前在农业绿色发展中面临系列挑战：蔬菜资源投入高、环境代价大、土壤健康问题突出、蔬菜品种单一且产量水平偏低、蔬菜品质问题突出、机械化程度低等。基于健康土壤和绿色蔬菜为核心的全程绿色生产技术能够实现铜梁蔬菜节肥节药、增产增收、提质增效、土壤健康、生态优化等绿色生产指标。以科技小院为核心，蔬菜全产业链的“政产学研用”融合创新模式能够保障蔬菜全产业链绿色生产技术推广，助力推进铜梁蔬菜全产业链绿色生产。

为更好实现铜梁蔬菜全产业链，打造“铜梁模式”，未来需在以下几个方面进行推进。

(1)蔬菜品牌打造。根据蔬菜安全标准、品质标准、功能标准、生态标准，形成标准化全生育期优质蔬菜农产品解决方案。具体内容为：剖析国内外蔬菜标准经典案例，建立包括安全指标(重金属、抗生素、药残等)、商品品质指标(外观品质、风味品质等)、功能指标(人体健康的营养物质与功能物质)、环境友好指标(土壤、水体和大气)的绿色蔬菜投入品、种植技术和农产品标准体系，用于规范蔬菜绿色生产标准化和支撑蔬菜消费品牌化，支撑铜梁蔬菜建立特色品牌。同时，通过销售企业、电商平台、观光采摘等渠道销售把控品质，树立优质蔬菜品牌，提升蔬菜农产品价值。

(2)注重蔬菜生产产后绿色生产技术。通过引进或创新国内外先进技术，提高采后蔬菜农产品加工与仓储保鲜技术，减少采后蔬菜农产品在储存、运输过程中的损失与浪费。

参考文献

文娟，熊小莉，甘拥军，等，2015. 重庆市铜梁区蔬菜产业发展调查与思考. 南方农业，9(25)：86- 89.

张芬，程泰鸿，陈新平，等，2020. 我国典型露地蔬菜生产中的温室气体排放. 环境科学，41(7)：3410-3417.

Chen X P，Cui Z L，Fan M S，et al.，2014. Producing more grain with lower environmental costs. Nature，514 (7523)：486-489.

Wang X Z，Dou Z X，Shi X J，et al.，2021. Innovative management programme reduces environmental impacts in Chinese vegetable production. Nature Food，2 (1)：47-53.

第 19 章　四川丹棱柑橘全产业链绿色发展

丹棱县隶属于四川省眉山市，地处四川盆地成都平原西南边缘，位于成都经济区和成渝经济区相交地区。丹棱县面积为 450km^2，辖 5 个乡镇，总人口不足 10.3 万人。然而丹棱县依托有限的耕地资源和气候条件，发展了 16 万亩晚熟柑橘，产量占到中国柑橘总产量的 0.5%，产值超 30 亿元，品牌价值超 50 亿元，成为丹棱县农业支柱产业。丹棱县柑橘产业链日趋完善，上下游结合日趋紧密，绿色发展程度日益提高。因此，剖析丹棱县柑橘全产业链绿色发展过程，可为长江经济带或其他区域柑橘主产地区提供借鉴，提高我国柑橘产业全产业链绿色发展水平，提升我国柑橘产业的国际竞争力。

19.1　丹棱柑橘产业发展历程

四川省丹棱县自西汉开始种植柑橘，至今已有近 2000 年的历史。“丹棱桔橙”集“桔”“橙”优点于一体，既有“桔”的易剥皮易分瓣特点，又有“橙”的柔软多汁、风味浓郁之特点，且可溶性固形物含量最高可达 20%，享有“北纬 30°的味觉奇迹”的美称。丹棱县柑橘发展历程如图 19-1。

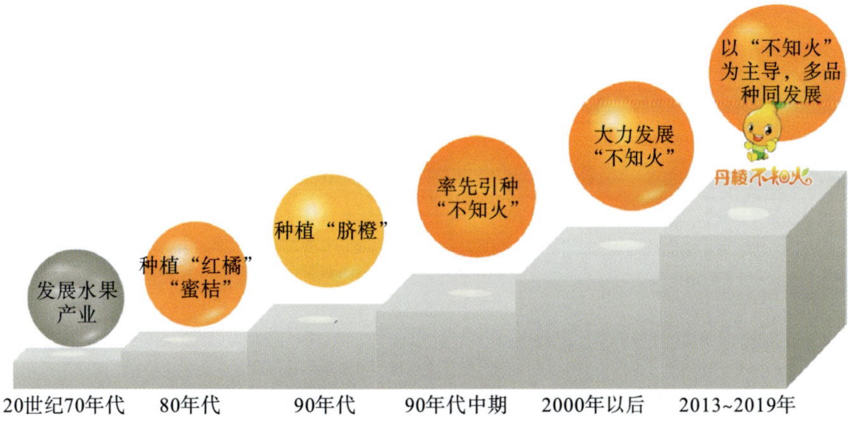

图 19-1　丹棱县柑橘发展历程

丹棱县农业产业结构调整较早，从 20 世纪 70 年代，就开始发展水果产业，随后水果产业成为丹棱县农业支柱产业；80 年代，丹棱县主要种植红橘、蜜桔等传统品种；90 年代，随着脐橙热销，丹棱县引进纽荷尔等脐橙品种；90 年代中期，丹棱县果树专家谭后根带头引入杂柑进行区试，筛选出以“不知火”为首的杂柑品种，并于2000年以后在全县推广。截至2021年，丹棱县桔橙种植总面积达16万亩，产值突破30亿元。

丹棱桔橙不断斩获殊荣。2013 年，农业部(现农业农村部)正式批准对“丹棱桔橙”实施农产品地理标志登记保护；2018年丹棱县成功入选“全国柑橘产业30强县”，“丹棱桔橙”成功跻身2018中国区域品牌(地理标志产品)百强榜，创响了“丹棱桔橙”农产品地域品牌。2020 年，丹棱县以《四川丹棱——对标对表补短板，以产促融谋发展》入选全国乡村振兴典型案例。丹棱县柑橘产业的快速发展得益于生产前端服务、物资和从业人员的配套建设。在政府的支持和引导下，基层经销商是农资产品销售的核心力量，身兼“土专家”的身份，也是当前最主要的技术推广力量之一(图19-2)。据统计，在丹棱县注册的农资门店达到530多家，复合肥、有机肥、水溶肥等复合肥品牌共计400余个，市场规模达3.9亿元，亩均投入2400多元。杀虫剂、杀菌剂、植物生长调节剂等品牌共计1000余个，市场规模达1.3亿元，亩均投入842元。除此之外，还有配套的修枝剪、喷雾器、农用车、旋耕机、滴灌设备等相关农机具；以及纸袋、报纸、防寒布、塑料膜和绑枝绳等配套农资。

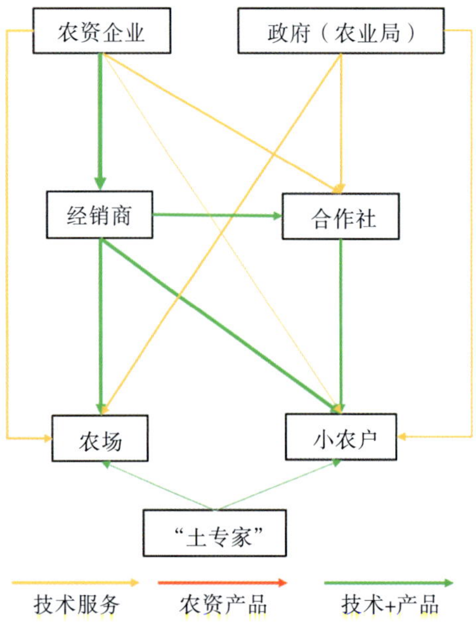

图19-2　丹棱县柑橘技术服务、农资流动模式图

从业人员方面，多数果农具有“两双鞋、两辆车、两套房”的典型特征，平时务农、农闲进城。他们大多熟悉柑橘种植的各个环节，形成了庞大的产业队伍，包括小业主 3 万户，专业大户2846户，专业合作社152个，家庭农场131个。近年来柑橘生产环节的专业合作化日趋明显，出现了专业的嫁接队、剪枝队、施肥队、套袋队、采收队等专业队伍(图19-3)。

图 19-3　丹棱县柑橘产业从业人员及产业服务队

19.2　丹棱气候特征与柑橘品种引评

“橘生淮南则为橘，生于淮北则为枳”充分反映了柑橘生长对气候的依赖性，只有将当地的气候资源与适栽品种相结合，才能充分发挥品种的产量和品质潜力，才能在市场竞争中具备优势，而丹棱县历来重视柑橘新品种的引进、评价以及自主育种，实现了品种领先。

19.2.1　丹棱气候特征

丹棱县隶属于四川省眉山市，距成都市 90km，地处四川盆地西南边缘，岷江以西、青衣江以东。县城在总岗山南麓，地貌以浅丘为主，地势由西北向东南倾斜。丹棱属亚热带湿润气候区，气候温和，四季分明，冬无严寒，夏无酷暑，雨量充沛，无霜期长。春季气温回温早，但不稳定，寒潮活动频繁；多夏旱，降雨集中，雨热同季，局部有洪涝；晚秋多阴雨；冬季较温暖，多雾寡照，湿度大。年平均气温为 16.7℃，最冷月为 1 月，平均气温 6.3℃，最热月为 7 月，平均气温为 25.7℃，历史极端最高气温为 38.3℃，极端最低气温为-3.7℃；雨量充沛，分布不均，年均降水量为 1157.9mm，其中 5～9 月降水量为 932.7mm，占全年降水量的 81%；年均相对湿度为 82%，最小相对湿度为 14%。年无霜期为 301d；年平均日照时数为 939.8h，为可照时数的 24%～28%，比同纬度地方偏少，属全国低日照区域之一(李奇穗，2018)。与柑橘适宜生态区所需气候条件相比，除年日照时数较低外，其他气象指标均满足柑橘生产。

当地主栽的柑橘品种叫“不知火”，该品种喜湿润、温暖，耐阴性较强、不耐寒，为常绿植物。“不知火”果实须在树上越冬成熟，果实耐寒性较弱，因此栽培地的年均气温必须在 16.5℃以上，到采收前-3℃以下的最低气温持续时间不能太长。“不知火”整个生育期生长温度为12～35℃，最适宜温度为22～30℃，在这一温度范围内最适宜果树的快速生长及果实的形成。而秋季花芽分化要求昼夜温度分别为20℃和10℃左右，根系生长的土温与地上部大致相同。若温度低于-3℃植株受冻，气温、土温高于37℃，果实和根系则停止生长(谢友祥，2016)。同时，温度对果实的品质影响也很明显，在有效积温和平均温度一定的条件下，温度越高果实中所含糖分及糖酸比例上升，含酸量及维生素C含量下降，果实果汁变多、果皮所占比例减少、味道更好，反之果品质量降低。

丹棱县气候特征总体有利于“不知火”的栽培。丹棱≥0℃年积温维持在6100℃以上，而6100℃以上的年积温年份占到有气象记录以来所有年份的90%，其利于“不知火”的生长和成熟。丹棱县年均气温为16.7℃、年均降水量为1157.9mm，在温度、降水都能满足“不知火”生长的情况下，光照强度和时长对“不知火”的生长和产量的最终形成，以及果实的品质起着决定性作用。不同地域的光照时长差异很大，而丹棱县的光照强度比较适宜“不知火”的生长发育(李奇穗，2018)。

同时，丹棱县也存在不利于“不知火”种植的气象灾害。低温、雨雪、冰冻天气是丹棱县“不知火”生长发育过程中遭受的主要气象灾害。冻害是农业气象灾害的一种，作物受冻害的程度与降温速度、低温的强度和持续时间、低温出现前后和期间的天气状况等各种气象要素之间的配合及作物品种抗冻性等有关。对于“不知火”来说，轻微的冻害即一般持续时间短、温度维持在4～5℃的寒潮冻害决定了晚秋梢的冻害，“不知火”结果主要是早秋梢、夏梢和春梢结果，因此晚秋梢冻害对果树产量影响不是很大。如果低温维持在0℃左右7～8d以上，果树叶片会干枯脱落、严重的枝条失水枯死，影响果树产量，这也是造成“不知火”产量波动的主要原因。如2017～2018年、2020～2021年作物季均出现了持续霜冻，许多“不知火”遭受持续冻害，当年产量受到影响。

19.2.2 丹棱县柑橘品种引培

丹棱县是眉山桔橙的核心产地，当地柑橘品种经历了三个发展阶段。20世纪70年代，丹棱只有零散种植的红桔；20世纪70年代末开始，丹棱县委、县政府大力调整产业结构，把水果产业作为农业突破口；80年代以种植红桔、蜜桔、锦橙、血橙为主；90年代以种植罗伯逊脐橙为主；90年代末引进“不知火”等杂柑品种，丹棱柑橘开始升级创新。2012年以来，丹棱县提出了“不与两湖抢早、不与赣南争中，逐步更换调整桔橙品种”的思路，始终将晚熟柑橘的品种引进和改良作为产业发展的第一要务，不断加大科研投入，建立柑橘种苗无毒繁育基地，保持品种的优良属性，同时，注重柑橘种质资源收集、保护和利用，加强新品种引进实验和自主研发力度，建设柑橘种质资源圃、品比园、采穗圃等，促进品种结构调整优化，持续保持丹棱桔橙品种先进性，牢牢占据全国柑橘产业发展的高地。

“大雅柑1号”是丹棱自主培育的品种，因“难登大雅之堂”的“大雅堂”位于丹棱县，故得名。中国农业科学院柑橘研究所的科研人员与丹棱县当地专家一起，在1998年以“清见”桔橙为母本，“新生系3号”椪柑为父本杂交，经过10多年选育而成。果实外观和树体均酷似春见，但品质超过春见，所以有人称之为“改良春见”。“大雅柑1号”果实大，平均单果重290g，阔卵圆形，果皮橙色，易剥皮，果肉细嫩化渣，汁多味浓，可溶性固形物为 15.5%，含酸 0.8%，充分成熟后可溶性固形物可达 19%～22%，可食率为 71%，无核，丰产。生产上“春见”和“大雅柑 1 号”因各方面性质较为接近，难以分辨，故均称为“耙耙柑”，果实口感上“大雅柑 1 号”更脆，果形略大，完熟期较春见迟 15～20d。

“金乐柑”属于“不知火”的芽变品种，3 月下旬成熟，果实呈柠檬黄，易剥皮，脆嫩化渣，可溶性固形物高，有特殊香味且无籽，是品质极优的晚熟柑橘新品种。2021 年，丹棱县自主研发柑橘新品种——“金乐柑”获农业农村部登记认证，成为丹棱县继“大雅柑 1 号”后第二个具有自主知识产权的新品种，为丹棱桔橙对外展示又添一张“名片”，也为丹棱桔橙产业发展再添新动能。

此外，丹棱县农业局与中国农业科学院柑橘研究所、四川农业大学、四川农科院等科研育种单位长期合作，建有“中国柑桔研究所品种资源室区试点”，引进了“春见”“爱媛 38”“甘平”“明日见”“阳光桔柚”等一系列新品种，在品种引评、小试、中试和推广环节保持行业领先。

19.3　丹棱县柑橘园土壤健康与改良

19.3.1　丹棱县柑橘园土壤养分现状

丹棱县作为近 40 年的柑橘老产区，在柑橘产业不断发展生产过程中面临成本过高、品种退化、品种参差不齐以及各种土壤健康问题频发的窘境。为解决丹棱县柑橘在生产过程中所遇到的实际问题，2018 年丹棱科技小院牵头对丹棱地区进行全面详细的产业调研。针对丹棱县域主要柑橘种植区，选择具有代表性的柑橘园进行土壤植株采样、农户调研以及对农资商人进行实地调研。以此明确产业困境，助力柑橘产业可持续发展。

采样分析发现丹棱县柑橘园表层土壤 pH 均低于亚表层土壤，这与长期的肥料撒施以及碱性盐基离子的淋失有关。全县柑橘园表层和亚表层土壤 pH 平均分别为 4.77 和 4.95，土壤 pH<4.8 即处于柑橘不适宜酸性土壤的柑橘园土壤样品分别占比达 69.2%和 65.8%。同时，对全县土壤酸碱度分析可见全县土壤 pH 自东南向西北逐渐升高：丹棱镇、杨场镇全镇、双桥镇东部土壤 pH 严重偏酸，为冲击黄壤区，酸性红黄壤母质；仁美镇双桥镇部分土壤偏酸，为砖红紫泥区；西北部的张场镇、顺龙乡、石桥乡以及双桥镇西部为紫色土区，土壤 pH 较高，是以物理风化为主的石灰性紫色土母质。丹棱县各乡镇的土壤 pH 的测定结果表明，杨场镇和丹棱镇土壤 pH 均低于 4.8，处于偏酸不适宜于柑橘生长的范围。双桥镇、顺龙乡、仁美镇土壤 pH 接近或处于柑橘生长酸性适宜范围，而张场镇土壤 pH 较高，处于中性、偏碱性柑橘生长适宜范围。对全县柑橘生产而言，丹棱镇、杨场镇属于全县柑橘主产区，占全县柑橘种植面积的 62%，因气候和成土母质原因，该区域土壤富铝化作用明显，土壤酸化严重，不利于丹棱县柑橘产业的发展。

同时丹棱县柑橘园土壤镁素养分表层（0～20cm）土壤交换性镁平均含量为 146.1mg/kg，中值为 92.8mg/kg；亚表层（20～40cm）土壤交换性镁平均含量为 151.8mg/kg，中值为106.3mg/kg，中值较平均值低，说明大部分柑橘园土壤交换性镁含量低于平均值。全县土壤交换性镁差异较大，两个土层交换性镁含量的变异系数达96.0%和86.1%。表层土壤交换性镁极缺（<80mg/kg）占比为41.7%，缺乏（80～150mg/kg）占比为22.9%；亚表层土壤交换性镁极缺占比为38.2%，缺乏占比为27.8%。

全县柑橘园土壤交换性镁分布如下：丹棱县域呈东南向西北近似等腰三角形分布，土壤交换性镁含量自东南向西北逐渐升高。东南部的杨场镇土壤镁缺乏最为严重，而西北部的张场镇含量最高，中间各镇则依次过渡。土壤交换性镁含量与土壤类型的分布高度相关，东部台地冲击黄壤区土壤交换性镁缺乏，西南浅中丘砖红紫泥区土壤交换性镁含量适宜，西北低山紫色土区土壤交换性镁丰富。

本书对丹棱县柑橘园土壤养分进行了采样分析，对其土壤pH、有机质、碱解氮、有效磷、速效钾、交换性钙、交换性镁的含量分析结果如表19-1所示。分析发现，丹棱县域土壤酸化严重，pH含量过低，大部分土壤为酸性土壤；其次土壤中交换性镁含量过低导致柑橘园中柑橘植株镁素缺乏现象发生，对柑橘进行补充镁肥投入十分必要；除此之外，其余土壤养分指标均位于正常范围之内，但是土壤有效磷含量过高，因此在柑橘生产过程可以适当地减少磷肥的投入，在降低农业生产成本的同时也可以减少磷肥过量投入所带来的危害。因此在丹棱地区柑橘园面临着土壤酸化严重、磷钾富集而中微量元素缺乏、土壤养分供应不平衡的现状，使得柑橘养分供应不足和果实品质降低。

表19-1　丹棱县柑橘园土壤养分含量

项目	土层	范围	均值	中值	变异系数/%
pH	0～20	3.36～8.16	4.77	4.21	28.9
	20～40	3.42～8.26	4.95	4.31	28.7
有机质/(g/kg)	0～20	11.2～71.8	31.8	30.4	34.8
	20～40	2.2～65.7	24.5	22.3	39.9
碱解氮/(mg/kg)	0～20	42.7～326.6	118.0	111.6	34.3
	20～40	27.1～272.4	92.2	84.7	39.7
有效磷/(mg/kg)	0～20	4.0～1163.1	158.8	113.8	124.8
	20～40	0.7～408.0	68.9	35.7	118.7
速效钾/(mg/kg)	0～20	61.0～740.0	335.3	336.5	46.5
	20～40	34.0～670.0	284.3	290.0	47.4
交换性钙/(mg/kg)	0～20	45.0～12455.0	2128.3	1058.8	120.4
	20～40	12.5～13335.0	2263.0	1186.3	121.9
交换性镁/(mg/kg)	0～20	2.5～797.5	146.1	92.5	95.6
	20～40	2.5～670.0	151.8	106.3	86.1

19.3.2　丹棱县柑橘园酸性土壤改良

土壤酸化会导致土壤微生物菌群失调、养分利用率降低，盐基离子淋失加速，铝毒、锰毒和重金属污染加重。研究发现柑橘种植的最适土壤酸碱度为5.5～6.5，土壤过酸时土壤肥力质量下降，养分离子大量淋失，为植物生长发育提供氮、磷、钾等元素的能力减弱，从而影响柑橘生长发育和果实品质。丹棱县域柑橘园土壤酸化严重，抑制了柑橘正常生长发育，因此对酸性土壤进行改良调酸是实现柑橘可持续生产的重要措施。丹棱科技小院于 2019 年春季在丹棱柑橘主产区红石村布置柑橘园酸性土壤改良田间试验，土壤改良剂选择生物炭、生石灰以及秸秆发酵的商品有机肥。供试柑橘品种为“爱媛 38 号”，属中熟杂柑品种。通过对土壤和植株进行采样分析，研究不同改良剂对土壤酸化的改善作用。对酸性土壤改良试验进行分析发现，与对照组(CK)相比，施用不同改良剂均显著提高了土壤 pH 值(图 19-4)，各处理 pH 值大小趋势为：0～20cm 土层中，生石灰＞有机肥＞生物炭＞CK；20～40cm 土层中，生石灰＞生物炭＞有机肥＞CK。生石灰处理均最高，在 0～20cm 和 20～40cm 土层中的 pH 值分别为 4.3 和 4.2，较 CK 分别提高了 0.4 和 0.2 个单位。因此，可见土壤改良剂可以改善土壤酸度，从不同程度上增加了土壤 pH 值。

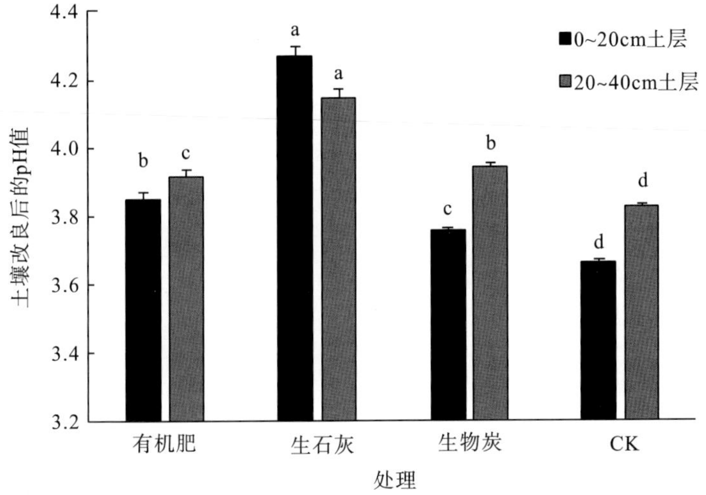

图 19-4　不同改良剂对土壤 pH 值的影响

多年的研究结果表明，在丹棱酸性土壤上添加改良剂能显著提高柑橘产量。与 CK 处理相比，施用生物炭、有机肥和生石灰处理柑橘产量分别提高了 67.6%、45.8%和 36.1%，同时也增加了果实对氮素的吸收利用；施用生物炭的处理增产效果最为显著，同时土壤改良剂的添加有效地改善了土壤环境、提升了土壤酸碱度，以石灰处理最佳。因此在丹棱酸性土壤柑橘园中添加土壤改良剂被证明是改善土壤酸化和柑橘提质增效的有效措施。

19.4　丹棱柑橘绿色种植评价及优化

柑橘作为多年生常绿果树，其生长发育和结果需要消耗大量的营养。农民普遍认为，只有大量施肥才可以避免潜在的产量损失，在经济利益的驱动下，施肥已成为我国柑橘增产的主要途径。对全国主要柑橘产区进行调研发现，我国柑橘园平均氮、磷、钾肥投入量为 513kg/hm^2、377kg/hm^2 和 404kg/hm^2，远高于巴西、美国等其他柑橘主产国家。如此高的施肥量远远超过了我国低产柑橘园对柑橘树的需求，导致肥料利用效率降低。目前，全球变暖、酸化和富营养化正成为中国集约化农业系统面临的主要挑战，而这主要是由过量的养分投入所导致的。毫无疑问，中国的柑橘生产体系与化肥零增长的目标和柑橘产业的绿色发展是相冲突的。因此，评估我国典型柑橘产区的环境成本，通过养分管理来弥补柑橘产量差距，实现可持续集约化是当务之急。众所周知，由于土壤类型、气候条件和管理措施的不同，不同地区的作物生产系统的环境成本差异很大。我国柑橘生产以小农为主，不同地区之间的管理实践存在较大差异。因此，预计不同因素对环境成本的贡献是不同的，具有较大的变异性。在实际中，高产高效的农户群体是研究区域降低环境成本的可实现潜力。因此，有必要对我国典型柑橘产区的环境成本进行定量分析，找出其热点，为区域环境和农业管理提供科学的建议。

19.4.1　丹棱县柑橘园生产投入及环境影响评价

本节研究目标是评估丹棱县柑橘生产的生命周期环境代价。系统边界确定“从摇篮到坟墓”，包括两个子系统：农资生产阶段和农作阶段。农资生产阶段包括化肥、农药、燃料和电力的生产以及到田间的运输。农作阶段包括肥料(化肥和有机肥)和农药的使用，机器使用的油耗(图 19-5)。为了理解环境代价的评价，本节研究将各环境影响功能单位分为单位面积(每公顷)和单位产量(每吨)。同时以温室气体排放、环境酸化以及富营养化等环境代价为评价对象，从而了解丹棱县域柑橘园环境效应现状。

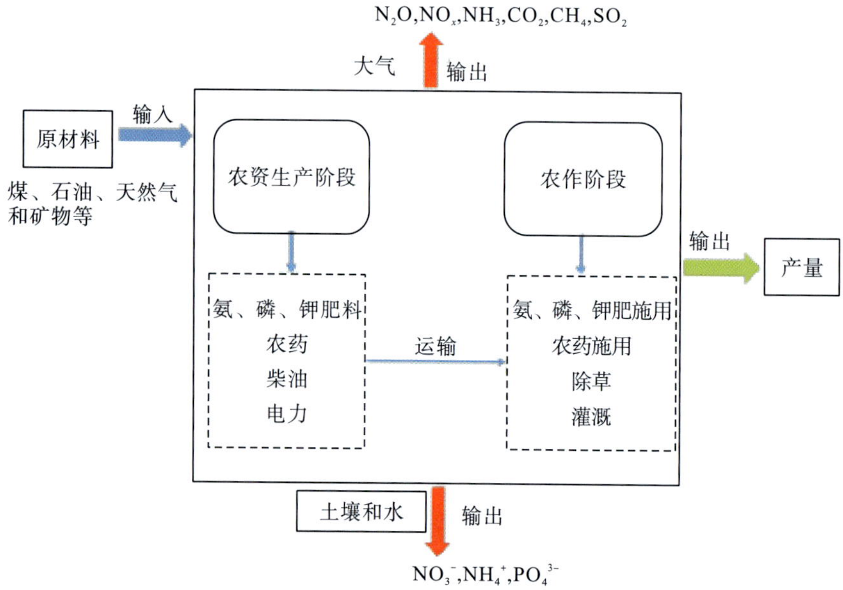

图 19-5　丹棱县柑橘生产系统的系统边界及相关的输入和输出项

丹棱县农户调研的结果显示(表 19-2)，丹棱县的柑橘种植是高投入、低产出系统。在农资投入上，柑橘园的平均(范围)氮、磷、钾投入量分别是 847kg N/hm^2(140～2094kg N/hm^2)、443kg P_2O_5/hm^2(84.6～1400kg P_2O_5/hm^2)和 693kg K_2O/hm^2(130～1754kg K_2O/hm^2)，氮、磷、钾投入比例为 1∶0.52∶0.82，丹棱县柑橘园平均养分投入远远高于全国平均施肥量。农户以化肥施用为主，其氮、磷、钾投入量分别占总量的 70.6%、73.1% 和 77.2%。此外，柑橘园的平均农药消耗、打药灌溉的耗电量和除草耗油量分别是 21.2kg/hm^2，79.1kW·h/hm^2 和 28.9L/hm^2。在产出上，柑橘园的平均(范围)产量为 24.4t/hm^2(1.88～56.3t/hm^2)，导致其平均氮肥偏生产力(PFP-N)仅为 34.0kg/kg。

表 19-2　丹棱县柑橘园投入产出表

指标		平均值	中值	范围		标准误差
				最大值	最小值	
输入肥料总量/(kg/hm^2)	N	847	802	2094	140	30.4
	P_2O_5	443	395	1400	84.6	17.9
	K_2O	693	643	1754	130	24.6
化肥/(kg/hm^2)	N	598	603	1420	39.9	19.5
	P_2O_5	324	286	953	0.00	14.0
	K_2O	535	513	1237	0.00	18.7
有机肥/(kg/hm^2)	N	249	169	1171	0.00	20.7
	P_2O_5	119	75	846	0.00	11.2
	K_2O	158	102	1171	0.00	14.8
单位产量的总施肥量/(kg/kg)	N	45.8	35.8	255	6.47	2.93
	P_2O_5	23.7	17.8	115	2.25	1.54
	K_2O	37.5	28.7	152	5.01	2.30
农药/(kg/hm^2)		21.2	17.8	96.6	0.43	1.36
电力/(kW·h/hm^2)		79.1	57.0	237	5.42	5.48
柴油/(L/hm^2)		28.9	18.8	169	0.00	2.45
输出	产量/(t/hm^2)	24.4	23.8	56.3	1.88	0.97
	氮肥偏生产力/(kg/kg)	34.0	28.0	154	3.93	1.95

通过生命周期评价的方法对丹棱县柑橘种植导致的环境代价进行定量化(表 19-3)。结果显示，在单位面积上，平均温室气体排放潜值、酸化潜值和富营养化潜值分别是 11665kg CO_2 eq/hm^2、184kg SO_2 eq/hm^2 和 110kg PO_4eq/hm^2。在单位产量上，平均温室气体排放、酸化潜值和富营养化潜值分别是 642kg CO_2eq/hm^2，9.97kg SO_2eq/hm^2，and 5.97kg PO_4eq/hm^2。从各指标的范围和标准误差可以看出，农户间的各环境因子存在很大的变异性。

表 19-3　丹棱县单位面积和单位产量下柑橘生产的环境影响

	指标	平均值	中值	范围		标准误差
				最大值	最小值	
单位面积	温室气体排放潜值/(kg CO_2eq/hm^2)	11665	11785	26987	2422	349
	酸化潜值/(kg SO_2eq/hm^2)	184	176	445	32.6	6.26
	富营养化潜值/(kg PO_4eq/hm^2)	110	105	271	18.8	3.90
单位产量	温室气体排放潜值/(kg CO_2eq/hm^2)	642	483	3629	90.9	41.2
	酸化潜值/(kg SO_2eq/hm^2)	9.97	7.85	55.0	1.38	0.64
	富营养化潜值/(kg PO_4eq/hm^2)	5.97	4.67	33.1	0.84	0.38

进一步分析显示，肥料的生产和使用过程产生的温室气体排放量分别占其总排放的 45.6%～46.2%和 46.2%～49.5%。类似地，肥料的使用过程是环境酸化和富营养化的主要排放来源，分别占总量的 89.4%～89.8%和 97.8%～97.9 %。具体到各种肥料对环境成本的贡献，无论是单位面积和单位产量上，氮肥的生产和施用占总环境代价的 95%以上。相比之下，农药、燃油和电力的投入对温室气体排放、酸化和富营养化的贡献都不到 5%(图 19-6)。

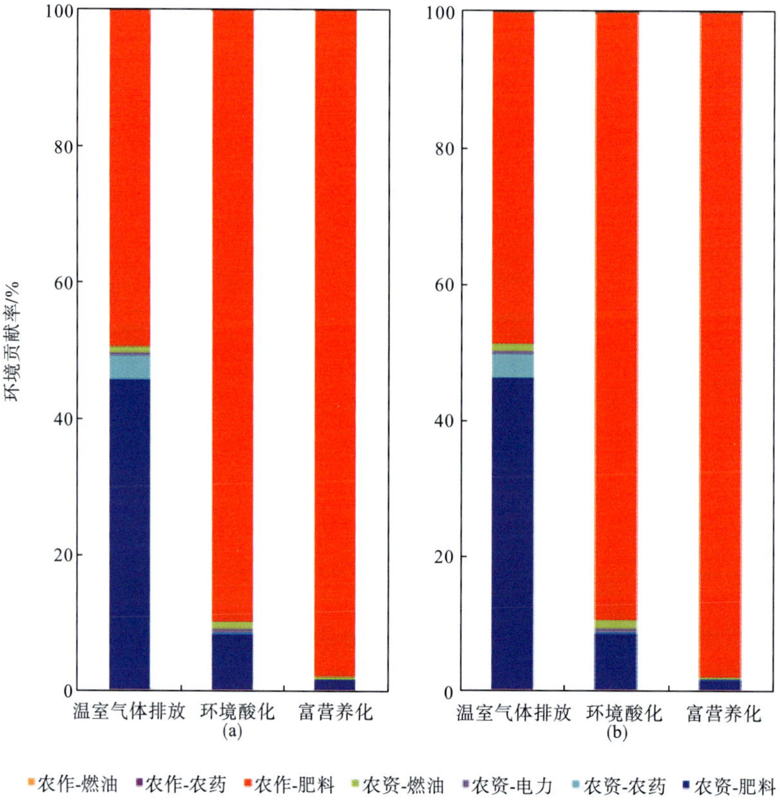

图 19-6　丹棱县柑橘种植户农资投入的环境贡献率

丹棱县主要柑橘园环境影响在空间上存在较大的空间异质性。丹棱县柑橘生产导致的环境影响的空间分布与氮肥投入的空间分布基本一致。此外，丹棱县柑橘种植辐射区的柑橘生产氮素投入和环境影响均低于主产区。研究发现，丹棱县柑橘园环境效应很高；在相同的系统边界下，丹棱县柑橘生产中温室气体排放值(单位面积)比其他水果生产高 1.2～2.0 倍，比蔬菜和粮食生产系统高 2.9～5.1 倍。氮肥的生产和施用占总环境代价的 95%以上，是环境效应的主要贡献因子，对温室气体排放、酸化和富营养化潜力的贡献分别为 92.4%～95.1%、89.4%～89.8%和 97.8%～97.9%。环境风险的热点与氮肥投入呈正相关。因此，要减少柑橘生产中的环境影响，首先需要优化营养管理，减少肥料的输入。

19.4.2　丹棱县柑橘环境效应减排潜力

丹棱县域柑橘园环境代价高于全国平均水平，而过量的氮肥投入是造成较高环境代价的主要成因。因此，针对丹棱县柑橘产业进行环境效应减排和推广绿色种植是必然趋势。基于调研农户的平均产量和平均氮肥偏生产力(PFP-N)(图 19-7)，155 个调研农户被分为 4 组，HH、HL、LH 和 LL 区组样本量分别为 62 个、17 个、30 个和 46 个。氮肥高产高效区组(HH)农户占 29.7%，平均施氮量为 717kg/hm^2，化肥氮用量为 526kg/hm^2；低产低效、低产高效和高产低效区组农户分别占 40.0%、11.0%和 19.4%，施氮量分别为 857kg/hm^2、456kg/hm^2、1247kg/hm^2，平均产量分别为 13.6t/hm^2、18.9t/hm^2 和 31.1t/hm^2。HH 区组的产量(37.1t/hm^2)和氮肥偏生产力(58.0kg/kg)最高，分别比总调研农户的平均值高 52%和 70.6%。

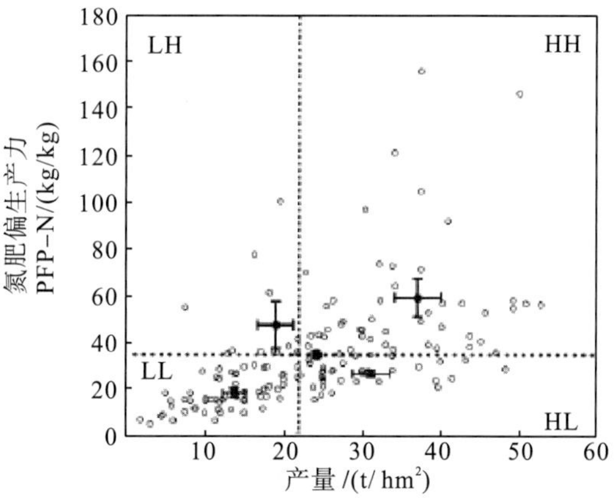

图 19-7　丹棱县柑橘产量和氮肥生产效率的关系

4 个区组间的温室气体排放、酸化和富营养化均存在显著差异。在单位面积上(图 19-8)，与 LL 区组、HL 区组和调研农户的平均值相比，HH 区组的温室气体排放分别减少了 14.1%、34.8%和 12.0%，酸化潜值分别减少了 16.1%、41.0%和 14.8%，富营养化潜值分别减少了 16.2%、42.0%和 15.2%。在单位产量上，与 LL 区组、LH 区组、HL 区组和调研农户相比，HH 区组的温室气体排放分别减少了 72.5%、25.4%、44.9%和 55.5%，酸化潜值分别减少了 73.0%、20.3%、49.9%和 56.6%，富营养化潜值分别减少了 73.0%、18.1%、50.7%和 56.6%。

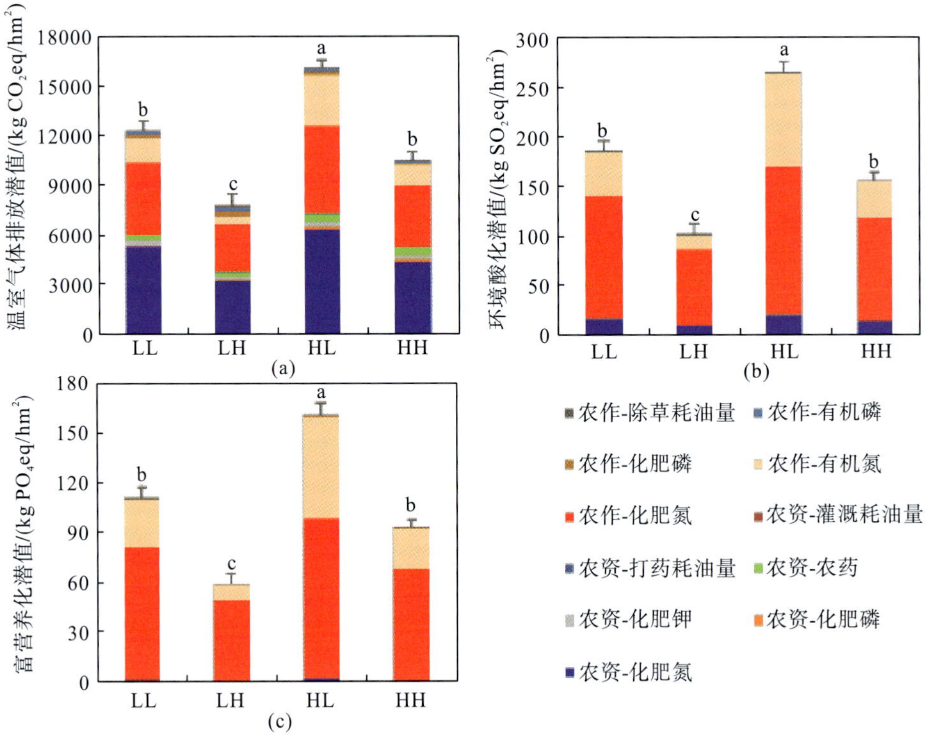

图 19-8　单位面积上四个区组柑橘种植的温室气体排放(a)、酸化(b)和富营养化潜值(c)

丹棱县柑橘生产系统中的柑橘产量、氮肥偏生产力和环境代价均存在很大的差异。在柑橘园环境代价过高的背后存在着巨大的环境代价减排潜力，减少化肥投入成为减少环境代价的主要方式。除此之外，施用绿色农业投入品以及增加有机肥的投入都可以在一定程度上减少柑橘园环境代价。

19.4.3　丹棱县柑橘绿色生产实践

对丹棱县域开展柑橘产业调研中，为了解当地柑橘种植技术水平，对农资经销商开展关于缺素叶片的认知相关调研。结果发现对于大量元素氮、磷以及钾的元素缺素认知度均为 100%(图 19-9)。然而对于中微量元素缺素认知分别有 50%、65%、65%、45%以及 61%的农资商人不能准确识别镁、钙、铁、锌和硼等的柑橘叶片缺素症状。农资商人作为柑橘种植过程中的技术指导人员，相关理论知识尚且缺乏，由此可见，丹棱县域内柑橘种植户的种植技术水平急需提升。因此针对丹棱柑橘生产中存在的问题，研发和推广绿色投入品、制定丹棱桔橙“不知火”绿色栽培技术规程、建立丹棱晚熟柑橘周年绿色生产模式、创新技术推广和服务模式，才能进一步推动丹棱柑橘绿色生产。

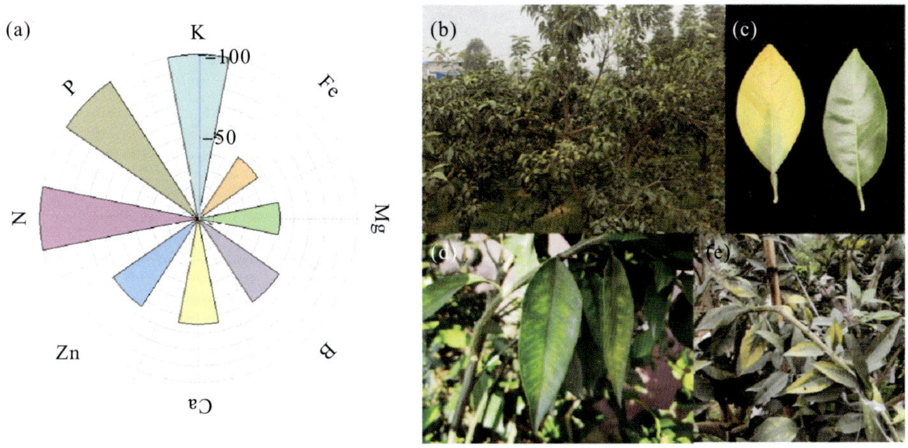

图 19-9　农户对柑橘叶片不同养分缺失认知(a)；不同程度柑橘叶片镁素缺乏状况(b)～(e)

丹棱县依托重点农资生产企业研发绿色柑橘专用肥，并进行了多年多点的验证和示范。与农户习惯的施肥相比，柑橘专用肥或套餐肥可以显著改善当地柑橘园普遍缺镁的问题，柑橘产量增加 3%～15%，可降低可滴定酸含量、增加可溶性固形物及固酸比。在减少 30%肥料投入的基础上，施用柑橘专用肥的果园增收 10%左右，同时酸化潜势、温室气体排放潜势、水体富营养化潜势分别降低 30.4%、27.7%和 36.9%，实现了经济和环境的友好、绿色发展(图 19-10)。

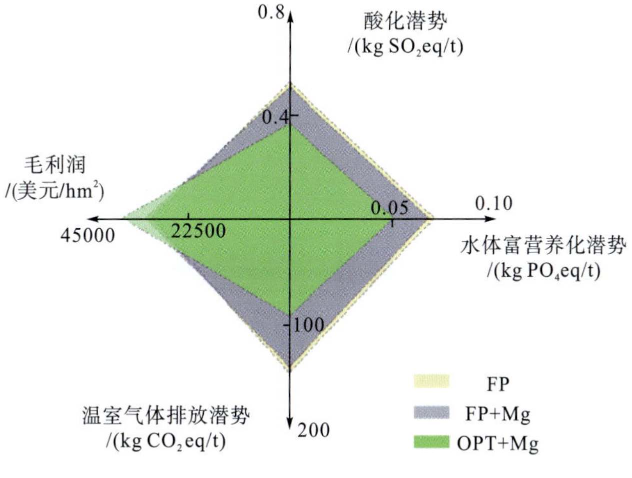

图 19-10　绿色柑橘专用肥(OPT+Mg)对柑橘园效益及环境代价的影响

丹棱县不断强化柑橘绿色标准化生产，严格做到按标准进行桔橙栽培、管理、病虫害防治，确保桔橙果实的质量。为更好适应市场需要，全面反映桔橙果实商品质量，2019 年，在丹棱县标准化生产的基础上，其所在的眉山地区公布了《杂交柑桔清见生产技术规范》《杂交柑桔大雅柑生产技术规范》《杂交柑桔爱媛 38 号生产技术规范》等一系列地方标准，丹棱模式实现了技术输出。在生产实践中，西南大学柑橘研究团队结合晚熟桔橙物候期制定了丹棱晚熟柑橘周年绿色生产模式，明确每月田间管理农事要点，方便种植户规划和提前管理(图 19-11)。

图 19-11　丹棱晚熟柑橘周年绿色生产模式

丹棱县不断深入推进基层农技推广体系改革与建设，通过“农科教产学研一体化”等项目，推广柑橘绿色种植技术，培育科技农民(图 19-12)。在当地小农户种植结构下，政府推广系统中的农业技术人员影响最大。其中，以专门负责经作物生产的“多经站”为柑橘种植技术推广的核心部门。辅之以植保站、土肥站、质检站、科教站等不同系统通过各专业系统以承接的项目为推动，开展相关知识推广与技术培训。同时，驻地企业也广泛开展柑橘绿色种植技术示范与培训，如云天化依托西南大学柑橘技术团队，建立了丹棱柑橘科技小院，通过培训、观摩、技术咨询、短视频等多种方式开展柑橘绿色种植技术推广。新形势下，还涌现出一批“土专家”并开设线上课程服务，技术推广和服务模式不断创新。

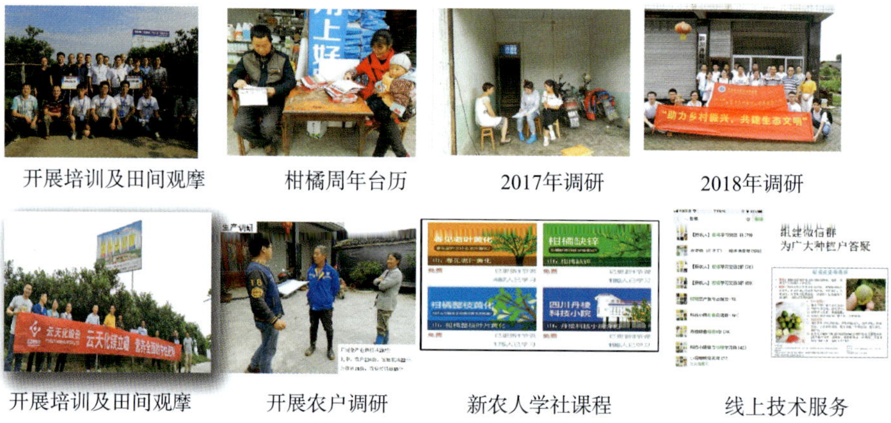

图 19-12　丹棱柑橘绿色生产技术推广及服务

19.5　丹棱县绿色食品原料基地创建助推柑橘产业绿色发展

创建全国绿色食品原料标准化生产基地工作是农业标准化工作的重要组成部分；是推进农业标准化生产的重要措施；是新阶段农产品质量安全管理的重要内容；是深化农业结构调整、优化农业生产布局、发展高产优质高效生态安全农业的重要手段；是发挥县域比较优势、提高农业综合生产能力和农产品市场竞争力、增加农民收入的重要举措；也是落实中共中央、国务院关于“扩大无公害食品、绿色食品、有机食品等优质农产品生产和供应”的具体行动。丹棱县于 2017 年开始创建国家绿色果品基地，同时创建国家地理标志农产品。

19.5.1　绿色原料基地创建内容

为确保绿色食品质量安全，在基地生产管理体系建设上，按照集中连片、合理规划、规模发展的原则，按杂柑（“不知火”“大雅柑”“爱媛”）品种实行县域化种植，主要种植杂柑优良品种，积极推广杂柑测土配方施肥、草生栽培等新技术，强化了生产管理；建立健全县、乡、村、户四级生产管理体系，实施产品质量追溯制度，统一印制绿色食品杂柑农户管理档案 8000 余份，使档案齐全、规范；县农业局、县绿办结合本地实际制定了眉山市丹棱县绿色食品杂柑标准化生产技术规程，以绿色食品原料标准化生产技术手册的形式发放到农户手中，现已发放 8000 余份，印制田间生产管理记录册 8000 余份，通过举办绿色食品生产技术培训班，对农户进行了指导培训，使他们按照内容要求规范、真实填写，并对农户进行了信用体系建设教育，教导农户以诚信经营为本。以乡镇为单位、绘制了基地分布图和地块分布图，并对地块进行统一编号，建立了电子信息管理档案，分别在丹棱镇、双桥镇、仁美镇三个乡镇基地设立大型标识牌 3 块，小型标识牌 5 块，建立了“统一优良品种、统一生产操作技术规程、统一统入品供应和使用、统一田间管理、统一收购”的绿色食品“五统一”生产管理制度，有效组织农户生产。

在农业投入品管理体系建设上，县农业执法队每年对 200 户农资经营户进行培训、考核，农资经营户需持证上岗；联合工商、质量技术监督对基地内生产投入品市场进行监督检查和抽查 3 次以上；制定了丹棱县绿色食品原料标准化生产基地农业投入品管理办法、农业投入品公告制度，定期公布基地允许使用、禁用或限用的农药名单；继续加大“三账一卡”推行力度，对基地周围、农资经营网点实行拉网式检查，从源头上有效控制投入品的使用。

19.5.2　绿色原料基地创建过程与分工

1. 抓组织管理体系

在组织管理方面，丹棱县成立了由县人民政府县委常委为组长，县农办、县发改委、县农业、县科技、县财政、县工商、县质检等部门负责同志组成的基地建设领导小组，并以县政府办公室文件下发各有关单位；文件明确了领导小组工作职责，召开基地建设领导小组会议 3 次以上，对全县杂柑绿色标准化基地建设进行了全面的安排部署；同时在县农业局设立了绿色食品原料(杂柑)标准化生产基地建设办公室，由县农业局局长兼任办公室主任，并以文件形式下发了《眉山市丹棱县创建全国绿色食品原料标准化生产基地实施方案》《眉山市丹棱县绿色食品原料标准化生产基地考核办法》；基地办明确了工作职责，制定管理制度 12 项，配备专职工作人员 11 人，同时按照文件要求，健全了乡、镇、村组织机构，明确了乡(镇)长为基地建设负责人；各村委会主任、乡镇农业服务中心技术人员为具体工作人员，并建立了相应的岗位责任制度，建立健全基地建设目标责任制度考核办法；县、乡、村三级层层签订了责任书，细化量化了考核指标，实施了项目资金整合，有效增加投入，为提高基地建设水平，县财政累计投放资金达 20 万元以上。

2. 抓标准化生产管理

努力提高基地标准化水平，丹棱县的绿色食品杂柑标准化基地具备了生产条件，完全符合《绿色食品产地环境技术条件》(NY/T 391)的要求，基地方圆 5km 和上风向 20km 范围没有污染源企业，水源供应主要依靠自然降雨和岷江水灌溉，水质符合绿色食品生产要求，施肥严格按照《绿色食品肥料使用准则》执行，以有机肥为主。县财政筹资 20 多万元用于基础建设；以眉山市丹棱县农业信息网为依托，开辟了绿色食品专栏，并与成都绿色食品和中国绿色食品网实现了衔接。

3. 抓政策扶持提高经济效益

大力实施优势特色农业产业带动战略，丹棱县委、县政府高度重视绿色食品原料(杂柑)标准化基地建设，把标准化基地创建活动作为促进社会主义新农村建设的重要手段，对基地建设出台了许多优惠扶持政策，在财政十分紧张的情况下，千方百计筹措资金，狠抓各项工作的落实，以基地建设，县域化布局、产业化经营、标准化生产和市场化发展为目标，统一优良品种供应，划定基地建设规划保护县；大力实行订单农业，积极引导扶持绿色食品生产加工企业，加强产销衔接；以强化各种管理档案建设为突破点，严格各类技术标准及规范，建立健全绿色食品质量安全追溯制度，积极转变政府职能，强化服务意识，积极带领广大农户建协会、促营销、活流通，围绕杂柑深加工发展柑橘产业，有力地促进了当地经济的发展。

19.5.3 绿色原料基地创建成效显著

根据四川省人民政府《关于加快现代农业产业基地建设的意见》(川发办〔2017〕80 号)、省农业厅《关于贯彻落实〈四川省人民政府关于加快现代农业产业基地建设的意见〉的实施方案的通知》(川农业〔2017〕146 号)、《四川省优势特色效益农业发展规划》(2016—2020 年)和《中共眉山市委、眉山市人民政府关于强力推进柑橘产业发展的决定》(眉委发〔2016〕9 号)，中共眉山市丹棱县委、眉山市丹棱县人民政府关于强力推进四川丹棱杂柑“加快建设现代农业杂柑产业基地强县”工作，并被丹棱县省农业厅、财政厅、发改委列入“四川省现代农业产业(柑橘)基地强县培育县”。

按照中国绿色食品发展中心、四川省农业厅及四川绿色食品发展中心有关文件精神，丹棱县将杂柑列为丹棱县创建全国绿色食品原料标准化生产基地的首批农产品。丹棱县严格按照《关于创建全国绿色食品标准化生产基地的意见》的要求，召开多次专题工作会议，研究安排部署，健全组织机构，配备专业技术人员，制定完善了各项管理制度，明确工作职责，狠抓责任落实，促进了创建工作的各项建设任务顺利完成。目前，丹棱县已建立绿色食品杂柑标准化生产基地面积 4.3 万亩，主要分布在丹棱、双桥、仁美 3 个乡镇。建设了县域特色明显、产业化经营条件良好、标准化生产体系健全、市场化发育程度高、产品市场竞争优势强的绿色食品原料(杂柑)标准化生产基地。创建基地面积 4.3 万亩，预计生产优质绿色食品 8.6 万 t。

19.6　丹棱柑橘产—储—运—销融合发展与品牌建设

农产品产—储—运—销融合发展是实现就地处理，减少流通环节，提高商品果率，减少采后损失，增加销售半径和延长货架期的重要举措，也是实现柑橘全产业链绿色发展的关键。

19.6.1　丹棱县农产品仓储物流建设

2018 年丹棱县规模以上水果初加工企业有 36 家。目前全县已建有冷藏保鲜库 756 座，静态库容量 7.4 万 t，仓储面积 125 亩，交易总量 15.5 万 t。计划近期再建冷藏库 50 座，单座库容量 100t。实现了鲜销特色农产品产地仓储保鲜冷链能力明显提升，产后损失率显著下降，商品化处理能力普遍提升，产品附加值大幅增长。目前丹棱县水果初加工主体已有 33 辆运输车(其中冷链运输车 5 辆)，单次运输总量达 150 多 t，运输车辆仍在增加。未来 3～5 年，丹棱县将以国家级商贸物流中心建设为重点，推进六级冷链物流体系建设。一是推进产地农产品仓储保鲜冷链设施建设，根据全县柑橘种植分布，以中国晚熟柑橘商贸物流中心为核心，以丹棱桔橙集配交易中心为纽带，在杨场镇、齐乐镇布局乡镇果园、田间仓储冷链物流点，在中隆社区、古井村等村(社区)布局村级仓储冷链物流设施，最终形成“国家—省—市—县—乡(镇)—村(社区)”六级仓储冷链物流体系。二是重点规划打造中国晚熟柑橘商贸物流中心，项目规划面积 500 亩，计划投资 10 亿元，3～5 年建成集加工冷链物流中心、晚熟桔橙全产业链大数据中心、电子商务中心、展示交易中心、科研中心、农业小机具(物料)生产中心于一体的综合性商贸物流中心。

19.6.2　唱响品牌，提高丹棱桔橙竞争力

统筹力量包装地域品牌，已申报注册“科乐吉”“大雅桔橙”等商标 25 个，注册了

“丹棱不知火”地理标志证明商标。强力推介品牌，连续9年赴北京、上海、南京、武汉、深圳、杭州等地举办“丹棱桔橙”品牌推介会，参加国内外博览会、展销会、商品节等活动，展示产品、开拓市场。引导发展涉农电商50余家、网(微)店3000余家，有11家年销售额达1000万元、1家突破2亿元，开设苏宁易购“丹棱特色馆”、京东“丹棱生鲜馆”，开通阿里“丹棱特产微供平台”，让“眉山春橘·丹棱桔橙”火遍大江南北。举办“互联网＋‘不知火’桔橙节”、“云享丹棱桔橙”系列活动，通过抖音、拼多多、京东等平台进行宣传推介，吸引中央电视台、新华社等50余家主流媒体争相报道。“丹棱桔橙”连续5年荣登中国区域品牌百强榜，2021年品牌价值50.6亿元。

19.6.3 延伸链条，拓宽丹棱桔橙“致富路”

丹棱县成立了国有四川省丹橙现代果业有限公司，充分发挥龙头引领作用，组建丹棱县桔橙产业联合体，实施“六统一”模式，实现“农户+合作社+企业”共闯市场。培育桔橙深加工企业威兰特，推出“果小酒”系列产品，年产值超8000万元。拓宽“农业+”新业态，打造桔园新城，建成梅湾桔橙主题公园、天府橙都农业主题公园两个省级农业主题公园，促进“丹棱桔橙”转型升级，做长产业链条。

19.7 丹棱柑橘全产业链绿色发展的启示

1. 坚持政府主导，推进全产业链绿色发展，实现供给侧改革

坚持政府搭台、企业唱戏，构建品牌共享机制，调动各要素积极性，形成“政府主导、院校支撑、业主生产、企业参与、部门监管”的全产业链运营模式。加大政策扶持，完善政策供给，采取项目支持、财政补贴、金融保障、政策保险等手段支持业主提档、企业做大做强、院校积极参与，推动区域产业与企业协同绿色发展(图19-13)。

2. 坚持“三品”核心，筑牢品牌根基

坚持以“品种、品质、品牌”为核心，以“种出品质一流桔橙”为保障，以“创响一流区域品牌”为目标，从“品质、品牌、品味、品位”的差异性寻求品牌利益点，以优质的品种提升品质，以优良的品质铸就品牌，以响亮的品牌成就农业大产业。

3. 坚持科技支撑，激活品牌活力

坚持以建设标准化基地为基础，以推广标准化种植技术为前提，以提升产品品质为保障，建成科技运营服务平台，实现晚熟柑橘全产业链的数字化。建立健全追溯体系，实现产品的可追溯、品质有保障。大力扶持电商发展，开设电商销售平台，通过产品入网，实现农产品原产地供货。

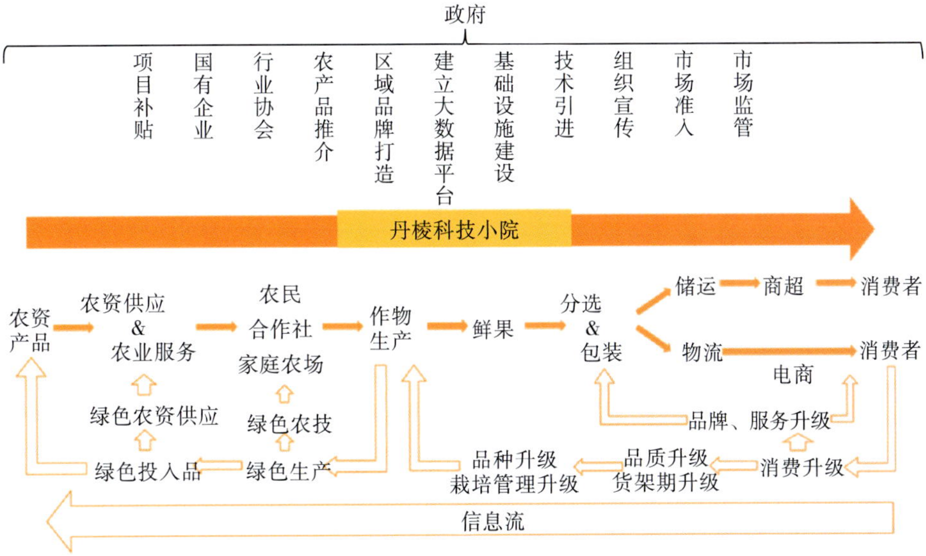

图 19-13　丹棱柑橘全产业链绿色发展模式

4. 坚持增收目标，提升品牌效益

坚持以桔橙产品为突破口，深挖“丹棱桔橙”自然禀赋，充分发挥桔橙产业的特色优势，以推进“农户+”模式，发展“农户+合作社”“农户+合作社+公司”“农户+合作社+联合体”等形式，通过建基地、搞加工、创品牌，推动大产业链接小农户，引领果农走标准化、合作化、产业化、品牌化发展之路，推动丹棱农业产业上档升级，促进产业增效、农民增收。

参考文献

李奇穗，2018. 丹棱县气象条件对“不知火”生长发育的影响初探. 南方农业，34(12)：41-42.

龙泉，2020. 丹棱县柑橘镁营养现状及其调控. 北京：中国农业大学.

谢友祥，2016. 气象条件对柑橘种植的影响分析. 农业工程技术(综合版)，26(9)：77.

杨敏，2020. 酸性柑橘园土壤氮素转化与调控研究——以丹棱县为例. 重庆：西南大学.

张跃强，龙泉，杨敏，2019. 镁让晚熟杂柑更“美”. 中国农资，(34)：17.

Yang M，Long Q， Li W L，et al.，2020. Mapping the environmental cost of a typical citrus producing county in China：Hotspot and optimization. Sustainability，12(5)：1-18.

第 20 章　江苏省兴化市水稻全产业链绿色发展

兴化市位于江淮之间，江苏里下河腹部，属亚热带湿润季风气候，具南北气候过渡特征。兴化市全年日照时数为 2313h，年太阳总辐射量为 119.5kJ/cm^2，光合有效辐射量为 56.1～58.5kJ/cm^2，年平均气温为 15℃，无霜期为 239d，年平均降水量为 1000mm，良好的水热条件为其成为“鱼米之乡”奠定了基础。

截至 2020 年，兴化市水稻种植面积稳定在 125 万亩左右，水稻产量为 9405kg/hm^2(兴化市统计局，2021)，产量水平较往年提高明显。在政府的有效指导下，兴化市成为国家生态示范区。同时，“一村一品”专业示范镇(村)、“一村一品一网店”、休闲观光农业示范村等建设正逐步推进。兴化市也是江苏省内最早的全国粮食生产功能区划定试点县，对于整个江苏省农业发展具有指导、借鉴和辐射作用。

20.1　江苏省兴化市水稻全产业链绿色发展现状

为分析兴化水稻种植产业现状，我们通过走访式调研形式对当地农户进行常年实地调研，随机选取农户进行问卷调查，获取研究数据。问卷主要内容包括土地状况、作物种植、物料投入、农事操作、相关机械等。基于调研数据，本章对江苏省兴化市水稻种植产业现状与问题进行了具体分析。

20.1.1　兴化水稻种植产业产量水平与投入情况

调查结果显示，兴化市早年水稻产量为 8250kg/hm^2(图 20-1)，处于相对较高水平。与之相对应，水稻生产过程中的氮肥投入量在 378kg N/hm^2 左右，氮肥投入量较高。生产过程中磷肥和钾肥的投入量分别为 56.25kg P_2O_5/hm^2 和 56.25kg K_2O/hm^2，农户施用量主要集中于该水平。

2019 年兴化市水稻产量水平为 9000kg/hm^2(图 20-2)，相较往年产量提升明显。氮肥施用量水平(中位值)为 354.75kg N/hm^2，氮肥偏生产力为 25.37kg/kg，氮肥施用量相较往年有所下降，减肥减氮已有一定成效。根据文献资料显示，全国的水稻平均施氮量为 214.00kg N/hm^2，平均产量为 7140kg/hm^2，氮肥偏生产力为 37kg/kg(Wu et al.，2015)。兴化市水稻单产比全国农户平均水平高 26%。但是，兴化市水稻施氮量是全国平均水平的 1.66 倍，导致氮肥偏生产力显著低于全国平均水平，仅为全国平均水平的 68.57%，氮肥减施仍有较大空间。根据前期研究所得，兴化市水稻推荐的减氮比例为 31%(郭九信 等，

2016；郭俊杰 等，2019）。磷肥与钾肥的施用水平分别为 60kg P_2O_5/hm^2 和 67.5kg K_2O/hm^2，相较往年有所提升，磷肥施用水平较高而钾肥施用不足。

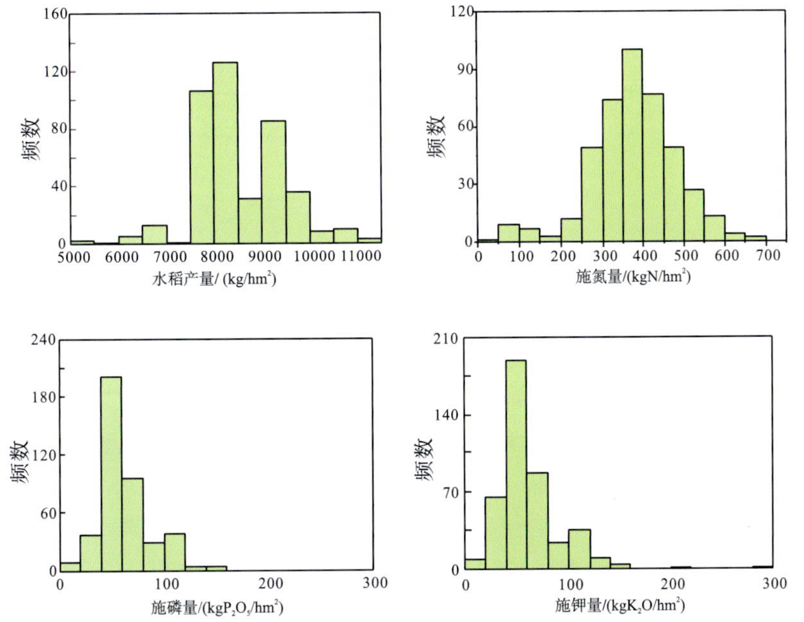

图 20-1　兴化水稻生产投入和产出概况（2010～2014 年）

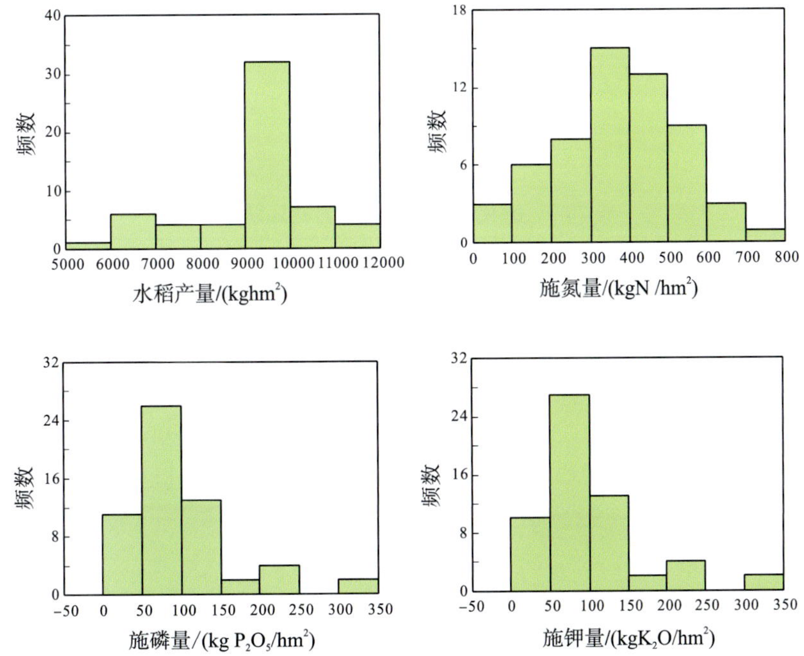

图 20-2　兴化水稻产量与施肥水平（2019 年）

从肥料品牌、品种统计结果(表 20-1)来看，兴化市水稻肥料品牌众多，水稻种植户的选择面较宽，适当的市场竞争有利于保证合理的肥料价格。从品种上来看，肥料多为 15-15-15 的复合肥与尿素，配方肥的使用较少，种类较为单一，不利于配方施肥。

表 20-1 兴化水稻肥料品牌、品种统计

村名	品牌名称	品牌种类及其配比
北芙	沃富特	复合肥(15-15-15)、尿素
北刘	保利、美乐、灵谷化工	复合肥(15-15-15)、尿素
钓鱼	美乐、灵谷化工	复合肥(15-15-15)、尿素
双溪	康耐思、灵谷化工	复合肥(15-15-15)、尿素
檀孙	保利、灵谷化工	复合肥(15-15-15)、尿素
同利	宜兴、美乐、康耐思、中东、灵谷化工	复合肥(15-15-15)、(16-16-16)，尿素
渭水	沃富特、日兴、康耐思、嘉吉复合肥、灵谷化工	复合肥(15-15-15)、尿素
小邹	施耐康、沃富特、灵谷化工	复合肥(15-15-15)、尿素
新南	康耐思、灵谷化工	复合肥(15-15-15)、尿素
姚家	康耐思、灵谷化工	复合肥(15-15-15)、尿素
仲南	翁福、金字牌、史丹利、美乐、绿巨人、中化、金正大、灵谷化工	复合肥(24-12-12)、(32-0-8)，尿素
周奋	红富、美乐、翁福、史丹利、灵谷化工	复合肥(15-15-15)、(28-12-11)、(34-0-16)，尿素

在水稻底肥的施用上，采用人工撒施方法的人数最多，占所调研人数的 71.43%。水稻追肥的施用方式也以人工撒施为主，占到了调研人数的 90.91%(表 20-2)。即在基肥和追肥的施用方式上，农民仍以人工作为主要手段，机械化程度不够，不利于规模化种植。

表 20-2 兴化水稻种植施肥方式汇总(%)

	机械沟施	人工撒施	机械撒施	种肥同播
底肥	7.14	71.43	7.14	14.29
追肥	1.82	90.91	7.27	—

兴化水稻种植的投入方面，水稻种植的每亩投入在 307 元到 900 元不等，总投入平均值为 532 元，各部分投入的平均值分别为：农药投入 110.2 元，机械投入 184.1 元，灌溉投入 19.9 元，肥料投入 217.92 元(图 20-3)。

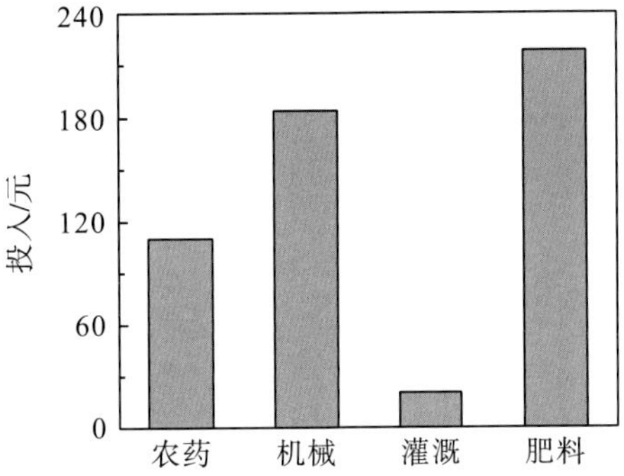

图 20-3　兴化水稻种植投入成本

20.1.2　兴化水稻种植产业环境代价与影响因素

碳足迹能够指示各个功能单位的排放水平，是衡量产品或过程环境代价的重要指标。基于兴化区域水稻种植农户调研数据，运用生命周期分析法分析兴化水稻种植的碳足迹水平、构成和潜在影响因素，对兴化水稻种植产业进行环境代价评价。碳足迹计算方法及相关系数来源于《2006 年 IPCC 国家温室气体清单指南》。农业投入资料温室气体排放系数如表 20-3 所示，来源为中国生命周期数据库(CLCD)和 Ecoinvent2.2 数据库。

表 20-3　农业投入资料温室气体排放系数表

农业投入	系数	单位
氮肥(N)	1.53	kg CO_2eq/kg
磷肥(P_2O_5)	1.63	kg CO_2eq/kg
钾肥(K_2O)	0.65	kg CO_2eq/kg
用电(南方)	0.82	kg CO_2eq/kW · h
柴油	4.99	kg CO_2eq/kg
除草剂	10.15	kg CO_2eq/kg
杀菌剂	10.57	kg CO_2eq/kg
杀虫剂	16.61	kg CO_2eq/kg
水稻种子	1.84	kg CO_2eq/kg
小麦种子	0.58	kg CO_2eq/kg

1. 兴化水稻种植产业碳足迹排放水平与构成

兴化水稻种植产业的单位面积碳足迹和单位产量碳足迹分别为 7940kg CO_2eq/hm^2 和 884kg CO_2eq/kg，碳排放水平较高(表 20-4)。以中国南方双季稻系统为例，其早稻、晚稻和双季稻单位产量碳足迹分别为 0.86kg CO_2eq/kg、0.83kg CO_2eq/kg 和 0.85kg CO_2eq/kg (Xue et al.，2016)。兴化水稻碳排放水平与南方双季稻系统相比没有优势。

表 20-4　兴化水稻种植碳足迹排放水平表

排放项目	氮肥	磷肥	钾肥	柴油	用电	种子	除草剂	杀菌剂	杀虫剂	甲烷	总计
单位面积碳足迹/(kg CO_2 eq/hm^2)	597.1±32.9	142.2±16.2	58.3±6.3	514.9±74.0	313.0±65.8	282.0±17.5	180.3±15.8	63.8±12.7	99.2±14.1	5688.8±72.7	7939.6±124.6
单位产量碳足迹/(10^{-3}kg CO_2 eq/kg)	66.0±3.5	15.8±1.78	6.5±0.70	57.0±8.12	36.6±8.30	31.6±2.01	20.40±1.76	6.7±1.30	10.6±1.46	632.3±8.12	883.5±15.4

兴化水稻种植产业单位面积碳足迹构成中，水稻季以甲烷排放占比最高，占水稻季碳足迹总量的 72%。其次是肥料投入，占水稻季总碳足迹的 10%，其中氮肥占比最大。能源损耗次之，其中柴油约占 6%，最后为农药和种子(图 20-4)。甲烷是水稻种植过程中的主要排放气体，与之密切关联的是种植期的时长和淹水状态。而在生产过程中，肥料投入和能源消耗是主要的碳排放源。因此，兴化水稻种植产业中应优先考虑减肥减耗以降低环境影响。

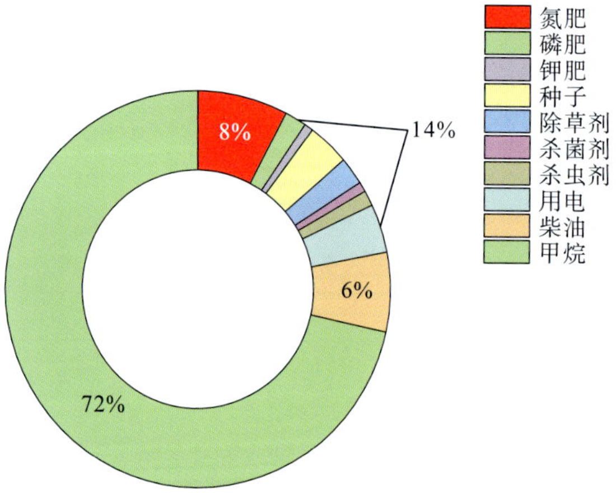

图 20-4　江苏兴化水稻种植产业碳足迹排放构成(单位面积)

2. 兴化水稻种植产业碳排放影响因素

基于兴化水稻种植产业碳足迹构成与实际情况，进一步分析其影响因素。结果表明，主要影响因素肥料(氮肥、磷肥、钾肥)、柴油都与碳排放水平呈显著的正相关关系，即减少物料投入对兴化水稻种植的环境代价降低会有显著作用。受教育程度也与碳排放有一定关联。

如图 20-5 所示，氮肥投入量与单位面积碳足迹呈显著正相关关系，线性回归方程为 y=1.7x+7280.5(R^2=0.08)，即每公顷农田氮肥用投入增加 1kg，单位面积碳足迹增长 1.7kg CO_2eq。磷肥投入对兴化水稻种植产业碳足迹的影响与氮肥类似(y=4.1x+7583.7，R^2=0.11)，即每公顷农田磷肥用量投入增加 1kg，单位面积碳足迹增长 4.1kg CO_2eq。钾肥投入与兴化水稻种植产业碳足迹呈显著正相关，线性回归方程为 y=4.4x+7540.6(R^2=0.12)。可以看出，兴化水稻种植产业的碳足迹排放与肥料投入有密切关联，过高的肥料投入会使碳排放水平显著提高。而兴化水稻种植中的氮肥投入量和磷肥投入量均偏高，有一定的减排空间。兴化水稻种植产业碳足迹与柴油投入呈显著的正相关关系，线性回归方程为 $y=3.0x+7626.2$（$R^2=0.13$），即每公顷农田柴油投入增加 1kg，单位面积碳足迹增长 3kg CO_2eq。柴油是能量消耗中最主要的部分，也是兴化水稻种植产业碳排放中仅次于肥料的部分，在生产过程中需要提高柴油利用效率，降低总体能源损耗，以进一步降低碳足迹排放。

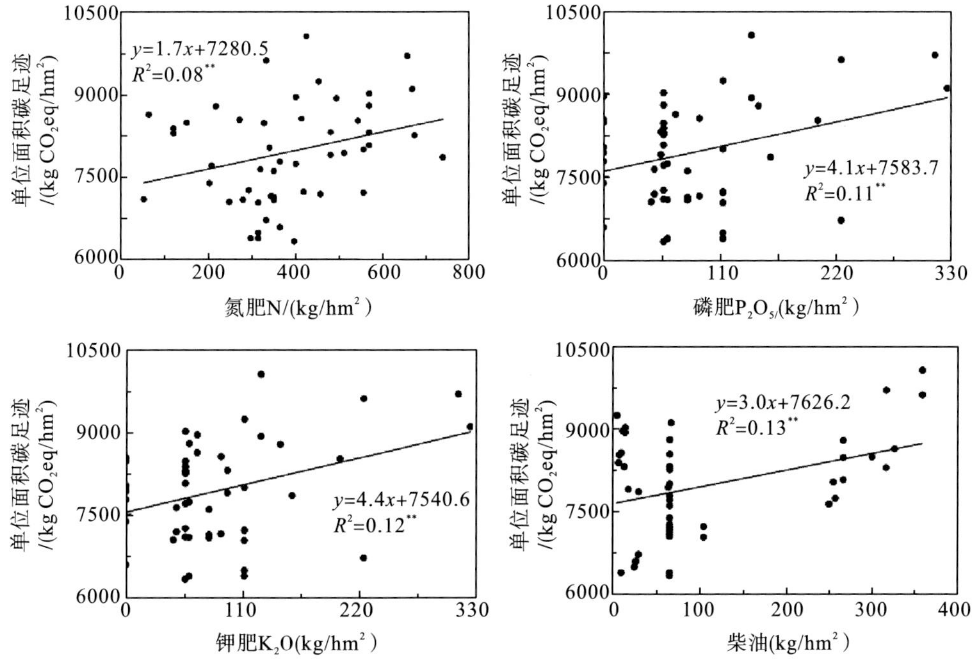

图 20-5　兴化水稻种植产业碳足迹与肥料投入和柴油投入的关系

注：*代表 $P<0.05$，**代表 $P<0.01$。

农户受教育水平对兴化水稻种植产业碳足迹的影响如图 20-6 所示。单位面积碳足迹中，小学以下学历分组农户对应的单位面积碳足迹水平最高，小学学历分组和高中及以上分组农户单位面积碳足迹水平最低。单位产量碳足迹中，随着受教育水平的提高，碳足迹整体呈下降趋势，即在兴化水稻种植中，农户的受教育水平对其环境有一定的影响。

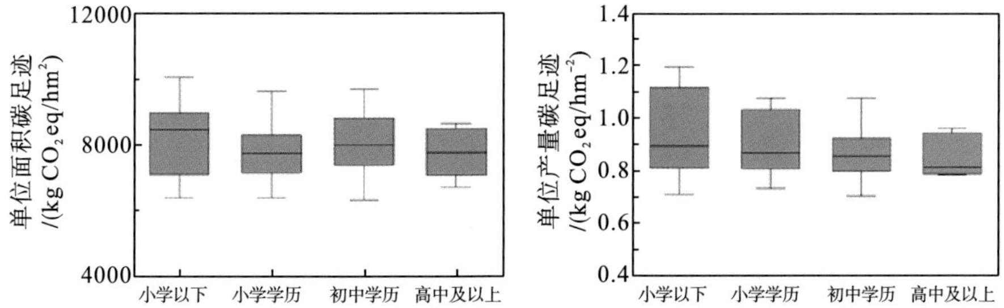

图 20-6　兴化水稻种植产业碳足迹与农户受教育水平的关系

20.1.3 兴化水稻种植产业其他限制因素

1. 农户年龄较高，受教育水平低

根据对江苏省水稻生产的研究，农户生产力与农户受教育水平存在一定的联系（拟合函数为：农户生产力=0.28×受教育程度-0.22×年龄+0.34×产量-0.09×施氮量+0.16×面积）。目前江苏省兴化市的水稻种植农户年龄集中在50～60岁，占调研样本总数的37.93%，年龄在50岁以上的农户所占比例为86%。受教育程度集中在9年以下，占调研样本总数的85%（图20-7）。兴化市从事农事活动的人口多以老年人为主，同时受教育的程度较低，会影响生产效率（Xie et al.，2020）。同时前文中也提到，受教育程度低也对应了相对较高的环境代价，不利于绿色发展。2018年，全国首批全过程无人种植水稻在江苏兴化成功收割，可以为解决劳动力衰减问题提供有价值的参考。

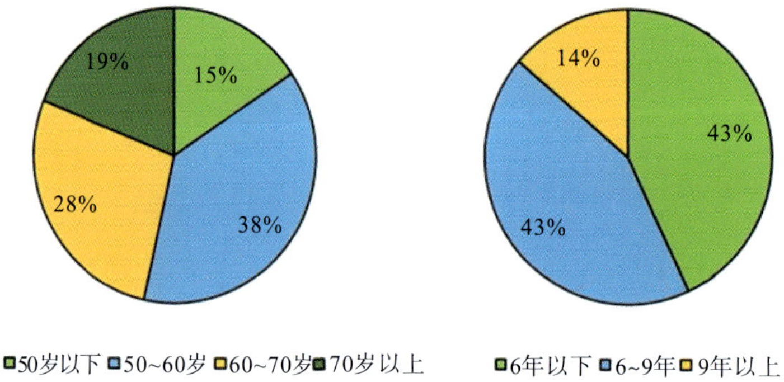

(a)
农户年龄分布

(b)
农户受教育程度

图20-7　兴化水稻种植农户年龄分布(a)、受教育程度(b)比例

2. 农户认知与参与度不足

兴化农户对水稻种植的认知仍存在较多问题，以品种为例（图20-8），67%的农户在购买前不了解种子品种是否为政府主导品种。只有39%的农户对政府推荐品种采用积极的态度，61%的农户对政府推荐水稻品种持观望或拒绝态度。在所选用的品种中，只有17%的农户选用了新品种，农户对新品种的信心不足。影响品种选择的主要因素是种子质量和价格，分别占比35%和28%；政府补贴影响占比最小，只占12%。

而以节约用肥方面为例（图20-9），主要的节肥方式为采用配方肥、缓控释肥以及水肥一体化，节肥措施较多，但仍有43%的农户没有节约用肥。在没有节肥的农户中，有40%的农户认为节肥会影响产量，27%的农户认为不需要节肥，33%的农户不会节肥或认为没有节肥的条件，农户认知仍存在较大偏差且参与度仍不足。

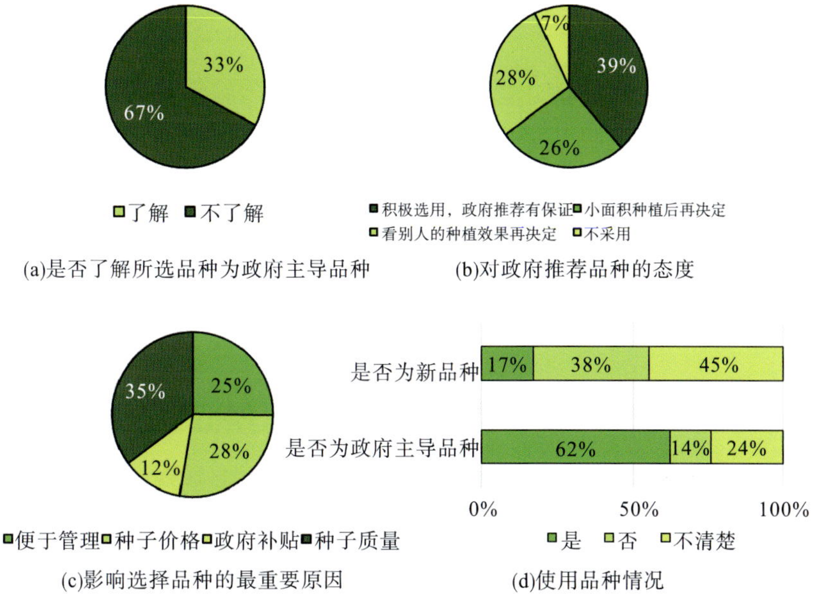

(a)是否了解所选品种为政府主导品种　(b)对政府推荐品种的态度

(c)影响选择品种的最重要原因　(d)使用品种情况

图 20-8　农户对推荐品种的认知与态度

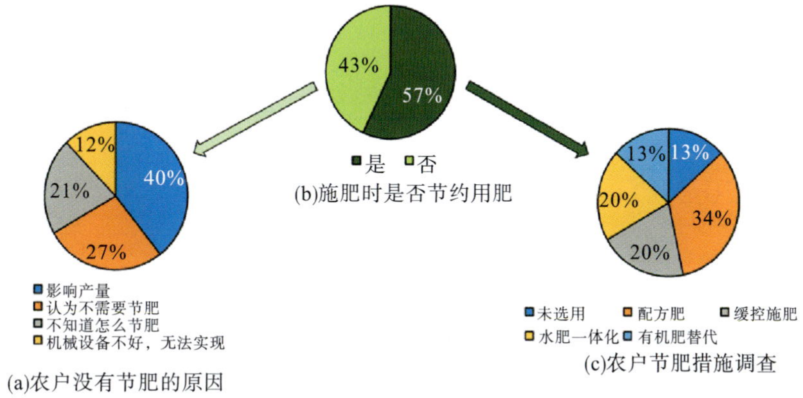

(b)施肥时是否节约用肥

(a)农户没有节肥的原因　(c)农户节肥措施调查

图 20-9　农户对节约用肥的态度与参与方式

3. 技术推广培训仍存在不足

在绿色农业相关技术培训方面(图 20-10)，有一半左右的农户没有接受几种类型的绿色农业相关技术培训，培训普及度仍可提高。同时，绿色农业相关技术培训的主体主要来自农技站指导(70%)，合作社等农合组织的参与度较低，农民合作组织运转失灵。高校和科研院也占据了一定的比例，仍有较高的提升空间。

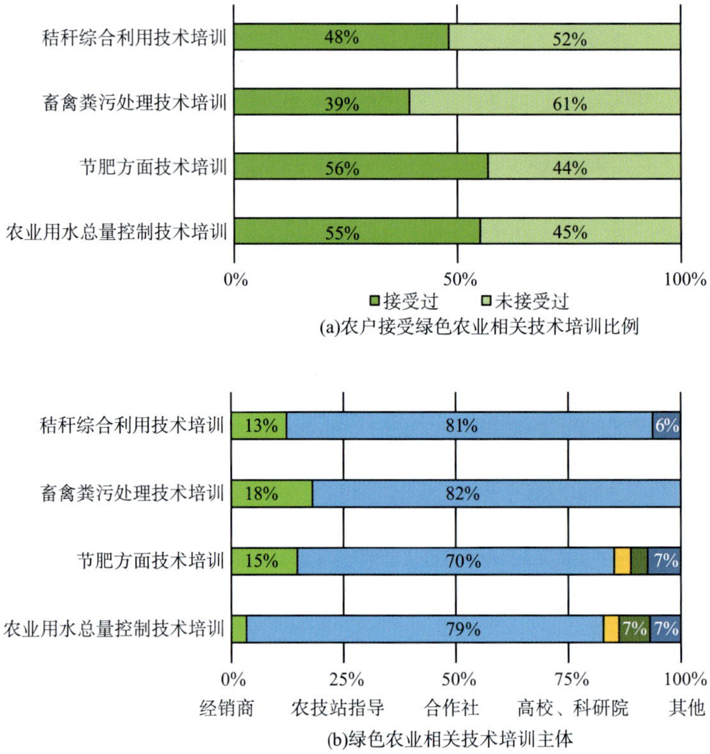

图 20-10　绿色农业相关技术培训情况

20.2　江苏兴化水稻绿色生产全程技术模式

20.2.1　产前绿色技术模式

1. 土壤养分测定

对兴化稻田土壤进行采样测定，测定结果如表 20-5 所示。通过对兴化稻田养分状况进行充分地了解，为施肥方案的设计提供科学参考。同时根据作物群体营养与功能动态指标，以及养分需求总量与动态匹配指标，设计地上地下匹配方案。

表 20-5　兴化土壤养分测定情况

pH	全氮/(g/kg)	速效磷/(mg/kg)	速效钾/(mg/kg)	有机质/(g/kg)
7.3±0.05	0.8±0.1	43.4±9.7	96.3±5.9	13.2±0.3

2. 绿色高效品种选定

从图 20-11 可以看出，不同品种水稻之间存在显著的差异，超级杂交稻品种“Y 两优 5867”(籼稻)、“Y 两优 3218”(籼稻)与超级常规稻“南粳 9108”(粳稻)、“镇稻 11”

(粳稻)分别为高磷高钾型、低磷适钾型、低磷适钾型和中磷高钾型(图 20-12 和图 20-13)。根据需要选择合适的品种，可以保证兴化稻米的产量，同时兼顾稻米的品质。2017 年江苏兴化水稻品种迟熟中粳稻主推品种为南粳 9108。

图 20-11　超级杂交稻(左起 1、2)与超级常规稻(左起 3、4)品种田间对比

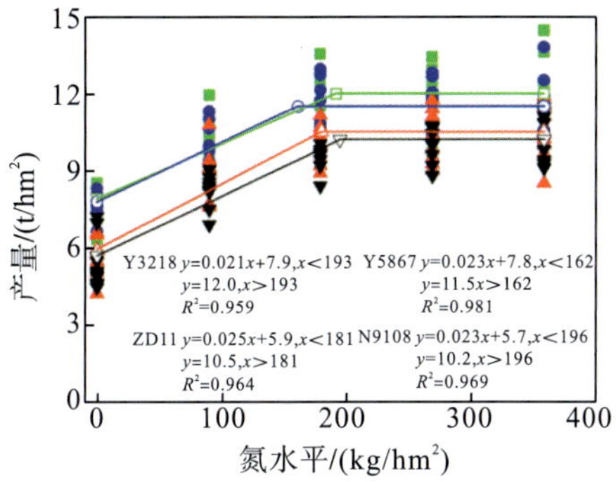

图 20-12　不同品种对氮投入水平的响应

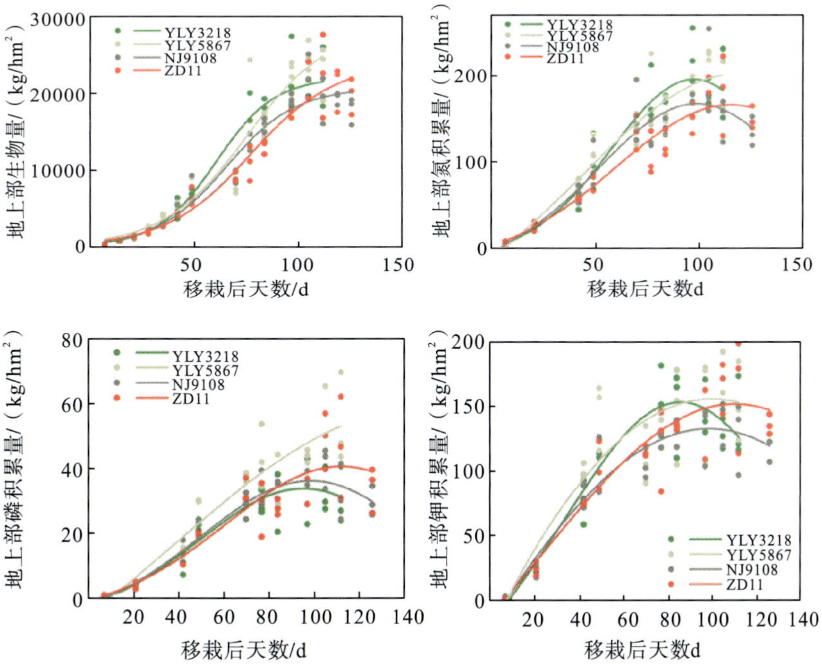

图 20-13　不同品种生物量与养分积累特征

注：养分投入水平为 270kg N/hm²、90kg P_2O_5/hm²、90kg K_2O/hm²。

20.2.2　产中绿色技术模式

1. 水稻绿色育秧

水稻秧苗适宜生长的土壤 pH 值为 5.5～6.0，兴化土壤偏碱性，对苗床 pH 进行调节，调为适宜水稻的酸性，培育苗壮的秧苗，为移苗种植打下良好基础(图 20-14)。

(a)　　(b)

图 20-14　石灰性土壤苗床育苗(a)与调酸土壤苗床育苗(b)

2. 高产群体质量诊断与调控施肥

我们基于土壤地力测定、绿色品种选定，并联系江苏兴化具体情况，提出了针对兴化高产水稻的群体质量诊断与调控施肥绿色技术模式(图 20-15)。

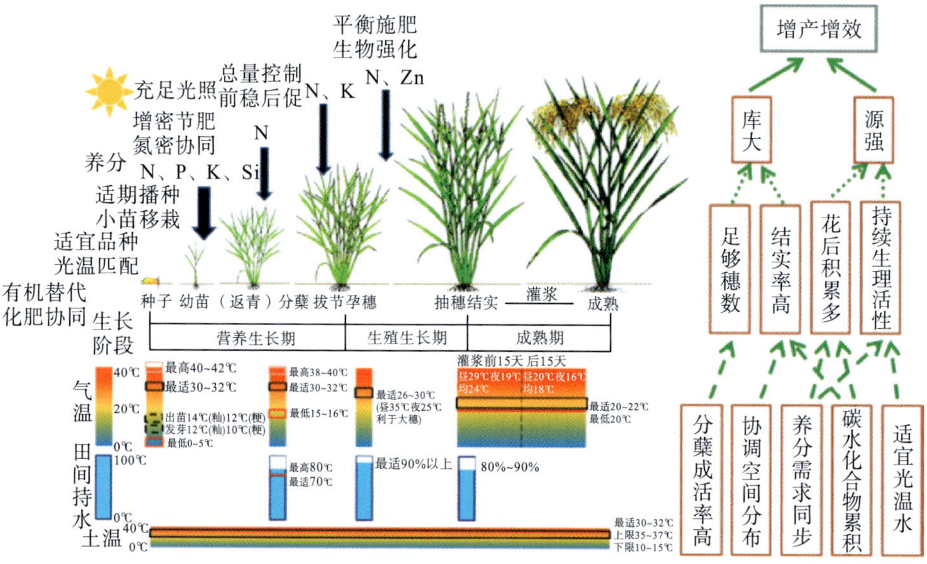

图 20-15　高产群体质量诊断与调控施肥

我们根据试验数据，进一步制定了减肥减药绿色优化方案，并模拟农民习惯施肥方案与之对比，具体方案如表 20-6 所示。

表 20-6　兴化水稻农民习惯施肥与减肥减药绿色施肥方案　（单位：kg/hm^2）

处理	N	P_2O_5	K_2O	有机肥
农民习惯	320（7:3）	80	80	0
减肥减药	260（4:2:2:2）	45	125	4500

如表 20-7 所示，兴化减肥减药绿色施肥方案比农民习惯施肥方案增产 14.7%。减少化肥的投入、增施有机肥的减肥减药综合管理方案明显提高了结实率，进而提高了水稻的产量。由于在保证产量的同时降低了化肥的投入，也显著提高了氮肥的偏生产力。

表 20-7　兴化施肥方案水稻产量及氮肥利用效率对比

处理	穗数/($\times 10^4/hm^2$)	穗粒数	结实率/%	千粒重/g	产量/(kg/hm^2)	氮肥偏生产力/(kg/kg)
农民习惯	274±10	146±4	85±1	27±0.3	9308±368	29
减肥减药	287±6	150±4	91±3	28±0.4	10677±437	41

与农民习惯施肥方案相比，减肥减药绿色施肥方案每公顷地能为农户增收 3285.6 元（表 20-8），为农户带来了更高的经济效益。

表 20-8　兴化施肥方案每公顷水稻经济效益对比

处理	化肥费用/元	人工费用/元	有机肥费用/元	农药除草/元	水稻单价/(元/kg)	产量/kg	效益差/元
农民习惯	3000	1200	0	1200	2.4	9308	/
减肥减药	2430	1800	2250	1200	2.4	10677	3285.6

如表 20-9 所示，减肥减药绿色施肥方案的精米率为 72.82%，与农民习惯施肥方案(74.45%)相比差异不大，综合产量的提升效果，减肥减药绿色施肥方案的精米产出量有所提升。另一方面，减肥减药绿色施肥方案的稻麦垩白度为 4.41%，相比农民习惯施肥方案有显著下降，即减肥减药绿色施肥下水稻垩白度显著下降、稻米品质明显提升。

表 20-9　兴化施肥方案稻米品质对比

处理	精米率/%	垩白度/%
农民习惯	74.45	7.68
减肥减药	72.82	4.41

整体而言，通过采用高产群体质量诊断与调控施肥绿色技术模式，兴化水稻绿色生产实现了在产量水平、稻米品质、资源利用效率以及经济效益上的全面提高。

3. 功能型叶面肥绿色施用

除常规施肥、培肥之外，针对水稻常见问题，我们与企业合作研发功能型叶面肥，实现了科研成果转化。在对应生育期施用专项功能型叶面肥，实现了抗倒抗逆、提质增效的目标。叶面肥施用效果如图 20-16 所示。

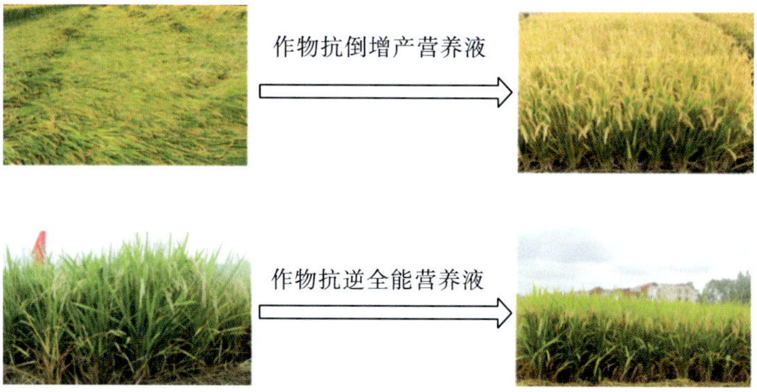

图 20-16　功能型叶面肥施用效果

4. 绿色红外无损监测技术

我们基于红外无损成像技术进行水稻群体质量监测(图20-17)，并通过冠层温度判断冠层光合速率对比差异，灌浆期时通过冠层温度预测籽粒产量，对产出情况进行预估(图20-18)，为后续工作规划相应方案。

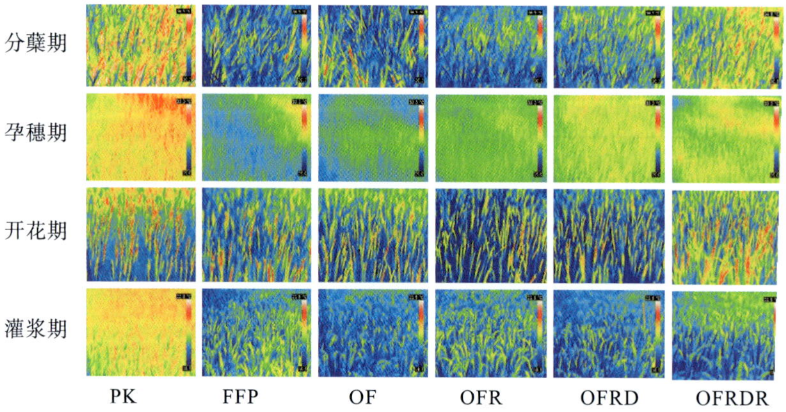

图 20-17　水稻群体质量红外无损热成像

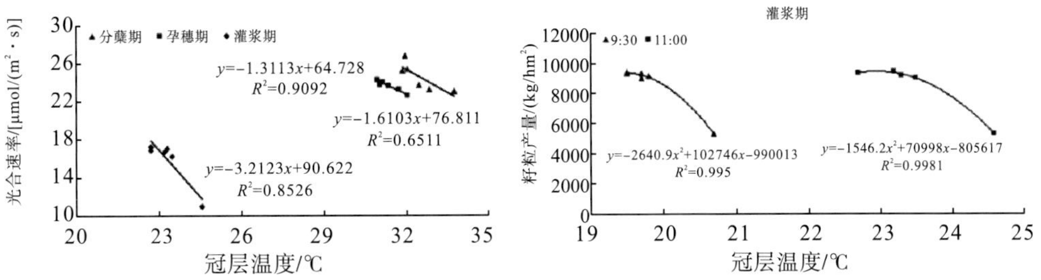

图 20-18　冠层温度与光合速率及籽粒产量关系曲线

20.2.3　产后绿色技术模式

1. 稻米加工

兴化稻米加工流程如图 20-19 所示，主要包括清理、砻谷和碾米等几个阶段。清理过程中需对稻米杂物清除干净，以保证安全生产和稻米质量，从而避免危害人体健康。砻谷分离阶段控制砻谷机轧距，保证较高的脱壳效率并减少米粒损失。碾米阶段主要通过物理碾米方式碾除皮层，并辅以筛选、精选设备获得成品大米。

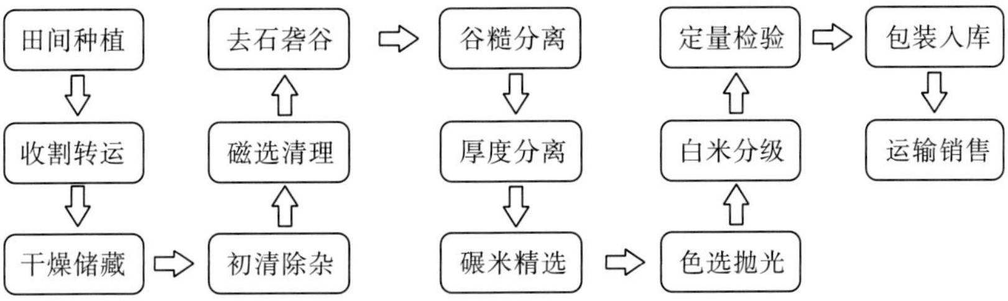

图 20-19　兴化稻米加工流程

2. 品牌打造

兴化大米米粒饱满且硬质粒多，粒型适中而腹白较小，口感软滑又富有弹性，极具特色，陆续荣获 CCTV 魅力农产品嘉年华的第五届“十大魅力农产品”、第十三届中国国际农产品交易会金奖、第十五届中国国际粮油展金奖、第十六届中国绿色食品博览会金奖、2016 年度中国十大大米区域公用品牌等荣誉称号，是中国国家地理标志产品，并入选了农业农村部《2015 年度全国名特优新农产品目录》，同时于 2019 年“江苏好大米十大品牌”评选中位列榜首，已形成广受认可与好评的区域特色品牌。基于“兴化大米”这一著名品牌，兴化市持续推动水稻绿色种植技术的普及，通过减肥减药、绿色管理的方式提升大米质量，提高产品附加值。另一方面，企业与市政府合作，积极推动种粮大户、高等院校与粮食企业的三方联动，实现订单化种植，形成稻米稳定生产、科技保障充足、产品合理流通的铁三角模式。当前，兴化市水稻订单种植面积接近 20 万亩，占兴化市水稻种植总面积的六分之一，订单化规模正在逐步扩大。

20.3　水稻绿色生产全程技术模式应用与推广

20.3.1　水稻绿色生产田间示范、技术指导与长期性专项培训

我们通过试验田示范、田间指导与长期性专项培训等方式，实地指导绿色生产技术，实现辐射周边、以点带面的推广模式(图 20-20～图 20-23)。

图 20-20　兴化水稻田间示范效果对比

图 20-21　兴化田间示范水稻植株与稻穗对比

图 20-22　兴化水稻田间长势跟踪指导

图 20-23　绿色种植生产技术长期性专项培训

20.3.2　绿色生产信息多平台宣传推广

我们通过企业、学生团体、网络等平台进行宣传科普，多平台协同工作，实现绿色生产信息交流与技术推广(图 20-24～图 20-26)。

图 20-24　校企合作示范、观摩推广模式

图 20-25　大学生长期实地调研与科普宣传

图 20-26　网络平台跟踪报道与科普信息宣传

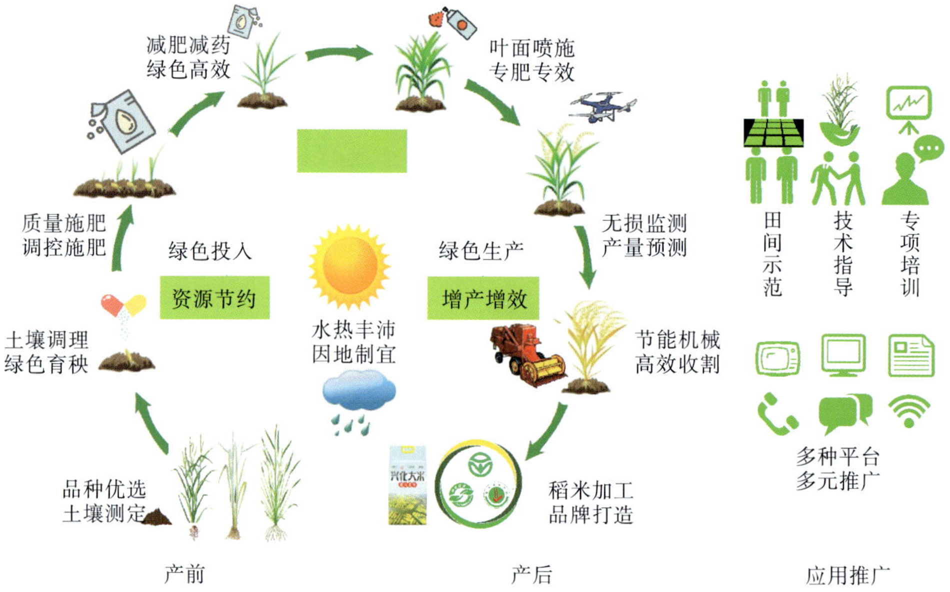

图 20-27　江苏省兴化市水稻全产业链绿色发展模式

20.4　小　　结

综上所述，针对兴化市生产状况与问题，综合产前、产中、产后生产技术模式，结合应用推广，我们形成了江苏省兴化市水稻全产业链绿色发展模式(图 20-27)。通过绿色发展模式，我们将继续在保证资源节约、环境友好的前提下实现全产业链增产增效，助力推动农业绿色发展。

参　考　文　献

郭九信，孔亚丽，谢凯柳，等，2016. 养分管理对直播稻产量和氮肥利用率的影响. 作物学报，42(7)：1016-1025.

郭俊杰，柴以潇，李玲，等，2019. 江苏省水稻减肥增产的潜力与机制分析. 中国农业科学，52(5)：849-859.

兴化市统计局，2021. 2020 年兴化市粮食生产保持稳定.http://www.xinghua.gov.cn/art/2021/2/5/art_ 49711_ 3037674.html [2021-10-18].

Wu L，Chen X P，Cui Z L，et al.，2015.Improving nitrogen management via a regional management plan for Chinese rice production. Environmental Research Letters，10(9)：95011.

Xie K L，Guo J J，Ward K，et al.，2020. The potential for improving rice yield and nitrogen use efficiency in smallholder farmers：A case study of Jiangsu，China. Agronomy，10(3)：419.

Xue J F，Pu C，Liu S L，et al.，2016. Carbon and nitrogen footprint of double rice production in southern China. Ecological Indicators，64：249-257.

第 21 章　湖北武穴稻油全产业链绿色发展

长江流域具有优越的光、温、水、热条件，是我国重要的农业生产基地（石孝均，2003；丛日环等，2016）。水旱轮作是该区域主要的轮作模式，其中水稻-油菜（稻油）轮作对于保障国家粮油安全具有重要意义。本章通过对武穴市稻油种植的农户调研和加工企业调研，对稻油种植技术已发表文章进行分析总结，明确了武穴市稻油全产业链绿色发展模式。

21.1　武穴稻油种植产业现状与存在问题

武穴市是湖北省重要的商品粮生产基地，同时也是国家油菜产业技术体系“一县一业”的科技示范县，有“中国油菜之乡”之称。武穴市的农业耕作模式以中稻-油菜、双季稻-油菜轮作为主导，其种植面积占总播种面积的 80%以上（《武穴统计年鉴 2019》）。据统计，武穴市水稻（包括中稻和双季稻）、油菜种植面积分别为 55 万亩和 40 万亩，年产稻谷 30.8 万 t、油菜籽 6.5 万 t（《武穴统计年鉴 2019》）。

近年来，武穴市水稻在稻油轮作生产中出现了一些问题，严重制约了稻油轮作的发展。第一，前后茬作物接茬困难（王谦　等，2014）。现阶段长江中下游地区水稻生产以种植中晚稻为主，但该地区推广的油菜品种生育期较长（刘胜利，2018），这导致了在稻油轮作模式中茬口矛盾突出（蒋鹏　等，2016）；第二，劳动力短缺、种植成本增加。当前，农村青壮年劳动力大量向城镇转移，剩余劳动力不足以维持传统精耕细作的高强度生产需求，这使得对稻油轮作轻简化种植模式日趋迫切（蒋鹏　等，2016；梅俊豪　等，2016）。

此外，稻油轮作在生产上还面临着其他问题，如水旱轮作导致温室气体排放的增加和不同作物所需农机和农艺技术不相融等（冯夕　等，2019）。因此，为了发展武穴稻油轮作种植绿色发展，本章对上述问题进行了深入研究。

21.1.1　武穴市稻油种植的资源投入

1. 种质资源投入

武穴市油菜种子由政府统一选供，主要为“华双 4 号”“阳光 2009”“华油杂 62”“华早 291”“浙油 8 号”等，油菜籽双低率为 100%。油菜种植方式以直播为主，直播比例为 81.2%，主要播种方式为人工撒播，播种量为 450～600g/亩，每亩种子花费 25～30 元。水稻同样以直播为主，直播比例为 94.1%。农户主要种植常规稻，主要品种为‘黄华占’，播种量为 3.5～4.5kg/亩，每亩种子花费 40～60 元。

2. 化肥资源投入

武穴市农户主要施用复合肥和尿素(图 21-1)，其中复合肥以新洋丰、祥云和宜施壮作物专用复合肥为主。油菜季，农户施用复合肥作为基肥，用量为 300.0～1200.0kg/hm^2。油菜追肥主要施用尿素(折合纯氮为 34.5～138.0kg N/hm^2)。整个油菜生育期肥料成本为 900.0～2167.5 元。水稻季，基肥主要施用复合肥，施用量为 375.0～1500.0kg/hm^2；水稻追肥主要施用尿素，折合纯氮为 31.1～138.0kg N/hm^2。水稻生育期肥料成本为 825.0～2486.3 元。

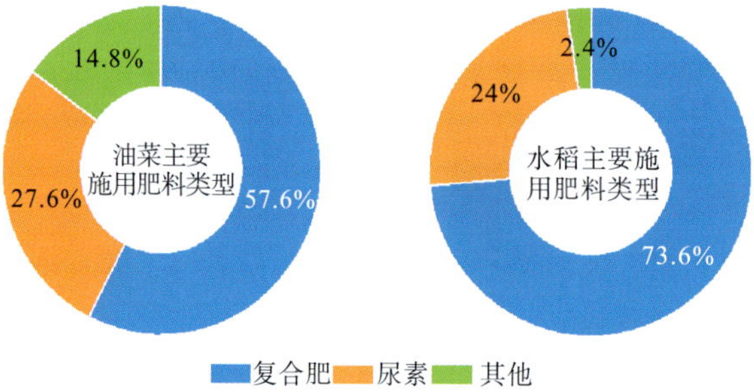

图 21-1　武穴市油菜和水稻种植主要施用肥料类型

3. 农药资源投入

油菜生育期内易受到草害(如芥菜型油菜)、病害(如菌核病)和虫害(如蚜虫)的影响。农户选用的除草剂包括乙草胺、盖草能和扑草净，51.4%的农户在油菜播后 3 天内进行封闭除草，后期依据草害情况进行 1 次茎叶除草。多菌灵、菌核净和多酮类是农户主要使用的杀菌剂，一般喷施 1～2 次；杀虫剂则主要以吡虫啉、敌百虫和溴氢菊酯为主，平均使用 1～2 次。农户油菜季除草剂、杀菌剂和杀虫剂使用次数平均为 1.4 次、1.2 次和 1.9 次(图 21-2)，每亩农药投入成本为 20～35 元。

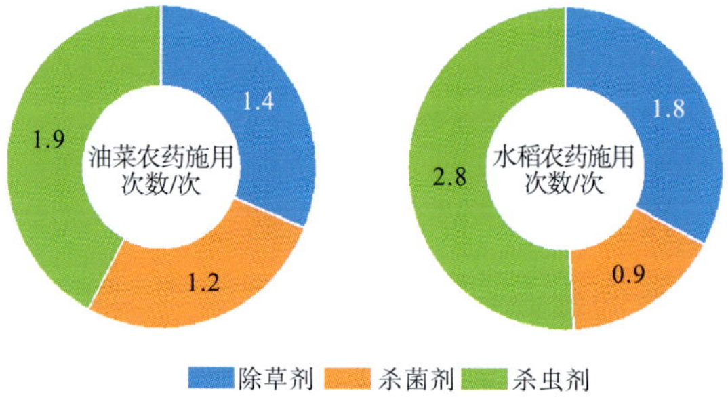

图 21-2　武穴市油菜和水稻种植农药施用次数

水稻季主要防控草害和虫害，其中稻纵卷叶螟、稻飞虱、百蔸虫发生偏重，两迁害虫世代交替及重叠现象严重威胁水稻生产。水稻杀虫剂的使用频率可高达 2～3 次。整体来看，水稻季除草剂、杀菌剂、杀虫剂平均喷施 1.8 次、0.9 次、2.8 次(图 21-2)，合计农药投入成本为 30～80 元/亩。

4. 秸秆还田

武穴市稻油轮作秸秆直接还田率达到 76.4%，其中秸秆翻压还田占直接还田率的 44.2%～55.1%，覆盖还田占直接还田率的 44.9%～55.8%。由于水稻收获后腾茬时间短、水稻秸秆生物量大，因此水稻秸秆还田存在腐解慢、腐解难的问题，影响油菜出苗。

21.1.2　稻油轮作种植成本与经济效益

油菜种植的现金成本包括种子(因政府补贴，种子成本为 0 元)、肥料、农药、机械、雇工以及地租，合计现金成本均值为 4118.8 元/hm^2，产值平均为 10533.8 元/hm^2，现金收益平均为 6415. 0 元/hm^2。在现金成本中，肥料占比最高(45.3%)，其次是机械(占比 25.0%)和租地成本(占比 19.0%)。从种植规模上看，散户的现金成本低于合作社，其中物质成本(肥料、农药)与合作社相近，而服务成本(机械、雇工、地租)要低于合作社。

在水稻种植中，现金成本包括种子、肥料、农药、机械、雇工、排灌以及地租，合计现金成本均值为 8756.7 元/hm^2，产值平均为 19607.8 元/hm^2，现金平均收益 10851.1 元/hm^2。在现金成本中，机械成本占比最高(33.3%)，其次是肥料(占比 20.9%)和排灌成本(占比 19.5%)。与油菜种植类似，小户的现金成本低于合作社，其中物质成本(种子、肥料、农药)较大户略高，而服务成本(机械、雇工、地租)则要低于合作社(表 21-1)。

表 21-1　武穴市油菜和水稻种植的生产成本与收益　(单元：元/hm^2)

	清单	油菜			水稻			周年平均 (n=142)
		散户 (n=49)	合作社 (n=11)	平均 (n=60)	散户 (n=39)	合作社 (n=33)	平均 (n=72)	
投入	种子	0.0	0.0	0.0	868.6	688.0	833.5	833.5
	肥料	1925.3	1820.1	1865.2	1896.6	1761.4	1827.7	3793.0
	农药	420.0	353.7	382.2	655.3	528.6	594.4	976.6
	机械	720.0	1600.1	1030.5	2865.4	3232.8	2912.5	3943.0
	排灌	—	—	—	1500.0	1746.0	1705.0	1705.0
	雇工	42.5	136.4	57.1	42.3	144.5	85.6	142.7
	地租	583.4	1030.5	783.8	326.9	1427.3	798.0	1581.8
	成本	3691.2	4940.8	4118.8	8155.1	9528.6	8756.7	12875.5
产出	产值	10395.0	10672.5	10533.8	19656.0	19550.9	19607.8	30141.6
	收益	6703.8	5731.7	6415.0	11500.9	10022.3	10851.1	17266.1

21.1.3　稻油轮作环境代价

武穴市稻油种植过程中，周年碳排放量平均为 13412.1 kg CO_2eq/hm^2，其中水稻生产过程中的碳排放占周年排放量的 80.3%，水稻季碳排放来源为稻田 CH_4 排放及氮肥生产运输产生的碳排放，分别占水稻季碳排放的82.0%和11.4%。油菜季碳排放2636.2 kg CO_2eq/hm^2，主要是氮肥生产运输和生产中的 N_2O 排放引起，分别占油菜季碳排放的52.1%和44.1%。散户由于单位面积上投入的纯氮相比于合作社更多，引起了更多的 N_2O 排放，导致总碳排放升高(表21-2)。

表21-2　武穴市稻油种植碳排放　(单位：kg CO_2eq/hm^2)

		氮肥生产运输	磷肥生产运输	钾肥生产运输	农药	N_2O排放	CH_4排放	碳排放
油菜	散户(n=49)	1494.0	45.8	19.7	41.4	1269.8	—	2870.7
	合作社(n=11)	1185.4	40.3	14.7	39.4	993.8	—	2273.6
	平均(n=60)	1373.2	43.6	17.8	39.8	1161.8	—	2636.2
水稻	散户(n=39)	1374.8	72.5	35.1	42	517.6	8865.5	10907.5
	合作社(n=33)	1102.9	68.5	33.3	39.4	589.9	8846.9	10680.9
	平均(n=72)	1225.2	71.0	34.5	40.8	548.9	8855.5	10775.9
	周年(n=142)	2598.4	114.6	52.3	80.6	1710.7	8855.5	13412.1

21.1.4　限制武穴市稻油种植产业的因素

1. 农户因素

农户对于新技术的接受程度低是限制武穴市稻油种植产业的原因之一。据调研发现，40.8%的受访农户对种植新技术表现出负面态度，其中有10.5%的农户拒绝接受新技术。农户对于化肥的认知水平仍然不足。例如，有48.7%的农户对于肥料复合肥的比例与含义并不了解，也不会计算肥料的折纯用量。

2. 政府因素

如图21-3所示，近年来武穴市政府提高了高标准农田、有机肥施用以及秸秆还田的种植补助投入，减少了农资综合补贴的投入。其中，农资综合补贴减少了农户种植成本，间接提高了农户收入，提升了农民种植积极性；农机购置补贴则可以提高武穴市种植产业的机械化水平，使其生产效率随之上升。

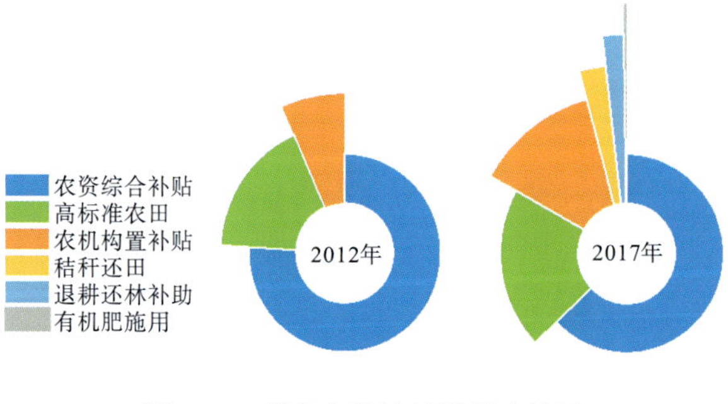

图21-3　武穴市种植补贴基本情况

3. 市场因素

稻油种植的经济效益不高直接影响农户的种植积极性。经过调研，武穴市内油菜籽收购价格近年较为稳定，保持在 5000 元/t；水稻的收购价则波动较大，例如，黄华占平时收购价格为 3000 元/t，收购旺季时则会跌至 2760 元/t。同时稻油种植成本日益攀升，过低的经济效益成为农民种植水稻、油菜积极性低的主要限制因素。

21.2　武穴优质菜籽油绿色生产全程技术模式

21.2.1　产前

武穴市是湖北省黄冈市代管县级市，位于长江中游北岸，大别山南麓。武穴市属于亚热带季风性气候，全年平均气温为 15.1℃，年降水量可以达到 2677mm，其中夏季降水量为 1142mm，降水丰沛；全年日照时数为 1305h，光照充足；夏季炎热，梅雨明显，秋高气爽，冬季较暖，气候温和湿润，是适宜农、林、牧、渔全面发展的多宜地区。

武穴市土壤理化性状各属性均值分别为 pH 6.0、有机质 30.87g/kg、全氮 1.35g/kg、有效磷 20.20mg/kg、速效钾 129.03mg/kg。武穴市油菜土壤理化性质分布如图 21-4 所示，根据全国第二次土壤普查分级标准，将武穴市土壤不同的理化性状分为 5 个等级。土壤 pH 主要分布在 5.5～6.5（占比为 48.8%），均值为 6.1。土壤有机质主要集中在 20～40g/kg（占比为 73.7%），均值为 30.87g/kg。土壤全氮主要集中在 1.0～1.5g/kg（占比为 50.7%），均值为 1.35g/kg。土壤的有效磷、速效钾含量主要分布在 10～20mg P/kg（占比为 41.2%）、50～100mg K/kg（占比为 42.8%），均值分别为 20.20mg P/kg、129.03mg K/kg。总体来看，武穴市土壤肥力处于中等水平。

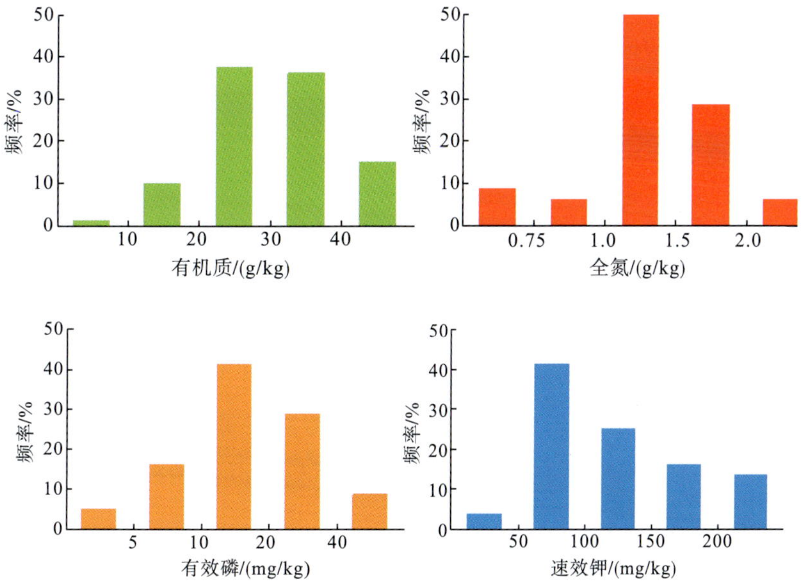

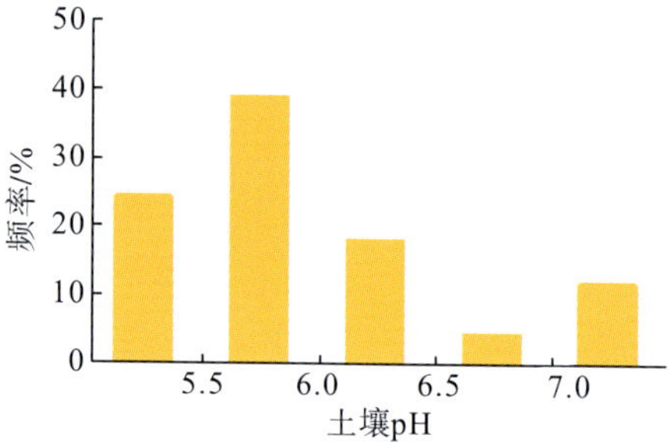

图 21-4　武穴市油菜土壤理化性质

21.2.2　产中

1. 油菜专用缓释肥高效施用技术

作物专用缓释肥作为一种新型肥料，具有养分释放与作物吸收同步和一次性施肥即可满足作物整个生长期的需要等特点。油菜专用缓释肥是根据我国冬油菜主产区土壤养分供应特点和油菜养分吸收规律提出的区域大配方，它将大量、中量和微量元素养分按适宜比例配合，既能保证油菜整个生育期对养分的需求，又能减少施肥次数、降低油菜施肥物资和人工成本。

1）技术效果

从产量构成因素来看（表 21-3），相比推荐施肥处理，专用肥处理油菜一级有效分枝数平均增加 0.4 个/株，增幅为 5.8%。而在单株角果数方面，专用肥处理油菜单株角果数较推荐施肥处理增加 26 个/株，增幅为 9.9%。结果表明，专用肥能明显改善油菜产量构成因素中的一级有效分枝数和单株角果数，进而提高产量。

表 21-3　推荐施肥与专用肥对油菜产量构成因子的影响（n=7）

处理	一级有效分枝 /(个/株)		单株角果数 /(个/株)		每角粒数 /(个/角)		千粒重 /g	
	变幅	平均	变幅	平均	变幅	平均	变幅	平均
不施肥	1.0～8.5	4.8b±1.9	13～385	145b±75	11～28	19b±4	2.82～5.08	3.73a±0.45
推荐施肥	2.2～11.0	6.9a±2.0	76～873	263a±138	12～27	21a±3	2.89～4.89	3.70a±0.44
专用肥	2.4～12.6	7.3a±2.1	55～905	289a±143	12～29	21a±4	3.11～4.75	3.78a±0.42

注：推荐施肥处理：25%～100%的氮肥和全部磷、钾肥基施，部分试验点另外基施硼砂 15kg/hm^2，氮肥追施根据各地油菜生产实际情况进行；专用肥处理：专用肥于油菜播种前一次性基施，各地施用量可根据当地的实际情况进行适当调整。不同小写字母表示不同施肥用量处理间达到显著性差异（P<0.05）。

本节采用线性加平台模型拟合油菜平均产量与专用肥用量的相关关系，计算出当地油菜专用肥最佳用量为 600kg/hm^2，其对应的油菜平台产量为 2569kg/hm^2（图 21-5）。

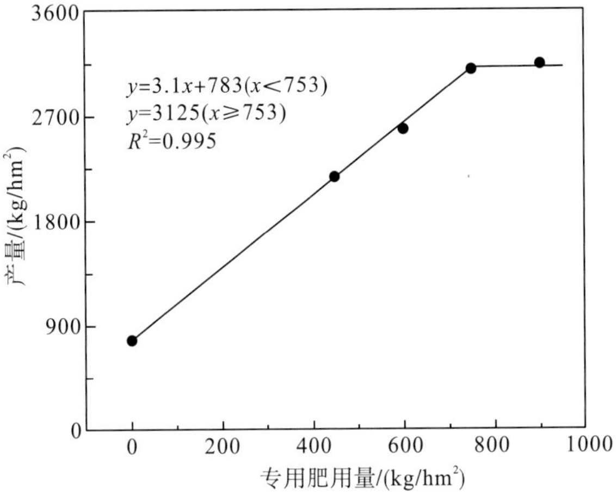

图 21-5　基于油菜产量的专用肥推荐用量

2) 技术关键要点

要选用生育期适中、抗逆性强、高产高油、适合机收的主推油菜品种，可选用“中双 11 号”“中油杂 19”“华油杂 62”“大地 199”等。推荐油菜专用肥的养分比例为 25-7-8 或 24-9-7 (N-P_2O_5-K_2O)，根据土壤肥力不同，每公顷建议施用 430~900 kg。

人工播种时，油菜播种前，旋耕土地时将肥料全部撒施，然后旋耕 5～10cm 深度，再进行播种，油菜可以采用条播或者撒播。机械播种时，可根据条件选择种肥同播机械，采用肥料侧深施技术，肥料条施 5～10cm 深度，肥料距离油菜种子约 5cm。

2. 有机肥替代部分化肥技术

施用有机肥有利于提高土壤团聚体的稳定性，起到很好的改良土壤结构的作用。此外有机肥中不溶性氮和磷代替了化肥中的速效养分，可有效减少养分的损失，使土壤养分有效保留。在当前国家提出的“化肥农药零增长”的背景下，部分区域难以达到化肥减量 25%而作物不减产的目标，通过构建有机肥替代部分化肥技术可为这些区域的油菜绿色发展提供参考。

1) 技术效果

据两年的油菜产量数据可知，化肥减量 25%的基础上增施有机肥可以显著提高油菜产量，而不同年份对油菜产量无显著影响，有机肥用量与年份之间无显著交互作用。与习惯施肥处理相比，化肥减量 25%处理的油菜产量平均下降 291kg/hm^2，降低幅度为 12.5%。而在此基础上增施有机肥可以显著提高油菜产量，且油菜产量随有机肥用量的提高呈增加趋势，当有机肥用量为 2250kg/hm^2 时达到最大。与习惯施肥处理相比，增施 2250kg/hm^2 有机肥后油菜产量平均提高 991.8kg/hm^2，增幅为 42.6%；与化肥减量 25%处理相比，油菜产量平均提高 1282.9 kg/hm^2，增幅为 63.0%(图 21-6)。

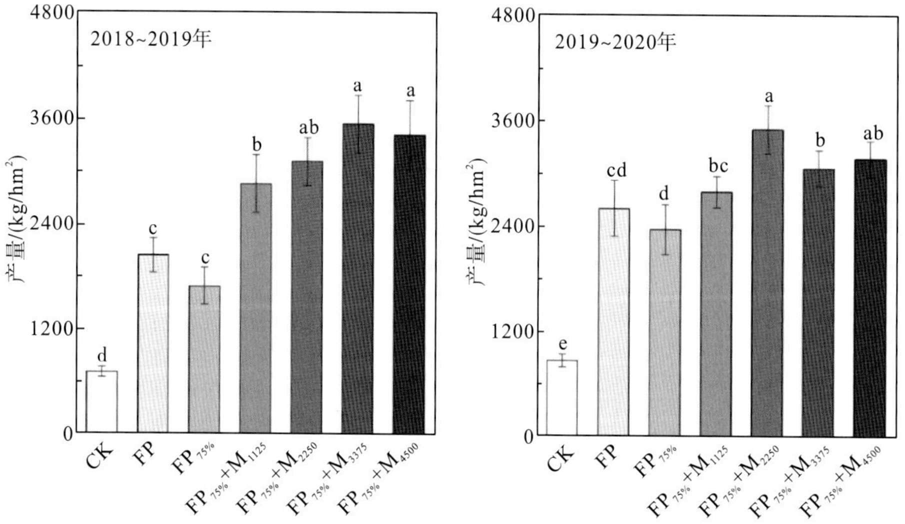

图 21-6　油菜籽粒产量对有机肥用量的响应

注：CK 为不施肥对照处理；FP 为当地习惯施肥处理；$FP_{75\%}$为习惯基础上化肥减量 25%处理；$FP_{75\%}+M_{1125}$为在化肥减量基础上增施 1125kg/hm^{2}有机肥(干基)处理；$FP_{75\%}+M_{2250}$为在化肥减量基础上增施 2250 kg/hm^{2}有机肥处理；$FP_{75\%}+M_{3375}$为在化肥减量基础上增施 3375kg/hm^{2}有机肥处理；$FP_{75\%}+M_{4500}$为在化肥减量基础上增施 4500kg/hm^{2}有机肥处理。不同小写字母表示不同施肥用量处理间达到显著性差异($P<0.05$)。

2) 技术关键要点

有机肥类型：选用优质的商品有机肥(NY 525-2021)或者生物有机肥(NY 884-2012)，有机质含量≥45%，氮含量为 1.5%～2.0%，P_2O_5含量为 2.5%～3.0%，K_2O含量为 1.5%～2.0%(以烘干基计)。

有机肥用量：每公顷推荐施用有机肥 2250～3375kg(以烘干基计)，全生育期氮、磷、钾肥可减施 25%。对于肥力较高的土壤，有机肥用量可适当降低，而肥力较低的土壤则应增加有机肥用量。

有机肥的施用方式：整平田面，一次性基施，施用后适当翻耙；可配合油菜播种-施肥-施药-覆草联合作业机械。

田间管理要点：按照当地冬油菜推荐栽培方式进行科学管理。

3. 农药高效复配飞防技术

油菜菌核病是武穴市油菜种植区的高发病害，严重制约了油菜生产。农户选择农药多为经销商推荐，用药单一，打药方式主要采用背负式喷雾器。传统施药方式劳动强度偏大，盛花期田间封行的情况下行走困难，加上油菜种植效益偏低等因素导致农户防虫防病的积极性不高。因此，农药高效复配技术及利用小型植保无人飞机进行飞防十分重要。

1) 技术效果

通过田间药效试验验证，发现啶酰菌胺 · 氯啶菌酯(2:1，NAU-R1)对油菜菌核病的田间防效良好。与常规药剂多菌灵相比，防效增加 41.9%、药剂减量 62.5%、千粒重增加 5.2%，减量增效效果显著。在药剂成本方面，多菌灵每次用药剂量为 400 g a.i./hm^2，根据有效成分含量进行折算，用药成本为 206 元；菌核净每次用药剂量为 300 g a.i./hm^2，用药成本为 207 元；啶酰菌胺与氯啶菌酯组合按照用药剂量 150 g a.i./hm^2 算，用药成本为 206 元。因此 NAU-R1 与已有药剂的用药成本相当，但用药剂量降低 50%以上，并且防效更佳(表 21-4)。

表 21-4　不同药剂对油菜菌核病的田间防控效果

药剂	使用剂量/(a.i./hm^2)	防效/%	防效增加/%	药剂减量/%	千粒重/g	千粒重增加/%
NAU-R1	150 g	89.7	41.9	62.5	3.91	5.2
菌核净	300 g	72.1	—	—	3.85	3.6
多菌灵	400 g	63.2	—	—	3.81	2.3
CK	—	—	—	—	3.72	—

2) 技术要点

采用小型植保无人飞机在油菜盛花初期施药防治菌核病，建议作业参数为飞行高度 2.0m，飞行速度 4～5m/s，施药液量 1.0L/亩，雾滴粒径 120～150μm，农药剂量可减施 10%～20%，添加助剂方式进行喷洒作业，防效可达 40%～65%。

4 稻草全量还田油菜免耕飞播技术

武穴市水稻-油菜轮作腾茬时间紧，大量稻草还田在土壤表层形成一层草毯层，影响油菜播种质量和成苗。此外，稻田土壤湿度较大，机械无法及时耕作，等到稻田土壤自然干燥时容易错过油菜适宜播种期。上述情况会导致油菜籽单产水平低，影响油菜种植的经济收益，阻碍油菜种植的推广。采用无人机飞播，应用配套的田间管理技术不仅能有效地解决上述问题，还能提高种植的效率，减少人力投入次数，控制投入成本，促进效益提升。

1) 技术效果

通过两年的研究结果表明，与农民习惯处理相比，于水稻收获前后 3 天左右进行油菜免耕飞播，油菜籽产量增加 110～908kg/hm^2，菜籽收益增加 502～4174 元/hm^2。油菜种植成本减少了 174～381 元/hm^2，扣除各项成本，免耕飞播秸秆全量还田模式的净收益为 5096～9762 元/hm^2，相较于农民习惯净利润增加 884～4348 元/hm^2，表明武穴市油菜免耕飞播模式的运用能够保障油菜稳产增产，在控制种植成本的同时，提高了油菜种植的经济收益(图 21-7)。

2) 技术要点

油菜品种选用早中熟优质甘蓝型油菜品种，如“华早 291”“阳光 2009”“华油杂 13 号”等。

播期为 9 月下旬至 11 月上旬。根据土壤墒情和收获时水稻留茬高度(≤30cm)选择播种时间(一般为收获前后 3 天左右)。播种量为 4.50～11.25kg/hm^2，播种量随着时间延迟而增加，水稻收获后 7 天播种需增加 20%左右。无人机飞行高度 3m，选择无雨无风的时间进行飞播作业。

油菜播种后 7～20 天内，采用人工均匀撒施或机械撒施等方式施用基肥(如 25-7-8-含硼的油菜专用肥，600～750kg/hm^2)。

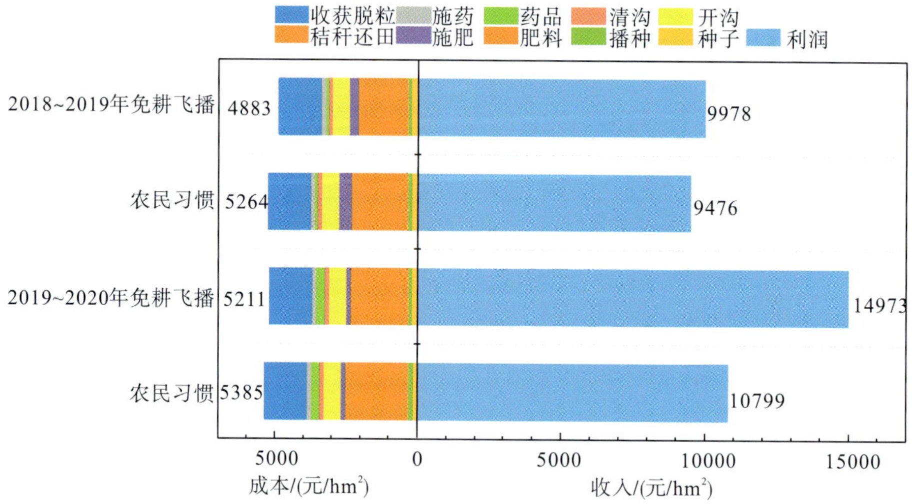

图 21-7　油菜免耕飞播种植成本与经济效益

适时收获。油菜终花后 30 天左右，当全株 2/3 角果呈黄绿色，主轴基部角果呈枇杷色，种皮呈黑褐色时，进行分段机械收获。

21.2.3　产后

1. 菜籽油加工

菜籽油加工主要采用了物理压榨，毛籽经去杂、去石进入预榨车间，通过压片机将分离好的菜籽压扁成薄片，再通过低温的卧式分离机获得毛油，温度需保持在 85～90℃，不破坏蛋白结构，最大限度地保证菜籽油的蛋白含量(40%～42%)。压榨法制取的油脂统称为毛油，毛油进入下一车间进行精炼深加工，在 210～220℃的环境下脱色、脱酸，保留特有风味和一定色泽。如图 21-8 所示，1000kg 的油菜毛籽经过加工可得到 340kg 成品油、630kg 副产品，物质损失率为 3%，其中，油菜饼粕富含蛋白质，可作为优质饲料贩卖给养殖场。

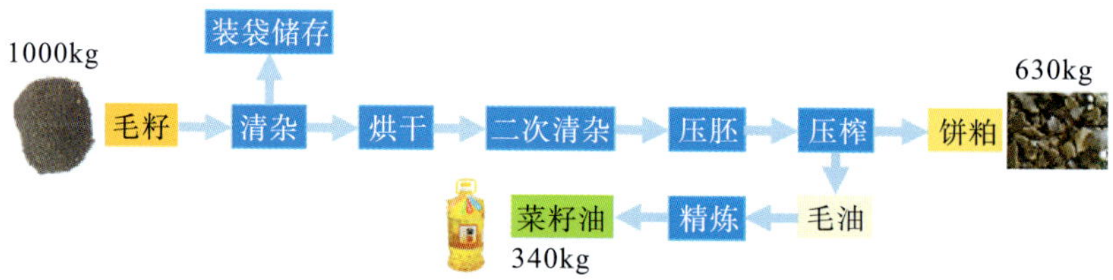

图 21-8　菜籽油加工工艺

2. 产品品牌(福康油脂)

武穴市福康油脂有限公司位于湖北省武穴市，是一家有着 60 多年悠久历史的综合性油脂加工企业，具有浓厚的历史底蕴，是湖北省首批农业产业化重点龙头企业。公司旗下的“接福”品牌获得“中国驰名商标”“中国有机食品认证”“中国绿色食品认证”。福康油脂的菜籽油产品包括有机菜籽油、压榨菜籽油、一级菜籽油以及浓香菜籽油四种，其中有机菜籽油为自产基地生产的有机产品，品质高、产量低，主要在当地超市及通过电商销售。产品年销售量为 6500～7000t，年销售额达 6000 万～7000 万元。企业与武穴市及周边近 4 万农户签订收购合同，每年收购油菜籽约 1.4 万～1.5 万 t。

21.3　武穴优质稻米绿色生产全程技术模式

21.3.1　产前

武穴市一季稻以直播栽培为主，一般 6 月上中旬播种，8 月底至 9 月上旬齐穗，苗情长势较好，主要原因为一季中晚稻生长期间温光水条件匹配，气候条件总体有利。在水稻的整个生育期内≥0℃积温可以达到 2944.1℃，平均温度为 23.7℃，总降水量可以达到 1644.9mm，满足水稻生长中高热高水的条件。

武穴市水稻土理化性状各属性均值分别为 pH 5.53、有机质 24.78g/kg、全氮 1.36g/kg、有效磷 15.54mg/kg、速效钾 78.88mg/kg。武穴市水稻土理化性质分布如图 21-9 所示，根据湖北省水稻种植的土壤养分丰缺指标体系，将武穴市的水稻土不同的理化性状分为五等地。土壤 pH 主要分布在 5～5.5，所占比例为 48.1%，土壤略显酸性。土壤有机质主要分布在 20～30g/kg，其频率为 49.03%，土壤有机质的二等地与四等地也分布较多，其频率分别为 24.04%和 20.19%。土壤全氮主要为二、三等地集中在 1.25～1.75g/kg，其累积频率为 48.23%。土壤的有效养分磷、钾主要分布在 10～20mg/kg、25～100mg/kg，其累积频率分别为 42.31%、79.81%。

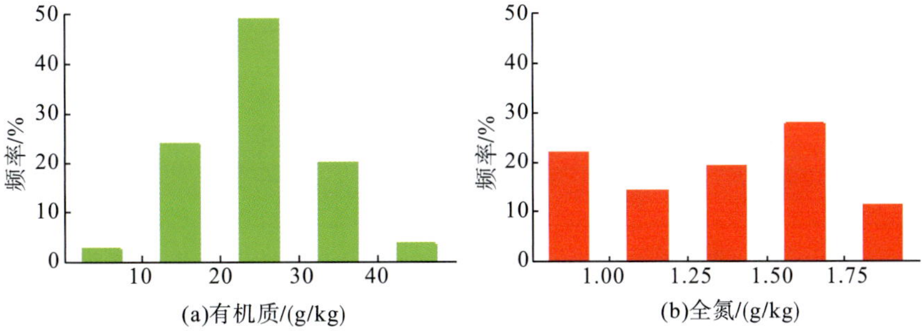

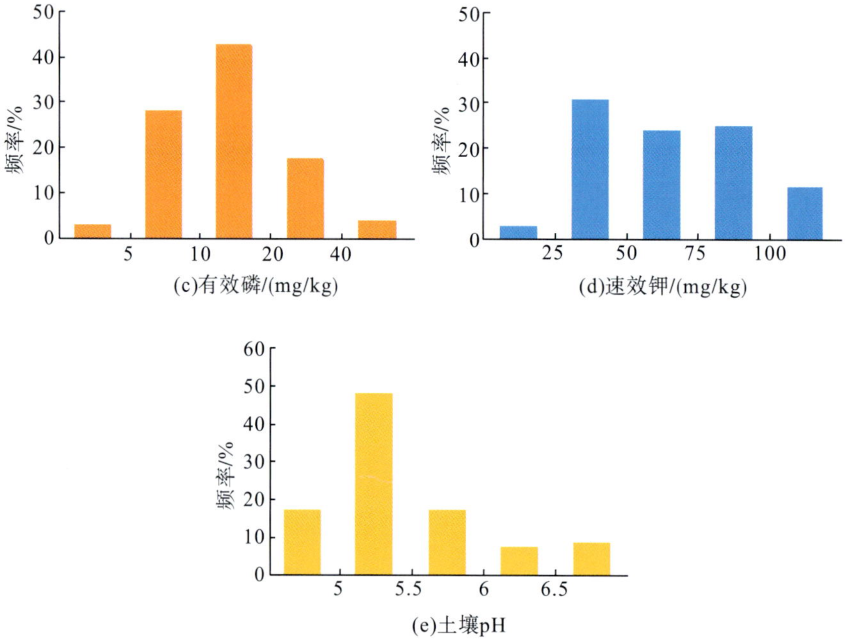

图 21-9　武穴市水稻土壤理化性质

21.3.2　产中

1. 水稻专用缓释肥高效施用技术

针对当前水稻施肥存在的肥料利用率偏低、成本增长过快以及环境污染风险高等问题，根据水稻养分吸收、土壤供应和控释肥养分释放的规律，我们总结了水稻专用缓释肥高效施用技术。水稻专用控释肥配合普通尿素一次性基施技术，将常规施肥次数由 3 次减少到 1 次，解决了当前劳动力缺乏、费时费工的问题，配合普通尿素施用降低了成本，同时保证了水稻的稳产和增产，提高了肥料利用效率和收益，减少了环境污染风险，为我国水稻产业科学施肥的发展提供了技术支撑。

1) 技术效果

水稻专用缓释肥高效技术按照缓释肥 20%～40%与普通尿素 60%～80%的一次性基施可以保持水稻增产，同时减少肥料成本，增加经济效益。三种缓释肥料介绍如表 21-5 所示。

表 21-5　缓释尿素肥料基本性状

肥料编号	膜材料	氮含量	颜色	研制单位
CRU-1	聚氨基甲酸酯包膜	44.0%	浅蓝	加拿大加阳高新科技公司
CRU-2	可降解酯类包膜	44.8%	蓝色	中国农业大学
CRU-3	水基聚合物包膜	41.4%	白色	中国科学院南京土壤研究所

用田间埋袋法测定不同控释尿素氮素累积释放率，如图 22-10 所示，水稻移栽 10 天内三种缓释尿素的平均释放率分别为 38.6%、32.3%和 77.5%，水稻移栽 75 天，大约有 70%～85%的氮素从缓控释尿素中释放出来。综合来看，三种缓控释尿素的控释能力表现为 CRU-1（聚氨基甲酸酯包膜尿素）＞CRU-2（可降解酯类包膜尿素）＞CRU-3（水基聚合物包膜尿素）。

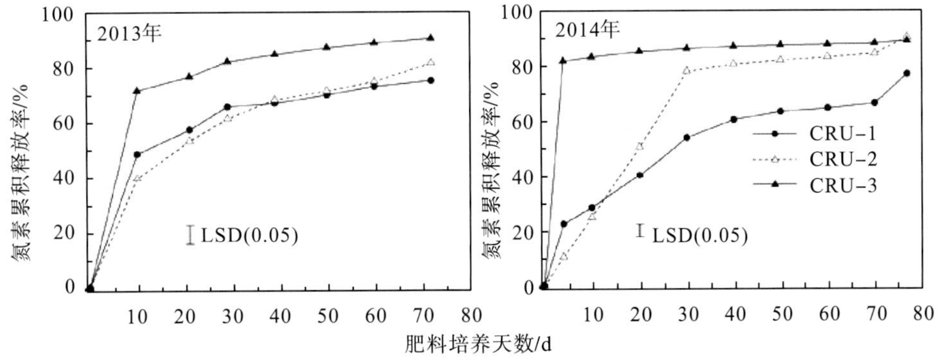

图 21-10　不同缓控释尿素在稻田土壤中的氮素累积释放率

注：LSD（0.05）表示取样日期各处间差异最小（$P<0.05$）

晚稻生育期内 3 种缓控释尿素的氮素累积释放量与水稻植株地上部氮素累积吸收量均达到显著或极显著的正相关关系（图 21-11），说明 3 种缓控释尿素的氮素释放能满足水稻整个生育期对氮素的需求。结合控释尿素用量与晚稻产量关系发现（图 21-12），控释尿素用量为 150～165kg N/hm^2 时，晚稻产量可达到施用普通尿素 200kg N/hm^2 产量水平。

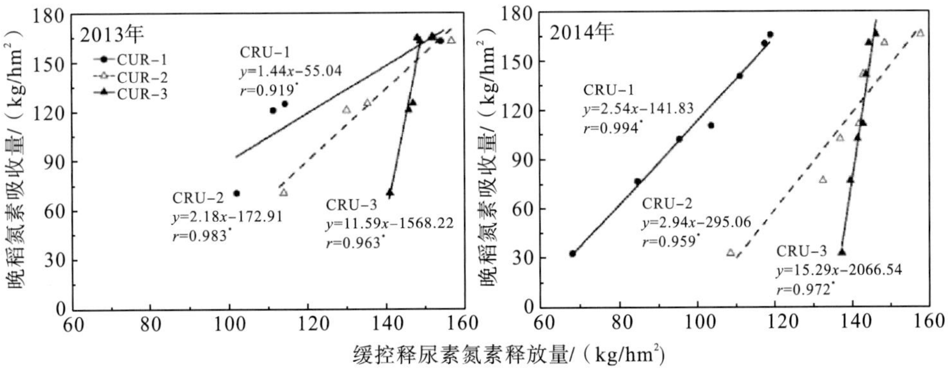

图 21-11　缓控释尿素氮素释放量与水稻地上部氮素吸收量的关系

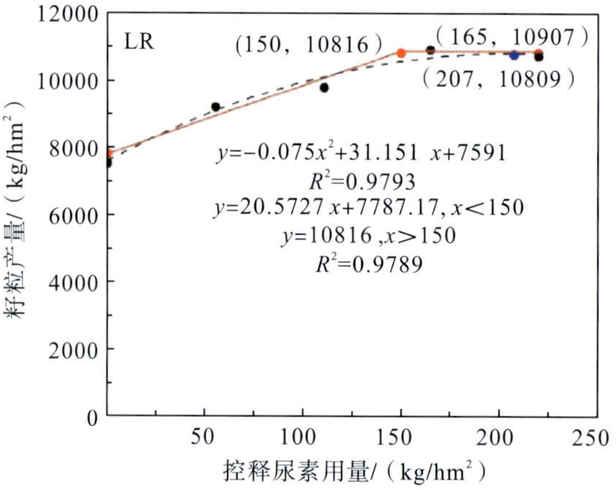

图 21-12 控释尿素用量与晚稻籽粒产量关系

2) 技术要点

采用机插秧同步侧深施技术，施肥深度为 5cm，一般田块水平晚稻季可施用控释尿素 150～165kg N/hm^2、磷肥 60～75kg P_2O_5/hm^2 和钾肥 60～75kg K_2O/hm^2。

2. 氮密互作减肥增效技术

针对当前水稻生产过程中存在的施肥过量、环境污染风险高、密度过大等问题，我们根据水稻生长状况和肥料利用率，提出氮密互作减肥提质增效技术，在保证了水稻的稳产和增产的同时，可以有效降低生产成本、提高肥料利用率、减少环境污染风险，为我国水稻产业体系发展提供技术支撑。

1) 技术效果

过高的氮肥用量和栽培密度均会造成水稻减产。武穴地区两年的田间试验表明，在氮肥用量为 165kg/hm^2 时，水稻可以获得最大产量。在该氮肥用量下，水稻栽培密度为 24 万～27 万株/hm^2 可以进一步提高水稻产量(图 21-13)。

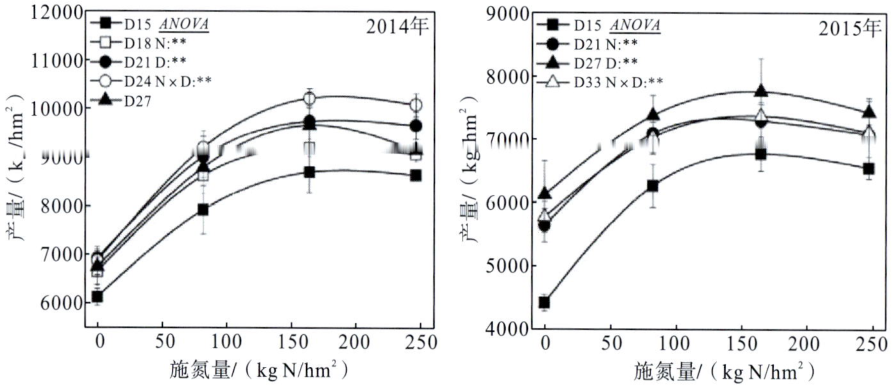

图 21-13 不同氮肥用量和密度下的水稻产量

注：方差分析 ANOVA 结果中，N 代表氮肥梯度；D 代表密度梯度；N×D 代表氮肥与密度的交互作用。方差分析采用 LSD 法检验，**、*和 ns 分别表示处理间差异极显著（P<0.01）、显著（P<0.05）和不显著。下同。

随着氮肥用量的增加，水稻叶面积指数逐渐增加，在施氮量为 165kg/hm^2 时达到最大值；栽培密度从每公顷 15 万株增加到每公顷 33 万株，水稻叶面积指数先增加后降低，在栽培密度为每公顷 27 万株时达到最大值(图 21-14)。

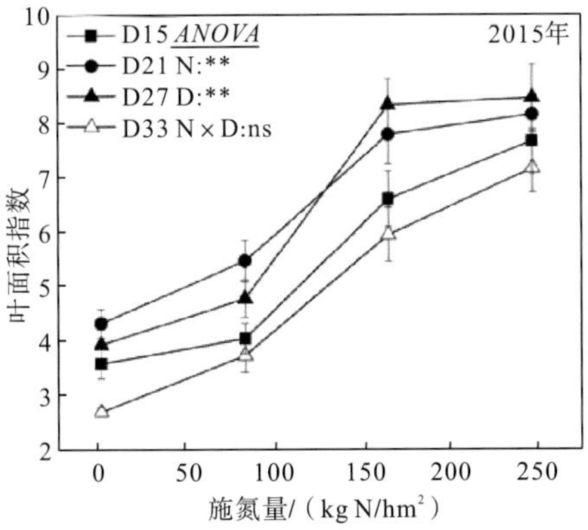

图 21-14　不同氮肥用量和密度下的水稻叶面积指数

2) 技术的关键要点

武穴地区推荐氮肥用量为 165kg/hm^2，此时的磷钾用量分别为 75kg/hm^2 和 75kg/hm^2；适宜的栽培密度为 24 万～27 万株/hm^2。

3. 农药高效复配飞防技术

近年来受气候环境变化、种植方式、外地虫源等因素的影响，我国水稻病虫草害发生的面积不断扩大，对水稻造成的损失逐年加剧。面对严峻的形势，病虫草害的有效防治迫在眉睫。我国目前主要采用背负式喷雾机和中小型喷杆式喷雾机喷洒农药，但农药流失大，喷洒效果不佳，喷洒的农药飘移到环境中造成了环境污染。在湖北武穴以平原和丘陵为主的粮食生产地，小型植保无人机的喷洒技术更具有实用价值。飞机喷雾是一种及时有效的施药方法，具有效率高、速度快、效果好、对作物损伤小、劳动强度低等特点，符合绿色农业、有机农业和精准化农业大发展趋势。

1) 技术关键要点

根据植保无人机的机型，在距离冠层 1～2m 施药，建议作业参数为飞行高度 2～4m，飞行速度 4～5m/s，施药液量 0.45～1.00L/亩，添加助剂方式进行喷洒作业(表 21-6)。

表 21-6　不同机型飞行及用药参数

型号	飞行速度/(m/s)	飞行高度/m	流量/(L/亩)	雾滴沉降密度/(个/cm^2)	农药	飞防助剂
TH80-1	3～4	距离冠层 1～2	0.45～0.60	10～92	吡蚜酮、己唑醇和蚍虫林的悬浮剂、乳油、可溶性液剂、可湿性粉剂	5%己唑醇
大疆 MG-1S	2～4	距离冠层 1～2	1.00	5～22	5%己唑醇悬浮剂+20%氯虫苯甲酰胺悬浮剂或甜核・苏云菌可湿型粉剂+2.5%井・100 亿活孢・mL^{-1} 枯草芽孢杆菌	迈飞

2) 技术应用注意事项

飞防注意事项如下：飞防机手要熟悉操作技巧，熟练技术控制；飞防要考虑天气因素，雨天严禁飞行，温度高于 35℃要停止施药作业；飞防前要做好准备工作，设置好无人机的飞行高度、速度、喷幅、流量等参数，按照既定作业方案开展作业。

21.3.3 产后

1. 稻米加工

稻米加工根据原料稻谷的工艺性质、含杂情况，以及成品大米的质量要求进行加工。企业将收购来的原料稻谷首先进行质检，过磅并清杂后，烘干至水分含量为 14%左右，进仓储存于原料罐中。在稻米加工处理时，稻米二次清杂净化后进行谷壳分离，脱壳后的稻米开始碾制加工，利用糙米雾化着水并润糙，加大糙米之间的摩擦系数，利于糙米皮层的碾削与擦离。轻磨细碾，胚乳受损小，降低糙白不匀率，借助稻米之间的相互摩擦作用将稻米表面的浮糠清除，增加米粒光度的同时延长保鲜时间，最大限度地保留稻米的营养成分。随后进行副产品清理，分离糠粞，其中米糠与脱壳过程中的稻壳粉按一定比例混合，制成统糠。另外，在碾制的过程中还会产生碎米、油糠以及抛光粉等副产物。如图 21-15 所示，1000kg 的稻谷经过加工可得到 600kg 成品米、360kg 副产品，物质损失率为 4%。其中，统糠、油糠和碎米贩卖给饲料厂进行再加工。

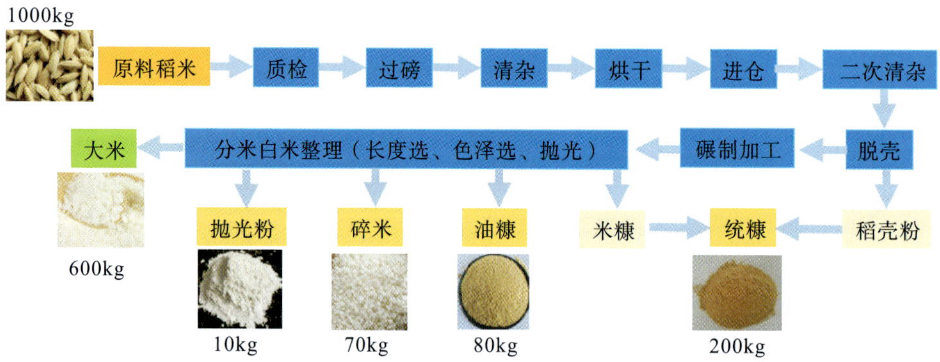

图 21-15　稻米加工工艺流程图

2. 产品品牌(炎美米业)

湖北炎美米业有限公司成立于 2014 年，位于湖北省武穴市，主要从事稻米及其副产品加工。公司于 2016 年被授予“黄冈市农业产业化重点龙头企业”的称号，2017 年申报黄花黏大米获批成为“绿色食品”，2018 年企业注册商标“炎美”获批。炎美米业年收购稻米 3 万 t，销售成品米 2.47 万 t，年销售额超过 1 亿元。炎美米业的原料来源主要是订单农户及商贩，数量达到 4000 余户，其中从商贩手中收购的原料达到 60%，订单农户比例为 30%，还有 5%的原料从合作社购买。

21.4　武穴稻油全产业链生产技术模式应用与推广

21.4.1　武穴稻油全产业链绿色技术模式

武穴稻油全产业链绿色技术模式，如图 21-16 所示。

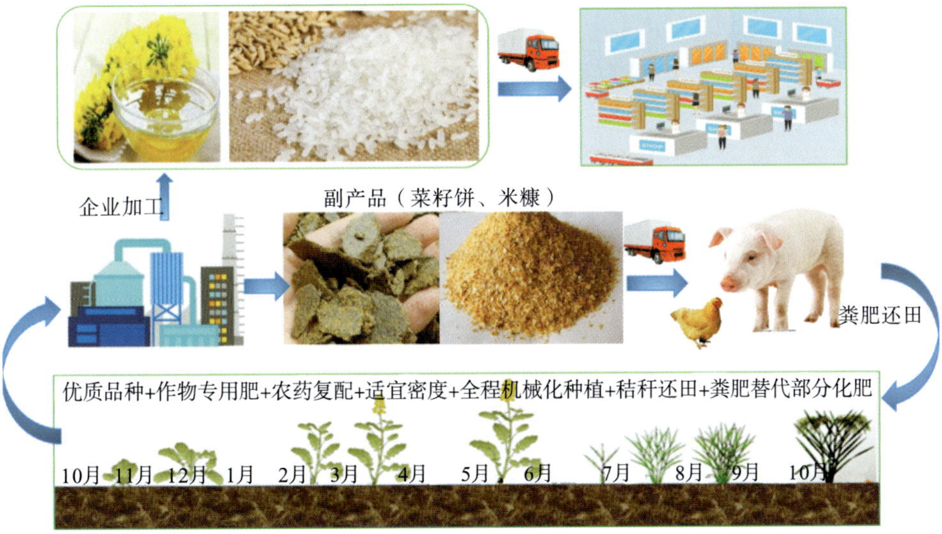

图 21-16　武穴稻油全产业链绿色技术模式

1. 水稻种植过程关键技术

1) 优质高效品种筛选

选择适宜当地高抗病(纹枯病、稻瘟病等)、优质、高产稳产、稻米外观好、适宜机械化等特点的高效水稻品种，如“禾两优 332”、“深两优 3206”。

2) 播前准备

秸秆前处理：油菜收获时采用大型油菜收割脱粒及秸秆粉碎一体化机器(如久保田 4LZ-4 型履带收割机等)，将秸秆进行原位粉碎处理还田，秸秆留茬高度为 20~30 cm，待水稻种植利用。

翻耕田块及筑田埂：按照翻耕晒垡—干旋耕—进水—平田—播种的顺序进行整田，翻耕完毕后及时筑好田埂，田埂宽 30 cm 左右，高 30~40 cm。

3) 种子处理

播种前晒种 4～5h，采用 60%吡虫啉悬浮种衣剂 4～6mL 拌种 1kg。

4) 播期和播量

栽培密度为 24 万～27 万株/hm^2。

5）施肥

根据当地土壤基础肥力特性测土配方后，合理运筹肥料结构进行施用。目标产量为600～800kg/亩时，水稻底肥采用水稻专用肥（18-5-12）40～50kg/亩，分蘖期（基肥施用后15d）追施尿素5.0～7.0kg/亩。基肥采用机插秧同步侧深施技术，施肥深度5cm。

6）病虫害防控

为防治稻蓟马、稻象甲、二化螟、稻纵卷叶螟、稻飞虱、纹枯病、稻曲病等病虫害和稗草、莎草科、阔叶草等杂草，适期适量以区域推荐施药进行防治，同时结合物理、轮作等方法综合防治。在水稻两叶一芯时期，以18.5%“稻农锄”（苄嘧磺隆+异丙甲草胺）45g/亩或75%异松·乙草胺40～60g/亩来除草；扬花期以20%氯虫苯甲酰胺20mL/亩+吡蚜酮40g/亩防治稻象甲、稻飞虱等虫害；抽穗期喷施50%噻呋*己唑醇30 g/亩或75%肟菌酯·戊唑醇15～20g/亩防治纹枯病、稻瘟病等病害。

7）田间水分管理

大田水分管理重点抓好几个关键时期。首先是移栽后至分蘖期，以2～5cm浅水层灌水为宜，并适当进行短期落干通气；当群体总茎蘖数达到适宜穗数要求时应进行晒田，减少无效分蘖；其余生育期均以湿润灌溉为主，收获前10～15d排水晾田。

8）适期收获

据不同区域气候特征，9月底至10月上旬在蜡熟末期对水稻进行机械收获（即95%以上稻穗籽粒黄熟时），为避免因水稻籽粒高含水量出现谷堆闷发热的现象，应及时晾晒。

2. 油菜种植过程关键技术

1）优质高效品种筛选

选择适宜当地的高抗病（根肿病等）、优质（低芥酸、低硫苷）、高产稳产、适宜机械化等特点的油菜品种，如“华油杂62”“阳光50”“大地199”等。

2）播前准备

秸秆前处理：水稻收获时秸秆留茬高度控制在20～25cm，秸秆切碎长度小于15cm，秸秆均匀抛洒在田间。

翻耕田块及开沟：水稻收获后及时开沟排水，翻耕晒垡。翻耕深度不小于15cm，要求土壤上虚下实、土碎地平。整地后开厢沟，厢宽2～3m，每隔90m增开一条腰沟，沟深以利于防治田间渍水，达到水分疏通和田间管理的要求。

3）种子处理

播种前晒种4～5h。采用30%嘀虫嗪、20%吡虫啉或25%噻虫•咯•霜灵种衣剂拌种。

4）播期和播量

油菜播期与茬口的选择：冬油菜直播应选择前茬作物茬口较早的作物，避免茬口紧影响下季作物生长。采用区域集中种植，适宜的播期在9月25日至10月中旬，最好选择在适期雨前播种。

播种量：采用撒播、穴播和条播方式均可，播量为300～400 g/亩。

5)施肥

根据当地土壤基础肥力特性测土配方后，合理运筹肥料施用。选用油菜全营养专用缓释肥(N-P2O5-K2O 25-7-8，另含有硼、镁、硫等中微量元素养分)。目标产量为150～200kg/亩时，推荐一次基施专用肥50～55kg/亩。采用机械侧深施基肥，施肥深度7～10cm，种子与肥料横向距离3～5cm。

6)病虫草害防控

土壤处理：施肥、播种、盖土后，每亩采用1010个/mL的盾壳霉孢子液100g/亩+35%异松乙草胺60g/亩混合兑水以喷雾器喷洒来进行土壤封闭，防治草害和病害发生。

苗期辅以茎叶除草：在油菜4～6叶期，根据田间实际情况，喷施10.8%高效氟吡甲禾灵60mL/亩处理茎叶。

花期菌核病防治：防治菌核病发生重点是减少初花期菌核病侵染，根据天气情况和病情预报，以无人机喷施45%咪鲜胺锰盐37.5mL/亩+助剂融透20mL/亩，飞行高度为2m左右，飞行速度为4～5m/s，雾滴粒径为100～150μm。

7)适期收获

当主花序角果、全株和全田角果70%～80%现黄时，采用催熟剂熟化，以联合油菜收割机进行收割。

3. 稻油加工过程关键技术

1)稻米关键加工技术

(1)稻米变温干燥技术。通过在进粮工段、排粮工段及干燥段对粮食水分、粮食温度进行在线检测与监测，并将检测值与控制系统数据进行对比，调节热风温度和流量，从而控制干燥速度、提高干燥品质和降低单位热耗，可以提高降水速率、缩短烘干时间，并且烘干100kg水分的能耗只为低恒温干燥工艺的85%。

(2)稻米分级加工技术。按稻谷籽粒的粒度、容重、结构力学性质等差异，用厚度分级机将稻米分离成未成熟粒后，利用筛面上的沟槽来进行不同厚度米粒的筛选，米粒在随筛桶进行运动时，很容易顺筛孔方向进入沟槽，厚度大于筛孔宽度的稻米粒向筛桶运动，最终流出筛桶。将稻谷分成若干等级，在糙米碾白前分级不仅有利于提高碾米产量，降低碾米电耗，还符合以质论价的市场要求。

(3)稻米多级精碾技术。为降低成品米的碎米率，应该降低碾白室的压力，因此一般采用多次碾白的方式，在达到要求精度的同时，降低每道碾白工序的碾白室压力，逐渐碾去糙米皮层。糙米进入碾白室后，被螺旋头送到第一碾辊并沿碾辊表面螺旋前进，使其开糙。开糙的米粒流过风送槽无碎转向输送进入第二、三碾辊使其碾白。同时，米粒通过循环风冷箱的冷却，其糠粉脱离，米粒由回风口汇入箱体。

(4)白米抛光、色选技术。抛光是生产优质大米的必要工序，不仅可以清除米粒表面浮糠，还可以使米粒表面淀粉预糊化和胶质化。色选是保证精米品质的最终工序，头道色用于选出腹白粒、心白粒、糯米粒和矿物杂质等；二道色选主要用于去除色差更小的损坏粒、病斑粒等。在条件允许的情况下配置通道数较多的色选机，还可以增加复选工艺，对下脚米中的好米进行回收。一般而言，在杂质含量小于2%的时候，可以采取减小物料流量、降低物料层厚度的方法提高色选精度。

2) 油菜籽关键加工技术

(1) 油菜籽精选技术。通过筛选、风选、磁选等方式去石除尘，并去除不合格的油菜籽，精选后得到的油菜籽杂质含量小于 0.1%。

(2) 高效微波干燥技术。传统的油菜籽高温干燥技术是在原料除杂后进行蒸炒去除水分，由于温度较高，会破坏油菜籽中的蛋白质及各种营养物质。通过微波技术对油菜籽进行干燥处理，油菜籽可吸收全部的微波能，微波预处理后，促进油菜籽中细胞微膨化、钝化内源酶和高效生成多酚类物质，其含量可提高 120 倍之多。

(3) 低温压榨技术。与传统工艺相比，低温压榨技术可以使油菜籽中营养成分得到较好的保存，通过集剪切锥圈、油渣自动清理和回榨机构一体的低温低残油榨油机，实现自动化 90℃以下低温压榨。避免高温加工产生有害物质，如反式脂肪酸、苯并芘等，得到高品质的油脂与饼粕，菜籽饼残油小于 8.0%。

(4) 菜籽油绿色精炼技术。基于选择性物理吸附磷脂、游离脂肪酸等杂质，集气动自动投料和强化搅拌效一体，实现一步法 45℃以下低温物理适度精炼。

21.4.2 应用案例与推广

我国的家庭农场以农户家庭为基础，从事农业专业化、集约化、商品化生产具有一定的规模。武穴市锐兴家庭农场位于武穴市大金镇周梓村，以水稻生产种植为主，以稻谷加工销售、农耕文化体验、乡村休闲旅游共同发展的定位，拓展粮食产业区科普、教育、休闲、观光等功能。锐兴家庭农场近年来不断提高稻油作物生产质量，为提升绿色种植水平，积极推广应用先进新品种，并逐年扩大双季稻种植面积，尝试种植不同的再生稻新品种，提高土地复种指数。另外，农场作为科技示范户，在实际生产中注重新技术的使用，如采用植保绿色防控、测土配方施肥、绿肥套作以及秸秆还田等技术来提高农作物产量，这些配套措施促成农产品质量安全关键技术到位率达到 96%，农残检测合格率达到 100%。

为加强农场综合经济效益和抵抗自然灾害能力，锐兴家庭农场添置旋耕机、插秧机、收割机等大型农业生产机械及粮食烘干、加工设备 60 多台套，积极实现工厂化育秧、机械化插秧、机械化田间管理、机械化收割、机械化烘干等农业机械化全程作业，农场的粮油生产从种到收机械化程度达到 90%，流转后的大面积生产改变了散户生产无法使用农机的弊端，使当地农机化利用率提高到 80%以上，带动了劳动生产率的提高(表 21-7)

表 21-7　散户与家庭农场种植投入成本对比　　(单位：元/亩)

	土地成本	人工成本	种子成本	农机成本	肥料成本	农药成本
散户 1	0	55	0	280	110	105
散户 2	0	0	16	36	100	68
家庭农场	500	400	65	500	260	100

武穴市锐兴家庭农场拥有流转农田 2800 亩，稻谷一季产量可以达到 1540t，油菜籽

一季产量为 90t，家庭农场各方面的投入成本都要高于散户，尤其是土地与人工成本。由于散户基本是耕种自家土地，因此其土地和人工成本投入近乎为零；而家庭农场通过租赁流转大量土地，支付出让金和大量工人成本。锐兴家庭农场的稻米以自加工为主，农场内设有晾晒场、粮食烘干车间及稻谷加工生产线，主要售卖成品包装的大米，而散户主要将收获的稻米卖给加工企业。锐兴家庭农场与福康油脂签约实行油菜籽订单制，收购价格为 5.2 元/kg，保障油菜籽收购品质。在去除种植成本、人工成本及加工过程中的机器损害成本后，锐兴家庭农场年利润可以达到 47.6 万元。通过对比，我们看出种植大田作物依然可以让农户有相对稳定的收益；而家庭农场尽管投入成本较高，但规模效益远高于散户(表 21-8)。

表 21-8　散户与家庭农场投入与产出对比

	总面积/亩	总投入/万元	毛收入/(元/亩)	纯利润/(元/亩)	总利润/万元
散户 1	8	0.44	1350	800	0.64
散户 2	10	0.32	1260	1040	1.04
家庭农场	2800	415.30	1652	170	47.60

21.5　总结与展望

武穴市是湖北省重要的商品粮生产基地，同时也是国家油菜产业技术体系“一县一业”科技示范县，有“中国油菜之乡”之称。然而，在当前稻油轮作生产中，正面临着两季作物接茬困难、劳动力短缺、温室气体排放增加、农艺农机不匹配等问题。为了解决这些问题，武穴市实现在稻油轮作生产模式全产业链的绿色生产，提出了在水稻与油菜种植环节中，通过施用专用高效缓释肥及有机肥来提高肥料施用效率，并配合无人机等新型机械进行飞播以及农药飞防等生产技术，形成了一套完整、成熟、创新的区域稻油生产减肥减药的绿色技术模式。

武穴市农产品加工行业经历十几年的大规模发展逐步形成了以集团企业的形式进行原料采购、产品加工、产品营销、品牌包装，行业发展逐步趋向于系统化、规模化管理。但其传统稻米、菜籽加工仅从烘干开始，忽略了前期的种植环节的品种选择和品质把控，产品质量不稳定，品牌价值不足。因此在未来的全产业链发展中，应从遴选生产的优良种子出发，配套绿色种植技术、建立统一完整的农产品收购标准、规范稻油种植的各项过程；提高农产品加工工艺的创新性，通过独立生产系统进行全产业链的品质控制，支撑稻油农产品的品牌化，增大农产品加工产业的附加值和品牌竞争力。

参 考 文 献

丛日环，张智，郑磊，等，2016. 基于 GIS 的长江中游油菜种植区土壤养分及 pH 状况. 土壤学报，53(5)：1213-1224.

冯夕，江长胜，彭小乐，等，2019.轮作方式对冬水田温室气体排放的影响. 环境科学，40(1)：392-400.

黄华磊，石有明，周燕，等，2013. 油蔬两用油菜栽培技术研究. 吉林农业科学，38(2)：84-86，96.

蒋鹏，熊洪，张林，2016. 分蘖期干旱对不同施氮量和移栽密度下杂交稻产量及稻米品质的影响. 湖南农业大学学报(自然科学版)，42(5)：465-471.

李鹏飞，2018. 控释尿素对双季稻产量、氮素损失及氮肥利用率的影响. 武汉：华中农业大学.

李小坤，任涛，鲁剑巍，2021. 长江流域水稻-油菜轮作体系氮肥增产增效综合调控. 华中农业大学学报，40(3)：13-20.

刘胜利，2018. 气候变化对我国双季稻区水稻生产的影响与技术适应研究. 北京：中国农业大学.

梅俊豪，刘宏岩，聂立孝，2016. 不同种植方式水稻的产量和水分生产效率及对后茬小麦生长发育和产量的影响. 湖北农业科学，55(10)：2471-2475，2480.

石孝均，2003. 水旱轮作体系中的养分循环特征. 北京：中国农业大学.

王汉中，2018. 以新需求为导向的油菜产业发展战略. 中国油料作物学报，40(5)：613-617.

王欢，张盛，蔡星星，等，2018. 稻油轮作模式的优缺点及其栽培技术. 现代农业科技，(3)：35，40.

王积军，鲁剑巍，丛日环，2021. 油菜化肥农药高效施用技术与集成模式. 北京：中国农业出版社.

王璐，2014. 中国油菜产业安全研究. 南京：华中农业大学.

王谦，元昌安，王新生，等，2014. 基于3S技术的水稻播种面积变化遥感监测. 地理空间信息，12(1)：98-100，111.

张丹，2017. 中国粮食作物碳足迹及减排对策分析. 北京：中国农业大学.

第 22 章　贵州湄潭茶叶全产业链绿色发展

湄潭县隶属于贵州省遵义市，位于贵州高原北部，长江一级支流乌江北岸，总面积为 1865km^2，辖 3 街道 12 镇、132 个村(居、社区)，截至 2020 年 11 月，全县总人口为 50.66 万人，常住人口为 37.29 万人。湄潭生态环境优美，平均海拔 972m，平均气温为 15.1℃，冬无严寒、夏无酷暑，森林覆盖率达 66.04%，常年空气质量优，素有“云贵小江南”之美誉，是“全国生态建设示范县”“国际生态休闲示范县”。

湄潭县植茶历史悠久，唐代茶圣陆羽在《茶经》中就有记载“黔中生恩州、播州、费州、夷州……往往得之，其味极佳”，唐代的夷州就涵盖现在的湄潭县。抗日战争期间，民国中央实验茶场在湄潭正式挂牌成立，开创了湄潭大规模植茶的先河。到 2020 年，全县茶叶种植面积超 4 万 hm^2，产量达 7.66 万 t，产值为 60.66 亿元，茶叶已经成为湄潭县社会经济民生的支柱产业。

湄潭是全国茶叶生产重点县，产业规模和发展水平均位列全国前茅。2001 年湄潭入选全国首批“无公害茶叶生产示范基地县”，2005 年获“中国三绿工程茶业示范县”称号，2008 年荣获 “中国名茶之乡”称号，2009 年荣获 “全国十大特色产茶县”称号，2010 年被《人民网》评为“最受百姓欢迎产茶地”，2012 年获“中国茶叶产业发展示范县”。2009～2014 年连续获“全国重点产茶县”，2013 年获“国家级出口茶叶质量安全示范区”“中国茶叶籽产业发展示范县”，2014 年获“中国茶业十大转型升级示范县”、“中国茶文化之乡”，2015 年获“贵州茶产业第一县”“中国茶叶产业示范县”，2016 年获“中国十大最美茶乡”，2017 年荣获“中国茶业扶贫示范县”，2018 年荣获“中国茶业品牌影响力十强县”，2019 年荣获“中国茶旅融合十强示范县”。并在连续五年蝉联全国第二重点产茶县后，2020 年荣获“中国茶业百强县”第一名，“‘十三五’茶产业发展十强县”榜首。

本章旨在通过分析湄潭县茶叶全产业链绿色发展现状，系统总结县域茶叶产业绿色发展经验，为长江经济带乃至全国茶叶产业的绿色发展提供有益参考。

22.1　贵州湄潭茶叶产业发展概况

湄潭是茶树原生地之一，种茶历史悠久，有文字记载的历史已有 1000 多年，素有“西南茶乡”的美誉。湄潭县规模化植茶历史可以追溯到抗日战争时期，1939 年，民国中央实验茶场在湄潭正式挂牌成立，建立茶园 37hm^2；20 世纪 50～70 年代，全县有计划、有规模地发展了一批集体所有制茶场，到 1975 年春，全县茶园面积达 2800hm^2；1978 年以后，由于农村实行家族联产承包责任制，部分地区出现退茶还粮现象，茶叶种植面积一度萎缩，到2000年，全县茶园面积仅剩1867hm^2。2000年以后，随着社会化经济发展，湄潭县茶叶产业经历了一个快速发展阶段，茶叶种植面积由2000年的不到0.2万hm^{2}增长至2020年的4万hm^2，产业规模扩大了近20倍。到2020年，全县投产茶园3.91万hm^2，茶叶总产量达7.66万t，产值达60.66亿元，分别占贵州省茶叶产业的8.6%、17.6%、12.0%，产业规模稳居贵州首位、全国前列。

近年来，湄潭县着力打造集茶叶生产资料供应与茶叶生产、加工、储运和销售为一体的茶叶全产业链。全县现有茶叶生产、加工、营销企业及加工大户781家，其中年产值500万元以上的企业350家，年加工能力8万t以上，产品涉及绿茶、红茶、黑茶及茶叶籽油、茶多酚、茶树花、茶花面膜等15类综合开发产品。产品方面，全县现有茶叶商标700余个，“湄潭翠芽”和“遵义红”作为公共茶叶品牌被列为贵州省“三绿一红”重点品牌，是国家农产品地理标志保护产品。“湄潭翠芽”“兰馨”等中国驰名商标及一批企业品牌在国内有了一定的知名度。通过不断壮大培优茶叶产业，湄潭县已基本建成“规模巨大，品类齐全，配套完备，三产融合发展”的茶叶全产业链条，茶叶产业已经成为县域社会经济发展最重要的支柱产业。

22.2　湄潭茶叶全产业链绿色发展状况分析

22.2.1　产地环境

1. 自然环境优越

湄潭县位于贵州省北部大娄山南麓，地貌以丘陵为主，全县茶叶主产区主要分布在海拔800～1000m，地形以山间丘陵缓坡地为主，土壤排水良好。湄潭属北亚热带湿润季风气候，年平均雾日为35.3天，阴雨日数为238天，相对湿度为82%，日照时数为1106.4h，总辐射为3485.69MJ/m^2，散射辐射占总辐射的比例达65%，年均气温为15.1℃，极端高温天气日平均仅1.3d，极端低温概率仅7%，降雨量为1138mm，年际间降水量变化稳定，降雨强度相对较弱，洪涝灾害轻(李仁莉　等，2009)。整体而言，湄潭冬无严寒、夏无酷暑、无霜期长、雨量充沛、水热同季、多云雾，具有生长优质茶叶的最佳气候条件。

2. 土壤肥力适宜

湄潭茶区土壤多为碎屑岩和碳酸盐岩发育的黄壤，土层较厚，土壤质地以沙壤、黏壤土为主，肥力较高，适合茶树生长(吕刚　等，2016)。调查显示，湄潭茶园土壤pH为3.73～7.26，平均为5.01，最适宜的比例达61.1%。茶园土壤有机质、全氮、碱解氮、有效磷和速效钾平均分别为22.8g/kg、1.43g/kg、124.5mg/kg、44.2mg/kg和135.6mg/kg(柳书俊　等，2020)。从土壤肥力的时间变化来看，与2010年比较，2020年湄潭茶园土壤养分肥力大幅度提升，10年间茶园土壤有机质、全氮、有效磷、速效钾分别提高了21%、142%、359%和88%(表22-1)。

表 22-1　湄潭茶园土壤养分状况

指标	2010 年			2020 年		
	范围	平均值	变异系数/%	范围	平均值	变异系数/%
pH	3.68～5.69	4.31	6.7	3.73～7.26	5.01	16.0
有机质/(g/kg)	1.5～35.1	18.9	46.0	9.2～44.6	22.8	33.1
全氮/(g/kg)	0.10～1.88	0.59	102.1	0.74～2.77	1.43	27.7
碱解氮/(mg/kg)	—	—	—	3.0～380.3	124.5	44.9
有效磷/(mg/kg)	0.01～31.97	9.64	82.9	0.9～404.1	44.20	147.0
速效钾/(mg/kg)	30.7～176.7	72.0	30.7	30.0～360.0	135.6	56.1

数据来源：张小琴等，2015；柳书俊等，2020。

3. 土壤清洁

据调查，湄潭茶园土壤全铅、全镉、全铬、全汞、全铜和全砷含量基本在我国土壤背景值范围内，平均含量分别为 45.9mg/kg、0.038mg/kg、117.9mg/kg、0.230mg/kg、29.5mg/kg 和 22.2mg/kg，符合《无公害农产品 种植业茶叶产地环境条件》(NY/T 5010—2016)，适合优质茶叶基地的建设要求(杨秀琴和朱四喜，2016)。

22.2.2　投入品

1. 茶树良种化有效推进

湄潭县是茶树的原生地之一，通过茶树新品种的选育、无性系良种的推广，全县茶树良种化得到有效推进。品种选育方面，由贵州省茶叶研究所从湄潭本地茶树选育的良种达 10 余个，其中国家级良种 3 个(“湄潭苔茶”“黔湄 701”“黔湄 809”)，获得植物新品种权保护茶树品种 4 个(“黔茶 1 号”“黔茶 10 号”“苔选 0310”“苔选 0322”)。在良种推广方面，湄潭积极推动茶叶良种繁育基地建设，每年育苗面积达 130 余公顷，出苗 3 亿株，除了满足本县茶园建设需求外，还销往贵州省其他地区和省外。到 2020 年，全县茶叶无性系良种覆盖率达 99%以上，高出贵州省 16 个百分点。

2. 茶树专用肥广泛应用

长期以来，茶园重化肥、轻有机肥、施肥不合理问题突出。据一项调研显示，2016 年湄潭县的一个典型植茶村(永兴镇中华村)茶农只施用单质肥的比例接近 40%，施用复合肥的茶农中采用通用型配方(15-15-15、14-16-15 或 17-17-17)的占比超 80%，茶叶专用复合肥和有机肥用的很少(尼姣姣，2017)。近年来，湄潭县大力推动茶叶专用肥和有机肥施用，据笔者调研，当前湄潭茶区只施用单质肥的农户占比已降至 10%以下，复合肥中茶叶专用肥占比接近 70%，有机肥普及率达 50%。茶农施用的茶叶专用(适用)肥料有 16 家厂商的 17 款，其中复合肥 13 款，有机无机复合肥 4 款。从专用(适用)肥配方来看，除湖北浩斯特生产的适用肥为平衡型(14-16-15)复合肥以外，其他厂家生产的复合肥养分配比与贵州省推荐的茶树氮、磷、钾养分配比 3∶1∶1 或 4∶1∶1 接近；从肥料产地来看，贵州、四川、云南是湄潭茶叶专用复合肥主要来源地，这些省份运输距离较短，运输成本和能耗较低（表 22-2）。

表 22-2　湄潭茶区主要茶叶专用（适用）肥料

类型	生产地区	生产厂商	养分配比	增效成分
复合肥	贵州	贵州诺威施	22-8-10	—
		贵州西洋	22-8-10	—
		贵州开磷	22-9-9	—
		贵州磷化	22-9-8	—
	湖北	湖北浩斯特	14-16-15	—
	山东	山东农大肥业	22-10-10	腐殖酸
	四川	四川金象赛瑞	22-8-10	—
		四川宏达	24-7-9	镁
		四川邦施特	26-6-8	黄腐酸
		四川科施福	28-6-6	硼、锌
	云南	云南云天化	25-6-9	—
		云南合家欢	26-4-10	—
		云南农家乐	28-5-5	镁、硼、锌
有机无机复合肥	贵州	贵州武联化工	11-5-4、10-7-8	有机质、氨基酸
	湖北	湖北安根生物	12-0-4	有机质
	甘肃	甘肃龙川高科	10-10-5	有机质

3. 病虫害全程绿色防控技术大力推广

长期以来，茶园单一施用化学农药导致病虫害耐药性逐渐提高，致使茶园农药施用频率及施用量逐年增加，农药残留严重威胁着茶叶品质安全。湄潭县着力推进以生态调控、物理防控、生物防治为主的病虫害全程绿色防控技术推广应用，并采用“绿色防控+统防统治”为中心的技术推广方案，实现全县茶叶病虫害绿色防控。生态调控方面，通过在茶园行间或外侧适当套种经济林木、趋避害虫植物和害虫天敌蜜源植物等方法，形成多物种、多层次的复合立体结构，营造理想的局域小气候，创造适合茶树生长的环境，满足茶树生态习性需求，丰富生物多样性、增强生态系统稳定性、保护生态环境，提高茶叶品质和提升整体效益。物理防控方面，采用虫情测报灯、杀虫灯等，物理诱杀茶园害虫，并避免对其天敌昆虫的诱杀。生物防治方面，采用微生物源（病毒制剂、白僵菌、苏云金杆菌等）、植物源（苦参碱、藜芦碱、印楝素等）、矿物源（矿物油、石硫合剂）和天敌生物（捕食螨、小花蝽、寄生蜂等）等生物防治手段，高效杀灭茶园病虫害，同时有效避免化学农药残留。通过引导茶企、茶农采用“绿色防控+统防统治”实现技术落地，从管理上下抓手，建立“县－镇－村－组－户”五级防控体系，同时示范实施“连带联保”措施，形成相互监督、责任共担、利益共享机制，筑牢茶叶质量安全防线，为科学合理防控茶园病虫害、保障茶叶质量安全提供有力的技术支撑。

4. 茶园机械化水平逐步提升

茶业是劳动密集型产业，其产业规模扩大对劳动力需求不断增强与当前农村劳动力外流的矛盾十分突出。2007 年以来，湄潭县重点推进茶叶机械化示范工程，通过在全县开展农机示范园建设，扶持了一批自动化茶叶加工企业，通过推动农机购置补贴等政策保障，实现了全县茶叶生产机械化质的飞跃(陆进，2010)。近年来，湄潭重点推动茶园小型农机的应用，茶树修剪机、采茶机、微耕机、除草机、静电喷雾器、农用植保无人机等农机得到广泛应用，茶园机械生产厂家主要有浙江川崎茶业机械有限公司、杭州落合机械制造有限公司、台州欧玮机械有限公司、福建安溪亿盛机械工贸有限公司(表 22-3)。据测算，2018 年，湄潭茶叶耕种收机械化率达 93.4%，标准化、自动化、清洁化生产提高了茶叶品质，减轻了劳动强度，保障了茶叶产品卫生安全。

表 22-3　湄潭茶园生产机械

产品名称	生产厂家	产品型号	动力/kW	工效/［hm^2/(台/h)］
单人修剪机	浙江川崎茶业机械有限公司	PST75H、PST80H	0.80	0.04
单人修剪机	杭州落合机械制造有限公司	E7H-750、OHT-750Z、OHT-750C	0.88	0.04
双人修剪机	浙江川崎茶业机械有限公司	SM110	1.20	0.10
双人修剪机	杭州落合机械制造有限公司	R8GA1	2.20	0.13
双人修剪机	福建安溪亿盛机械工贸有限公司	3CXH-1000	1.60	0.10
单人采茶机	浙江川崎茶业机械有限公司	NV60H	0.80	—
单人采茶机	杭州落合机械制造有限公司	AM-110VC	1.03	—
单人采茶机	泉州得力农林机械有限公司	4C-50A	0.90	—
单人采茶机	台州欧玮机械有限公司	4C-60A	0.70	—
双人采茶机	浙江川崎茶业机械有限公司	SM100、SV110、SV110H	2.20	—
双人采茶机	杭州落合机械制造有限公司	V8NewZ2、V8NewZ2-1140	2.20	—
双人采茶机	泉州得力农林机械有限公司	4CH-100、4CP-100	2.20	—

数据来源：闫建伟等，2020。

5. 茶叶加工能源清洁化

传统的茶叶加工企业以煤炭、木材为主要能源，能耗高、能源利用率低、环境污染大。湄潭县为推动全县茶叶加工向规范化、标准化、清洁化方向发展，提高茶叶加工水平、确保茶叶加工质量，制定了《湄潭县茶叶加工厂(大户)规范生产手册》，推进加工设备电气化改造，推动颗粒燃料的广泛应用。湄潭建成了一批标准化、清洁化全自动加工生产线，规模化以上茶叶加工企业基本完成用电或生物质燃料改造，相比传统煤炭和木材燃料，用电和新型生物颗粒燃料更加节能环保，茶叶加工环境显著改善。

22.2.3 产业化

1. 产业集群优势明显

湄潭县茶叶产业发展初期，生产方式以小农经营为主，对茶业规模的快速扩张起到了非常重要的作用。但是，随着产业规模的进一步扩大，这一模式潜在的风险逐步凸显，特别是存在质量控制和安全管理的隐患。因此，湄潭县通过实施“质量提升工程”，通过规模流转和培育新型农民合作组织，让分散的茶园向企业和合作社集中，形成若干核心基地，采用“企业+基地+合作社+农民”的管理模式，实现茶园的统一管理、统一技术、统一购销，茶叶集群优势明显。通过产业集群发展，到2020年，湄潭县建成无公害茶园3万hm^2、有机茶园3200hm^2、创绿色食品茶园600hm^2、欧标茶园5300hm^2。

随着茶产业的不断发展，湄潭茶叶加工企业也在快速增长壮大，并实现了企业集群化生产。全县现有茶叶生产、加工、营销企业及加工大户781家，其中国家级龙头企业4家、省级龙头企业24家、市级26家，形成了以湄潭经济开发区、湄江街道核桃坝村、兴隆镇红坪工业园区、永兴镇工业园区、复兴镇随阳山村、马山创业园区、洗马创业园区为核心的企业集群，这些企业集群在茶叶加工电、路、水等基本要素配置方面优势凸显。湄潭县还积极创建科技引领型茶叶产业，2008年建立省级茶叶科技示范园区，2010年获批科技部国家农业科技园区。建有茶青交易市场36个，茶青可在30分钟内进入市场交易。建成农业农村部定点市场、商务部定点出口市场——中国茶城，着力打造“一个中心五大平台”，目前入驻企业和商户400多家，2020年交易额达25.7亿元，已成为茶叶营销的综合平台。湄潭在全国20多个省(区、市)地级以上城市设立品牌专卖店、旗舰店、批发部1000多家，企业在天猫、京东等电商平台开设网店400余家。出口备案企业新增11家，达到34家，实现了茶叶直接出口606.2t、出口额2050.74万美元。集群化发展让湄潭茶叶加工效能得到大幅度提升的同时，也保障了茶叶质量安全，让湄潭茶产业进一步提质增效。

2. 延伸产业链条

传统的茶叶生产主要以生产干毛茶和精制茶为主，直接面向饮茶消费者市场。近年来，湄潭县积极推动茶叶生产链条延伸，茶叶企业不断开展从简单加工到精深加工、中低端产品到高端产品的研发，形成了从绿茶、红茶、砖茶、眉茶、出口珠茶到茶多酚、茶多糖、茶香酒、茶籽油、茶叶面条、茶叶日化品等多样化产品链，产品科技含量和附加值不断提高，实现全产业链循环发展。例如，遵义陆圣康源科技开发有限责任公司通过实施“茶多酚生产废液中分离提取茶多糖的工业化技术”项目，建成年产300t茶多酚提取线以及以茶多酚为主要原料的年产1400万瓶胶囊保健食品生产线，年产值超11.5亿元(孙兴 等，2015)。

3. 一二三产融合发展

湄潭县在做大做强茶叶一产、二产的同时，推动茶旅融合经济，加快推进产业融合发展。湄潭县积极构建以县城为中心、乡村为依托、节点景观为支撑的全域旅游体系，以“旅游+”的融合发展模式，推动茶旅、农旅、文旅、康旅、体旅融合发展，形成了“茶海”“茶壶”“茶城”“茶村”“茶馆”“茶山”“茶汤”7 张名片，建成“天下第一壶茶文化博览园”“翠芽 27 度”两个国家 4A 级景区，中国茶海、中国茶工业遗址博物馆群、贵州茶文化生态博物馆、象山茶博园、茶博会展中心等 25 个茶文化标志性景点，获批建设国家级桃花江健康旅游示范基地，吸引着国内外游客观光体验。

22.3 湄潭茶叶全产业链绿色发展技术模式

22.3.1 茶叶绿色施肥技术模式

据 2016 年对湄潭茶叶主产区农户施肥的一项调查显示，湄潭茶园年平均氮、磷、钾纯养分投入量分别达 574.2 kg/hm^2、215.6kg/hm^2 和 196.3kg/hm^2，氮、磷、钾养分投入比例为 1∶0.37∶0.33，磷肥施用比例过高，茶园施肥中茶叶专用复合肥和有机肥用得很少，据测算氮、磷、钾肥的节肥潜力分别达 60.8%、65.2%和 23.6%(尼姣姣，2017)。针对县域茶园有机肥用量不足、化肥用量较大的茶园，提出实施了“有机肥+茶树专用肥”绿色高效施肥技术模式，能够有效降低化学肥料投入量、提升肥料效益、改善茶叶品质。技术要点如下。

1. 养分总量控制

根据土壤分析结果调整全年养分总量氮 300～450kg/hm^2，P_2O_5 60～90kg/hm^2，K_2O 60～120kg/hm^2。土壤缺镁茶园施 MgO 30～45kg/hm^2，缺锌施 ZnO 2～3kg/hm^2。

2. 有机无机配合施用

肥料组合有机肥(菜籽饼、畜禽粪有机肥等)、茶树专用肥、$MgSO_4$ 和 $ZnSO_4$，其中有机肥用量占总养分的 25%～30%。

3. 分期调控

基肥：10 月中上旬，每公顷施 1500～2250kg 菜籽饼(或施用 2250～3000kg 商品有机肥)，300～450kg 茶树专用肥，有机肥和茶树专用肥拌匀后开沟 15～20cm 深施，或结合机械深施。

追肥：春茶开采前 40～50d，每公顷施用茶树专用肥 350～500kg。先在茶行间撒施，再结合机械翻耕 5～10cm。春茶结束后重修剪前(或 4 月底至 5 月上旬)施肥，每公顷施茶树专用肥 350～500kg，先在茶行间撒施，再结合机械翻耕 5～10cm。

22.3.2 茶叶病虫害绿色防控技术模式

对湄潭县茶叶主产区茶叶采摘期病虫发生流行规律的调查结果显示，湄潭茶树病虫害中虫害危害相对较重，病害相对较轻。茶园主要虫害有白粉虱、黑刺粉虱、蓟马、小绿叶蝉、蚜虫、网蝽、茶芽瘿蚊、毛股沟臀叶甲、茶尺蠖、茶毛虫等；主要病害有茶饼病、白星病、炭疽病、褐斑病、红锈藻病、紫纹羽病、芽枯病等。湄潭县茶树病虫害分布情况：南部镇(高台、新南、茅坪、石莲)主要是蓟马、黑刺粉虱、蚜虫、茶饼病、白星病；北部镇(复兴、西河、马山、洗马)主要是黑刺粉虱、小绿叶蝉、茶黄蓟马、茶棍蓟马、毛股沟臀叶甲、茶饼病、炭疽病；中部镇(湄江、兴隆、天城、抄乐)主要是白粉虱、黑刺粉虱、毛股沟臀叶甲、茶黄蓟马、小绿叶蝉、茶饼病、炭疽病、红锈藻病。海拔超过 1000m 的茶园白星病尤为严重(刘霞 等，2020)。

2016 年以来，湄潭县针对茶园主要病虫害发生规律，通过试验示范，探索出了以物理诱控技术、释放天敌昆虫技术、种植保护性植物技术、绿色药剂防治技术、高效机械化施药技术等为主的茶叶病虫害绿色防控技术体系。技术要点如下。

1. 理化诱控技术

通过利用害虫的趋光性，每 2～2.67hm^2 茶园安装 1 盏太阳能杀虫灯，3 月上旬开灯、10 月下旬关灯，能够有效控制鳞翅目(茶毛虫、茶尺蠖等)、鞘翅目(毛股沟臀叶甲)、半翅目(网蝽)等趋光性强的害虫。

2. 释放天敌昆虫技术

每年 3 月下旬，释放捕食螨控制螨害，释放每公顷 1000 袋；每年 5 月上旬，释放异色瓢虫、螳螂、七星瓢虫、携菌胡瓜钝绥螨、蠋蝽和食蚜瘿蚊控制蚜虫、粉虱、蓟马、小绿叶蝉等害虫。

3. 种植保护性植物技术

茶园周围种植保护性趋避植物香茅草，其鲜草茎叶中的挥发成分对茶小绿叶蝉成虫有一定的驱避作用。茶园周边种植保护天敌植物墨西哥鼠尾草、万寿菊、紫苏等，创造有利于蜘蛛、小花蝽、瓢虫、草蛉、捕食螨等天敌生存和繁衍的条件，保护其土著天敌，充分发挥生物种群多样性对害虫种群控制的能力。

4. 绿色药剂防治技术

在科学合理时间施药，并采用植物源、微生物源和矿物源等绿色药剂。一般在每年春茶采摘结束修剪后(3 月下旬至 4 月中旬)施用农药防治茶树主要虫害(白粉虱、黑刺粉虱、蓟马)；夏茶采摘结束修剪后(6 月下旬至 7 月)，施用抗菌类农药防控主要病害(茶饼病、白星病、炭疽病、褐斑病、红锈藻病、紫纹羽病、芽枯病)和虫害(白粉虱、黑刺粉虱、蓟马、小绿叶蝉、蚜虫、网蝽、茶芽瘿蚊、毛股沟臀叶甲、茶尺蠖、茶毛虫)；秋茶采摘结束后(11 月下旬)结合冬季茶园管理，施用石硫合剂封园处理，降低白粉虱、黑刺粉虱、蓟马、煤污病等病虫害的越冬基数(表 22-4)。

表 22-4　贵州省茶园绿色防控产品指导名录(2020～2022 年)

分类	产品名称	产品类别	防治对象
杀虫剂	甘蓝夜蛾核型多角体病毒	微生物源	茶尺蠖、茶毛虫、黑毒蛾、茶小卷叶蛾等
	短稳杆菌	微生物源	茶尺蠖、茶毛虫、黑毒蛾、茶小卷叶蛾等
	金龟子绿僵菌	微生物源	茶小绿叶蝉、蚜虫及部分鳞翅目害虫
	球孢白僵菌	微生物源	茶小绿叶蝉、茶毛虫、黑毒蛾、茶小卷叶蛾
	苏云金杆菌	微生物源	茶毛虫、茶刺蛾等
	苦参碱	植物源	茶小绿叶蝉、茶毛虫、茶尺蠖、红蜘蛛、蚜虫、螨类
	藜芦碱	植物源	茶小绿叶蝉、茶黄螨、黄橙瘿螨
	印楝素	植物源	茶小绿叶蝉、茶毛虫、茶黄螨、茶黑毒蛾、茶尺蠖、红蜘蛛等
	茶皂素	植物源	茶小绿叶蝉
	香芹酚	植物源	茶小绿叶蝉
	苦皮藤素	植物源	茶尺蠖、茶毛虫、蚜虫、螨类等
	蛇床子素	植物源	茶尺蠖、茶毛虫等鳞翅目幼虫、茶饼病等病害
	乙基多杀菌素	抗菌素	蓟马、小绿叶蝉、茶毛虫等
杀虫/杀菌剂	矿物油	矿物源	红蜘蛛、茶橙瘿螨、介壳虫
	石硫合剂	矿物源	茶叶螨、红蜘蛛、介壳虫
杀菌剂	多抗霉素	抗菌剂	茶饼病、赤星病、炭疽病
	枯草芽孢杆菌	微生物杀菌剂	茶饼病、赤星病、炭疽病
	申嗪霉素	抗生素类	茶饼病、赤星病、白星病等
	嘧啶核苷类抗菌素	抗生素类	茶饼病、炭疽病等
	中生菌素	抗生素类	叶斑病等
	春雷霉素	化学制剂	叶斑病等
	嘧啶核苷	化学制剂	炭疽病

同时，湄潭县还通过严格执行《贵州省茶产业发展条例》和《贵州省茶园禁用农药及产品名录》，在茶园禁止使用化学除草剂和剧毒、水溶性农药，茶园禁用农药达 128 种，比国家规定的禁用农药多了 1 倍，同时还禁用使用诱虫色板，切实保障茶园生态平衡和茶叶质量安全(表 22-5)。

表 22-5 贵州茶园禁用农药及产品名录

分类	名录
国家明令禁止使用的农药(46 种)	六六六、滴滴涕、毒杀芬、二溴氯丙烷、杀虫脒、二溴乙烷、除草醚、艾氏剂、狄氏剂、汞制剂、砷、铅类、敌枯双、氟乙酰胺、甘氟、毒鼠强、氟乙酸钠、毒鼠硅、甲胺磷、甲基对硫磷、对硫磷、久效磷、磷胺、苯线磷、地虫硫磷、甲基硫环磷、磷化钙、磷化镁、磷化锌、硫线磷、蝇毒磷、治螟磷、特丁硫磷、氯磺隆、胺苯磺隆、甲磺隆、福美胂、福美甲胂、三氯杀虫螨醇、林丹、硫丹、溴甲烷、杀扑磷、百草枯(可溶胶剂 2020 年 9 月 26 日起禁止)、氟虫胺、2,4-滴丁酯(自 2023 年 1 月 29 日起禁止)
国家明令在茶树上禁止使用的农药(除国家命令禁止使用的 46 种农药外，还包括 16 种)	甲拌磷、甲基异柳磷、内吸磷、克百威、涕灭威、灭线磷、硫环磷、氯唑磷、氰戊菊酯、氟虫腈、氯化苦、灭多威、磷化铝、乙酰甲胺磷、丁硫克百威、乐果
贵州省茶园禁用的农药(66 种，参照欧盟、日本、摩洛哥等国家禁用标准)	阿维菌素、草甘膦、草铵膦、氧化乐果、水胺硫磷、辛硫磷、多菌灵、三唑磷、敌百虫、杀虫单、杀虫双、杀虫环、氯丹、异丙威、敌敌畏、杀螟硫磷、甲氰菊酯、盐酸吗啉胍、灭幼脲、丙溴磷、恶霜灵、敌磺钠、乙硫磷、杀草强、唑硫酸、硫菌灵、六氯苯、杀螟丹、喹硫磷、溴螨酯、定虫隆、嘧啶磷、敌菌灵、有效霉素、甲基胂酸、灭锈胺、苯噻草胺、异丙甲草胺、扑草净、丁草胺、稀禾定、吡氟禾草灵、吡氟氯禾灵、恶唑禾草灵、喹禾灵、氟磺胺草醚、三氟羧草醚、氯炔草灵、灭草蜢、哌草丹、野草枯、氰草津、莠灭净、环嗪酮、乙羧氟草醚、草除灵、2,4,5-涕、氟节胺、抑芽唑、蜗螺杀、乙拌磷、乙烯利、蚍虫林、啶虫脒、甲氨基阿维菌素苯甲酸盐、灭菌丹及名单未列出的其他剧毒高效农药、水溶性农药及化学除草剂
贵州出口茶园禁止使用的农药	(1)出口欧标茶园禁用品种：高效氯氟氰菊酯、唑虫酰胺、苦参碱、印楝素、呋虫胺、仲丁威、氟铃脲、异丙威、醚菊酯、稻瘟灵、戊唑醇、氟吡菌胺、嘎霜灵、多效唑、虱螨脲、鱼藤酮、氯虫苯甲酰胺 (2)出口日本茶园禁用品种：三环唑、嗯霉灵、杀铃脲、氟乐灵 (3)出口摩洛哥茶园禁用品种：氟氯氰菊酯、氯噻啉、苯醚甲环唑、氟啶脲、氯虫苯甲酰胺、虱螨脲、马拉硫磷、虫酰肼、戊唑醇、噻虫啉、三唑醇、丁醚脲
贵州茶园禁止使用的诱虫色板	诱虫黄板、诱虫蓝板、诱虫红板、诱虫绿板等各类诱虫色板

5. 机械化高效施药技术

湄潭县推动静电喷雾器和植保无人机进行茶园高效施药。静电喷雾器施药时各种药液在静电雾化下可形成细微雾滴，在静电力作用下能使药液更好地吸附在茶叶表面，增加了药液的沉积量，使药液分布均匀；同时，药液荷电后药剂活性提高，可提升药剂对茶树病虫害的防效，相较传统施药方式可减少 60%农药施用量。植保无人机施药时施药人员不需要进入茶园，可以大大降低施用人员农药暴露风险；同时，喷药植保无人机旋翼产生向下的气流，扰动了茶树叶片，使药液更容易渗入，可以减少 20%以上的农药用量，喷药效果更佳；从效率来讲，一台植保无人机一天可施药 20～30hm^2，工作效率是人工的 40～50 倍，大大降低了劳动强度和人力成本。整体而言，采用高效施药机械，具有用水量省、用药量少、作业时间短、能耗少、工效高等优点，是减少劳动力成本和农药使用成本的高效施药技术。

22.3.3 茶叶绿色生产技术推广模式

长期以来，茶叶生产基本以一家一户的分散经营管理为主，经营主体主要为中老年家庭农户，科学生产技术缺乏、质量安全意识淡薄，生产效率低下，尤其是茶叶生产中农药使用技术性强、农残控制难，造成了茶叶质量安全隐患。

为切实保障茶叶生产安全、质量安全和生态环境安全，提升茶叶产业发展水平，湄潭县通过制定法规制度和市场监管、开展技术引进和技能培训、培育新型经营主体等多种途径推广绿色生产技术推广应用，开展茶叶绿色生产技术和专业技术服务融合发展，探索出一套成功的经验，取得了良好效果。主要做法如下。

1. 县域全过程政策保障

2007 年以来，湄潭县高度重视茶产业发展，相继出台了《湄潭县 2020 年茶叶质量安全管控实施方案》《湄潭县茶叶质量安全举报奖励办法（试行）》《保护民营企业合法权益和茶叶质量安全促进茶产业健康发展二十五条措施》等系列纲领性文件，从基地、加工、市场、品牌、文化旅游等方面对茶叶产业进行扶持和引导，加大茶业发展政策保障。同时，通过从源头监管、中端监测、末端治理，全链条对茶业进行监管，切实保障了茶业的绿色健康发展。

2. 经营主体联合

湄潭县通过实施“公司+合作社+基地+农户”多级经营主体联合发展的绿色技术推广模式，有效推动绿色技术的落地应用。例如，湄潭县落花屯茶叶专业合作社联合抄乐镇落花屯村、群丰村、兴隆镇水涯子村、兴隆村等地发展茶叶基地 660 余公顷，将基地 600 余户茶农纳入茶叶专业合作社管理，社员将茶园农事管理托管给合作社，合作社组织作业人员对茶园的病虫害防治等农事活动进行统一管理，有效提升了茶叶生产效率。

3. 产学研合作创新

湄潭县积极对接国内知名的大学和研究机构，推动茶叶绿色生产技术创新。“十二五”以来，先后有 10 多家茶企业与江南大学、浙江大学、贵州大学、贵州省农业科学院等 20 余家大学和科研机构建立了产学研合作机制，累计获得国家级省级星火计划、中小企业创新基金和省级攻关计划以及省市县科技合作计划等项目资助 150 余项，通过项目攻关，提升了企业技术创新能力、壮大了企业的规模。例如，贵州湄潭兰馨茶业有限公司 2009 年联合大学、科研机构和企业牵头组建了贵州省茶产业技术创新战略联盟，围绕茶叶种植、贮藏、加工工艺和综合利用等对关键及前沿性技术问题进行攻关，获得国家发明专利 60 余项，推动形成茶产业技术创新链，公司自身也顺利建成“省级企业技术中心”，并获得“贵州省知识产权优势企业”称号。

22.4　小　　结

在近 20 年来的快速发展下，湄潭县茶叶产业规模和发展水平已经稳居全国前列，茶叶产业对县域社会经济发展起到了至关重要的作用。近年来，湄潭县通过加强行政规范性文件制定和监督管理工作，推动了茶叶产业集群发展，加快推进了一系列绿色生产技术的应用推广，茶叶产业绿色高质量发展成效显著，对于区域乃至全国茶叶产业绿色发展都具有一定借鉴意义。

随着茶叶产业规模和产能的不断扩大，如何实现茶叶产业由快速发展到高质量发展的绿色转型，是当前区域乃至全国茶叶产业面临的挑战，必须牢固树立和深入贯彻新发展理念，以创新理念引领产业技术革命、以协调理念统筹全产业链发展、坚守绿色发展的本色和底线、以开放的发展理念促进融合，以共享的发展理念打造品牌，努力推动茶叶产业绿色高质量发展。

在农业生产方面，必须依靠茶区自然生态优势，牢固树立和践行“绿水青山就是金山银山”的理念，保护和发展茶区生态环境；要结合地方产业基础和发展实际，适当控制产业规模，走差异化发展道路，避免同质化竞争；要加快农业技术创新集成应用，推动茶叶科技服务农业生产，提高资源利用效率、减少环境污染；要树牢“人民至上生命至上”理念，加大监管力度、实行长效管理、切实保证茶叶质量安全。

在产品加工方面，要推进茶叶由单一农产品加工向食品工业转化，鼓励企业、机构深入研发茶叶精深加工产品，不断满足人民日益增长的美好生活的需要；要兼顾市场端与消费端需求，深化供给侧结构性改革，生产符合消费者需求的产品；要实现助农增收、提升加工水平、产业市场化等方面的多赢。

在市场培育方面，要创新市场监管体系，完善茶叶绿色、有机产品追溯认证体系，实现优质绿色产品的价值增值；要加强行业标准化和集约化管理，做好茶叶品质标准与方法标准和市场端与消费端的标准协调统一，加强生产经营标准化；要鼓励支持企业品牌建设，统筹区域品牌、集群品牌、企业品牌的打造，鼓励开放式发展；要树立守正创新的生产观念、产品观念、营销观念、客户观念，不断提升茶叶质量安全主体责任意识，为消费者提供优质、安全、放心的产品；要组织引领茶叶行业主动对位健康中国战略，通过普及科学、健康、理性的饮茶知识，组织开展“饮茶日”及各地茶事节会活动，扩大社会认知、营造消费氛围、推广健康时尚的生活方式；要协调内销和出口的平衡，以“国际饮茶日”为重要契机，加强与印度、斯里兰卡等产茶国在技术、标准、宣传等领域的合作，求同存异，培育国内外市场。

致谢：本章得到了贵州省农业科学院茶叶研究所王家伦研究员、贵州省农业科学院土壤肥料研究所李渝研究员、遵义市农业农村局种植业发展服务中心杨家干副科长、湄潭县茶产业发展中心廖家鸿副主任等专家的指导，在此一并致谢！

参 考 文 献

李仁莉，梁靖，范美良，2009. 湄潭茶区自然生态环境条件分析. 贵州气象，33(1)：26-27.

刘霞，周开云，江健，等，2020. 湄潭县茶园病虫害全程绿色防控技术模式. 农技服务，37(12)：84-86.

柳书俊，姚新转，赵德刚，等，2020. 湄潭茶园土壤养分特征及肥力质量评价. 草业学报，29(11)：33-45.

陆进，2010. 购机补贴政策加快了湄潭茶产业的发展. 贵州农机化，(5)：28.

吕刚，赵宾，赵国宣，等，2016. 贵州湄潭县茶园土壤的理化性状特征. 贵州农业科学，44(9)：84-88.

尼姣姣，2017. 贵州湄潭茶叶生产现状调查与优化施肥建议——以中华村为例. 北京：中国农业大学.

孙兴，陈宁，刘冬梅，2015. 山区农业县培育特色优势产业的思考——贵州省湄潭县茶产业典型案例分析. 农村经济与科技，

26(6)：39-41.

闫建伟，魏松，孔曼曼，等，2020. 贵州茶园机械化发展状况研究. 贵州农机化，(2)：4-9.

杨秀琴，朱四喜，2016. 贵州湄潭茶园土壤重金属含量及环境质量评价. 广东化工，43(10)：142-144，149.

张小琴，陈娟，高秀兵，等，2015. 贵州重点茶区茶园土壤 pH 值和主要养分分析. 西南农业学报，28(1)：286-291.

第 23 章　安徽全椒稻虾共作全产业链绿色发展

全椒县隶属于安徽省滁州市，位于安徽省东部，滁州市南部，江淮分水岭南侧，总面积为 1568km^2。全椒属北亚热带向暖温带过渡性气候，春季温和多变，夏季炎热多雨，秋季天高气爽，冬季寒冷干燥，常年风向多为东北风，年平均气温为 15.40℃，年平均降水量为 840～980mm，全年无霜期大于 210 天。全椒境内多为丘陵地区，有水稻土、黄棕壤、潮土、紫色土、石灰岩(土)等 5 个土类，其中水稻土占土壤总面积的一半以上。全县耕地面积为 117 万亩，林地面积为 43 万亩。近年来，全椒县虾稻产业以农民增收为核心，以示范基地建设为基础、龙头企业引领为动力、示范节庆活动为平台，加快科技创新，推进品牌建设，着力推进虾稻产业融合聚力发展，形成了“三产消费带动、二产加工提升、一产种养融合”的虾稻产业新格局，实现了调结构、保生态、优质量、促增收的总体目标。以“互联网+”稻渔综合种养为现代生态农业产业化主攻方向，带动形成水产养殖、畜禽养殖、农作物种植循环协调的现代生态农业产业圈。

23.1　产业基础条件

23.1.1　安徽省稻虾产业状况

2020 年，我国小龙虾养殖总面积达到 2184.63 万亩，养殖总产量达到 239.37 万 t。安徽省小龙虾养殖面积为 486.3 万亩，占全国小龙虾养殖总面积的 22.3%；小龙虾总产量为 40.9 万 t[图 23-1(a)]，占全国小龙虾总产量的 17.1%；全省稻虾综合种养面积 418.3 万亩[图 23-1(b)]，占全省小龙虾养殖总面积的 86%；池塘养殖、河沟湖汊养殖、虾蟹混养、藕虾混养等约 68 万亩，占小龙虾养殖总面积的 14%。2020 年安徽省加工量在 500t 以上的规模化小龙虾加工企业有 17 家，加工总量达 4.3 万 t，实现加工产值 7.5 亿元，加工产品由传统的出口虾仁向口味虾、虾尾拓展(蒋军　等，2021)。

近年来，安徽省小龙虾养殖面积[图 23-2(a)]和产量[图 23-2(b)]持续快速增长，在沿江、沿淮、环巢湖以及皖南、皖西山区建立小龙虾核心示范区 30 多万亩，安徽省稻虾综合种养百亩连片 1078 处、千亩连片 122 处、万亩连片 13 处。2017 年安徽省小龙虾经济总产值为 190 亿元，其中一产产值 48 亿元，占总产值的 25.3%；二产产值 12 亿元，占总产值的 6.3%；三产产值 130 亿元，占总产值的 68.4%。随着“稻虾综合种养技术”的示范、推广与普及，小龙虾养殖稳步发展，消费市场不断被激发，产业链各个环节都不同程度得到发展，初步形成了集“苗种生态繁育、稻虾综合种养、流通运输、餐饮消费、加工与贸易、休闲垂钓、乡村旅游、文化节庆”等于一体的产业链。

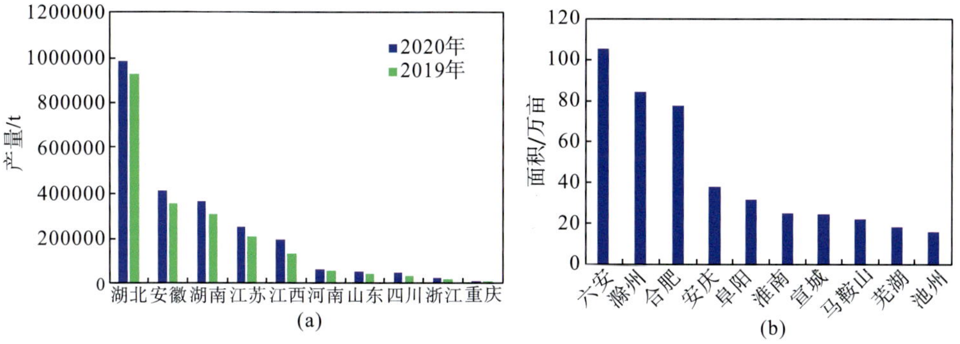

图 23-1　排名前 10 的省份小龙虾养殖产量(a)和安徽省重点市稻虾综合种养面积(b)

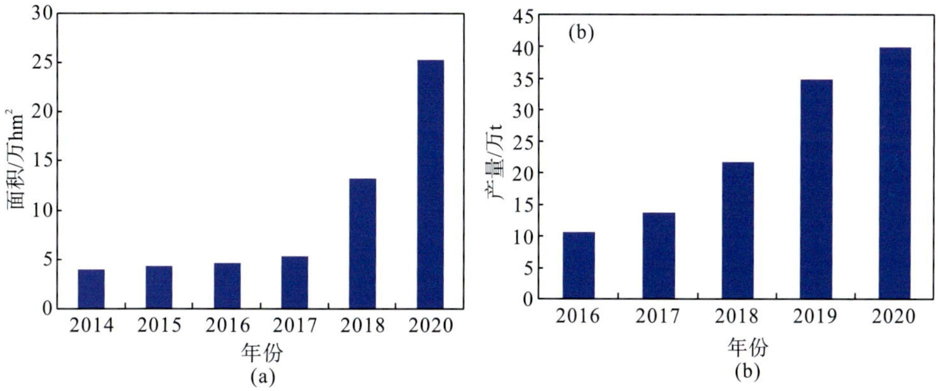

图 23-2　2014～2020 年安徽省稻虾养殖面积增长情况(a)和 2016～2020 年安徽省小龙虾产量增长情况(b)

23.1.2　全椒县稻虾产业现状

1. 产业规模迅速扩张

截至2020年，全椒县大力发展稻虾特色产业，稻田养殖小龙虾面积达30 万亩(图 23-3)，产值约为 15 亿元，位列全省第二，被认定为安徽省特色农产品优势区。全县已创建全椒县二郎口镇、全椒县银花家庭农场两个国家级稻渔综合种养示范区；创建百亩以上示范点 650 个，其中 500 亩以上大户 18 户，1000 亩以上大户 7 户；千亩以上示范片 10 个，万亩以上示范区 5 个。

2. 品牌影响力逐步提升

全县已注册小龙虾品牌 3 个、稻虾米品牌 5 个(表 23-1)，其中区域品牌“全椒龙虾”成功获批国家地理标志证明商标；“赤镇牌”小龙虾被评为“安徽省著名商标”，2018 年荣获全国稻渔综合种养优质稻米评比“银奖”；“绿泉”“茅草洼”稻虾米获得国家绿色食品认证。

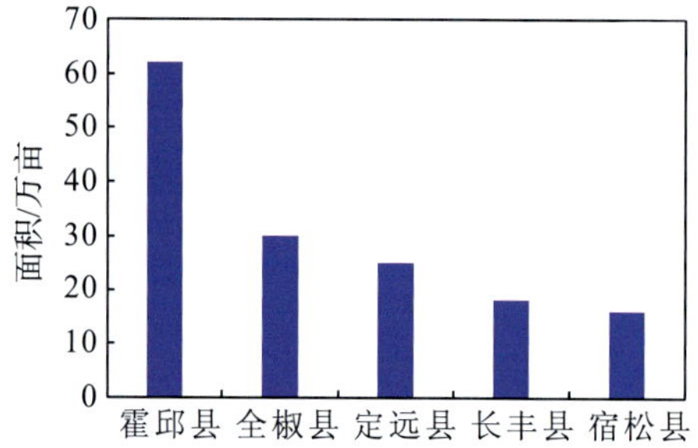

图 23-3　2020 年安徽省排名前五的县稻虾共作面积

表 23-1　全椒稻虾品牌

小龙虾品种	赤镇牌、全椒龙虾、百子银花
稻虾米品牌	绿泉、虾禾王、金安禾、茅草洼、百子银花

3. 产业效益日益显著

全椒县“稻虾共作”模式平均亩产小龙虾 150kg、水稻 550kg。稻虾亩均综合产值达 6000 元，平均每亩净增收 3000 元，是传统水稻种植纯效益的 4～10 倍。该模式兼顾粮食稳产、渔业增效、农民增收，是水产养殖与农业种植有机结合的成熟模式，具有很高的经济效益、社会效益和生态效益。

23.2　全椒县稻虾共作全产业链

23.2.1　产业发展思路与总体目标

1. 产业发展思路

按照区域化布局、标准化生产、规模化经营的发展格局，立足全椒县稻虾产业基础，以“生态种养、三产融合”为主攻方向，以农产品加工为趋势，以内外贸交易为纽带，以观光餐饮为带动，以科研创新为支撑，以互联网、云计算、大数据、物联网为平台，走产加销一体、农科游结合、绿色生态、有机生态的产业发展道路(图 23-4)。

2. 产业发展总体目标

依托当地资源优势，发展稻虾共作生态养殖小龙虾，深入推进稻虾一二三产业融合联动发展，把稻虾产业打造成富民强农美居的第一特色产业、产业转型升级的第一示范产业和接二连三融合的第一综合产业，实现农业生产提质增效、农田环境生态健康、农民收入稳步提升。

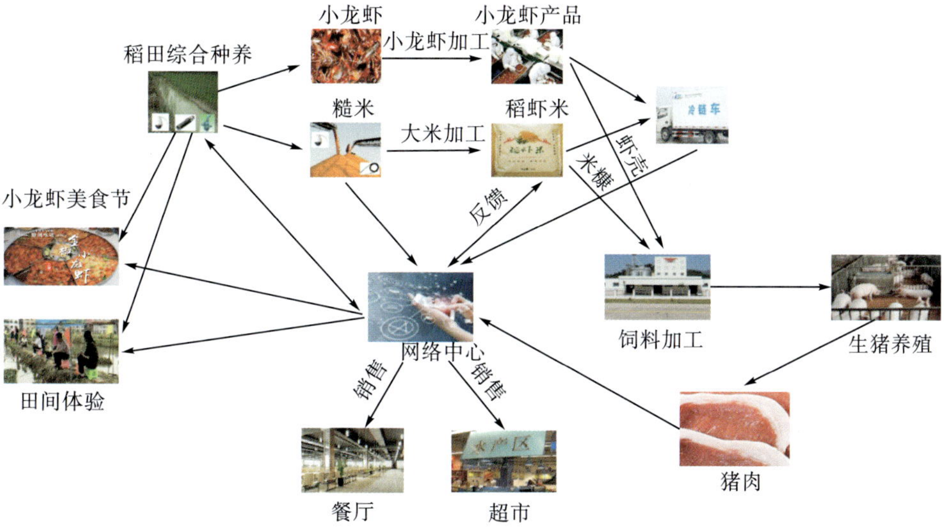

图 23-4　全椒县稻虾综合种养“互联网＋”生态农业产业化模式思路

23.2.2　产业链发展与建设

1. 稻虾综合种养

1) 稻田基础条件

要求养虾稻田水质良好，水源充足，底泥为壤土。稻田需改造，平原地区单个稻田为15～50 亩，丘陵地区为 5～15 亩，山区为 1～5 亩，根据稻田大小开挖环沟或“U”“L”形虾沟，环沟上宽 2.5～5m，底宽 0.8～2m，沟深 0.8～1.2m，坡度比为 1∶2，虾沟面积一般不超过稻田总面积的 10%(方勃，2020)。用开挖虾沟的土方筑埂，压紧夯实，外埂宽 2～2.5m，高出田面 1～1.5m；内埂宽 1.5m 左右，高出田面 0.6～1.2m；子埂宽 0.4m 左右，高出田面 0.2m 左右。稻田分设进排水渠，对角线设置进排水口，用 60 目密网设置网罩，四周设防逃网，网高 0.5 m 以上。设置溢水口，并用密网做好防逃(图 23-5、图 23-6)。

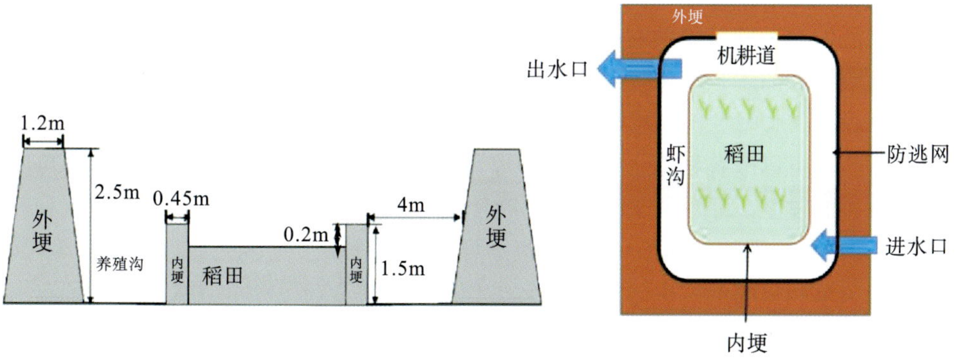

图 23-5　稻虾共作田间工程示意图

图 23-6　稻虾田田间示意图

2) 田间管理

该养殖模式为一稻两虾，在养殖一季小龙虾后，种植中稻的同时继续养殖小龙虾，养殖时间主要在 11 月至次年 4 月，水稻生长时期在 6 月中下旬到 11 月左右。11 月投放虾苗，次年 3～4 月对达到 25g 以上且生长成熟的龙虾及时抓捕上市；6 月底结束龙虾养殖，开始水稻播种；11 月收割水稻并投放亲本虾，进行龙虾冬季养殖。稻虾综合种养整个流程如图 23-7 所示。

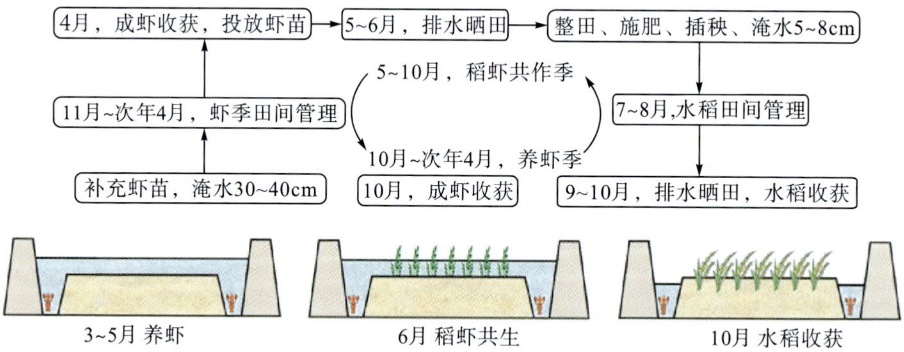

图 23-7　稻虾综合种养模式示意图

3) 稻虾绿色生态种养

稻虾绿色生态种养技术是利用小龙虾和水稻的不同生长季节开展种养结合，利用水稻为小龙虾营造良好的生长环境，吸收小龙虾粪便；水稻秸秆还田肥水促进水生动植物生长，为幼虾提供饵料；水稻生长能起到净化水质和为小龙虾提供隐蔽栖息场所等作用。小龙虾活动和代谢产物可以改善稻田土壤透气环境，为水稻生长提供肥料；小龙虾取食可减少稻田杂草和虫害的发生，可减少 30%～40%的化肥和农药使用量。稻虾共作将种植和养殖有机结合，形成相互利用的生态循环农业，整个种养过程提高了土壤肥力（佀国涵　等，2020），减少了稻田杂草和虫害的发生，稳定了粮食产量，增加了农民经济收入，缓减了温室气体排放，提升了稻田的综合效益和生态效应。

(1) 稻虾综合种养对水稻产量和构成要素的影响。水稻产量的构成因素分析表明（表 23-2），稻虾共作和水稻单作处理间水稻有效穗数、结实率、千粒重均无显著差异（*P*

＞0.05）；水稻产量差异也不显著。常规稻田转变为稻虾田虽然种植水稻面积减少，但对粮食安全没有造成显著影响，可以保证粮食安全。

表 23-2　稻虾共作对水稻产量和构成要素的影响

处理	有效穗数 /（×10³/hm²）	结实率/%	千粒重/g	理论产量 /（kg/hm²）	实际产量 /（kg/hm²）
水稻单作	4052.9±142.0a	83.9±3.6a	24.42±0.5a	9681.9±1007.8a	9432.2±982.8a
稻虾共作	4657.3±261.0a	82.2±0.2a	23.88±1.3a	10604.8±521.4a	10285.6±370.8a

注：同列不同小写字母表示处理间差异显著（$P<0.05$），本章同。

(2) 稻虾综合种养对水稻养分吸收的影响。水稻氮素、磷素累积吸收量整体表现为随着时间的推移而增加（图 23-8），在成熟期达到最大累积量。在水稻成熟期，稻虾共作（RC1 和 RC0）处理水稻氮磷累积量较水稻单作（RM）有明显提高，分别提高 20.40%、26.73%和 8.79%、16.18%。稻虾共作后小龙虾的活动增加了水稻对氮磷养分的吸收。

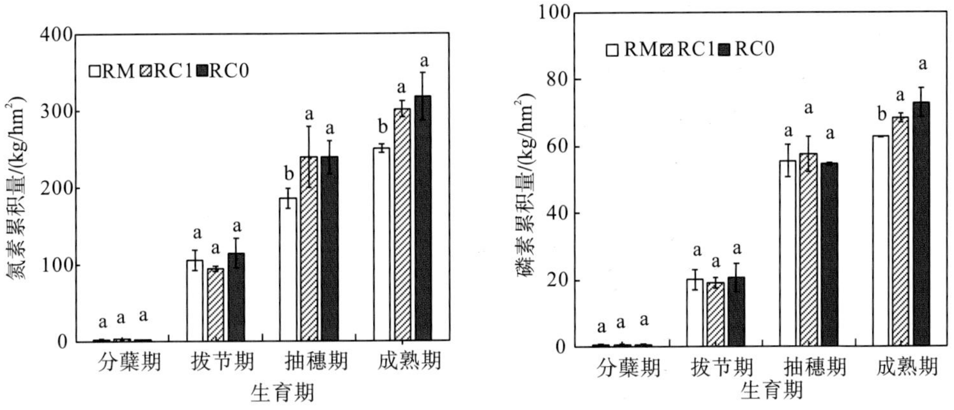

图 23-8　稻虾共作对水稻氮磷累积吸收量的影响

（RM：水稻单作；RC1：稻虾共作投食；RC0：稻虾共作不投食）

(3) 稻虾综合种养对田面水磷浓度的影响。稻田田面水总磷浓度的变化趋势如图 23-9（a）所示。6 月份，RC1 处理稻田田面水总磷浓度最高，其次是 RC0 处理，RM 处理最低（$P<0.05$）。7、8 月份，RC1 处理稻田田面水总磷浓度要显著高于 RM 和 RC0 处理（$P<0.05$），RM 和 RC0 处理之间无显著差异（$P>0.05$）。9、10 月份，各处理稻田田面水总磷浓度无显著差异（$P>0.05$）。稻田田面水溶解磷浓度的变化趋势如图 23-9（b）所示。6 月份，RC1 处理稻田田面水总磷浓度最高，其次是 RC0 处理，RM 处理最低（$P<0.05$）。在 7、8 和 9 月，RC1 处理稻田田面水溶解磷浓度最高，RC0 和 RM 处理稻田田面水溶解磷浓度无显著差异（$P>0.05$）。因此，在 6～9 月期间，RC1 处理较 RM 和 RC0 处理提高了稻田田面水总磷和水溶解磷浓度，增加了磷的径流损失风险，延长了风险期；而相较于 RC1 处理，RC0 处理能够减小这一风险。

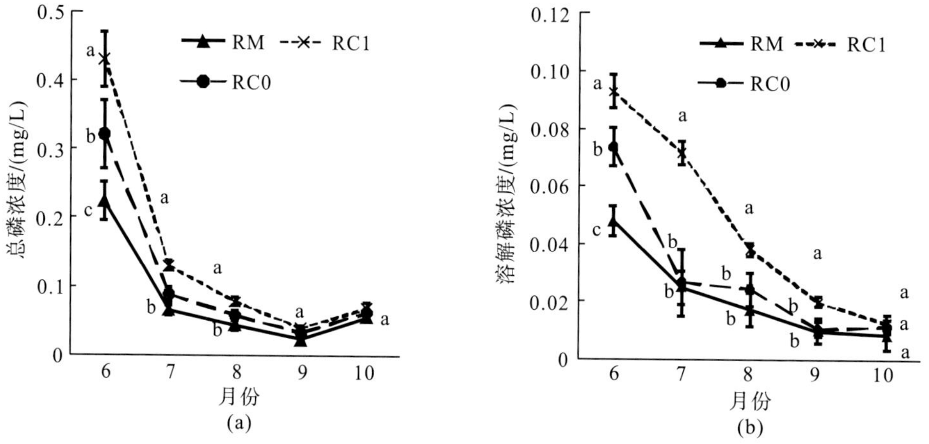

图 23-9　稻田田面水总磷(a)和溶解磷(b)含量的动态变化

(RM：水稻单作；RC1：稻虾共作投食；RC0：稻虾共作不投食)

(4)稻虾综合种养对温室气体排放的影响。由表 23-3 可知，稻虾共作处理 CH_4 累积排放量比水稻单作显著降低，降幅为 41.19%，而 N_2O 和 CO_2 累积排放量在两个处理间差异不显著。稻虾共作减少温室气体排放主要是减少 CH_4 的累积排放量。稻虾共作时小龙虾在水稻土中打洞、觅食增加了土壤中的溶解氧，减弱了产甲烷菌的活性，从而减低了 CH_4 的排放量(徐祥玉 等，2017)。

表 23-3　稻虾共作下温室气体排放情况

处理	CH_4/(g/m^2)	N_2O/(g/m^2)	CO_2/(kg/m^2)
水稻单作	45.59±2.30a	0.308±0.050a	4.34±0.20a
稻虾共作	26.81±2.05b	0.285±0.022a	4.20±0.29a

(5)稻虾综合种养的经济效益。由表 23-4 可知，水稻单作和稻虾共作处理投入成本分别为 16260 元/hm^2 和 29430 元/hm^2，共作较单作增加了 81%；增加的部分主要来自改造工程、虾苗和饲料费用。稻虾共作处理纯收益为 49890 元/hm^2，较水稻单作处理(7620 元/hm^2)增加了 554.7%(寇祥明 等，2018)。稻虾共作收益的增加，提高了农民对稻虾种养的积极性。

表 23-4　稻虾共作与水稻单作效益　(单位：元/hm^2)

费用构成	水稻单作	稻虾共作
种苗费	600	600
肥料费用	1410	1665
水费	750	1200
农药费	1275	330
机耕费	975	975

续表

费用构成	水稻单作	稻虾共作
机插秧费	3150	3150
收割费	1050	1050
人工费	1350	1800
地租	5700	5700
虾苗费	0	4650
饲料费	0	5730
药费	0	135
田块改造费	0	810
围网费	0	1635
水稻产值	23880	37320
小龙虾产值	0	42000
成本	16260	29430
毛收益	23880	79320
纯收益	7620	49890

2. 加工物流

(1)稻虾生态种养对稻米品质的影响。稻虾综合生态种养模式减少了化肥、农药的使用量，使土壤保水保肥性能提高，打造绿色生态稻米，提高了稻米品质，有效提高了农田资源利用率和产出效益。由表 23-5 可知，从两种水稻来看，稻虾生态种养模式和单一种植水稻对稻米的出糙率、精米率的影响很小，但对整精米率、结实率的影响都较大，稻虾生态种养模式提高了稻米的整精米率和结实率，降低了垩白度和垩白率(梁正其等，2021)。

表 23-5　稻虾生态种养对稻米加工品质和外观品质的影响

品种	处理	结实率/%	精米率/%	整精米率/%	出糙率/%	长宽比	垩白度/%	垩白率/%
晶两优 1237	稻虾共作	82.9±0.27a	82.3±0.31a	77.2±2.13a	79.2±0.30a	2.8±0.25a	0.1±0.02a	1±0.09a
	水稻单作	77.6±0.21b	81.9±0.16a	72.8±2.15b	78.3±0.09a	2.8±0.26a	0.5±0.01b	2±0.06b
奥富优 287	稻虾共作	80.7±0.17a	80.1±0.22a	76.6±1.16a	78.9±0.11a	2.7±0.31a	0.6±0.04a	3±0.08a
	水稻单作	76.5±0.18b	79.6±0.24a	72.3±1.59a	77.9±0.13a	2.7±0.18a	1±0.07b	4±0.11b

由表 23-6 可知，稻虾生态种养模式和单一水稻种植对稻米胶稠度的影响较小，而对直链淀粉含量、蛋白质含量以及食味值影响较明显，稻虾生态种养模式下两种水稻品种的稻米直链淀粉含量以及食味值均明显高于单一水稻种植，而蛋白质含量均明显低于单一种植水稻。

表 23-6　稻虾生态种养对稻米蒸煮品质的影响

品种	处理	胶稠度/mm	直链淀粉含量/%	蛋白质含量/%	食味值
晶两优 1237	稻虾共作	75±5.12a	14.9±0.55a	7.58±0.09a	80±8.27a
	水稻单作	74±8.87a	13.5±0.19b	7.61±0.07b	76±6.13b
奥富优 287	稻虾共作	61±6.35a	15.9±0.31a	7.38±0.11a	78±5.45a
	水稻单作	60±5.63a	14.4±0.16b	7.49±0.13b	75±7.01b

由表 23-7 可知，不同处理间稻米的峰值黏度、热浆黏度、崩解值、糊化温度和最终黏度差异均未达显著水平。但稻虾共作投食处理稻米的消减值显著低于水稻单作处理（$P<0.05$）。稻米淀粉 RVA 谱特征值与稻米食味品质之间存在极为密切的关系。优质食味稻米淀粉 RVA 谱参数值通常表现为峰值黏度和崩解值高而最终黏度和消减值低的基本特性。稻虾共作投食处理稻米消减值显著低于水稻单作处理，这表明稻虾共作可在一定程度上改善稻米的食味品质。

表 23-7　稻虾共作对稻米淀粉 RVA 谱特征值的影响

处理	峰值黏度/cP	热浆黏度/cP	崩解值/cP	最终黏度/cP	消减值/cP	糊化温度/℃
RM	1637.33±79.53a	1520.83±52.32a	116.50±29.90a	3219.50±95.07a	1582.17±74.74a	90.70±0.66a
RC1	1730.00±145.92a	1592.50±118.97a	137.50±27.01a	3175.83±101.01a	1445.83±45.21b	91.13±1.59a
RC0	1699.00±194.61a	1580.67±159.59a	118.33±39.32a	3228.67±139.87a	1529.67±71.74ab	90.83±0.46a

注：RM 为水稻单作，RC1 为稻虾共作投食，RC0 为稻虾共作不投食。同列数据后英文小写字母不同表示处理间某指标差异显著（$P<0.05$）。

(2) 稻虾米精深加工产品。现阶段，绿色稻米的精深加工产品主要为方便米、发芽糙米、速食糙米、糙米粉等。“稻虾米”可以采用绿色种植方式种植水稻，稻谷脱壳后仍保留着外皮、糊粉层和胚芽的稻米称糙米，糙米被视为一种健康的全谷物食品，营养价值较精米更高(孙佳欣　等，2016)。糙米经洗净、晾干、烘烤、与绿茶配比等工序加工后，形成了具有浓郁糙米的焦香和绿茶的清香、口感细腻、香味浓厚的糙米绿茶(图 23-10)。

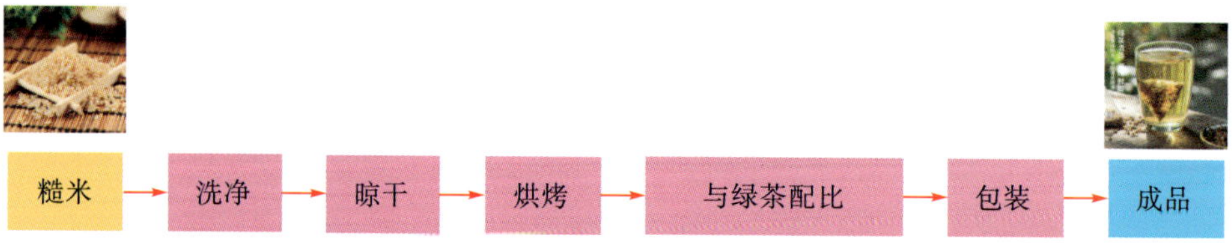

图 23-10　糙米绿茶加工工艺

稻虾米的糙米在一定的温度、湿度下培养成为发芽糙米，发芽糙米的实质是糙米中所含有的大量酶被激活和释放，并从结合态转变为游离态的酶解过程。然后粉碎成发芽糙米粉，同时将发芽糙米粉作为配料添加到酸奶中参与发酵，最后形成发芽糙米酸奶产品(图 23-11)。发芽糙米酸奶将发芽糙米和酸奶有机结合，具有营养均衡、排毒瘦身、滋润养颜等功效(樊秀花　等，2012)。

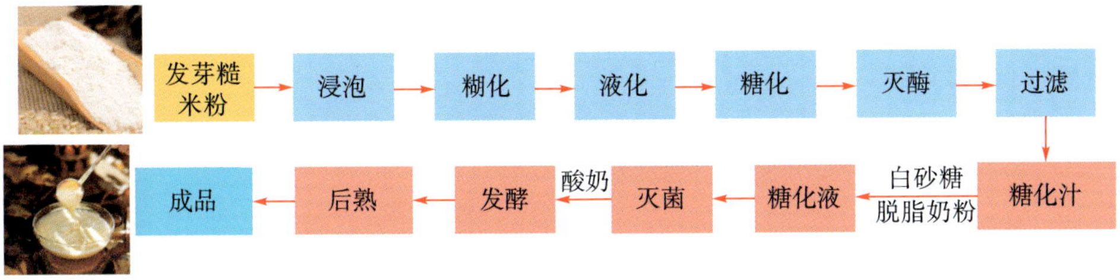

图 23-11　糙米酸奶加工工艺

3. 小龙虾保鲜和加工技术

1) 小龙虾保鲜技术

小龙虾的季节性强、易腐败变质等特点使得小龙虾的产品加工受到限制。因此，亟待一种可以有效让小龙虾保质保鲜时间更长的方式。冻藏保鲜是使用降温设备降低水产品中心温度，而后使其发生冻结，并保持在-18℃及以下温度贮藏的一种保鲜方法。冻藏保鲜的优点是避免水产品细胞形成较大的冰晶体，短时间内通过最大冰晶生成带，抑制其细胞生长，同时抑制酶的活性，降低水产品腐败速率，达到长期保存的目的(郑静静，2020)。常见的冻结方式有液氮冷冻、普通冷冻法(冰箱直接冻结)、浸渍冷冻。

将新鲜养殖小龙虾分别经过液氮冷冻、浸渍冷冻和普通冷冻处理后，贮藏在-18℃下，比较三种冻结方式对小龙虾肌肉质变化规律的影响(江杨阳，2019)。与普通冷冻和浸渍冷冻相比，液氮冷冻处理的小龙虾，虾肉持水力更高(图 23-12)。在冻藏过程中，细胞结构被破坏的程度与形成冰晶的大小有关。液氮冷冻的冻结速度快，形成的冰晶小而均匀分布，可以一定程度延缓贮藏过程中水分的流失。

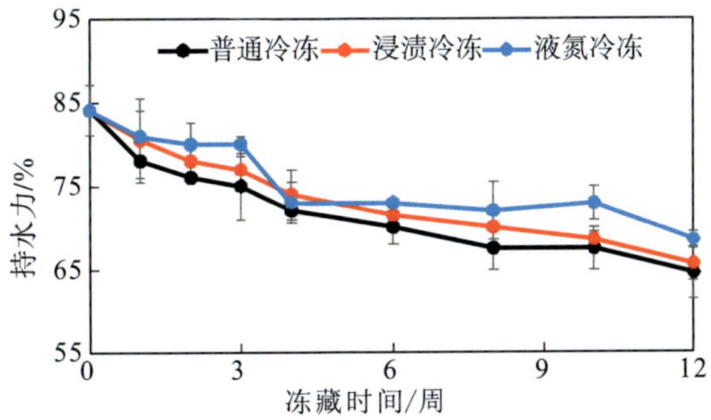

图 23-12　不同冷冻方式对小龙虾肉持水力的影响

从图 23-13 中可以看出三种冷冻方式对小龙虾肉质的影响，液氮冷冻下小龙虾的硬度显著大于普通冷冻和浸渍冷冻的小龙虾，可能是由于液氮冷冻时，虾体内形成的冰晶比较小，对虾肉的品质保持较好。浸渍冷冻和普通冷冻的虾肉间没有显著差异，液氮冷冻虾肉弹性明显下降得最少。贮藏过程中虾肉咀嚼性和回复力变化趋势和硬度类似。在整个贮藏期内，液氮冷冻的虾肉咀嚼性和回复力始终高于浸渍冷冻和普通冷冻，说明液氮冷冻能够减缓虾肉的咀嚼性和回复力下降的速度，更大限度保持虾肉的感官品质，能延缓虾肉持水力和质构特性的下降。

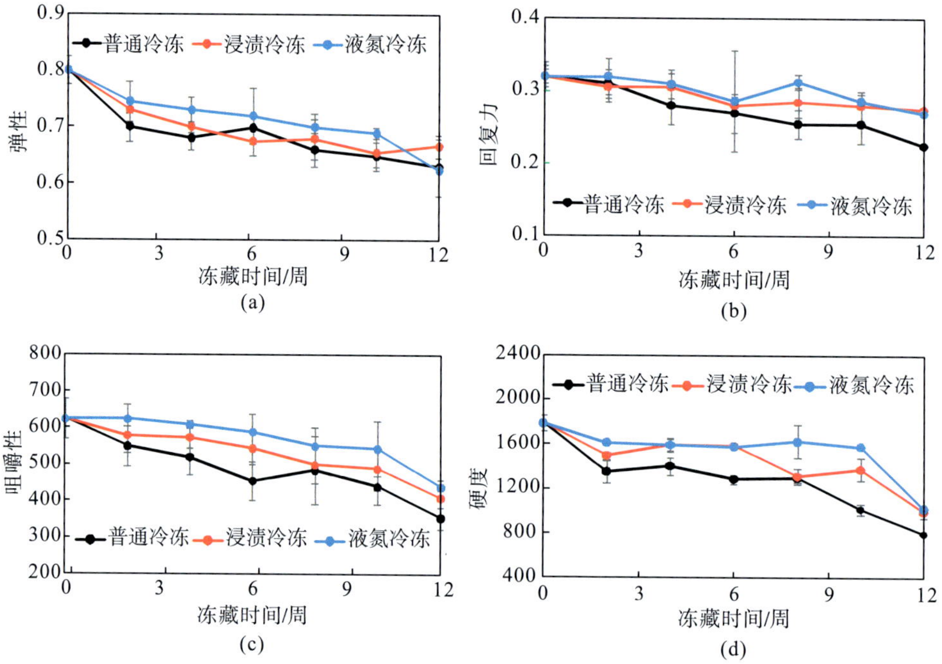

图 23-13 不同冷冻方式对小龙虾肉弹性(a)、回复力(b)、咀嚼性(c)和硬度(d)的影响

2) 小龙虾加工技术

虾头中含粗蛋白 13.13%、粗脂肪 4.50%、无氮浸出物 8.54%，并含有甲壳质 10%～15%和壳聚糖 7.5%，富含 DHA/EPA 的虾油、虾青素氨基酸、有益元素和维生素。虾头经水解可制成营养丰富、具有保健治疗功能的调味品，又可作虾味食品的添加剂(图 23-14)。

鲜湿虾壳的成分大致为：水 68.1%、灰分 17.0%、总类脂 0.9%、蛋白质 8.5%、甲壳素 5.5%；而干虾壳中含粗蛋白量 29.6%、粗脂肪 7.02%、钙 13.32%。对小龙虾进行深加工处理，虾壳可制成甲壳质、壳聚糖等(图 23-15)。从虾壳中提取的甲壳质、壳聚糖被誉为机能性食品，各国临床医药应用证实了其在促进人体健康、抑制癌细胞生长转移、降低胆固醇、降血压、强化肝脏功能等方面具有良好的康复效果，且对人体安全性极高(陆剑锋 等，2006)。

4. 冷链物流

冷链物流也被称为低温物流，即在温度较低的情况下运输物品。农产品需要在生产加工、贮藏运输以及销售等各个环境都处于低温环境中，这样才能保证生鲜农产品的新鲜，防止农产品变质(王雪群，2021)。小龙虾整个冷链物流分为三个部分(图 23-16)，分别是源头保鲜、中间流通和末端配送。

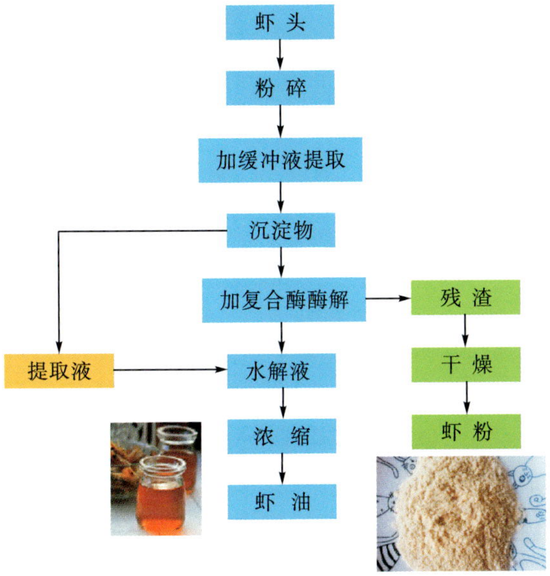

图 23-14　虾调味料制作工艺流程

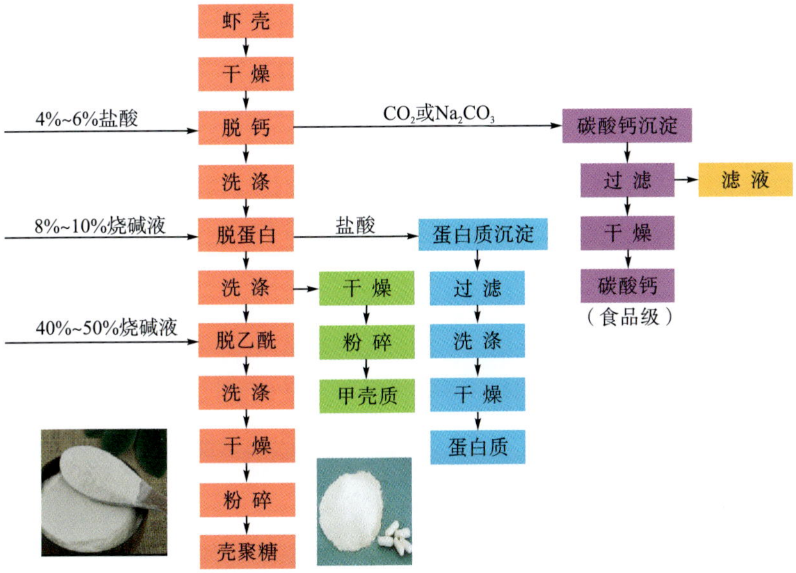

图 23-15　甲壳质和壳聚糖制作工艺流程

源头保鲜是首要：小龙虾的质量要从源头开始把关，从冷链的最前端(农户绿色种养产出的稻虾)就对其进行适宜的温度和湿度的控制，这样可以使产品的质量从一开始就能得到保障，为后期的品质保鲜做准备。

中间流通是核心：供销商可以对小龙虾进行初级加工和销售，对于小龙虾进入冷库时就进行液氮冷冻，再进行-18℃环境下的贮藏，低温冷藏运输至配送中心。注重对于贮存、加工、包装等过程流通时间的延长的保鲜工作。

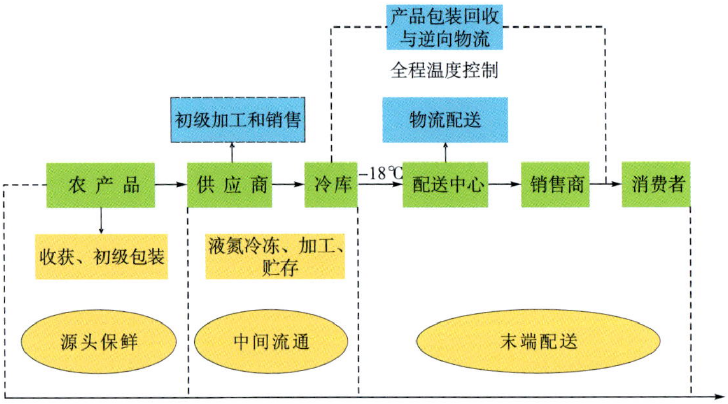

图 23-16　生鲜农产品冷链物流

末端配送是关键：由配送中心经专业的物流公司运输配送到销售商，再到消费者。在这个过程中对销售商销售的产品包装进行回收，整个过程均进行温度控制。

这一冷链物流的优点是企业在产地、销地建设低温保鲜设施和冷链物流综合体系，实现产地市场和销地市场冷链物流的高效对接。解决了冷链物流不冷和温度恒温控制的问题，小龙虾在冷库中使用了秒冻锁鲜技术，可以让虾肉瞬间保鲜，之后复热中也可以最大限度还原虾肉的紧致，其保质期可以达到数月甚至 1 年之久，保证了小龙虾长时间的保鲜。

5. 销售模式

B2B (business to business) 模式 (图 23-17) 是指企业与企业之间通过专用网络或互联网，进行数据信息的交换、传递，开展交易活动的商业模式。在该模式下，稻虾生产企业可通过平台询价，而稻虾供应商可通过平台报价，稻虾生产企业、供应商、销售企业分别可以从平台获得相应信息，稻虾生产企业可以将加工好的成品提供给稻虾销售企业，生产企业可根据销售企业的需求来指导生产，稻虾供应商也可以将成品供给到稻虾销售企业，物流可通过第三方物流公司运输。这一模式将企业内部网和企业的产品及服务，通过 B2B 网站或移动客户端与客户紧密结合起来，通过网络的快速反应，为客户提供更好的服务，从而促进企业的业务发展 (李帅，2019)。

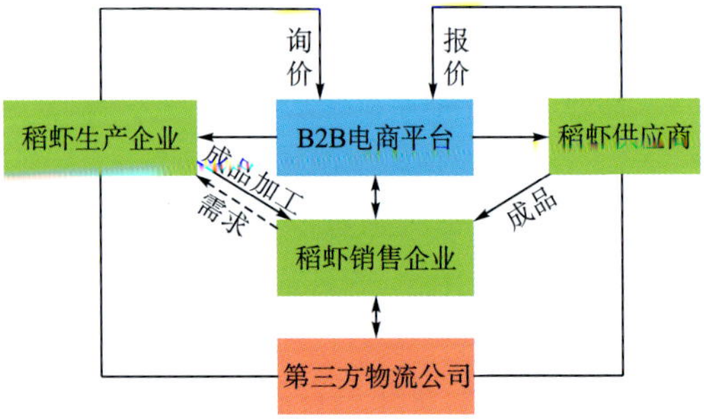

图 23-17　稻虾销售 B2B 模式

B2C (business to consumer) 模式 (图 23-18) 是以互联网为主要手段，由商家或企业通过网站向消费者提供商品和服务的一种商务模式，是当前绿色农产品电商普遍使用的一种模式。该模式通过电商平台将稻虾加工、销售企业和个体消费者联系起来，稻虾加工和销售企业通过电商平台发布信息，消费者通过平台获得信息，消费者也可以通过平台发送需求，稻虾加工和销售企业还可通过平台的信息来改进生产。这一模式是当前农产品电商运营的主流模式，其优势在于平台是中介角色，无须承担库存风险，劣势是对平台的流量、供应链要求高 (李春晓，2019)。

图 23-18　稻虾销售 B2C 模式

以上两种模式中 B2B 针对的是企业到企业，而 B2C 针对的是企业到消费者，如果能结合 B2C、B2B 各自的优点，将对促进农村电子商务的发展更有成效。借助新农村建设中大力发展城镇化建设的优势，在 B2B 和 B2C 这两种模式中引入一个“供销中介”关键环节，可以实现此目标。供销中介的主要职能：一方面，可以直接同广大的农户打交道，能够及时准确地了解农户的生产情况，给信息网提供准确的信息，有助于三类企业控制库存，降低成本。另一方面，可以把分散的农户集中起来，对农产品进行统一调度，有利于开拓营销渠道，对广大农户有非常大的好处。供销中介可以是政府专设机构，也可以是龙头企业，它是小农户与大市场的纽带，它也与农户通过新型的、直接的经济利益相联系。这一模式将 B2B 和 B2C 模式整合为 B2B2C 模式 (图 23-19)，由于符合农村经济发展的趋势，它应该是新农村第三方农业电子商务平台建设的首选模式。

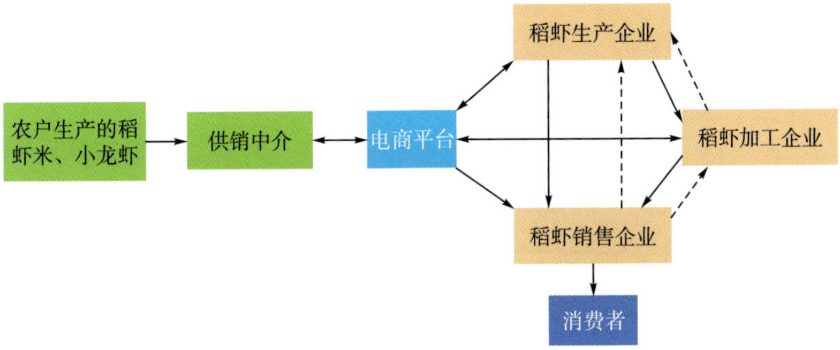

图 23-19　稻虾销售 B2B2C 模式

注：----► 表示“需求”；——► 表示“供应”；◄——► 表示“共享”。

6. 休闲体验

一二三产业融合发展是城乡特色产业文化旅游示范区的发展定位。一产是指全椒稻虾综合种养；二产主要指农产品加工，尤其是稻虾米的深加工以及小龙虾深加工；三产指全椒发展乡村休闲旅游业。由于地理位置优越，随着大量的城市居民走向农村，全椒发展三产融合具有天然的优势。发展特色产业文化旅游业，将全椒小龙虾加工产品、稻虾米农业产品更好地嵌入到休闲旅游中去，带动服务业、餐饮、民宿、文化创意产业的发展，旅游业的发展又能反哺全椒稻虾产业、文创产业等的发展，建立区域旅游品牌以及全椒稻虾公共品牌。

为打响全椒龙虾品牌文化，促进一二三产业融合，全椒按照“科学规划、突出特色、挖掘文化、提升档次”的原则，着力打造了一条龙虾特色美食街，这条龙虾特色美食街位于儒林邻里中心。通过采取“统一标识、灯光亮化、环境美化、店招美化、建章立制”等措施，推动全县小龙虾产业向集聚化、规模化、规范化、标准化、品牌化、特色化方向发展，旨在融合全椒龙虾养殖—美食加工一条龙，实现从田头到餐桌的增值。

作为千年古县，全椒县历史文化底蕴的丰厚、奇特，在安徽乃至全国有着举足轻重的地位。其中，以“儒林文化”“太平文化”为代表展现了全椒历史文化的悠久性、多样性与独特性。通过举办“游全椒 品龙虾”的节庆活动，让游客们游览全椒，品尝小龙虾，提高千年古县全椒的美誉度、知名度。重点打造吴敬梓故居、吴敬梓纪念馆等历史名园，让游客们感受独具地域特色的“儒林文化”。因此，将龙虾美食节和“儒林文化”“太平文化”深度融合，打造独具地方特色的全椒美食文化节。

充分利用现有的旅游资源发展以全椒稻虾产业为主的特色文化旅游项目，打造集研发设计、原辅材料、生产加工、物流贸易、电子商务、展示宣传为一体的特色文化产业示范园区（图 23-20），致力于小龙虾加工的技术创新，提升全椒稻虾文化属性，解决企业长远发展之需。将现有质量较好的传统民居改造为民宿，民宿内家具（床、茶几、桌子等）、装饰品根据当地民俗和特色来制造，为游客提供传统的特色民居住宿体验。打造出具有全椒特色的全椒龙虾的展示馆、博物馆。打造全椒旅游卖场，游客可自行购买喜爱的全椒稻虾工艺产品。

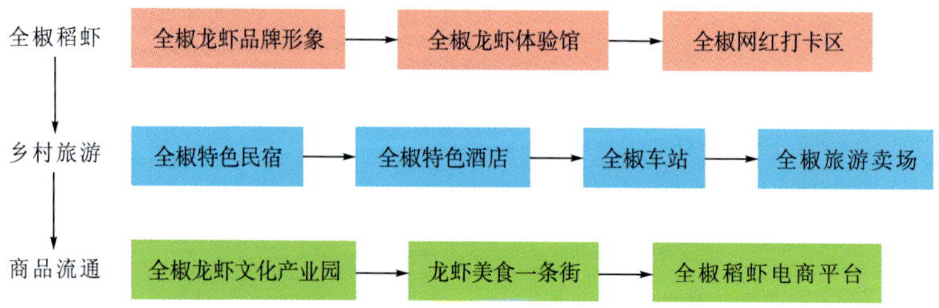

图 23-20　全椒特色文化产业示范园区

根据产业、文化、旅游资源的特点和分布状况，结合地形地势及土地利用状况，充分考虑片区发展条件，兼顾经济文化的一致性、管理的统一性及线路安排的需求，可以将全椒产业功能空间布局确定为“一带串联、双核引领、四区联动”。“一带”为滁河支流——沿河生态景观带，“双核”为“儒林文化”“太平文化”，“四区”为休闲康养度假区、美食街区、全椒龙虾产业体验区、传统文化保护区。通过沿河生态景观带串联、各村镇资源共享、优势互补形成一个农业产业带，生产、生活、生态、生意“四生融合”形成特色文化产业旅游生态圈。

23.3　全椒县稻虾共作产业融合案例
——二郎口镇国家级稻渔综合种养示范区

2006 年以来，二郎口镇重点发展稻虾连作高效生态农业产业，实现一水两用、一田双收，形成了集科研示范、苗种繁殖、龙虾养殖、冷链物流等于一体的产业化模式，带动群众脱贫致富，蹚出了一条从传统农业镇走向龙虾小镇的致富路。全椒县二郎口镇赤镇村龙虾养殖产业已然形成了一定的规模和影响力。

安徽省全椒县国家级示范专业合作社——赤镇龙虾经济专业合作社的稻虾连作模式按如下方式运作：每年 3 月上旬投放虾苗，对达到 25g 以上且生长成熟的龙虾及时抓捕上市；6 月底结束龙虾养殖，开始水稻播种；9 月底收割水稻并投放亲本虾。对每 1 个茬口节点严格控制到位，特别是龙虾的养殖环节在每年 6 月底前必须结束，即使光照、水温等条件仍适宜开展龙虾养殖，也必须将商品虾全部捕捞出田，转向水稻田间管理、亲本虾保种和优质虾苗繁育等工作，以确保稻虾连作周年生产。此外，在稻虾共生期间不使用任何化学农药，通过培养蛭弧菌、EM（effective microorganisms，有效微生物群）菌等生防菌来处理水体，提前预防龙虾病害；稻田里种植伊乐藻水草有利于龙虾躲藏、逃避天敌，同时在收割水稻时，也预留出 20 cm 以上的高茬，作为龙虾活动的附着物；精选菜粕、角粉、花生壳等原料作为龙虾专用饵料，通过机械改造处理，使饵料覆盖在稻茬上。这能有效降低养殖污染，改善稻田耕作环境，逐步集聚化肥减少、农药减量的生态效应，探索出一条绿色生态的高质量农业发展之路。通过科学安排茬口，将水稻种植、虾苗繁育、龙虾饲喂、捕捞上市等环节紧密衔接，提高种养效率，在确保水稻稳产的前提下，稻田综合效益得到提高，农民种稻积极性随之增强。

同时，合作社重视品牌建设并与科研机构开展产学研合作，革新与创造虾类养殖技术，凭借技术实力，创设“赤镇牌”小龙虾品牌，并通过国家无公害农产品认证，“全椒龙虾”获批国家地理标志证明商标；积极开展品牌管理维护，主动参加中国小龙虾产业大会等各类展销会、交易会，连续 10 年坚持承办“全椒龙虾美食节”；深度推介全椒特色龙虾，运用媒体对稻虾连作进行报道宣传，不断丰富稻田综合种养的品牌价值，有力扩大稻田综合种养的知名度，唱响农产品牌，推动人民群众的消费需求升级。合作社稻虾共养每亩地可产龙虾 300 多斤，有机稻 1000 斤，亩均收益可达五六千元，扣除成本净利润可达三四千元，带动了 347 户养殖户。2018 年，合作社养殖户户均实现 15 万元以上收入，整个合作社实现纯利润 5200 万元。因此，坚持质量兴农，发展稻田综合种养，对保护水稻产能、确保口粮安全、促进农民增收发挥了关键性作用。

23.4 瓶颈问题总结，技术应用前景讨论

23.4.1 瓶颈问题

一是规模优势不明显。有效投入、发展不充分仍然是当前全椒龙虾产业发展最突出、最主要的矛盾。

二是品牌不够响。全椒稻虾共作起步较早，现在龙虾产业也有了一定规模，但“虾强米弱”，少施化肥以及不打农药的稻虾米品牌很少。

三是产业链不够长。稻虾共作产业价值链高，具有带动一二三产业融合发展的巨大优势，而全椒县的稻虾产业仅停留在销售龙虾、水稻的基础层面，少数大户发展品牌大米，但不成规模，稻虾产品冷链物流、深加工严重滞后，稻虾产业与旅游、教育、文化、健康养老缺少融合发展。

四是技术服务能力还有待提升。渔业技术指导和服务能力远远不能满足产业发展的需求。

五是试验示范与技术集成研究不足。对稻虾综合种养田间试验、示范与配套技术的研究刚刚起步，对该种养模式下水稻品种的选用、田间病虫草害的变化与高效绿色防控技术、小龙虾种苗繁育技术、不同投入品对稻虾产量及品质的影响等方面缺乏基础性投入和研究。

23.4.2 全椒县稻虾产业发展提升策略

一是以打造全产业链为目标，促进一二三产业融合发展。优化区域布局，在适应小龙虾生长区域继续扩大稻虾共作养殖规模，实现小龙虾生产的区域化、规模化、标准化、专业化。以食用产品加工和甲壳素系列产品精深加工为突破口，带动小龙虾餐饮、包装、饲料、仓储、物流、电商等产业发展，形成一二三产业融合、全产业链发展的良好格局。

二是以规模化养殖基地为载体，加强主产区基础设施建设。引导主产区政府整合县域经济发展调度资金、涉农项目资金，完善规模化养殖基地的农田、道路、排灌、电力等基础设施，降低养殖成本，提高生产率，增强产业发展后劲。

三是以示范合作社为引领，提升产业组织化程度。发挥小龙虾专业合作社上连龙头企业、下连千家万户的纽带功能，在各主产区建设小龙虾示范合作社，完善利益联结机制，为虾农提供产前、产中、产后全方位服务。

四是以统一交易平台为依托，增强主产地价格话语权。建设全椒统一的小龙虾网上信息和交易平台，发挥价格指导和产销信息交流功能，提升电子化交易水平，探索现代化的竞拍交易、期货交易方式，维护全椒作为小龙虾主产区的产地优势，逐步走向全国。

五是以重大疫病可防可控为底线，健全质量安全体系。定期组织开展疫病测报，完善重大疫情应急预案。积极推广安全高效的人工配合饲料，严禁使用农药、化肥以及禁用药

品。推行小龙虾质量安全可追溯体系建设，实施“源头管制、定期抽检、全程监管”的监管机制，积极创建有机、绿色等“三品一标”产品，确保小龙虾质量安全。

六是以生态安全为核心价值，加大品牌整合推广力度。突出全椒水资源丰富、水质好，小龙虾生态、安全、味美的特色元素，合力打响“百子银花”生态大米、“赤镇龙虾”等区域公用品牌。采取政府主导、企业运作的方式，将在产地开展节庆活动和在上海、南京、合肥等主销区开展节庆活动相结合，坚持不懈办好“全椒小龙虾节”，不断提升全椒小龙虾的知名度、美誉度和客户忠诚度。

参考文献

樊秀花，王步江，何新益，等，2012. 发芽糙米酸奶发酵特性研究. 食品科技，37(10)：86-88，91.

方勃，2020. 安徽省稻虾综合种养技术模式浅析. 基层农技推广，8(10)：71-74.

江杨阳，2019. 小龙虾低温贮藏品质变化规律及其腐败菌鉴定. 杭州：浙江大学.

蒋军，奚业文，魏涛，等，2021. 年安徽省小龙虾产业发展报告. 科学养鱼，(5)：1-3.

寇祥明，谢成林，韩光明，等，2018. 3 种稻田生态种养模式对稻米品质、产量及经济效益的影响. 扬州大学学报(农业与生命科学版)，39(3)：70-74.

李春晓，2019. 海南省绿色农产品电子商务模式研究. 海口：海南大学.

李帅，2019. 张家口市生鲜农产品电子商务模式研究. 保定：河北农业大学.

梁正其，秦国兵，万海，等，2021. 稻虾生态种养模式对稻米品质和经济效益的影响. 水产养殖，42(5)：42-45.

陆剑锋，赖年悦，成永旭，2006. 淡水小龙虾资源的综合利用及其开发价值. 农产品加工(学刊)，(10)：47-52.

佀国涵，袁家富，彭成林，等，2020. 长期稻虾共作模式提高稻田土壤生物肥力的机理. 植物营养与肥料学报，26(12)：2168-2176.

孙佳欣，刘崑，徐宁，等，2016. 发芽糙米绿茶复合饮料的研制.粮食与饲料工业，12(6)：51-54.

王雪群，2021. 我国生鲜农产品冷链物流配送的现状与优化. 现代营销(经营版)，(6)：143-144.

徐祥玉，张敏敏，彭成林，等，2017. 稻虾共作对秸秆还田后稻田温室气体排放的影响. 中国生态农业学报，25(11)：1591-1603.

郑静静，2020. 冷冻加工对小龙虾品质影响的研究. 合肥：合肥工业大学.

第 24 章　江苏射阳畜牧业废弃物资源化利用与全链条氨减排技术绿色发展模式

推进畜禽粪污资源化利用是贯彻绿色发展理念、促进畜牧业转型升级、提高农业可持续发展能力的重要举措。《全国畜禽粪污资源化利用整县推进项目工作方案(2018～2020年)》指出，坚持政府支持、企业主体、市场化运作的方针，坚持源头减量、过程控制、末端利用的机制，以提高畜禽粪污综合利用率、消除面源污染、提高土地肥力为目标，以种养结合、农牧循环、就近消纳、综合利用为主线，通过整县推进，确保多方协同、连片实施，探索模式、总结推广，为在全国范围内实现畜禽粪污资源化利用、有机肥替代化肥、治理农业面源污染探索成功模式，加快构建种养结合农牧循环的可持续发展方式。

《农业农村部办公厅、财政部办公厅关于开展绿色种养循环农业试点工作的通知》(农办农〔2021〕10 号)(以下简称《通知》)指出，2021 年，中央财政将支持 17 个省份开展绿色种养循环农业试点工作，加快畜禽粪污资源化利用，打通种养循环堵点，促进粪肥还田，推动农业绿色高质量发展。《通知》提出，力争通过 5 年试点，扶持一批粪肥还田利用专业化服务主体，形成可复制可推广的养殖场户、服务组织和种植主体紧密衔接、种养结合的绿色循环农业发展模式。《通知》明确，试点实施范围将聚焦畜牧大省、粮食和蔬菜主产区、生态保护重点区域，并优先在京津冀协同发展、长江经济带、粤港澳大湾区、黄河流域、东北黑土地、生物多样性保护等重点地区，选择北京、天津、河北、黑龙江、上海等 17 个省份开展试点。其中，北京、天津、上海和云南开展整省份试点，其他省份开展整县推进。

氨气作为大气中最主要的碱性气体，对 $PM_{2.5}$ 的形成起催化促进作用，是雾霾形成的主要底物之一(Huang et al.，2015；Lelieveld et al.，2015；Liu et al.，2020；Wu et al.，2016)。我国每年排放氨 1200 万～1500 万 t，排放强度是欧盟和美国的 4～5 倍，且 90%来自农业源，畜牧业占农业源一半以上。华北平原、长江中下游是氨排放热点区域(Zhang et al.，2017；Wang et al.，2018；Kong et al.，2019)。因此，我国畜牧业氨排放大、高排放区与大气严重污染区高度重叠，是导致雾霾的重要原因之一。畜牧业氨排放环节多、过程复杂，单一技术对畜牧生产总体系减排未发挥较好效果，畜牧业全链条综合减排技术是国际的研究重点。欧美对养殖业氨减排技术研究重点关注全链条氨减排技术，荷兰、丹麦研发了畜舍脲酶抑制剂和酸化控氨、密闭生物滤池、粪污快速处理控氨、覆盖膜/介质处理、粪肥农田精准注射施肥控氨等技术。我国养殖业氨减排技术研究刚起步，以单环节氨气排放监测与减排技术研究为主，尚缺乏畜牧业“酸化抑氨、密闭控氨、回收固铵”全链条氨减排技术研究，急需开展养殖业全链条综合的氨减排示范。

目前，县级氨减排项目已经在多个县实施，但是缺乏对实际收益和成本的定量分析。

例如，针对畜禽养殖各环节氨减排技术开展了大量的试验研究和模式示范，但对其实际实施效果并不清楚。因此，针对不同尺度畜牧业氨减排技术及模式开展资源环境效应评价极其重要。

本章以江苏省射阳县废弃物资源化全产业链绿色发展研究为例，通过文献数据、调研数据和统计数据借助 NUFER-模型计算废弃物资源化利用新模式实施前后氨排放效果，分析该减排模式实施后的成本效益，同时通过实地调研分析新模式实施的障碍因素，最后通过情景模式分析在最优组合下该减排模式的减排效果和资源环境效应，为畜禽粪污资源化利用工作提供政策支持。本章的主要研究成果发表在 Environmental Pollution 上(Wang et al.，2021)

24.1　江苏省射阳县畜牧业生产现状与挑战

射阳县隶属江苏省盐城市，位于苏北沿海中部，介于北纬 33°31′12″～34°07′15″，东经 119°55′48″～120°34′47″。东临黄海，南抵新洋港与盐城市亭湖区接壤，西与建湖县、阜宁县毗邻，北至苏北灌溉总渠与滨海县相望。总面积为 2605.72km^2，其中陆地面积为 1826.35km^2、水域面积为 779.37km^2。截至 2018 年底，射阳县辖 13 个镇，1 个经济开发区。根据第七次全国人口普查数据，截至 2020 年 11 月 1 日，射阳县常住人口 75.94 万人。2017 年被确定为全国首批 51 个畜禽粪污资源化利用示范县之一，2021 年被确定为全国首批种养结合农业试点县之一。

24.1.1　畜禽养殖规模

2018 年，射阳县生猪存栏 40.77 万头，出栏 71.08 万头；家禽存栏 999.89 万只，出栏 1683.29 万只；羊存栏 4.29 万只，出栏 4.24 万只；牛存栏 0.55 万头，出栏 0.16 万头。按照江苏省畜禽规模化养殖标准，射阳县有畜禽规模化养殖场 343 个，包括生猪养殖场 156 个、家禽养殖场 180 个、奶牛养殖场 2 个和肉羊养殖场 5 个；传统小型养殖场 2096 个，包括生猪养殖场 1333 个、家禽养殖场 507 个、奶牛养殖场 0 个和肉羊养殖场 256 个(表 24-1)。将所有养殖数量按照标准动物单位换算后发现，规模化养殖场的养殖数量占全县养殖数量的 58%，传统小型养殖场的养殖数量占 42%(表 24-2)。

表 24-1　2018 年射阳县不同规模养殖场数量　(单位：个)

养殖场类型	养殖场数量				
	生猪	奶牛	家禽	肉羊	合计
规模化养殖场	156	2	180	5	343
传统小型养殖场	1333	0	507	256	2096
合计	1489	2	687	261	2439

表 24-2 2018 年射阳县不同规模养殖场中动物数量 (单位：LU)

养殖场类型	动物数量/万只				
	生猪	奶牛	家禽	肉羊	合计
规模化养殖场	7.34	0.55	7.98	0.03	15.90
传统小型养殖场	6.93	0.00	4.01	0.40	11.34
合计	14.27	0.55	11.99	0.43	27.24

注：本书研究中使用的标准动物单位(LU)换算系数：1 头奶牛、肉牛、生猪、肉羊、蛋鸡和肉鸡分别等于 1.0、0.50、0.35、0.010、0.012、0.007 个标准动物单位。

24.1.2 畜牧业养殖布局

江苏省射阳县水系发达，河网密度较高，将射阳县所有规模化养殖场进行定位，得到射阳县不同类型规模化养殖场分布图，射阳县以生猪和蛋鸡的养殖为主，且养殖场主要分布在县域的中心轴和西南方向，沿海地区养殖场分布较少。

24.2 畜禽废弃物资源化利用现状

24.2.1 畜禽废弃物资源化特征

射阳县是典型的畜牧养殖大县，连续 8 年获评“全国生猪调出大县”，2018 年饲养生猪 40 万头、家禽 1000 万只、羊 4.5 万只、牛 5500 头，年产生粪污约 100 万 t。射阳县土地总面积为 26.1 万 hm^2，其中耕地面积为 13.7 万 hm^2，以水稻种植为主，年粮食总产量达 100 万 t。射阳县鱼虾、贝类丰富，年水产品产量约 22 万 t。

射阳县畜禽粪污资源丰富，2018 年畜禽粪污排泄量中氮含量为 9476t，磷含量为 1421t。按照畜禽粪污土地承载力测算技术指南，研究得到射阳县畜禽粪污氮土地承载力为 0.7，畜禽粪污磷土地承载力为 0.4，射阳县粪污土地承载力较高。

射阳县 2018 年的畜禽粪污利用情况如表 24-3 所示，调研发现，生猪养殖场、奶牛养殖场、肉羊养殖场的粪污全部用来还田，家禽养殖场 50%的粪污用来进行轮虫培育(用作水产养殖的饲料)，由于 2017 年国家出台了《水污染防治行动计划》，对污水的去向有严格的管理措施，2018 年调研发现粪污没有径流排放。

表 24-3 2018 年射阳县畜禽养殖粪污去向 (单位：%)

养殖场类型	粪污还田比例	粪污用于饲料比例	粪污直排比例
生猪养殖场	100	0	0
奶牛养殖场	100	0	0
家禽养殖场	50	50	0
肉羊养殖场	100	0	0

24.2.2　射阳县畜禽废弃物资源化行动

2017 年以来，射阳县积极推进畜禽粪污资源化利用工作，2017 年被确定为全国首批 51 个畜禽粪污资源化利用示范县之一。作为全国首批畜禽粪污资源化利用试点县，射阳县强势推进畜禽粪污治理，采取政府推动和市场运作坚持相结合的模式建设和运营镇级集中处理中心，按照“辐射全镇、粪污就地就近消纳资源化利用”原则，实行“小散户畜禽养殖粪污统一运输镇级集中处理中心初加工，后送县级有机肥厂集中生产销售”的消化模式，推动种养循环、生态循环的“绿色农业”发展，畜禽养殖污染环境现象有效减少，生态环境得到较大改善。

射阳县积极推广种养结合模式，按照“种养集合、畜地平衡”的原则，实行畜禽养殖户利用周边农田就近就地消纳畜禽粪污。全县 340 余户规模场中，有 204 户养殖场利用承包土地或流转周边土地消纳畜禽粪污，或者与规模种植大户签订去向可靠的消纳协议，畜禽粪污通过发酵处理后还田，实现种养结合。每年的 10 月份到次年的 4 月份，鸡粪主要用于轮虫培育，拓宽了畜禽粪污资源化利用渠道。

射阳县于 2021 年 6 月入围全国首批种养结合农业试点县，该项目由财政部每年补贴 1000 万元，可连续实施 3～5 年，项目的成功申报将带动全县畜禽粪污处理中心走上良性发展路子，进一步推动畜禽废弃物资源化利用，打通种养循环堵点，推进农业绿色发展，解决粪肥还田“最后一公里”问题。

24.3　畜牧业废弃物管理全链条氨减排关键技术

畜牧业氨排放环节多、过程复杂，单一技术对畜牧生产总体系减排未发挥较好效果，畜牧业全链条综合减排技术是国际的研究重点。我国养殖业氨减排技术研究刚起步，以单环节氨气排放监测与减排技术研究为主，尚缺乏畜牧业“酸化抑氨、密闭控氨、回收固铵”全链条氨减排技术研究，急需以目标为导向，以精细化、分步式治理为手段的农牧一体化综合氨减排示范工程。

本书研究针对圈舍粪便管理粗放、氨气浓度高、贮存和堆肥处理设施简陋、氨气排放量大、施用技术落后、养分损失高等问题，重点研究了密闭式畜舍控氨与强排空气氨回收技术、固肥全密闭堆肥固铵与氨回收技术、液肥固铵减排技术等养殖业全链条固铵减排关键技术，并监测了不同措施氨排放动态排放系数。针对大气污染防治重点区，围绕畜牧业生产与氨减排双效协同机制这一科学问题，重点突破了基于禽畜圈舍—粪便储存—综合处理利用等多环节的固铵减排技术。以固铵减排关键技术和设备产品为重点，吸纳常规技术，构建了养殖业高效氨减排技术模式。

本书选择大气严重污染区域江苏射阳为典型场所，开展了养殖场减排示范工程，实现了减排技术的快速转移与推广示范。

24.3.1　畜舍内粪尿酸化氨减排技术(T1)

该技术根据畜舍内氨浓度变化规律，通过自动控制系统，采用微喷技术对粪便表面进行酸化，达到减少氨气挥发的目的。畜舍外设置有水箱，水箱内装有酸性溶液，畜舍下部固定有喷酸管道，管道上安装有喷头。水箱内酸性溶液经加压泵加压后由喷头喷出，作用于粪尿表面。将乳酸溶于水后，通过微喷系统对粪便表层进行酸化，喷施量为250g/m^2，每天8:00、16:00 和24:00三个时间点分别喷施三次(图24-1)。粪尿表面酸化技术的使用对畜舍内氨气浓度的减排效果显著，可实现氨气排放量减少45%～60%(图24-2)(刘娟等，2019)。

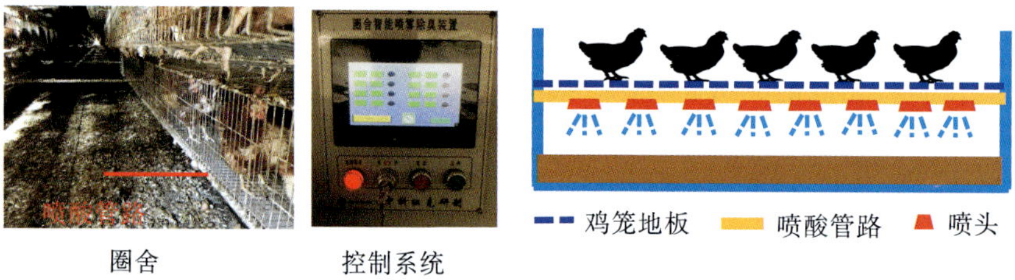

图24-1　畜舍内粪尿酸化氨减排技术示意图

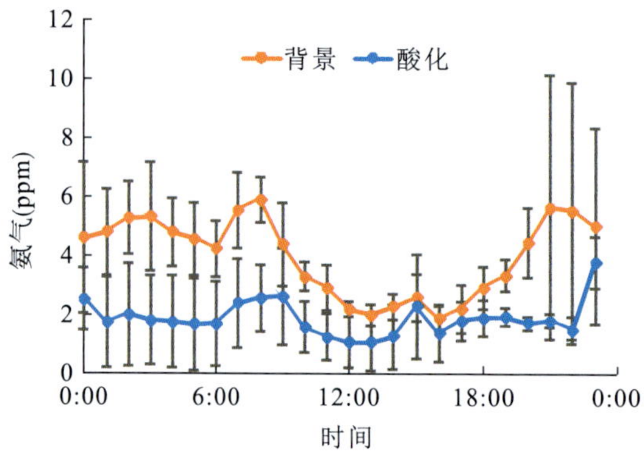

图24-2　畜舍内酸化技术后氨气浓度随时间变化关系

此项技术的优势有：准确控制喷酸量及喷酸间隔，实现技术自动化；粪尿表层酸化，实现低酸量低成本；普适性高，适合羊、猪、鸡等多种养殖类型。

24.3.2　畜舍空气强排吸附减氨技术(T2)

该技术建立了畜舍外排氨气回收技术体系，将畜舍排出的氨气减排和回收利用过程合二为一，采用弱酸水帘吸收排出空气中的粉尘、氨气，通过化学固铵和微生物转化降解，降低排出空气中的粉尘、氨气和其他臭气，实现畜禽舍外排空气达标排放，同时回收铵盐进行资源化利用(图 24-3)。外排过程中利用酸性雾化喷淋系统，通过自动化 pH 在线控制，实现氨气减排 80%(图 24-4)。

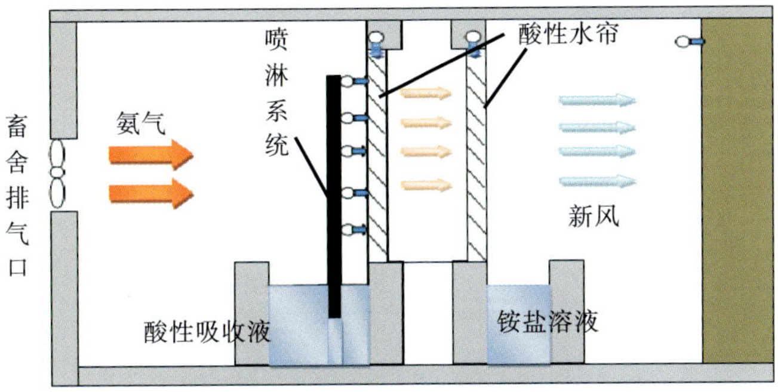

图 24-3　畜舍空气强排吸附减氨技术示意图

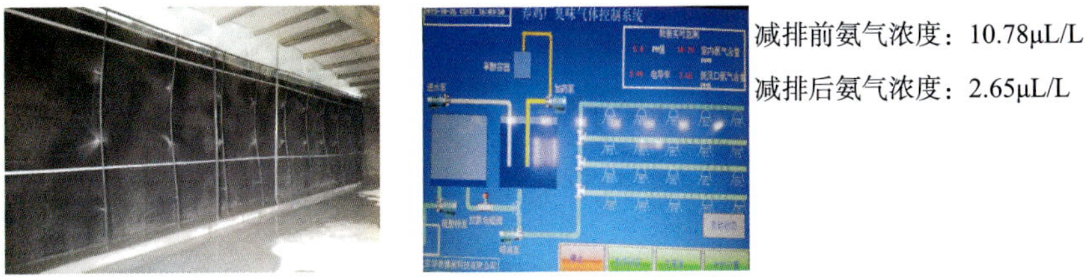

图 24-4　畜舍空气强排吸附减氨技术效果

此项技术的优势有：采用无堵塞喷头，实现喷水过程免维护；采用 pH 在线控制，实现氨气减排 80%；两级水帘持水和回水，实现循环用水；EC 控制换水频率，实现自动运行；固铵液体肥料化，实现资源利用。

24.3.3　畜禽粪尿智能反应器堆肥控氨回收技术(T3+T4)

智能堆肥反应器将储存和处理过程合二为一，通过调氧控温，利用微生物代谢作用将畜禽粪便转化为有机肥，过程中产生的尾气通过多级循环水/酸喷淋洗气系统处理，有效将尾气中的氨气回收，形成液态氮肥，减少畜禽粪便处理过程中的氨气排放(图 24-5)(刘娟，2020；Wang et al.，2018)。反应器堆肥技术较传统堆肥技术，无害化处理时间缩短 60%～70%，堆肥过程氨挥发减少 53.7%，与氨回收技术结合，氨挥发减少 78%。抗生素及抗性基因去除率超过 90%(图 24-6)(Liu et al.，2020)。

此项技术的优势有：连续上料、储存-处理一体化，占地面积小；分层曝气、四层仓体结构，处理周期短；搅拌主轴强力支撑，运行可靠；尾气高效回收，生成液体肥，无二次污染；物联网控制系统，智能工艺操作。

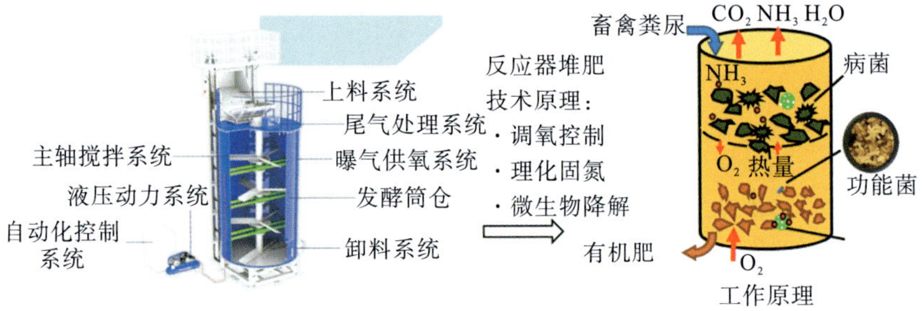

图 24-5　畜禽粪尿智能反应器堆肥控氨回收技术示意图

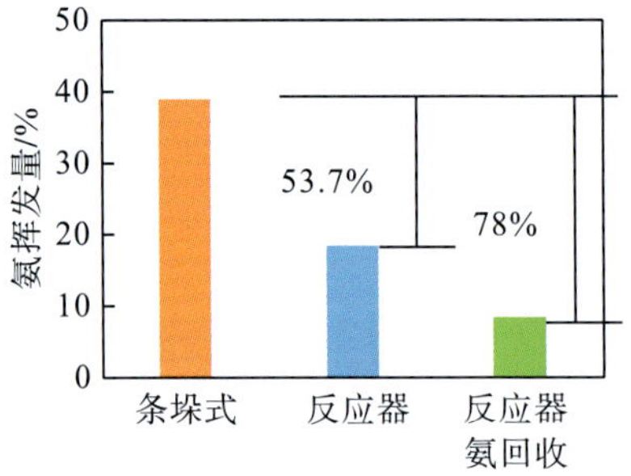

图 24-6　不同处理方式对堆肥过程氨挥发的影响

24.4　射阳畜牧业废弃物资源化与全链条氨减排技术绿色发展模式

2017 年，射阳县被确定为畜禽粪污资源化利用重点县，射阳县采取政府推动与市场运作相结合的方针，建设并运营镇级粪便处理中心，要求项目实施完成后，该县畜禽粪污综合利用率达到 75%以上，规模养殖场粪污处理设施装备配套率达到 95%。全县形成了“统一收集，集中处理”和“一场一罐，原位处理”相结合的县域减排模式。2019 年，建成镇级集中处理中心 14 家，采取“政府建设-企业运行-农户配合”的运行机制，新建或改造养殖场粪污原位处理设施 35 家。

24.4.1　畜禽粪污“统一收集，集中处理”氨减排技术模式

粪污集中处理中心采用“政府建设-企业运行-农户配合”的运营方式，按照规模化养殖场划分标准，不符合规模化养殖标准的养殖场（散户）按照镇级统一将畜禽粪污集中运输到集中处理中心进行处理。集中处理中心建成了以密闭反应器堆肥技术为核心的“统一收集，集中处理”的氨减排技术模式，并配有畜禽粪尿智能堆肥反应器与氨回收技术设备和污水密闭储存-处理设施，反应器堆肥生产的有机肥已达到国家商品有机肥标准，可以进行售卖，经污水密闭储存处理设施处理后的废水可以直接用于液态有机肥还田（图 24-7）。

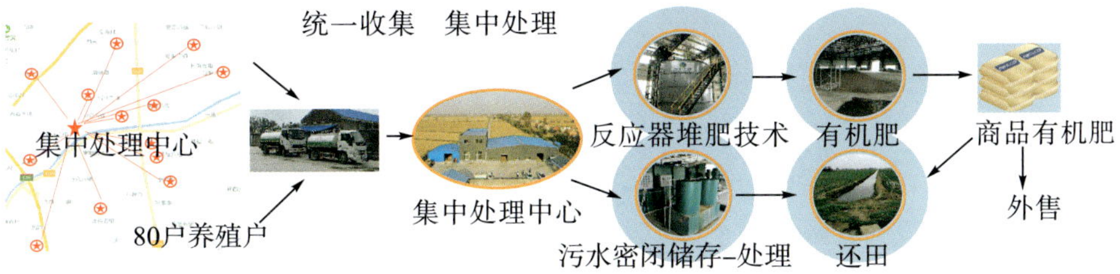

图 24-7　粪污集中处理中心氨减排技术模式

2019 年，射阳全县已建成镇级处理中心 14 家，集中处理中心占地面积约 3300m^2，总投资 600 余万元，具备 2000t/a 的有机肥生产能力。镇级粪污集中处理中心日处理粪污 40～50t，占全镇粪污产生总量的 65%～80%，年产有机肥约 1500t。

24.4.2　畜禽粪污“一场一罐，原位处理”氨减排技术模式

按照规模化养殖场划分标准，射阳县以规模化养殖场为主体，政府引导和补贴为辅，建成了以密闭反应器堆肥技术为核心、全链条减排的“一场一罐，原位处理”的养殖场氨减排技术模式。

针对不同畜禽种类的养殖场，分别配备了“畜舍内粪尿酸化氨减排技术”“畜舍空气强排吸附减氨技术”“畜禽粪尿智能反应器堆肥控氨回收技术”一种或多种技术的组合(表 24-4)，规模化养殖场按照技术规程进行原位处理氨减排技术模式的运行(图 24-8)。

表 24-4　不同畜禽类型养殖场应用的不同技术组合

养殖场类型	氨减排技术
生猪养殖场	T2+T3+T4
家禽养殖场	T1+T2+T3+T4
肉羊养殖场	T1+T3+T4
奶牛养殖场	T3+T4

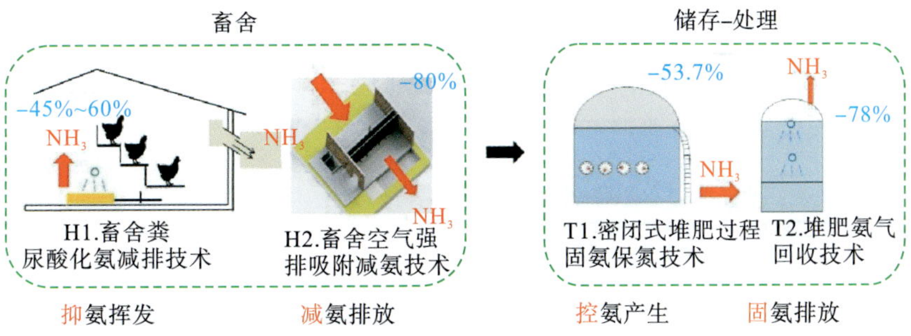

图 24-8　养殖场原位处理氨减排技术模式

24.4.3 射阳县氨减排模式效果

研究通过文献、统计年鉴、实地调研等进行数据的收集和获取，运用 NUFER 模型进行氮素流动和氨排放的计算及情景模式计算。

采用 NUFER 模型计算射阳县情景模式下的 NH_3 排放：①2012 年，环保政策未出台，粪污管理方式粗放；②2018 年，畜禽粪污资源化利用行动开始实施；③2019 年，畜禽粪污资源化利用行动实施 1 年；④理想状态。

研究结果表明：①2012 年畜禽粪便全链条 NH_3 排放量为 8.1×10^3t/a，2018 年增加了 8.6%，排放量达到了 8.8×10^3t/a(图 24-9)，这是因为 2012 年没有严格的管理措施，大部分粪便排入水体，而 2017 年国家出台了《水污染防治行动计划》，禁止粪污排入水体，增加了氮素的气体损失。②2018 年实施氨减排政策后，其减排效果与实验室尺度研究存在一定差异。2019 年，政策实施短时间内，氨减排率仅为 16%。2019 年的实际氨减排率较小，主要是由于 14 个集中处理中心中只有 4 个(约 29%)正常运行，35 个原位养殖场中只有 9 个正常运行，集中处理中心处理的全县粪便量不足 30%，大部分粪便进行了直接还田。③通过 2019 年两种模式养殖场的使用意愿情况发现，减排模式的选择主要与养殖场规模有关(即与养殖场产生的畜禽粪便量有关)。原位处理养殖场需要考虑设施投入和运营成本，如果产生的粪便量不足以匹配原位处理设施的运行，这是不合理的。④根据调研结果，我们根据农民的意愿和最佳的成本效益，在理想条件下为养殖场选择了粪污处理的最佳模式(表 24-5)。在理想情况下，若两种模式都得到了充分应用，与 2018 年相比，该技术模式组合将达到氨减排 42%的效果。

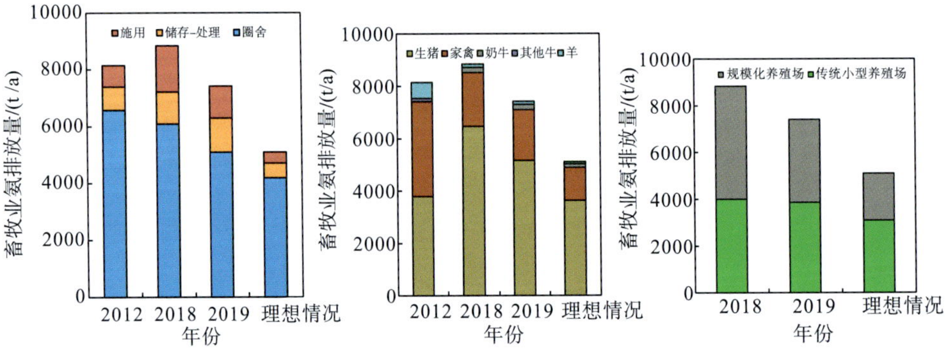

图 24-9　不同情景模式下氨排放来源

表 24-5　原位处理氨减排技术模式养殖场选取原则

养殖场类型	选取原则
生猪养殖场	年出栏量> 500
奶牛养殖场	存栏量> 500
肉羊养殖场	年出栏量> 1000
蛋鸡养殖场	存栏量> 50000
肉鸡养殖场	年出栏量> 50000

在不同情景下，由于近年来生猪和蛋鸡的养殖数量越来越大，射阳县生猪养殖业是最大的氨排放源，其次是家禽养殖。在不同情景模式下，圈舍阶段的氨排放量占比最大；2012 年储存-处理和施用过程中氨的排放量低于 2018 年和 2019 年，主要是由于大量畜禽粪便的直接水体排放(约占总氮的 54%)；由于 2012 年缺乏严格的粪便管理措施，圈舍阶段氨排放量高于 2018 和 2019 年。最优情况下，圈舍、储存-处理和施用阶段的氨排放量分别占 82%、10%和 8%(图 24-9)。有研究人员量化了 2010 年中国粪便管理链中的氮流，他们也发现氮损失主要发生在圈舍和储存-处理阶段，氨排放占总氮损失的 39%。因此，我们应该更加关注圈舍阶段的氨的减排。

从图 24-9 可以看出，氨减排技术模式实施率越高，氨减排率越高。规模化养殖场氨排放占总氨排放的比例越低，小型养殖场氨排放占比越高，这意味着小型养殖场要么需要纳入未来的氨减排政策中，要么逐步被集约化养殖场取代。

24.6　射阳畜牧业废弃物资源化利用与氨减排成本效益分析

本章研究中实施减排模式的成本分为投资成本、固定运行成本和可变运行成本(Winiwarter and Klimont，2011)。技术实施的投资成本估算是基于设备的价格和安装成本，同时考虑设备的使用寿命。固定运行成本的估算参数按照固定运行成本占总投资成本的 4%取值。固定运行成本反映了维护、保险和管理费用。可变运行成本包括投入的劳动力、能源和材料成本，并考虑了材料的使用量和价格。

由于投资成本因农场规模和农场类型的不同而异，因此本章研究中我们以一个 4 万只蛋鸡的原位养殖场和一个每年处理 8000t 畜禽粪污的集中处理中心为例，开展成本效益分析(表 24-6、表 24-7)。

表 24-6　集中处理中心模式氨减排成本

成本类型	类别	值
投资成本	土地价格/[元/(m^2·a)]	1.6
	土地面积/m^2	$3.5×10^3$
	建设投资/(元/m^2)	972
	折旧年限/a	20
	设备投资/万元	230
	折旧年限/a	10
固定运行成本	系数	4%
	成本值/(万元/a)	9.2
可变运行成本	电价/(元/kW·h)	0.5
	电费/(万元/a)	12
	水价/(元/m^3)	5
	水费/(万元/a)	0.8

续表

成本类型	类别	值
	辅料费/(万元/a)	0
	燃油费/(万元/a)	13
	车辆保险、机械维修费等/(万元/a)	15
	劳务费/(万元/a)	22

注：总投入为 113.0 万元/a。

表 24-7　原位处理养殖场模式氨减排成本

成本类型	类别	T1	T2	T3+T4
投资成本	土地价格/[元/(m^2·a)]	0	1.4	1.4
	土地面积/m^2	0	200	50
	建设投资/(元/m^2)	0	6.5	1.5
	折旧年限/a	0	20	20
	设备投资/万元	57	160	72
	折旧年限/a	10	10	10
固定运行成本	系数	4%	4%	4%
	成本值/(万元/a)	3	6.4	28.8
可变运行成本	电费/(元/kWh)	0.5	0.5	0.5
	耗电量/(万元/a)	10	10	7
	水价/(元/m^3)	5	5	5
	水费/(万元/a)	4	5	0.1
	辅料费/(万元/a)	0	0	0.85
	乳酸价格/(元/L)	74	0	0
	乳酸消耗/(L/a)	1200	0	0
	劳务费/(万元/a)	0	0	9.6
	燃油费/(万元/a)	0	0	0.3

注：总投入为 43.0 万元/a。

射阳县有 14 个镇级粪污处理中心，覆盖了所有传统养殖场，处理中心年总投资 113.0 万元。研究选取的传统养殖场通过粪污处理中心的减排技术每年减少氨排放 27.0t，粪污集中处理中心的氨减排技术成本为 42.0 元/kg(约 5.1 欧元/kg)。

射阳县拥有原位处理集约化养殖场 35 个，覆盖了所有蛋鸡养殖场和肉鸡养殖场。研究选取的原位处理养殖场年总投资为 43.0 万元，运用减排技术每年减少的氨排放量为 5.6t，氨减排技术的成本为 80.0 元/kg(约 9.7 欧元/kg)。其中，圈舍阶段氨减排技术成本为 37.0 元/kg(约 4.5 欧元/kg)，储存处理阶段为 280.0 元/kg(约 34.0 欧元/kg)(表 24-8)。

表 24-8 不同氨减排技术模式下减排量及减排成本

技术模式	圈舍		储存-处理		全链条	
	氨减排量/(t/a)	氨减排成本/(元/kg)	氨减排量/(t/a)	氨减排成本/(元/kg)	氨减排量/(t/a)	氨减排成本/(元/kg)
集中处理中心模式	0	0	27.0	42.0	27.0	42.0
养殖场原位处理模式	4.6	37.0	1.0	280.0	5.6	80.0

粪污处理中心的收入主要来自有机肥的销售和收集粪肥时收取的服务费用，该粪污处理中心每年的总收入为 158 万元，这意味着该策略在经济上是可行的。原位处理养殖场的收入也主要来自有机肥料的销售，该原位处理每年总收入 35 万元。但在目前情况下，设备投资成本由政府补贴，如果农民需要自己购买设备，实际效益会较低，甚至为负。

对比两种模式，粪污集中处理中心氨减排成本为 42.0 元/kg，原位处理模式的氨减排成本为 80.0 元/kg，故集中处理中心模式具有更好的成本效益。不同氨减排技术模式的收益及经济成本如表 24-9 和图 24-10 所示。

表 24-9 不同氨减排技术模式收益

类别	集中处理中心模式	养殖场原位处理模式
有机肥生产量/(t/a)	3000	700
有机肥价格/(元/t)	450	500
有机肥收入/(万元/a)	135	35
粪污收集费用/(万元/a)	23	—
总收入/(万元/a)	158	35

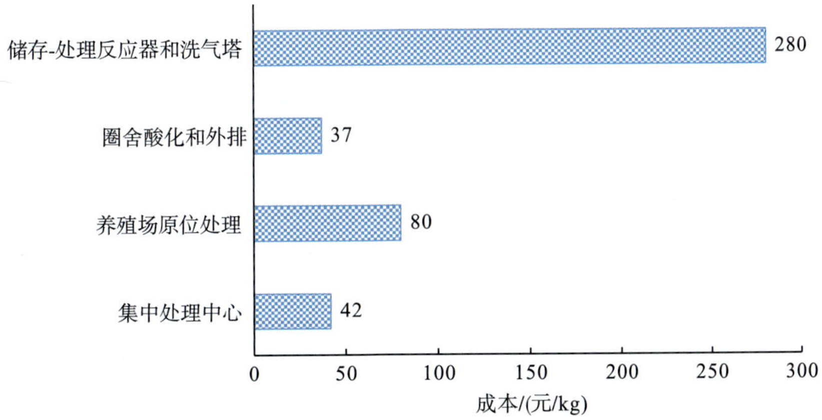

图 24-10 不同氨减排技术模式经济成本

24.6 小　结

1. 氨减排技术在实际实施过程中的减排效果

虽然实验室规模的氨减排技术的减排率很高，但射阳县的实际应用目前还无法达到这些目标。通过县级氨减排模式的实施，我们发现在实际实施过程中存在诸多障碍。虽然在短时间内氨减排能达到 16%，但我们也必须明确实际效果与理想情况下氨减排效果的差距。农民接受政府出台的政策需要一个过程，同时政府也需要积极推动政策的实施。

2. 县级氨减排模式实施的障碍因素分析

在 14 个镇级粪污处理中心中，只有 4 个镇级粪污处理中心正常运行，全县只有 30%的畜禽粪便得到处理。主要原因：①处理后的污水没有合适的地方排放：粪污处理中心的位置没有考虑污水排放的问题，处理后的污水不能直接与灌溉渠连接，无处可排放。②粪便收集量少：大部分粪便进行了直接还田。③动物防疫问题突出：在非洲猪瘟疫情期间，粪污收集车到达农场收集粪便时，给动物防疫带来了极大的压力。④射阳积极推进农牧业结合，集约化养殖场利用租来的土地或转让周边土地吸纳粪便，并将粪便还田。

2019 年，政府只投资了 35 个集约化养殖场建设粪便处理设施。然而，只有存栏量在 5 万只以上蛋鸡的养殖场才能正常运行该设施。主要原因是：①可用于堆肥的粪肥量与反应器的容量不匹配，不足以使反应器正常运行，投资大，效益低。②由于有机肥产量少，销售渠道有限。③政府没有强制性要求。

射阳县是全国第一个实施畜禽粪便资源利用政策以减少环境污染的试点县，没有经验可以借鉴。因此，在执行这项政策时出现了一些困难。由于有机肥使用不便、投入大、施肥效果慢等制约因素，除有机蔬菜生产经营者和森林承包企业外，农民不愿使用有机肥，这导致有机肥料的销售渠道减少。在这种情况下，经济压力可能使集约化养殖场难以正确操作粪便处理设施。政府增加对集约化养殖场的支持，以及改善对其他养殖场的集中收集，可能会提高其他有用措施的使用率。未来政府应加大对集约养殖场的扶持力度，完善对传统养殖场的集中收集加工体系。

3. 两种氨减排模式的成本效益分析

通过两种氨减排技术模式的成本效益分析表明，集中处理中心的氨减排成本为 5.1 欧元，而原位处理养殖氨减排技术成本为 9.7 欧元/kg。其中，圈舍阶段氨减排技术的成本为 4.5 欧元/kg，储存-处理阶段氨减排技术的成本为 34.0 欧元/kg。欧洲学者的研究结果表明，氨减排成本在 5.0 欧元/kg 以下时更具成本效益（Winiwarter and Klimont，2011），因此射阳县的氨减排技术模式还有很大的优化空间。

研究发现，在原位处理氨减排模式下，圈舍阶段的氨减排成本为 4.5 欧元/kg，欧洲氨氮边际减少成本曲线的分析表明，圈舍阶段应用酸化技术氨减排成本在 1.7～4.0 欧元/kg，

(Webb et al.，2015；Buckley et al.，2020) 圈舍阶段氨的减少幅度最大。因此，在未来的研究中，圈舍阶段的氨减排技术尤为重要。

对比两种模式，粪污集中处理中心模式在氨减排成本方面具有较大优势。在原位处理模式中，圈舍阶段氨减排技术成本较低，处理阶段氨减排成本较高，主要是因为堆肥处理阶段堆肥反应器成本较高，且能耗较高。

4. 展望：射阳县种养结合绿色发展途径

射阳县是农业生产大县，畜禽养殖废弃物资源丰富，要实现畜禽养殖废弃物的“末端利用”，实现种养循环是未来射阳县粪污资源化利用的主要途径。

1) 射阳县农业绿色发展模式品牌创建

射阳的水稻种植历史悠久，由于气候地理条件独特，产品具有米粒饱满、晶莹剔透、香纯绵甜、营养丰富、口感独特的特点。射阳大米为地理标志保护产品、证明商标。射阳水稻种植施肥以化肥为主，根据水稻种植特点，在水稻生育期减少化肥的投入，合理施用有机肥，不仅能够提高废弃物资源化利用率，还能够使水稻产品品质稳定提升，打造“射阳有机大米”品牌，拓宽水稻种植的销路，实现畜牧业养殖和水稻种植绿色发展。

2) 渔业生态养殖，实现有机肥循环利用

射阳县鱼虾、贝类丰富，水产品年产量约 22 万 t。在水产养殖过程中，主要依靠外源饲料的投入，养分利用效率较低。鸡粪可用于轮虫培育，是水产养殖可靠的饲料来源，因此将鸡粪用于渔业养殖，不仅拓宽了畜禽粪污资源化利用渠道，且实现了有机肥的循环利用，形成了渔业生态养殖新模式。

3) 发展种养结合循环农业模式

开展绿色种养循环农业试点工作，加快畜禽粪污资源化利用，打通种养循环堵点，促进粪肥还田，推动农业绿色高质量发展。以县级人民政府作为试点项目实施主体，通过以奖代补等方式带动，对粪肥还田收集处理、施用服务等重点环节予以补奖。

射阳县是畜禽养殖大县，年产生畜禽粪便排泄物约 100 万 t。通过科学布局种养产业，配套建设畜禽粪便、秸秆、沼气、有机肥加工、有机肥施用等设施，构建以主体内种养结合为重点的主体小循环，县域内农业废弃物循环利用为重点的县域大循环。在农业生产经营主体内部，积极推广“一场一罐，原位处理”和“猪-沼/有机肥-作物”自我消纳模式，配套粪污注射施用机具，实现种养配套、就地消纳；立足县域，推广“统一收集，集中处理”模式，依托镇级处理中心对县域内 2000 多家小型养殖场产生的粪污定期集中收集，所收集的畜禽排泄物，通过干湿分离设备进行分离，固体部分通过智能堆肥反应器生产固体有机肥，液体部分经过无害化处理后输送至种植基地消纳，实现县域大循环。该模式的实施将使全县畜牧业区域布局与资源环境承载力相匹配，畜禽粪污综合利用率达 90%以上。

参 考 文 献

刘娟，2020. 畜禽养殖圈舍粪尿表面酸化与堆肥氨减排技术研究. 北京：中国科学院大学.

刘娟，柏兆海，曹玉博，等，2019. 家畜圈舍粪尿表层酸化对氨气排放的影响. 中国生态农业学报(中英文)，27(5)：677-685.

Bai Z H，Ma L，Jin S Q，et al.，2016. Nitrogen，phosphorus，and potassium flows through the manure management chain in China. Environmental Science Technology，50(24)：13409-13418.

Bai Z H，Ma，W Q，Ma L，et al.，2018. China's livestock transition：Driving forces，impacts，and consequences. Science Advances，4(7). https：//doi.org/10.1126/sciadv.aar8534.

Buckley C，Krol D，Lanigan G，et al.，2020. An analysis of the cost of the abatement of ammonia emissions in Irish agriculture to 2030. Carlow: Teqgasc-Agriculture and Food Developmen Authority.

Huang R J，Zhang Y L，Bozzetti C，et al.，2015. High secondary aerosol contribution to particulate pollution during haze events in China. Nature，514(7521)：218-222.

Kong L，Tang X，Zhu J，et al.，2019. Improved inversion of monthly ammonia emissions in China based on the Chinese ammonia monitoring network and ensemble Kalman Filter. Environmental Science and Technology，53(21)：12529-12538.

Lelieveld J，Evans J S，Fnais M，et al.，2015. The contribution of outdoor air pollution sources to premature mortality on a global scale. Nature，525(7569)：367-371.

Liu L，Zhang X Y，Xu W，et al.，2020. Challenges for global sustainable nitrogen management in agricultural systems. Journal of Agricultural and Food Chemistry，68(11)：3354-3361.

Liu Z L，Wang X，Wang F H，et al.，2020. The progress of composting technologies from static heap to intelligent reactor：Benefits and limitations. Journal of Cleaner Production，270. https://doi.org/10.1016/j.jclepro.2020.122328.

Wang H D，Zhao Z Q，Winiwarter W，et al.，2021. Strategies to reduce ammonia emissions from livestock and their cost-benefit analysis：A case study of Sheyang county. Environmental Pollution，290：118045.

Wang H Y，Zhang D，Zhang Y T，et al.，2018. Ammonia emissions from paddy fields are underestimated in China. Environmental Pollution，235：482-488.

Wang X，Bai Z H，Yao Y，et al.，2018. Composting with negative pressure aeration for the mitigation of ammonia emissions and global warming potential. Journal of Cleaner Production，195：448-457.

Webb J，Morgan J，Pain B，2015. Cost of ammonia emission abatement from manure spreading and fertilizer application// Reis S，Howard C，Suttton M A. Costs of ammonia abatement and the climate co-benefits. Dordrecht：Springer.

Winiwarter W，Klimont Z，2011. The role of N-gases（N_2O，NO_x，NH_3）in cost-effective strategies to reduce greenhouse gas emissions and air pollution in Europe. Current Opinion in Environmental Sustainability，3(5)：438-445.

Wu Y Y，Gu B J，Erisman J W，et al.，2016. PM2.5 pollution is substantially affected by ammonia emissions in China. Environmental Pollution，218：86-94.

Zhang L，Chen Y F，Zhao Y H，et al.，2017. Agricultural ammonia emissions in China：Reconciling bottom-up and top-down estimates. Atmospheric Chemistry and Physics，18(1)：1-36.

第 25 章　三峡库区农业绿色发展

三峡库区位于东经 105°50′～111°40′，北纬 28°31′～31°44′，包含湖北省宜昌市所辖的秭归县、兴山县、夷陵区，恩施州所辖的巴东县；重庆市所辖的巫山县、巫溪县、奉节县、云阳县、开州区、万州区、忠县、涪陵区、丰都县、武隆县、石柱县、长寿区、渝北区、巴南区、江津区和重庆核心城区（包括渝中区、北碚区、沙坪坝区、南岸区、九龙坡区、大渡口区和江北区），总面积约为 5.8 万km^2。库区处于四川盆地和长江中下游平原的接合部，是长江经济带的重要组成部分，是长江中下游地区的生态屏障和西部生态建设的重点区域。

山峡库区主要由大巴山褶皱带、川东褶皱带和渝鄂湘黔隆起褶皱地质构造单元构成，区域多山地丘陵，平原面积仅占全部区域陆地面积的 4.3%。库区气候属于亚热带湿润季风气候，具有丰富的水热资源，年均降水量为 1000～1400mm，其中 4～9 月为主要降雨季，降水量约占全年降水总量的 60%～80%。全年日照时数为 1200～1600h，相对湿度为 60%～80%。区域主要土壤类型为：黄棕壤、黄褐土、棕壤、暗棕壤、石灰性土壤、紫色土、水稻土、山地草甸土、黄壤（中国科学院资源环境科学与数据中心；http://www.resdc.cn）。其中，黄壤、黄棕壤为库区地带性土壤。在河流阶地中还广泛分布着紫色土、棕色石灰土和水稻土等土壤。其中，紫色土为山谷丘陵的主要土壤，占全部土地面积的 47.8%。

25.1　三峡库区山地丘陵区农业特点

库区农业生产以粮食作物为主。水稻、玉米、红薯、小麦是典型的传统农作物类型，柑橘是该区域最主要的林果种植品种，其他的经济作物还包括茶叶、烟草、中药材等。

库区旱地面积大于水田，其中坡角为 10°～25°的旱地面积超过全部旱地面积的 60%。并且，绝大部分坡耕地土壤为易侵蚀和熟化程度较低的紫色土。2010～2016 年，在“坡改梯田/退耕还林/还草”政策的支持下，坡角＞25°的耕地面积持续减少，＜10°的耕地面积占比由 2010 年的 17.7%增加到 2016 年的 23.3%。从种植制度来看，旱地以二熟制为主，其中三熟制、二熟制和一熟制土地面积分别占到旱地总面积的 33.5%、51.5%和 15.0%；水田也以二熟制为主，其中旱地三熟制、二熟制和一熟制面积分别占到水田总面积的 10.9%、53.8%和 35.3%[数据源于《长江三峡工程生态与环境监测公报》(2011—2017 年)]。

25.2 三峡库区农业产业规模、分布与变迁

快速城镇化以及农村人口老龄化导致现阶段库区农业生产规模和方式都发生了重大的变化(马世五 等，2018)。2010～2016 年，三峡库区农业播种面积和农用地面积均呈先增加后减少的趋势：粮食和经济作物的播种面积均在 2012 年达到峰值，其后粮食播种面积逐年降低，而经济作物保持在 21 万 hm^2 以上。作为三峡库区重要的经济作物，柑橘栽种面积从 2010 年的 6.9 万 hm^2 增加到 2016 年的 7.8 万 hm^2；茶叶栽种面积从 2010 年的 1.1 万 hm^2 增加到 2014 年的 1.4 万 hm^2，并维持在该水平；中药材的栽种面积在 2014 年以后保持在 4600hm^2 以上(图 25-1)。

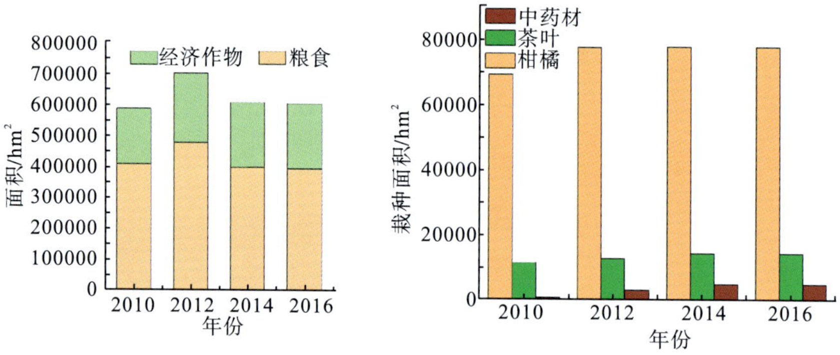

图 25-1 三峡库区作物的播种情况(2010～2016 年)

注：数据来源于 2011～2017 年的《长江三峡工程生态与环境监测公报》。

作物种植结构的调整导致了复种指数的变化，旱坡地三熟轮作逐渐被二熟套种和单一种植取代(严坤，2020)。此外，农村劳动力的迁移加快了山区耕地的撂荒。耕地撂荒主要分布在坡角为 15°以上和 400～550m 海拔区域。随着土地流转的推进，以柑橘为主的经济作物栽种呈现集中连片种植和规模化经营的趋势，并显著地改变了区域的土地利用类型与使用强度(严坤，2020；陈颖锋，2017)。利用遥感数据，田培等(2020)发现，1993～2018 年三峡水库坝区的土地利用发生了明显变化，水域、林地、园地和建筑用地增加明显，耕地显著减少。

25.2.1 湖北段

1)种植业

如图 25-2 所示，2010～2019 年三峡库区湖北段耕地面积逐年增加，从 2010 年的 10.2 万 hm^2 增加到 2019 年的 14.24 万 hm^2。谷物种植面积常年保持在 8.2 万～8.5 万 hm^2，其中玉米种植面积持续减少，水稻和小麦种植面积持续增加。2019 年库区湖北段水稻种植

面积为 2.36 万 hm^2，玉米种植面积为 6.91 万 hm^2，小麦种植面积为 1.27 万 hm^2。10 年间，经济作物(特别是蔬菜)的种植面积持续增加。蔬菜种植面积从 2010 年的 4.31 万 hm^2 增加到 2019 年的 6.38 万 hm^2，增加了约 48%。

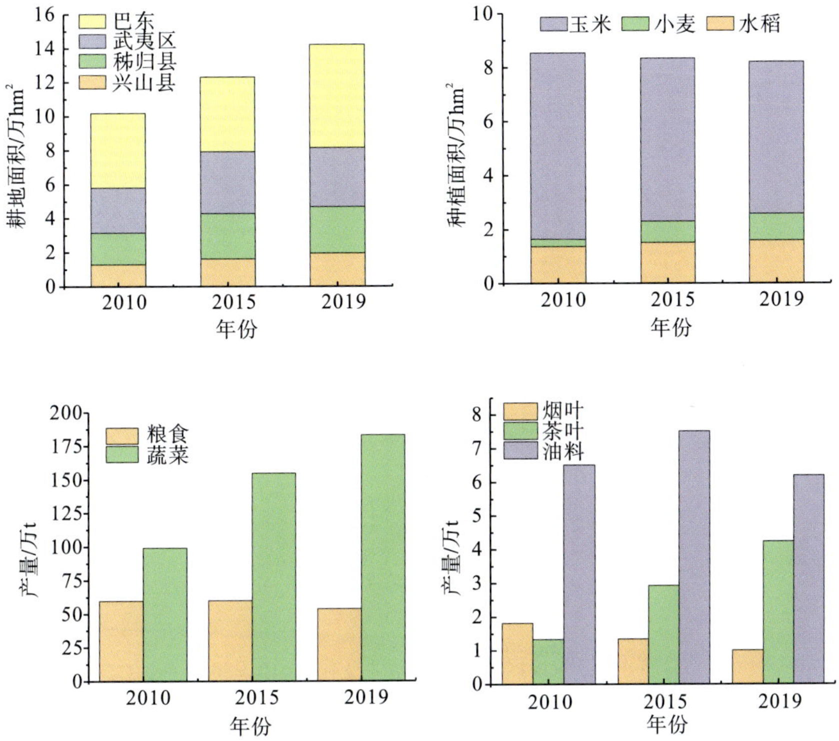

图 25-2　三峡库区湖北段种植业变化(2010～2019 年)

注：数据来源为 2010～2019 年的湖北省各市州统计年鉴。

2010～2019 年，三峡库区湖北段粮食产量稳定在 54 万～60 万 t。其中，水稻和玉米的产量分别稳定在 11 万 t 和 27 万 t；小麦产量在 2019 年大幅下降至 0.82 万 t，仅为 2015 年的 33.4%。相比而言，10 年间区域蔬菜产量提高了约 185%，达到 183.2 万 t(2019 年)。茶叶产量逐年提高而烟叶的产量则呈现相反的现象。

2)养殖业

在多重因素的影响下(严格的环保标准和非洲猪瘟等疾病)，2010～2019 年三峡库区湖北段养殖业规模呈先扩大后缩小的趋势(图 25-3)。2019 年库区猪、牛、羊和家禽的出栏数分别为 187.76 万头、0.7618 万头、44.17 万只和 667.91 万只。相比于 2015 年分别减少 27%、50%、25%和 8%。10 年间，区域内淡水养殖的面积和水产产量大幅降低。2019 年区域内淡水养殖面积合计仅为 339hm^2，仅为 2009 年和 2015 年的 22.3%和 13.6%。相比于 2015 年，2019 年区域除蛋类产品保持持续增长外，猪肉、牛肉、羊肉、家禽和水产的产量分别下降了 34%、38%、34%、28%和 53.3%。

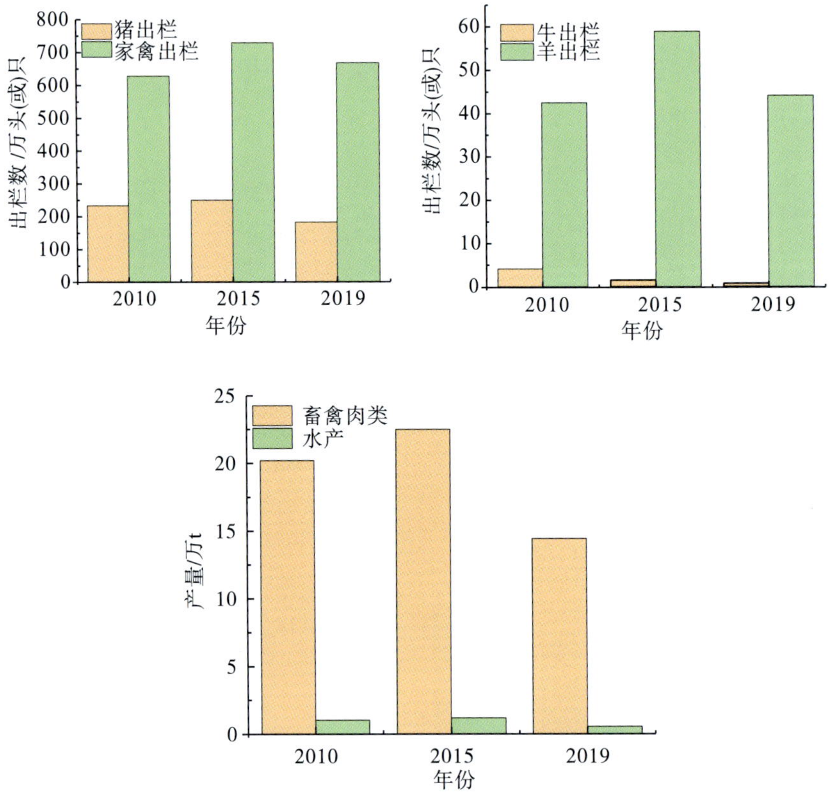

图 25-3　三峡库区湖北段养殖业变化(2010～2019 年)

注：数据来源为 2010～2019 年的湖北省各市州统计年鉴。

25.2.2　重庆段

1) 种植业

根据《重庆市统计年鉴(2010—2020)》，2009～2015 年，三峡库区重庆段主要粮食作物播种面积维持在 116 万 hm^2。2015～2019 年粮食播种面积逐步减少到 103.45 万 hm^2[图 25-4(a)]，其中以薯类作物栽种面积减少最多。2019 年夏粮和秋粮播种面积分别为 22.43 万 hm^2 和 81.01 万 hm^2。

2009～2019 年，作为区域内主要的粮食作物，水稻和玉米种植面积分别占全部播种面积的比例保持在 26.2%～27.4%和 28.1%～29.4%[图 25-4(b)]；相比而言，蔬菜播种面积则由 28.7 万 hm^2 逐步增加到 37.4 万 hm^2，增幅超过了 30%；同时，库区重庆段粮食总产量略微下降，除玉米产量有所增加，水稻的产率逐年降低。2019 年夏粮和秋粮的产量分别为 73.2 万 t 和 444.2 万 t，其中水稻和玉米的产量分别为 203.1 万 t 和 131.1 万 t；区域蔬菜产量为 951.9 万 t，为 2015 年产量的 1.7 倍。

2) 养殖业

2009～2019 年，库区重庆段养殖业也呈现先增加后减少的趋势。2019 年库区肉类和禽蛋产量分别为 68 万 t 和 22 万 t，较 2015 年降低 22%和 7.5%。受非洲猪瘟及环保等政策因素影响，猪肉产量相比于 2015 年降低 18 万 t；相比而言，禽肉的生产则维持在 12 万 t 的水平[图 25-4(c)]。

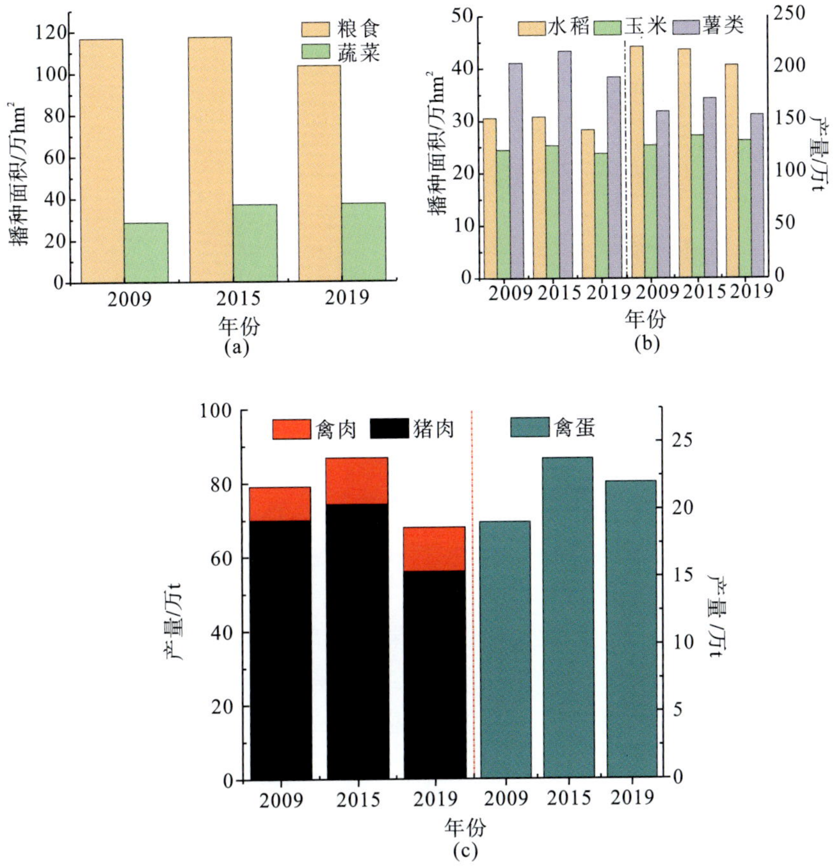

图 25-4　三峡库区重庆段种植/养殖业变化(2010～2019 年)

注：数据来源为 2010～2019 年重庆市各市区统计年鉴。

25.3　三峡库区农村面源污染控制

25.3.1　三峡库区农业面源污染状况

随着三峡工程的竣工与运营，水土流失、支流水华特别是水体富营养化在过去的一段时间成为库区突出的生态环境问题。农药、地膜、化肥和养殖业导致的农业面源污染对区域生态环境和下游饮用水安全带来了极大的威胁。2010～2015 年，COD、NH_4^+-N、TN 和 TP 的排放量逐年增加(除 COD 外)。COD 排放量中，畜禽养殖、地表径流、有机肥施用和生活污水成为主要的污染源，分别约占据全部 COD 排放量的 40%、20%、15%和 10%；NH_4^+-N 排放量中，畜禽养殖、化肥施用成为主要的污染源，分别占 50%和 35%；TN 总排放量中畜禽养殖、化肥施用成为主要的污染源，分别占 45 %和 35%；TP 总排放量中，畜禽养殖、化肥施用成为主要的污染源，分别占 45%和 40%(图 25-5)。

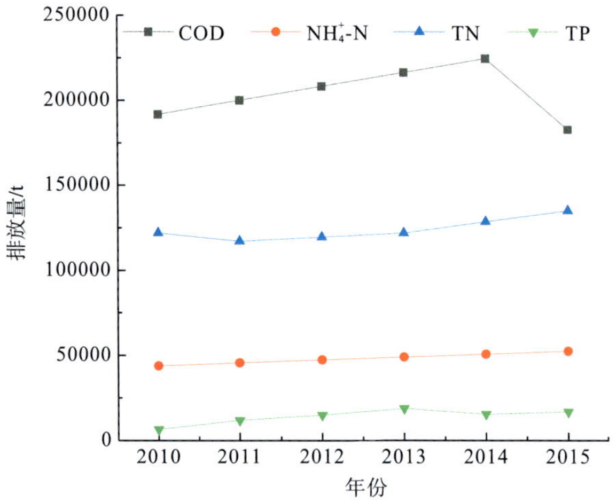

图 25-5　2010～2015 年三峡库区 COD、NH_4^+-N、TN 和 TP 的排放量

注：数据来源于 2010～2015 年的《长江三峡工程生态与环境监测公报》。

近年来，在退耕还林还草、面源污染控制、果菜茶有机肥替代、美丽乡村建设等一系列政策支持下，库区面源污染呈逐年缓解的趋势。据《长江三峡工程生态与环境监测公报(2017 年)》，2016 年三峡库区化肥(折纯量)施用总量为 11.95 万 t，较 2009 年减少 25.3%；单位面积化肥量为 290kg/hm^2，为 2009 年的 38.7%；库区全年化肥流失量约为 1.06 万 t，其中氮肥流失占比最高约为 70.1%。库区农药的施用量在 2012～2016 年呈逐步下降的趋势，单位面积的农药施用量逐步降低；其中有机磷和除草剂类农药的施用量先增加后降低，并在 2016 年有较大幅度的下降；氨基甲酸酯类农药用量持续降低；相反，菊酯类农药的施用量则略有增加。2016 年库区农药(折纯量)施用总量达 518.5t，其中有机磷类最高(190.8t)、除草剂次之(80.3t)；单位面积农药施用量为 1.27kg/hm^2(图 25-6)。库区全年农

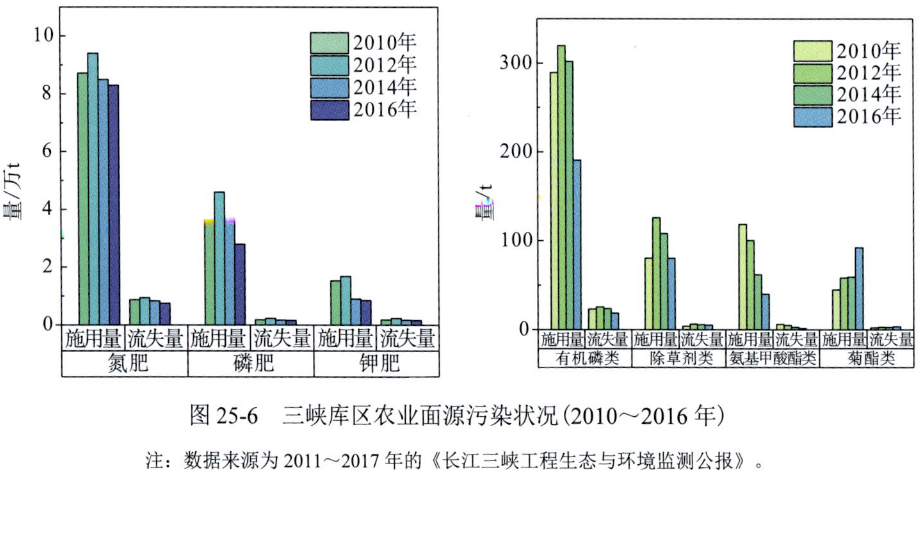

图 25-6　三峡库区农业面源污染状况(2010～2016 年)

注：数据来源为 2011～2017 年的《长江三峡工程生态与环境监测公报》。

药流失量约为 33.5t。2016 年库区监测的 38 条主要支流断面中有 3.90%～46.8%处于富营养化，其中汇水区水体处于富营养状态的断面比例为 2.4%～47.6%，非回水区略高，为 5.7%～47.6%。库区 17 条河流出现不同程度的水华现象。

25.3.2　三峡库区农村面源污染控制技术

1）三峡库区粮菜轮作旱地坡面污染防控技术

坡耕地是三峡库区的主要耕地类型，是库区农业生产活动的重要载体。鉴于紫色土本身易侵蚀的特性和农业生产中肥料大量施用的现实情况，开展库区坡耕地面源污染防控具有重要意义。结合三峡库区居民“栽桑养蚕”的传统，将旱坡地-桑树系统构建技术、全桑枝生产有机食用菌技术、菌渣还田肥料减量施用技术集成，形成三峡库区粮菜轮作旱坡地面源污染防控技术(图 25-7)。技术要点如下。

图 25-7　三峡库区粮菜轮作旱地坡面污染防控技术流程

旱坡地-桑树系统构建：①选择坡角小于 25°且坡宽大于 3m 的紫色土旱坡地，在其上沿等高线构建若干横坡；再在其中的部分横坡上种植桑树形成桑树带，相邻的桑树带之间的距离即带距从所述的紫色土旱坡地下端向上逐渐增加，使带距整体呈下密上疏状(可采用三带等高桑＋等高耕作、三带等高桑＋交叉耕作、两带等高桑＋等高耕作、两带等高桑＋交叉耕作、传统等高耕作等不同的旱坡地-桑树系统模式)；所述的桑树带的长度与紫色土旱坡地的宽度相同；②在相邻两个种植有桑树的横坡之间的横坡上种植作物；③每年定期对步骤①中种植的桑树进行矮化修剪。

全桑枝生产有机食用菌技术：将收集的桑枝粉碎，其中 80%的桑枝颗粒直径为 0.4～1cm；再将粉碎的桑枝浸泡 2～3 天，至水分饱和；然后将浸泡过的桑枝沥水至手捏不出水，手松开后桑枝自然散开为止，得到桑枝屑；将桑枝屑、纯生石灰和食用玉米粉搅拌均匀，得到栽培料；再依次经过装袋、灭菌、接种、培养，即出菇，出菇后 2～3 天即可采摘，采摘后，即刻清理菌袋端部的菇根，以免妨碍后续出菇。

菌渣还田肥料减量施用技术：蘑菇栽种结束后，将菌渣经过发酵之后制备成有机肥，然后施用于农田中。效益分析如下。

该技术方案能够增加土壤蓄水量 20%～35%，提高土壤养分含量 9%～13%；拦截泥沙 60%～80%，降低氮、磷流失 30%～70%和 50%～90%(表 25-1)；增加玉米产量 300～500kg/hm^2，增加榨菜产量 1000～2000kg/hm^2，增加桑叶产量 500～700kg/hm^2。

表 25-1　不同旱坡地-桑树配置模式下氮、磷流失负荷估算　　[单位：kg/(hm^2·a)]

处理	铵态氮	硝态氮	全氮	全磷	可溶性磷
三带等高桑+等高耕作	$0.12±0.02^{b}$	$0.21±0.02^{ab}$	$1.19±0.23^{c}$	$0.13±0.03^{c}$	$0.06±0.01^{c}$
三带等高桑+交叉耕作	$0.16±0.03^{a}$	$0.19±0.02^{b}$	$0.88±0.17^{d}$	$0.09±0.02^{d}$	$0.04±0.01^{d}$
两带等高桑+等高耕作	$0.13±0.03^{b}$	$0.20±0.02^{b}$	$1.36±0.27^{b}$	$0.18±0.04^{b}$	$0.08±0.02^{b}$
两带等高桑+交叉耕作	$0.16±0.03^{a}$	$0.20±0.02^{b}$	$0.91±0.18^{d}$	$0.13±0.03^{c}$	$0.06±0.01^{c}$
传统等高耕作	$0.17±0.03^{a}$	$0.27±0.03^{a}$	$1.56±0.31^{a}$	$0.23±0.05^{a}$	$0.09±0.02^{a}$

2) 三峡库区稻菜轮作水田面源污染防控技术

水稻是三峡库区的主要粮食作物。但是，传统的一季中稻生产不能充分利用土地和农业资源，提高种植收益。开展“稻-菜”轮作成为提升复种指数，减少化肥、农药对环境的不良影响，实现库区农业增产、增收与绿色发展的重要途径。针对三峡库区稻(榨)菜轮作水田，将榨菜叶还田肥料减量施用技术、稻田垄作技术、水田埂坎优化配置技术集成，形成三峡库区稻菜轮作水田面源污染防控技术。技术要点如下。

稻田垄作技术：采用垄作方式种植水稻，水稻秧苗种于垄上，每垄两行，品种为“川农 827”。逆坡循环式作垄，拉线起垄，将垄沟的土壤移到垄埂上，尽量保持土壤结构。根据当地土壤条件，一垄一沟 60～65cm，其中垄顶宽 30～35cm，沟宽 25～30cm，沟深(垄高)约 30cm(图 25-8)。由于垄作抬升了耕作平面，为保证水稻生长初期稻田水面能够淹没垄面，需要适当加高田埂 10～15cm，这客观上增加了稻田的储水量。水稻收获后，降低垄沟水位，保持垄梗湿润，种植榨菜。

榨菜叶还田肥料减量施用技术：榨菜种植结束后，将尾菜叶片全部还田，10～14 天后种植水稻。由于垄作法抬高了耕作层，形成一种上松下紧的结构，可以在减少土壤水分蒸发的同时改善田间排水状况，有利于根部通气和养分吸收。此外，土壤表面增加可以使土壤的光热状况得到极大改善，有利于榨菜的生长。

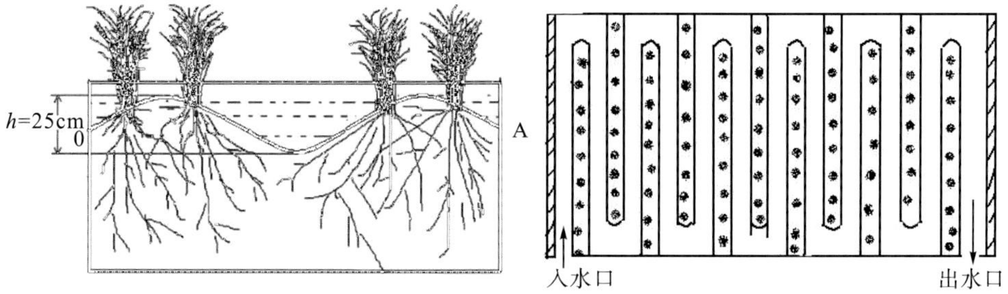

图 25-8　垄作剖面和循环式垄作示意图

效益分析：径流损失减少 30%以上；拦截泥沙 70%～90%，降低氮、磷流失 30%～60%和 70%～90%；榨菜肥料施用量减少 30%以上，水稻肥料施用量减少 60%以上。

3）三峡库区柑橘园面源污染防控技术

柑橘园是三峡库区坡耕地中种植面积最大的农业生产类型。近年来，库区柑橘产业的快速发展对提高库区居民的收益起到了重要作用。然而，库区柑橘园主要分布在低海拔河谷地带且临近水体的区域，土壤普遍砂质化，养分流失风险高。另一方面，农户在柑橘种植过程中大量施用化肥来获取高产。调研发现，库区柑橘园氮、磷、钾的投入量分别达到 678kg/hm^2、450kg/hm^2 和 572kg/hm^2，远超过推荐的柑橘施肥量。鉴于此，柑橘产业已经成为三峡库区氮磷农业面源污染的重要来源之一。针对三峡库区优质柑橘园，将秸秆还园技术、大球盖菇套种栽培技术集成，形成三峡库区优质柑橘园秸秆还园大球盖菇套种栽培利用面源污染防控技术。技术要点如下。

每年 8 月下旬或 9 月上旬进行柑橘园大球盖菇套种栽培（图 25-9），具体栽培方案如下。

（1）沿柑橘行间走向将大球盖菇培养料铺设在行间形成宽 1.2～1.4m、厚 7～8cm 的料床，料床两边与柑橘树距离相等，然后将料床沿行间走向平分成两个料垄，垄间距为 10～12cm 形成一床双垄模式。

（2）铺料完成后，进行穴播种；将大球盖菇菌种掰扯成核桃大小块状，每一料垄穴播三行，行距和穴距均为 8～10cm。

（3）穴播完第一层菌种后，再将第一层培养料上铺设第二层培养料，第一层培养料进行穴播种的地方铺 2～3cm 厚，其余地方铺 7～8cm 厚，整理料垄呈龟背形。

（4）在铺设第二层培养料的每一料垄上将大球盖菇菌块穴播三行，行距和穴距均为 8～10cm，穴播位置在第二层培养料厚 7～8cm 的地方，使上下对应行菌种错开；菌块按入料中深度为 1.5～3cm，再用培养料将料垄点穴处盖严，最后整理料垄成垄型。

（5）第二次菌种播种完成后，在料垄上进行第一次覆土（2～3cm），覆土后在料垄两侧扎 3～5cm 粗的孔洞，洞孔走向由下往上，相邻三个孔洞呈品字型布置，孔间距为 20～25cm。

（6）培养料由农作物秸秆和营养土按照 100∶（10～30）的比例混合，经过堆积发酵、杀菌后制备而成。

图 25-9　三峡库区优质柑橘园秸秆还园大球盖菇套种栽培技术

效益分析：亩均消纳秸秆 3～5t；土壤有机质提升 15%以上；柑橘肥料施用量减少 30%以上；亩均经济效益提高 1000 元以上。

4) 三峡库区生态养殖(养猪)种养循环技术与模式

生猪养殖是三峡库区大多农村的传统产业和支柱产业。但是，养殖业是当前库区水体氮、磷的主要来源。如何实现库区养殖业的生态化转型升级，对协同实现区域农业发展和环境保护具有重要的意义。从养分供应和植物养分吸收平衡的角度出发，围绕“以碳调氮”的原则，协同实现库区蔬菜/经果林和养殖业的平衡发展。针对小农户及规模化养殖场的粪污处理与利用，以“生猪-经果林”“生猪-蔬菜”种养结合为核心，可以分别参考以下技术与模式。

针对三峡库区规模化以下生猪养殖粪污无序排放的问题，采用钢架可组合、配件可拆卸的思路构建移动猪舍，根据作物种植对有机肥的需求确定圈舍规模，构建涪陵黑猪适度规模、种养结合、生态配合、循环利用、持续发展的生产模式，形成三峡库区规模化以下移动式生态养殖(养猪)技术与模式(图 25-10)。

图 25-10　三峡库区规模化以下移动式生态养殖(养猪)技术模式

该模式适用于 200 头以下养殖规模；粪污消纳为 1 头猪=1 亩柑橘园；养殖密度为 1 头猪/1.2m^2；投资为 1000 元/1 头猪。在山顶修建移动式栏舍，养殖涪陵黑猪，养殖粪污沼气化处理(沼气袋)，沼液、沼渣柑橘园土地消纳，形成“猪-沼-果”局地循环模式，实现零排放生态养殖。

针对三峡库区规模化以上生猪养殖粪污资源化利用的难题，采用长江天然冲积沙土为猪舍垫料，充分吸收猪群排泄物并进行降解；猪群出栏后改猪舍为种植大棚，实现种养结合；种植物消纳粪污净化猪舍，大棚种植物收获后，再还原养猪。每个大棚单独运行，2 年 1 个周期，1 年养生猪，一年种植蔬菜，同棚循环交替进行，周而复始，循环使用。种植养殖大棚地面需做防渗处理，铺设 1.5m 的黏土防渗层，在黏土防渗层上铺设 PEP 膜并覆盖 80cm 的河沙。为了保持沙床的透气，不定期地进行人工检查与翻砂处理，同时利用生猪的拱翻习性进行曝气。

该模式适用于 200 头以上养殖规模；垫料厚度为 80cm；粪污消纳为 1 头猪=3m^2；养殖密度为 1 头猪/3m^2；投资为 300 元/1 头猪。猪出栏后进行蔬菜种植，蔬菜收获后继续进行生猪养殖，3 年后栏舍泥沙用作土壤改良材料还田，实现“零排放”生态养殖。该“种养还原”模式形成的生态链，达到了猪与自然环境友好和谐的效果，增强了土地肥力，降低了种养业生产成本，提高了种养业生产效率，实现了现代农业的经济、社会、生态效益的同步发展(图 25-11)。

图 25-11 三峡库区规模化以上移动式生态养殖(养猪)技术模式

5) 三峡库区农村生活污染防控系统

处于丘陵、山地的农村地区，农户居住较为分散，不宜建设集中污水处理设施，适合针对散户建设小型的污水处理设施。但是，大多数农村缺乏经费来源，无法保障污水处理设施的长久运行和维护，导致污水处理设施成为“晒太阳工程”。针对现有的小型污水处理工艺存在的废水处理不达标、能耗较大的技术难题，可以采用以下以“景观优化配置-污染物低能耗处理-多级拦截消纳”为核心的小型污水处理系统。

系统由顺次连接的隔油沉淀池、接触厌氧池、提升配水池、自复氧生物滤床以及人工湿地床五部分组成(图 25-12)。沉淀隔油池内设置有隔板，接触厌氧池内设有弹性填料，提升配水池内设置有太阳能与常规动力相结合的提升泵，并配液位控制器；自复氧生物滤床内设置有填料层，填料层从上至下依次为700mm的粗砂层、400mm的砾石(粒径为5～40mm)层、450mm 的砾石(粒径为 40～60mm)层，池体一侧设置复氧管，另一侧设置通气孔(图 25-13)；人工湿地床内设置有填料层，填料层厚700mm，填料为粒径20～40mm的石灰石、硅灰石等基质。通过在自复氧生物滤池内加设反滤层，池壁上设置复氧管和通气孔，池底设置曝气管，填料层上面设置布水管等多项改进措施，可有效地保证污水处理效果。处理后的水即可直接排入当地地表水体，又可排入蓄水池以作农用。该系统既可以用于农村单户生活污水处理，又可以用于农村多户联用污水处理，也可用于农村农家乐生活污水处理。

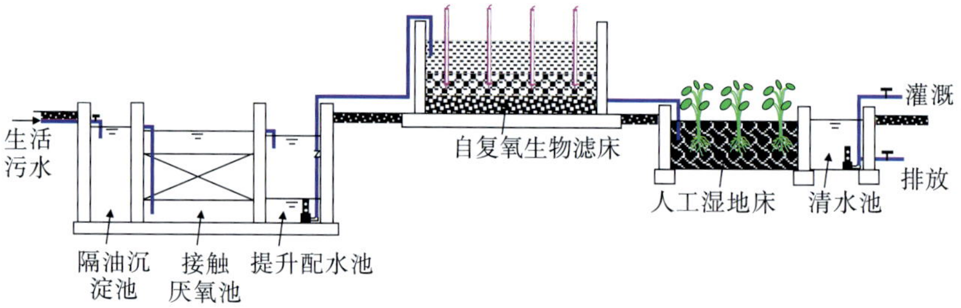

图 25-12　农村户用污水处理系统的工艺流程

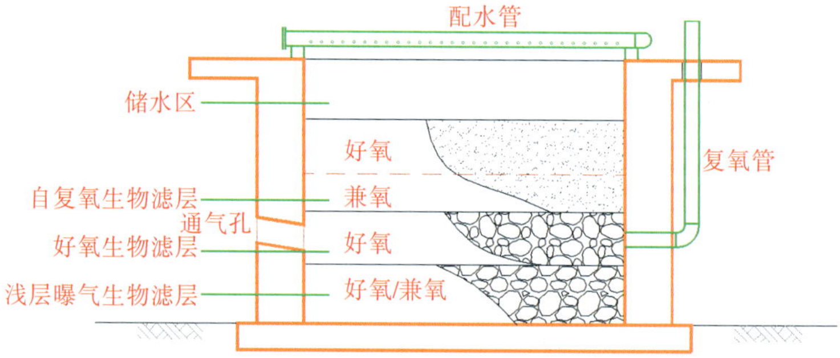

图 25-13　自复氧生物滤床结构示意图

环境经济效益分析：该技术与装置仅废水提升环节需要外加动力，其余均为自流，能耗较低，一般单户使用，按照电价 0.5 元/度计算，平均每吨生活污水的处理成本仅 0.02 元，运行成本极低。处理后的废水可达《城镇污水处理厂污染物排放标准》(GB 18918—2002)废水排放一级 B 标，在管理维护得当的情况下，可达一级 A 标，处理后的废水即可排入蓄水池以作农用，又可直接排入当地地表水体。

25.3.3　三峡库区山地丘陵区高效农业典型案例

1) 忠县柑橘全产业链绿色发展

忠县是三峡库区柑橘的主要产区，是重庆市柑橘产业的核心区，素有“中国柑橘城”之称。截至 2020 年 12 月，忠县柑橘种植面积已经达到 35.6 万亩，并形成了早中晚熟配套的品种体系，确保一年四季均有鲜果批量上市。其中，早中熟品种重点布局在渝蓉高速沿线以及忠万路沿线海拔 400～550m 的区域，晚熟品种重点布局在长江沿岸乡镇(海拔 175～400m)。当前，忠县柑橘综合产值已经超过 36 亿元，占全县农业总产值的 4 成，亩产超 1 万元，22 万果农人均年收入超过 1.3 万元。如何推动柑橘产业的绿色发展是高校和科研院所、当地政府和农户亟待解决的问题。

(1) 依托“三峡橘乡田园综合体”做好顶层设计。

以“三峡橘乡田园综合体”国家级田园综合体试点项目为依托，聚集 50 多家新型农业经营主体(农业公司 40 家+合作社 12 家构建“大园区+小单元”的现代农业发展模式，积极打造“忠橙”“忠州橙汁”两大区域品牌，先后建立了柑橘技术培训中心、全球最大的柑橘脱毒容器育苗中心、国家柑橘工程技术中心、15 万亩高标准加工橙基地果园、亚洲第一家 NFC 橙汁加工厂和全球最大的柑橘苗圃基地。同时，在柑橘种植业和加工业基础上，发展文化旅游，推进一二三产业融合发展(图 25-14)。

图 25-14　忠县“三峡橘乡田园综合体”建设

(2) 源头控制，全方面降低农业面源污染程度。

推广以“光叶紫花苕”绿肥种植为代表的果园化肥减量和有机肥替代技术(图 25-15)。该技术可以在提供大量养分(16kg N、3.6 kg P_2O_5、20.5 kg K_2O，3000kg/亩光叶紫花苕)的同时减少 65%的水土流失和除草剂的施用。

图 25-15　忠县“苕子绿肥＋”有机肥替代模式

推广微润灌溉-水肥一体化技术、太阳能杀虫灯、机动喷雾器等设备的利用，以减少化肥农药的施用。此外，围绕“柑橘精细管理”打造忠县柑橘智能灌溉控制系统，综合运用传感器技术、计算机技术、自动控制技术及现代通信技术，实现了柑橘种植过程的精准监测、高效灌溉和科学管理。该系统根据重庆忠县拔山镇柑橘种植特征，对示范点“山顶”“山腰”“山脚”不同海拔柑橘生理生态信息及本地气象进行实时监测，同时配套灌溉施肥系统，为柑橘生长提供了最优的水肥保障。

(3) 构建柑橘循环经济，引领绿色发展。

致力打造“柑橘—果汁—植物原料—有机肥—柑橘”产业循环链条，实现从一粒种子到一杯橙汁再到皮渣综合利用。目前，忠县 85%的柑橘鲜果实现采后商品化处理或橙汁深加工，柑橘产品商品化率实现 90%以上。柑橘皮渣，经过碱提酸沉、乙醇精制法提取橙皮甙、果胶等植物原料后，废渣及废水全部用于有机肥的制造，有机肥主要用于柑橘林种植。

2) 涪陵王家沟三峡库区农村生活污染防控技术示范

(1) 技术方案。重庆农村生活污水分布一般呈随机分散分布，农村生活污水主要来源于厨房污水、洗衣污水和厕所污水，其中厕所污水(冲厕污水和洗澡水)和部分厨房污水都被收集到农户的沼气池，洗衣污水和部分厨房污水基本上则以自由排放的形式散排。农村生活污水收集的生态网络体系由 5 个主体构成，分别是沼气池、生态坑塘、人工湿地、管道和生态沟渠。按照其功能用途，又可以分为 2 组，分别是由沼气池、生态坑塘、人工湿地组成的节点；管道和生态沟渠组成的连接各个节点的纽带(图 25-16)。

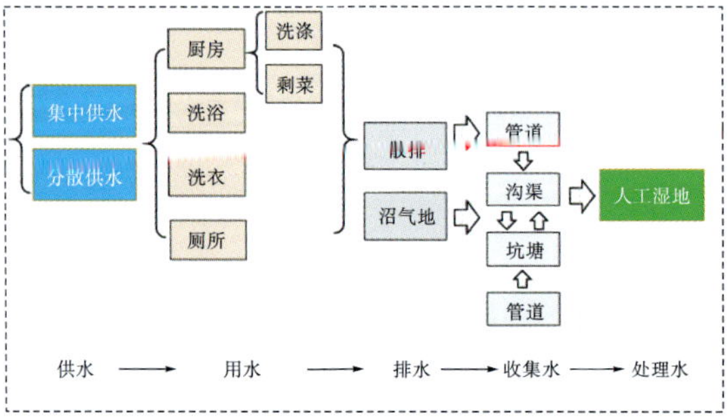

图 25-16　三峡库区王家沟流域农村生态网络体系示意图

各个体系主要情况如下。①沼气池：传统的混凝土浇筑的沼气池，其作用是收集农户产生的厕所污水，并进行初步的处理。②生态坑塘：一般指体积为 10～30m^3 的坑塘，坑塘中种植荷花等水生植物，其作用包括两个方面(一是对生活污水进行收集并暂时储存，二是通过植物的作用，对生活污水进行初步处理)。③人工湿地：作为整个体系的终端，将收集的生活污水进行净化处理。主要利用土壤、人工介质、植物、微生物的物理、化学、生物三重协同作用，对污水进行处理的一种技术。其作用机理包括吸附、滞留、过滤、氧化还原、沉淀、微生物分解、转化、植物遮蔽、残留物积累、蒸腾水分和养分吸收及各类动物的作用。④管道：内径为 5～15cm 的 PVC 管，其作用是连接农户、沼气池和生态坑塘；⑤生态沟渠：人工开挖的沟渠，在沟渠内外种植狗牙根、牛鞭草等多年生耐水且根系发达的植物。生态沟渠包括主干生态沟渠和若干次级生态沟渠，次级生态沟渠连通生态坑塘和主干生态沟渠，主干生态沟渠连通人工湿地。生态沟渠作用包括两个方面：一是连通生态坑塘、人工湿地，二是对污水进行进一步处理。该生态网络体系以高程差建造，不存在动力系统，适合山地农村。

(2)示范工程。

①设计原理。示范区位于重庆市涪陵区南沱镇王家沟流域，总面积约 620 亩。根据水位涨落梯度、淹水前后梯田结构消落带分布，可将示范区分为固土护岸带(Ⅴ区)、梯级人工湿地(Ⅰ区、Ⅱ区、Ⅲ区、Ⅳ区)、人工辅助自然恢复区三个部分(Ⅵ区)(图 25-17)。

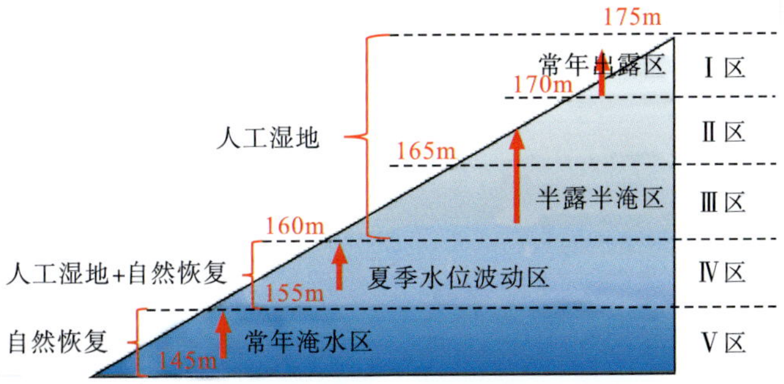

区域Ⅰ：适合种植经济价值高、生长周期长、湿地水位要求不高的湿地或两栖植物。
区域Ⅱ：适合种植经济价值高、生长周期较长、湿地水位要求一般的湿地植物。
区域Ⅲ：适合种植经济价值较高、生产周期较短、水位要求较高的湿地植物。
区域Ⅳ：适合种植经济价值一般、景观效果好、生长周期短、水位要求高或耐水淹的湿地植物。
区域Ⅴ：长期淹没区，适宜自然恢复。

图 25-17　三峡库区消落带梯级人工湿地设计模式

其中，Ⅴ区(固土护岸带)为竹柳和桑树林区，面积约为 227 亩(含示范区内高陡坡区域)，该区域海拔为 170～175m，属陡坡消落带，平均坡角>25°，主要功能为水土保持。在该区域内主要种植竹柳和桑树，同时间种玉米，部分林下配置牧草和自然恢复的草本群落。

Ⅰ区、Ⅱ区、Ⅲ区、Ⅳ区为梯级人工湿地主要组成部分。Ⅰ区为氧化塘，面积为 2.5 亩，水位位于 173～175m，是梯级人工湿地的最高位置，具有两个方面的功能：一是存储并初步降解农村生活污染物，二是蓄水。在该区域主要配置湿地植物莲藕和茨菇。Ⅱ区为梯级人工湿地的第二个梯级，紧邻Ⅰ区氧化塘，面积为 18 亩，水位位于 170～173m，主要具有减污去污功能。在该区域主要栽植蕹菜，即形成蕹菜湿地。Ⅲ区为梯级人工湿地的第三个梯级，紧邻蕹菜湿地，面积为 10 亩，水位位于 167～170m，主要具有减污去污功能。在该区域主要栽植水稻，即形成稻田湿地。Ⅳ区为梯级人工湿地的第四个梯级，紧邻稻田湿地，面积为 21 亩，水位位于 164～167m，主要具有减污去污功能和景观功能。在该区域主要种植莲藕，形成莲藕湿地。在整个梯级人工湿地地势较低一侧修建的防洪道或修缮遗留的防洪道中种植再力花、美人蕉、芦苇、芦竹、菖蒲和大聚藻，增加示范区的景观效果。同时在一些保水较差的区域，种植苜蓿和狗牙根，在防止水土流失的基础上也为当地农户养殖业提供饲料。

Ⅵ区为示范区消落带的最低区域，面积为 328 亩，水位位于 145～164m，主要功能为水土保持和景观功能。该区域是常年水淹型、夏季水位波动型和半淹半露型共同组成的区域，主要通过播撒适宜的一年生植物进行自然恢复，同时在适当区域内种植耐水淹的两栖植物狗牙根和牛鞭草。

②建设施工(图 25-18)。

构建氧化塘

构建蕹菜湿地

构建稻田湿地

构建竹柳林

构建莲藕湿地

图 25-18　消落带生态构建及流域面污染阻隔示范区构建

氧化塘构建：在原有水田基础上进行深挖，形成深度为 0.5～0.8m 的坑塘，同时利用深挖土加固氧化塘四周的田埂，使田埂宽大于 0.5m，高出氧化塘水面 0.5m，以便蓄水和存储农村生活污水。

蕹菜湿地构建：首先犁地，然后修整为宽为 1.2m、长依据田块的大小而确定的厢块，随后栽植蕹菜幼苗(规格大小为高 10～12cm)，栽植密度为行距 20cm、株距 15cm。

稻田湿地构建：首先犁地，修整田埂保水，然后播种(5 月初)，移栽秧苗(6 月中旬)，秧苗规格为高 25～35cm，栽植密度为株距 10cm、行距 15cm，每穴 2 株。

莲藕湿地构建：在原有水田基础上加固四周的田埂，使田埂宽大于 0.3m，以便蓄水。

防洪道修建：防止区域消落带雨季洪水的影响，根据不同区域的地形，在整个梯级人工湿地的地势较低的一侧修建宽为 0.3～0.6m，深度为 0.2～0.5m 的防洪道，以防内涝。

竹柳林地构建：竹柳林地造林选择胸径为 2.5～3cm、高为 2.5m 的健康扦插苗，行株距主要依据造林地的地势起伏情况而定，通常为行距 2m、株距 1.5m。

人工辅助自然恢复区构建：在植被分布较为稀疏的自然恢复区，人工播撒适宜的植物种子进行辅助恢复，选择播撒能够在消落区完成生活史的一年生禾本科植物，稗、狗尾草、野黍等，同时移栽多年生植物狗牙根、牛鞭草、双穗雀稗等进行植被恢复重建。

(3) 效益分析。示范区建立后，完全禁止了农民无序种植。到 2016 年 10 月，人工重建植被已经达到 80%～95%的覆盖度。对比示范区建设前，由于植被的重建，消落带环境明显改善，水鸟活动日益增多，消落带形成了较好的景观效果(图 25-19)。

蕹菜湿地景观　　稻田湿地景观

竹柳林景观　　莲藕湿地景观

图 25-19　消落带生态构建及流域面污染阻隔示范区景观展示

示范区对水体高锰酸盐指数、总氮、总磷、化学需氧量和氨氮的平均消减率分别为36.4%、34.0%、37.9%、35.4%和35.2%，达到了项目合同验收标准(表 25-2)。

表 25-2　示范工程对生活污水的净化能力

序号	断面名称	高锰酸盐指数	总氮/(mg/L)	总磷/(mg/L)	化学需氧量/(mg/L)	氨氮/(mg/L)
1	175m 入水口	15.1	2.080	0.377	39.6	0.750
2	155m 出水口	9.6	1.373	0.234	25.6	0.486
3	消减率/%	36.4	34.0	37.9	35.4	35.2

消落带生态构建及流域面源污染阻隔示范工程构建后，竹柳林地有着良好的生态效果，竹柳林对于三峡库区消落带生态系统的稳定性、维持物种多样性和对改善土壤质量均具有积极的作用，如表 25-3 所示：①竹柳的栽种及生长后，显著改变了林下植被的群落结构和多样性，竹柳林地林下草本植被重要值及物种丰富度均大于荒地，且随竹柳栽植年限的递增逐渐增大。②不同土地利用类型及不同生长年限竹柳的土壤物理化学性质具有较为明显的差异，竹柳林下土壤含水率、孔隙度、平均重量直径、有机质、全氮含量以及微生物碳、氮含量均高于荒草地或耕地，且随着竹柳生长年限的增加呈递增趋势，竹柳林对于消落带的水土保持及土壤性质优化均有较好的效果。

表 25-3　竹柳林地林下草本植被群落多样性和植被盖度

指标	2013 年	2014 年	对照	指标	2013 年	2014 年	对照
辛普森多样性指数	0.89±0.15	0.85±0.16	0.88±0.20	盖度/%	0.61±0.20	0.75±0.12	0.66±0.08
香农-维纳多样性指数	2.60±0.62	2.42±0.71	2.39±0.60	生物量/(kg/m^2)	0.12±0.06	0.18±0.12	0.13±0.04
Pielou 均匀度指数	0.78±0.12	0.77±0.14	0.84±0.18				

示范区的 3 种主体植物均有较好的价值，能够增收 30 余万元，这有利于后续的推广利用。

25.4　展　　望

三峡库区是长江上游重要的生态屏障区。近年来，虽然该区域在治理农业农村面源污染方面取得了一些成绩。但是，由于农业总量巨大，生产生活方式不合理等原因，三峡库区面源污染的形势依然严峻。如何做好生态环境保护，探索一条生态优先、绿色发展的新道路，对库区生态环境保护和农业绿色发展具有重要的现实意义。未来，在库区农业农村面源污染控制的工作中，需要做到以下几个方面。

(1) 做好顶层设计，充分考虑农业生产的资源条件、特色优势和农业技术合理性等因素，合理布局农业产业，推动“种植-养殖”的协同发展。

(2) 坚持推广生物防控、有机肥替代等减肥减药绿色生产技术，积极引进绿色种植和废弃物资源化技术，不断提高农业绿色发展的程度。

(3) 突出科技创新在农业绿色发展中的作用，进一步规范工艺流程，不断总结可复制、可持续和可推广的农业面源治理典型模式，为农业生产提供更好的科技支撑。

(4) 在土壤流转和农村老龄化的新背景下，需要创新面源污染控制模式，实现农业产业与环境协调发展。

参 考 文 献

陈颖锋，2017. 城镇化背景下三峡库区农村土地利用变化及其生态环境效应——以重庆市万州区为例，北京：中国科学院大学.

马世五，谢德体，张孝成，等，2018. 三峡库区重庆段土地生态状况时空格局演变特征. 生态学报，38(23)：8512-8525.

田培，龚雨薇，朱占亮，等，2020. 三峡水库坝区生态屏障区近 25 年土地利用变化评价. 水土保持学报，34(2)：78-85.

严坤，2020. 三峡库区农业生产方式改变及其对水土流失与面源污染影响. 北京：中国科学院大学.

第 26 章　巢湖流域农业绿色发展

巢湖流域位于安徽省中部，属长江下游左岸水系，流域范围介于东经 117°00′～118°29′、北纬 30°56′～32°02′，东濒长江，西北为江淮分水岭，东北邻滁河流域，西南与大别山余脉毗邻，流域面积达 13486km^2，其中闸上面积为 9130km^2，闸下面积为 421km^2，流域总面积占安徽省总面积的 9.67%，占长江下游流域面积和干流区面积分别为 11.3%和 14.5%。巢湖流域涉及合肥市区、肥东、肥西、巢湖市区、庐江、无为、和县、含山、舒城等 9 个县(市、区)。

26.1　巢湖流域资源禀赋与环境条件

26.1.1　巢湖流域主要自然资源状况

农业资源是农业生产的物质基础，农业自然资源的禀赋程度与区域农业经济的发展关系密切。一般来说，农业自然资源禀赋越大，区域农业经济发展越快，农业产值水平越高。

1. 土地利用现状

截至 2018 年底，巢湖流域土地总面积为 13486km^2(图 26-1)。其中，林地、园地、耕地、草地、建设用地、交通运输用地、水域(湿地)和其他用地面积分别为 2496.90km^2、118.48km^2、6975.60km^2、130.60km^2、1646.31km^2、206.14km^2、1803.82km^2 和 108.11km^2，分别占土地总面积的 18.51%、0.88%、51.73%、0.97%、12.21%、1.53%、13.38%和 0.80%(朱恒 等，2018)。

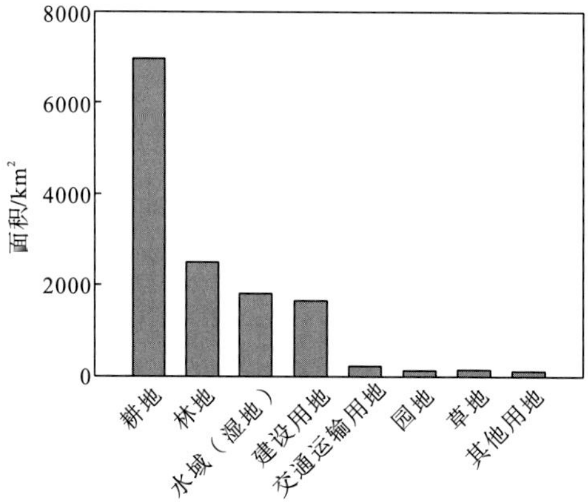

图 26-1　巢湖流域土地利用现状

2. 水资源

巢湖流域年均地表水资源总量为 59.73 亿 m^3。巢湖闸上年均入湖水量约为 39.2 亿 m^3，变幅介于 8.0 亿～111.0 亿 m^3，入湖水量年际差高达 13 倍多。入湖水量多数在汛期或汛后注入长江干流，其中巢湖闸年均出湖水量为 38.29 亿 m^3，变幅介于-2.5 亿～108.8 亿 m^3。2020 年巢湖闸出湖水量达 85.97 亿 m^3。入湖河流中，杭埠河、南淝河和白石天河占到入湖径流总量的 75%以上，其中杭埠河入湖水量占到总入湖径流量的 55.1%，南淝河和白石河分别占到 10.9%和 9.5%。综上，巢湖流域具有人均水资源占有量少、丰枯变化大、空间分布不均的特点，干旱年份或季节入湖河道断流时常发生(孙自铎，2012；宋润朋 等，2008；俞汉青和胡恩金，1993)。

3. 生物资源

巢湖流域为北亚热带落叶常绿阔叶混交林与暖温带落叶阔叶林过渡地带，植物、动物和鱼类种类繁多，物种资源丰富。植物方面，流域内拥有维管束植物 1368 种，隶属于 147 科 658 属，其中蕨类植物 24 科 50 属 91 种，裸子植物 6 科 14 属 16 种，被子植物 119 科 573 属 1230 种(梁梦琦 等，2021)。有国家 1 级重点保护野生植物苏铁、银杏、水杉、水松、莼菜、珙桐、银缕梅等；国家 2 级重点保护野生植物有水蕨、金钱松、鹅掌楸、凹叶厚朴、莲、喜树、黄皮树、野菱、野大豆、榉树、香果树等。动物方面，流域野生动物有国家 1 级重点保护野生动物东方白鹳、黑脸琵鹭；国家 2 级重点保护野生动物虎纹蛙、胭脂鱼、鸳鸯、红隼、黑耳鸢、白尾鹞、小鸦鹃、雀鹰、游隼等。渔业资源方面，鱼类区系由 54 种组成，隶属 9 目 16 科，主要以鲤科鱼类为主，湖鲚、太湖新银鱼等小型鱼类为优势种类，翘嘴鲌、鲤等大型鱼类种群结构区域低龄化，鱼类种类数量减少 40 种，渔产量呈逐步下降趋势(赖年月 等，2016)。

4. 森林资源

巢湖流域森林资源丰富，流域内林地面积为 2496.90km²，占土地总面积的 18.27%。合肥市总林业用地面积为 1958.55km²，占土地总面积的 17.07%，其中乔木林地面积为 1054.59km²，占林业用地面积的 53.85%；竹林地面积为 9.64km²，占林业用地面积的 0.49%；灌木林地面积为 27.69km²，占林业用地面积的 1.41%，其他林地面积为 866.64km²，占林业用地面积的 44.25%(刘焕安 等，2008；刘焕安，2010)。

26.1.2　巢湖流域环境条件

1. 河湖水系

巢湖流域河流众多，通常以泄水出路划分为巢湖闸上和巢湖闸下(表 26-1)。巢湖闸上流域面积为 9153km²，入湖河流大小共计 39 条，其中≥500km² 集水面积的主要河流有南淝河、派河、杭埠河、白石天河、兆河、柘皋河等，呈放射状流入巢湖。巢湖闸下流域面积为 4333km^2，主要有裕溪河、西河、牛屯河等直接入江河道。流域内有天然湖泊巢湖、黄坡湖等，其中巢湖面积占到 780km^2，是长江下游干流区最大的湖泊水域，巢湖闸下裕溪河平均每年汇入长江近 40 亿 m^3，且国控断面裕溪口近年来出湖入江水质一直保持优良，达 II 类水质标准(周震，2017；胡宏祥，2008)。可见，巢湖流域在发挥着防洪、灌溉、航运等效益的同时，也提供着重要的湖泊湿地服务功能。

表 26-1　巢湖流域主要河道特征

流域	河流	集水面积/km^2	起点	终点	河道长度/km
巢湖闸上	杭埠河	4246	大别山余脉	巢湖	263
	南淝河	1464	肥西将军岭	施口	70
	派河	585	肥西周公山	下派	60
	白石天河	577	庐江小河沿	巢湖	34.5
	柘皋河	518	巢湖芝麻咀	河口村	35.2
	兆河	504	缺口	巢湖	34
	十五里河	111	江淮分水岭	河口	27
	烔炀河	92	巢湖秦树村	巢湖	22.8
	鸡裕河	82	肥东蚕山	巢湖	20
	蒋口河	73	肥西丰乐镇	巢湖	19
巢湖闸下	裕溪河	3929	巢湖闸	裕溪河口	60.5
	西河	2305	缺口	黄雒镇	84.7
	牛屯河	404	蟹子口	江口	49.2

2. 地形地貌

巢湖流域地处我国华北板块和华南板块两大板块交汇地带，北邻大别高压变质带，西有切穿我国不同大地构造单元的郑庐断裂带，地层古老，特别是巢湖平顶山，沉积环境标志明显，是典型的中生代三叠纪地貌，更是地质“金钉子”之一。流域地形地貌较为复杂，有低山区、低山丘陵区、丘陵岗地区、岗冲地区、冲积平原等五种类型，属于江淮丘陵中心地带。流域总轮廓为东西长、南北窄，且西高东低、中间低洼平坦，按地貌成因类型大致上可分为三种不同地貌：构造侵蚀地貌、侵蚀剥蚀地貌、侵蚀堆积地貌(表 26-2)。

表 26-2　巢湖流域主要地形地貌特征

地形类型		分布区域	海拔高度/m	地貌特征
构造侵蚀地貌	低山区	西南大别山区，北部浮槎山区，东部及东南部凤凰山、银屏山区	400~500	山岭纵横，沟谷发育，河流上游地段
侵蚀剥蚀地貌	低山丘陵区	流域东南部，南部沿父山以及中部与中部切割低山区的接壤地区	200~300	山坡较缓，沟谷开阔，支流、小溪交汇地段
	丘陵岗地区	流域西部，零星镶嵌于低山丘陵外侧	100	缓坡宽谷，主、干河流基本形成，河流的中上游地段
侵蚀堆积地貌	岗冲地区	低山丘陵与冲积平原间广阔过渡地带	50~100	多呈平缓状的波浪式起伏，分布多为河流二级阶地或部分一级阶地
	冲积平原区	巢湖沿岸及主、干流中下游入湖河流两侧	—	河流下泻泥沙冲积而成，开阔平坦

3. 气候特征

巢湖流域属北亚热带湿润性季风气候，四季分明，气候温和，雨量集中。近年来，冬季增温率最高，夏季最小，春季和秋季相当，年平均气温为 15～16℃，1 月和 7 月平均气温分别为 2～3℃和 28～30℃。夏季主要为东南风，冬季为东北风，年平均相对湿度为 77%。巢湖流域降水具有年际变化大、年内分配不均的特点，多年平均降水量为 1100mm。降水在流域内空间分布不均，各站点最大年降水量为 947～2249mm，其中西部地区降水量介于 947～1596.5mm。降水在时间分布上也不均匀，尤其是每年 6、7 月份因副热带太平洋高气压与北方冷空气交锋而形成的梅雨季节，雨量集中。其中，局部地区 5～9 月降水量占全年降水量的 65%，从而形成了较强的地面径流，导致部分地区水土流失严重；冬春季因降水少致使干旱现象频发。

4. 土壤状况

巢湖流域内广泛出露第四纪上更新统和全新统黏土、亚黏土，仅在河流的源头裸露基岩。分布于低山区和低山丘陵区的土壤主要有石灰土、紫色土、棕壤和黄棕壤等，丘陵岗地的土壤多为紫色土和棕壤，岗冲丘陵发育地带或高坎之间的大小冲地分布有黄棕壤，丘陵岗地底部及低山间谷地则为潜育型水稻土，冲积平原、丘陵岗冲平缓处及低山区底部平坦处主要分布有侧渗型水稻土，巢湖沿岸及河流下游沿岸为潴育型水稻土。

26.1.3　巢湖流域主要生态系统状况

巢湖流域是长江流域重要的湖泊型流域之一，呈现出“二分山林六分田，一片大湖一名城”的生态格局特征，囊括了山水林田湖草以及城镇、乡村等各类生态要素。流域生态系统类型丰富，与农业生产密切相关的主要有农田生态系统、森林生态系统和河湖湿地生态系统。

1. 农田生态系统

农田生态系统是巢湖流域内最大的生态系统，总面积有 6975.64km^2，占整个流域面积的 51.73%，其中水田面积最大，占比达 43%以上。流域内农田生态系统主要以水稻、旱作粮食作物、经济作物栽培为主，作物品种繁多，有粮、棉、油、麻、茶、糖、菜、果、药等 11 大类，被誉为“鱼米之乡”，是安徽省重要的粮油棉基地。流域内农田灌溉水有效利用程度较低，以合肥市为例，2020 年农田灌溉水有效利用系数仅为 0.55，与我国《全国水资源综合规划》2030 年目标（＞0.6）和欧美等发达国家（0.7～0.8）差距仍较大，需不断提高农业用水效率，缓解巢湖流域水资源短缺问题。同时，集约化农业生产施用大量农药化肥，产生大面积的农业面源污染，对河湖等水体水质和生态系统健康造成巨大威胁与破坏。

2. 森林生态系统状况

巢湖流域森林属江淮丘陵植被区的江淮分水岭阴暗植被片，以落叶阔叶林和常绿阔叶混交林为主。流域内天然林面积较少，沿盆地外缘呈条带状分布，主要分布在流域西南的舒城县、庐江县、巢湖市、含山县的山区。主要建群种为青冈栎、栓皮栎、麻栎等，具有极其重要的水源涵养、水土保持等生态服务功能。流域内森林以人工林为主，分散分布于平原区、丘陵区、沿江地带等地区，且多为农林复合经营，主要建群种为杨树、柳树、香樟、水杉、杜仲、喜树、榉树等，在林产品供给、人居环境改善等方面发挥重要作用。

3. 河湖湿地生态系统

巢湖流域作为湖泊型流域，河湖湿地较为丰富，湿地总面积约为 1803.82km^2，占流域面积的 13.38%左右。巢湖流域主要入湖河流呈放射状汇入，包括杭埠河、南淝河、派河、兆河、十五里河、塘西河、白石天河、双桥河、柘皋河等，巢湖湖体面积占流域面积的 6%左右，具有较强的污染截留净化功能，2017 年，巢湖对氨氮的消减率达 79.7%，总氮消减率为 40.4%，总磷消减率为 35.5%，化学需氧量消减率为 11.8%；2019 年对总氮、总磷和化学需氧量的消减率提升至 58.8%、58.9%和 12.1%。

26.2　巢湖流域农业绿色发展现状与分析

26.2.1　巢湖流域农业绿色发展评价体系构建

巢湖流域农业绿色发展评价指标体系是在回顾既有研究成果的基础上，综合运用环境科学、生态学、系统学等理论，聚焦流域“绿色”和“发展”两大主题，遵从的构建原则如下。

1) 系统性原则

从社会、生产、资源和生态等全方位反映巢湖流域绿色发展的基本特征，运用系统视角构成具有内在逻辑关系的指标体系，并与流域绿色发展建设相衔接。

2) 科学性原则

指标筛选坚持以五大发展理念为指导，依据对农业绿色发展的解读，优先选取科学依据充足、经过实践检验且突出“绿色发展”特点的重要指标，力争准确、详实地反映流域农业绿色发展现状。

3) 可操作性原则

指标要具有统计上的可操作性，所选指标定义明确，且易于获取，主要采用国家、省、市公开发布的统计年鉴或部门公报或统计数据，少数采用已公开的文献数据。同时，各指标要具有计算上的可操作性，可量化、可对比。

4) 简明性原则

基于参考联合国可持续发展委员会指标体系、绿色农业生态评价指标欧洲绿色城市发展指数、瑞士城市可持续发展指标体系、丹麦城市可持续发展指标体系、环保部门生态文明试点示范市建设指标体系等，指标选择尽量少而精，构建体系简单明了。

5) 公平性原则

巢湖流域内发展存在不均衡性，既有经济较发达、生态环境相对较好的区域，又有经济社会发展相对落后、自然资源禀赋丰富，但仍处在加快城镇化、环境治理任务艰巨的区域。因此，在指标构建上采用均量类指标为主、总量类指标为辅；比率类指标为主、速率类指标为辅的方式来减少区域背景值差异对评价农业绿色发展结果的干扰，充分保证评价体系的区域公平性。

26.2.2 巢湖流域农业绿色发展评价指标体系

基于农业绿色发展的核心要义，统筹经济与环保协同发展，突出绿色发展的水平测度的短板识别需求，按照系统性、科学性、可操作性、简明性和公平性原则，结合现有数据和实地调研，经专家论证，构建了由社会发展、经济效率、资源投入、生产力和生态环境 5 类一级指标和 38 个二级指标组成的巢湖流域农业绿色发展指标体系(表 26-3)。

表 26-3 巢湖流域农业绿色发展指标体系

一级指标	权重/%	序号	二级指标	计量单位	类型	权重/%
社会发展	15	1	城镇化率	%	效益型	3.0
		2	农业人口高中学历及以上比例	%	效益型	2.0
		3	单位耕地面积机械动力	kW/hm^2	效益型	3.0
		4	人均乡村劳动力耕地面积	hm^2	效益型	1.5
		5	土地利用程度指数	—	效益型	2.0
		6	有效灌溉面积占比	%	效益型	2.0
		7	食物氮自给率	%	效益型	1.5
经济效率	10	8	农村劳动力人均 GDP	万元	效益型	2.5
		9	单位耕地面积农业产值	万元/hm^2	效益型	2.5
		10	劳均农业增加值	万元	效益型	2.5
		11	劳均畜产品产量	t	成本型	2.5
资源投入	15	12	化肥施用强度(NP)	kg/hm^2	成本型	3.5
		13	农药使用强度	kg/hm^2	成本型	3.5
		14	单位农田农膜投入量	kg/hm^2	成本型	2.5
		15	单位动物畜牧外源饲料氮投入量	kg/LU	成本型	2.0
		16	单位农业产值能耗	MJ/万元	成本型	1.5
		17	人均农业水足迹	t/a	成本型	2.0
生产力	30	18	单位面积经济作物产量	t/hm^2	效益型	5.0
		19	单位面积粮食作物产量	t/hm^2	效益型	5.0
		20	单位面积水产产量	t/hm^2	效益型	2.0

续表

一级指标	权重/%	序号	二级指标	计量单位	类型	权重/%
生产力	30	21	单位耕地面积蛋白质产量	kg/hm^2	效益型	1.5
		22	动物蛋白生产占比	%	效益型	1.5
		23	单位耕地面积卡路里产量	万 cal/hm^2	效益型	1.5
		24	农田氮综合利用效率	%	效益型	4.0
		25	畜禽氮综合利用效率	%	效益型	3.0
		26	秸秆氮综合利用效	%	效益型	3.0
		27	食物系统氮利用效率	%	效益型	1.5
		28	畜禽粪尿综合利用效率	%	效益型	2.0
生态环境	30	29	森林覆盖率	%	效益型	5.0
		30	单位耕地面积农田氮盈余量	kg/hm^2	成本型	4.0
		31	单位播种面积氮径流量	kg/hm^2	成本型	2.0
		32	单位播种面积氮淋溶量	kg/hm^2	成本型	2.0
		33	单位播种面积农业源氨排放量	kg/hm^2	成本型	2.0
		34	地表水质量(四类水以上比例)	%	效益型	5.0
		35	$PM_{2.5}$超标天数	天	成本型	5.0
		36	农业源 GHG 排放总量	kg/hm^2	成本型	2.0
		37	生产单位食品氮环境代价	kg/kg	成本型	1.0
		38	单位面积畜禽承载量	kg/kg	成本型	2.0

26.2.3 巢湖流域农业绿色发展现状

通过对巢湖流域2000~2019年农业绿色发展水平分析来看，巢湖流域农业绿色发展状况存在显著的年际差异(图26-2)。其中，在2000年，流域农业绿色发展指数为52.9，随后降低；但随着化肥零增长行动、秸秆综合化利用、农药化肥双减计划等有序开展，流域农业绿色发展水平得到逐步提高。进一步通过五大类指标发现，2019年巢湖流域生态环境和资源投入相对较好，而社会发展、经济效率和生产力仍需大幅提升。可见，若想提升巢湖流域整体农业绿色发展水平，必须在持续推进生态环境改善和优化资源投入的基础上，进一步提升绿色生产力。

为了更深入了解巢湖流域内9县(市、区)农业绿色发展状况，选择以粮食作物种植为主的庐江和以蔬菜种植为主的和县进行相应分析(图26-3)。2000~2005年以蔬菜种植为主的和县的农业绿色发展水平高于以粮食作物种植为主的庐江县，但仍处于中等水平以下。2015年以后，和县的农业绿色发展指数达到了66.9，比庐江县的发展水平高5.7%；2018年两者之间的差值继续增大，达9.9%。可见，基于巢湖流域县域绿色发展，以经济作物种植为主的地域在同等优化资源投入的前提下，经济效益更高，呈现较高的绿色发展水平。

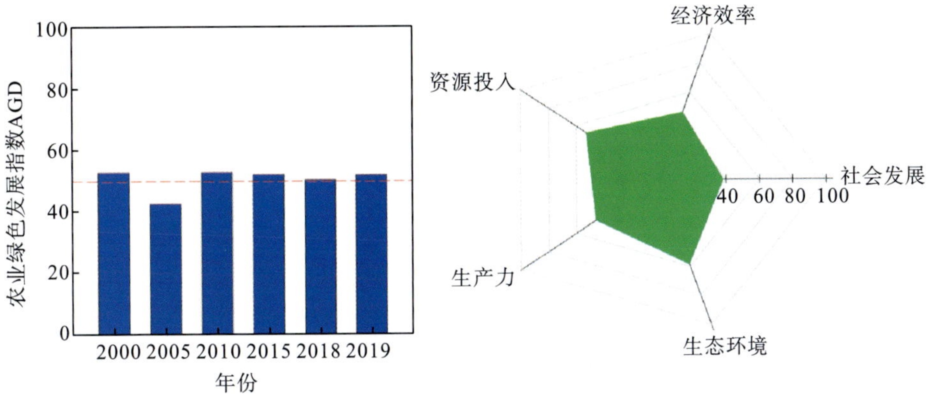

图 26-2　巢湖流域农业绿色发展指数变化

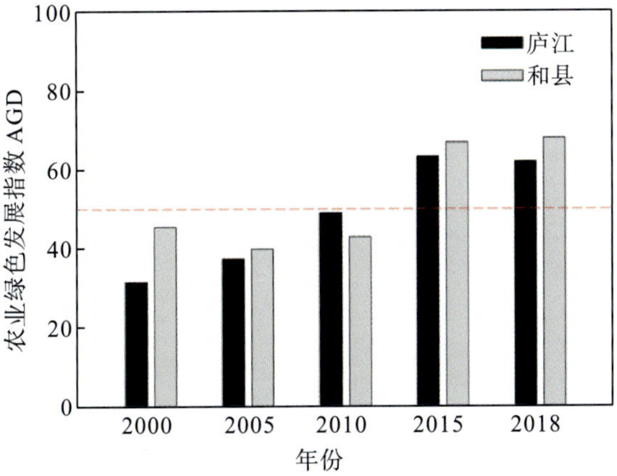

图 26-3　巢湖流域典型县域农业绿色发展指数变化状况

26.3　巢湖流域农业绿色生产与技术模式

26.3.1　巢湖流域绿色种植业

1. 产地环境土壤肥力演变

1) 土壤 pH

与 2009 年相比，庐江县稻田肥力监测区域 2018 年土壤 pH 降低幅度较小，但土壤 pH 为 5.0～5.5 的样点所占比例从 2009 年的 46.1%下降到 2018 年的 37.7%，土壤 pH 为 4.5～5.0 的样点所占比例从 2009 年的 3.9%上升到 2018 年的 11.3%(图 26-4)。

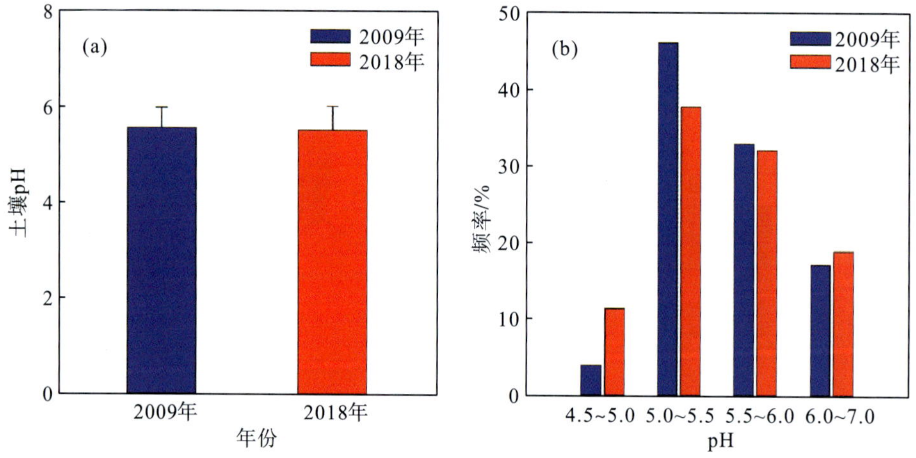

图 26-4　庐江县土壤 pH 及其分布特征

2) 土壤有机质

庐江县稻田肥力监测区域 2018 年土壤有机质含量较 2009 年增加了 14.3%；土壤有机质含量大于等于 30.0g/kg 的样点所占比例从 2009 年的 14.5%增加到 2018 年的 37.7%，小于 20.0g/kg 的样点所占比例从 2009 年的 25.0%下降到 2018 年的 7.5%(图 26-5)。

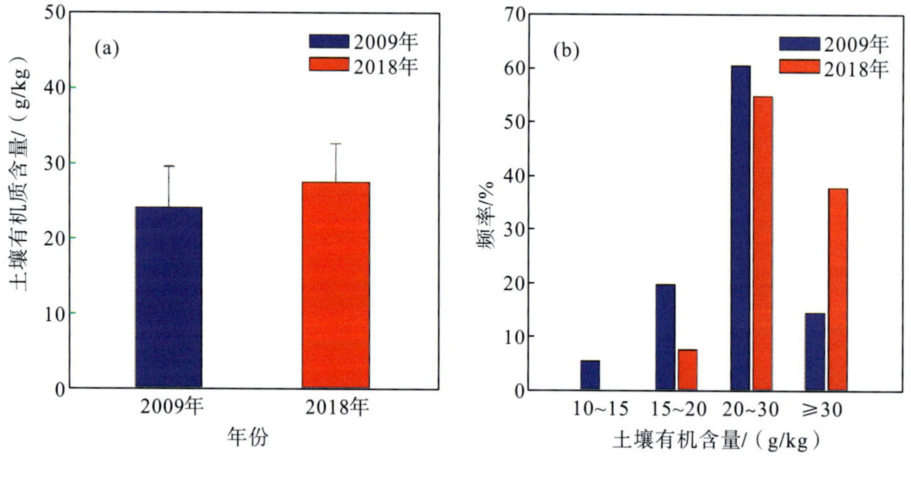

图 26-5　庐江县土壤有机质含量及其分布特征

3) 土壤全氮

与 2009 年相比，庐江县稻田肥力监测区域 2018 年土壤全氮含量增加了 12.2%；土壤全氮含量大于 1.5g/kg 的样点所占比例从 2009 年的 30.3%增加到 2018 年的 50.9%，小于 1.0g/kg 的样点所占比例从 2009 年的 9.2%下降为 2018 年的 1.9%(图 26-6)。

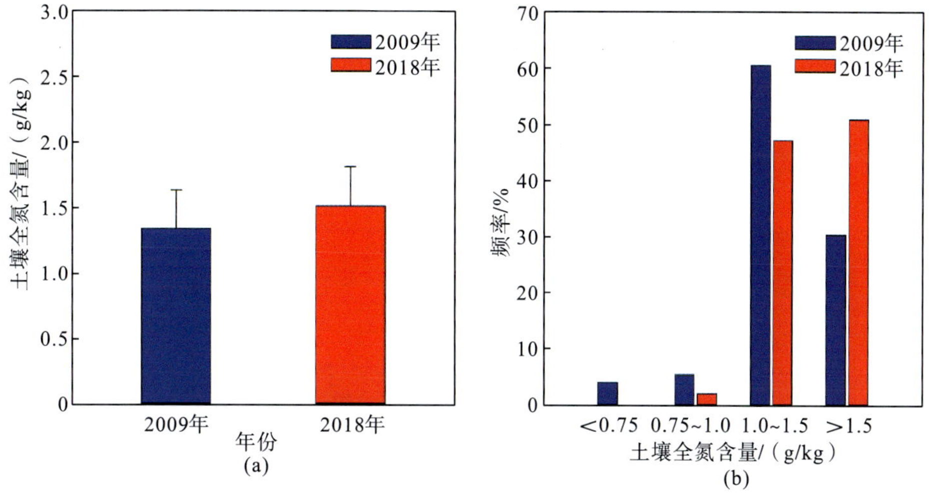

图 26-6　庐江县土壤全氮含量及其分布特征

4）土壤有效磷

与 2009 年相比，庐江县稻田肥力监测区域 2018 年土壤有效磷含量增加了 36.4%；土壤有效磷含量大于 15mg/kg 的样点所占比例从 2009 年的 7.9%上升到 2018 年的 17.0%，土壤有效磷含量为 10～15mg/kg 和 5～10mg/kg 的样点所占比例分别从 2009 年的 18.4%和 38.2%增加到 2018 年的 24.5%和 50.9%（图 26-7）。

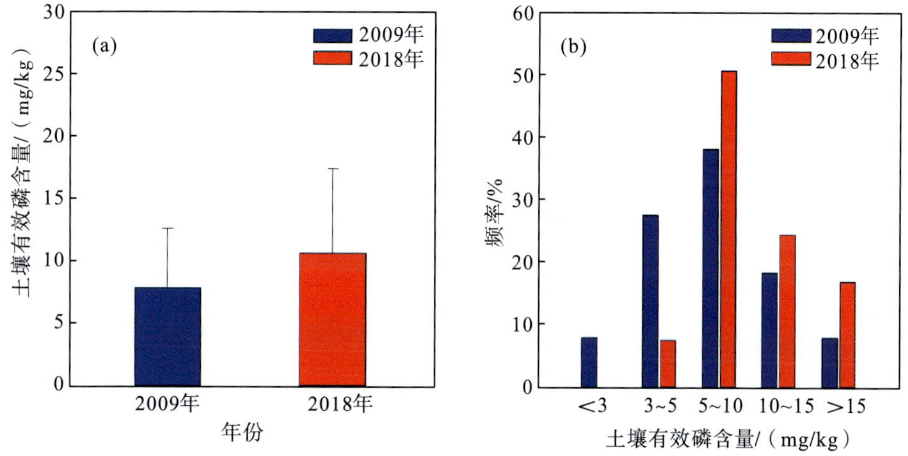

图 26-7　庐江县土壤有效磷含量及其分布特征

5）土壤速效钾

与 2009 年相比，庐江县稻田肥力监测区域 2018 年土壤速效钾含量增加了 36.6%；土壤速效钾含量大于 150mg/kg 的样点所占比例从 2009 年的 5.3%上升到 2018 年的 28.3%，土壤速效钾含量为 110～150mg/kg 的样点所占比例从 2009 年的 13.2%上升到 2018 年的 34.0%（图 26-8）。

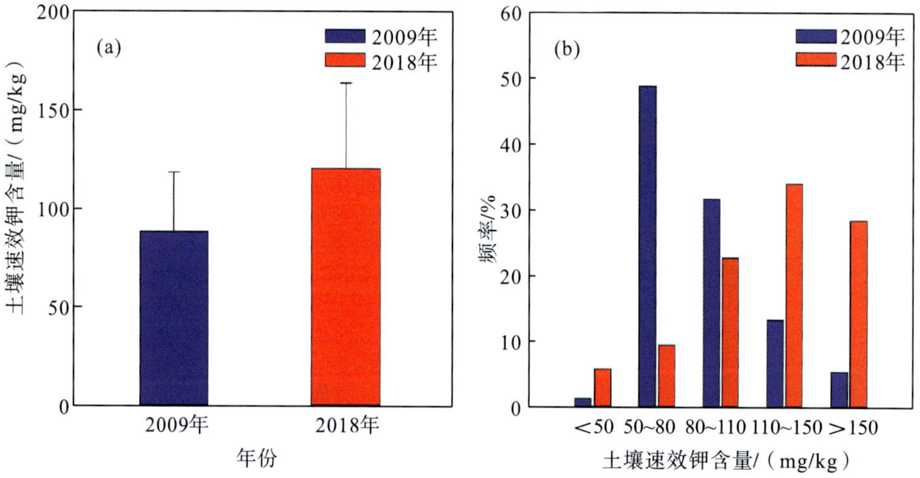

图 26-8　庐江县土壤速效钾含量及其分布特征

6）土壤肥力综合指标得分

2009 年引起庐江县监测区域稻田土壤综合肥力差异的指标依次为土壤全氮、有机质、速效钾、有效磷和 pH；而 2018 年造成庐江县监测区域稻田土壤综合肥力差异的影响指标依次为土壤全氮、有效磷、速效钾、有机质和 pH（图 26-9）。

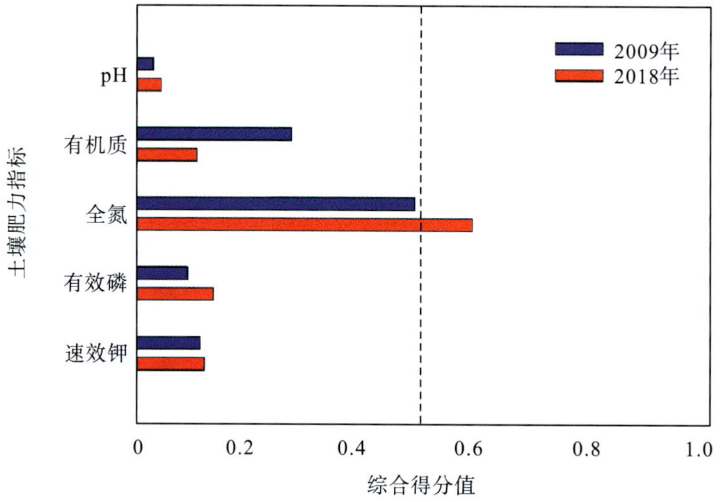

图 26-9　庐江县土壤肥力综合得分状况

2. 水稻田施肥现状

通过对近年来巢湖流域稻田施肥量信息汇总后，氮肥施用量介于 140～270kg N/hm^2，平均为 204kg N/hm^2；磷肥施用量介于 34～123kg P_2O_5/hm^2，平均为 81kg P_2O_5/hm^2；钾肥施用量介于 63～135kg K_2O/hm^2 之间，平均为 95kg K_2O/hm^2（图 26-10）。

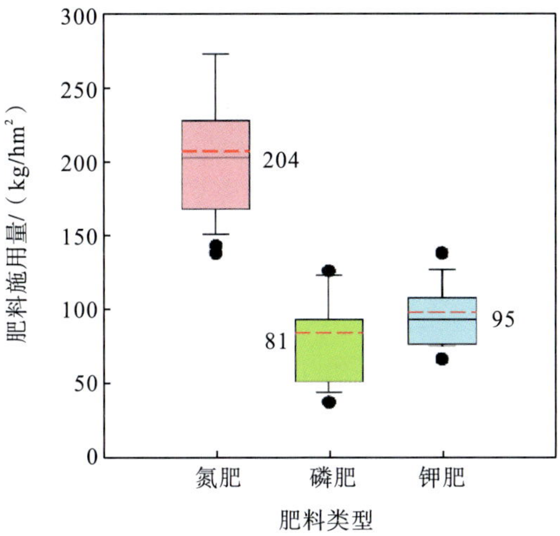

图 26-10 巢湖流域稻田施肥量

3. 水稻籽粒产量与肥料利用率

目前，巢湖流域水稻籽粒产量为 6165～11300kg/hm^2，平均产量达 9215kg/hm^2；氮肥偏生产率变化介于 27.4～78.3kg/kg，平均为 47.6kg/kg；磷肥偏生产率变化介于 182.4～267.3kg/kg，平均为 129.7kg/kg(图 26-11)。

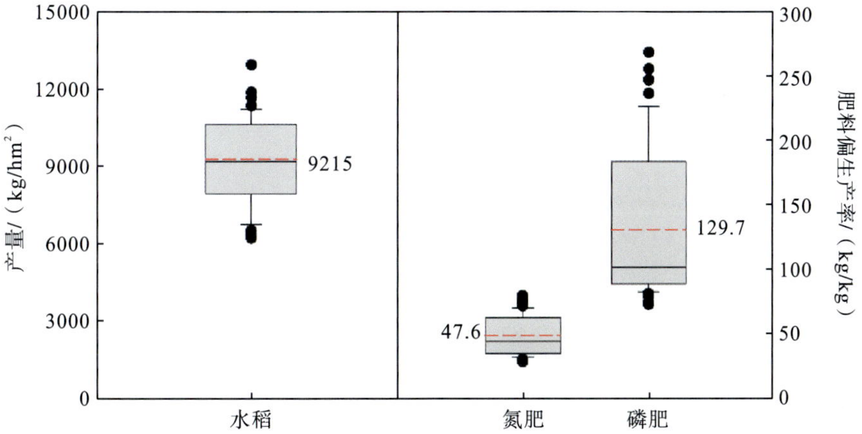

图 26-11 巢湖流域水稻籽粒产量与肥料利用率现状

4. 水稻磷肥减量高产优质生产技术模式

田间试验设置 5 个处理：对照(CK、不施磷肥)，农户模式(P1，磷肥用量 90 kg P_2O_5 /hm^2)，农户基础上减磷 10%(P2，磷肥用量 81kg P_2O_5/hm^2)，减磷 20%(P3，磷肥用量 72kg P_2O_5/hm^2)和减磷 30%(P4，磷肥用量 63kg P_2O_5/hm^2)。各处理氮肥施用量为 225 g N/hm^2，钾肥施用量均为 90kg K_2O/hm^2。氮肥总量的 60%和全部磷钾肥作为基肥施入，30%和 10%

的氮肥分别于分蘖期和抽穗期施入。

1）水稻籽粒产量

年份、磷肥处理及其交互效应对水稻产量有显著影响（$P<0.05$）（图 26-12）。与不施磷肥相比，农户模式和减磷 10%、20%和 30%的水稻籽粒产量分别提高了 26.3%、17.2%、24.1%和 9.8%。与农户模式相比，减磷 30%的水稻籽粒产量显著降低 14.4%，减磷 10%和 20%均未显著降低。从不同年份来看，2017 年减磷处理与农户模式均无显著差异；2018 年减磷 10%和 20%与农户模式无显著差异，减磷 30%显著降低水稻籽粒产量。

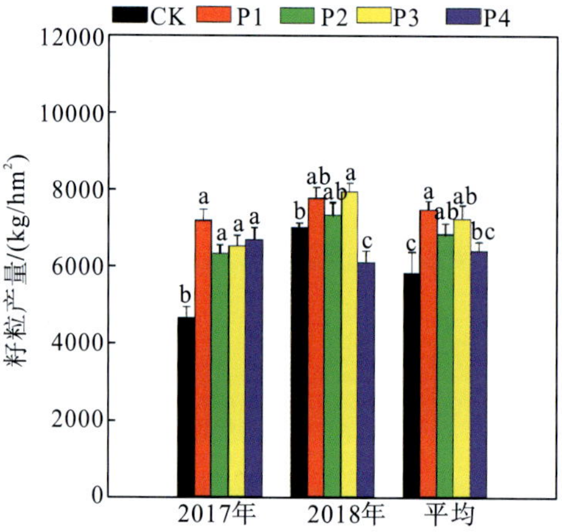

图 26-12　磷肥减量对水稻产量的影响

注：不同小写字母表示同一年份不同处理间差异显著（$P<0.05$），本章同。

2）水稻籽粒蛋白质品质

从总体来看，农户模式较不施磷的水稻蛋白质含量显著提高 10.4%，球蛋白和谷蛋白含量分别提高 71.4%和 55.0%，清蛋白和醇溶蛋白无显著差异。与农户模式相比，减磷处理籽粒谷蛋白含量降低 32.3%～48.4%，清蛋白和球蛋白无显著影响。减磷 30%处理的蛋白质含量降低 6.8%，醇溶蛋白含量却提高 62.5%（表 26-4）。两年各指标变化趋势基本一致，减磷处理较农户模式可显著提高水稻籽粒醇溶蛋白含量，蛋白质含量和谷蛋白含量分别降低 1.4%～6.8%和 3.2%～48.4%，结构蛋白（清蛋白和球蛋白）含量无显著差异。

表 26-4　水稻籽粒蛋白质及其组分含量对磷肥减量的响应

处理	蛋白质含量/%	清蛋白含量/%	球蛋白含量/%	醇溶蛋白含量/%	谷蛋白含量/%
不施磷	6.7±0.2 c	0.9±0.1 b	0.7±0.2 b	2.5±0.7 ab	2.0±0.1 b
农户模式	7.4±0.4 a	1.1±0.3 ab	1.2±0.4 a	1.6±0.5 b	3.1±0.2 a
减磷 10%	7.3±0.1 a	1.0±0.1 ab	1.1±0.1 a	2.5±0.4 ab	2.1±0.3 b
减磷 20%	7.2±0.3 ab	1.4±0.2 a	1.2±0.1 a	2.1±0.3 ab	2.1±0.3 b
减磷 30%	6.9±0.2 bc	1.1±0.2 ab	1.1±0.2 a	2.6±0.1 a	1.6±0.4 b

3) 水稻籽粒微量元素含量

施磷影响水稻籽粒微量元素含量。与不施磷相比，农户模式籽粒铁、铜和锌含量分别降低 21.9%、20.0%和 22.9%，减磷处理籽粒锌含量显著降低 7.2%～16.1%，铁、锰和铜含量无显著差异。与农户模式相比，减磷处理籽粒铁、铜和锌含量分别提高 16.7%～25.1%、7.1%～21.4%和 8.7%～20.3%，减磷处理间无显著差异(表 26-5)。从不同年份结果来看，2017 年减磷处理籽粒铁和锌含量较农户模式分别提高 24.2%～32.5%和 16.3%～29.2%，减磷处理间无显著差异；2018 年减磷处理籽粒铁和铜含量分别提高 10.8%～19.5%和 36.4%～54.5%；减磷 20%和 30%时籽粒锌含量均提高 11.5%，籽粒锰含量降低 30.4%～40.7%。

表 26-5　水稻籽粒微量元素含量对磷肥减量的响应　(单位：mg/kg)

处理	铁含量	锰含量	铜含量	锌含量
不施磷	35.2±0.68 a	76.5±3.67 b	3.5±0.08 a	22.3±1.06 a
农户模式	27.5±1.06 b	102.8±7.94 a	2.8±0.28 b	17.2±0.60 d
减磷 10%	34.4±2.56 a	79.2±2.50 b	3.4±0.05 a	18.7±0.92 bcd
减磷 20%	33.5±0.56 a	76.0±2.19 b	3.0±0.11 ab	19.7±0.76 bc
减磷 30%	32.1±0.71 a	69.0±1.49 b	3.0±0.16 ab	20.7±1.09 b

5. 稻肥轮作模式

田间试验设置 8 个处理：T1 冬闲+水稻季不施氮肥、T2 冬闲+水稻季常规施氮、T3 紫云英(绿肥)翻压还田、T4 绿肥翻压还田＋水稻季不施氮肥、T5 绿肥翻压还田+水稻季施用 40%氮肥、T6 绿肥翻压还田+水稻季施用 60%氮肥、T7 绿肥翻压还田+水稻季施用 80%氮肥绿肥替代 20%氮肥、T8 冬闲+水稻季不施肥(对照)。常规施氮量为 180kg N/hm^2，按基肥∶分蘖肥∶穗肥=5∶3∶2 分次施用，钾肥按基肥∶穗肥=6∶4 分次施用。

1) 水稻产量及其构成要素

不同施肥处理的水稻产量结果差异显著(表 26-6)。施肥处理中以绿肥翻压还田＋水稻季施用 80%氮肥的产量最高，但与常规施肥处理间无显著性差异，水稻产量随绿肥替代化学氮肥量的增加而降低。有效穗数和穗粒数以绿肥替代 20%氮肥最高，但与常规施肥处理也无显著性差异。可见，在巢湖流域绿肥还田替代 20%氮肥在稳定产量上是可行的。

表 26-6　稻肥轮作体系下氮肥减量对水稻产量及其构成要素的影响

处理	有效穗数/(×10^4/hm^2)	穗粒数	千粒重/g	结实率/%	产量/(kg/hm^2)
T1	213 b	88 c	27.6 a	90.9 ab	5151 e
T2	229 a	119 a	27.6 a	91.9 a	7515 a
T3	212 b	104 b	27.6 a	88.6 c	6110 d
T4	219 b	109 b	27.6 a	90.6 ab	6587 c
T5	219 b	111 ab	27.6 a	90.7 ab	6729 c
T6	221 ab	122 a	27.6 a	87.3 c	7403 b

续表

处理	有效穗数/(×10^4/hm^2)	穗粒数	千粒重/g	结实率/%	产量/(kg/hm^2)
T7	230 a	121 a	27.6 a	91.2 a	7677 a
T8	169 c	106 b	27.6 a	86.1 c	4955 f

2) 水稻经济效益分析

水稻季常规施氮和绿肥翻压还田+水稻季施用80%氮肥(绿肥替代20%氮肥)，且随着绿肥替代化学氮肥量的增加呈显著降低趋势(表26-7)。纯收入以常规施氮下最高，绿肥翻压还田+水稻季施用80%氮肥(绿肥替代20%氮肥)处理略低于常规施氮处理，超过此替代量则迅速降低。本试验结果表明，采用绿肥翻压还田来替代20%化学氮肥的水稻经济效益较常规施肥基本相当。

表26-7 稻肥轮作体系下氮肥减量对水稻经济效益的影响

处理	产值/(元/hm^2)	肥料成本/(元/hm^2)	纯收入/(元/hm^2)	产投比
T1	14423	959	13463	14.0
T2	21042	1690	19352	11.4
T3	17107	450	16657	37.0
T4	18443	1409	17033	12.1
T5	18841	1702	17139	10.1
T6	20727	1848	18879	10.2
T7	21496	1994	19502	9.8
T8	13873	0	13873	—

6. 绿肥-再生稻高产减排绿色模式

1) 田间温室气体排放情况

稻麦轮作体系下小麦季甲烷和氧化亚氮排放量分别为0.56kg/hm^2和34.11kg/hm^2，水稻季为1331.17kg/hm^2和8.30kg/hm^2，总计排放量分别达1331.72kg/hm^2和42.41kg/hm^2；绿肥-再生稻体系下绿肥种植季甲烷和氧化亚氮排放量分别为0.56kg/hm^2和2.06kg/hm^2，中稻的排放量分别为892.95kg/hm^2和1.29kg/hm^2，再生稻分别为141.23kg/hm^2和2.38kg/hm^2，体系总排放量分别为1034.74kg/hm^2和5.73kg/hm^2(王天宇 等，2021)。

2) 作物产量

稻麦轮作体系下小麦和水稻的籽粒产量分别为5980kg/hm^2和10710kg/hm^2，合计16690kg/hm^2；绿肥-再生稻体系水稻总产量达12630kg/hm^2，显著高于稻麦轮作体系的作物总产量。同时，绿肥-再生稻体系的总温室气体排放总量和温室气体排放强度分别比稻麦轮作体系下显著降低36.3%和15.9%。

基于巢湖流域化肥农药减量增效、耕作制度调整以及末端农田尾水综合处理，构建巢湖流域水稻绿色种植技术集成模式(图26-13)，减轻农业大规模生产对巢湖流域生态修复产生压力，在实现巢湖流域生态健康的同时，保护长江、造福淮河、守卫长三角贡献巢湖力量。

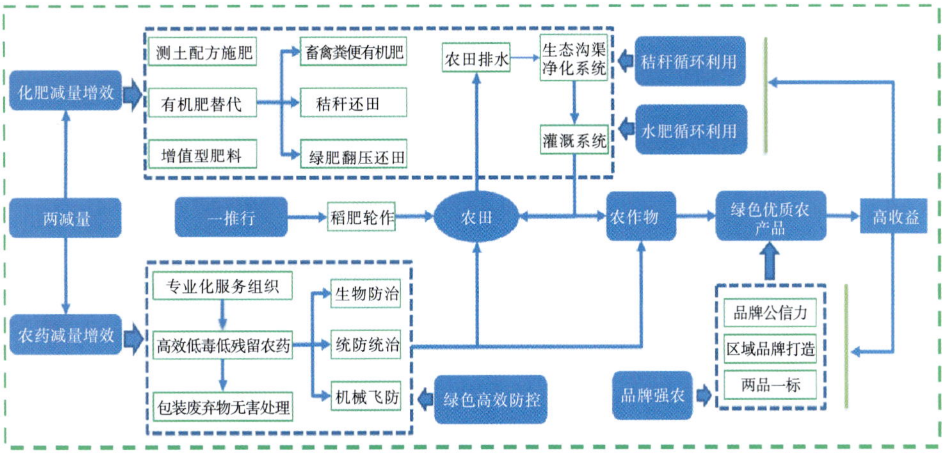

图 26-13 巢湖流域水稻绿色种植技术集成

26.3.2 巢湖流域绿色水产养殖

1. 巢湖流域水产绿色养殖技术

1) 建立水产养殖尾水处理技术库

通过绘制环巢湖水产养殖区域厂区图、水系图，厘清水系流动与尾水排放情况并留档备查。按照全要素治理、菜单式遴选的原则，根据养殖品种、模式及污染主要成因等，依托鱼菜共生、人工景观湿地、稻田综合种养等技术模式构建养殖尾水处理系统，分区分类建立养殖尾水处理技术库并动态更新。

2) 制定水产养殖尾水排放标准

结合水产养殖尾水处理技术库的技术应用结果，基于巢湖流域农业绿色发展要求，参照我国水产行业标准《淡水池塘养殖水排放要求》，研究出台了巢湖流域水产养殖尾水排放标准。

3) 开展尾水处理标准化建设

在规范养殖尾水排放的同时，加快了养殖尾水处理系统标准化建设及升级改造，同时也开展水产养殖尾水资源化利用及综合治理。此外，委托权威检测机构对环巢湖区域水产养殖基地开展尾水达标检测，对初检不合格的基地责令整改，整改结束后开展第二次检测，对第二次检测仍不合格的基地按有关规定处理。

4) 多元化生态健康养殖模式

结合渔业生产实践，开展水产生态健康养殖技术模式示范，因地制宜推广池塘工程化循环水养殖、集装箱式养殖、工厂化养殖、稻渔综合种养等多种形式的生态健康养殖模式。调整养殖品种，逐步退出高密度、高投入、低效益养殖品种，引导和鼓励发展低密度、低投入、高效益的净水品种。

5) 加强水产养殖投入品管控

巢湖流域逐步实行严格水产养殖用投入品管理制度，推进水产养殖用药减量，大力推广疫苗免疫、生态防控等病害防控措施；全面推进水产苗种产地检疫，从源头降低病害发生率；健全水产养殖“三项记录”，严格执行休药期制度。同时，大力推进配合饲料替代饵料鱼。突出重点，因品施策，引导和鼓励生产企业使用全价人工配合饲料，逐步淘汰饵料鱼直接投喂，提高配合饲料替代率。

2. 饲用水产微生态制剂的推广应用

EM 微生态制剂在水产养殖中的作用十分重要。EM 微生态制剂应用于饵料当中，可以分解饵料中的粗纤维，使饵料效果更好，扩大水产饵料来源，节约养殖成本。EM 微生态制剂可促进动物肠道内益生菌的繁殖，减少氨氮的排放量，不仅起到净化水质的作用，还具有一定的防治疾病作用。

26.3.3　巢湖流域农业面源污染

巢湖流域耕地面积占比超过 50%，农业生产规模大，农业面源污染较重。主要表现为：一是化肥施用总量较大，二是农药使用强度较高，三是农作物秸秆综合利用难度大，秸秆腐烂对水质产生一定影响(季军民和刘庆广，2016；王雪蕾　等，2015)。以合肥市为例，2019 年化肥施用量和农药使用量分别为 23 万 t 和 4011　t；种植业中农田的化肥流失、农药残留和农作物秸秆废弃物等污染是当前农业面源污染的重要部分，污染物通过地表径流进入河流和湖泊，导致巢湖水体富营养化等一系列环境问题。据第二次全国污染普查基础数据和不同调查区资料可知，巢湖流域种植业平均每年排污总量为：总氮 8977.06t，总磷 1219.50t。进一步分析可知，流域内种植业排污主要集中在水田、旱地和蔬菜地。从行政区域上来看，主要集中在肥东县、肥西县、庐江县和巢湖市(表 26-8)。

表 26-8　巢湖流域不同种植类型和行政区域污染物排放总量

分类种植类型	排污总量/(t/a)	
	总氮	总磷
旱地	1751.74	283.45
水田	5803.35	732.27
蔬菜	899.79	166.38
园地	313.87	18.42
果园	130.91	14.17
茶园	45.02	2.80
桑园	32.38	2.01
合计	8977.06	1219.50
行政区域	总氮	总磷
肥西县	2313.39	312.52
肥东县	2353.69	320.07
巢湖市	1766.17	250.64

续表

行政区域	总氮	总磷
庐江县	2005.18	261.41
长丰县	147.92	20.21
包河区	83.67	10.88
庐阳区	58.75	9.38
瑶海区	26.85	4.06
蜀山区	221.14	30.33
总计	8977.06	1219.50

1. 农业面源污染污染源解析技术与效果

硝酸盐是巢湖水体中氮素的主要赋存形态，是引起水体富营养化的重要因子，厘清水体硝酸盐污染的来源，是减少甚至阻断人为氮输入到水生态系统的前提。有研究通过分析巢湖支流——店埠河枯、丰水期水体硝酸盐 $\delta^{15}N$ 和 $\delta_{18}O$ 变化特征，利用稳定同位素解析混合模型定量评价大气沉降、土壤、化肥和粪肥污水源硝酸盐贡献率。上游地区和中下游地区枯、丰水期 4 类污染源的贡献比例不同，综合表现为大气沉降源占 7%～18%，土壤源占 24%～29%，化肥源占 18%～30%，粪肥污水源占 28%～48%。因此，上游地区应着重控制面源污染输入的养殖废水、人畜粪便及化肥，中下游地区应主要防控城镇生活污水和工业废水，降低入湖河流硝酸盐污染负荷(王静　等，2017)。

2. 巢湖流域种植业氮磷流失阻控技术与模式

针对流域农业面源污染特点，从源头控制—过程阻断—末端治理各个层面开展工作，重点总结优化施肥技术、有机养分替代化肥协同增效技术、植物篱技术和保护性耕作技术等技术集成与创新，构建流域周年的农业面源污染防控新体系，形成具有区域特色的农业面源污染防治模式。

1) 精准施肥技术

精准施肥是提高肥料利用效率、减少肥料损失和减少面源污染负荷的关键措施之一。针对巢湖流域，有研究通过构建氮磷高效利用和流失控制耦合技术体系，可有效降低肥料使用量 20%~30%，肥料利用率提高 5%以上，氮磷污染负荷减少 20%以上(戴曹培，2017；胡善宝，2014；王静　等，2012)。

2) 种植/轮作制度优化技术

种植制度/轮作制度不同，化肥的投入量及水分管理方式也会不同，从而造成农田氮、磷的损失也相应存在差异。合理调整和优化种植结构，是从源头上控制区域农业面源污染的一项重要措施。研究结果表明，兼顾经济收益和污染排放双重目标，在保证粮食生产稳定的前提下，通过种植业结构优化，如推行稻肥轮作(王天宇　等，2021)、中埠镇水稻+设施番茄“千斤粮万元钱”生产模式(赵磊，2019)，粮食作物种植面积占比为 56%～76%，蔬菜作物占比为 10%～15%，可达到农业面源径流氮磷损失量减少 30%的预期目标。

3) 保护性耕作技术

巢湖流域水旱轮作模式下，翻耕条件下秸秆还田能有效降低肥料施用后8～10天田面水较高的TN、DTN、NH_4^+-N和TP的浓度，有利于消减整个生育期的氮磷损失，从而能够降低氮磷流失的风险(Wang et al.，2015)。

4) 植物篱技术

严重的水土流失大大加速了巢湖富营养化的进程，同时也是当前治理的薄弱环节，植物篱是治理坡耕地水土流失的一种重要的农艺生物措施。依托巢湖沿岸坡耕地农业面源污染长期定位监测点，构建了植物篱、等高垄作等氮磷高效生态阻控体系，可减少坡耕地水土流失30%以上，且通过减少径流量和颗粒态氮磷的浓度来实现氮磷污染物分别降低30%和40%以上(王静 等，2016，2017)。

5) 生态沟渠拦截技术

沟渠系统作为面源污染源与水体之间的缓冲过渡区，污染物在其中的迁移转化对控制其最终输出负荷有非常重要的作用。从土地平整、浮床结构、浮床固定、植被种植和防护方面，在沿淮平原典型流域建立了生态沟渠示范工程。有研究表明，生态沟渠对总氮、总磷和氨氮的平均去除率可分别达53%、54%和45%，对净化水质有很好的作用。

26.4 巢湖流域农业绿色发展体制机制与政策保障

一是建立以绿色为导向的农业产业结构。深入推进农业供给侧结构性改革和农业生产方式转变，优化重构农业生产体系、产业体系、经营体系和服务体系，提高农业资源利用效率和生产效率，促进农业向绿色生态可持续转变，推进农业向绿色化、优质化、特色化、品牌化发展转型。推动绿色农产品种养基地建设，深化提升农产品加工“五个一批”工程，培育有影响力的农产品品牌，提高农业质量效益和竞争力。

二是建立农业绿色发展政策支持体系。加大农业绿色发展政策支持力度，建立以绿色生态为导向、社会资本投入为主、财政资金引导为补充、市场化运作的农业绿色发展基金。完善农业绿色发展投入长效机制，加大对绿色农业基础设施、生产过程、加工过程和市场体系建设的支持力度。加快农业绿色发展保险产品研发和创新步伐，大力发展绿色农资供销服务、农业生态环境建设、绿色农场信贷产品、绿色农业保险等涉农绿色保险险种，实现应保尽保。健全农业绿色发展人才、土地等要素优先保障制度。

三是健全绿色农产品市场体系。研究建立以绿色为导向的生产者激励、消费者付费等机制，充分发挥市场在农产品价格形成中的作用，培育形成“价值决定价格、高品质高价”的绿色农产品价格形成机制。科学评估绿色农产品价值，建立绿色农产品价值转化与补偿机制，通过政策支持激励，保障绿色农产品生产经营者的合法利益，培育健康的绿色农产品生产、流通、营销和消费市场。

四是完善农业绿色发展监管制度。建立健全农业绿色发展考核评价制度，制定农业绿色发展评价指标体系，将产品质量、产业效益、生产效率、农业竞争力、社会满意度等作为重要评价内容。建立规范的督促检查和第三方评价机制，定期发布农业绿色发展综合评价信息，引导各地把农业绿色发展考核绩效作为乡村振兴考核的重要内容，评价结果纳入党政领导班子和领导干部综合考核、离任审计等考核内容。探索将农业经营主体的绿色发展状况与申请各类涉农支持资金、项目挂钩，强化绿色导向、标准引领和质量安全，逐步构建奖惩分明、奖优罚劣的农业绿色发展监管体制机制。

五是构建农业绿色发展宣传培育体系。加大对农业绿色发展的宣传力度和普及范围，通过电视、手机、网络等多途径加大农业绿色发展宣传，提高政府、企业、农户、社会组织等社会各界对农业绿色发展的认知，引导社会各界积极参与农业绿色发展，促进绿色低碳生产生活方式转变。构建"政府+市场+组织"等多元培训体系，全面宣传推广农业绿色发展理念，引导经济社会全面绿色转型。

26.5　巢湖流域农业绿色发展技术模式与实现路径

按照因地制宜、分类施策的原则，结合巢湖流域的农业资源环境承载力、农业适宜性、产业基础、发展趋势和保护区管控要求等因素，确定流域农业绿色发展的重点，以绿色为基础，开展健康土壤培育工程、优质粮油提质工程、畜禽水产绿色生产工程和绿色农产品利益补偿工程，推进巢湖流域农业绿色的综合示范样板，使绿色农业新模式成为高质量发展的重要支撑。

26.5.1　健康土壤培育工程

(1) 实施健康土壤保护与提升行动。坚决扛起粮食安全重任，坚持最严格的耕地保护制度，严守耕地红线。根据不同区域耕地质量现状，因地制宜、综合施策，培育健康土壤。一是改良土壤。针对土壤板结、酸化、盐渍化等退化土壤障碍因素，通过深耕、轮耕、休耕等耕地保护与质量提升专项行动，改善土壤理化性状，消减土壤障碍因子。二是培肥地力。通过实施测土配方施肥、有机肥替代化肥、秸秆还田、畜禽粪污资源化利用等，提高土壤有机质含量；通过实施粮豆轮作套作、种植绿肥，持续提升土壤肥力。三是保水保肥。通过耕作层深松深耕，打破犁底层，加深耕作层，推广保护性耕作、秸秆覆盖还田等措施，增强耕地保水保肥能力。四是保护土壤生物多样性。继续推进肥药双减行动，推广测土配方施肥、病虫害统防统治、绿色防控等技术，减少不合理投入数量，开展农用薄膜改厚膜试点示范，建设村、乡、县三级农用残膜和农药瓶等塑料回收站点，减少外源污染输入，保护土壤生物多样性。

(2) 深入推进高标准农田建设。以建立健全高标准农田建设管理工作评价激励制度，依"集中投入、连片治理、规模开发"原则，积极打造粮食生产核心区，坚决禁止耕地"非农化""非粮化"，加快推进"一季千斤、两季一吨"的高标准粮田建设，加强农田高校灌溉新技术、新工艺引进推广。

(3) 强化耕地土壤污染管控与修复。加快耕地土壤环境质量类别划分，制定分类清单，严格按照污染耕地安全利用推荐技术，建设一批受污染耕地安全利用集中推进区，打造综合治理示范样板，探索安全利用模式。严格管控重度污染耕地，推动种植结构调整。构建农产品产地环境监测网，以土壤重金属、农田氮磷排放、秸秆、地膜为重点，开展监测评价，建立监测预报制度，保障农产品质量安全。

26.5.2 优质粮油提质工程

(1) 加强优质粮油绿色生产。通过行政推动、政策扶持、强化服务等多措并举推动优质粮油的基地建设。围绕绿色生态抓基地，发挥安徽绿色生态优势，扩大绿色高品质小麦、有机稻米、玉米、油菜、大豆等生产规模。加强农业生态保护，继续推进化肥农药减量增效、有机肥替代化肥、病虫草害综合防控等技术，实现优质粮油绿色生产。

(2) 推动优质粮油产品提质升级。发挥粮食产业化重点龙头企业牵引作用，大力发展粮油精深加工。一是做大做强粮油加工骨干龙头企业。鼓励大型粮食加工企业以资产、品牌等为纽带，打破区域、行业和所有制界限，整合兼并、股份制改造一批中小型企业，引导各种生产要素向优强企业聚集，促进资源优化配置，打造培育实力强、影响力大、带动性强的好粮油加工骨干龙头企业。二是加快发展富有安徽地方特色的粮油加工。着力改造传统的粮油加工工艺和升级装备水平，改进技术，扩大专用化、营养化、多元化粮油生产，做优做特小麦、稻(糯)米主食产业。加快小麦、稻米油和山茶油等特色产业发展，不断壮大产业规模，延伸产业价值链。三是实施科教兴粮和人才兴粮，推进产学研深度融合，开展稻米副产品综合利用，巩固扩大大米蛋白、大米淀粉等生产规模，开发适用于食品、医药、保健、化工等方面的新型产品，引导消费趋势，不断提高大米产品附加值和企业经营效益。

(3) 推动优质粮油分等分类保管和运输。包装储运标准化，产品包装、仓储和运输做到“三个专用”，推动粮油业高质量发展。

(4) 推进优质粮油优价销售。鼓励各基层粮食购销企业主动与农业、种子、农资等部门加强合作，共同推动粮食订单业务的开展，进一步完善“购销企业+农户”“购销企业+基地”等生产经营模式，充分调动农民参与订单的积极性，推动优粮优购。各示范加工企业采取“加工企业+农民专业合作社+农户”或“加工企业+农户”模式，与农民签订订单收购合同，建立利益分配机制，带动更多的中小散户农民参与到现代农业进程当中，分享现代农业带来的更高收益。

(5) 推动优质粮油进千家万户。一是创新交易方式。积极实施“互联网+”营销策略，构建集网上信息查询、网上交易结算、物流配送、商务处理多功能于一体的电商平台，完善交易规则，实行线上线下互动，拓展产品销售渠道。二是培育公共品牌。强化“皖美好粮油”品牌宣传，把产品研发、科技创新作为企业发展的核心竞争力，加大粮油新产品特别是高技术含量、高附加值的粮油精深加工产品的推广力度，争创一批省级和国家级名牌，逐步实现主导产品名牌化，名牌产品产业化。三是开展好粮油评选。组织开展“安徽好粮油”遴选，积极参评“中国好粮油”产品评审。培树推广一批企业和产品入选全国百个典型示范县、千个先进示范企业(合作社)、万个样板店和一大批知名品牌的“百千万”典型。通过培树安徽的典型，放大示范带动效应，带动全省好粮油行动全面发展。

26.5.3　畜禽水产绿色生产工程

(1) 完善生态健康养殖标准体系。修订完善畜牧水产生态健康养殖技术指南，推进饲料安全投喂、养殖环境控制、疫病安全防控、废弃物资源化利用和生物安全水平提升。制定生猪等畜禽水产标准化规模养殖场建设规范，指导养殖场科学设计和建设，完善规模养殖场生物安全技术规范，严格动物防疫条件，着力提升疫病防控能力。

(2) 升级改造标准化养殖场。一是优化场区布局。合理布局生产、生活、粪污处理等功能区，实行净污道分设、雨污道分流，实现养殖环境整洁。二是提升设施装备。重点普及自动喂料饮水、自动清粪、自动集蛋、环境控制、远程视频监控等现代设施装备，提升畜禽养殖自动化、智能化水平。三是改进生产工艺。大力推行清洁生产，推广节水、节料、节能养殖工艺，实行源头减量、过程控制、末端利用。四是科学养殖规模。管理部门综合考虑环境承载力、周边防疫距离、畜禽养殖模式、饲养管理条件等因素，科学确定养殖规模，实现生产要素最优化组合。

(3) 推广标准化生态健康养殖技术。一是要落实规模养殖主体责任，推行“一场一策”，督促指导并确保养殖场污染治理和粪污资源化利用到位。二是推广应用低蛋白日粮、饲料精准配方和微生物降解处理技术，严格执行用药规范和休药期规定，推动养殖场兽用抗菌药减量化使用试点和示范。三是持续开展畜禽养殖标准化示范创建活动。充分发挥畜禽水产健康养殖示范场的辐射带动作用，从示范点向整县创建推进。

(4) 推进畜禽水产精深加工。统筹畜禽水产产地、销区和园区布局，形成生产与加工、产品与市场、企业与农户协调发展的格局，推进畜禽水产加工企业向产地下沉，向优势主产区域聚集，向中心镇(乡)和物流节点聚集，向重点专业村聚集。重点发展预冷、保鲜、冷冻、清洗、分级、分割、包装等仓储设施和商品化处理，实现减损增效。推进农产品加工与销售区对接，发展“中央厨房+冷链配送+物流终端”“中央厨房+快餐门店”“健康数据+营养配餐+私人订制”等新型精深加工新业态。

26.5.4　绿色农产品利益补偿工程

(1) 完善绿色农产品补偿政策。落实农业直接补贴制度。完善耕地保护和粮食适度规模经营补贴等农业支持保护补贴制度，优化农业补贴结构，重点补贴产粮大县和农业绿色生产等领域，促进农业补贴精准高效。完善农产品价格形成机制。执行稻谷、小麦最低收购价政策，稳定农民基本收益。加大对优质高产大豆品种和玉米、大豆间作等新农机农艺推广的支持力度。加大对产粮大县的奖励力度，优先安排农产品加工用地指标。支持产粮大县开展高标准农田建设新增耕地指标跨省域调剂使用，调剂收益按规定用于建设高标准农田。

(2) 深化农村土地制度改革。稳步提高土地出让收入用于农业农村比例，到“十四五”期末，以省(区、市)为单位核算，土地出让收益用于农业农村的比例要达到 50%以上。巩固农村集体产权制度改革成果，发展新型农村集体经济，深入推进农村“三变”改革，发展新型农村集体经济。

(3) 健全农村金融保险服务体系。推进政策性农业保险扩面增品提标。稳定并扩大重要大宗农作物保险覆盖面，推进稻谷、小麦、玉米完全成本保险试点，提高小农户投保率，逐步提高绿色农产品保险在农业保险中的比例。加大绿色信贷及专业化担保等金融支持力度，创新绿色生态农业保险产品。加大政府和社会资本合作在农业绿色发展领域的推广应用，引导社会资本投入向农业资源节约、废弃物资源化利用、畜禽水产疫病防治和生态保护修复等领域延伸，保护农业生态环境，推进农业绿色发展。加强支农资金的绩效考核与使用监管，确保发挥实效。

参 考 文 献

戴曹培，2017. 优化施肥对农业面源污染控制研究——以巢湖流域麦稻轮作为例. 合肥：安徽农业大学.

何慧巢，2007. 湖东部古河道遥感信息提取及水系变迁研究. 芜湖：安徽师范大学.

胡宏祥，2008. 巢湖北岸中东部水体迁移过程及规律研究. 合肥：合肥工业大学.

胡善宝，2014. 不同施肥条件下稻麦轮作对巢湖流域农田氮磷流失影响. 安徽: 安徽农业大学.

黄俊旗，2019. 微生态制剂在水产养殖中的应用探究. 南方农业，21(13)：141-142.

季军民，刘庆广，2016. 巢湖流域农业面源污染研究综述. 安徽农业通报，22(20)：63-66.

赖年月，胡万明，方凯，2016. 生态文明视角下巢湖渔业资源养护与利用研究.中国渔业科技，34(3)：68-73.

李如忠，2007. 地质环境与巢湖富营养化控制机制研究. 合肥：合肥工业大学.

梁梦琦，黄成林，李莹莹，2021. 合肥市生物多样性现状及评价. 安徽农业大学学报，48(4)：655-660.

刘焕安，2010. 浅析巢湖林业在经济建设中面临的困境与对策. 安徽农学通报(上半月刊)，16(17)：173-174，204.

刘焕安，曹星梅，李云生，2008. 巢湖森林资源管理与保护存在的问题与对策. 中国林业，(13)：39.

宋润朋，吴开亚，金菊良，2008. 巢湖流域水安全问题的成因分析及防治对策. 水土保持研究，(5)：162-165.

孙自铎，2012. 治理和保护巢湖水资源必须多举措并举综合治理. 绿色视野，(6)：38-41.

王静，郭熙盛，王允青，等，2012. 巢湖流域不同耕作和施肥方式下农田养分径流流失特征. 水土保持学报，26(1)：6-11.

王静，王允青，郭熙盛，等，2016. 不同农艺措施对巢湖沿岸坡耕地水土及径流氮输出的控制效果. 水土保持学报，30(4)：38-43，48.

王静，王允青，叶寅，等，2017. 不同农艺措施对巢湖沿岸坡耕地水土及径流氮输出的控制效果. 中国生态农业学报，25(6)：911-919.

王静，叶寅，王允青，等，2017. 利用氮氧同位素失踪技术解析巢湖支流店埠河硝酸盐污染源. 水利学报，48(10)：1195-1205.

王仕菊，鹿平，李素萃，等，2020. 巢湖流域生态型土地整治分析.中国资源综合利用，38(12)：125-127.

王天宇，樊迪，宋开付，等，2021. 巢湖圩区再生稻甲烷及氧化亚氮的排放规律研究. 农业环境科学学报，40(8)：1829-1838.

王雪蕾，王新新，朱利，等，2013. 巢湖流域氮磷面源污染与水华空间分布遥感解析. 中国环境科学，35(5)：1511-1519.

晏娟，方舒，张凤琴，等，2015. 生态沟渠中水稻生长特性及对农田排水中氮去除效应研究. 安徽农业科学，43(29)：115-117.

俞汉青，胡恩金，1993. 巢湖水资源开发和水环境保护. 中国人口资源与环境，(3)：21-24.

张得才，杨海明，曹玉娟，等，2013. 安徽省水禽品种资源和产业发展现状及趋势. 水禽世界，(2)：7-9.

张志朋，高俊峰，闫人华，2015. 基于水生态功能区的巢湖环湖带生态服务功能评价. 长江流域资源与环境，24(7)：1110-1118.

赵磊，2019. 巢湖市中埠镇水稻+设施番茄“千斤粮万元钱”生产模式简析. 安徽农学通报，25(13)：59-60.

周震，2017. 巢湖流域水系连通性及其对水质的影响研究. 南京：南京农业大学.

朱恒，任常青，邓凯，2018. 巢湖利于土地利用变化对人类活动程度的响应. 测绘标准化，34(3)：10-44.

朱芃，史燕捷，管浩，等，2020. 小麦秸秆还田条件下钾肥减量对水稻产量及养分利用效率的影响. 农业环境科学学报，39(11)：2596-2605.

Wang J，Lu G A，Guo X S，et al.，2015. Conservation tillage and optimal fertilization reduce winter runoff losses of nitrogen and phosphorus from farmland in the Chaohu Lake region，China. Nutrient Cycling in Agroecosystems，101：93-106

Xi S S，Liu G J，Zhou C C，et al.，2015. Assessment of the sources of nitrate in the Chaohu Lake，China，using a nitrogen and oxygen isotopic approach. Environmental Earth Sciences，74：1647-1655.

第四部分

长江经济带农业绿色发展的途径与展望

第 27 章　长江经济带农业绿色发展对策

27.1　长江经济带农业绿色发展理论框架

27.1.1　长江经济带农业绿色发展指导思想

长江经济带作为国家重大战略发展区域，农业生产需要保障超过 6 亿人口的食物需求，还面临资源约束日益趋紧、农产品多样化需求刚性增长、国际市场竞争更加激烈的新形势，同时肩负着生态屏障的重要功能，在保障长江经济带及华北地区水资源安全、维系生态系统服务稳定及生物多样性等方面发挥着不可替代的作用。长江经济带农业绿色发展强调通过技术进步和制度创新协同生产、生活与生态的发展关系。立足于农业绿色发展的定位，以满足人民群众日益增长的绿色优质农产品和生态产品供给需求为目标，以生态修复保护为基础，通过科技创新主动解决受资源和环境条件约束的生产瓶颈问题，提高劳动生产率、土地产出率、资源利用率，实现农业节本增效、节约增收，打造种养结合、生态循环、环境优美的田园生态系统，达到农业生产可持续发展、农民生活更加富裕、生态环境更加优美的发展方式，共建人与自然和谐共生的现代化。

因此，长江经济带农业绿色发展需要立足于新形势与新挑战，汇集优势力量和科技资源，构建政府支持、任务牵引、资源共享、激励评价等协同创新的体制机制，打造“地方政府-高校/科研机构-企业-农民”的一体化平台，围绕长江经济带农业绿色发展中的关键问题，开展理论创新、技术创新、管理创新和模式创新，助力实施乡村振兴战略，实现人与自然和谐共生的农业农村发展新格局，探索出一条长江经济带生态优先和农业绿色发展协同推进的新路子。

长江经济带农业绿色发展不仅限于农业生产系统，还包括前端资源供应、后端食品消费及其相关的生态环境的其他子系统(图 27-1)。农业绿色发展强调食物系统(包括种植、养殖、食品加工和消费等)、自然系统(包括大气、水体和土壤)和人类社会系统(社会经济发展和人体健康)的多目标协同可持续健康发展的理念。实现农业绿色发展，不仅需要优化作物和动物生产环节的生产技术，更需要从整个系统出发，通过区域系统总体设计和全产业链的融合，达到社会、经济和生态效应的多重目标。

长江经济带农业绿色发展是以习近平新时代中国特色社会主义思想为指导，是全面贯彻党的十九大和十九届二中、三中、四中和五中全会精神，深入落实《长江经济带发展规划纲要》工作方案，牢固树立和践行“绿水青山就是金山银山”发展理念的行动体现。结合《“十四五”全国农业绿色发展规划》要求，长江经济带农业绿色发展需以深化农业供给侧结构性改革为主线，以构建绿色低碳循环发展的农业产业体系为重点，强化科技集成创新，健全激励约束机制，完善监督管理指导，搭建先行先试平台，推进农业资源利用集约化、投入品减量化、废弃物资源化、产业模式生态化，构建人与自然和谐共生的农业发展新格局，为全面推进乡村振兴、加快农业农村现代化提供坚实支撑。

图 27-1　长江经济带农业绿色发展指导思想

2018 年，《农业农村部关于支持长江经济带农业农村绿色发展的实施意见》强调了切实增强推动长江经济带农业农村绿色发展的自觉性和紧迫性。第一，推动长江经济带农业农村绿色发展是认真落实习近平总书记长江经济带发展座谈会重要讲话精神的重要举措。习近平总书记重要讲话提出，要把修复长江生态环境摆在压倒性位置，共抓大保护、不搞大开发，强调要正确把握整体推进和重点突破、生态环境保护和经济发展、总体谋划和久久为功、破除旧动能和培育新动能、自身发展和协同发展“五个关系”。第二，推动长江经济带农业农村绿色发展是促进长江经济带高质量发展的内在要求。推动长江经济带农业农村绿色发展，唱响质量兴农、绿色兴农、品牌强农主旋律，加快推进农业由增产导向转向提质导向，大力推进质量变革、效率变革、动力变革，有利于促进长江经济带农业高质量发展，推进生态宜居的美丽乡村建设，把“绿水青山“变成“金山银山”，实现生态美、百姓富的有机统一。第三，推动长江经济带农业农村绿色发展是解决长江经济带农业农村生态环境问题的迫切需要。推进长江经济带农业农村绿色发展，强化水生生物多样性保护，严格控制农业面源污染，实现投入品减量化、生产清洁化、废弃物资源化、产业模式生态化，才能加快补齐农业农村生态环境保护短板。

长江经济带农业绿色发展是推动长江经济带高质量发展的重要部署之一，也是当前国务院推进决策部署的主要工作之一，是践行“绿水青山就是金山银山”发展理念的重要行动，是加快农业农村现代化和乡村振兴战略的实践内容，其对保障国家粮食安全、资源可持续、环境保护、增进人民福祉和造福子孙后代具有重大意义。

27.1.2　长江经济带农业绿色发展总体目标

农业绿色发展是生态文明建设的重要组成部分，也是满足人民美好生活期盼的迫切要求和全面推进乡村振兴的必然选择。《“十四五”全国农业绿色发展规划》指出，到2025年，全国农业绿色发展全面推进，制度体系和工作机制基本健全。具体表现在，在产地环境方面，全国主要农作物化肥利用率从40.2%增长至43%，主要农作物农药利用率从40.6%增长至43%，秸秆综合利用率超过86%，畜禽粪污综合利用率增加至80%以上，废旧农膜回收率增加至85%以上；在农业生态方面，新增退化农田治理面积达到1400万亩，新增东北黑土地保护利用面积1亿亩；在绿色供给方面，绿色、有机、地理标志农产品认证数量从5万个增加至6万个，农产品质量安全例行监测总体合格率达到98%以上。

本书认为，长江经济带农业绿色发展的总体目标是粮食安全、资源高效、循环减排、营养健康和环境友好等多目标的协同实现。到2035年，长江经济带农业绿色发展监测体系、评价体系、标准体系、技术体系和政策体系建设逐渐形成，理论知识、科技支撑和政策保障更加完善，农业绿色发展在各方面取得明显成效。具体发展目标如下。

1. 粮食安全和资源高效利用水平提升显著

基于现有耕地，长江经济带作物单产水平约提高30%，化肥、农药使用量持续减少；畜禽系统生产力显著提升，各系统养分资源利用效率提高30%。长江经济带水稻、玉米、小麦、油菜、柑橘、茶叶、生猪、肉禽、蛋禽、肉牛、奶牛和水产等单产和养分效率的具体发展指标如表27-1和表27-2所示。

表 27-1　长江经济带农业绿色发展目标——种植业

	2020年			2035年			2050年		
	产量/(t/hm^2)	PFP/(kg/kg)	碳足迹/(kg CO_2eq/t)	产量/(t/ hm^2)	PFP/(kg/kg)	碳足迹/(kg CO_2 eq/ t)	产量/(t/hm^2)	PFP/(kg/kg)	碳足迹/(kg CO_2 eq /t)
水稻	7.1	38	981	8.5	53	704	8.6	54	684
玉米	5.3	25	664	6.9	32	465	8.0	37	332
小麦	4.9	24	731	6.3	31	512	7.3	36	366
油菜	2.0	16	1082	2.6	21	757	3.0	24	541
柑橘	15.3	62	435	19.9	81	304	23.0	93	217
蔬菜	51.5	164	95	67.0	212	67	77.3	245	48
茶叶	1.0	2	7855	1.1	4	5000	1.1	5	3000

表 27-2　长江经济带农业绿色发展目标——养殖业

	2020 年			2035 年			2050 年		
	产量/[kg/(head kg·hm^2)	系统氮素利用效率/%	单位产品氮损失/(kg /kg)	产量/[kg/(head kg·hm^2)	系统氮素利用效率/%	单位产品氮损失/(kg/ kg)	产量/[kg/(head kg·hm^2)	系统氮素利用效率/%	单位产品氮损失/(kg /kg)
生猪	78.0	14.00	27.0	94.0	18.0	1.7	100	23	1.3
蛋鸡	12.60	25.00	1.70	17.4	39.0	1.5	21.4	51	1.2
肉鸡	3.0	20.00	2.30	3.6	26.0	1.7	4.26	31	1.4
奶牛	2863.0	16.00	3.80	6000.0	23.0	2.7	9000	32	1.6
肉牛	146.1	8.00	5.70	165.0	10.0	4.1	200	12	2.5
羊	15.3	6.00	8.40	18.0	8.0	6.0	23	10	3.7
水产	3917.9	0.24	0.80	5098.0	0.2	0.8	—	—	—

2. 产地环境好转和绿色投入品增加

在绿色产地环境方面，耕地质量明显提升，土壤有机质含量明显提升，土壤结构改善，水土流失、土壤酸化和土壤污染等问题得到控制。在绿色生产技术方面，养分高效品种得到普及，缓控释肥料、硝化抑制剂、水溶肥等新型增效肥料替代率显著提升，以生态调控、物理防控等为代表的绿色防控手段多样化，农田机械化水平与数字化管理明显提升。

3. 循环减排能力明显增强

农业废弃物资源循环利用率提高 30%，主要农产品生产氮足迹、磷足迹和碳足迹降低 30%～50%，对大气和水体系统的污染负荷大大降低。农田生产系统生物多样性得到恢复，自然生态系统生物多样性得到有效保护。长江经济带主要作物和动物环境排放指标变化预测见表 27-1 和表 27-2。

4. 绿色农产品供给明显增加

通过农业全产业链绿色发展的推进与完善，农产品安全品质和营养品质明显提高，市场绿色产品比例与多样化不断提升。

5. 农村居民幸福感显著提升

农村生态环境得到改善，农业生产收入倍增，绿色生活方式获得居民广泛认可，生态宜居环境使居民普遍获得幸福感。

至 2050 年，长江经济带全面实现绿色生产、绿色生活和绿色生态。作物产量和养分利用效率提升 50%，茶叶、柑橘、水稻、水产等优势作物和动物生产水平达到世界主要优势主产区水平，部分成为全世界农业生产的典型样板。农业全产业链绿色解决方案全部实现。通过种养系统重设计和布局，实现养分资源循环利用最大化，对系统外部资源投入依赖性大大降低。同时，水、土、气等多种环境指标均优于环境安全阈值。通过农业绿色发展，居民生活幸福感和获得感大幅提升，乡村全面振兴，农业强、农村美、农民富的目标全面实现，助力长江经济带率先实现农业“碳中和”，形成人类与自然的和谐共生的新格局(图 27-2)。

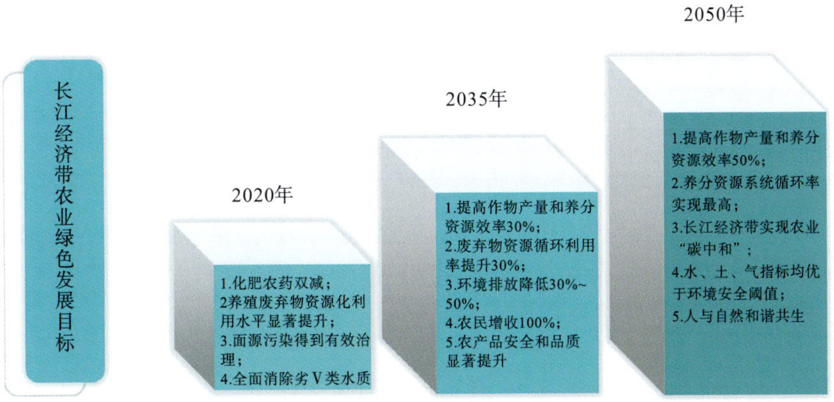

图 27-2　长江经济带农业绿色发展总体目标

27.1.3　长江经济带农业绿色发展总体思路

探索农业绿色发展要坚持“自上而下”和“自下而上”两条路径并重(图 27-3)。“自上而下”的发展思路强调从顶层设计到环节优化，从宏观到微观，从整体到局部，利用系统方法提出解决方案。具体以绿色发展方向为目标，以绿色发展指标划定发展阈值，通过技术进步、资源配置和布局优化，最大限度提升种植和养殖主体生产效率和效益，实现设定目标。而“自下而上”的发展思路强调从作物或者动物生产主体出发，在具体环节上提升技术水平，逐步优化农业发展过程。二者相互补充，相互作用，相互影响，共同形成推动农业绿色发展的合力。

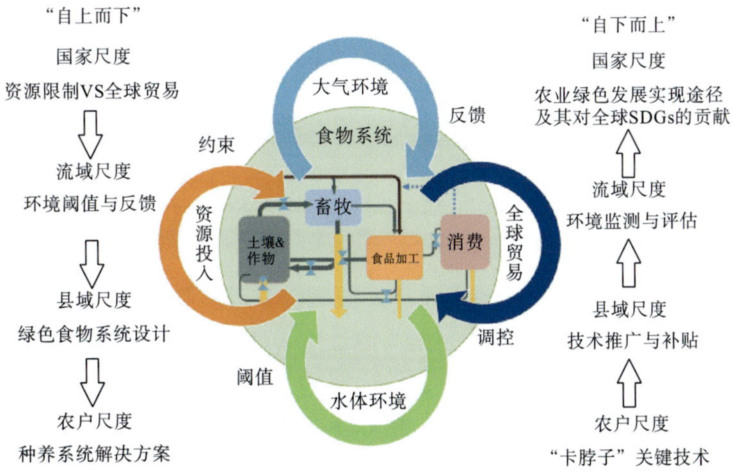

图 27-3　长江经济带农业绿色发展总体思路

(资料来源：金欣鹏等，2020)

在长江经济带农业绿色发展中，“自上而下”的发展思路要求以水环境、生态服务、耕地、能源和大气环境阈值为前提，评估农业生产的潜力。在现阶段，一方面可通过划分不同生产区域，以长江经济带大气和水环境阈值为上限卡口，以食物需求为下限卡口，来倒推农业生产潜力，并以此为依据通过生产环节优化和空间布局来调整提高农业生产能力，同时满足粮食安全和环境保护的目标。另一方面，通过对区域整体评估，剖析农业全产业链绿色发展的“卡脖子”问题，从而明确重点发展和优化的环节与领域。

“自下而上”的发展思路是从局部出发，辐射区域的发展方式，这种发展方式可通过调研和跟踪农户，来分析实际生产中的瓶颈问题，围绕规律分析、技术创新、产品创新和服务模式创新，在实践生产过程中改进优化，并通过基层农技推广服务体系辐射更大区域。同时完善长江经济带大气和水体生态环境监测网，依托大数据与人工智能技术与模拟预测模型结合，构建长江经济带生态环境预测预警与决策平台。

27.1.4 长江经济带农业绿色发展基本原则

国家《“十四五”全国农业绿色发展规划》明确：坚持底线思维、保护优先；坚持政府引导，市场主导；坚持创新驱动、依法治理；坚持系统观念、统筹推进。基于长江经济带绿色发展要求和特性，结合农业绿色发展理论框架，在此提出长江经济带农业绿色发展应遵循的 8 项基本原则。

(1) 和谐发展。坚持生态优先，走高质量发展之路的原则，正确处理粮食安全、资源安全、乡村振兴和生态保育的关系，推动绿色发展，构建人与自然和谐共生的农业发展新格局。

(2) 控制投入。资源投入决定植物产品和动物产品等食物必需品的产出数量，也关系到氮、磷、农药的环境排放及其生态效应，还关系到资源的可持续利用。控制养分、农药、地膜、饲料添加剂等投入数量是实现农业绿色发展的重要原则。

(3) 限制排放。在食物生产和消费过程中，不合理的资源投入和粗放管理，对大气、水体和土壤等造成了严重的污染问题。控制并减少污染物排放、保护生态环境是农业绿色发展必须遵循的原则。

(4) 多级循环。随着我国农业集约化发展和城镇化水平的提高，氮、磷等养分的循环利用效率大幅度下降，对外部资源投入的依赖逐渐提高。在控制资源投入的前提下，提高资源循环效率和次数是进一步增加产品产量、减少氮磷等资源环境排放、提高资源利用效率的重要手段。

(5) 综合挖潜。在控制投入、多级循环、限制排放等多种约束下，如何进一步提高产品产量和质量是满足粮食安全的重要挑战。通过系统综合管理，挖掘系统自身潜力，能够同时实现高产高效和环保的协调。

(6) 产业融合。食物系统涉及动植物生产、加工、销售和消费多个环节和多个利益主体，目前在资源环境问题上，往往生产端贡献较大，而在经济利益分配上，后端加工和销售主导性强。因此，鼓励打造聚合生产、加工、冷链、营销、品牌和资源保护为一体的绿色全产业链经营模式，建立全链条资源环境保护和利益分配的市场驱动和政策调控机制。

这种良性机制也是农业绿色发展中实现发展带动绿色、绿色促进发展的重要保障。

(7) 多维支撑。农业绿色发展不仅需要技术模式支撑，更需要创新载体、组织、市场、推广和政策等机制的进一步完善，来保障农业绿色发展的实现。

(8) 区域落地。食物系统包括动植物生产、加工、销售和消费等多个环节和多个产业，农业绿色发展是要整个食物系统实现多目标协调，需要在适宜的空间尺度内来全面落实。县域是国家行政调控的基本单元，具有地域特色和完备的政治经济功能，在国民经济发展中极具代表性，是农业绿色发展落地的最佳单元。

27.2　长江经济带农业绿色发展实现路径

27.2.1　长江经济带农业绿色发展关键理论基础与技术模式

1. 耕地保育和健康土壤关键技术与产品

一是针对长江经济带上游水土流失严重的问题，继续开展退耕还林还草等生态治理工程，实现植被覆盖度持续增加的同时加强上游的生态屏障功能。二是结合长江经济带不同区域的特殊性，强调因地制宜地制定生产与生态协同的水土流失治理模式，如南方红壤区林果与粮食安全的崩岗及林下水土流失控制模式；西南紫色土区小流域水土流失与面源污染综合控制技术模式；西南岩溶区促进生态恢复的石漠化与水土流失防治模式。三是注重山地立体农业水土保持的整体化和系统化治理方案，开展生态效益和生产效益均衡的分析与评价。四是在区域特殊地形地貌的背景下，发挥稻田种植的重要生态价值，形成工程措施、生物措施及耕作措施综合的技术防治模式与工程，实现长江上游水土流失广泛有效的控制。

针对长江经济带土壤酸化退化问题，首先要明确长江经济带典型土壤的酸化机制，定量精准化参数、针对性构建土壤酸化预测模型；其次根据土壤的酸化程度机制和危害类型差异，对长江上游酸化土壤进行分类调控，提出酸化土壤改良的新技术，研发环境友好型的酸化土壤改良剂，推广和应用酸化土壤改良和阻控工程技术手段；最后从土壤酸化状况、危害、原因、机理、阻控和改良等多方面进行系统分析，为长江经济带酸化土壤的农业绿色发展提供理论和技术指导。

针对长江经济带农田土壤存在的农药、抗生素、重金属以及新兴有机污染物等污染新问题，利用化学、光谱学和生物分析技术，围绕土壤污染与控制领域的关键科学问题研究，包括土壤复合污染的成因研究开展基础理论，土壤-植物-微生物系统中污染物形态与微界面过程以及污染物的多介质界面行为，区域环境过程与调控机理等，探明区域换机中典型污染物的浓度水平、源汇机制以及多介质界面行为，从分子水平上理解土壤环境界面碳、氮、磷、硫、铁等元素的生物化学循环与复合污染物质转化的耦合过程，揭示利用土壤微生物/植物的土壤复合污染修复机理与调控机制。进而，开发污染消减与修复的新材料、新方法和新技术，为制定区域典型污染物减排与消减、农业安全生产与环境保护提供理论与技术支撑。强化耕地土壤污染管控与修复，加快长江经济带耕地土壤环境质量类别划分，制定分类清单，严格按照污染耕地安全利用推荐技术，建设一批受污染耕地安全利用集中推进区，打造综合治理示范样板，探索安全利用模式。

针对长江经济带中低产田突出问题，通过研究长江经济带不同区域耕地土壤培育原理，因地制宜、综合施策，研发健康土壤生物增效技术与产品，构建肥沃耕层，培育健康土壤。研究土壤产能提升原理，推广耐瘠抗逆品种和土地产能综合调控模式。依托大数据和人工智能技术，开发耕地质量与产能智慧决策系统。通过政产学研用落地，对上中下游不同区域分别形成综合技术集成模式，集中连片示范推广。深入推进高标准农田建设，以建立健全高标准农田建设管理工作评价激励制度，坚持“集中投入、连片治理、规模开发”原则，积极打造粮食生产核心区，加快推进高标准粮田建设。

2. 绿色种植理论与技术模式

针对长江经济带作物生长所面临的高温、多湿、寡照、霜冻和洪涝等非生物逆境，利用现代生物技术深入研究作物响应、抵抗和适应非生物逆境胁迫的机制。重点解析非生物逆境造成作物伤害过程的机理；解析抗逆基因调控作物响应逆境的机制，明确作物响应非生物逆境的关键基因调控网络和代谢通路；在深入解析抗逆机制基础上，开展分子设计育种，建立作物抵御逆境相关栽培技术，为作物的抗逆种质创新、品种选育、绿色化和轻简化栽培提供新理论、新品种、新技术等。

针对长江经济带典型作物育种中绿色、优质、高产、高效种质资源缺乏的问题，收集、鉴定优异种质资源，构建核心种质全基因组学特征数据库，揭示优异种质形成与演化规律；建立高通量表型评价体系，深入评估遗传资源，针对不同区域特色农业生态环境，筛选符合未来育种目标的新种质，开展重要性状控制基因定位及功能和机制研究，明确重要性状协同调控机理、代谢调控网络与合成机制，构筑精准设计育种的遗传理论体系；综合利用基因组编辑、合成生物学和常规育种手段，规模化创制突破性绿色高效新种质，为作物品种改良提供新途径、新技术、新方法、新材料；建立长江经济带种质资源长期库及涵盖表型、基因型、基因等信息的数据库，为建设种业现代化强国和保障国家粮油安全提供重要支撑。

针对长江经济带种植业养分利用效率低等问题，以经济作物为重点，持续开展测土配方施肥，在县域尺度实现多种主要作物达到推荐施肥量。以集成推广绿色生产技术为方向，应对长江经济带不同地区特殊土壤环境，研发养分高效型和耐酸性土壤的新型绿色投入品，因地制宜示范推广缓控释肥料、硝化抑制剂、水溶肥、纳米肥料等不同新型增效肥料，提高养分利用效率。推动有机肥替代化肥行动，支持长江经济带 11 省(市)在果菜茶优势产区、核心产区和知名品牌生产基地，全面落实果菜茶有机肥替代化肥行动，逐步引导有机肥向主要粮食作物推广，实行更大范围的有机肥还田，培肥土壤，减少化肥施用，提高农产品质量与营养。在绿色生产技术上，因地制宜推广机械施肥、种肥同播和水肥一体化等，改进施肥方式，提高资源利用效率。构建科学合理的土壤、肥料信息管理系统，通过数据分析和处理，做到施肥有据可依，提高化肥农药利用率。

针对长江经济带气候条件复杂多变、有害生物多发易发及防控难度大的问题，围绕典型作物病虫害基础生物学、暴发成灾机理以及防控基础问题，系统揭示重要病虫害灾变机制，构建常见病虫害预测预警体系，通过自动化联网监测提前预警病虫害发生，在政府层面组织农业技术人员深入生产一线开展技术服务，采取统防统治与群防群治相结合的方式，确保统防统治关键技术落实到位。对于长江经济带优质农产品基地、高标准粮田示范等集中连片进行统防统治，对于分散种植的地块积极推进群防群治，尽可能提高防治覆盖率。筛选优质、高效的新型品种，研发应对西南地区和长江中下游地区高温、高湿等病虫害的优质品种资源和病虫害防控技术，推广绿色防控方式，集成研发和推广生物防治和物理防治方式，降低农产品农药残留。开展农药施用安全风险评估，优化推广应用高效、低毒、少残的新型农药，引导农民安全科学用药；扶持植保无人机等先进高效药械推广，提高农药利用率，降低危害。

3. 循环农业及废弃物资源化利用

针对长江经济带畜禽和水产养殖过程的管理粗放和环境污染问题，制定区域畜禽水产标准化规模养殖场建设规范，指导养殖场科学设计和建设，包括合理布局生产、生活、粪污处理等功能区，实行净污道分设、雨污道分流，实现养殖环境整洁；重点普及自动喂料饮水、自动清粪、自动集蛋、环境控制、远程视频监控等现代设施装备，提升畜禽养殖自动化、智能化水平；大力推行清洁生产，推广节水、节料、节能的养殖工艺，实现源头减量、过程控制、末端利用；管理部门综合考虑环境承载力、周边防疫距离、畜禽养殖模式、饲养管理条件等因素，科学确定养殖规模，实现生产要素最优化组合。完善和推广畜禽动物和水产生态健康养殖技术指南，推进饲料安全投喂、养殖环境控制、疫病安全防控、废弃物资源化利用和生物安全水平提升。推广应用低蛋白日粮、饲料精准配方和微生物降解处理技术，严格执行用药规范和休药期规定，推动养殖场兽用抗菌药减量化使用试点和示范。

针对长江经济带部分畜禽养殖热点区域污染负荷高与流域生态保育要求高的突出矛盾，以及种养分离导致资源利用效率低下的问题，第一，以畜禽粪尿管理全链条(储藏-处理-施用)养分高效循环与全程高效减排技术为核心，研究畜禽养殖废弃物在资源化利用过程中碳、氮、硫、磷转化损失规律与资源高效调控作用机制。加快推进畜禽粪污处理设施的完善，从收集、储藏、处理到商品化整个过程，建立信息化的管理系统，研发处理一体化技术与装备设施，培育发展畜禽粪污资源化和能源化企业。围绕农林有机废弃物肥料化、基质化和能源化利用，开展有机肥料转化、生物基产品转化和生物能源转化等的基础研究、功能微生物育种、微生物群落功能和调控研究。第二，多方面推广绿色种养循环模式，采用激励机制，推进畜禽粪污就近还田，构建整县粪污有效还田运行模式，鼓励建设种养结合示范基地，加快形成一批可复制、可推广、可持续的组织方式和应用技术模式。立足长江经济带各地区的耕地资源分布特征和养殖负荷，统筹种植和养殖规模，通过科学规划与合理布局种植和养殖结构，因地制宜推广种养一体复合循环模式。

针对作物秸秆和蔬菜尾菜不合理利用造成的资源浪费和环境污染问题，推动作物秸秆资源化，集成作物秸秆粉碎与还田技术，本地化还田设备，实现秸秆全量粉碎性还田以减少对后茬作物耕种的影响，保证养分资源循环利用。严禁秸秆燃烧，防止区域性大气生态环境污染。推动秸秆饲料化利用，培育具备秸秆利用优质思路的企业，构建“农户-企业-养殖场”为一体的秸秆饲料化运行机制。探索尾菜资源化利用技术，对于集中连片的蔬菜生产基地建议引进新型、高效、环保的罐式发酵和膜发酵等封闭式发酵技术，避免有机废弃物资源化利用过程中氨挥发和传统处理方式效率偏低的问题。

针对种植和养殖过程中出现的农业面源污染物复杂化问题，开发准确、精细、动态更新的面源复合污染物排放清单编制技术，创新面源复合污染溯源研究方法体系；基于典型污染物环境健康风险研究，开展长江经济带典型流域地区面源复合污染监测调查，确定流域水环境阈值并以此明确面源复合污染控制目标、提出主要污染源排放限值；研究面源污染形成机理和控制机制，创新并集成长江经济带多种农业面源复合污染的防控关键技术模式，建立氮磷、农药、抗生素和微塑料等复合污染物集成阻控的系统方案，分别建立山地、高原、丘陵、平原和盆地农业面源复合防控示范区和农业绿色发展示范区。

4. 智慧生态与山水林田湖草一体化保护

针对长江经济带生态脆弱区，统筹考虑区域自然地理单元的完整性、生态系统的关联性、自然生态要素的综合性，对山水林田湖草等自然生态要素开展一体化保护、系统修复和综合治理。立足长江经济带区域生态环境特点，遵循山水林田湖(库)草畜生态耦合、多业共生的绿色发展总体思路，在长江经济带上游开展典型山地立体生态农业模式构建研究。研究农田土壤-水分-养分-生物耦合与平衡、典型农田生态系统退化演替与防治、农田生态健康与功能提升、农田生物多样性与环境响应等保育机制，构建退化农田生态系统修复与防控的理论与技术体系。

以长江经济带森林、草地、农田和水域生态系统为主要研究对象，开展生态环境观测、模拟、评估和预测预警研究。基于空天地立体化的生态观测手段和物联网技术，构建陆表过程关键参数地面连续观测基础数据和长江上游生态大数据库；利用大数据和机器学习技术，挖掘生态系统演变规律和机理，构建集成观测、数据管理和模拟建模的多变量陆面数据同化系统；通过深入探索农业绿色发展对生态系统服务的影响机制，评估未来长江上游地区生境多样性安全风险与维持机制；基于多种关键生态系统服务指标的权衡和协同关系，提出区域生态系统服务整体优化与提升对策。构建集成生态观测、数据挖掘、未来预测和优化调控为一体的长江经济带智慧生态模拟与决策协同创新平台，为长江经济带生态保护提供科学依据和技术支撑(图 27-4)。

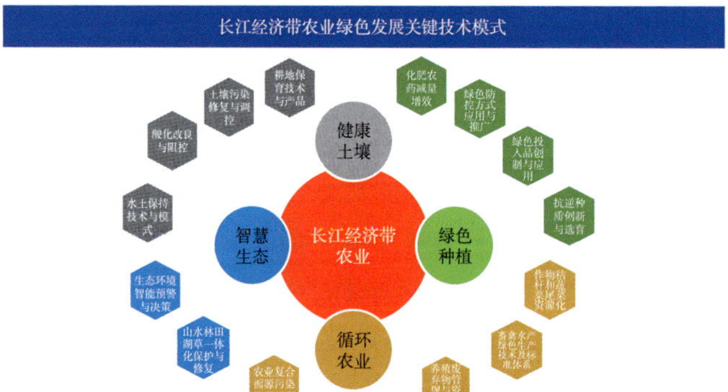

图 27-4　长江经济带农业绿色发展技术模式

27.2.2 长江经济带农业绿色发展多维支撑体系

1. 推进农业绿色技术集成创新及其载体建设

近 20 年来的农业科技创新中，生物技术、信息技术、新材料技术等一批具有前瞻性的重大技术在单一领域的研究中发挥了突出作用，形成了重要的推动力量。但是过去传统的单一学科的科技创新往往强调单个因子或单一过程的深入研究，而忽视了学科交叉创新，因此难以统筹协调农业绿色发展的全过程和多目标，也无法找到全链条关键限制过程，更难以发挥系统界面的互作效应和协同增效作用，成为农业从数量型向质量型跃升、单一功能型向多功能型转变的主要瓶颈。长江经济带农业绿色发展迫切需要在农业种植、种-养循环、生产-消费循环等方面突破传统学科框架和壁垒，以多学科交叉创新为突破口，定量控制农业系统资源投入，最大限度提高其在全产业链的利用效率，降低各环节的环境代价，最大限度挖掘系统潜力，提升生产、生态、生活、经济和社会功能，保障农产品供给和生态安全。

建设农业绿色发展交叉学科是长江经济带农业绿色发展的迫切需求。农业绿色发展学科旨在创新全产业链系统理论和各学科界面交叉理论，解决农业绿色发展各交叉界面融合的关键问题，提出区域农业绿色发展的实现途径。农业绿色发展交叉学科建设需要从体制上打破学科壁垒，打造跨学科交叉创新的研究平台，通过综合农业资源与环境学科、作物学、环境科学与工程、地理学、植物保护学、园艺学、生命科学、生态学、材料化学、经济学等多个学科，形成绿色农业交叉学科群。学科将以高层次复合型人才培养为抓手，以国内国际联合培养、多学科交叉培养、理论与实践结合培养为宗旨，引进国际一流智力资源和教育模式，结合科技小院扎根生产一线的人才培养经验，培养新型农业硕士、博士和博士后等高层次复合型人才。学科将创建“政产学研用”五位一体的科技创新、人才培养和社会服务平台，在生产实际和产业前沿领域开展理论科技创新，解决农业绿色发展和农业全产业链“卡脖子”的技术问题，打造中国农业绿色发展高精尖样板和模式，为全球农业绿色发展提供长江经济带模式和中国经验。

建设新的农业绿色技术创新载体，布局一批国家级和省部级(重点)实验室，开展农业产业绿色技术创新。以突破制约长江经济带农业绿色发展的关键“卡脖子”问题为抓手，坚持基础理论研究、应用基础研究和前沿技术研究融通发展的原则，按照“产学研”结合的建设思路，开展长江经济带农业绿色发展过程中重大性、前沿性和原创性的基础理论与核心共性技术研究。在基础理论和应用基础研究方面，加快突破一批重大理论和工具方法，重点突破水-土-气界面物质交换与生态涵养；植物-土壤界面物质代谢耦合机制与资源高效；植物-动物系统界面物质循环与环境减排；生产-消费系统界面营养物质的互作机制与调控途径。揭示界面间的耦合机制，创新关键技术理论。在前沿技术研究方面，创新长江经济带开展优质高效抗逆的绿色农业种质资源遴选和关键品种选育及改良、耕地质量保育与提升、绿色高效栽培理论与技术、肥料农药农膜等农业绿色投入品研制、养分水分资源高效利用、农业生态环境保护与废弃物资源化高值利用、农产品质量全程追溯、农产品绿色加工与包装等关键技术研究。加强区域内“空天地”立体化资源生态环境监测与模型模拟的建设，提出多目标一体化实现的整套落地解决方案。

集聚长江经济带相关高校和科研院所优势科研力量和科技资源，通过组建长江经济带农业绿色发展科技创新联盟，凝聚人才队伍，汇聚科研院校、涉农企业和社会团体等力量，开展“产学研”协同攻关研究。加强实质性的国际合作平台，通过双方互派研究生、引进国际一流智力资源、共同申报国际合作项目，不断完善全球合作院校的网络布局，凝聚世界顶尖农业大学人才培养和科学研究资源，扩大院校之间合作与交流，实现与世界一流农业院校全面对接达成资源共享的长效合作机制。进一步利用国际科学前沿的资源环境科学、生物科学、材料科学、信息科学等新理论和新技术，创新长江经济带健康土壤、绿色种养、循环农业和智慧生态的知识体系和调控途径，使得农业绿色发展学科始终同步保持在国际先进水平，特别是农业绿色发展的科技创新和区域绿色发展的实现方面将为全球可持续发展提供中国模式，发挥引领作用。

2. 推进农业绿色技术推广与应用

加快推进绿色科技成果转化、推广与应用，完善绿色科技相关成果的“评估-转化-试点-推广”流程体系的构建。

首先，技术创新在实现转化之初，需要对其技术风险、成果转化价值等相关内容进行判定与评估。应推动农业绿色技术成果评估制度的建立与完善，对农业绿色创新技术的知识产权、成果价值以及技术风险等进行系统第三方评估，为技术转化的实施奠定基础。在技术转化阶段，应推动建设农业绿色创新技术转化平台。结合农业科研院校成果转化平台、企业技术创新发展平台以及国家各级各地方农业创新创业平台，综合构建农业绿色创新技术转化一体化平台。通过平台内技术与产业和企业间的有效对接，加快技术成果的转化效率，提高农业绿色创新技术转化的时效性与有效性。此外，还应推动相对应的农业绿色创新技术转化激励机制的完善，如科研院校成果奖励、企业股权激励、政府政策支持等多项举措，激励农业绿色创新技术的转化。建立总体布局合理、功能定位清晰、产学研有机融合的农业科技成果转化体系，形成多元参与、协同高效的创新治理格局，着力打通农业科技创新成果转化通道。

在长江经济带农业绿色生产技术“试点-推广”阶段，推行以点带面的试点模式。依托国家农业绿色发展试点先行区，针对不同区域、不同农业类型、不同生产主体推广应用适合农业绿色发展的新品种、新材料、新产品、新技术和新模式，促进良种良法配套、农机农艺农信融合，提高科技对农业绿色发展的贡献率。建立健全现代农业产业技术体系+功能实验室+岗位科学家+试验站的农业技术服务体系。同时，鼓励地方政府联合科研单位和企业，建立以科技小院为核心，以“科教专家网络、政府推广网络、校企合作网络”为平台的农业绿色发展技术试点和推广的新模式，创建联合农民、科研人员和企业生产人员一起大面积推广应用农业绿色发展新技术的应用模式，提升服务效率，丰富服务内容，助推产业发展、农村发展、农民增收。通过集绿色技术试验试点和示范推广于一体的基层科技服务平台——科技小院，打造示范样板，培养高素质的新型农民作为提高农业科技成果转化和推广应用的重点，建立一批区/镇/村农业科技示范基地、科技示范村、科技示范户，推广一批农业科技示范项目，着力推进农业科技创新成果转化。

3. 加强农业绿色人才培养

在农业绿色人才培养方面，具有家国情怀、有绿色发展理念、掌握绿色生产、绿色产业和绿色生态环境技术技能的综合性人才短缺。农业绿色发展是一个涉及农业资源投入、生产、加工、消费、环境等全产业链协同发展的系统工程，不同系统单元内以及系统界面之间都存在复杂的互作效应，不同发展阶段及其指标也存在拮抗或协同效应。传统的单一学科培养人才由于过于强调单个方向的深入研究或单个行业技能，忽视了学科交叉创新，因此无法统筹协调农业绿色发展的各个环节和多个目标，成为农业从数量型向质量型跃升、向多功能型转化的主要瓶颈。长期以来形成的单一学科模式也很难培养出既有情怀，又理论与实践并重的高层次复合型人才，显著削弱了交叉创新的原创力和在生产一线真正解决“卡脖子”技术问题的能力。

长江经济带农业绿色技术研发性人才培养以高层次复合型人才培养为抓手，以国内国际联合培养、多学科交叉培养、理论与实践结合培养为宗旨，引进国际一流智力资源和教育模式，结合科技小院扎根生产一线的人才培养经验，培养新型农业硕士、博士和博士后等高层次复合型人才，建立一支能有效解决长江经济带农业绿色发展关键技术问题的高水平研究队伍。同时通过创建“政产学研用”五位一体的科技创新、人才培养和社会服务平台，培育农业高素质综合型人才和职业教育人才，构建以“生产问题导向、理论与技术创新、创新能力与系统思维结合、增强社会服务意识和情怀、加强社会影响力”人才培养模式，解决长江经济带农业绿色发展和农业全产业链“卡脖子”的技术问题，打造农业绿色发展样板和模式，为全球农业绿色发展提供中国模式和经验。

发展新型农业经营主体是发展现代农业、提升农业抗风险能力和市场竞争力、缓解资源环境压力、满足农产品需求以及农产品质量安全要求的必要途径。根据《“十四五”农业绿色发展规划》要求，培育新型农业经营主体和基层绿色技术推广人才也是加强绿色人才队伍建设的重要工作。首先，充分发挥新型农业经营主体对市场反应灵敏、对绿色新品种新技术新装备采用能力强的优势，积极培育和壮大新型经营主体。支持和发展家庭农场和农民合作社，培育农业产业化龙头企业和联合体。大力发展“公司+合作社+家庭农场”“公司+家庭农场”“公司+合作社+农户”“公司+合作社+基地+农户”等农业生产经营模式，推广农村资源变资产、资金变股金、农民变股东“三变”改革试点经验，促进了农业生产增效、农民生活增收、农村生态增值。大力培育互联网+农业、农业农村电子商务等新业态新模式，构建互联网大数据平台，发展智慧农业，服务现代农业高质量发展。引导长江经济带新型农业经营主体发展绿色农业、生态农业、循环农业，率先运用绿色生产技术，开展标准化生产，提高绿色技术示范应用水平。鼓励科技特派员在农业绿色发展领域创新创业。支持新型农业经营主体带动普通农户发展绿色种养，提供专业化全程化绿色技术服务。其次，创新绿色技术推广人才培养模式，加快培养农业绿色生产高素质应用型人才。推动新型农民科技培训等项目实施，因地制宜确定培训内容，通过订单式培训、专家下乡现场授课、农技人才巡回服务、农村远程教育等，增强培训针对性和实效性，培养新型农业经营主体带头人，增加农业绿色生产技能培训课程，强化绿色发展理论教学和实践操作。加强农村实用人才培养，依托高素质农民培育计划，加大绿色技术培训力度，提高绿色生产技术应用水平(图 27-5)。

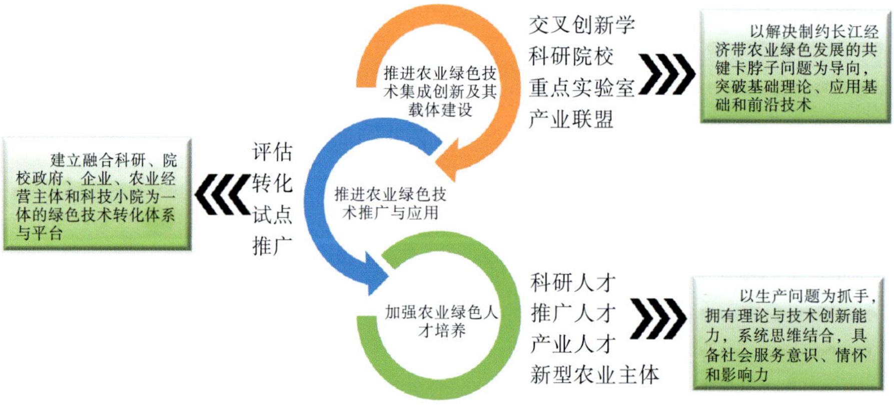

图 27-5　长江经济带农业绿色发展多维支撑体系

27.2.3　长江经济带农业绿色发展区域模式应用

1. 农业全产业链绿色发展

以绿色发展为导向，坚持生态优先理念，以推进农业农村发展和乡村振兴战略为抓手，通过一二三产业链深度融合，促进产业链绿色化，推动一产往后延、二产两头连、三产走高端的发展思路，补齐产业链短板，锻造产业链长板，促进全链条增值、全产业融合，发掘乡村功能价值，培育农业发展新动能。以区域特色优势主导产业为支持重点，发挥财政涉农资金、地方专项债券等资金的导向与撬动作用，引导聚集金融资本和社会资本助力各类新型农业经营主体，建设规模化种养结合基地，发展加工与流通产业，加强品牌创建与产品营销，培育一批现代农业产业集群，打造知名农产品品牌。鼓励打造聚合生产、加工、冷链、营销、品牌和资源保护为一体的绿色全产业链经营模式。农业生产聚焦规模化主导产业，选准长江经济带聚集度较高、影响国计民生的粮食和重要农产品，以及满足人民多样需要的特色农产品。

农业全产业链发展以种苗培育与推广、农资耗材、农业机械与工具供应为上游产业，全面打造农业绿色投入品产业供应链。上游产业是建设农业产业链体系的基础，通过建设基因库、苗圃工程和繁育中心等措施，提升绿色管理水平，实现备种苗质量好、病虫害少、育苗规模化、育苗效率高、占地面积小、播种量小、育苗周期短、人工成本低等 8 个优势。从农药、肥料、设施材料等方面优化农资绿色投入品，根据区域施肥习惯、当地作物生长特征、区域土壤气候特征、考虑肥料生产工艺参数、肥料原料配比，研发和制定多套适合当地农业生产的专用肥配方及其施用技术，如专用掺混肥、水溶肥、稳定性肥料、缓控释肥料、有机无机复混肥、叶面肥等产品，满足不同农业经济主体的需求。其次，推进有机肥的创制与施用。随着果菜茶有机替代技术不断推广，有机肥对果菜茶产量和品质、土壤质量的影响越来越重要。因此，应基于当地特征，与当地优势企业联合，提高作物秸秆、蔬菜尾菜、畜禽粪便的资源化利用，从原料筛选、有机肥产品生产过程、处理过程等方面进行有机肥产品的升级及其施用技术的改进，改善土壤质量。推广绿色生态防控措施，田间布设可降解诱虫板、太阳能杀虫灯、性诱剂等绿色防控措施，绿色、高效、环保防治虫害。同时田间施用微生物菌剂，改善土壤微生态环境，增强作物抵抗力，有效防治病害，基于病害发生情况，有针对性施用生物农药，减少化学农药施用，促使农药施用更加规范。

以农产品生产为核心，集成和推广农业生产绿色技术模式，实现增产增效，提升农业产值。以产品为主线、全程质量控制为核心，加快构建现代农业全产业链标准体系及相关标准综合体，提升标准化生产水平。建设标准化原料和生产基地，按照“专种专收专储专加专用、优产优购优储优加优价”要求，建设标准化、规模化、机械化、优质化原料基地。全面实行食用农产品达标合格证制度，建设一批现代农业全产业链标准化基地、果菜菌茶标准园、畜禽养殖标准化示范场、国家级水产健康养殖和生态养殖示范区，打造标准化和绿色化的“第一车间”“原料车间”。有效运用物联网、大数据和人工智能等新技术，提升基地设施装备数字化水平，加强田间路渠管网建设，配套高效机械设施和智能化生产，鼓励智慧农业、精准农业和植物工厂等建设，适应农业现代化发展需求。积极推进农产品质量生产基地、检测中心和市场建设，提高农产品质量监测能力。充分利用物联网、大数据等信息技术，健全农产品质量全生命周期监测和追溯技术体系，保农产品质量安全。严格落实生产经营主体责任制、农产品安全监管责任制、质量追溯制和责任追究制，构建制度完善、风险可控、监管有效的质量安全保障体系。

以食品加工、市场销售与流通、深加工内销与出口为下游，促进绿色产品消费，为居民提供营养、健康的绿色农产品。坚持加工减损、梯次利用和循环发展的原则，拓展农产品初加工，支持新型经营主体发展清洗分拣、烘干贮藏、杀菌消毒、预冷保鲜、净菜鲜切、分级分割、产品包装等，开展干制、腌制、熟制等初加工，实现减损增效。提升农产品精深加工，引导大型农业企业开发营养均衡、养生保健、食药同源的加工食品和质优价廉、物美实用的非食用加工产品，提升农产品加工转化增值空间。推进综合利用加工，推进加工副产物循环、全值、梯次利用，推动企业实现循环式生产和资源能源高效利用的绿色低碳循环产业体系，形成新的经济增长源。鼓励龙头企业、新型经营主体和农户建设通风贮藏库、机械冷库、超低温贮运、气调贮藏库等设施，提高农产品商品化处理和错峰销售能力。鼓励建设农产品产地市场、骨干冷链物流基地、区域物流中心、直销配送中心、电商交易中心，提升农产品产地集散分销能力，发展农产品绿色低碳运输方式。创新发展农商直供、预制菜肴、餐饮外卖、冷链配送、自营门店、商超专柜、团餐服务、在线销售、场景销售等业态，开发推广“原料基地+中央厨房+物流配送”“中央厨房+餐饮门店”等模式。坚持以“品种、品质、品牌”为核心，以“创响一流区域品牌”为目标，从“品质、品牌、品味、品位”的差异性寻求品牌利益点，以优质的品种提升品质，以优良的品质铸就品牌，引进和培育一批有自主知识产权和品牌效应的骨干企业，引导企业与农户等共创企业品牌。发挥自然资源、生态环境和主导产业优势，打造地理标志农产品知名品牌，建设形成一批区域化、规模化、标准化和产业化的农产品出口集聚区和基地，提升绿色优质农产品供给能力。创新品牌营销推介，通过博览会、交易会、展销会等平台，以及网络视频、直播带货等形式，讲好品牌故事，提升绿色品牌溢价能力。

坚持促进多主体分工协作、多要素投入保障、多层次利益协调、多政策配套服务，调动各要素积极性，形成“政府主导、院校支撑、业主生产、企业参与、部门监管”的全产业链运营模式。以上、中、下游为一体，实现生产、加工和销售各个环节绿色发展和利润均衡。最终，长江经济带实现农业全产业链标准体系更加健全，农业全产业链价值大幅度提高，乡村产业供应链现代化水平明显提升，现代农业产业体系基本形成。建成长江经济带水稻、油菜、柑橘、茶叶、水产品、肉禽蛋等重要农产品全产业链，生产供应体系安全可控、可追溯，产品竞争力大幅度提升。培育一批年产值超百亿的农业“链主”企业，打造一批全产业链价值超百亿的典型县，发展一批省域全产业链价值超千亿的重点链。深度挖掘农业食品安全保障、生态涵养、休闲体验、文化传承等多种功能，提升生产、生活、生态等多元价值，推动农业价值链向中高端跃升。增加居民收入，提高生活质量，助力长江经济带乡村振兴。

2. 打造农业绿色发展样板县

县域是我国农业绿色发展的基本单位。探索县域农业绿色发展的实现路径，对于推广农业绿色发展战略意义重大。科技小院模式已经成为目前打造县域绿色发展新样板的成功案例之一。科技小院是集合农业绿色技术研发-社会服务-人才培养为一体平台，目标是打通农业绿色技术推广“最后一米”。科技小院以驻扎区域为核心应用场景，由科研单位提供科技支撑，地方政府和企业双方提供平台支持，多方共同组建“多学科交叉、校企地融合、国内外合作”项目团队，致力于全方位立体化打造“绿色发展的试验田、科技驱动的新样板、乡村振兴的新典范、现代农业的新标杆”。

科技小院首要任务是深化农业科技转化，以农业技术为核心，构建县域特色作物产业发展模式，经济作物绿色种植-加工-废物利用的产业模式和绿色种养一体养殖业循环模式。以品质为基础，建立区域、国内标准农产品基地，认定国家标准。以产业为支撑，推动产业集约集聚发展，产品辐射全国。以经营为载体，构建了“龙头企业+合作社+基地+农户”一体化农业经营组织联盟。以数字为导向，依托核心试验区及覆盖全县的科技小院网络，建立农业绿色发展长期固定观测实验站。科技小院通过聚集优势人才资源，持续放大创建成效，通过依托科研平台，吸引国际顶尖农业院校研究团队落户科技小院，深化合作，指导开展绿色发展。

科技小院在打造农业绿色发展样板县方面发挥的重要作用之一就是提供了社会服务的新模式，通过多种形式提供农业服务体系，满足不同种植规模、不同类型农户对不同农业技术的需求。科技小院建立在农业生产一线，研究生与农民同吃同住同劳动，长期扎根生产一线，以实现作物高产和资源高效为目标，致力于引导农民进行高产高效生产，促进作物高产、资源高效和农民增收，逐步推动农村文化建设和农业经营体制改革，探索现代农业可持续发展之路。“零距离”地接触农业生产实际，建立了一套从种到收、从整地到施肥灌水以及病虫害防治的全生育期管理技术规程，在研究创新的同时，通过开展“零距离、零门槛、零时差和零费用”农民培训，开办农民田间学校，举办高产竞赛，组织各种示范、推广等活动，再加上科技农民和新经营主体的示范带动作用，以及政府、项目和企业的合力，推动技术由点到面示范，实现大面积推广。

鼓励高校和科研院所开展乡村振兴智力服务，推广科技小院、院(校)地共建等创新服务模式，通过整合政策、科技和市场资源，探索全域农业绿色发展落地模式——“绿色产地环境、绿色作物生产、绿色种养循环、绿色产品和绿色政策”县域农业绿色发展模式。建立村级科技小院网络，形成覆盖县域的农田联网观测和绿色技术创新与示范推广体系，探索县域农业绿色发展新模式，率先推进资源节约、环境保护、生态稳定，促进生产、生活、生态协调发展，树立长江经济带农业绿色发展标杆，创建国家农业绿色发展先行区。

3. 长江经济带区域间的协同发展

2018 年，《中共中央国务院关于建立更加有效的区域协调发展新机制的意见》指出建立与全面建成小康社会相适应的区域协调发展新机制，在建立区域战略统筹机制、基本公共服务均等化机制、区域政策调控机制、区域发展保障机制等方面取得突破，在完善市场一体化发展机制、深化区域合作机制、优化区域互助机制、健全区际利益补偿机制等方面取得新进展，区域协调发展新机制在有效遏制区域分化、规范区域开发秩序、推动区域一体化发展中发挥积极作用。此后多地着力加强跨区域的协同发展，相关战略纵深推进，多种政策持续出台，一些区域协调发展的规模效应逐渐凸显，以协同发展引领改革的大潮已然形成。实施区域协调发展战略是新时代国家重大战略之一，是贯彻新发展理念、建设现代化经济体系的重要组成部分。区域间协同发展有利于优势互补、良性互动、缩小差距、减少分化、共同壮大。

长江经济带不同区域社会经济水平、农业生产特色和自然环境状态差异明显。长江经济带农业要实现整体绿色发展，需要规避无序低效竞争、产业同构、重复生产、分散经营等问题。在长江经济带农业绿色发展过程中，应坚持生产优先、兼顾生态、种养结合原则，在确保粮食等主要农产品综合生产能力稳步提高的前提下，各区域可找准自己的定位，确定功能区域划分，各个地方按照各自的比较优势、发展基础、战略突破条件确定最优的发展模式，实现生产稳定发展、资源持续利用、生态环境友好。长江经济带农业生产可根据自身光热条件，资源禀赋和产业优势等特点，按照发展规律科学编制长江经济带主体功能区划。在突出生态保护与农业发展关系的基础上，可考虑将长江经济带区域划分为生态保护区、粮食主产区、基本保障型蔬菜生产功能区、重要农产品生产保护区和特色种植养殖农产品优势区。将畜牧养殖区域划分为禁养区、限养区和适度发展区。各功能农业生产区综合考虑各地农业资源承载力、环境容量、生态类型和发展基础等因素，限定生产容量。

农业跨区域协同绿色发展需要相对应的科学跨区域补偿机制。按照区际公平、权责对等、试点先行、分步推进的原则，不断完善多元化横向生态补偿机制。鼓励生态受益地区与生态保护地区、长江经济带下游与长江经济带上游通过资金补偿、对口协作、产业转移、人才培训、共建园区等方式建立横向补偿关系。支持在具备重要饮用水功能及生态服务价值、受益主体明确、上下游补偿意愿强烈的跨省流域开展省际横向生态补偿。建立粮食主产区与主销区之间利益补偿机制。研究制定粮食主产区与主销区开展产销合作的具体办法，鼓励粮食主销区通过在主产区建设加工园区、建立优质商品粮基地和建立产销区储备合作机制以及提供资金、人才、技术服务支持等方式开展产销协作。加大对粮食主产区的支持力度，促进主产区提高粮食综合生产能力，充分调动主产区地方政府抓粮食生产和农民种粮的积极性，共同维护国家粮食安全。完善耕地保护和粮食适度规模经营补贴等农业支持保护补贴制度，优化农业补贴结构，重点补贴产粮大县和农业绿色生产等领域，促进农业补贴精准高效。支持产粮大县开展高标准农田建设新增耕地指标跨省域调剂使用，调剂收益按规定用于建设高标准农田。

按照发展规律科学编制长江经济带农业生产主体功能区划，并配套任务执行、差异化考核、跨区域补偿等措施，是促成长江经济带的各个地区在农业生产中实现特色发展、协调发展、有机融合的新科学思路，可确保每个主体功能区划在实际生产中得以落地到具体执行主体，共同服务于长江经济带农业绿色发展的总目标(图 27-6)。

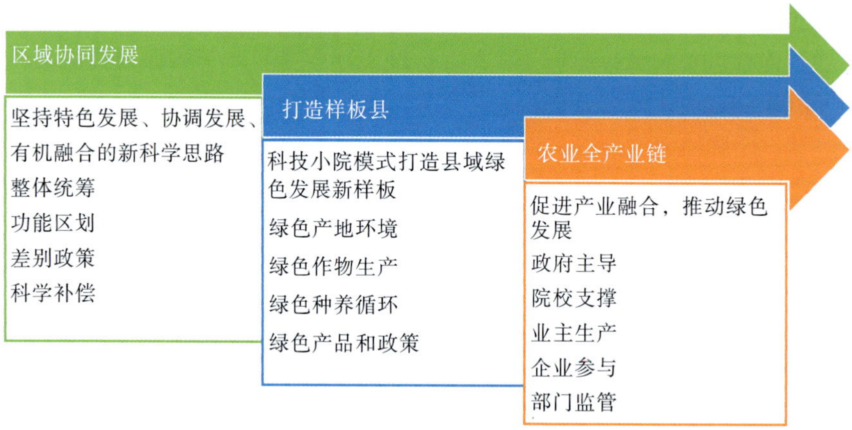

图 27-6　长江经济带农业绿色发展区域模式

参 考 文 献

金欣鹏，马林，张建杰，等，2020 农业绿色发展系统研究思路与定量方法[J]. 中国生态农业学报(中英文)，28(8)：1127-1140.